河南财经政法大学华贸金融研究院专项资助

数字经济简论

（下册）

韩松 / 著

中国经济出版社
CHINA ECONOMIC PUBLISHING HOUSE
·北京·

图书在版编目（CIP）数据

数字经济简论 ：上下册 / 韩松著 . -- 北京 ：中国经济出版社，2024. 10

ISBN 978-7-5136-7615-1

Ⅰ. ①数… Ⅱ. ①韩… Ⅲ. ①信息经济 Ⅳ. ①F49

中国国家版本馆 CIP 数据核字（2024）第 002982 号

策划编辑　姜　静
责任编辑　李玄璇
责任印制　马小宾
封面设计　韩子璕

出版发行　中国经济出版社
印 刷 者　北京建宏印刷有限公司
经 销 者　各地新华书店
开　　本　710mm×1000mm　1/16
印　　张　60（上下册）
字　　数　960 千字（上下册）
版　　次　2024 年 10 月第 1 版
印　　次　2024 年 10 月第 1 次
定　　价　198. 00 元（上下册）
广告经营许可证　京西工商广字第 8179 号

中国经济出版社 **网址** http://epc. sinopec. com/epc/ **社址** 北京市东城区安定门外大街 58 号 **邮编** 100011
本版图书如存在印装质量问题，请与本社销售中心联系调换（联系电话：010-57512564）

题大数据

未來無界

異想天开

韩松 癸卯年丁巳月

内容简介

经济学的理论云谲波诡、积厚流光。作者回顾主流经济学历史和思想的演变过程，发现自然科学起源于自然哲学、社会科学起源于社会哲学，两者本来就有不尽相同的哲学基础和逻辑框架。经济学恰恰超越自然界基本原理的管辖范围，至今人们对经济学的认知仍然停留在表面，无法深入内在，更无法完整获得关于经济体系演变的一般规律。

数字经济学是复杂经济学的基础物理层，以智能化算法应用于海量数字资源、驱动对经济问题进行科学化与规范化实证研究的一门交叉融合的复杂性学科，其本质特征是具有动态循环结构的多节点、多层次的智能化网络与映像。更广义地讲，经济学与其抽象反映的经济体系以及社会学和社会体系是包含每一份资源（自然资源、人造资源、人）在内具有时空循环结构的多节点、多层次自发涌现智能的复杂性网络与映像。

经济学的“奇点”正在到来！复杂性思想将大大拓展科学的边缘，我们对世界的认知从简单还原论到复杂整体论、从静态到动态、从因果到关联、从线性到非线性、从均衡到非均衡、从确定性到不确定性、从无生命体到生命体、从孤立事物本身到时空思维网络，逐步加深。数字革命将导致主流经济学的理论转轨，重新构筑主流经济学的研究范式。

本书分为五篇13章：第一篇是基础篇，包括绪论、大数据时代、经济学革命，介绍主流经济学的背景知识、数字经济学的观点框架；第二篇是微观篇，包括需求和供给、市场和竞争、群体和公平，从微观视角介绍效用与效率、交易与匹配、市场自组织机制、个体决策与群体行为、商业价值、分配差距与教育公平；第三篇是宏观篇，包括通货膨胀与失业、收入增长与波动、大国崛起与治理，从宏观视角介绍货币和金融危机、增长新动能和波动新冲击、民富论思想和公民治理、政策协调和适度干预；第四篇是产业篇，包括智能制造、智慧城乡，从中观视角介绍产业转型与智能工厂、物联网与区块链、景观设计与智慧农业、交通网与医疗链；第五篇是算法篇，包括团队思想涌现、自然语言处理，介绍个体规则和最优化问题、知识图谱和多模态模型。

本书适合从事大数据与人工智能的经济学、管理学、金融学、统计学、社会学、历史学、法学、物理学、工程学、生物学、心理学、医学和生理学等学科的研究者。

目 录
contents

宏观篇

产 业 篇

算 法 篇

约翰·梅纳德·凯恩斯（John Maynard Keynes，1883—1946 年），英国经济学家、“宏观经济学之父”，英国皇家经济学会会长，曾任职英国财政部。1936 年，他出版《就业、利息和货币通论》，提出政府干预的政策主张，所创立的宏观经济学与弗洛伊德的精神分析法、爱因斯坦的相对论一起并称为二十世纪人类知识界的“三大革命”。

宏观篇

第7章

通货膨胀与失业

“经济学者忙于努力从不同国家、不同时期的数字中提炼证据，努力消除外来干扰的影响，努力澄清价格变化和工资变化之间关系等工作。此外他们还探讨通货膨胀和失业的社会收益与损失，以便做出正确的权衡。”

——美国货币主义旗手 米尔顿·弗里德曼《资本主义与自由》

从人类开始交易活动，原始的货币形式就随之出现。观察货币的发展历程，货币类型与交易形式一同演变，分别经历实物货币、金属货币、代用货币、信用货币以及电子货币等五个阶段。货币价值受多种因素影响，尤其是政府拥有货币发行权之后，如果缺乏有效的约束和监管机制对货币发行权进行管理，货币可能超量发行，从而对经济运行造成负面影响，通货膨胀预期成为中央银行实行预期性货币政策关注的重要内容。①

进入大数据时代，人工智能技术推动经济结构和劳动就业的转型，扩大生产规模，提供更多就业机会，把劳动者从烦琐的重复劳动中解放出来，使人们可以提高工作效率、获得更高收入、从事更具有创造性的工作。同时新技术的引入也存在着替代和挤出现象，对劳动密集型产业和一些传统岗位产生前所未有的冲击，低能力工人的竞争力不断下降，导致其工资降低甚至失业，劳动力供求矛盾即失业问题不断凸显甚至加重。

7.1 货币演进的逻辑

货币的形态在其承载媒介上得以清晰地体现。经济学者普遍持有这样的看法，货币形态的转变可以被划分为“实物货币→金属铸币→信用纸币”等几个阶段：实物货币的问世，为货币形态理论的创立奠定基础，对交易媒介、价值衡量、支付工具等货币功能进行锚定；金属铸币的产生预示着法币的出现，各国政府或者中央银行逐渐化身为货币的发行者；信用纸币的出现象征

① 肖四如．货币演进的逻辑［J］．中国农村金融，2014（7）：101-102.

着货币自身价值与其代表的商品价值的完全剥离，世界货币体系逐渐建立。①

电子货币（Electronic Money）是一种以既有货币为基础、不能完全独立的二次货币，或者以数字记账的方式代替现金交易、实现流通和支付功能的货币系统。数字货币（Digital Currency，DC）是一种表现为电子形式的替代货币，根据密码学技术而构建的更高级形态的虚拟货币。

数字货币的诞生与现有货币体系的不足具备紧密的联系。虽然加密数字货币所激发的反洗钱、反恐融资、反避税监管以及资本外流问题使得各国政府深感困扰，然而其具有跨地区、匿名、低成本、高效率等卓越性能，在提升支付效率、减少支付成本、保障消费者隐私等领域的正面影响是不可小视的。与分布式的数字货币相反，由中央银行发行的法定数字货币拥有内在的发展优越性，有可能在较大范围内保持货币体系的稳定性。②

7.1.1 货币形态与货币信用

作为商品价值的核心标志，货币的流动象征着人们的欲望和需求。货币形式的转变与经济发展水平有着紧密的关系，信用体系也伴随货币形式的转变而变动。在《国富论》中，亚当·斯密阐述货币的职能，他认为：货币的主要职能就是流通，人们拥有货币是为了购置其他商品。当物品交换进化到以货币为中介的阶段之后，商品的价值便由货币来计量。然而这种假设性的思维仅仅是基于一种逻辑推断，并不能提供考古学的证据，也未在现存的对原始部落的记载中真实观察到从物品交换发展至货币中介的全过程。

物物交换的基础设定是在个体与个体之间不存在社会联系，这与经济学的理性人假设有着相同的逻辑链。然而人作为具备社会属性的生物，其显著的特性是每一个体都有着广泛的社会联系。在与他人交换物品的过程中，不是一定要立刻完成，完全可以通过信誉或者债务的方式进行。比如在原始的部落中，一个部落成员需要另一个部落成员的物品，不用立刻搬来其他物品进行交换，只要得到对方的认可就可以先取走。当甲需要乙的斧头时，甲可以先拿走乙的斧头，并给乙出具一种信物。当乙需要丙的粮食时，乙可以先拿走丙的粮食，并给丙出具一种信物，或者把甲给乙的信物抵押给丙——这种信物就是货币或类似货币的原始形态。

---

① 刘川，张庆君，桂杨．货币演进视角下的法定数字货币再认识［J］．西南金融，2021（3）：75-84.

② 王拓，刘晓星．数字货币的源起、技术演进及未来趋势［J］．深圳社会科学，2021（9）：25-34.

货币在最初的阶段，可能并未被当作普遍等价物或通用商品来扮演商品交换的介质角色，而应是被视为一个普遍信用的形式，用于记载和解决债务债权的问题。因此货币可被理解为一种联结手段，打造一种人与人之间的社交联系。2011 年，美国的人类学家大卫·格雷伯认为，大概在 5000 年前，人类便已经开始运用复杂的信用系统进行商品交易，而不是简单的以物易物。由于私有化的信用货币难以长期保存，故而留存下来的实物数量稀少。近些年考古学家新的发现和理论为我们对于人类社会早期信用货币的了解提供丰富的信息。①

伴随着货币形式的进化，货币创造者的主体地位也呈现变迁趋势，从私人转向政府，再转移到银行机构。货币的承载物是一种可迁移的实体，由社会公认或服从的权威机构所创建，拥有货币的价值属性，可以被数字和货币单位具体化。在古代私人信用货币体系中，发行货币的权力属于部落首领或者宗教祭司，货币的承载物可以是榛子、贝壳等；在政府信用货币体系中，权力来源于政权，货币的承载物是铸币、纸币等；在银行信用货币体系中，由中央银行支持的银行发行，货币的承载物包括现钞、存储、债券等，如图 7-1 所示。②

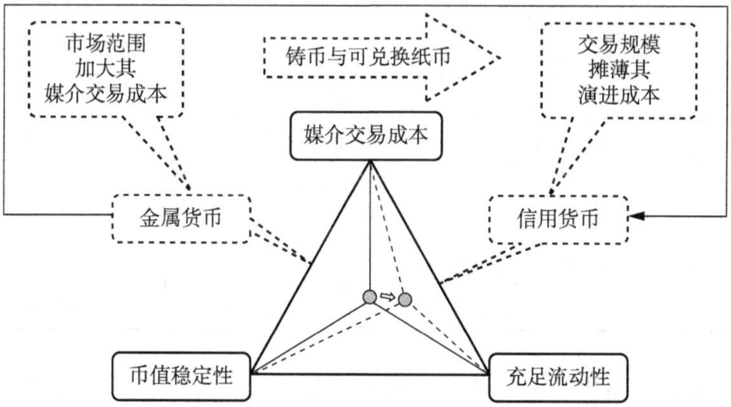

图 7-1　从金属货币到信用货币的形式转换

资料来源：王勇浩．货币形态演进的逻辑：一个假说［J］．经济问题，2021（11）：67.

产业革命引发生产能力的迅猛扩展，企业的数量也随之剧增，但是政府制定的信用货币与企业的生产活动并未紧密连接，于是银行在近现代意义上

---

① 孙国峰．货币创造的逻辑形成和历史演进：对传统货币理论的批判［J］．经济研究，2019（4）：182-198.

② 王勇浩．货币形态演进的逻辑：一个假说［J］．经济问题，2021（11）：60-68.

应运而生。在银行信用货币体系中，投资创造储蓄指的是名义投资创造名义储蓄，然而实际的储蓄则由个体的跨期选择所决定。每一个体都希望自己持有的货币的存活期是无限的，也希望货币发行机构的存活期是无限的。为此中央银行需要为商业银行提供支持，这种支持体现为中央银行允许商业银行将其存款负债兑换为中央银行的现金，以及中央银行对商业银行的流动性提供保证，商业银行通过贷款创建存款可以起到驱动当前生产活动的效果。①

电子化的货币形态是货币本质与数字技术两大进化轨迹的交汇产物：网络化、信息化、数字化的崛起构建以电子商务为核心的交易虚拟空间，其范围涵盖存储、支付、清算、汇兑等多个方面；众多的数字商品、数字服务及数字资产如雨后春笋般涌现，电子货币的诞生与其逐步细分、分类成为理所当然的结果，如表 7-1 所示。

表 7-1　电子货币、虚拟货币和加密数字货币

特性	电子货币	虚拟货币	加密数字货币
发行主体	金融机构	网络运营商	中央银行、金融机构、私人
使用范围	一般不限	网络企业内部	不限
发行数量	法币决定	发行主体决定	数量一定
储存形式	磁卡或账号	账号	数字
流通方式	双向流通	单向流通	双向流通
货币价值	与法币对等	与法币不对等	与法币不对等
信用保障	政府信用	企业信用	网民信念
交易安全性	较高	较低	较高
交易成本	较高	较低	较高
运行环境	内联网、外联网、读写设备	企业服务器与互联网	开源软件、P2P 网络
典型代表	银行卡、公交卡、支付宝等	Q 币、盛大币、各论坛积分等	比特币、以太坊等

1991 年，美国货币主义者米尔顿·弗里德曼，在《货币的祸害——货币史上不为人知的大事件》中阐述："在人类历史的早期阶段，人们意识到，为了获取某种物品，销售自己的产品或提供服务是更安全的方式，因此人们开始尝试把购买和销售的行为从原始的以物易物交易中剥离出来。这种物品并不会在生产过程中被消耗，也不会被用于生产，而是作为一种交换媒介，用于购买那些在生产过程中可以被消耗或用于生产的产品或服务。这个连接购

① 孙国峰．货币创造的逻辑形成和历史演进：对传统货币理论的批判［J］．经济研究，2019（4）：182-198.

买和销售行为的‘某种物品’被定义为货币，在过去的几千年里以各种不同的物理形式出现，直至今日的纸币和电子账本记录的条目。谁知道未来的货币演化成何种形式？是计算机字节吗？”在他提出这个假设的20年后，由于互联网、大数据、云计算、移动互联网、智能化的飞速进步，几乎所有的经济金融活动都转移到互联网和移动互联网上，电子货币因此成为进行交易的必备价值工具。

1976年，奥地利经济学者弗里德里希·哈耶克提出“可竞争货币”的理念，指出应由私人银行发行货币。在同一年，来自美国的密码学专家怀特菲尔德·迪菲与网络安全技术专家马丁·赫尔曼共同发明Diffie-Hellman算法（即非对称加密体系），为数字货币的未来发展打下重要的基础。1982年，美国密码学专家大卫·乔姆，被誉为“加密货币之父”和区块链的创始人，提出“数字货币”的理论，并且创造基于传统“银行-个人-商家”模式的电子货币系统，同时提出“随机配序”和“盲签名”的关键技术。1996年，美国医生道格拉斯·杰克逊创立E-Gold数字货币，这是第一个以黄金为支撑的交易平台，后续因为吸引大量的非法洗钱交易，被各国政府封锁。2008年，日裔美国密码学家、“比特币之父”中本聪，在《比特币：一种P2P的电子现金系统》中提出“比特币”的理念。他认为比特币是一种基于P2P网络的去中心化电子现金系统，交易方可以避开如央行等第三方机构，直接通过比特币完成交易。比特币的诞生代表数字货币新时代的开启，其广泛使用也推动后续上千种加密货币的研究与创造。

根据发行实体及其信誉，可以把数字货币划分为法定数字货币和私人数字货币这两大类别。法定数字货币的信誉主要源于中央银行；而私人数字货币的信誉可能源自纯粹的计算法则和设备（例如比特币），或者是来源于算法、设备以及支持的资产、发行者信誉的混合体（例如稳定币）。

第一类是法定数字货币，由拥有货币主权的机构统一发行并得到国家的信用保障，有能力完全取代旧式的纸币和电子货币。在《关于中央银行数字货币（CBDC）的报告》中，国际清算银行把法定数字货币描绘为中央银行货币的数字版本。法定数字货币既可以采用区块链作为发行基础，也可以选择传统的中央银行集中账户体系进行发行。法定数字货币的发行必须由中央银行完成，因此自身具有货币的核心属性，比如计价工具、交易媒介等，同时拥有内在价值的稳定性。

第二类是私人数字货币，发行并非集中在一方，任何参与者都有权制造。缺乏货币的基本特性如法偿性和强制性，因此更像是虚拟货币，其实质是一种数字资产。在现阶段，私有数字货币的发行通常通过首次发行代币（ICO）这种方式，也就是通过发行加密代币来筹集资金。而私有数字货币的价值并未得到广泛的认可，主要原因是其价值并未与任何实物资产挂钩，价格波动大。由于缺乏对私有数字货币的相关监管，人们通常将其视为虚拟商品，而非具有法定地位的货币。①

各国的中央银行正在积极研究数字货币背后的技术，并探索其对国内货币系统的可能影响。率先尝试法定数字货币的是南美国家厄瓜多尔，2015 年 2 月，推出一种名为“电子货币系统”和“厄瓜多尔币”的新型货币。经过认证的公民可以使用移动 App 在超市、商场、银行等地点进行购物支付和转账等操作。然而“厄瓜多尔币”并未如预期那样普及，在三年后停止服务。2018 年 2 月 21 日，委内瑞拉政府发布官方数字加密货币“石油币”，作为国家的国际记账单位，寄希望于此以解决国家经济困境。

支付体系长期由美国三大金融巨头（PayPal、VISA、MasterCard）主导的欧洲诸国，在 Facebook 发布 Libra 白皮书后加快对央行数字货币的研究工作。2016 年，英格兰银行就推出一种名为 RSCoin 的法定数字货币框架，以支持英国经济和世界贸易。2019 年，欧洲央行透露，法国银行也开始着手研究央行数字货币。除英国和法国之外，包括加拿大、新加坡、丹麦、挪威、瑞典、以色列、中国、巴西、菲律宾、俄罗斯、泰国、立陶宛、巴哈马在内的众多国家也在积极参与央行数字货币的研究。同时一些跨国组织也开始进入数字货币领域，比如摩根大通发布“JPM Coin”，沃尔玛也申请数字货币相关专利。②

相较于纸质形态的信用货币，数字货币的特征之一仍然是数字化，其在价值尺度量上并未实现突破，然而能够更有效地执行流通职能。消费者仅仅需要通过端点设备进行数字信号的发送与接收，就可以完成交易，打破以往交易在时间和空间上的约束，并且具有可溯源、难以伪造的特性，赋予数字货币更高的信任度。数字货币降低纸币的储存、折损等成本，有利于发挥其价值职能。

虚拟货币与信用货币在社会属性上保持一致，体现使用者之间各类应付债务和应收债务的情况。在数字经济环境下，交易参与者之间的信息不对称等状况日益严重，亟须依赖一系列的体制设计去确保未知交易伙伴的交易能够顺利进行。利用智能化契约等科技工具，虚拟货币可以提升交易参与者之

① 任麟祥，石丽娜．法定数字货币的影响分析与发展建议［J］．时代金融，2021（4）：49-51.

② 王拓，刘晓星．数字货币的源起、技术演进及未来趋势［J］．深圳社会科学，2021（9）：25-34.

间的信任度，进一步有效地搭建整个信用社会的债务与债权关系网络。

1976 年，哈耶克主张政府应该缩减对货币的管理，甚至把发钞权交予私营企业，借助市场的竞争机制来淘汰劣质货币，让公众来决定哪一种货币最值得他们信任并将被广大群众使用。互联网和通信等科技的发展使得基于区块链的私人货币成为可能，而量化宽松政策导致的信用货币贬值预期也使得这种可能性成为现实。在 2008 年的金融危机后，他的非国家化的货币观念重新获得众多经济学者的关注。

私人数字货币的发行者没有限制，而且发行成本低廉，这可能导致私人数字货币质量参差不齐，信誉等级难以鉴别。私人数字货币的使用者主要集中在小范围的群体中，购置及持有此类货币主要是出于投机考虑。很多国家的央行已经出台法律禁止在国内发行比特币等私人数字货币，以及禁止私人数字货币与本国货币的兑换和流通。随着各国中央银行和政府对挖矿、交易等活动的监管不断增强，比特币的投机元素将逐步减少，最后可能只剩在小范围的群体中发挥一定的流通和价值保存功能，难以在社会公众中形成全覆盖的信用共识。

唯有由中央银行发行的数字货币，有能力来构筑公众对于货币使用的一致性机制，创建一个比信用货币更稳定、关联性更强的债权债务网络。数字货币的基本特性和内置技术，满足法定数字货币的“质”的需求，同时给予中央银行新的监管手段。中央银行最大的优势在于能够通过技术途径实现对货币发行和流通的全程监控，数字货币用户产生的交易记录可以通过技术手段实现低成本还原，中央银行可以获取充足的货币流通信息，因此在设定数字货币发行“量”的时候会更加科学。此外中央银行通过记录、监测交易资金的来源、去处、支付金额、频率等相关数据，能够有效引导资金流向，打击国际洗钱等行为，提高金融的稳定性，如图 7-2 所示。①

货币的进化同样是技术的进化：从实物货币转变为金属货币的过程反映冶金技术的提高，金属货币向信用纸币的转变是印刷技术的提升，而信用纸币转向数字货币的过程则是计算机和互联网技术的提升。数字货币的成长是多种技术和经验积累的产物，例如改进的共识算法、分散式存储技术、安全的加密算法、区块链账本的格式和内容等。目前以比特币为代表的主要数字货币都以区块链为其基础技术。区块链是由节点参与的分散式数据库系统，包括共识机制、密码学原理、数字存储结构等三大基本机制。

---

① 徐德顺，寇明珠．近代以来世界通货信用演进与未来超主权数字货币构想［J］．全球化，2022（2）：72-82.

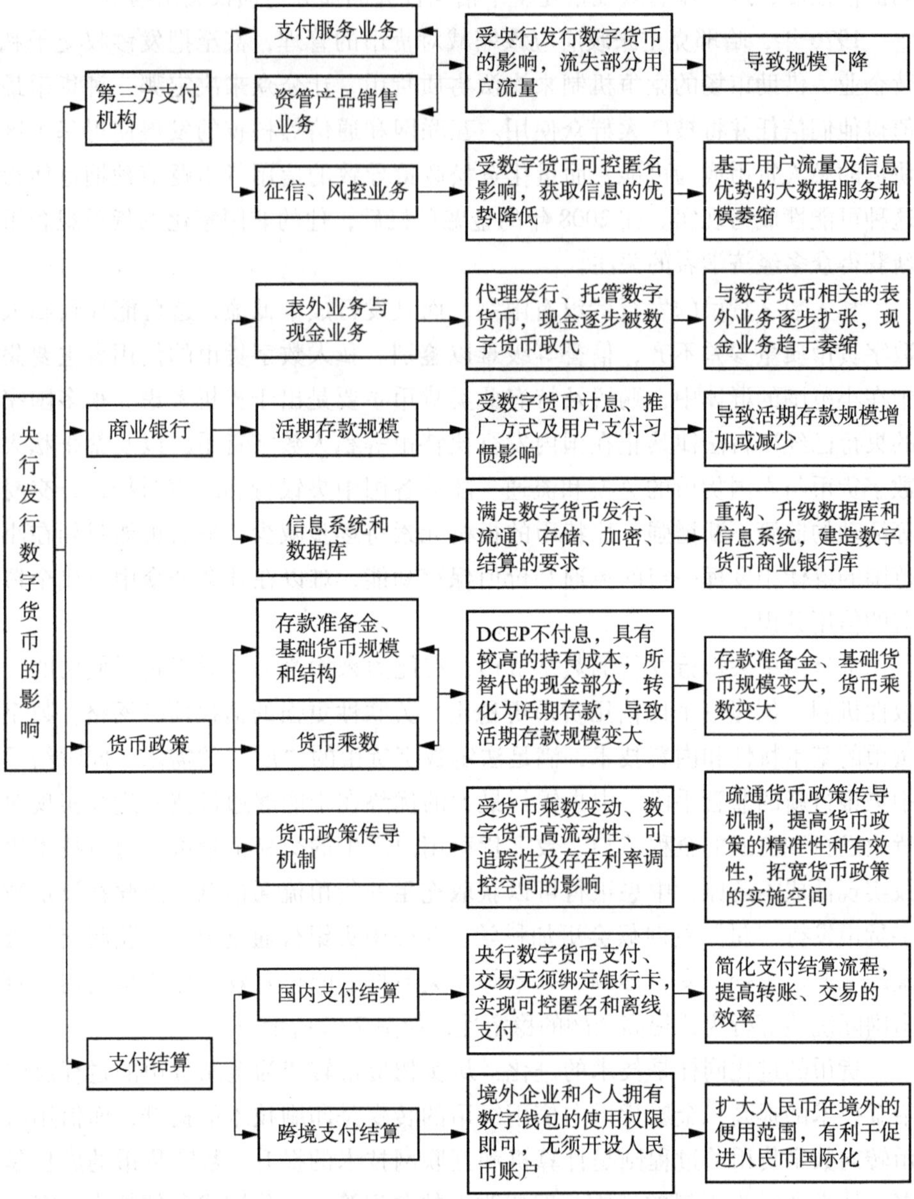

图 7-2　中央银行发行数字货币的主要影响和传导路径

资料来源：吴婷婷，王俊鹏. 我国央行发行数字货币：影响、问题及对策［J］. 西南金融，2020（7）：33.

第一，共识机制。区块链的功能是在不可信的信道中传递可信的信息和价值，共识机制则是解决区块链在分布式环境中实现一致性的手段。共识机制在区块链的运行中起着类似国家法律的作用，保障区块链的正规和稳定运作。其主要形式包括工作量证明机制（POW）、股权证明机制（POS）、拜占庭一致性协议机制（PBFT）等。POW以其完全去中心化的特性而知名，其运行根据劳动分配基本原则，即拥有更多的货币量和更长时间的矿工可以得到更多的投票权。POS并不能达到完全去中心化，其优势在于能显著缩短达成共识的时间，从而减少资源的耗费。在POS作为共识机制的区块链网络中，只有拥有一定数量的加密货币的节点才有可能获得记账权。

第二，密码学原理。原理之一是非对称加密技术，依赖于公钥和私钥的配对使用。在一个区块链网络里，每一个节点都拥有一对唯一的公钥和私钥。倘若数字信息被公钥加密，那么只有相应的私钥才有解密的能力。这种非对称加密方法消除最终用户交换密钥的必要性，发起者无须向其他方分享自己的私钥也能进行交易。原理之二是哈希算法，这是一种密码散列函数，把任意大小和长度的输入，通过散列计算转变为固定大小和长度的输出，而试图根据哈希算法的输出反推输入信息几乎是不可能的。哈希算法因其加密或验证过程简单、对信息的敏感性等特点，已经在数字货币领域得到广泛应用。

第三，数字存储结构。默克尔树（Merkle Tree）是一种树形的哈希值存储结构，也被人们称为哈希树（Hash Tree）。这种结构由数字区块、叶节点、中间节点以及根节点构成，在比特币网络中有着广泛的应用，主要是通过极其有效的节约空间和时间的方式协助验证交易的存在性。默克尔树可以用来概括一个比特币区块内的所有交易，每一笔交易对下层的数字区块进行哈希计算后产生的哈希值就是叶节点，然后对相邻的两个叶节点进行哈希计算产生的哈希值形成中间节点，最后得出的所有交易的哈希值即形成根节点。假如篡改任何一笔交易，那么产生的默克尔树的根就会完全改变，因此通过哈希算法验证默克尔树的根就能完成交易的验证。

在移动互联网时代的背景下，不论是中央银行的数字货币或是个体的数字货币，因其为金融资产或支付手段的特性，对其安全性的需求更为严苛。从个体数字货币诞生之时起，已经出现多次与安全有关的问题。比如2011年6月，MT. Gox网站遭受黑客的攻击，导致近六万用户的信息在网上被公之于众。黑客以管理员的身份登录网站，并且大规模卖出比特币，结果比特币的价格从17.51美元骤降至0.01美元。个体数字货币的交易平台频繁发生安全事故，安全状况令人担忧。

对比当前的实体货币系统，数字货币的运作成本更为节省，并且在长距离交易中的便利性使得数字货币在跨国支付和世界贸易中得到大量运用。倘若中央银行开始发行数字货币，首先替代的是现行的现金交易部分（M0）。

在现金交易部分被部分替代之后，下一步替代的是商业银行的数字货币。当前商业银行的数字货币存储是集中式的，一旦遭受网络攻击，可能遭受重大损失。然而中央银行的数字货币使用分布式存储方式，通过多个节点保存用户信息，即使其中某一节点遭受网络攻击，也不会对整个数字货币系统产生过大的影响。另外由于分布式存储方式存在多个计算节点，其计算能力更强，支付清算系统效率更高。更快的支付清算可以减少汇率风险，提升资金利用率，并在世界贸易中使得支付更为安全、经济和便捷。①

在国内影响中，由法定数字货币对流动性结构的改变引发的银行风险及货币结构转变是最直观的。第三方支付方法的崛起极大地便利公众的日常支付活动，无现金的社会给货币流动性结构带来深远影响。支付宝属于阿里巴巴的业务，而微信是腾讯的产品，这两大第三方支付平台的担保承兑基础是商业银行存管的备付金和隐含的担保，这种担保来源于银行的信用而不是基础货币。随着第三方支付平台逐渐成为系统性的重要节点，其所承担的风险也在逐步增大。法定数字货币并不是信用的派生产品，而只是数字化的现金。数字货币的交易信息是不可修改的，可以实时监测货币流向，有助于提高金融监管的效率，抑制金融风险，防止金融犯罪。数字货币对货币政策的影响是各国中央银行的关注焦点，法定数字货币的发行可以顺畅货币政策的传导，避免利率剧烈波动，对 GDP 增长起到推动作用。

在国际影响中，法定数字货币的引入可能对以美元为中心的国际货币系统产生深远影响。在布雷顿森林体系期间，美元凭借经济主导地位和二战后“马歇尔计划”下的资本输出而崭露头角，这种地位原先需要以美元兑换黄金的责任作为交换。然而随着欧元等许多货币的出现，美元的价值扭曲度不断增加。尽管国际货币基金组织提出特别提款权以期修正其扭曲，但是货币篮子中的各国在货币比例、发行量、使用范围等方面难以达成一致，法定数字货币的出现或许能改变这个局面。部分国家对数字货币的关注主要是希望打破美元的主导地位，争取本国更大的制币权，提高国际货币系统的公正性。如果能建立一个多方共同维护、无法篡改、可追踪的分布式数据库，那么构建一个被主要国家认可的国际数字货币系统，有可能解决现存的国际货币系统中的诸多问题。②

---

① 王拓，刘晓星．数字货币的源起、技术演进及未来趋势［J］．深圳社会科学，2021（9）：25-34.

② 刘川，张庆君，桂杨．货币演进视角下的法定数字货币再认识［J］．西南金融，2021（4）：75-84.

7.1.2 货币创造与货币政策

中央银行发行的数字货币被称为央行数字货币（Central Bank Digital Currency，CBDC），这是一种受国家信用保证的主权数字货币，其价值和信誉受到国家法规的强制维护，并具备无尽的有效偿付性。采用区块链技术构建数字货币运作的整体框架，通过分布式账务技术进行货币的全周期管理，利用数字加密方法保证数字货币的有限匿名性（小额匿名、大额可追溯），既能预防个人隐私被泄露的风险，又能增强信息安全和货币流向的可追踪性。

相较于传统的现金形态，中央银行发行的数字货币的最主要变化在于现金的数字版。在价值含义上，数字货币和实物货币持平，仍然满足价值尺度、交易媒介、价值储藏等货币的基本职能，是具有价值锚定、能够创造信用、执行货币职能的信用货币，同时也是中央银行向公众发行的债务。数字货币是中央银行发行的流通现金，从货币层次上来看相当于M0，具备现金的基础特性，用于日常支付和结算时应免交易费，而与货币发行、运行、流通相关的成本由中央银行负责，作为发行方还能获得铸币税收。

依据中央银行、中介机构、托管方、公众合约关系的不同，央行数字货币的运作体系和发行方式可被划分为：①直接型CBDC，发行的直接受众是公众，后者有资格直接在中央银行设立账户，这代表着公众对中央银行直接的索取权，公众有权限查看和操控中央银行账户的资金。常规的支付和交易指令由中央银行本身执行或是外部代理商执行，中央银行的资产负债表会随着交易的发生而变动。②间接型CBDC，发行的间接受众是银行、托管方等第三方机构，后者需要支付100%的准备金作为发行储备，然后由第三方机构与公众签署账户合约关系，提供常规交易、转账支付、现金兑换等服务，中央银行不再与公众建立直接的债权债务关系。③混合型CBDC，公众可以同时在中央银行和第三方机构设立独立的账户，享受双方提供的协同服务。除了银行和金融机构，第三方机构的范围扩大至支付服务供应商（Payment Support Provider，PSP）和技术服务供应商（Technology Support Provider，TSP），例如微信支付、电信运营商等，中央银行有义务审查支付服务供应商和技术服务供应商的相关资质，对符合监管要求的服务供应商授予运营许可，使其能访问消费者账户并提供相应服务。①

在法定数字货币的发行和流通系统中，由中央银行建立的两种主要的设

---

① 门艾琳．央行数字货币发行对货币供给体系的影响分析［D］．北京：外交学院，2022：9-11.

计方案可以考虑：一种是“中央银行-社会公众”的一元体系，即中央银行直接向私营部门发行数字货币；另一种是“中央银行-商业银行-社会公众”的二元体系，即商业银行直接向私人部门提供数字货币服务。

一元信用发行体系是由中央银行直接向公众发行数字货币，并负责法定数字货币的流通及保养服务。在这种信用生成机制中，中央银行针对宏观经济状况和货币政策调整的需求，采用购买资产的手段向市场直接发行数字货币。中央银行的资产负债表对非金融组织和公众开放，个体可以在中央银行直接设立账户，利用数字货币钱包存放法定数字货币，数字钱包在技术上需要整合实现数字货币的在线与离线交易功能。

二元信用发行体系由中央银行基于金融体系的动态来设定最佳发行量，数字化货币则由中央银行的发行库转移到商业银行的业务库，进而通过商业银行的账户系统进入流通市场。数字化货币的投放和回笼都是完全依赖于电子传输方式来进行的，这种方式大大提升投放和回笼的效能以及安全性。商业银行账户负责管理目前的数字货币，而数字货币钱包负责管理法定的数字化货币，将导致商业银行账户与数字货币钱包并行的状况，可以相互兑换和替代数字货币和法定数字货币。①

中央银行选择的法定数字货币的发行和流通体系，可能对货币政策表现出不同的影响。如果直接向私营部门发行法定数字货币，尽管可以增强货币传递效力和中央银行的监管能力，但是可能给现行的货币供应和传递体系带来颠覆性的效应。为了防止新型货币可能导致的货币发行体系混乱，调动商业银行在法定数字货币的应用和推广上的积极态度，选择沿用现行的二元体系作为法定数字货币的发行和流通体系更为适宜，如图 7-3 所示。②

货币供应的总量可以被划分为三个等级：M0 即流动的纸币和硬币；M1 被称为狭义货币，等于 M0 加上流动性高的活期存款；M2 被称为广义货币，等于 M1 加上准货币，包括定期存款、储蓄存款、互联网货币市场共享基金等。按照中央银行的资产负债表，基础货币涵盖货币发行和准备金存款。在推出数字货币之前，基础货币（B）的总额等于现金（C）和存款准备金（R）的和，记作 $B_b=C_b+R_b$。而在推出数字货币之后，基础货币的组成也包括数字货币（DC），记作 $B_a=C_a+DC+R_a$。

---

① 乔海曙，王鹏，谢姗珊．法定数字货币：发行逻辑与替代效应［J］．南方金融，2018（2）：71-77.

② 谢星，封思贤．法定数字货币对我国货币政策影响的理论研究［J］．经济学者，2019（9）：54-63.

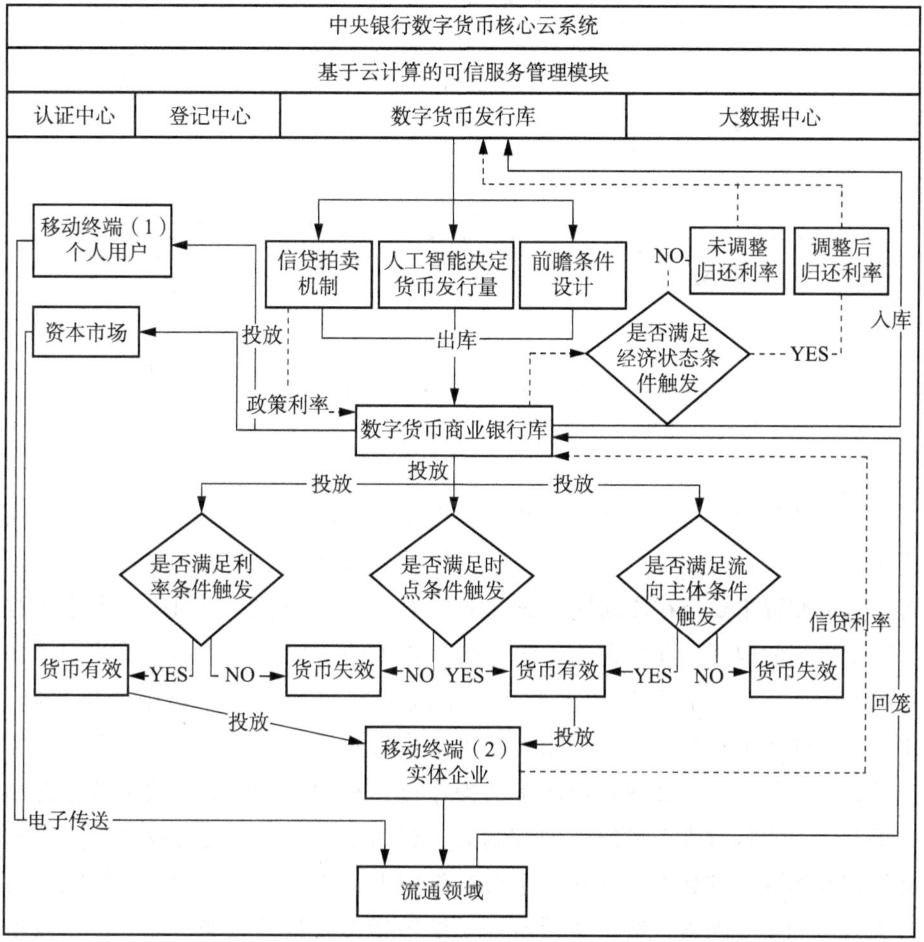

图 7-3　法定数字货币运行体系的货币创造和货币政策

资料来源：谢星，封思贤．法定数字货币对我国货币政策影响的理论研究［J］．经济学者，2019（9）：56.

在数字货币的二元发行体系中，央行最初把数字货币传递给商业银行，商业银行向央行支付 100%的备用金，接着把数字货币兑付给公众。商业银行和公众各自持有一部分现金或数字货币：商业银行主要用于满足日常业务需求，公众则主要用于交易或价值储存，两者的总和等于央行发行的现金或数字货币，即 $C_b=C_{1b}+C_{2b}$、$C_a=C_{1a}+C_{2a}$、$DC=DC_1+DC_2$。当公众通过商业银行转换数字货币时，存款数量降低，流通的数字货币数量增加；当公众将数字货币存储在商业银行账户时，存款数量增加，流通的数字货币数量减少，如表 7-2 所示。

表 7-2　引入 CBDC 对货币供应量和货币乘数的影响对比

货币	引入 CBDC 前	引入 CBDC 后
B（基础货币）	C_b+R_b	C_a+DC+R_a
$M0$（流通货币）	C_b	C_a+DC
$M1$（狭义货币）	C_b+D_b	C_a+DC+D_a
$M2$（广义货币）	$C_b+D_b+T_b$	$C_a+DC+D_a+T_a$
$m1$（狭义货币乘数）	$\frac{C_b+D_b}{C_b+R_b}$	$\frac{C_a+DC+D_a}{C_a+DC+R_a}$
$m2$（广义货币乘数）	$\frac{C_b+D_b+T_b}{C_b+R_b}$	$\frac{C_a+DC+D_a+T_a}{C_a+DC+R_a}$

资料来源：姜婷凤，陈昕蕊，李秀坤．法定数字货币对货币政策的潜在影响研究［J］．金融论坛，2020（12）：19.

影响各类货币层次和货币乘数的关键在于，数字货币如何改变公众对现金、数字货币、活期存款、定期存款、货币市场基金、股票债券等资产的配置，这种配置主要是在流动性、交易成本（支付的便利性）、风险、资本收益等因素之间的取舍。在短期内，法定数字货币的发行会对基础货币的构成和规模产生影响；而在长期内，会对货币政策各环节工具的效用产生影响：①在货币政策工具上，数字货币对于丰富货币政策工具箱、负利率政策的实施具有积极的作用。②在货币政策的操作目标和中介目标上，数字货币有助于提升中央银行对货币供应量的控制力，有助于中央银行更有效地进行流动性管理并指导基准利率。③在货币政策效应上，货币政策的时滞是影响货币政策效能的重要因素，数字货币有助于缩短货币政策的时滞，提升货币政策的效能。

由于法定数字货币是可编程的，中央银行有能力在法定数字货币中预设一些前瞻性的触发条款，例如“流向主体条件触发”。通过把某些政策目标融入数字货币的发行流程中，能够促进精确和智能的调控，从而使货币政策对政策目标产生更具针对性的影响，增强货币供应的可控性和可测性。这样做能够满足货币政策的灵活和精准调控的需求，进一步使货币系统更好地适应和推动数字经济的发展，有助于宏观经济的总体稳定。[①]

数字货币的应用范围扩大，其功能逐步从替代传统货币转型为一种创新的货币政策手段，通过“货币乘数→货币供应量→利率”的途径改变对中央

① 姜婷凤，陈昕蕊，李秀坤．法定数字货币对货币政策的潜在影响研究法定数字货币对货币政策的潜在影响研究：理论与实证［J］．金融论坛，2020（12）：15-26.

银行货币政策的影响力。构筑一个包括家庭部门、企业部门、政府部门以及中央银行在内的动态随机一般均衡模型，以此评估货币政策连续性不同的经济体系在应对外部冲击时的稳定性。

明确地说，实施锚定通货膨胀、产能、前期利率的泰勒原则，借助货币乘数、均衡值、弹性系数、取款率等相关指数构建实证模型，研究影响数字货币乘数的众多要素。比较具有不同利率调整系数的两个经济体系在遭遇各类外部冲击时主要经济指数的波动性质，从而观察数字货币的发行和创新如何影响货币政策的连续性和稳定性。

在有预算约束的情况下，家庭部门会选择消费额、劳动量和实际货币余额这三者，来达到效用的最大化。其计算公式如下所示。

$$\max_{c_t,\ l_t,\ B_t,\ u_t,\ K_t,\ M_t} E_0 \sum_{t=0}^{\infty} \beta^t U\left(C_t,\ L_t,\ \frac{M_t}{P_t}\right)$$

式中：β 为家庭部门的季度主观贴现因素，C_t、L_t、$\frac{M_t}{P_t}$分别为家庭部门的消费额、提供的劳动量、持有的实际货币余额。

企业部门（包括中间产品和最终产品）预算约束下，选择劳动量、资本额来实现其利润最大化，计算公式如下所示。

$$\max_{P_t(J)} E_t \sum\nolimits_0^{\infty} (\varphi_p \beta)^s \frac{u(c_{1+s})}{u(c_t)} \left(\frac{profit(j)}{P_t}\right)$$

式中：φ_p 为价格黏性系数。

中央银行和政府部门实施的货币政策采用经典的泰勒规则，盯住利率、产出、通货膨胀的稳态值，计算公式如下所示。

$$\ln\left(\frac{i_t}{\bar{i}}\right) = \rho_i \ln\left(\frac{i_{t-1}}{\bar{i}}\right) + (1-\rho_i)\left[\rho_Y \ln\left(\frac{Y_i}{\bar{Y}}\right) + \rho_\pi \ln\left(\frac{\pi_i}{\bar{\pi}}\right)\right]$$

式中：设定发行前的货币平滑参数 ρ_i 为 75%，表示经济体系有 75% 的概率延续上一期利率；设定发行后的货币平滑参数 ρ_i 为 95%。

最终产品市场为完全竞争市场，长期超额利润为 0，市场出清公式如下所示。

$$Y_t = C_t + I_t + G_t + \frac{K_t}{z_t}\left[\chi_1(u_t - 1) + \frac{\chi_2}{2}(u_t - 1)^2\right]$$

（1）面对技术冲击时各经济变量的波动

在初期出现正向的技术进步冲击时，利率、有效资本存量、名义货币余额、通货膨胀、产出增长率首先呈下降趋势，然后逐渐转为上升，而在长期的观察中将趋于恒定。短期内的投资有所上涨，但是在长期看来也将回归恒定。当产业发生技术进步时，为了优化利用，家庭部门在短期内把其持有的资金投向这些新兴的技术进步产业，导致实际货币存量的减少和总体投资额的增长。然而随着采纳新技术的产业竞争的加剧，平均利益率开始下滑，在长期的观察中，家庭部门对这些采用新技术的产业的投资就会减少，重新保留资金以便对经济波动进行实时响应，这将导致实际货币存量的下降。由于产业之间的劳动力转移存在费用，资本未能得到充分的应用，在短期内可用的资本储备会降低，因此总体产出和通胀也会随之降低。然后随着劳动力适应技术的进步，提升资本使用效率，产量和通胀就会随之上升。而在长期的观察中，产业之间的竞争导致利润率的下降，使得通胀和产出重新回归恒定，如图 7-4 所示。

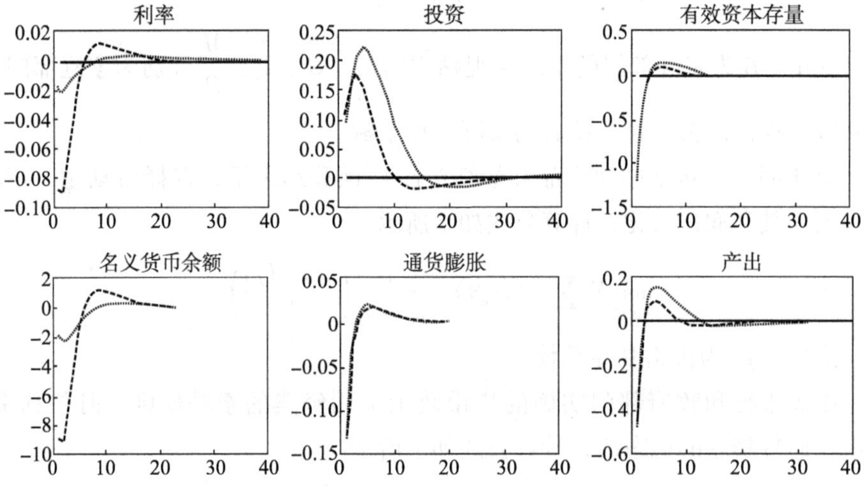

图 7-4　面对技术冲击时各经济变量的脉冲响应

资料来源：于博，叶子豪．主权数字货币发行、货币政策连续性与宏观经济波动：基于动态随机一般均衡理论［J］．陕西师范大学学报（哲学社会科学版），2021（7）：143.

在遭遇外部技术冲击的情况下，实施数字货币发行的经济体对于利率与名义货币存量的反应相对迟缓。然而未实施数字货币发行的经济体更有能力平稳地应对投资、有效资本存量、通胀以及产出所带来的波动。这两种经济体在利率、名义货币存量以及通胀上几乎是同步回归到稳定状态。而在投资、有效资本存量以及产出方面，实施主权数字货币发行的经济体则在更晚些时候才回归到稳定状态。

（2）面对边际投资效率冲击时各经济变量的波动

在初期面临正向的边际投资效率冲击时，利率、名义货币余额出现先下降后增长的趋势，而在长期过程中逐渐趋向新的稳定状态。在短期内，投资、有效资本存量、产出均有所提升，投资和有效资本存量逐渐趋向新的稳定状态，产出则回复至原有的稳态。在短期内，通货膨胀有所降低，并在长期过程中趋向新的稳态。在实际资本储备和资本使用率保持不变的情况下，投资的边际效益提高使得资本使用成本减少，家庭部门更倾向于进行投资活动，从而引发短期内的投资、产出、有效资本存量的提升。资金从家庭部门的名义货币储备转向投资，导致名义货币余额减少和利率降低，如图 7-5 所示。①

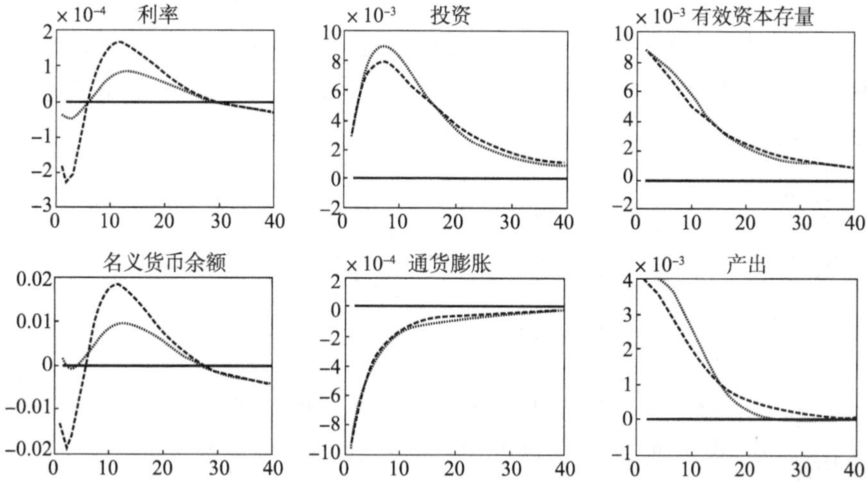

图 7-5　面对边际投资效率冲击时各经济变量的脉冲响应

资料来源：于博，叶子豪．主权数字货币发行、货币政策连续性与宏观经济波动：基于动态随机一般均衡理论［J］．陕西师范大学学报（哲学社会科学版），2021（7）：144.

在遭遇外生边际投资效率冲击时，采行主权数字货币的经济体更少地对利率和名义货币余额做出反应。在短中期内，更可能维持前一阶段的货币政策，其投资、有效资本存量、产出的波动幅度更大，能以更高的速度迅速调整。尽管在这个时候，经济体系的各项指标的波动性增大，但是也能迅速地调整以适应这些波动。在通货膨胀方面，两者的变动幅度差异不大。在利率、投资、有效资本存量、名义货币余额、通货膨胀等因素上，两者几乎同时达到新的稳定状态，然而在产出上，主权数字货币的经济体回归到原来的稳定状态的时间比较早。

① 于博，叶子豪．主权数字货币发行、货币政策连续性与宏观经济波动：基于动态随机一般均衡理论［J］．陕西师范大学学报（哲学社会科学版），2021（7）：133-148.

（3）面对政府支出冲击时各经济变量的波动

在最初阶段应对正向的政府支出冲击，利率与名义货币余额先行上升后呈下降趋势，同时在长期过程中稳定在新的平衡点。物价上涨和投资在短期内有所下滑，但在长期内也会稳定在新的平衡点。产出和有效资本存量先行上升、随后下降。产出在长期内恢复到原来的平衡点，有效资本存量则回归到新的平衡点。政府支出在短期内的突然增加对家庭部门的投资产生“挤出效应”，导致居民部门的投资下降。此时的家庭部门更倾向于持有货币，从而导致名义货币余额的增长。虽然在短期内政府支出占总产值的比例上升，但是在长期内，政府支出受到自身税收的限制，家庭部门重新投资，使得名义货币余额减少。政府在短期内的支出提高总产出，因此在短期内出现轻微的物价上涨，但是在长期内随着政府支出的影响消退恢复到稳定状态，如图 7-6所示。

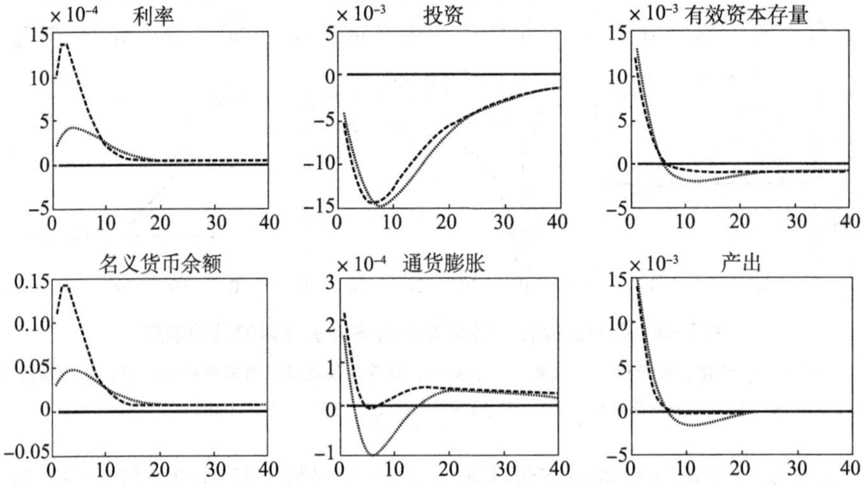

图 7-6　面对政府支出冲击时各经济变量的脉冲响应

资料来源：于博，叶子豪．主权数字货币发行、货币政策连续性与宏观经济波动：基于动态随机一般均衡理论［J］．陕西师范大学学报（哲学社会科学版），2021（7）：144.

当受到外生的政府支出冲击时，在经济体系中发行数字货币的反馈对于利率和名义货币余额的影响较小。相对于未发行数字货币的经济体系，投资、有效资本存量、通货膨胀、产出等在更晚的时候进行波动平稳和适应性的调节。在投资方面，两者基本在同一时间内恢复到新的平稳状态。然而对于利率、有效资本存量、名义货币余额和产出，未发行数字货币的经济体系能更早地恢复到平稳状态。

总的来说，经济体系受利率和技术冲击的影响最为显著。利率通过对实际货币余额和投资机会成本的影响，从而改变家庭部门的效用最大化行为来影响整个经济，技术则是通过对产出的影响来发挥作用。在经济体系实行更为连贯的货币政策的情况下，由技术冲击产生的波动得到抑制，反之利率冲击产生的波动则增大。当中央银行认识到为了发行主权数字货币，需要实行更为连贯的货币政策时，就必须接受利率变动对经济的放大冲击，同时也更难以对技术冲击做出恰当的反应。

主权数字货币作为货币政策工具核心，具备更强大的调控能力，进一步提升中央银行对经济体系的掌控力。在实施初期，由于“基础设施”的数字货币覆盖范围相对有限，此刻利用数字货币作为政策手段进行经济干预，可能影响经济主体对主权数字货币的预期，从而无法实现经济调控的目标。在实施成熟阶段，必须清晰定义货币政策工具在不同经济环境下的适应性和针对性。比如中央银行可以通过把利率调整为负数来激励家庭部门进行投资和消费，进而让资金流向商业银行和企业。

货币主义学派坚持中央银行或政府应该公开声明一个长期稳定的货币增值率，促使经济活动中的参与者对货币供应的预测保持稳定。从短期来看，中央银行应该强化市场对话，尽可能提升货币政策执行的透明度；从长期来看，中央银行应该实施连续的货币政策，选择并维持一个稳定的利率，以建立市场对货币供应的预期，最大限度地抑制数字货币发行后的经济波动。采用“前瞻性指引”等手段来缩小持有不同信仰的个体在政策解读上的认知差异，从而提升货币政策的执行效果。①

7.2　通货膨胀的预期

人是一种动物，具有动物的各种自然属性。在解释经济现象、解决经济问题时，是否需要考虑人的动物属性，应该不难判断。主流经济学通常假定人是理性的，每一位经济人都要追求在有限资源限定内的效用最大化。但是在这个逻辑下，类似于通货膨胀、失业、资产价格变化、财富增长波动等往往无法被解释或被解决。主流经济学没有充分考虑个体和群体的非理性程度，凯恩斯所说的“动物精神”（Animal Spirits）被忽略，这不是理性计算能够触及的。

在预测经济状况即将发生转变的时候，人们往往以自我利益为出发点，

---

① 于博，叶子豪．主权数字货币发行、货币政策连续性与宏观经济波动：基于动态随机一般均衡政策［J］．陕西师范大学学报（哲学社会科学版），2021（7）：133-148.

根据所掌握的信息，做出理智且明确的响应，这是作为当事人所展现的行为特性，决定他们的实际行动。理性预期理论把预期因素纳入宏观经济的理论研究中，探讨微观经济单元的行为如何影响宏观经济变量，研究心理元素在市场经济行动中的作用以及对经济政策执行成效的影响，继而保持和坚守新古典经济学的立场，激烈指责凯恩斯的政府干预理论，旨在解决当时普遍存在的滞胀问题。①

7.2.1 动物精神与理性预期

理性人的观点始终构成经济学的前提条件，尽管研究手段逐渐走向数学化和模型化途径，然而令人失望的是经济学家未能预见 2008 年的金融危机。从人性贪婪到政府的放任，这些都成为被口诛笔伐的因素，极端的观点甚至完全否认市场经济。在面对一次次的“羞辱”后，主流经济学家必须回归到真实的世界，而不是停留在黑板经济学。始终尊重“人之为人”的自由意志和复杂性，一部分经济学家开始从个体行为的角度进行反思。②

依照主流经济学的观点，凯恩斯无疑是一位理性主义者，然而他还是“动物精神”一词的原创者。1936 年，他在《通论》中表述：“我们所做出决策的后果需要经过许多时期之后才能得知，然而绝大部分的决策可能源于‘动物精神’——这是一种积极的行动倾向，而非无所作为的冲动，也不是以数量的利益乘以概率得出的权重平均数的结果。”“驱动社会车轮转动的正是我们内心的活跃冲动，但是我们的理智边界有限，对于精确的计算我们当然不会抛弃，以便做出更优的选择。然而就动机而论，我们的理智却往往退回到依赖于我们的兴致、情感和机缘的地步。”③

凯恩斯所表述的“动物精神”，实际上是指因为个体独特的心理属性而产生的做决策的冲动性，是每个个体在行动时的反应性、下意识和非理性的表现，这些并非通过深入思考、周密策划才能实现。与之对应，亚当·斯密在其著作《国富论》中阐述人们理智地寻求自我经济利益的观念，然而他没有考虑到人们也受到非经济动机的驱使，而且没有考虑到人们的非理性程度或者被误导的程度。尽管他在《道德情操论》中关注过人类行为的复杂性，表

---

① 汪浩瀚．理性预期理论的统计透视［J］．宁波大学学报（人文科学版），1997（6）：63-69.

② 季小江，孟华兴，刘洪生．从个体行为阐释金融危机的根源：《动物精神》启示录［J］．河北经贸大学学报，2012（3）：7-13.

③ 程均丽，姚南．嬗变中的预期理论：动物精神与异质预期假说［J］．当代经济研究，2011（8）：30-38.

述过人天生具有同情心、利他主义倾向等，但是总体来看，他有意或无意地忽视类似“动物精神”的看法。①

20世纪中叶，凯恩斯主义的部分继承者坚持理性主义的立场，完全忽视凯恩斯提出的动物精神等非理性元素，他们的目标与古典经济学的研究模式相一致。在《价值与资本》一书中，英国经济学家希克斯构建以乘数理论模型为核心的凯恩斯主义，而这一理论模型随后被美国经济学家萨缪尔森融入《经济学》中，把古典经济学的自由主义原则与凯恩斯的政府干预原则巧妙结合，从而创立“新古典综合派”。他们把凯恩斯主义理解为：由于市场消费不充分，政府有必要利用财政策略和货币策略弥补这一短板。20世纪70年代，新古典主义重新回归市场自由主义，进一步强调市场个体和整体都拥有理性，能够自我实现平衡。相应地，凯恩斯的动物精神被所谓的“理性主义”逐渐削弱或裁剪。

尚未解决的难题仍然存在，至今主流经济学仍然不能预测金融危机的灾难性发生。2009年，美国经济学者乔治·阿克尔洛夫和罗伯特·希勒在《动物精神》一书中阐述：“为了理解经济运营的方式，理解如何管理经济并推动经济的蓬勃发展，我们不得不关注人们的某些思考模式。这些思考模式能够准确地揭示人们的思维和感情，也就是人们的动物精神。如果不承认绝大部分重大经济事件基本上都有人的心理因素，那么就无法真正理解这些事件。”他们持有这样的观点：动物精神实际上是凯恩斯对大萧条解释的关键点；政府在干预市场经济的行动中，既要发扬动物精神的创造力，又要约束动物精神的过度放纵。

18世纪以来，主流经济学的建立和演进受到自然科学及其思维方式的深度塑造，其中模型化和数理化的方法要求其基础假设的统一性，否则对于定量化的研究将无法开展，这成为理性人假设能够长期存在的历史条件。尽管数学的定量化研究在精确度上无可置疑，但是对于人（包括个体和集体）的复杂性却视而不见，预测结果往往是不准确的，经济学者也不得不无视理论和实际之间的巨大差距。20世纪60年代以后，一部分心理学家和经济学家在经济学领域加强心理学的分析，通过实验手段对公理化假设的逻辑性进行验证。所揭示的非理性行为成为当今经济学重要的学术前沿之一，为预测经济危机、金融危机提供新的学术利器。②

---

① 乔治·阿克洛夫．是理性还是动物精神［J］．商界（评论），2013（2）：00-102.

② 季小江，孟华兴，刘洪生．从个体行为阐释金融危机的根源：《动物精神》启示录［J］．河北经贸大学学报，2012（3）：83-86.

在预期理论的演进过程中，从非理性演转为完全理性再转变为有限理性，从非理性预期转为理性预测，从预计效用理论转为前景理论，从完全理性转为有限理性。理论的适用性和合理性，理论的模型化，理论应用的局限性和敏感性，理论对现实的解读能力都是主要的参照要素。全面理性是古典经济学的理论基石，有限理性与前景理论是行为经济学的理论基石。①

在借鉴既有预期模型的基础上，美国经济学家数学家约翰·穆斯提出理性预期假说。这一概念描述：为了避免损害并追求最大化的收益，经济参与者会尽力利用所有可获取的信息，对未来的经济变动情况进行尽可能精确的预测。他在《理性预期与价格变动理论》一书中提出三个假设：第一，信息是稀缺资源，经济体系通常不会抛弃作为稀缺资源的信息；第二，预期的形成主要受到经济体系的相关构架的影响；第三，公众的预期对经济体系的运作并无显著影响。理性预期的数学模型如下所示。

$$\begin{cases} Q_t^d = a - bP_t \\ Q_t^s = C + dP_t^* + u_t \\ P_t^* = E(P_t \mid I_{t-1}) \end{cases}$$

穆斯提出的理性预期假说在经济学中的含义包括：首先，理性预期是经济主体寻求最大化利润或效用的自然表现，被视为最精确的预期；其次，各方的主观概率分布与经济体系的客观概率分布相等；再次，理性预期不确保每一主体都拥有相同的预测，也未强求每个实体的预测都绝对准确；最后，理性预期的长期平均误差量是零。1972 年，美国经济学家罗伯特·卢卡斯在《预期与货币中性》一文中，把穆斯的理性预期假说与货币主义模型相结合进行研究。随之理性预期逐渐融入宏观经济学的模型中，构成以卢卡斯为首的理性预期学派。②

理性预期理论（即新古典宏观经济学）以新古典经济学的经济人假设为基础，并以信息完全和市场出清的假定为前提，由此提出“不变性定理”，同时还根据“李嘉图等价定理”和“纳什均衡”，得出“政策无效性”的命题，从根本上否定凯恩斯主义的政府干预思想。理性预期学派主张完全自由放任政策，认为政府应该制定且公开宣布长期稳定不变的政策，取信于民，从而加入主流经济学的新自由主义阵营之中。

---

① 陈柳钦．行为经济学的起源、萌芽、成长、繁荣及其发展趋势［J］．创新，2012（5）：51-59.

② 黄国石．理性预期学派的经济理论和政策主张［J］．厦门大学学报（哲学社会科学版），1997（3）：36-40.

微观经济学的经济人假设并不一定引发宏观经济学的政策变化，哪怕每一个体都拥有理性预期，代表性家庭的行为描述也可能不遵循理性预设，这与微观层次理性预期的存在无关。理性预期通过代表性个体这种独特假设，以此来规避在经济体系中长期存在的宏观合成谬误问题。然而任何有意义的宏观经济模型不只需要分析个体特性，而且需要分析它们互动的结构。个体之间的互动看成一个复杂系统，尽管整体行为并不要求与各个部分的行为相对应，但是通常并非直接从所有个体或各个部分中衍生出来。就像从物理学到生物学再到社会学，粒子、蚂蚁、人组成的系统的整体行为，都无法由群体的某一“代表”的特性而推导出来。

在理性预期的观念里，经济主体的动物精神被排除，不受乐观或悲观情绪的集体浪潮所支配。对于宏观经济的循环波动，其源头在于外部冲击，也就是说，总产出和价格的周期性波动因源于外部因素。在理性预期的设定里，完全一致的经济主体的绝对理性被认为是最关键和最显眼的因素。在这个因素的引导下，这些经济主体运用所有可得的信息，对未来做出最佳判断，预测的结果不仅保持一致，而且不会与市场平衡产生系统性偏差。换句话说，他们在预测未来的过程中不会出现系统性的失误，任何离开判断的状况都只是随机的。外部冲击和延迟传递（惯性）的结合，导致周期性的波动。

在2008年金融危机全面爆发后，预期研究的一个显著转变是重回凯恩斯的动物精神，构筑一种以动物精神为内生变量的宏观经济学行为模型：那些有认知局限的个体采用简易且偏误的策略（比如启发式规则）来预测未来的总产出和通胀；个体以适应性的方法从自己的失误中取得经验；信念的多元化使得总产出和通胀的均衡过程取决于个体的预期分布。由于偏误信念的关联性，这个模型呈现出内源性的乐观或悲观情绪潮流（即动物精神之一）。例如在美国的次级抵押贷款市场中，人们对于抵押贷款背后的资产价值失去信心，因此无法对这些资产价值进行评估。因此导致危机恐慌性放大，进一步冲击世界金融市场。

新兴的预期理论也就是异质性预期假设，是在微观层面的个体基础上构建的，探讨的是在宏观层面的个体之间的互动。大部分宏观经济现象背后的推动力是经济个体的异质性，这些异质性的个体的商业信心（即“动物精神”之一）是经济活动自主的决定因素。除相关的信息成本以外，还有关于未来发生什么事这个基本的不确定性。因此人们在估计未来时所依赖的知识是极其不稳定的，这些不同的个体容易受到“动物精神”的驱动，在人的本能和信心影响下做出大部分选择，没有预期能够做到真正的理性，这些预期也不是同质的。

在人数众多的状况下，群体的复杂行为展示出某种带有自反馈的混沌效应。尽管单一个体可能是理性的，但是群体在生存取决于本能反应这样的环境中演化。每一个体都是适应型的表演者、娴熟的模仿者、天赋的否定者。制定经济决策在微观层面上所运用的效用或利润最大化的这类理性方式，可以把市场预期所认为的乐观或悲观的情绪波动调整起来，于是异质性预期假说打破传统的理性预期范式逐渐地展开。

异质性预期假说建立在有限理性的基础之上，探讨个体在构建预期过程中的内在学习、动物精神、交互和协调等因素。经济体系是由无数有利害关系的个体构建的，每一个体都具有自我信念、占有私人信息，并且他们之间存在相互影响、相互交互。有限理性的个体持续地从其他的个体或者过去的经验中学习，这不仅形成预期与经济结果的动态反馈，还产生经济行为的相关性和协同性。个体努力地去理解环境的复杂性，尽管他对“真相”的理解有着极大的差异，但是仍然积极地搜集信息并从中获取知识，这将导致其信心的起伏。因此经济活动的结果依赖于所有个体的预期，而且每一次活动的结果往往都是不同的。

在异质性预期下，中央银行需要关注从私人部门预期中生成的动物精神。信心的关联性产生乐观或悲观的情绪浪潮，在这个动物精神能够对产出和通货膨胀产生自主影响的经济体系中，中央银行不仅需对通货膨胀的波动做出反馈，同时也要对总产出和资本价格的波动进行适当的回应，并且引领异质性的预期向同质化的理性预期调整和收敛，防止动物精神的过度迸发、演进与扩散，以降低自由市场体系容易产生的过度繁荣与过度衰退的轮转循环。①

1976 年，自由主义代表人物米尔顿·弗里德曼提出：“较高的通胀率将引发人们通胀不确定性的担忧，从而可能降低资源配置的效率。”2007 年，美联储主席本·伯南克断言：“通胀的预期会对实际通胀产生重大影响，间接影响中央银行保持价格稳定的能力。”实际通胀的水平不仅受到产能短缺或当前就业情况的影响，也受到通胀预期的影响。在预期通胀较高的情况下，实际的通胀水平也往往偏高。只有在实际通胀幅度超过预期的情况下，失业率才有可能降低，这也是滞胀状态产生的主要原因。②

1986 年，德国经济学家蒂姆·博勒斯列夫对 ARCH 模型进行进一步的扩

---

① 程均丽，姚南．嬗变中的预期理论：动物精神与异质预期假说［J］．当代经济研究，2011（8）：30-38.

② 周潮．世界主要经济体通货膨胀预期的异质性研究［J］．浙江金融，2011（9）：25-30.

展，从而提出广义自回归条件异方差（Generalized Auto-Regressive Conditional Heteroskedasticity，GARCH）模型，此模型专为处理金融大数据的需求而精心设计。GARCH 模型除了与常规回归模型有着相似的特性，还对误差的方差进行优化。该模型利用事前而不是事后的条件标准差，因此能够更准确地反映出通货膨胀预期的不稳定性，尤其适合用于其波动性的研究和预测。

以美国、欧元区、日本、中国这几个世界主要的经济体为研究对象，构建一个基于 GARCH 模型的通胀条件标准差，用以衡量通胀预期的不确定性。在这个模型里，选择用居民消费价格指数（CPI）的月度同比变动的百分数来表示通胀率，样本来源于中经网、长江证券以及美国劳工统计局（Bureau of Labor Statistics，BLS），区间为 1983—2010 年，如图 7-7 所示。

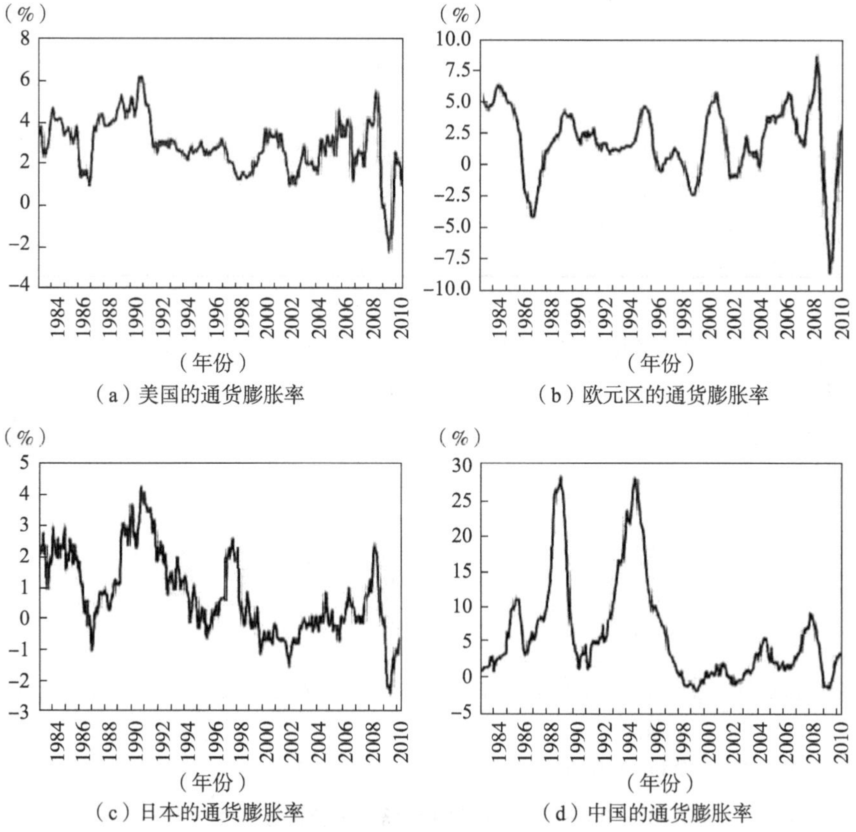

图 7-7　1983—2010 年四大经济体通胀率波动情况

资料来源：周潮．世界主要经济体通货膨胀预期的异质性研究［J］．浙江金融，2011（9）：27.

1999 年以前，美国经历两轮通胀激增和一轮通货收缩，同期高度的通胀预期不确定性也出现三次，随后通胀率上升并在短期内迅速下降；欧元区经历五轮轻微的通胀，其间频繁出现高通胀预期不确定性，然而随后通胀率提高；日本遭遇一轮高通胀和两轮中等通胀，同期高通胀预期不确定性频繁出现，后续出现一轮轻微的通胀；中国曾经三次遭遇高通胀，同时高通胀预期不确定性频繁出现，后续出现两轮轻度的通胀。

利用残余的条件标准偏差来描绘通货膨胀预期的不确定性。美国以及欧元区的通货膨胀预期不确定性呈现波动性增加的趋势，日本和中国的通胀预期的不确定性则呈现持续降低的态势，且日本的波动程度超过美欧。直观来看，通胀与通胀预期的不确定性呈现正向的关联，如图 7-8 所示。

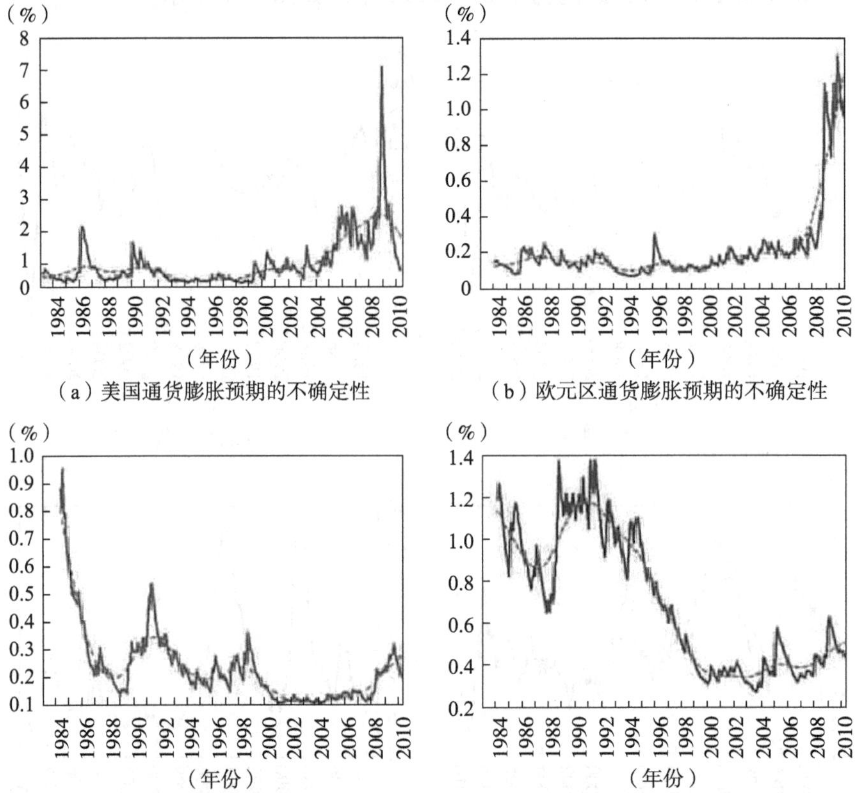

（a）美国通货膨胀预期的不确定性

（b）欧元区通货膨胀预期的不确定性

（c）日本通货膨胀预期的不确定性

（d）中国通货膨胀预期的不确定性

图 7-8　1983—2010 年四大经济体通货膨胀条件标准差

资料来源：周潮．世界主要经济体通货膨胀预期的异质性研究［J］．浙江金融，2011（9）：28.

采用广义脉冲响应函数（GIRFs）进行预期不确定性与通货膨胀的动态响应分析，并描绘出具体的脉冲响应路径。横坐标代表冲击效应的滞后时期（以月为单位），纵坐标则代表冲击反应的强度（以百分比表示），实线代表脉冲响应函数，而虚线则代表正负两倍的标准差置信区间，如图 7-9 所示。

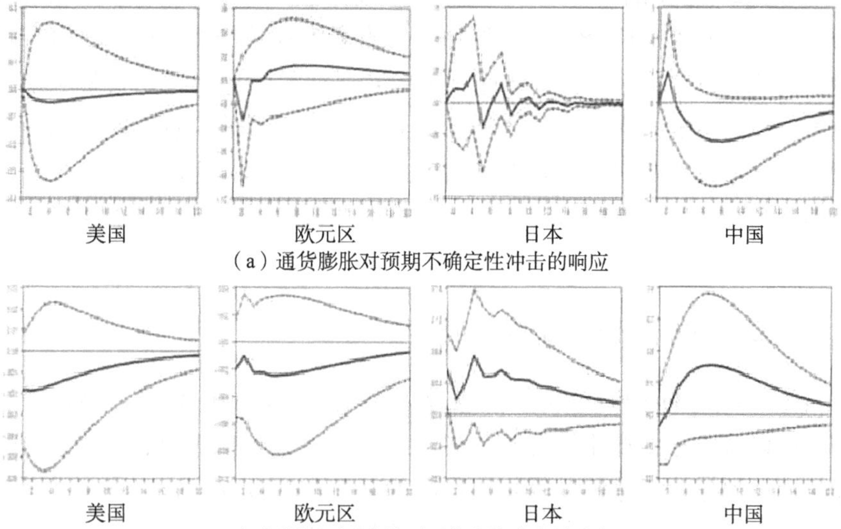

（a）通货膨胀对预期不确定性冲击的响应

（b）预期不确定性对通货膨胀冲击的响应

图 7-9　1983—2010 年四大经济体通货膨胀对预期不确定性冲击的响应

资料来源：周潮．世界主要经济体通货膨胀预期的异质性研究［J］．浙江金融，2011（9）：29.

由图 7-9 的子图（a）可以看出，对于本期 1%预期不确定性增长的影响，美国的通胀率对此类冲击的反应始终保持负面；欧元区的通胀率在第 2—4 期呈负向反应，从第 5 期开始转向正向；日本的通胀率展示出一种由震荡转向平稳的趋势；中国的通胀率立即反应，在第 2 期达到 9.5%的最高值，从第 3 期开始变为负向，到第 20 期仍未呈现收敛情况。由图 7-9 的子图（b）可以看出，对于本期 1%通胀率增长的冲击，美国和欧元区的通胀预期均呈负向表现，而日本和中国的通胀预期不确定性均显示正向反应。

推动经济增长是中央银行的关键职责之一，然而各个国家的中央银行的自主权有所差异。如果无法确定通胀是货币政策的有意调整还是货币的随机干扰所导致的，那么公众就无法建立有效的通胀预期。美国联邦储备体系和欧洲央行都拥有自主权，他们根据经济状况执行反周期的货币政策，以保持物价在较低的水平上波动，避免经济出现剧烈的波动。当通胀预期的不确定性较大并对社会价格预期机制产生影响时，美国联邦储备体系将采取适当的行动来维护物价稳定和防止通胀。当通胀超过目标范围时，阻止通胀将成为美国联邦储备体系的主要目标。因此通胀和预期的不确定性之间并不存在必然的因果关系，相反地可能存在负向的相关关系。

在通胀高涨的阶段，从一般意义上理解，政府会出台政策把这股过度的通胀趋势压低。然而单一的经济实体往往难以评估政府对抗通胀措施的实效和力度，导致通胀预期的不确定性加大。当通胀水平仍然较低，政府和社会各界应当关注，避止其向更高水平演变，这是政策制定者反通货膨胀最理智的政策选择。稳定的货币政策能够减低公众与政府间的信息不匹配程度，防止政策反复导致预期误差，降低通胀不确定性对个体行为的冲击。较高的政策透明度和较强的政策连贯性，有助于个体获取更多信息，稳定的通胀预期有利于减小对公众消费的不良影响。①

7.2.2 虚拟经济与金融危机

实体经济（Real Economy）是支撑人类生存与进步的根基，涵盖物质和精神产品以及服务的产生和分配等各项活动。不仅包括农业、工业、交通通信业、商业服务业、建筑业等物质产品的制造和服务部门，还涉及教育、文化、知识、信息、艺术、体育等精神产品的制造和服务部门。在《资本论》中，马克思这样阐述实体经济的过程：首先利用资本（货币）雇佣工人、采购原料、购买机器、建设工厂，接着通过生产过程形成产品，然后产品在流通中变为商品，商品在交换中最终转化为货币（资本），这就构成实体经济。②

虚拟资本（Fictitious Capital）是由马克思首先提出的。1894 年，恩格斯出版《资本论》第 3 卷，其中阐述：借贷资本（即生息资本）和银行信贷制度构成虚拟资本的基础，涵盖股票、债权和不动产抵押票据等。虚拟资本本身并无价值，但是有能力通过循环过程创造出盈利（一种形式的剩余价值）。从那以后，尽管世界经济涌现诸多新事物（比如期货、期权以及各类金融衍生品等）和新环境（比如货币离开金本位、经济全球化等），但是马克思对于虚拟资本的解析当前仍然具有重要的意义。

虚拟经济（Factitious Economy）源自虚拟资本的扩张，货币和类似的收益凭证日益形成社会财富的主要部分。这种虚拟经济是当代市场经济高度发达的结果，所有的财富都被符号化和虚拟化，这种经济状态在本质上属于货币经济。实体经济的进步、经济效益的增长与虚拟经济的壮大有着紧密的联系，使得从货币经济向信贷经济的转型更加深化。然而虚拟经济的过度扩张

① 周潮．世界主要经济体通货膨胀预期的异质性研究［J］．浙江金融，2011（9）：25-30.

② 贺晓波，许晓帆．我国实体经济与虚拟经济分离发展研究［J］．经济研究导刊，2010（20）：12-14.

可能触发金融动荡，严重的将导致金融危机，反过来对实体经济造成伤害。

以金融系统为主要依托，虚拟资本进行循环的经济活动，最早起源于私人之间的商务借贷行为。譬如甲有迫切的需求去购入某一类型的原材料或商品，而他缺少必要的资金，乙正好有一笔未投入使用的资金，因此甲向乙借款一定的金额，承诺在特定的时间内归还本金并付给利息。这样的行为使得甲获得这笔资金的使用权，乙则依据借款单据保有对这笔资金的所有权，以及在到期时向甲追索本息的权益。这张保存在乙手中的借款单据就构成虚拟资本的一种雏形，通过贷款还款的循环运动实现增值。乙没有进行实际的经济活动，只是通过这种虚拟的经济活动来获取收益。①

虚拟经济不是虚假经济，而是实体经济的一种映射。实体经济既有资源投入也有物质产出，从业者创造价值、创造财富，被计入当年的GDP。“虚拟”强调的是虚拟经济有着不同于实体经济的独立运行规律和独特影响方式，经济虚拟化是经济体系在工业革命之后的近现代发展趋势，是市场经济和信用经济发达的必然产物。经济虚拟化深刻地改变着经济体系的运行模式，甚至使得经济危机的产生机制也发生逆转。②

在资本主义经济体系中，生产过剩呈现出两种形式：一种是相对的生产过剩，另一种是相对的资本过剩。马克思在他的理论中阐述：“所谓资本过剩，在实质上总是指那种利润率的下降不由利润的增加而得到补偿的资本——新形成的资本嫩芽总是这样的——过剩，或者是指那种自己不能独立行动而以信用形式交给大产业部门的指挥人去支配的资本的过剩。”这个观点与主流经济学中的“边际资本”理念有着类似的含义。当资本总量在一定的条件下达到特定的数值，新增的资本投入低于其带来的资本收益时，就会出现资本过剩的现象。

马克思进一步指出：资本家们早早地认识到，他们可以借助信用制度来打破基于资本主义生产冲突的资本增值的限制和束缚。他们运用信用持续地掩饰资本主义生产过剩的本质，扩充信贷、扩展营业规模、拓宽市场，极力营造产销两旺的美好景象。然而信用制度并非解决资本主义根本矛盾的万能良药，只是人为推迟经济危机的爆发时间，并增强经济危机爆发的一刹那的强度。

信用在现今的社会和经济领域已经演变为必不可少的因素，以信用经济为基础构建的虚拟经济也逐渐成为国家经济体系的重要组成部分。此外信用

---

① 成思危．虚拟经济与金融危机［J］．管理科学学报，1999（3）：1-6.

② 张国庆，刘骏民．经济虚拟化、金融危机与政府规制［J］．当代财经，2009（10）：16-20.

经济还逐渐扩展为以泛资本化定价方式为核心的虚拟经济。举例来说，作为世界经济增长引擎的美国为了刺激经济，更是加足“信用燃料”。1980年，美国的总债务占其国内生产总值的比例高达169%；2002年，该比例攀升至292%。美国的生产商和消费者通过借助这些信用进行激进的投资和过度消费，而借助金融创新发展壮大的资本市场为这些快速增长的信用提供良好的投资环境，从而获得良好的“名义资本回报率”。美联储通过定期的项目赤字为世界经济提供“原力”，世界经济的“引擎”已经被信用淹没。然而当这些信用无法偿还时，过度的信用便成为2007年次贷危机爆发的导火索。

次贷危机并非美国金融体系一时的疏忽大意，而是美国现代经济运作模式转变导致的经济体系去工业化和虚拟化，以及由此产生的虚拟经济与实体经济的长期失配问题。自1982年起，美国进入经常账户逆差的时期。美元通过经常账户逆差流出美国，然后通过资本金融账户返回美国。在此过程中，美国一方面消耗他国的资源、产品、劳动力，另一方面又在海外积累越来越多的美元债权和其他金融资产。源源不断回流的美元激发美国内部可投资的虚拟资本的持续增长，这些虚拟资本涵盖房地产、股票、债权以及其他可以反复投机的金融资产，这种特殊的循环模式刺激美国虚拟经济的持续扩张。①

依照现代系统科学的观点，在虚拟经济动态演化中所蕴含的非均衡状态、微观-宏观的关联，涨落引发的从无序到有序的思想，与耗散结构论极度地契合。虚拟经济和实体经济的交互强度提升有助于推动国民收入的扩大，然而也使得整个经济体系的不稳定性增强，一旦超出某个关键点或将激发系统性风险和金融危机。

耗散结构论的主旨表明：达到一定阈值的外部环境变动，导致偏离均衡状态的开放系统持续与外部进行能量和物质的交流。多个子系统透过内在的非线性互助作用，自发地形成一种自组织的现象，由最初的混乱状态瞬间转变为时间、空间或功能上的有序结构。其基础理念包括“非平衡是有序之源”和“通过涨落达到有序”等，用来描述系统的微观机制、宏观结构与涨落关联之间的基本三角关系，如图7-10所示。②

虚拟经济体系能够在偏离均衡状态下维持相对稳定，通过自我组织达到临界状态，打破原有的稳定状态，进而发展到全新的稳定状态，这一直是耗散结构的核心特质，此特质具有下列性质。

---

① 李宝伟．经济虚拟化与政府的金融稳定策略选择［J］．社会科学，2009（1）：26-32.

② 李成，周青．虚拟经济动态演化下超临界态的金融危机研究：基于耗散结构理论的分析［J］．当代财经，2009（11）：63-68.

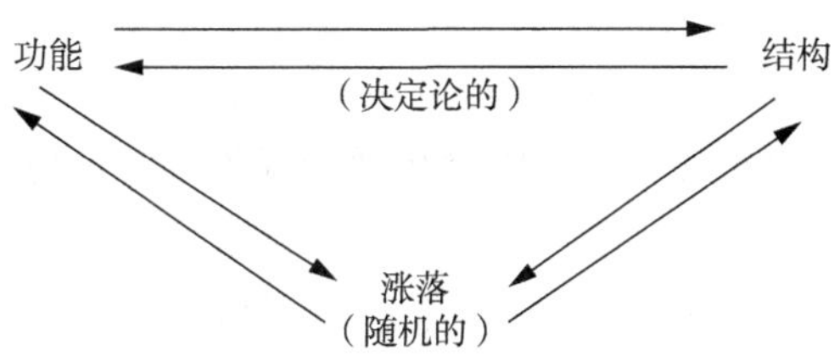

图7-10 耗散结构论的基本三角关系

资料来源：李成，周青. 虚拟经济动态演化下超临界态的金融危机研究：基于耗散结构理论的分析［J］. 当代财经，2009（11）：64.

① 复杂性。虚拟经济体系是一种复杂性的系统，其主要元素是自然人和法人（比如投资者、受资者和金融中介者），他们根据特定的规则在金融市场上进行虚拟的经济行为。尽管每一个体都有根据自己对环境及其发展趋势的认识以及设定的目标来独立做出决策的权利，但是个体的决定可能会受到他人决策的影响。尽管在系统中由于成分之间的非线性作用而容易产生混沌现象，然而系统的自组织作用同样可以展现一定的有序性和稳定性。

② 介稳性。耗散结构系统是远离均衡态的，可以通过与外部进行物质和能量交换以保持相对的稳定性，这在系统科学领域被称为介稳系统。虽然耗散结构可以通过自组织达到稳定，但是其稳定状况非常容易受到外部微小扰动的破坏，可能在一定范围内交替地保持稳定和震荡状态，甚至可能引发剧烈的变化，进而导致系统崩溃。虚拟经济是一种具有耗散结构的经济体系，必须依赖于与外部的资金交换以维持其相对的稳定性。耗散结构的形成有许多原因，其中之一就是虚拟资本的内在不稳定性，这源于其本身的虚拟性。例如有价证券本身不具有实际价值，只是代表收益权利的证明。当有价证券能在证券市场上买卖时，由于其本身无价值，价格的确定依据人们对其未来价格的主观预期，同时也会受供需情况的影响，这导致其价格脱离实际经济活动创造的价值。当虚拟资本的价格远离合理预期时，就会形成经济泡沫，需要外部持续注入资金以维持这种虚假且极易破灭的稳定性。虚拟资本的不稳定性也来自货币的虚拟化，即货币本身并无实际价值。虚拟资本的不稳定性还来自虚拟经济体系的正反馈机制，比如购买某种股票的人越多，就会引诱更多的人购买这种股票，从而导致其价格大起大落。

③ 寄生性。实体经济环境孕育出虚拟经济环境，而虚拟经济环境又紧密依赖于实体经济环境。在实体经济环境中，资本的流动性是显著的，比如生产领域的资本家从金融市场上获得资金，这些资金作为资本用于购买设备、原材料和人力资源，用于生产流程，销售产品后再将其转化为资金，从而完

成资本的流通。资本家用这部分资金以及通过流通过程获得的额外价值按照合同归还本金和利息，从而完成虚拟资本的流通。在实体经济环境中的风险（例如产品积压、生产商破产等）将会传递到虚拟经济环境中，使其失去必要的稳定性。同时在虚拟经济环境中的风险（例如股市大跌、房价暴跌、银行坏账激增、货币大幅度贬值等）也会对实体经济产生严重影响。

④ 高风险性。虚拟经济体系既有高风险性，也有备高回报性。这种高风险性来自其固有的复杂度和介稳状态：首先，虚拟资本的内在不稳定性导致价格频繁波动，伴随金融市场交易规模的扩大和交易品种的增多而越发复杂化；其次，人们对市场和环境变动的预测力不强，对预期收益的预测方法至今仍未找到较好的模型，因此容易产生决策失误；再次，大部分个体的风险承受能力有限，在面对巨大风险时感到束手无策，甚至可能因为正反馈效应而扩大风险；最后，个体为追求高回报而愿意承受高风险，催生各类高风险、高回报的金融创新工具的不断涌现。①

⑤ 非线性和非平衡性。虚拟经济体系内部存在着复杂的非线性动态，其中的参与者拥有各自独特的特质，表现出时空非对称性。作为交易主体的虚拟资本的供需受到政治、经济、技术以及心理预期等多种因素的制约，这些制约并非以简单叠加的形式而是以非线性的交错融合的方式影响虚拟资本市场，从而维系虚拟经济体系耗散结构的稳定性。虚拟资本的供需双方在同一时空维度上并不是一一对应的，常常呈现出非均衡的分布。相应的市场价格仅是相对均衡而非绝对均衡，供需的动态变化不断破坏原有的相对均衡状态。

⑥ 周期性和涨落波动性。虚拟经济体系的进化总的来说呈现出多阶段的循环性：实体经济快速扩张→经济泡沫开始产生→货币和信贷逐渐膨胀→各类资产价格普遍提高→乐观气氛满溢→股市和房产市场价格持续攀升→外部干扰导致经济泡沫破裂→各类金融指数骤然下滑→公众纷纷卖出实物资产和金融资产→实体经济增速减缓或转为负增长。经济结构具有一定的不确定性，供需关系的变化也有较大的不确定性，引发价格的剧烈波动。②

非平衡态是有序之源，这是耗散结构理论的基本观点。在平衡态和近平衡线性区域内，微弱的扰动无法撼动系统的稳定，亦无法孕育出新的有序结构。只有在偏离平衡态的非线性区域内，系统才可能通过涨落进入新的稳定有序状态与耗散结构。虚拟经济和实体经济在资产收益率恰好相等的平衡态下发展是极为困难的、偶然的，常常是偏离平衡态。当偏移度有限时，即便

---

① 成思危．虚拟经济与金融危机［J］．管理评论，2003（1）：4-8.

② 胡立法．虚拟经济系统的耗散结构与美国金融危机［J］．现代经济探讨，2009（3）：40-44.

有资产价格的内生性涨落影响，或者由于宏观政策调整产生的外在波动因素，都无法使系统丧失稳定性。①

在虚拟经济与实体经济的偏移程度较小的情况下，金融市场的自身调节机制或央行的货币调控政策，能够维持经济体系的相对稳定性。然而如果虚拟经济的偏差程度比实体经济大并且远离均衡状态，由于存在以资本为基础的定价方法和心理预期的影响，正反馈机制将会引导虚拟经济自组织到极其敏感的临界状态，此时任何微小的价格变动都可能引发“超临界”状态的出现，触发系统的崩溃，金融危机的爆发便是系统崩溃的外在展现。

在耗散结构论中，非线性非平衡态的稳定有序结构是非均衡相变的产物，其中涨跌的作用如同催化剂般显得重要。虚拟经济体系是由证券交易市场子系统、外汇市场子系统、金融衍生品子系统等构成，非均衡相变的不稳定性所产生的宏观有序是由涨跌决定的。在微观主体追求最大化收益的过程中，因为虚拟经济的资本化定价机制和虚拟资产价格的正反馈循环，内生或者外生的积极预期推动信贷的扩大和资产价格泡沫，也推动虚拟经济与实体经济的偏离。②

当虚拟经济与实体经济的比例接近均衡时，资产价格不论是由内因还是由外因引发的短暂飙升，都可能导致虚拟资产的收益率在短期内超过实体资产的收益率。由于偏离程度不大，在市场中的投资者还未形成统一的收益预期之前，短期套利的操作可能出现，这使得价格的波动逐步减少，不会引发市场动荡。然而当虚拟经济逐渐偏离实体经济的轨道时，投资者开始忽视“曾经的遗憾”，因而大肆进行投机交易，整个市场陷入一种过度期待的亢奋状态。在资产价格与资金流动的交叉作用下，虚拟经济远离平衡态，在内部正反馈的非线性作用下，自行调整到一个临界点。

在临界状态下，系统的发展轨迹是无法确定的，体系运行通过涨落作用进入不稳定区域的可能性并非总是零，任何来自货币政策、财政政策或自然环境的偶然性都有可能成为涨落的因素。由于涨落的随机性，在临界状态之后的演化路径是无法预测的，很难定义临界状态的静态合理区间。然而一旦这种涨落确定下来，虚拟经济体随后的演化路径将是唯一的。在偏离平衡状态的情况下，虚拟经济体系的非平衡转变通常以金融灾难的形式作为系统崩

① 李成，周青．虚拟经济动态演化机理：耗散结构理论视角［J］．财经科学，2009（10）：51-58.

② 李成，周青．虚拟经济动态演化下超临界态的金融危机研究：基于耗散结构理论的分析［J］．当代财经，2009（11）：63-68.

溃和能量释放的外部表现。中央银行的货币政策调整的力度和时机至关重要，骤然大幅度收紧的货币政策往往使市场无法缓冲，流动性的急剧匮乏将导致资金链条的断裂，这必然超越临界状态，引爆金融危机。

美国虚拟资产的价格和GDP的增速经常出现不同步的情况。1999年开始，虚拟资产的价格迅速增长，超过实体经济的实际增长率，其中房地产价格的增长尤为突出。2007年以后，美国的房地产价格急剧下跌，这是次贷危机扩散的直接体现。这种虚实不一致的情况在偏离平衡状态的非线性区域随时间的推移越发严重，并且一直持续到达到峰值。由于偶发性的涨落事件导致预期的剧变、泡沫的破裂和资产价格的下滑，虚拟经济才开始向实体经济靠拢。实体经济所支持的虚拟经济在临界区域的资产价格最为敏感，金融危机在虚实差距最大的区域爆发。

20世纪90年代，美联储长期的低利率政策刺激信贷持续增长，导致资产价格上涨并形成持续上涨的预期。在找到新的经济增长点之前，美国财富的创造只能维持低速增长，所以虚拟经济最终受限于实体经济而到达临界状态。美联储调高利率的扰动，使得虚实经济背离的临界状态跃迁至超临界状态，最终房地产泡沫破裂进而点燃金融危机。这也证实虚拟经济的非平衡性，在过度地远离平衡状态下，虚拟经济体系存在自组织的临界状态，并且将以金融危机的方式进行重新调整。

以耗散结构论的核心要义作为逻辑起点，把虚拟经济归入统一的分析框架内，那么可以从“非平衡性”“微观机制”“宏观状态”“涨落”展开探究。从美国金融变革的历史轨迹可以看出，决定虚拟经济动态演化的“非平衡性”这个重要条件是具有现实依据的：在微观机制中，相互作用的变量之间存在长期稳定关系；在宏观状态下，虚拟经济表现出“均衡→非均衡→系统失稳→超临界点崩溃→通过涨落达到新的有序状态”。涨落具有随机性，那么在临界状态之后的演化路径也具有不确定性，可以断言，每一次爆发的金融危机都将带来不同以往的金融秩序的恢复、修补和重构。

在耗散结构论的基本三角关系里，“宏观结构”就是虚构经济的宏观状态，这超越实体经济存在的边界。在临界点下，某种资产价格意外猛跌的随机事件出现是关键。同一时间，交易者互相传达市场预测信息，价格猛跌的虚构资产迅速增加，这足以推动群体的宏观状态的变迁，金融危机就无法避免。事件未来的发展路径可能来源于任何涨落，这是无法预知的。尽管我们可以通过追寻历史的足迹来梳理经济史和危机史，探究危机的内部原因和普遍规律，但是预测大规模崩溃事件发生的确切时间是极为困难的，没有两次危机是完全一样的。我们只能参照历史，采用负反馈的预防措施来减轻随机涨落的影响。①

7.3　机器取代工人

纵观经济发展史，每一次技术革命都给生产力带来深刻影响。数字技术带来丰厚的“数字红利”，许多“基于规则”的重复性工作已经和即将以人机交互的方式完成。自动化和智能化对就业存在替代效应和创造效应，既改变未来的工作模式、岗位场景和劳资关系，也意味技术性失业和就业净损失。如果这些失业者不能及时调整或者重塑自己，那么他们可能被淘汰出局，再次陷入英国第一次工业革命曾经出现的“卢德式恐惧”。

随着人工智能的广泛应用，智能机器人越来越多地取代工人，将造成“人脑贬值”和劳动密集型、重复性、程式化等领域大规模的失业现象。并非所有个体都拥有足够能力迈过技术性壁垒，人们一边享受物质财富和生活便利，一边承担巨大的心理压力。未来社会可能出现“无用阶级”，引发新的社会危机。重视人在社会价值创造中的主体作用，向机器人这一特殊的“劳动者”征税，确保工人的社会保障福利不被大幅度缩减。

7.3.1　从卢德运动到破坏效应

18世纪60年代，工业革命在英格兰的中央地带起步，资本主义的生产方式开始从工场手工业向机器大工业转变。在工业革命初期，卢德运动蔓延开来，随着各种机械设备的发明以及逐步地增多并投入生产过程，大量的手工业劳动者逐渐失去工作的机会，他们的生存环境变得困苦。由于对大机器的出现缺乏充分的认识，他们自然而然地把自己失业和贫穷的原因归咎于机械的出现，因此他们把所有的愤恨都倾泻在机器上，通过破坏大机器来反对工厂主的压迫和剥削，如图7-11所示。

相传奈德·卢德（Ned Ludd）是莱斯特一带的一名织布工。1811年3月，诺丁汉的工厂主削减工资，愤怒的工人假借他的名义，捣毁60多台纺织机。1811年11月，诺丁汉的工厂主收到署名为“卢德将军”和“卢德王”的恐吓信。1812年，“卢德运动”在英格兰风起云涌。组织严密的卢德分子昼伏夜出，神出鬼没地进行破坏。他们集结成的这股强大的骚乱力量引起当局的

---

① 李成，周青．虚拟经济动态演化下超临界态的金融危机研究：基于耗散结构理论的分析［J］．当代财经，2009（11）：63-68.

（a）

（b）

图 7-11　在卢德运动中工人们破坏工厂和纺织机

资料来源：说书人阿伟．卢德运动：英国工人为生计砸毁象征进步的机器，誓死捍卫手工生产［EB/OL］．［2022-07-10］．https：//www.163.com/dy/article/EKJL05P70523DRM8.html，2019-07-21.

警惕，在军队强有力的镇压下，卢德分子以失败告终。

按照通常的观点，这是对新技术和新事物的一种盲目冲动的反抗，也使卢德分子成为保守、落伍、反动的同义词。如果从历史的、严谨的观点重新审视，这些材料有些断章取义甚至站不住脚。英国历史学家艾瑞克·霍布斯鲍姆发现：卢德分子“借由暴动来集体协商”，“攻击无论新旧的机械设备，他们运用这种手段逼迫雇主在工资与其他事项上做出让步”。工人攻击的不单是机器，而是包括机器在内的资本家的全部“财产”，这种间歇性的施压行为目标在于迫使工厂主提高工资改善待遇或是停止制造伪劣产品。

19 世纪以后，随着自由放任思想的主流化，天平开始倾向于工业资本家。在劳资关系上，亚当·斯密认为“契约自由而非管制是劳资关系的基础”，工资应该由市场而非政府决定。1799—1800 年，英国颁布《结社法》，禁止工人通过结社来要求提高工资，或者减少、改变工时，或者削减工作总量。捣毁机器的行为被 1812 年颁布的《限制破坏法》与《恶意破坏法》定为严重罪行，至此卢德分子采取的 18 世纪的“正当手段”被视为大逆不道。当局选择保护工厂主的利益，对卢德分子展开镇压，许多人被处死或者监禁、流放。

导致卢德运动的也许不是工业革命，英国历史学家爱德华·汤普森在《英国工人阶级的形成》中写道：“卢德运动是在旧的家长制法令被废弃，自由经济没有任何制约的危急时刻出现的。”所以从严肃的历史角度来看，卢德运动并不是对新技术的盲目反对，以此评判那些 19 世纪为生存抗争的英国工人恐怕并不公正，他们反抗的是新机器与新技术带来的失业。确实也有工人天真地或者“进步地”认为技术是万恶之源，然而这不是主流。

也许有一些学者争辩：工人们不懂得学习、不懂得嬗变，没有技术、没有知识，被迫失业是应该的。然而事实上，卢德分子是一群熟练的技术工人，特别是那些剪毛工人，“他们的工作是把浆洗好的粗毛料清洁、拉压、剪毛、平绒，这些步骤都需要经验和技巧”。工人有技术和手艺，当然有充足的理由拿到高工资，然而机器改变这一切。早期的机器在提高劳动生产率的同时也降低生产的门槛，资本家选择雇用廉价的童工、妇女、无技术工人而不是价格高昂的技术工人。如果说失业一定要归咎于自己，那么只能说很遗憾他们没有跟上时代的潮流，看不见的手就是这么残酷。①

20 世纪末期至 21 世纪初期，从“第三次浪潮”“计算机革命”到“生物技术革命”“信息高速公路”再到“人工智能化技术”，我们正在经历工业社会向后工业社会、信息社会的转变。1990 年，美国历史学家切利斯·葛伦蒂尼发表《新卢德宣言》，标志着“新卢德主义”诞生。新卢德主义者都是纯粹的知识分子，倾向“把工业社会对人的异化及其对生态环境造成的危害归咎于科学技术”。他们担忧人工智能将导致大规模的失业潮以及扩大化的贫富差距，从而导致阶层分化和社会动荡。

新卢德分子实践自觉的批判哲学，多数的成员采取非暴力的方式来实现自己的理想。他们批评和指责各种现代技术，包括工业化、自动化、数字化，对数字技术、机器人技术和生物技术等表示怀疑和担心，号召人们像早期的卢德分子那样起来反抗技术灾难。认为所有的技术都具有政治性，企图通过批判促进科技的合理利用，使得科技发展富有人情味而不是那么冷冰冰。

新兴科技对制造方式的改革具有明显的影响，尤其在劳动力需求层面。自动化流水线和无人化工厂如同历史的趋势一样，减少大批工人的就业机会。当旧的技术被新的技术取代时，总会有不同的工人群体掌握这些新的技术。即使熟练掌握旧技术的工人明白新科技的长期益处，但是他们当下可能因为生活保障的缺失而感到困扰，他们原有的知识和技能变得不再适用，这无疑对他们的自尊和价值观产生负面冲击，引起身份和地位的认同危机。社会观念的转变往往滞后于这些技术变革，传统的工业习惯、社会结构和价值取向必须逐渐让步于新兴的技术架构、生产标准以及新的规则。当这些变化被迫实施时，人们往往会产生各种不满、困扰、痛苦等负面情绪，有时甚至会出

---

① ABBA_KHAN. 大概我们以后都是卢德分子．[2022-07-10]．https：//www.bilibili.com/read/cv241596，2018-02-23.

现强烈的反抗行为。①

对于“科技究竟是让人类生活更好还是更糟?”“资本主义对底层阶级产生何种效应?”等问题，人们一直在进行深入的研究。以色列历史学家尤瓦尔·赫拉利在《人类简史》《未来简史》《今日简史》中，对此进行频繁的阐述，随着人工智能的逐步进化，大部分人将落入两种情况：或是被智能化机器所操控，或是受到智能化机器背后的精英群体的支配。底层劳动者的工作被人工智能接手，身价骤跌，甚至可能转变为“无用阶级”，仅有极少数人有可能突破并成为“超阶级”。社会的不公平现象进一步加剧，甚至有可能因为超级智能的介入而变得无法掌控。

人工智能给人类带来的普惠看似功德无量，似乎功绩无穷，然而同时也带来深深的伦理忧虑和道德迷惑。人工智能不仅是一个科技问题，同时也涉及道德层面，甚至触及哲学领域。无可争议，即便所谓的“无用阶级”真的变得“无用”，其真正的罪魁祸首并非人工智能，而是由资本驱动、技术异化以及智能化机器下的资本主义。智能化技术的异化将进一步加剧无用阶级的贫穷，使其变为“新低等阶级”。

按照马克思主义的观点，任何阶级都是特定历史的经济关系的产物，同时也是社会分工和生产工具变革的结果。无产阶级并非广义上无财产、社会地位不高、承受贫困的底层群体，而是狭义上指“没有自己的生产资料，因而不得不靠出卖劳动力来维持生活的现代雇佣工人阶级”。恰好是“劳动的客观条件”从劳动者原先的统一中游离出来并与劳动者相对立，推动劳动者一极转变为无产者，劳动客观条件一极转变为资本。

在机器大工业时代，资本与劳动的冲突尤为明显，主要体现在由资本逻辑推动的机器对无产阶级剥削的加剧以及对无产阶级的排斥上。大机器和新技术是资本家赖以产生剩余价值的工具，同时也是资本主义大工业实现自主和稳定的根基。技术和机器对无产阶级的边缘化始终贯穿于资本主义生产关系的全过程，由资本逻辑驱动的机器不仅加强资本的主导地位，同时也在某种程度上取代工人的劳动，把工人逐出市场，导致相对人口过剩。②

进入21世纪，我们可以看到智能化机器替代、排挤工人的情况越发明显，只要存在资本主义的生产关系，资本家就会通过利用智能化机器的高效性来减少劳动力成本。然而人工智能对工人的排挤仅是表面现象，实际上是

---

① 陈红兵，唐淑凤．新老卢德运动比较研究［J］．科学技术与辩证法，2003（4）：56-59.

② 巩永丹．人工智能催生“无用阶级”吗？［J］．国外理论动态，2019（6）：84-95.

不断扩大的资本积累促使资本家大规模使用智能化机器，从而减少对劳动力的依赖，这是资本推动智能化机器广泛使用而造成人口失业的原因。所谓的无用阶级，就是资本推动智能化机器替代和边缘化劳动力的产物，是由于人工智能在资本运用中的效果而形成的。资本和权力推动人工智能技术在自我超越的过程中不断突破其工具性的限制而获得技术意志，成为凌驾于个体之上的外在的技术统治力。

智能机器人替代劳动力，在企业层面上属于技术升级，又不同于一般意义的生产技术进步，对就业规模影响的总效应，主要取决于“破坏效应”和“创造效应”。机器的自动化、智能化技术对就业结构的影响并非确定的，新机器革命同时创造工作岗位和消灭工作岗位，新创造的工作岗位和被消灭的工作岗位之间的差别越来越大，减少对常规低技能工人的需求，增加对高技能工人的需求，造成常规低技能工人的技术性失业。①

技术进步能够减少就业岗位的数量，对劳动力市场产生破坏性影响。人工智能的进步引起自动化水平和生产效率的提升，进一步导致总就业量的减少。增加资本的有机构成，减少生产成本，加快既有劳动价值的磨损。人工智能既有对体力劳动的替代，也有对脑力劳动的替代。可预见的体力劳动、数字收集和处理等职位被自动化替代的时间较长，而不可预见的体力劳动、管理和开发、互动和专业知识应用等职位被自动化替代的时间较短。各类职位被替代的风险增大，致使劳动者需要时刻关注自己的工作环境是否稳定。在新出现的职位中，工作环境稳定的职位占比逐渐下降，工作环境不稳定的职位占比逐渐提升，例如临时工、兼职岗、灵活就业正在成为主流趋势。而且在新增加的岗位中，很多是机器人的工作，而不是人的工作。②

为了准确评估职业被替代的可能性，采用劳动者所从事的任务属性变量，以计算职业在人工智能技术影响下的被替代率。同样也考虑职业特性、工作环境以及经济环境的影响，以便修正最终结果，使其更符合现实情况。依据中国劳动力动态调查（CLDS）数据库，选取有效输入变量，排除异常值和缺失值，最终得到 2014 年的 4321 个劳动力样本，这些样本覆盖 233 种职业和 19 个产业。还从 CLDS 数据库中筛选人工智能技术难以替代和易于替代的任务属性，对输入变量进行归一化处理。

---

① 张艳华．制造业“机器换人”对劳动力就业的影响［J］．中国人力资源开发，2018（10）：136-146.

② 李佳，车田天，杨燕绥．人工智能与就业：替代还是推升？［J］．东北财经大学学报，2021（1）：30-39.

职业技能宽度代表职业所需从业者应掌握的技能特性的数量或者综合实力，可以利用多种方式来计算职业技能的宽度：一是把技能特性的评分标准转化为百分比，通过统计各个职业技能特性的数量来衡量职业技能的宽度，被称作“计数法”；二是把每项技能特性对可替代率的贡献度和总贡献度的比值作为权重，用技能特性的加权平均值来衡量职业技能的宽度，被称作“贡献法”；三是使用熵权来确定技能特性的权重，以线性加权的综合评价结果来表示职业技能的广度，被称作“熵权法”。

职业技能宽度与职业被替代率呈负相关性，这意味着多技能需求的职业相比只需单一技能的职业被人工智能技术取代的风险更小。技能的多元化程度越高则职业被替代的可能性就越低，这反映出在未来人工智能背景下，人们所从事的职业常常需要技能更为多元化。技术型职业技能宽度最大，其次是服务型职业，生产型职业最小，如图 7-12 所示。

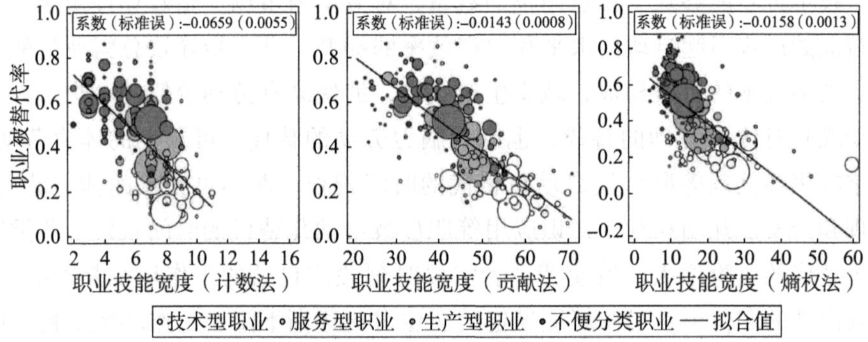

图 7-12　职业技能宽度与职业被替代率关系

资料来源：王林辉，胡晟明，董直庆. 人工智能技术、任务属性与职业被替代风险：来自微观层面的经验证据 [J]. 管理世界，2022（7）：69.

注：气泡面积表征职业就业规模，气泡颜色表征职业类型。

虽然不同的职业在面对人工智能技术取代的威胁时，风险程度有所不同，但是由于工作性质的相似性，某些职业可能会被归为同一类别，在此类别内的职业面临的取代风险是相似的，也就是说，职业的取代风险可能具有组群性。为了验证人工智能技术取代风险的职业组群性，采用 K 平均值聚类方法进行聚类分析。

在进行聚类分析之前，需要把任务特性划分为思维能力、社交能力和常规能力三类。思维能力涵盖对工作技能掌握的时长、技能运用情况、专业技术资格的数量及等级、新技术运用能力、阅读技巧、快速思考或者脑力劳动的频次。社交能力则关乎与他人互动的频次、协同工作能力、社交场合、外语运用技巧、普通话掌握程度、管理技巧。常规能力包含进行体力劳动的频次、经常改变身体姿势的频次。把各类能力包含的任务特性贡献比例作为权重，借助任务特性的加权平均值来衡量思维能力、社交能力和常规能力。职业的可替代率与思维能力、社交能力呈负相关关系，与常规能力呈正相关关系，这表明如果职业对认知或者人际能力的需求更高、对常规能力的需求更低，那么该职业被替代的风险就会更低，如图 7-13 所示。①

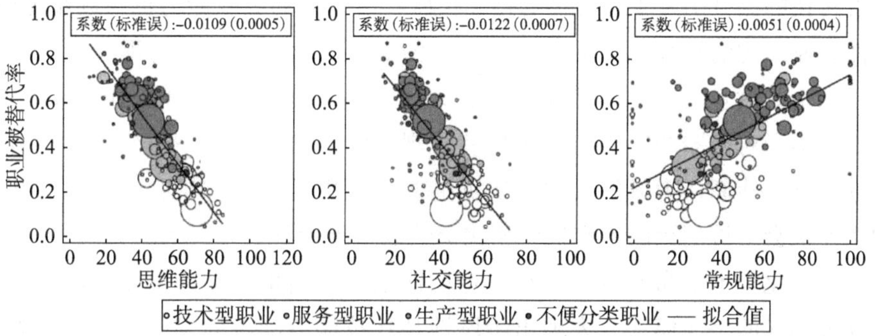

图 7-13　思维能力、社交能力和常规能力与职业被替代率关系

资料来源：王林辉，胡晟明，董直庆．人工智能化技术、任务属性与职业被替代风险：来自微观层面的经验证据［J］．管理世界，2022（7）：70.

注：气泡面积表征职业就业规模，气泡颜色表征职业类型。

毫无疑问，人工智能成为改变社会互动、推进历史发展、提升人类自由度的关键驱动力。人工智能正在改变并且将长期改变生产元素、劳动形式以及社会和经济结构。大数据与人工智能的联合进一步推动生产力要素自动化、智能化的趋势，深刻地改变体力与脑力的分工模式，引领劳动力结构走向数字化、智能化的道路。劳动形态向数字化管理和智能监控演变，推动产业和就业的结构变迁，引领人类的交流方式、思维方式的转变，为人类的全面自由发展开辟可能的道路。

任何技术都是科学尺度与价值尺度相统一的“双刃剑”，人工智能所蕴含的“人性”与“物性”反映出主体与客体的关系。我们需要为人工智能设定界限，用“人的逻辑”取代人工智能的“资本的逻辑”。人的逻辑理念应该深入智能化技术之中，使得人工智能为人类服务。人的逻辑理念坚守的是把人看作历史进步的主角，关注人的生存环境、个性自由以及发展命运，以此

① 王林辉，胡晟明，董直庆．人工智能技术、任务属性与职业可替代风险：来自微观层面的经验证据［J］．管理世界，2022（7）：60-78.

打造人类的家园，并以真实解决人所面临的问题为基础。通过人工智能来实现人的劳动的解放，让人真正从自然、社会和精神的束缚中获得自由，这样才能迈向真正的、和谐的社会共同体。①

7.3.2 从创造效应到机器人税

在观察工业革命初期技术进步对就业的影响时，亚当·斯密敏锐地察觉：随着科技的提升引发工厂规模的持续扩张，劳动力的吸收能力也在逐步增强，促使就业结构的转变。继此之后，李嘉图的研究表明：技术的提升和机器的使用在削弱就业的同时，也推动新的就业需求，这就催生出创造效应理论。一部分学者对机器的发明与应用持有乐观看法，然而另外一部分学者持有悲观的态度，他们认为虽然技术确实创造出更新更好的工作机会，但是这些新的工作机会与被消灭的工作机会相比仍然数量较少。②

智能化技术革命使得人们在一定层面上告别简单劳动的束缚，塑造创新型和分离式的生产模式，表现出阶段性替代技能劳动者的发展方向。以算法设计为核心的创新型劳动已经成为主流的工作方式，机械化体力劳动与重复性脑力劳动逐渐被智能化机器取代。“机器换人”部分地实现脑力扩张和智能飞跃，在一定程度上解脱人力劳动，部分地区的人口红利消逝。数字和算法成为重要的生产元素，通过对传统生产资源进行数字改造和整合来提升劳动生产效益和劳动质量。劳动的组织方式进一步从虚拟化转向全面数字化，“人-物-人”的虚拟结构转变为“人-物-物”的交互关系。③

在人工智能时代，创意、社交等“软技能”在职业环境中的价值超过所谓的“硬技能”。人工智能并非全知全能，其技术难题主要体现在感知控制、创新力和社交洞察等领域。未来的技能要求不再是单一取向，而是多种技能融会贯通。人工智能引发的技能替代并不完全否定人的价值。人工智能虽然不尽完善，需要投入大量时间以深入理解人类的本性和智慧。人们应该把握被人工智能解放出来的时间，发挥自身的优点来补齐人工智能的短板。④

---

① 巩永丹．人工智能催生“无用阶级”吗？——赫拉利“无用阶级”断想引发的哲学审度［J］．国外理论动态，2019（6）：84-95.

② 李梦弛．“机器换人”背景下制造业技能型人才的适应性研究［D］．武汉：中南民族大学，2020：25-28.

③ 陈尧，王宝珠．替代与推升：人工智能对人类劳动的影响［J］．学习与实践，2022（7）：133-140.

④ 吴锦宇，葛乙九．“机器换人”背景下劳动力就业问题的思考［J］．温州大学学报（社会科学版），2018（9）：11-18.

法国社会学家阿兰·图海纳提出：技术和方法在生产组织流程中发挥着巨大的作用，对产出的劳动和就业状况产生深远影响。技术的进步确实带来一些岗位的替代，但是这并不代表工人立即被抛入劳动力市场。在工人的职位被取代和他们进入外部劳动力市场之前，实际上存在一个过渡区域——企业内部的劳动力市场，这对被自动化设备取代的工人起到很好的缓冲效果。然而这个内部市场是否能对被替代的工人产生缓冲和积累效应，存在两个决定性的外部因素：一个是外部劳动力市场的供需状况，另一个是政府对劳动关系的管理能力。①

随着劳动力市场外部结构的转变以及政府劳动关系的强制管控，在招聘及解雇员工的过程中，企业都必须承担一定的费用。例如近些年由于中国人口结构的转变和内陆省份的迅速崛起，对当地城乡劳动力产生巨大的吸纳能力，结果在沿海地区普遍出现“用工荒”的问题。企业不敢随意解雇员工，即使是由于技术升级导致劳动力过剩。另外各级政府对企业解雇员工设有多项限制，《劳动合同法》强调企业在解雇员工时应负的经济责任，这无疑增大企业解雇员工的压力。企业采用转岗、再培训以及其他方式的重组，有效地吸收技术升级所导致的劳动力过剩。因此尽管机器替代人力产生显著的岗位替代效果，但是并未发生明显的员工被挤出的情况。②

在人工智能的时代背景下，精准把握人工智能和人力资源的关系成为管理人力资源的核心问题。即便人工智能具有全面替代人类劳动的可能性，不过仍然存在许多变数，除技术进步之外，非技术的要素也至关重要，比如新兴科技被公众接受的程度、国家对科技发展的规范等。历史的经验告诉我们，在技术迅猛进步的经济体系中，绝大多数的劳动力依然能发挥其价值。技术的进步往往呈现出间歇性的发展，对就业的影响也是阶段性的：在引入期影响有限、扩展期增加就业、衰退期则减少就业。因此人工智能与人力资源的关系并不只是替代和被替代的“对立关系”，也有可能是动态适应、融合互补、和谐共生的“伙伴关系”。

在人工智能与大规模生产的紧密结合下，人工智能化技术及智能化机器人势必成为新形态社会分工的关键元素。劳动力资源的劳动模式将从单一性转化为复合性，从体力劳动转化为脑力劳动，从机械化操作转化为个性化、

---

① 詹绍康．有替代无挤出：“机器换人”对工人就业影响的社会学研究［D］．上海：华东理工大学，2020：3-9.

② 汪华，詹绍康．智能制造、劳动替代与无集体挤出［J］．安徽师范大学学报（人文社会科学版），2021（7）：85-94.

智能化操作，人工智能有望取代部分原有职位，构建人机互补的整体格局。人机协作能够突破组织限制，消除信息障碍，充分挖掘智力资源，从而做出更加精确和稳定的决策。譬如美国推出的“国家机器人计划”，其核心目标在于发明和创造能共同劳动的协同机器人（Co-Robots），关注机器人在各领域的无缝集成应用。欧洲在人工智能策略规划中也有相似的导向，把创造和发明能与人共同劳动的机器人合作者视为主要目标。人工智能与劳动力资源在空间、内容和技能上的相互融合和补充，已经成为各国政府的共识。

技术发展能够对就业岗位的数量产生正面影响，对就业激发创新效应：其对整体就业的影响主要是通过提升生产效率来完成的，通过增强企业与社会的生产效率进一步对就业总数产生创新效用。对就业的结构影响主要是通过考察就业所需的工作能力来实现的。对就业的品质影响主要是通过优化劳动者的工作环境来完成的。人工智能把人们从繁重的体力和部分简单、重复的脑力劳动中解救出来，即直接参与生产性劳动的劳动者比例降低。被解放出来的劳动者可以通过专业培训，从事在人工智能影响下就业环境更为舒适、薪资水平更高的职位。

技术进步在就业领域的影响机制相当复杂，是否产生积极的刺激效果或者是消极的破坏效果，主要看“破坏效应”与“创造效应”的相对比重：如果破坏效应超过创造效应，那么就呈现为消极影响，削减全体社会的就业潜力；如果相反，那么就呈现为积极影响，扩大全体社会的就业潜力。与历史上的前三次工业革命比较，第四次工业革命的差异颇大。人工智能将消灭重复度高、技能门槛低的职位，同时创设重复度低、技能门槛高的职位。前三次工业革命解放大批的体力劳动者，而第四次工业革命将淘汰大批的脑力劳动者。特别是一些原先被保护起来的初级和中级脑力劳动者，他们可能沦为无用阶级。总的来说，新职位的数量远不及旧职位的数量，这将进一步恶化结构性失业问题。①

智能社会并非仅仅是一个简单的人工制造机器、控制机器的时代，而是一个通过人工智能进步而构筑的全新的社会模式，同时也是一个融合人机协作、人机联合、人机融通等各种人机互动的共存时期。人机的和谐共存不仅推动自然、经济、社会和人类的协同发展，同时也推动人工智能与人力资源的生产协作。当前和未来的智能社会竞争，不仅是人力劳动者之间的比拼，还包括劳动者与智能化机器之间的竞争。随着人工智能与人力资源的相似度

① 张艳华．制造业“机器换人”对劳动力就业的影响：基于北京市 6 家企业的案例研究［J］．中国人力资源开发，2018（10）：136-146.

不断增高，人工智能的管理原则应达成“以人为本”的共识，即人工智能发展的主导权应掌握在人类自己手中，人工智能应受到规章制度的约束。①

由于人工智能与机器人引发的失业率上升，社会保障开销呈现明显的增长。政府需要投入大量财力用于职业再教育、职业培训、失业救助以及公共就业项目等公共开销，对因为失业陷入困境的人提供救助，同时也为失业人口提供职业培训、再教育和就业支援等公共服务，以确保他们能够顺利完成职业转型或重返就业市场，这种财政收支的冲突将对国家财政构成重大的挑战。

在某些国家，劳动税，包括所得税、工资税以及对劳动收入征收的间接税等，构成主要的税收来源。比如意大利在 2010—2017 年，劳动收入的税收占比平均达到 73%。再如美国于 2015 年的净收入近 3 万亿美元，其中个人所得税占比 49. 8%，就业税占比 35. 2%。然而自动化对劳动力的替代可能会减少应纳税的劳动者数量，从而影响政府的税收。例如经济合作与发展组织（OECD）成员国由于应纳税的劳动者数量减少，其所得税和利润税在总税收中的比例从 1990 年的 37. 5%下降到 2015 年的 34. 1%。劳动力需求的减小和劳动收入的下降很可能无法被企业收入的增加所平衡。

在《21 世纪资本论》中，法国经济学家托马斯・皮凯蒂提出这样的观点：在工业革命后期，人类最大的挑战在于劳动者的税务负担日益增加，而资本所有者和生产资料的占有者的税务负担逐渐减轻。劳动者需要支付个人所得税，但是资本所有者可以把他们的资产投入机器人的生产和运用中，不必支付个人所得税，甚至可能因此降低企业增值税的支付。这种税收制度的不公正，导致社会上的贫富差距在不断扩大。通过对资本收取资本利得税，逐渐减小收入分配的差距，使得劳动者不需要再承受更多的税务压力，投资者必须承担必要的税务责任。②

2016 年 5 月，卢森堡政治家玛迪・德尔沃向欧洲议会递交一份提案，主张对机器人的所有者进行税收征收，这笔资金将用于资助因被机器人取代而失业的人群的再教育，以帮助他们重新就业。这是世界上首次提出“机器人税”的提案，然而这个提案最后以 396 的反对票、123 的赞成票和 85 的弃权票的结果而被否决。2017 年 1 月，法国教育部长贝诺瓦・阿蒙主张对雇主使用机器人产生的“附加价值”进行征税，其数额与雇用人员要支付的“社会

---

① 唐波，李志．人工智能对人力资源的替代影响研究［J］．重庆大学学报（社会科学版），2021（1）：203-213.

② 乔新生．向机器人征税意味着征资本利得税［N］．上海证券报，2017-03-17（2）.

负担费用”相等，以便给所有人提供基本收入。在工人工厂里，获得的薪资都是应纳税收入，他们根据法律规定缴纳个人所得税和社会保险税等。如果机器人开始替代人类进行这些工作，应当考虑对机器人进行相同级别的征税，优先把这笔资金用于对失业工人的再培训。2017 年 6 月，美国诺贝尔经济学奖得主罗伯特·席勒提出：如果想要缓解由机器人革命引发的收入不平等，那么我们必须重新构建税收系统，而不仅仅是对高收入人群进行征税。税收可以作为工资保险，帮助那些因为新技术失去工作的人们完成再就业的过渡。征收机器人税在政治方面可能更容易被人们接受，这种做法与人类天生的正义感是一致的。

作为一种对人工智能、机器人和自动化技术有负面影响的举措，多种征税计划已经出台：2017 年 8 月，机器人税在世界机器人普及率最高的国家首次试行。韩国每万名工人拥有工业机器人 710 台，这一数字是世界平均水平的 9 倍左右。政府通过减少对投资自动化机器的税收优惠，实质上是对机器人进行间接税收，这是因为机器替代人力导致失业率增加，而之前提供的税收优惠率在 3%~7%。2017 年，失业人数超过 100 万人，失业率近 4%，青年失业率达到 10%，创造有统计数字以来的历史新高。相比之下，日本的总体失业率仅为 2. 8%。①

然而机器人税的建议同样遭受大量反对声音，例如欧洲议会基于抑制创新的理由，对向机器人收税的提案予以否决，最后通过的仅是非税收方面的建议。

第一，确定税务主体和税收方式存在困难。机器人税的征收首先要求“机器人”具备纳税能力，并在法律层面明确定义“机器人”的含义，然后确定具体的税制，然而在当前环境下，这些问题难以解决。在众多国家的法律体系中，纳税的主体通常是自然人、法人和其他组织，而不包括机器人等生产设备。由于机器人没有财产权，基本上属于“物”的类别，是法律的对象，因此不能作为纳税者。准确定义“机器人是什么”也是一大难题，从技术角度看，通常是一种系统集合。在一个由机器人完成的任务中，可能涉及数十个甚至数百个系统，因此对机器人工作的公平合理征税很困难。即便机器人拥有法人资格并且被准确定义，具体的税制设计也面临挑战，任何政策的实施都必须考虑到正反两方面效应的大小，以及税收成本、税务竞争、重复征税和逃税避税等问题。

---

① 程杰，张雪梅．“机器人税”可行吗？［J］．中国发展观察，2019（10）：56-60.

第二，对创新和技术进步的影响是负面的。在开放经济体系中，实施机器人税未必是一个有效的策略，尤其是对于广泛运用机器人的工业生产过程来说。施加机器人税将提升机器人的花费，抑制企业的创新意愿和创新实力，减缓研发和应用机器人的积极性，进而妨碍机器人科技的创新，并显著减弱其作为投资目标的吸引力。部分企业可能选择向未征收机器人税的国家或地区转移，这无疑削弱一个国家或地区的竞争力，从而对其经济增长产生不利影响。通过联合国、欧盟、经济合作与发展组织等多方协调来解决这个问题可能是一个更有效的途径，但是由于各国基于自身利益的因素，达成共识的难度相当大。

第三，人工智能、机器人以及自动化科技并未对失业率和政府税收产生严重的影响。这些技术同时具备破坏效应和创造效应，一部分关于机器人对就业影响的研究仅仅关注采用这些技术的特定地区和行业。然而在整个经济体系中，其所引发的生产率的提升是否会使得就业增速放慢仍然是未知数，机器人所带来的附加生产力可能并未对应税收入产生减损效应。1997—2015年，欧盟 15 个国家的生产率增长和总工时增长之间的相关性仅为 0.15%，这暗示生产率的提升并未对就业增长产生负面影响。相对地，在美国、英国以及加拿大等制造业自动化水平相对较低的国家，制造业的失业率反而最高。

机器人税的理念可以划分为狭义和广义两大类别：狭义的机器人税是指基于税收法规，对机器人的生产企业、销售商、用户或所有者实施的一种或多种特定税费，例如收入税、增值税或财产税等；广义的机器人税则是针对人工智能、机器人以及自动化等带来的不利影响所实施的与税务有关的各类策略，例如可以构建一个税收中性体系，允许市场自主选择最高效的生产单位。也可以构建一套偏向于人类劳动者的税务体系，或者为低收入工人减轻工资税的负担等。各方都从各自的视角和目标出发，提出多种征税方案，如表 7-3 所示。

表 7-3　对机器人税征税方案的评价

征税方案	税收中性	可避税性	激励性	收益性	可行性	正面效应	负面效应
所得税	是	低	中等	高	极差	强	强
自动化税	是	低	差	一般	差	强	强
增值税	是	低	极差	高	好	强	弱
财产税					好	强	一般
庇古税	无	高	极好	低	极差	强	弱
取消税收优惠	无	一般	差	一般	极好	强	弱

续表

征税方案	税收中性	可避税性	激励性	收益性	可行性	正面效应	负面效应
给予税收优惠	是		极好	负向	极好	强	极弱
提高企业税率	无	高	极好	一般	极好	一般	强

资料来源：朱力，夏恩君．机器人税：人工智能和自动化时代的税收挑战［J］．未来与发展，2022（4）：39.

以上的征税方案都有各自的优点与合理性，但是也面临不少的问题：部分方案在现有条件下执行极其困难；税收中性即税收政策应该在机器人和人类劳动者之间保持相对平等性；可避税性即税收政策在各种税收制度或征税方案下避税的可能性；激励性即与税收有关的效率激励；收益性即各种征税方案的潜在税收收入；可行性包括征税对象是否可明确定义、征税成本高低等；正面效应是指征税方案对降低不平等、增加税收和解决失业等问题的作用；负面效应是指征税所导致的诸如破坏投资、阻碍创新等消极影响的程度。①

智能机器人带来的失业问题值得社会和政府广泛关注。对部分再就业困难的失业群体，政府应当给予合理适度的教育支出，立法保障劳动者的应有权利（包括集体谈判权和自由谈判权）。取消过多的给予科技创新的税收激励政策，建立有效的产权保护机制以保证自由公平竞争。探索更加有效的“人机合作”模式，以最终释放出人类自身的生产力和创造力。②

7.4 技能匹配工资

具备自感知、自适应、自控制的智能机器人在实体经济中得到广泛的应用，这是推进生产创新能力、重构制造业价值链、增强经济内生动力的关键举措。在经济体系数字化转型过程中，如果技术进步与产业结构之间的偏离程度居高不下，那么将扩大工资差距、引发失业危机。除拥有自身岗位的专业性以外，培育技能型人才涉及产业链的上游、下游和旁侧。构建学习导向型的柔性能力，形成面向未来智能制造业所需要的岗位能力。

1930 年，凯恩斯在一场名为《我们子孙后代的经济前景》的演讲里预言：大约在 2030 年，生产性问题应得以全面解决，然而机械化可能引发“技

① 朱力，夏恩君．机器人税：人工智能和自动化时代的税收挑战［J］．未来与发展，2022（4）：35-44.

② 浦卓成．应该开征机器人税吗？［D］．上海：上海财经大学，2020：40-48.

术性失业”。“分配的问题将变得至关重要，政治、自由市场信念，社会架构等各个方面都会经历重大的转变，并且这种转变将无止境地持续下去。”现在这个被称作“凯恩斯拐点”的预言正在无限地接近大量的个人和家庭，因此布莱恩·阿瑟强调：“未来的经济发展目标必须从生成繁荣转为分配繁荣，不仅需要改变政治观念，同时也需要积极地寻找优化和更新分配策略的方法。”①

7.4.1　从技能偏向到工资溢价

人工智能分为弱人工智能、强人工智能和超级人工智能三类，当前世界发展水平仍然处于弱人工智能阶段。人工智能的特征之一是主体与客体的协同演化，既可能替代与创造就业岗位，也可能改变要素生产率，共同影响劳动力市场。人工智能引发存量劳动力因为难以匹配传统产业或者新兴产业的需求而陷入结构性失业，导致人力资本存量贬损。

受到数字化、信息化、自动化、全球化及人口老龄化的广泛影响，劳动力市场的供需结构已经发生深远的转变。技能供给和技能需求的不平衡状态日益显著：一方面，寻找到技能匹配的员工在市场上对于众多企业来说越来越困难；另一方面，现在的劳动者所掌握的技能与工作实际所需的技能存在的不匹配情况也日趋普遍，这对企业以及员工的经济利益和发展潜力造成深远的影响。由于技能的不匹配，企业的生产能力难以提高，这严重妨碍企业创新能力的增进和新技术改革的实施能力。缺乏合适的技能，限制劳动者的就业竞争力，进而减少他们获得高品质就业职位的机会。

技能被定义为在特定专业领域内运用相关的知识、技巧、方法和流程来实现组织目标的能力。这与具体的职业岗位相关的专业知识和技巧相称，也被人们称作职业技能。技能是一个包含多个维度的概念，涵盖认知技能和非认知技能两大类。认知技能涉及理解复杂观念的能力，适应环境变化的能力，从实践中积累学习的能力，进行多种形式推理的能力，以及通过理性思考解决问题的能力等。而非认知技能包括自我调节能力、责任感、团队协作能力、应对变化的能力、交流技巧、人际关系技巧等，这些技能具有跨领域（如社会、情绪、行为）的特性。

技能不匹配涵盖宏观与微观两方面的意义：在宏观层面上，是指技能的整体供给与全面需求之间的不平衡；在微观层面上，是指个体具备的技能不符合职位所需的技能。技能不匹配包括技能过剩和技能短缺：技能过剩是指

---

① 唐任伍，刘洋，李楚翘．布莱恩·阿瑟对复杂经济学的贡献：科睿唯安“引文桂冠”经济学奖得主学术贡献评介［J］．经济学动态，2020（3）：147-160.

技能的总体供给超出总体需求，或者某个人所具备的技能超出职位的需求，技能短缺是指企业在当前薪资标准下，在劳动力市场上无法招募到拥有所需技能的适宜员工。①

依据技术与技能的互动关系，技术的进步可以被划分为各种不同的类别。假如新技术比现有技术对使用者提出更高的能力要求，或者新技术的使用者必须承担重新学习的成本，那么这就是技能偏向型的技术进步，反之则为技能替代型（非技能偏向型）的技术进步。随着生产流程的标准化，反而降低相应的技能要求。像微电子和信息技术就属于前一种情况，流水线生产则属于后一种情况，如图 7-14 所示。②

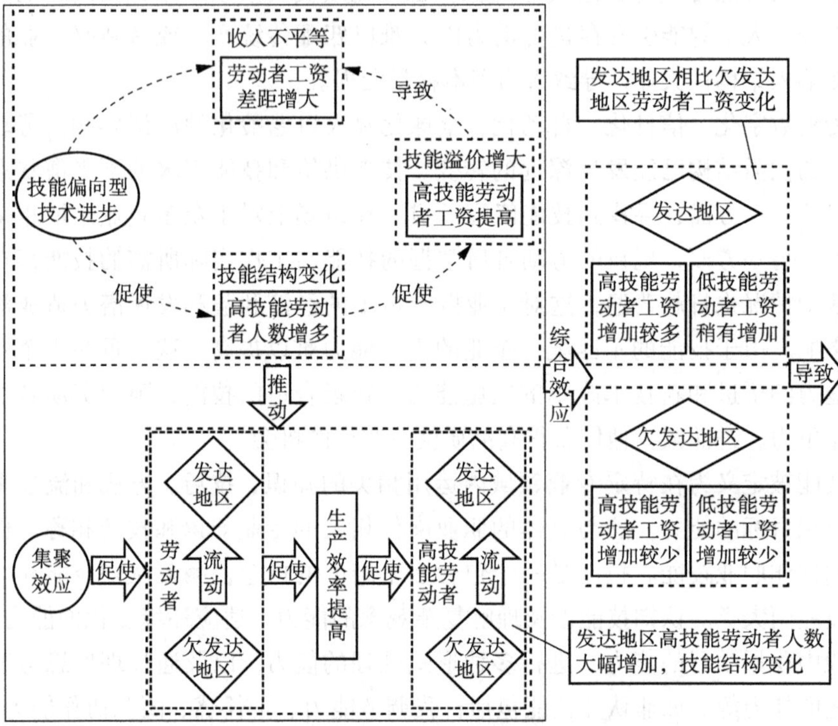

图 7-14　技能偏向型技术进步、集聚效应对地区工资差距的作用机制

资料来源：陈勇，柏喆．技能偏向型技术进步、工人集聚效应与地区工资差距扩大［J］．中国工业经济，2018（9）：84.

---

① 盛世明，程强．新经济背景下技能短缺与技能不匹配的成因探究［J］．上饶师范学院学报，2020（8）：91-95.

② 李扬洲．技术进步与收入分配：基于技能偏向性效应的研究［D］．杭州：浙江工业大学，2009：6-9.

技能溢价（Skill Premium）是指高技能工人与低技能工人之间的工资比率，技能偏向型技术进步（Skill-Biased Technological Change，SBTC）导致工人在市场中就业和收入结构的变化。这种技能偏向型反映高技能工人对低技能工人的不断替代以及技术与技能之间的不断互补，在劳动力市场上表现为高技能工人所占就业和收入的比重不断扩大。

数字技术和信息技术的进步以及“资本-技能”的相互补充，使得技术进步往往呈现出对技能的偏好。由此对技能型劳动力的需求以及相应薪资的快速上涨，使得不同劳动者在人力资本或有效劳动力上的差异进一步加大。这种变化在劳动市场的整体收入结构上得以体现，从而引发技能溢价现象。①

① 侵蚀效应。技术进步偏向技能意味着生产力的提升，也导致对陈旧技术的淘汰。工人需要投入大量的时间来学习并适应新的技术，对于不同的工人来说，这个适应过程各不相同。高技能的工人不仅具备更高的静态产出率，同时也拥有更高的适应性，相反地，低技能的工人所受到的磨损现象较为严重。企业对高技能员工的需求上涨，对低技能员工的需求下降，从而导致技能溢价的上涨。

② 市场规模效应。技术升级倾向于技能的方向同样是企业与劳工共同做出的决定，能够适应技能劳工的市场规模进行调整，并且被导向利润更丰厚的区域。正如掌握硬件和软件技术的工人数量增长为计算机企业提供更广大的市场和更强劲的创新动力那样，不断增长的高技能劳工的供给意味着更为宽广的技能互补性市场，从而刺激企业提升技能工人的产出率。同时技术创新进一步提高对高技能劳工的需求和高技能工人的薪资，进而导致技能溢价的上涨。

③ 替代效应。持续扩大的高技能劳动力供给引发对低技能劳动力生产的取代。高技能工人未能取得与其人力资本等价的薪资，低技能工人逐渐变得相对稀少，其薪资因此提高，进一步导致技能溢价的下降。

随着计算机、数字化、网络化以及芯片带来的技术变革，物质资本必须与人力资本融为一体，高端技术必须配套技能型劳动力，技能偏向型的技术进步催生非熟练工人向熟练工人的转型，同时加剧工资的不平衡性。技术在实质上是机器与能操作机器的人的联合，尽管新型机器具备更高的生产效率，但是只有那些提前掌握特定技能的人才有能力操作这些机器。具备高级技能的工人更有能力抵御生产率可能的下滑，并且他们的适应成本相对较低，因

---

① 刘兰．偏向性技术进步、技能溢价与工资不平等［J］．理论月刊，2013（2）：140-143.

此这些高技能工人更易于接纳新的技术进行生产，因此获得更高的薪资。①

高技能工人和物质资本的互补性超过低技能工人和物质资本的互补性，低技能工人更可能被实物资本取代。技术的改进通常是人为设计的，是由追求利润最大化的经济主体所决定的。对高技能工人的需求增长，可以视为资本设备相对价格迅速下降的表现，假如资本设备与技能工人的互补性更强，那么资本设备的扩增就将有利于高技能工人相对工资的提升。高技能工人增多意味着一个更广阔的技能互补技术市场和更多的垄断利润，进而刺激企业家提升技能劳动者的产出效率，使得技能工人的生产效能提升速度加快。②

工人的工资由市场机制和制度因素共同决定。新古典经济学者强调市场竞争的力量，认为工资水平是由市场机制来决定的，并且利用人力资本理论来解释工资差异。工资以工人内在的人力资本价值为核心，随着市场供求的改变而不断波动。劳动量供给的多少、生产效率的高低归根结底体现着人力资本的差异，通过教育和培训、流动或迁移使得工人获得某种技能的投资或寻找更好的就业机会。

工资溢价（Wage Premium）是指在不同类型的企业中，一些工人获得的工资收入明显比其他企业工人的工资收入偏高的情况。相同类型的企业具有其相应的特征，不同类型的工人也具有其相应的特性，从而造成企业与工人之间存在不同程度的工资差距，通俗来讲就是企业之间存在工资不平等的现象。

（1）企业异质性与工资溢价

企业绩效水平主要体现在其盈利本领上，收益率较高的企业通常具备向工人支付较高薪资的能力。企业的经济效益与工人的勤奋度紧密相连，如果经济效益持续上升，企业将普遍提升工人的薪资，从而实现其更大规模的扩张和增长。因为企业多样性的存在，各类企业通常设定工人的最低技能阈值，只有超过此阈值的工人才能被录用。由于对工人技能的需求增加，企业将会提供更高的薪资待遇。

对于企业来说，创新能力在薪资上起着关键的作用。通过创新提升效率，促使企业愿意给予工人更高的薪资。创新型企业持续加大对科学研究与实验发展（Research and Development，R&D）的投入，以促进技术的革新与升级，

① 李扬洲．技术进步与收入分配：基于技能偏向性效应的研究［D］．杭州：浙江工业大学，2009：11-16.

② 刘兰，邹薇．技能溢价与工资不平等理论研究进展［J］．中南财经政法大学学报，2010（1）：16-21.

从而提升生产效率，并有条件提供更高的薪资。因为企业的创新能力差异，对高技术人才的需求也有所不同，因此导致更大的技能工资差距。

生产效率较高的企业通常具有更高的经济效益、能够实现更多的盈利，因此有能力给予工人更高的薪资。工资与生产率之间的敏感度系数相当大，生产率的不平衡成为企业之间工资差距的主要因素，但是工资的增速往往不及劳动生产率的增速。具有市场垄断地位的企业，在获得超常收益时，普通工人也能分享到部分超常收益。

企业的异质性源自对各种技术能力水平工人的雇佣比例的不一样，那些雇用高技能工人的企业通常是科技密集型的，因此拥有更高的生产效率，工人因此能够得到更高的薪资溢价。技能溢价的提升导致对高技能工人的需求相对增长，因此需要给予更高的薪资。

在不同要素密集度的企业之间，工资的差距较为显著。那些劳动密集度较高的企业，其员工的薪资增长较为迅速。通常资本密集型产业采纳更先进的生产技术和设备，因此对高技能工人具有较大的需求。为了进一步提升企业的生产效率，这类资本密集型企业通过提供更高的薪资来吸引高技能劳动力。并且在资本密集型产业中，工资在总成本中所占的份额较小，所以企业更倾向于提供较高的薪资，以此刺激工人更努力地工作。

（2）工人异质性与工资溢价

人力资本的异质性如同生产率的异质性一样，被视为企业工资溢价的重大影响因素。家庭教育层次的差异影响财富积累的能力，教育程度的不同可能会引发收入的两极化。随着教育成本的不断提高，人力资本的不断深化导致工资差距持续扩大。

工人的个体特性在很大程度上可以阐明工资溢价，工人的工资收入与工龄具有很强的正相关性。工人与技术水平也具有互补关系，由于工人在教育水平、在职训练、服务年限和经验等方面的差异性，导致企业工资水平的显著不同。例如随着服务年限的增加，工资也表现出线性的增长。再如性别的差异对工资产生极为重要的影响，男性员工的工资普遍超过女性员工。[①]

采用分位数回归模型探究技能偏向型技术进步对工资溢价的影响：假设制造某一产品主要依赖于技术与劳动力的投入；技术被分为高技能和低技能，劳动力由高技能工人和低技能工人构成；当前的技术变革走向是技能偏向型的技术进步；随着技术进步程度的逐步提升，工人所掌握的实际技术与最大

① 王融亲．基于异质性视角下我国工业企业工资溢价问题研究［D］．杭州：浙江工商大学，2017：1-9.

可能获取的技术之间的差异越来越小，即技术滞后性越来越小，因此技能偏向型技术进步与技术滞后度之间存在反比关系；随着技术水平的持续提升，技术溢出的效果将持续扩大，对工资的影响也将逐步扩大。

技术水平的持续提升使得技术发展速率在不断快速增长，技术的外溢影响力也在不断扩大，无论是高技能工人还是低技能工人的工资水平都在持续攀升。高技能工人逐步缩小与前沿技术水平的间距，降低技术落后程度的速率也在不断提高。对比低技能工人，高技能工人的技术外溢影响力更大，推动技术发展更为偏重于高技能工人，从而使其工资水平的提升速度更快。

利用分位数回归分析法研究各类解释性变量对于薪资分布的不同影响，进而对比不同技能型劳动者的技术进步偏好对薪资变动的影响。一般的分位数回归模型如下所示。

$$Q_{ij}\left(\frac{\ln W_i}{X_j}\right)=X'_j\beta_{j\theta}$$

式中：$Q_{ij}\left(\frac{\ln W_i}{X_j}\right)$表示给定解释变量 X 的情况下，第 j 个技能工人的被解释变量 $\ln W_i$ 的 θ 分位数。不同的分位数 θ，就有不同的估计系数 β。采用工人受教育年限的指标代表技能偏向型技术进步，把工人技能偏向型技术进步对工资的影响作为解释变量。技能偏向型技术进步的工资影响方程如下所示。

$$\log(wage)=\beta_0+\beta_1 tech+\beta_2 sex\times tech+\beta_3 area\times tech$$
$$+\beta_4 x_i+\beta_5 unit+\beta_6 province+\varepsilon$$

式中：log（*wage*）是月工资收入对数变量，作为被解释变量；*tech* 表示技能偏向型技术进步；两个交互项即性别、城乡与技能偏向型技术进步，分别为 *sex×tech* 及 *area×tech*；x_i 代表其他控制变量（年龄及其平方项、性别、城乡、职位及职位类型）；*unit* 表示工作单位性质；*province* 表示省份的虚拟变量；ε 为回归的残差。

依据上述模型，代入来源于 2009 年中国健康与营养调查（CHNS）的样本数字，包括 4400 户家庭，共计 26000 人。根据样本的工作技能分成两组：即高技术溢出效应的技能工人和低技术溢出效应的技能工人。在不同的技术溢出效应下，技能偏向型技术进步对工资水平的影响不同，分位数回归的合并结果，如图 7-15 所示。

在高技术溢出效应下，技能偏向型的技术进步对工资产生显著的积极效应。然而对于那些技术外溢效应较弱的低技能工人，这种技能偏向型的技术进步对其工资的影响并不显著。从工资分位数的结果来看，在具备高技术外

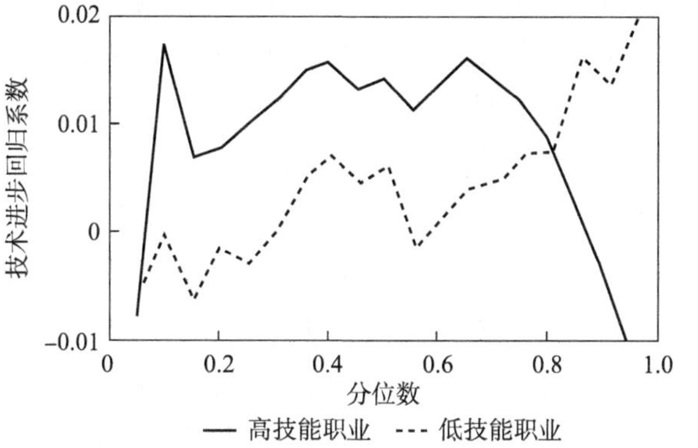

图 7-15　技能偏向型技术进步对高低技能劳动力的工资分位数回归

资料来源：聂荣，王春蕊．基于分位数回归的技能偏向型技术进步对工资影响研究［J］．东北大学学报（社会科学版），2015（1）：42.

溢效应的高技能工人中，处于低、中、高工资等级的工人，他们的技能偏向型技术进步对工资的影响逐级下降，这可能与处于低、中工资等级的工人受到的技术外溢效应影响较大有关。对于处于工资等级 70%分位以上的高技能工人，随着工资等级的提升，技能偏向型技术进步对工资的影响逐渐缩小；而对于低技能工人，随着工资等级的提升，技能偏向型技术进步对工资的影响有逐渐增大的趋势。

从交互变量的分析结果可以推断：城市里的高技能工人，其技能偏向型技术进步对工资水平的影响较大并且重要，这与农村有明显对比；高技能的女性劳动者，其技能偏向型技术进步对工资水平的影响也较大并且重要，与男性形成对比；年龄是影响工资的一个显著正向因素；员工的工作职位种类对高技能工人和低技能工人的工资水平具有重要影响，从事偏向高技能的工作，工资水平通常更高。

从职位类型的结果中可以推断：那些从事较为稳定职务的员工所获得的工资较高；工人的收入水平受到工作场所性质的影响，国有企业的技术进步向技能倾斜，其对工资的影响超过集体企业和私营企业，这可能与国有企业能够接触到的先进技术更多，技术溢出效应更为明显有关；因为各省的经济环境和技术条件差异，对工人的工资水平也产生不同程度的影响。这可能与经济更为繁荣的地区接受的外国直接投资更多，技术溢出效应更为明显有关，导致该地区的技术进步向技能倾斜，从而对工人的工资产生更大的影响。

人工智能对就业的冲击加快知识和技能的刷新频率以及劳动力市场的流动性，导致失业和再就业变得常见。因此有必要优化劳动者权益保障体系，保护劳动者的合法权益，充分利用就业服务和失业保险制度，扩充失业保险基金。加强人工智能技能的培训，构建“数字+人工智能+X”专业交叉整合的新培育模式，完善适应智能经济和社会的终身教育和就业培训体系。充分利用人工智能的创造力，以产生更多的高品质就业岗位。①

伴随中国对外开放的广度和深度的不断拓展，技术的外溢效应持续增长，技术的进步对高技能工人的工资影响将逐步增大。政府鼓励企业提升研发以及创新能力，减小与先进国家在人工智能技术方面的差异。国内企业通过引入尖端技术，与跨国企业的紧密协作，学习新兴技术；吸纳更多外商的直接投资，实现优势互补，持续提升生产效益，低技能工人的工资也将逐步增长，减小与高技能工人工资差异的幅度。②

7.4.2 从就业极化到工资差距

为了实现资本的持续增值，影响劳动效率与模式的机器和技术不断进行刷新，每一种和每一次都以“机器取代工人”为核心，来达成对劳动流程的再塑造。在资本主义的演变路径中，先是机械化，随后是自动化、智能化，这种必然趋势导致劳动的去技能化，进而削减劳动者对劳动流程的掌控力。马克思强调：“变得空虚的单个机器工人的局部技巧，在科学面前，在巨大的自然力面前，在社会的群众性劳动面前，作为微不足道的附属品而消失。”

去技能化（Deskilling）泛指那种能够通过调整生产流程以便雇佣较少技能的工人的技术改造方式。为了降低成本，资本家更倾向于聘用较弱工资谈判力的非熟练工人，而非具有较强谈判力的熟练工人。资本主义制度的生产方式系统性地打破各类全面技能，构建与其需求相匹配的技能和职业。去技能化不仅导致劳动者失去劳动自主权，还因为劳动者的可替代性提高而使得资本家对劳动力的控制更为容易。

在人工智能时代，数字被赋予新的角色和价值，作为一种创新的生产要素，用于虚拟产品的制造。资本主义生产方式的创新理念还是劳动分工，这是技术和资本紧密结合的特殊需求。每一次技术进步都对劳动分工提出新的挑战，以适应技术增长和资累积聚的需要。数字化和网络技术对劳动技巧进行解构和重塑，使得雇佣关系变得更加灵活，这实质上是智能化科技降低劳

① 刘晓莉，许艳丽．技能偏好型技术进步视阈下人工智能对技能人才就业的影响［J］．中国职业技术教育，2018（5）：41-46.

② 聂荣，王春蕊．基于分位数回归的技能偏向型技术进步对工资影响研究［J］．东北大学学报（社会科学版），2015（1）：38-43.

动者现有的技能水平，磨灭积累的技能优势。

人工智能对劳动分工产生更深远的影响，这主要源于数字化、人工智能、自动化、机器人等新兴技能偏向型的技术进步累积，导致复杂劳动更需要精致的管理技巧、规划技艺以及技术性技能。2017 年，世界招聘网站领英在其《世界人工智能领域人才报告》中揭示：人工智能岗位数从 2014 年的近五万个增长至 2016 年的超过 44 万个，主要涵盖算法、机器学习、智能芯片、机器人等方向，例如数字科学家、机器学习工程师、软件框架师等。

随着数字化和智能化技术的广泛应用，底层劳动力的竞争日趋激烈，催生全新的经济模式。主导非正规就业的零工经济已经遍布社会各处，以网络平台为核心，构筑一个劳动者的“储备库”。这群采取自由职业和灵活就业方式的工作者的涌现，预示着传统劳工运动所诉求的基于时间计算的最低工资，以及根据此建立的社会保障体系面临失效的危险。例如外卖骑手等新兴业态工人在劳动过程中非但没有新技能形成的条件与可能性。并且在未来的配送模式中，去技能化的“人工配送、人机配送、机器配送”最后都转变为“机器裁人”。

就业极化（Employment Polarization）是指依赖劳动者创新的非常规高技能职位和无法简化为机械操作低技能职位的就业比例逐渐增长，而常规性的体力和脑力劳动逐步减少。与此同时，高低技能产业之间的技能溢价在长期趋势下维持着相对高的比率。这种两极化现象并存于高技能溢价，表明在不同的“技术-经济”运行模式下，去技能化展现出独特的结构特征：高技能工作依赖于认知、交互和创新，无法进行去技能化，这导致资本对这类劳动的让步和同化；相反地，无法简化为机械操作的低技能工作无法形成对劳动技能的独占，也无法形成对劳动过程的控制。

马克思认为技能包含技能的复杂性、劳动的自治性和技能的社会结构等三层含义。他是这样阐述：“分工使这种劳动力片面化，使它只具有操纵局部工具的特定技能。一旦工具由机器来操纵，劳动力的交换价值就随同它的使用价值一起消失。”这揭示在实际的劳动对资本的服从性中，工人作为机器的附属，出现脑力与体力劳动的切割、手艺与工艺技能的丧失以及单一的机器看护技能对前述技能的取代。

他强调的去技能化通常代表着从垄断技能转化为非垄断技能。非规律性的认知和操作行为，由于不能化简为程序化行为，其工作过程和效率依然高度依赖劳动者的主动性和创新性，属于尚未实现的去技能化职位。在从熟练工作变为简单工作的“还原”过程中，他并不同意劳动大军的“同质化”能达到消除所有技能的水平，去技能化常常代表着从垄断技能转化为非垄断技能。这种还原指的是垄断技能的消失和灵活技能模式的建立，而这使得工人的替代变得更为便捷。

非常规性认知的增加恰如其分地揭示去技术化的矛盾，也就是在工作过程中，资本和劳动力对技术控制权的争夺导致必须支付的成本。1979 年，美国经济学家哈里·布雷弗曼提出：去技能化并不意味着技术能力禀赋的平均化，反而是极化——“工作过程的每一步，尽可能地剥离专业知识和专业训练，转化为简单的工作。同时对于那些仍然具有专业知识和可以接受专业训练的少数人，就尽可能地摆脱简单的任务。在这种情况下，所有工作过程的结构是：一个极端的人们的时间具有无限的价值，而另一极端的人们的时间几乎一文不值”。

技能溢价不只是可以揭示技术需求的构造性和整体性转变，而且其在长期内的波动性能展示出技术水平的供需情况，进而间接地揭示去技能化的难易程度。依照美国劳工部和经济分析局的数据进行统计，观察劳动力市场结构在经历极化转变后的整体技术需求的变化：既要研究极化的“扩张”行业和“萎缩”行业的技术溢价比率，也要研究就业群体的比例转变。对比科研与技术服务行业、制造业、农林牧渔业、通用服务业之间的个人平均年薪比例来衡量技术溢价，统计结果如图 7-16 所示。

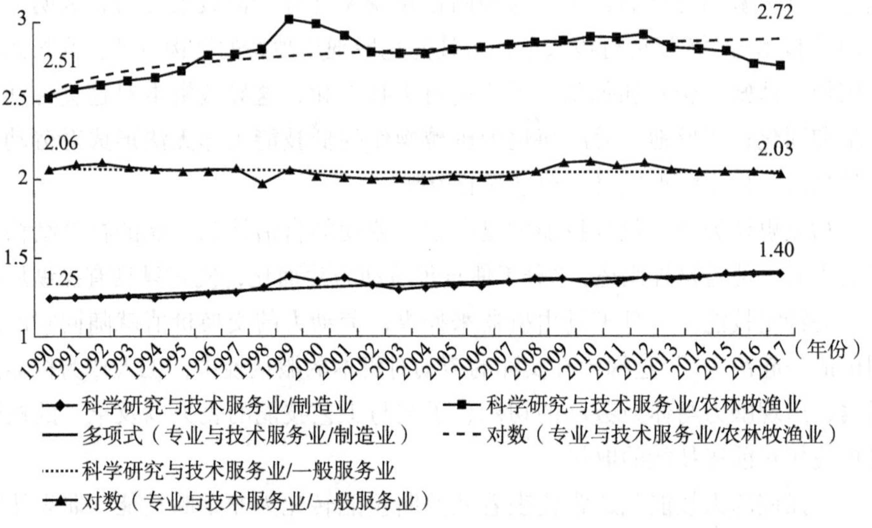

图 7-16　采用平均年薪之比来测度美国分产业的技能溢价

资料来源：冯鹏程．人工智能、去技能化与劳动就业：马克思主义政治经济学的分析［D］．武汉：中南财经政法大学，2020：66.

科学研究以及技术服务领域与农业、林业、畜牧业、渔业领域的技术溢价呈现逐渐增长的趋势，1990 年为 2.51，而到 1999 年达到 3.01 的顶峰。科学研究以及技术服务领域与制造业领域的技术溢价保持持续增长的趋势，1990 年技术溢价为 1.25，而到 2017 年为 1.40。科学研究以及技术服务领域与常规服务业的技术溢价相对稳定，基本保持在 2.0 附近。假设非常规性认知工作代表专业和技术服务，非常规操作任务代表服务业，而常规性操作工作代表制造业和农林牧渔业。高技能产业对所有低技能产业的溢出成本一直保持相对较高且稳定的工资水平，这种高溢价状态一直得到强化。

从理论角度来看，技能偏向型技术进步可以增加技能的溢价，但是这种影响可能是暂时性的。随着非技能工人技能水平的提升，技能劳动的供给量增大使得二者的薪资差异有所减小，但是非常规性认知产业相对于其他产业始终保持高水平的溢价。这表明从 20 世纪 90 年代以来，去技能化是一种结构性的胜利和局部的失败，即成功地减少常规性工作，但是无法有效地减少更复杂的脑力工作，因此非常规性认知产业始终保持较高的溢价比例。

对于技能溢价的增长，仅此一项并不能充分解释全面技能需求的提升，还要详细研究不同技能行业的就业人数。如果高技能报酬的工作岗位占比很小，尽管技能溢价显著，但是这只能表明有限的、局部的高技能需求存在，而无法反映出全面劳动技能的演化。更为关键的是，与高技能工人相比，如果低技能工人在工资减少的同时，其就业数量却在上升，并且低技能工人技能需求的降低幅度超过高技能工人的提升幅度，那么我们可以推断出实际上总体技能需求是在下滑而非在上涨。为了更深入地理解这个问题，进一步比较美国和中国技能工人在就业构成上的变动，如图 7-17 所示。

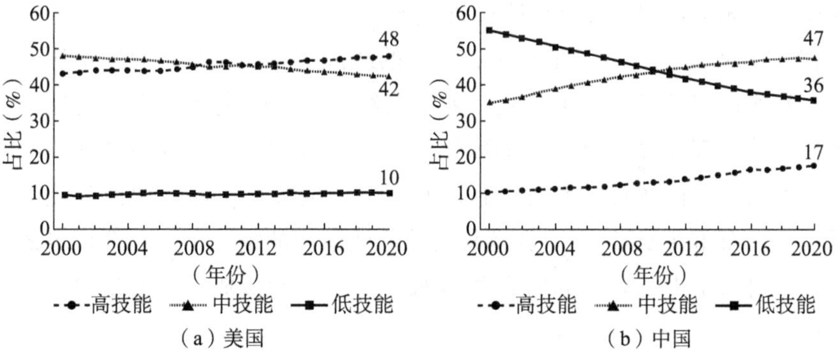

图 7-17　美国与中国不同技能层次工人就业比例结构变化

资料来源：陈斌开，马燕来．数字经济对发展中国家与发达国家劳动力市场的不同影响［J］．北京交通大学学报（社会科学版），2021（4）：5.

数字经济和人工智能等技术对美国与中国在劳动力市场就业结构上呈现出不同特点：美国的高技术工人就业比例缓慢上升、中技能工人就业比例缓慢下降，出现技能分化现象，而中国的低技能工人就业比例较快下降，中技能和高技能工人就业比例较快上升。2020年，美国的低技能工人比重稳定在10%，中技能工人就业比例缓慢下降至42%，高技能工人就业比例不断上升至48%；中国的高技能、中技能工人就业比例上升较快，高技能工人上升至17%、中技能工人上升至47%，低技能工人下降至36%。

美国持续增加的劳动力成本使得众多中等技能劳动力迅速被取代，这导致就业的极化。低技能劳动力所占比例较小，且大部分集中在容易被替代的服务行业。对低技能工人的人工智能替代投入相对较高，这使得低技能工人的占比总体保持稳定。在中国，高技能工人的就业比例不高，这与科技进步程度和水平等因素有着紧密的联系。中国仍然处在人工智能应用的初级阶段，人工智能和数字经济的水平不高，技能替代的投入相对较高。再加上工资水平相对较低，所以表现出与美国不同的就业比例结构。①

1973年，布雷弗曼《劳动与垄断资本》一书中阐述这样的观点："生产流程的机械化、自动化、计算化，尤其是工作流程的无穷分割，使得在特定岗位上的工人需要掌握的技能日渐减少，从而转变为生产链条中的一环而非一个完整的人。"社会的各类工作流程都包含更多的科学知识，这些工作流程的平均科学技术含量比以往提高很多。这种科技与教育内容的丰富化倾向于两极分化，展现为企业家和技术工人对工作流程的控制能力逐渐增强，但是这"并不能弥补广大工人对工作流程控制能力的降低。科学越是融入工作流程中，工人对这个流程的理解就越浅薄。作为智力成果的机械设备越是复杂，工人就越是无法控制和理解这些设备"。②

在20世纪的历次经济危机中，美国的经济复苏往往与常规性工作的增加并行。然而自20世纪90年代起，无论在经济低迷时期还是恢复时期，常规性工作的数量都在逐渐减少。2008年经济危机过后，所展现的复苏情况可被称为标准的无工作恢复。美国的制造业岗位的消失正是就业两极分化的主要推手，正如布雷弗曼指出："在这种科技广泛运用的情况下，公众认可的技能不仅在绝对水平上下降，同时在相对水平上也有所减弱。也就是说，不仅理

① 冯鹏程．人工智能、去技能化与劳动就业：马克思主义政治经济学的分析［D］．武汉：中南财经政法大学，2020：32-74.

② 方长春．去技能化与再技能化：新就业形态与青年职业发展［J］．人民论坛·学术前沿，2023（8）：16-25.

解劳动过程所需的内容在绝对水平上减少，而且在相对科技劳动的价值上也有所降低。”

维持劳动力的等级制、劳动技能的等级制和保留工资的差异性，这些构成资本主义生产方式的技术基础，可供选择的各种生产和劳动力控制体制为技术上、管理上的技能高溢价开辟道路。技能的垄断和科学的管理相结合，使得劳动过程的控制权更多地从工人转移到管理者和科学家而非资本家。随着科学技术的进步和工艺应用的扩展，与过去相比，在劳动过程中的“平均”科学含量和“技能”含量都显著提升，对劳动的教育和技能内容两极分化日益明显，但是不足以补偿绝大多数工人在劳动过程控制能力的下降，随之而来的是财富和权力越来越多地集中在少数人手中。

对于以管理和研发为主的非常规性技能的职位数量，收入以及技能复杂性的增加，实际上是以大量中技能的常规性操作工作和部分低技能的常规性认知工作的消失为代价的。这类工作曾经是最成功的去技能化领域。从这个角度来看，资本并不能有效地把这种劳动简化为可替代的劳动，但是资本实际上通过赎买方式瓦解此类工作的专用权。例如自 20 世纪 90 年代以来，在美国高级管理人员和技术人员的收入中，期权和红利的比例逐渐增加，逐渐成为主要的收入来源。据统计，1993—2003 年，1500 家企业的前五名高管的薪水增加近 2 倍，占企业总利润的比例从 1993—1995 年的 5%上升到 2000 年至 2002 年的 12. 8%；美国 200 家大企业的首席执行官（CEO）和全职工人的平均收入比例，1980 年为 42：1，1990 年为 107：1，2000 年为 525：1，2008 年为 319：1，这种巨大的工资差距主要由高级管理人员的工资增长推动。

再技能化（Reskilled）与去技能化形成鲜明的对比，是指在生产技术进步之后，劳动过程对工人技能的新的需求方式。数字化和人工智能的演进导致劳动力市场展现出就业极化和人机协作的双重特点：第一，就业极化转变原有基于分工细致的任务分配准则，反映基于任务复杂性的技能需求，催生工人必须完成的任务主要集中在低技能职位和高技能职位两个极端；第二，人机协作在运用中更多地呈现为人机互动，是指人借助机器、设备中的感知处理器、认知处理器和操作处理器与机器在声音、图像、动作等方面实现互动，进而通过此类互动完成工作任务。

从技术进步的角度来看，去技能化与就业极化、技能溢价以及总体技能需求的增长并无冲突。技能需求增加的原因与劳动者的“再技能化”紧密相连，新的技术革命将对工作技能提出更为严苛的要求，从而逐步淘汰过时的技能。去技能化影响的是上一轮技术革命塑造的传统的、现有的技能，再技能化则是下一轮技术革命的内在需求，再技能化的过程实际上就是技能去化的另一种体现。①

目前的数字化技术以及计算机工具的更新带动柔性制造系统（FMS）的产生。这套系统由数控机床及其他的自动化工艺装置组成，是计算机信息控制系统与物料自动储存运输系统的有机融合。自动化的材料处理设备以及计算机数控机床，能够同时处理不同种类的零部件。全自动的柔性制造系统能够满足精益生产对于数量和种类的需求，并且借助自动化达成时间上的要求。伴随专业工具水平的提升，使用这些工具的工人的劳动价值正在持续分化，不同技术水平的工人获得的工资差距也在逐渐加大。

在再技能化或者技能更迭的过程中，工人传统的占有技能的议价权和控制权可能被削减，甚至完全丧失。资本持续削弱并规避工人对技能的占有和控制，甚至在工人对技能的控制权尚未形成和巩固时，就可能面临下一轮的技能升级的冲击。从根本上讲，这是资本的盈利驱动性造成的，导致工人阶级不断经历技能升级、去技能化和再技能化的循环往复。复杂的劳动转变为简单的劳动的过程并未完全完成，也是资本主义发展的内在需求所表现出来的未完成的事项。在数字化和人工智能的背景下，劳动分工从极端化向精细化的方向发展，将产生新的管理模式影响劳动者的技能再升级。政府需要制定公共政策以预防可能出现的风险和危机，从而使经济转型、产业提升和社会变革相协调。②

7.5 菲利普斯曲线

失业和通货膨胀作为公众始终关注的经济现象，具有悠久的历史。菲利普斯曲线（Phillips Curve）作为现代主流经济学描述通货膨胀的核心模型，反映在工业革命特定时期的经验事实，一经提出便很快成为宏观经济学者关注的重点。该曲线的解释力存在明显的局限性，新古典综合派、货币主义学派和理性预期学派的纷争在很大程度上与该曲线有关。

20 世纪 70 年代，欧洲一些生产领域开始机器换人。对劳动力的需求不再具有刚性，虽然工资率上升但是失业率居高不下。20 世纪 90 年代，美国出现

---

① 冯鹏程．人工智能、去技能化与劳动就业：马克思主义政治经济学的分析［D］．武汉：中南财经政法大学，2020：32-74.

② 邱子童，吴清军，杨伟国．人工智能背景下劳动者技能需求的转型：从去技能化到再技能化［J］．电子政务，2019（6）：23-30.

建立在信息技术革命基础上的新经济和低通胀率、低失业率并存的状况，经济周期的阶段性特征明显淡化。不同的宏观经济学流派几乎都参与对菲利普斯曲线的修正，研究范围已经超出曲线本身。

7.5.1　争论与补充

1958 年，新西兰裔英国统计学家威廉·菲利普斯发表一篇名为《1861—1957 年英国失业和货币工资变动率之间的关系》的文章。他把就业率设定为自变量，货币工资变动率设定为因变量，提出这两者之间存在一种负向的关联：失业率降低，货币工资增长率提高；反之失业率上升，货币工资增长率下降。货币工资增长率可以看作是失业率的递减函数，利用图像表现出来就是原始的菲利普斯曲线，也被称为“失业-工资”的菲利普斯曲线，如图 7-18 所示。①

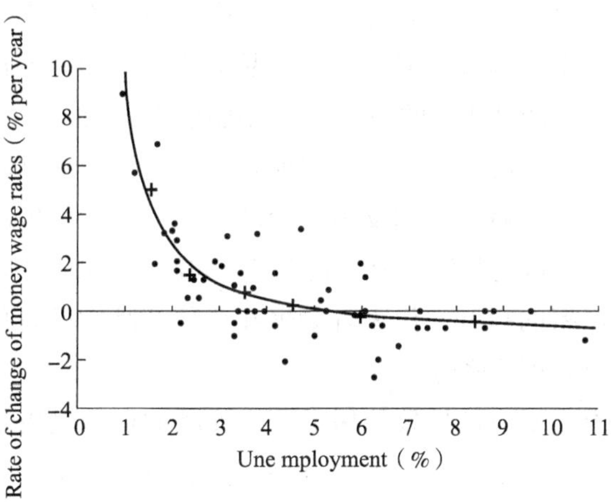

图 7-18　1958 年菲利普斯发表的原始曲线

资料来源：陶鑫．中国菲利普斯曲线的动态特征研究［D］．泉州：华侨大学，2013：6.

1960 年，美国经济学者保罗·萨缪尔森和罗伯特·索洛发表《关于反通货膨胀政策的分析》的文章。他们以菲利普斯曲线的基础理论为依据，用美国的数字代替英国的数字，以及用通胀率代替工资增长率，扩展到通胀率和失业率之间的关联，新曲线被正式命名为“菲利普斯曲线”，亦即“失业-物价”曲线。在曲线上的每一点都代表着一种可能的经济政策选择，当政府在调整经济政策时，就像面对一张“在不同程度的失业和价格稳定之间进行选

① 陶鑫．中国菲利普斯曲线的动态特征研究［D］．泉州：华侨大学，2013：5-6.

择的菜单”，可以选择较高的失业率去“换取”较低的通胀率，或者选择较高的通胀率去“换取”较低的失业率。初期的“失业-物价”曲线受到人们广泛的认可。但是到20世纪70年代，西方国家普遍遭遇滞胀，也就是高通胀率和高失业率同时出现，菲利普斯曲线理论也因此受到严重的质疑和挑战。

萨缪尔森和索洛选取通胀率作为工资变动率的替代，他们的观点是：工资构成成本的主要部分，随着工资的增长，成本也会随之提高，而商品的价格就是成本加上利润的总和。因此工资增加必然会推动价格的上涨，价格的上升又会触发通胀的发生。虽然从表面看来，用通胀率取代工资变动率似乎毫无破绽，但是如果深入探讨，在理论上最少有三点值得商榷。

第一，工资上涨不一定导致成本上升。从产品的成本构成来看，工资显然是成本的主要成分之一。20世纪50年代，发达国家工人的工资占到企业总成本的一半。基于这个事实，萨缪尔森和索洛提出工资率的增加必将拉动成本上涨。然而工资增加引发成本提升的关键在于劳动生产率，如果在工资增加的同时劳动生产率也提升，那么单一产品的成本可能并不提升。马克思对于劳动生产力与单一产品成本的关系有过明确的阐释，他表示：“劳动生产力越高，生产一种物品所需要的劳动时间就越少，凝结在该物品中的劳动量就越小，该物品的价值就越小。相反地，劳动生产力越低，生产一种物品的必要劳动时间就越多，该物品的价值就越大。”其中的“劳动生产力”即指劳动生产率，劳动生产率的提升，代表着凝聚在单位产品中的价值量减少，那么单一商品的成本也有可能降低。

第二，成本上升不一定导致价格上涨。商品的定价是由成本和利润之和决定的，萨缪尔森和索洛推定成本的升高一定引发价格的增长，但是成本与价格之间的联系并不总是如此。根据市场参与者的不同，价格可能是销售价格、购买价格，或者是由供给和需求双方共同决定的市场价格。销售价格或购买价格能否成为市场价格，最终将由商品的供需情况决定。马克思认为：市场需求直接调控市场价值或生产价格，需求也能调整市场价格和价值之间的偏差。如果需求量和供应量不匹配，市场价格就会偏离市场价值。两者的间隔越大，市场价格偏离市场价值的程度就越高，可能高于或者低于市场价值。当商品供应不足时，成本决定价格，销售价格就是市场价格；当商品供应过剩时，需求决定价格，销售价格不是市场价格，即便成本增长，价格也不必然上升。

第三，价格上涨不一定导致通胀率上升。尽管价格的增长是通胀的一种表现，但是价格的增长不一定意味着通胀。马克思阐述：“商品在金上的表现——x 量商品 $A=y$ 量货币商品——是商品的货币形式或者它的价格。”在金币流通环境下，商品价格的确定源于其内在价值和货币（金）的价值。只有当商品价值稳定，而金的价值降低时，货币（金）的数量随之增多，商品价格才会上升。美国经济学者欧文·费雪指出：买方的货币总支出永远等同于卖方的货币总收入，即货币交易公式为 $MV=TP$（M 为货币供应量，V 为货币流通速度，P 为价格水平，T 为社会交易量）。在一定时间段内，V 与 T 基本稳定，M 由货币管理当局控制，P 则反映价格的变动。从而得出 $P=M(V/T)$，即价格水平由货币数量决定。假如货币发行量增大，那么价格水平一定会上升。由此弗里德曼得出结论：“通货膨胀主要是一种货币现象，是由货币数量超过产品产量增长速度所引发的。”①

随着宏观经济形势的变化，菲利普斯曲线受到经济学者和政治家的青睐，其理论经历不断深入和扩展的过程，如表 7-4 所示。在不同的时代背景和假设条件下，菲利普斯曲线有着不同的表达形式。面对实践的挑战和学派的批评时，菲利普斯曲线的演进逻辑是在保持范式的核心稳定前提下，通过范式外围的改变来适应宏观经济实践的变化，把理论从单纯地描述经济规律扩展到能够解释经济规律，从而达到自身的不断进步。

表 7-4　不同学派对菲利普斯曲线主要观点的比较

模型	假设前提	主要观点	政策含义
新古典综合派	市场非出清，货币工资刚性	通胀率与失业率之间存在稳定的替代关系	需求管理
货币主义预期	相对实际工资，自然失业率，适应性预期	菲利普斯曲线的普代关系只在短期内存在，长期内菲利普斯曲线为垂线	“单一规则”货币政策，收入指数化，经济自由化
理性预期学派	市场出清，理性预期	预期到的通货膨胀对产出和失业没有影响	政策无效论，经济自由化
新凯恩斯主义	市场非出清，工资和价格黏性，理性预期	存在非自愿失业，部分厂商基于理性预期迅速调整价格，能增加产出和就业	紧缩性货币政策能带来经济繁荣
混合模型	工资和价格黏性，理性预期和适应性预期	工人关注实际工资，厂商根据以往信息和对将来的预期制定工资与价格	存在通货膨胀、产出与就业均衡

① 桑瑜．“菲利普斯曲线”存疑：对通胀与失业关系的再讨论［J］．财贸经济，2017（9）：146-158.

续表

模型	假设前提	主要观点	政策含义
信息黏性模型	价格随时调整，收集和计算成本导致信息传播缓慢	每个厂商在每个时期都可能更新价格，但只有部分厂商依据新信息进行决策	存在通货膨胀、产出与就业均衡
名义工资向下刚性模型	名义工资向下刚性	名义工资向下刚性可以提高劳动生产率，促进永久性通货膨胀—失业均衡	实施提高劳动生产率的政策可降低通货膨胀或增加就业
近似理性模型	部分有意识地忽略预期	近似理性的经济成本非常小，自然失业率假说有误导性，通胀率在一定阈值内上升可减少失业	适度扩张的货币政策可以降低失业率

资料来源：刘凤良，张海阳．菲利普斯曲线研究新进展［J］．经济理论与经济管理，2004（7）：63.

关于通胀率与失业率的相互影响，主流经济学派普遍认同：长期的菲利普斯曲线呈现垂直形态。但是对于短期菲利普斯曲线的形态，不同经济学派持有不同观点：理性预期学派基于理性预期假说，认为菲利普斯曲线无论在短期或长期都呈现垂直形态；货币主义派别虽然承认短期菲利普斯曲线的存在，但是否认在短期内存在稳定的折中关系；新凯恩斯主义学派在接受理性预期假说的基础之上，引入价格黏性的条件，他们主张在长期内菲利普斯曲线是垂直的，在短期内还有替代关系，货币和名义价格的变动所产生的实质影响只有部分，而在长期内货币的影响是中性的。

线性菲利普斯曲线模型主要源于数学分析的便捷性，实际证据并不充分，忽略许多关键的现实情况。例如在实现充分就业的条件下，通胀率对于总体需求的变动反应较为敏锐。然而在经济严重衰退的情境下，通胀率对经济活动的变动则表现出相对的迟钝性。菲利普斯尤其强调通胀率与总产值之间的非对称关系，他明确表示：超额需求对于拉升通胀率具有强大的影响力，这远超过超额供给对通胀率的限制作用。

如果真实的通胀率与失业率呈现非线性关系，那么导致与线性模型的结果产生显著的偏差和影响。在分析中央银行的宏观经济干预规则时，如果菲利普斯曲线显示出非线性，特别是凸函数的特性，那么货币政策的设定和执行可能截然不同。在非线性的通胀率和产值缺口关系中，最理想的通胀目标政策可能意味着比线性价格函数更高的利率水平。尤其是在通胀率和产值缺口的短期权衡关系呈现为凸函数的非线性时，最佳的货币政策规则应采用非线性形式，此时应用线性的泰勒规则可能出现较大误差，从而导致货币政策本身变成经济波动的一种源头。

关于菲利普斯曲线的非线性形状至今仍然没有形成一致的观点，对于非线性描述的曲线方程如下所示。

$$\pi_t=\pi_t^e+\alpha\frac{y_t}{1-\rho y_t}+\varepsilon_t(1-\rho y_t>0)$$

式中：π_t 为通胀率，π_t^e 为通胀率预期，y_t 为产出缺口，ε_t 为供给冲出，参数 $\alpha>0$，代表产出缺口的变动对通货膨胀的影响程度；参数 ρ 决定曲线的形状。当 $\rho=0$ 时，为线性的；当 $\rho\neq0$ 时，为非线性的，也就是产出缺口以非线性方式进入菲利普斯曲线方程中。曲线的斜率是参数 α 和 ρ 的联合函数，并且随着产出缺口 y_t 的上升而严格上升。

曲线的二阶导数为$\frac{\partial^2\pi}{\partial y^2}=\frac{2\alpha\rho}{(1-\rho y)^3}$。如果 $\rho>0$，那么二阶导数大于 0，曲线为凸的；如果 $\rho<0$，那么二阶导数小于 0，曲线为凹的，如图 7-19 所示。

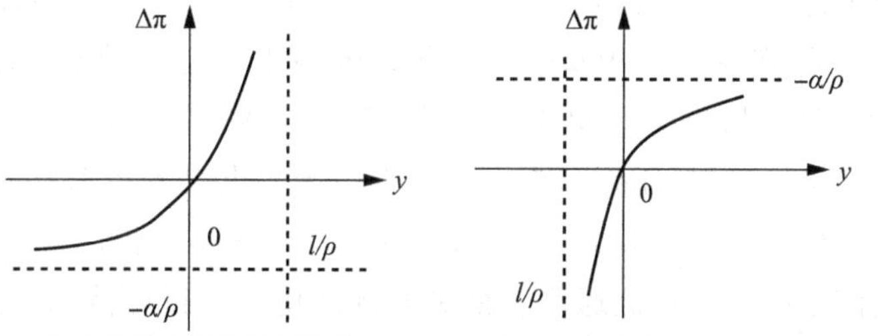

（a）凸的菲利普斯曲线（$\rho>0$）　　（b）凹的菲利普斯曲线（$\rho<0$）

图 7-19　菲利普斯曲线的非线性和非对称特点

资料来源：黄启才．我国菲利普斯曲线的非线性与体制转移特征分析［J］．金融理论与实践，2012（8）：38．

注：参数 $-\alpha/\rho$ 是一条水平渐近线，表示超额供给极大时的最大通缩率（$\rho>0$），或者超额需求极大时的最大通胀率（$\rho<0$）。参数 $1/\rho$ 是一条垂直渐近线，当 $\rho>0$ 时，表示产出缺口的上界，即在产出能力达到极限和通胀压力达到极大之前总需求能够增加的产出限度；当 $\rho<0$ 时，表示产出缺口的下界，即通缩最低时总需求能够减少的产出限度。

凸的菲利普斯曲线的理论根源可回溯至传统凯恩斯主义的假设，即名义工资具有向上的弹性和向下的硬性，以及产出扩增的能力呈现边际递减情况。尤其在企业靠近产出能力限制的场景下，总需求的扩大很难通过增加总供给来满足，此刻更多地转化为通货膨胀。在总需求减少尤其是超额总供给现象严重的时候，企业更愿意积累存货和减少产出，而非削减价格。

凹的菲利普斯曲线的思想基础是企业对价格的审慎需求，这种需求体现在产出缺口小于零的情况中。当总需求降低时，垄断竞争的企业更愿意主动展示降价的意向而非削减产出，来规避竞争者通过降价抢占已经开始逐渐衰退的市场份额；当总需求增加时，如果垄断竞争企业有其他选择，提高价格并非其在扩大市场份额上的最佳策略，更可能的方法是积极增加产出。

在经济周期的各个阶段，通胀率和产出缺口之间的关系有所不同，通胀率对产出缺口调整有多种特性。尤其是在经济的繁荣和衰退这两个阶段变换时，通胀率对经济活动的影响不再呈现线性，菲利普斯曲线表现出非对称和非线性的明显特征。当货币供应量不适合作为货币政策的中介目标时，中央银行的理想货币政策规则将不再是线性的泰勒规则，而是非线性的货币政策规则，尤其是在通胀剧烈波动和经济增长不稳定的时期，需要采用非对称的一系列策略。①

20 世纪 90 年代，美国经济取得令世界瞩目的辉煌成就。1991—2000 年，美国享受长达 110 个月的经济繁荣，并诞生新经济。在此期间，经济衰退的时间只有 8 个月，而经济扩张的时间长达 102 个月。在经济扩张阶段，经济增长速度保持稳定状态，1992—1995 年，国内生产总值的平均增长率达到 2. 8%，1996 年达到 2. 4%，1998 年达到 2. 7%，1999 年达到 3. 5%。在经济衰退阶段，总产出指标仅下降 1. 6%，工业生产指数也仅下降 1. 8%，消费物价仅仅上涨 3. 5%，这些指标都低于二战后的所有经济周期水平。

所有的国家都希望在低通胀和低失业的环境下取得经济的飞速增长，但是传统的菲利普斯曲线揭示这一渴望的不切实际性。看似违反菲利普斯曲线所阐明的宏观经济规律，比如低失业率、低通胀率和高增长率的宏观经济特性，“两低一高”现象对主流经济学理论提出疑问，似乎菲利普斯曲线对美国新经济的解读已经不再适用。引发这一现象产生的主要原因是知识经济和信息科技的进步，引起边际收益递增（即规模收益递增）。

借助深厚的经济和科技实力，美国在新技术革命中担任主导角色，有效地推进高新技术的进步和产业结构的提升，最早完成从后工业化社会向信息化社会的过渡，迅速从世界制造业中心国转型为高新技术中心国。1982—1991 年，美国在主要工业化国家的新技术专利中占据近 30%的份额；1994—1997 年，高新技术对美国国民生产总值的贡献达到 27%；1992 年，美国的高新技术产值达到 6401 亿美元，相比之下，日本和德国的产值分别为 4807 亿美元和 1752 亿美元。从历史来看，美国的技术贸易进出口比率始终稳定在

① 黄启才．我国菲利普斯曲线的非线性与体制转移特征分析［J］．金融理论与实践，2012（8）：36-41.

1∶10，成为最大的技术出口国和唯一的技术贸易盈余国。[①]

新兴产业的出现为社会创造众多的就业机会，美国国民收入上升主要源于技术的发展和劳动产出率的增长。在高新技术产业中，边际收益递增规律能够阐明新经济的反菲利普斯曲线现象：当产品生产占据总产值的大部分时，存在规模收益递增的现象，即随着产量的扩大，生产的平均成本降低。融入大量知识技术产品的价格急剧下降，使得生产这些产品的企业提升经营效率、增进工人的技能水平、减少工人的雇佣成本。弗里德曼提到："如果知识的发展、技术的改进引起经济快速增长和货币得到控制，这将导致通胀率的下降。"

从长期来看，经济增长与通货膨胀之间并不存在稳定的相关关系。新经济的快速增长与低通胀现象，表面上似乎与传统的菲利普斯曲线相冲突，实际上是有实践验证和理论支撑的。从各国的经济历程看，固定的菲利普斯曲线是不可能存在的，实际出现的是不稳定的替代关系。由于各国的经济体制、经济结构、经济阶段、文化传统、国际关系等多种因素的差异，就算是同一国家在同一时期的菲利普斯曲线也可能是不同的。精准的定量化分析通胀率和失业率的关系是极其困难的，甚至精准的定量化分析短期的关系也是非常困难的。[②]

经济体系自身具有天然的随机性，使得菲利普斯曲线所反映的经济关系也沦为一种偶然性。通胀率和失业率之间的反向关系，只是在某一经济阶段和经济周期中并存的两种现象。经济学者设想按照自己的独立意志施加于经济现象，从而改变经济运行的现实状况，实在是举步维艰、勉为其难。这些反反复复遇到的挫折和错误，实质上反映主流经济学以传统的确定性思维模式和能力，面对本质上不确定性世界所引发的困惑和彷徨。

7.5.2 混合式开放经济模型

2001年，中国加入世界贸易组织（WTO）。作为深度参与国际分工和竞争的发展中国家，我国通货膨胀日益体现出全球化特征。2008年以来，发达国家多次采取量化宽松政策导致通胀压力上升，投机资本涌入商品市场炒作牟利，在短期内能源、粮食等初级产品价格不断上涨。2017年以来，国际市

---

① 许学军．边际收益递增与美国"新经济"中的反"菲利普斯曲线"现象［J］．经济评论，2002（5）：122-124.

② 张新宁．菲利普斯曲线与"两低一高"现象：小议新经济引发的经济学理论新问题［J］．甘肃理论学刊，2002（4）：46-49.

场流动性过剩，大宗商品价格多次快速上涨。中国经济增速放缓、外部需求持续萎缩、贸易摩擦影响加剧。中央银行不仅需要关注国内驱动因素，而且需要跟踪国外经济状况，全面地认识在开放经济条件下通货膨胀的形成机理和货币政策的传导机制。

(1) 在封闭经济下菲利普斯曲线的微观基础

在封闭经济环境中，新凯恩斯主义学派提供行为异质性的微观经济分析，纳入理性预期、价格黏性、实际边际成本等因素，更为深入地阐述通货膨胀的起因及其动态性质。如果是由公众自主学习而获得的通胀预期，那么预期对实际通胀产生重大影响；然而如果公众的通胀预期完全依赖于由中央银行公开的通胀目标指数，实际通胀与通胀预期的相关程度将有所降低。总的来说，这种关联的构成主要依赖于：失业工人随机寻找工作的决策，在岗工人与生产商之间的博弈行为，工会组织与生产商谈判力量的均衡，生产商调整产品价格和工人工资的设定以及劳动供给曲线的斜率等。

第一，失业工人随机寻找工作的决策。在劳动市场中，供给是由雇佣和召回的人数所决定的，而需求是由商品和服务的需求所决定的。工人和生产商的决策受到寻找过程的随机性和不确定性的影响，他们在追求经济利益的过程中，面临着不完全信息，同时也要考虑自身的寻找成本。工作空余的存量与失业工人的存量不断地进行随机的互动，使得经济体系趋近于一个随机的均衡状态，工作空余存量与失业存量之间呈现出反向的关系。

第二，在岗工人与生产商之间的博弈行为。部分在岗工人计划寻求新的职位，在岗位空缺较多的情况下，利用闲暇时间找工作的成功率较高。货币工资的变动率由单位时间内每位工人被雇用的可能性以及单位时间内每位工人辞职寻求新工作的可能性决定。整体工资水平的波动由失业工人的工资变动、在岗工人的工资变动以及转换工作工人的工资变动所决定。这些波动的影响程度取决于每种类型劳动力的比例。

第三，工会组织与生产商谈判力量的均衡。工会组织具有集体谈判力，这能代替个人在谈判中的力量，部分抵消生产商在管理环节内所获得的集中力量。在经济体制的循环内，工会工资和非工会工资的差距随着工会成员的数量、失业率和收益率的波动而变化。可以推断失业的波动对工资差额产生影响，收益的波动则有可能部分抵消失业的效应。工会的组织程度越高，离职率越低，货币工资的变化率越高。

第四，生产商调整产品价格和工人工资的设定。生产商调整价格的频率是外生因素，受到依赖时间的定价策略约束，每一个阶段依据既定的可能性重新设置价格和工资。在调整产品价格和工人工资的过程中，把未来的成本（商品成本、工人工资等）和未来的需求状况纳入考虑。单个生产商的价格决策遵从特定的最优化标准来确定最优价格和工人工资。生产商形成理性预期，但是这种预期不会频繁地调整。

第五，劳动供给曲线的斜率。在短期内，如果劳动效率保持不变，利润占成本的比例固定，那么工资增长率与物价上涨率存在着明确的对应关系，工资上涨引起物价上涨。如果劳动供给曲线斜率为负值，那么通胀率与失业率之间表现正相关关系；如果劳动供给曲线斜率为正值，那么通胀率与失业率之间表现负相关关系；如果劳动供给曲线是垂直的，那么通胀率与失业率之间不存在替代关系。①

（2）在开放经济下菲利普斯曲线的微观基础

在开放经济框架下，新凯恩斯主义学派的重要贡献之一就是NOEM理论，也被称为“新开放经济宏观经济学-动态随机一般均衡分析模型”（NOEM-DSGE）。标准的两国模型涵盖消费者、生产商、政府等三类微观主体，以及产品市场、劳动力市场、国内货币市场、国际金融市场等四种市场类型。存在着名义刚性和市场不完全性，通过求解消费者与生产商的最优条件方程组以找到所有市场达到均衡状态的最优解。

对于引入开放经济环境因素后面临的决策问题，微观主体将遭遇更高的复杂性。微观经济模型的典型扩展可以从两个方面进行概述：一是生产商的定价行为与汇率的传递效应，二是中间投入品对边际成本的作用。

第一，生产商定价行为与汇率的传递效应。当名义汇率发生波动时，对一个国家的进口和出口商品价格以及本国的商品价格水平的影响程度，被定义为汇率传递效应。对这种汇率传递的研究主要是基于生产商的定价政策进行的。在国际贸易中，不仅有最终产品而且有中间产品，涉及迂回生产和贸易，从单阶段生产贸易过渡到多阶段生产贸易，并区分终端产品和中间产品这两种情况。开放性因素的影响主要表现在菲利普斯曲线的倾斜角度上，即通胀对产出差距变化的反应。现行通胀水平与上一周期的通胀水平之间存在非常强的正相关性，黏性信息方法解释通胀动态的惯性特征。在短期内，汇率传播效应并不完全，如果进口商品的世界价格高于相同商品的本币价格，那么进口商品价格将上涨。如果本国货币贬值且存在不完全的汇率传递，那么本国经销商在世界市场上支付的价格与他们在本国市场上设定的本币价格

---

① 吴振球．论如何同时降低通货膨胀率和失业率：菲利普斯曲线的微观经济基础及其移动［J］．财贸研究，2007（6）：18-24.

之间将有一定的差价，以本币计算的世界价格的上涨将提高本国经销商的边际成本，从而导致进口商品的通货膨胀。

第二，中间投入品对边际成本的作用。实际的边际成本是造成通货膨胀的关键推动因素。在经验应用中，由劳动收入份额来代替，其量级相当于产出的劳动力份额。引入进口中间产品至生产函数，使边际成本与劳动份额不再一致。生产者的实际边际成本是包含进口中间产品在内的投入品相对价格的函数，这取决于实际单位产品劳动成本与进口中间产品和国内劳动两种投入品的相对价格。假设一个国家的总产出对进口的边际需求增加，并且这个需求不能通过劳动力和进口投入品的替代来满足，那么生产的边际成本将随着进口投入品的实际价格上升而增加。进口中间产品价格变动对实际边际成本以至于对通货膨胀变动产生重大影响，当生产者在不稳定的国际市场上进口并面对更容易变化的投入成本时，他们通常更频繁地调整价格。最终产品的生产涉及多个处理步骤，面对经济冲击，处在生产流程中不同处理步骤的原材料、初级产品、半成品和最终产品的价格变化模式各不相同，这使得进口中间投入品的价格传导效应更为明显。

国际竞争压力催生贸易规模的扩张并激化产品市场的竞争性，源自低成本国家的进口制成品给本国产品价值带来的下行压强。引进国外生产者将削弱本土的垄断生产者的定价权，外部的竞争压力引发均衡价格加成的变动性。在世界市场上，生产者们都面对着同一基准价格，本国的生产者倾向于根据国外竞争对手的最终产品的本币标价进行价格调整。国际竞争压力通过最终产品的进口替换对本国生产者的实际边际成本产生影响，因此本国生产者的实际边际成本取决于实际汇率，体现为实际汇率直接进入开放经济新凯恩斯主义的菲利普斯曲线中。

经济全球化通过贸易条件对本国的通胀率产生动态作用。贸易条件受到国内外实际利率水平以及长期预期水平的影响，无论在何种国内通货膨胀水平下，长期预期水平都有可能对现行交易条件产生影响，并最终对国内的消费价格产生作用。本国通胀率受到现行交易条件改变与下一阶段预期交易条件改变（折现值）的相对数值影响。如果预期交易条件相较现行有所改善，支出转移效应使得对进口商品的支出增加，本国通胀率将面对来自进口需求的上涨压力，越是开放的经济体系，这种压力就越大。如果预期交易条件相较现行有所恶化，消费支出转向国内商品，通胀率将面临来自进口需求的下行压力。

随着经济全球化的不断推进，国内的通胀率变化与国际的产出缺口表现出显著的正相关性。世界市场的一体化使得产出缺口能够影响国内原材料的价格以及物价水平。借助国外产品在终端产品中的结构，从而降低国内产品在总体构成中的份额，削弱国内产出缺口对本国通胀率的影响力。产品的国际流通可以调控国内外市场的需求差距，吸纳或者提供更多的有效需求以抵消由国内产出造成的通胀压力，因此有必要缓和国内产出缺口对通胀率动态的影响。国际利率的变化引发资本的世界流动，影响国内资本市场的供需平衡，从而对本国的实际利率水平产生影响，也对本国生产的实际边际成本造成影响。①

在开放经济中，汇率波动对物价水平的影响随着国际化程度的提升而逐渐增大。物价水平与一个国家的经济健康度有着紧密的联系，并且是中央银行货币政策需要重点考虑的关键变量。汇率的传递效应不仅影响对外贸易的收支状况，并且影响货币政策对物价水平的影响力。实际有效的汇率波动对通货膨胀的传递效应存在一种不对等性：当汇率提高时，其传递能力超过降低时的传递能力，无论是提高还是降低都会对国内价格产生显著的正效应，导致国内通货膨胀的压力增大；当汇率有大幅度的波动时，其传递能力超过小幅度波动的传递能力，无论波动幅度大小，汇率的传递都会对物价水平产生重要的影响。②

新凯恩斯主义的菲利普斯曲线能够很好地拟合通胀率水平和变动情况，在考虑名义工资总额、国内生产总值和缩减指数、实际资本形成总额和总额增长率等内部因素的基础上，加入世界通胀率、汇率、进口商品与服务、进口中间产品等代表外部因素的变量，作为实证模型增加前提假设条件：①市场供求处于非出清的非均衡状态，消费者追求效用最大化，生产商追求利润最大化，生产商独立定价以达到利润最大化的目标；②加入理性预期，理性人在决策时利用可以得到的消息对未来做出预期；③商品价格具有黏性，不随市场行情变化而立即发生改变，一部分生产商根据新的信息改变价格，另一部分生产商仍旧按照原来信息保持价格不变；④加权平均调整前的价格水平与调整后的价格水平，共同构建当期价格总水平。③

1999 年，西班牙经济学者加利和美国经济学者格特勒提出通货膨胀动态结构的计量分析模型，此模型探讨开放经济的产出与劳动力存量，资本存量

---

① 李力，杨柳．开放经济新凯恩斯菲利普斯曲线研究述评［J］．经济评论，2013（2）：151-160.

② 史新鹭，高蓓．人民币汇率传递的非对称性［J］．国际经济探索，2017（7）：87-103.

③ 邱骏阳．开放经济下我国混合新凯恩斯菲利普斯曲线的汇率传递效应研究［D］．南京：南京财贸大学，2015：9-17.

以及进口中间产品的关系。基于这个模型，他们使用三种投入品的边际成本来估算产出的混合边际成，由劳动力的边际成本、资本的边际成本和进口的中间产品的边际成本组成，混合通胀率的公式，如下所示。

$$\pi_t = p_t - p_{t-1} = (1-\theta)\ (p_t^* - p_{t-1})$$

生产商对未来最佳定价模式有两种理解：一种是前瞻模式，其中最佳价格由预期的名义边际成本的加权平均和加成共同确定；另一种是后顾模式，如果本期价格涨幅与前一期持平，那么后期的最佳价格将由前期调整后的价格和前期的通胀率的加权组合所决定。

在开放经济中，生产投入包括资本存量 K、劳动力 L 和进口中间产品 M，假设总生产函数为 $Y_t = AK_t^{\alpha_1} L_t^{\alpha_2} M_t^{\alpha_3}$。定义 n 种投入品偏离稳态实际边际成本值为 $mc_t = \sum_{i=1}^{n} (s_{it} - s_{it}^*) \xi_i$，式中：$\xi_i$ 为调整参数，反映第 i 种投入品在影响通货膨胀的产出边际成本中的权重。因此有 $s_t^j = \hat{s}_{jt} - s_{jt}^*$（$j = K,\ L,\ M$），混合的偏离稳态实际边际成本值为 $mc_t = \hat{s}_t^K \xi_1 + \hat{s}_t^L \xi_2 + \hat{s}_t^M\ (1 - \xi_1 - \xi_2)$。

在混合式开放经济模型里，预期通胀率被包含在内，利用广义矩法（GMM）来对结构参数进行估算。广义矩是一种参数估算手段，建立在模型参数满足特定矩条件的基础之上：无须模型符合某些具体的预设条件，比如随机误差项的精确分布信息等，即可进行参数估算；并且在随机误差项存在异方差和序列相关的情况下，使用该方法得出的参数估算值比其他参数估算方式更为高效。①

以中国 1978—2002 年的相关数据为基础，利用 GDP 缩减指数计算出通胀率，通过资本形成指数计算出实际资本累计总值，以进口的产品和服务近似于进口中间品。运用 HP 滤波方法估算边际成本的稳定值，随后得到偏离稳定状态的边际成本值。

实际对数边际成本偏离稳态值与通货膨胀变动趋势，如图 7-20 所示。除 1988—1989 年之外，资本的边际成本与进口中间产品的边际成本的波动周期与通胀率大致保持同步，尽管进口中间产品的边际成本的波动范围明显超过资本的边际成本以及通货膨胀。劳动力的边际成本的振幅相对较小，并且与通胀率的周期性对比不是那么明显。这表明劳动力的边际成本对通胀率的影响相对较小，资本和进口中间产品的边际成本的波动则是通胀率波动的主导因素。

---

① 刘刚，何永．资本账户开放、金融杠杆率与系统性金融危机［J］．上海金融，2015（7）：12-19.

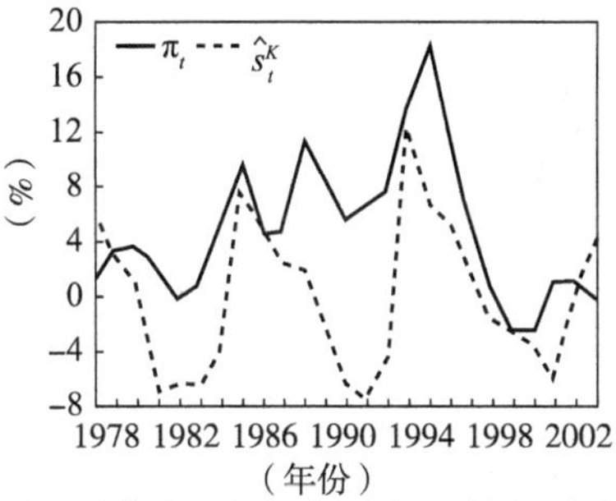

实际对数边际成本（资本）vs中国通胀率
（a）

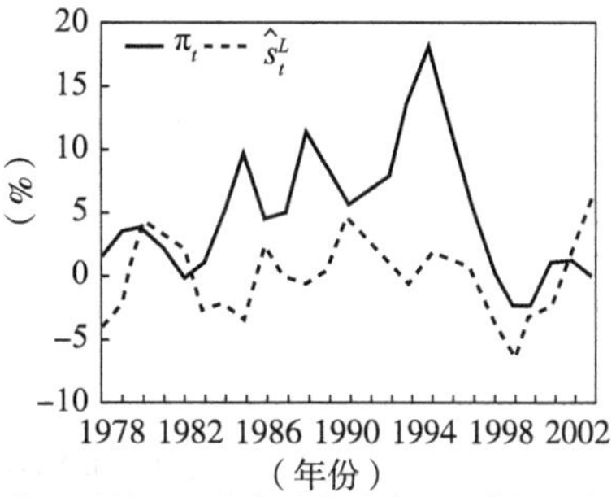

实际对数边际成本（劳动力）vs中国通胀率
（b）

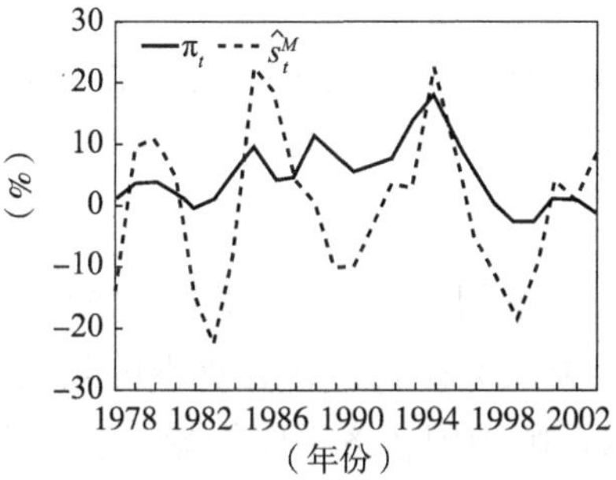

实际对数边际成本（进口中间产品）vs中国通胀率
（c）

图 7-20　实际对数成本（资本、劳动力、进口中间产品）vs 中国通胀率

资料来源：曾利飞，徐剑刚，唐国兴．开放经济下中国新凯恩斯混合菲利普斯曲线［J］．数量经济技术经济研究，2006（3）：80.

产出缺口与世界通胀率及其一阶差分与通胀率的变动趋势，如图 7-21 所示。产出缺口与世界通胀水平和通胀水平之间存在着某种程度的关联性。中国通胀水平的主要影响因素来自资本的边际成本和进口中间产品的边际成本，而劳动力的边际成本对此的影响则相对较弱。

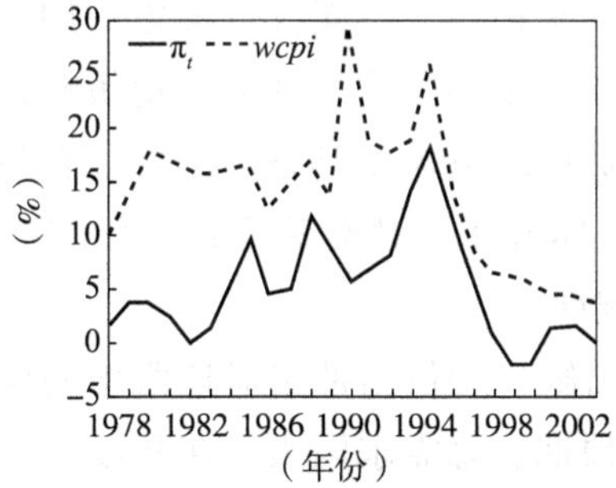

世界通货膨胀率vs中国通胀率
（a）

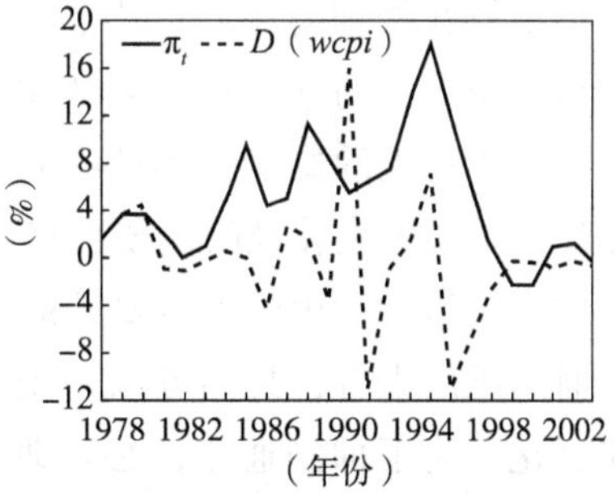

世界通货膨胀变化率vs中国通胀率
（b）

图 7-21　世界通胀率、世界通胀变化率、产出缺口 vs 中国通胀率

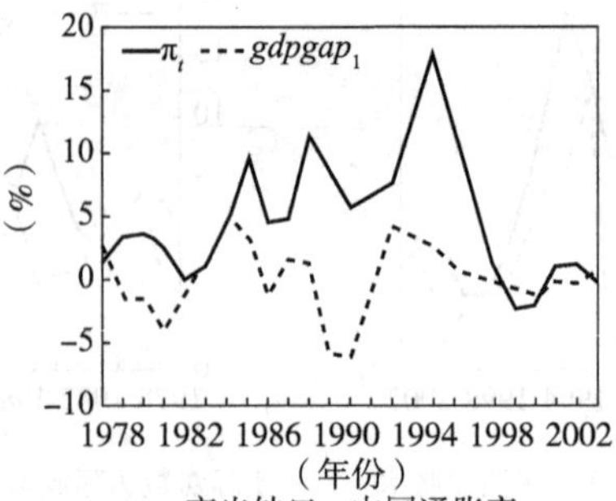

产出缺口vs中国通胀率

（c）

图 7-21　世界通胀率、世界通胀变化率、产出缺口 vs 中国通胀率（续）

资料来源：曾利飞，徐剑刚，唐国兴．开放经济下中国新凯恩斯混合菲利普斯曲线［J］．数量经济技术经济研究，2006（3）：81.

资本的边际成本及进口中间产品的边际成本对通胀率有着显著的影响，这反映中国经济主要依赖于投资拉动，并且资本的效用相对较低。资本商品的单位产出消耗过多，这反映中国经济主要依赖于加工生产，技术含量不足，且对原料的需求量大，进而加速原材料和中间产品价格的上升。为了保持经济的稳定增长，提高资本的效率是最有效的策略，政府应考虑实施优惠的财税策略，鼓励创新和发明，同时努力提高资本的使用效率。劳动力的边际成本对通货膨胀的影响相对较小，这主要是由于农村的剩余劳动力大量流向城市，导致劳动力供给具有无尽的弹性。

实际边际成本在经济统计学上具有显著的作用，作为通胀的推动力。生产商通过对未来的经济环境进行预期，做出消费和生产的决策，而这个决策的效果取决于宏观经济政策对生产商预期的影响程度。由于生产商制定价格时既考虑前瞻性也考虑后顾性，所以通货膨胀会受到前期以及预期通胀的影响。中央银行在处理通胀与产出、就业的平衡时，不能仅仅考虑一期，而是需要保持货币政策的连贯性。多数生产商采用的是前瞻性的定价策略，这对宏观经济产生更大的影响，因此有效的货币政策需要具备前瞻性。有些生产商根据经济环境的变化及时调整价格，这体现他们对宏观经济政策的敏感度，意味着中央银行的货币政策需要具备稳健性。①

从时间维度来看，我们可以发现产出缺口和供给冲击对通胀率的效应正在逐步强化。为了抑制通胀，必须兼顾预期、总需求因素、在开放条件下的

① 曾利飞，徐剑刚，唐国兴．开放经济下中国新凯恩斯混合菲利普斯曲线［J］．数量经济技术经济研究，2006（3）：76-84.

总供给冲击，预计输入型通胀在未来较长的时间里将转变为价格剧烈波动的核心因素。在运用传统的需求管理工具实现国内宏观经济平衡的同时，还应该以全球化的视角来治理通货膨胀，关注流动性过剩、热钱涌动以及量化宽松货币政策所带来的不良效应。准确评估产出缺口，提升技术及生产效率以提高潜在产出，这些措施有助于减轻通货膨胀的压力。①

实际有效汇率的波动与通胀率之间的传递具有非对称性和不完全性，无论是升值还是贬值，都对国内价格产生显著的正向效应，从而引发国内通胀压力。因此在制定相关政策时，需要针对升值和贬值两种情景进行不同的处理：在汇率升值的情况下，由于升值预期推动通胀的力度超过升值抑制通胀的影响，因此需要关注稳定汇率预期，以防止预期转为促进通胀的强大力量；当汇率贬值时，在有管理的浮动汇率制下，中央银行需要对外汇市场进行干预，以减轻其对国内价格的过度影响。②

① 吕越，盛斌．开放条件下产出缺口型菲利普斯曲线的再验证：基于中国省际季度动态面板数据［J］．金融研究，2011（10）：47-60.

② 史新鹭，高蓓．人民币汇率传递的非对称性［J］．国际经济探索，2017（7）：87-103.

第 8 章

收入增长与波动

“新型统计方法促进人们在数字分析中发现隐藏模式。借助强大计算能力和大型数据库，进行复杂模型的测量变得迅捷起来，可以分析相当长的历史过程。这些过程是经济变化的重要推动力，包括技术进步、市场融合和政治一体化建设等。”

——英国网络经济学者 马克·卡森《经济史中的大数据》

国民收入的增长速度是有限的，如果超越适度的界限，随之而来的必然是泡沫的破裂。人的欲望无极限但是资源有极限，资源的有限性和环境的脆弱性决定经济增长是有极限的，我们有充分的理由沉淀下来，利用 GDP 增速放缓来换取高质量增长，不再狂热地追求 GDP 的高速增长。问题可以被漠视然而不会自动消失，危机可以被拖延但是不会绕道离去。树立经济增长的极限观念，既要接受既有的放缓事实，又要保持充足的扩张动力。

经济形势与周期波动之间存在一致的对应关系，波动的强弱及共振、扩散，形成宏观经济的复苏、繁荣、衰退与萧条，造成实体经济的景气轮动和传递现象。宏观经济的短期问题与长期问题之间也存在一致的对应关系，长期增长和短期波动背后都是经济增长动力的结构变化问题，体现在市场与政府、消费与投资、内需与外需、制度与信心、地缘力量与国际关系等多个方面的参差错落，决定周期波动和经济形势的阶段特征与未来趋势。

8.1 收入增长的困境

自 20 世纪以来，接连不断的科技革命造就一个迅速扩大的现代经济体系，公众的物质生活质量已经达到历史的巅峰，貌似无穷无尽的经济增长模式被普遍接受为理想的追求和唯一的目标。人被描绘为“一个欲望无边际、能推动经济持续达到新繁荣的消费动物”，如果要满足这种无尽的消费需求，唯一的方式只能是生产更多的消费产品，这必然导致资源的过度利用，进而陷入经济增长无力的“泥潭”。

国际日益加强的相互依赖和相互矛盾以及全人类的未来需求，不是依赖某一国家自身实力就能够解决的。各国表现出比以往更为分化的态势，在某些阶段甚至出现相互“脱钩”的状况。国家政策之间的冲突日渐强烈，导致在全球化语境下的调整和管理的难度急剧增加。由此引发的“人类困境”项目的研究对象定位于“世界问题”，并不仅仅是带有国别特征的区域性问题，而是所有国家作为一个整体的联合行动。

8. 1. 1　增长的极限

在欧美社会的传统习俗中，高度推崇“个体人格的绝对尊严”、尊重“私法自治的根本原则”，特别是在以亚当·斯密为象征的自由主义经济思潮中表现得尤为突出。他主张一个国家增加财富的最佳方式是设定一个法律框架，让每个人都可以在经济活动中自由地寻求提升其经济状况的利益：“只要不触犯公正的法律，每个人都应有充分的自由，采取自己的方式、追逐自己的利益，与其劳动和资本的任何其他个体或阶层进行竞争。”

在自由主义思想引领下，人类把追求利益最大化和物质化享受视为目标和幸福的度量标准。消费被视为实现幸福的必要途径，因此“消费决定生产”成为基本的信条。在工业革命后，经济增长涵盖经济、技术和组织三个紧密相连的方面，“几乎所有人类的行动都是为了一个共享的，甚至可以被认为是唯一的目标，那就是追求更大的物质财富”。后续的凯恩斯主义则直接把国民生产总值定位为国民经济体系的中心，成为评定经济福利的全面指标和衡量国民生活质量的象征。①

在边际收益递减的普遍规律背景下，经济学者持续研究和解读某些国家或地区的长期增长现象。从古典至新古典的经济增长理论与增长模型，都以“竞争均衡”为经济运行和增长模型构建的基础，这就意味着经济要素的完全流动和以帕累托最优为目标的资源配置是达到均衡的潜在条件，其中索洛模型及各类衍生模型具有标志性的意义。然而各种内生增长模型，都难以对在缺少明显的技术革新或人力资本提高的情况下达到持久增长的经济体系给出令人满意的解释，主流经济学的“理想王国”面临现实的严峻考验。②

随着工业化进程的推进，人与环境之间的紧张性日益加剧。1798 年，英

---

① 胡晓兵．增长癖与中国经济可持续发展［J］．黑龙江八一农垦大学学报，2003（12）：99-101.

② 胡晓兵，陈凡．经济增长癖困境刍议［J］．哈尔滨工业大学学报（社会科学版），2006（3）：11-14.

国经济学家马尔萨斯在《人口原理》中，深入讨论人口、资源和环境之间的联系。他主张：如果无法控制人口的增长，人口将按照几何级数增长，而生存必需品的增长仅仅是算术级数。人的繁殖能力远远超过土地为人类供应生活必需品的能力。人口规模必须与自然资源相匹配，不能超过自然资源的承载力，否则就会破坏人类与自然的平衡，人口规模将因为饥饿、冲突、疾病等的抑制而下降。

1949 年，美国经济学者威廉·福格特在《生存之路》中，深度研究比如土地对人口的承载能力等相关议题。他认为：世界人口的快速增长已经超越土地和自然资源的承载极限，这将导致人类遭受无法挽回的灾难。唯一的解决之道就是控制人口的增长速度，重新找回并且维持人口、土地以及自然资源三者之间的均衡状态。1962 年，美国生物学家莱切尔·卡尔逊在《寂静的春天》中，生动地描绘一幅农药污染导致的环境破坏的恐怖画面，她警示人类可能失去那“璀璨的春天”，从而引发公众对资源环境危机和发展理念的广泛讨论。

1968 年，超过 30 位来自美国、德国、挪威等国的学术界人士在罗马召开研讨会，集中探讨当前及未来人类所遭遇的难题，并筹建一个非正式的世界学术联盟——罗马俱乐部。1972 年，罗马俱乐部成员丹尼斯·梅多斯和乔根·兰德斯发布《增长的极限》。这个时期恰逢西方资本主义迅速扩展的“黄金年代”，该研究报告针对长久以来普遍接受的主流经济增长理论进行深度反思，独树一帜地，强调关注“增长的极限”这一议题：“如果世界人口、工厂化、环境污染、食物产量以及资源消耗的当前趋势持续不变，那么在未来一百年内，地球上的增长极限有可能出现。最可能出现的情况是人口和工业产能将比预期更早地遭遇无法控制的衰退。”“目前人口和资本的增长方式，实质上在世界范围内扩大贫富差距，按照当前的发展模式，持续追求增长，最终将导致灾难性的崩溃。”①

在《增长的极限》一书中，系统动力学是主要的研究手段。1958 年，美国电子工程师、IEEE 计算机先驱奖获得者杰伊·福雷斯特在探究工业企业管理的问题时，首次提出系统动力学的核心观念。20 世纪 60 年代，他出版《工业动力学》和《系统原理》两部著作，为系统动力学的理论发展奠定基础。1971 年，福雷斯特前往瑞士的伯尔尼参与罗马俱乐部的会议。他针对世界人口、污染、资源及发展的不平衡等问题，构建一个包含人口、资本、农业资本、污染和资源等 5 个变量的世界模型，如图 8-1 所示。

---

① 丁任重．经济增长：资源、环境和极限问题的理论争论与人类面临的选择［J］．经济学家，2005（8）：11-19.

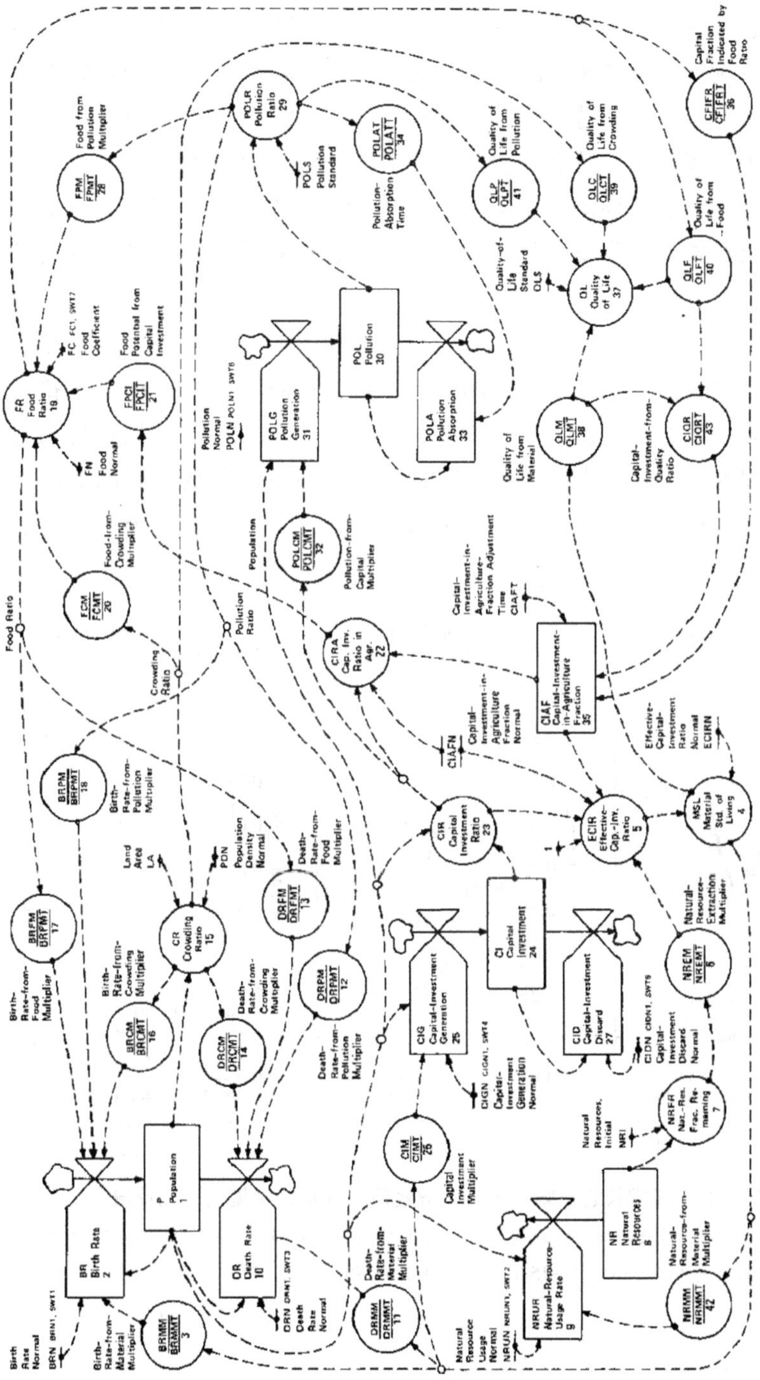

图8-1　福雷斯特运用系统动力学原理描绘的世界模型

资料来源：FORRESTER J W. Counterintuitive behavior of social systems [EB/OL]. [2022-07-26]. https://ocw.mit.edu/courses/15-988-system-dynamics-self-study-fall-1998-spring-1999/65cdf0faf132dec7ec75e91f9651b31f_behavior.pdf, 1998-09-01.

系统动力学是从自然科学派生出的系统科学领域的一部分，其方法是一种系统化的思维方式。对于复杂的“系统”研究对象，我们需要分析其内部的各种关系，例如成分之间、成分与系统、成分与环境、系统与环境的联系。在理解并掌握普遍关系和持续发展的基础上，寻找解答或解决具体问题的有效策略。由于许多自然系统和社会体系中存在大量的非线性关系，因此系统思考方式也是一种非线性的思考方式，可以用来研究影响因素多、参数随时间改变的复杂对象。部分新兴的系统科学领域被统称为非线性科学或复杂性科学。

在应对“人类发展困境”这一极复杂的研究主题时，梅多斯与兰德斯借鉴福雷斯特在《世界动力学》一书中提出的“世界模型Ⅱ”。梅多斯挑选人口、资源、人均工业产品、人均粮食和污染这 5 个基础变量，构建更为详细的“世界模型Ⅲ”。他采用系统动力学的方式来阐述这些变量间的非线性关系，并利用计算机模拟和推算，对世界经济增长的走向进行探索性预测，如图 8-2 所示。①

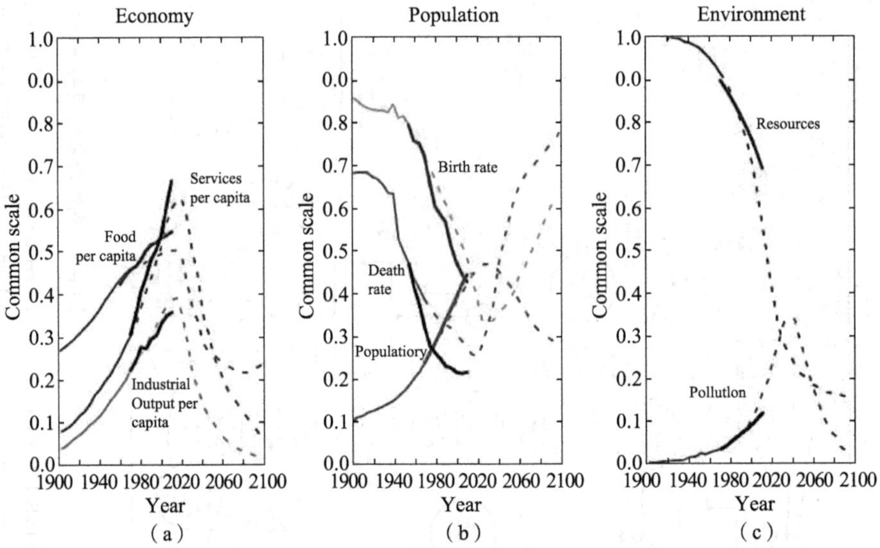

图 8-2 《增长的极限》预测世界经济、人口、环境的变化情况

资料来源：晨风．增长的极限？研究显示人类文明或正走向崩溃［EB/OL］．［2022-07-26］．http://tech.sina.com.cn/d/v/2015-01-15/doc-iavxeafs0007770.shtml，2015-01-15.

① 常子晨，常东旭．增长极限论：可持续发展理论的重要源头［J］．大连干部学刊，2012（4）：43-47.

1960 年之前，公众普遍把经济增长和发展看作是一个线性进程。但是梅多斯和兰德斯提出不同的观点："在现实际世界里，大部分因果效应是非线性的。"这个由系统动态学方法支持的增长边界理论带来新的思维模式，否定人们长久以来坚守的线性增长观念，开启可持续发展理论的构建途径，并且转化为可持续发展理论的方法论核心。[①]

《增长的极限》在出版后激起强烈的回应，也招来大量的批判。1981 年，美国经济学者朱利安·西蒙推出《最后的资源》一书。他的观点是："从实在性和哲理性来看，'有限'这个词在自然资源上使用不仅不妥，甚至可以说是明显的错误。关于这个词的辩论不仅是语义学的，关于资源匮乏的语义学辩论扰乱公众的讨论，并且导致错误的决策。""从任何经济学的含义上讲，自然资源并不是有限的"，因为人类不能精确地探测自然资源的存量。"我们可以获得的自然资源的数量，以及这类资源可能为我们提供的效用，是永远无法掌握的。"[②]

《增长的极限》的理论不断地遭到各路研究者的再诠释，其中关于经济发展的思想被定义为"零增长"，甚至被视为"有限资源论"的代表，以及悲观论的象征。然而《增长的极限》的写作初衷包含两个："首先是要深入地认识到我们的世界体系的极限，以及对人类数量和活动的限制；其次是帮助大家理解和研究那些影响世界体系持久发展情况的关键要素，以及之间的互动。"在当前的人类知识体系下，系统认知视角提出一些颠覆性的学科命题：在以经济福祉为主轴的发展语境下，限度作为一种风险认知毫无疑问地冲击对无尽增长神话的崇奉；在社会达尔文主义主导的竞争体系中，对于人类发展道路的理解，多元素互动的多视角视野构筑对单一线性视角的反驳。这些都是《增长的极限》对人类整体认知局限性观点的冲击，也是其被持久辩论和误解的主要原因。

在《增长的极限》一书中，梅多斯和兰德斯阐述："人们的难题在于能够洞察棘手的问题，并且不乏相应的知识和技能，但是他们对许多组成部分的起源、含义和相互作用的理解不足，从而导致无法提出有效的应对措施。这种无效的情况出现主要原因来自人们只在复杂问题中观察单一的元素，仍然没有理解到整体多于各部分总和的理念，因为一种元素的变动将导致其他元

---

① 常子晨，常东旭．增长极限论：可持续发展理论的重要源头［J］．大连干部学刊，2012（4）：43-47.

② 丁任重．经济可持续发展：增长、资源与极限问题之争［J］．重庆工商大学学报．西部论坛，2004（8）：9-15.

素的改变。”往后的批评几乎都是本能地使用单一学科的观点，试图用部分的论证去推翻全局的结论。

在主流经济学中，一直存在着人们对无极限世界的认知。在这个无极限的世界观里，一个地区的资源和污染问题可以通过转移资源或人口到其他地方来解决，所以在《增长的极限》一书中，任何有关世界限制的见解，都可能受到大部分经济学家的质疑和反驳。1980 年，美国经济学家朱利安·西蒙发表《资源、人口、环境：一个供过于求的虚假坏消息》的文章。他的观点是：地球极限论是根据新马尔萨斯主义逻辑推导出来的，缺失历史视野的“封闭系统”，割断地球资源和人类生产能力、创新能力的主动性与人类实践领域的关系，否认通过科技、选择和创新带来变革的可能性。①

虽然岁月在流逝，然而《增长的极限》依然具有深刻的实际意义。倘若不从一个制高点上来进行全局性的审视与研究，那么任何国家为了达成其目标付出的艰苦努力，在长远的趋势下可能会遭遇挫败。对于目前资源耗损、人口增加、污染加剧的微弱百分比的忽视甚至不以为意，可能在短时间内引发不可挽回的巨大破坏。归根结底，任何形式的增长都是有限制的、有代价的。当资源日益稀少时，这种付出的代价将变得越来越高昂。

主流经济学的精英们构建发展战略，大部分时候倾向忽视他们所追求无极限增长的基础在于资源的有限性。正如在《增长的极限》中提到的主要工业消耗的矿产和能源，即便将已经探明的储量放大五倍，根据目前的消耗和增长趋势，估计仅能维持几百年的使用。在规划经济增长过程中，如果不把资源的有限性考虑在内，很可能导致资源枯竭的风险。而增长的指数性质将使得这一状况提前到来，超出人们的预期，也意味着人类并非无所不能。②

自工业革命成功以来，发达国家在矿产和能源的使用轨迹上描绘出一幅又一幅清晰而完整的极限图景。与人均 GDP 的提升同步，一个国家或地区在矿产和能源使用上的人均量体现出慢速上升、迅速上升、增速减缓至无增长或慢速下降的“S 形”路径，这表明当经济发展达到某一阶段时，矿产和能源的使用增长将有一个上限值，如图 8-3、图 8-4 所示。如果我们能有效地限制资源使用的无理递增，那么人类对资源的使用量将不会无止境地扩大。③

① 林红．极限作为增长的前提：被误读的《增长的极限》［J］．社会发展研究，2017（5）：225-241.

② 杨沐．寻求适度的增长：关于《增长的极限》［J］．读书，1984（4）：19-29.

③ 王安建，王高尚，周凤英．能源和矿产资源消费增长的极限与周期［J］．地球学报，2017（1）：3-10.

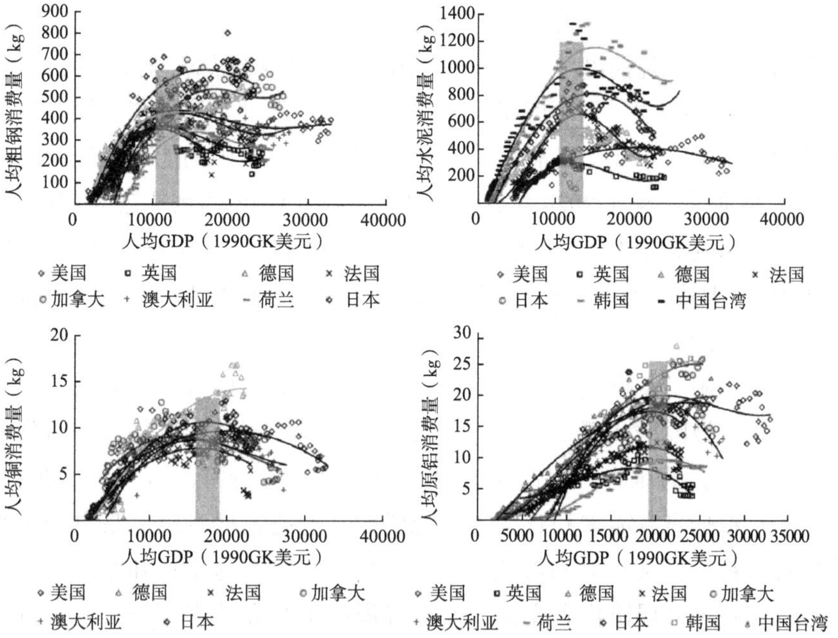

图 8-3　世界主要矿产资源人均消费与人均 GDP 轨迹

资料来源：王安建，王高尚，周凤英．能源和矿产资源消费增长的极限与周期［J］．地球学报，2017（1）：5.

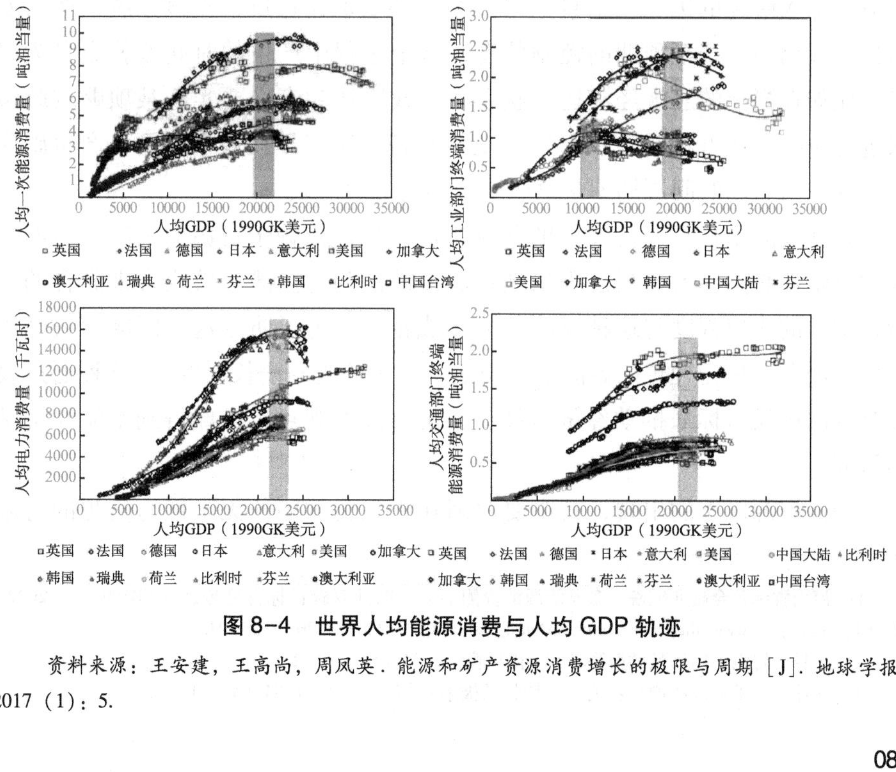

图 8-4　世界人均能源消费与人均 GDP 轨迹

资料来源：王安建，王高尚，周凤英．能源和矿产资源消费增长的极限与周期［J］．地球学报，2017（1）：5.

无论是崛起还是赶超的目标，经济的进步总是伴随着资源的消耗。2002年，中国地质科学院提出《未来20年中国矿产资源的需求与安全供应问题》报告：在未来20年里，中国实现工业化所需要的石油、天然气、铜、铝等矿产资源累计总量将是现有储量的2~5倍。2021年，中国的能源消耗总量达到52.4亿吨标准煤，相比2020年提升5.1%，然而GDP的增速为8.1%，能源消耗的增长速度低于GDP的增速。其中煤炭使用量提升4.6%，原油使用量提升4.1%，天然气使用量提升12.5%，电力使用量提升10.3%，碳的排放占世界总排放量的31%。[①]

直视实际困境及挑战，中国本身的资源无法满足持久发展的需求。世界的资源也是有极限的，那么与其他国家共享世界资源的竞赛将日益激烈。面对来自国际社会的压力，我们应该对资源困境有着清醒的认识，现在不是、将来也不是根据自身需求和意向来分配资源。高速发展本质上暗含着未来的不稳定性，甚至在某一时刻可能出现综合性危机。在这个认知基础上，中国与其他国家积极开展协作和交流。面临资源的争端和冲突不能一直保持非理性发展，以至于犯下代价大于收益的战略性错误。凝结、塑造理性观念和力量，居安思危、未雨绸缪，重新构筑和谐增长和共同富裕的新理念。[②]

在资源的有限性与增长的指数性特征之外，经济增长的时滞效应也是一个值得深入研究的因素。信息从某一系统中获取，再反馈至该系统，然后发出指令以调整系统至预期的控制状态，这个过程中产生的时间差就定义为时滞。比如在当前的宏观经济运行状态下，政府认为有必要实施某项财政政策来进行调控，接着在政策执行后，观察其是否达到预设效果、是否产生副作用，这个所需的时间周期即是财政政策实行的时滞效应。

指数式的增长是经济发展的普遍特征，特别依赖于资源的消耗，然而资源的有限性必然导致增长过程出现资源短缺的问题。滞后效应带来隐含的风险，增长的快速程度与这种风险的大小成正比。为了防止这些问题导致经济体系的崩盘，最为理想的做法是“设定一个可接受的增长限度”。这种通过设定合理的增长目标来推动经济持续、稳定发展的观点，已经得到主流经济学的认同。[③]

当前资源匮乏的出现，其主要原因在于人类欲望的无限性与资源的有限

---

① 海南省绿色金融研究院．激发能源消费侧活力，助推双碳目标行稳致远［EB/OL］．［2022-08-10］．https：//www.thepaper.cn/newsDetail_forward_19322627，2022-08-04.

② 黄钟．警惕中国增长的极限［J］．南风窗，2004（5）：20-23.

③ 杨沐．寻求适度的增长：关于《增长的极限》［J］．读书，1984（4）：19-29.

性之间的基本冲突。为解决这一冲突，主要的途径在于开发新的资源和控制人口增长，人口问题是环境、资源和生态的中心。人类的活动的本质是在人与自然之间进行物质、能量和信息的交流，人们为了生活和进步，不断地调整、优化和创新周围的生存环境。然而自然界的自我修复能力是有其边界的，一旦超过其可承受的阈值，人与自然的关系将进入一个不和谐的状态。

任何形式的经济发展都会带来一些未曾预见的后果，历史记录证实：这些频繁出现的负面影响是可以消除的，进步不会因为有这些负面影响而停止；采用零增长的方式来规避在增长过程中可能产生的问题，无疑是得不偿失，也是逆历史潮流之举。全面审视增长的极限，不只要看到自然资源的极限，还要考虑社会管理的极限。罗马俱乐部成员奥雷利欧·佩切伊和亚历山大·金认为："对于《增长的极限》一书经常引发的批评是由于过于强调分析物质的极限，实际上这是无法触及这些限度的，因为政治的和其他的难题将在这些极限之前出现。无可置疑，增长的实际限度是社会的、政治的和管理的极限——而且最后归结于人的本质。"①

8.1.2　中等收入陷阱

经济增长并非一个同质化且匀速化的过程，而是不断经历量的积累到质的转化，展现出阶段性的特征。多年以来，主流经济学把经济增长视为伴随收入水平的提升、结构的改变和能力的增强的连续性过程。在达到罗斯托定义的经济起飞或进入库兹涅茨定义的经济增长阶段之后，所处在某一特定发展阶段或等级上遭遇的特殊发展难题，并未受到足够重视。然而从世界经验来看，当一个国家或地区的经济达到中等收入水平后，由于难以解决经济体系的内在矛盾，战略错误或外部冲击，常常易于陷入长期停滞，这正是发展经济学的关注焦点。

2006 年，在《东亚的复兴》这份世界银行（World Bank）的报告中，首次引入中等收入陷阱（Middle Income Trap）的观念："进入中等收入水平后的国家，未能成功转变经济增长模式，经济体无法保持持续增长，结果导致经济发展无法维持前进的步伐。"当一国家人均 GDP 达到 3000 美元时，经济体系从低收入阶段转型为中等收入阶段。然而进一步的经济扩张受到旧有增长模式的限制，使得人均 GDP 很难超过 10000 美元的界限，因此很可能陷入经济增长的停滞期。

① 丁任重．经济可持续发展：增长、资源与极限问题之争［J］．重庆工商大学学报（西部论坛），2004（4）：9-25.

中等收入陷阱的本质在于：一个国家在从低收入水平向中等收入水平过渡时，所遭遇的经济和社会转变的双重挑战。那些陷入中等收入困境的国家普遍表现出以下特征：经济增速缓慢、失业率较高、财富分配不均、金融系统脆弱、腐败问题严重、城市化发展扭曲、社会公共服务不足、社会动荡频繁等。尽管在短中期内可能实现经济崛起，发展中国家所面对的主要问题是如何能够维持持久且较高的增速，最后达成步入发达经济体系的目标。[①]

关于中等收入陷阱的阐述，需要明确辨别各收入层级的界限准则。2013年，丹麦经济史学家麦迪逊出版《世界经济千年统计》一书，借助其测算的数字，使用停滞年限进行后期发展国家的经济层次差异的现状与趋势的剖析与预测。1987年以后，世界银行依据低收入、中低收入、中高收入以及高收入的标准，把各国划分为四个群组，在兼顾通货膨胀的基础之上，不断更新世界各国的人均国民收入的分级标准，如表8-1所示。[②]

表8-1　世界银行划分人均收入水平标准　　单位：美元

国家分类 Classi-fication	1987年	1990年	1995年	2000年	2005年	2009年
低收入	≤480	≤610	≤765	≤755	≤875	≤995
中低收入	481~1940	611~2465	766~3035	756~2995	876~3465	966~3945
中高收入	1941~6000	2466~7620	3036~9385	2996~9265	3466~10725	3496~12195
高收入	>6000	>7620	>9385	>9265	>10725	>12195

资料来源：韩文龙，李梦凡，谢璐．中等收入陷阱：基于国际经验数字的描述与测度［J］．中国人口·资源与环境，2015（11）：162.

根据发展经济学的理念，陷阱被视为一种“经济均衡状态”的超稳态。中等收入陷阱暗示着处于此阶段的国家遭遇的问题与先前阶段不同，在短期内，即使利用暂时性的或偶发性的力量提升收入水平，但是在长期内仍会被限制性因素抵消，将再次回归到原始的收入水平。中等收入国家的增长速度下降的可能性远高于低收入国家和高收入国家，其收敛力度不足。关于中等收入国家进阶为高收入组的时间，如下所示。[③]

① 李月，周密．跨越中等收入陷阱研究的文献综述［J］．经济理论与经济管理，2012（9）：64-72.

② 郭金兴，胡佩选，牛牛．中等收入陷阱的经验证据、理论逻辑及其对中国经济的启示［J］．经济学动态，2014（1）：54-62.

③ 刘津含．“中等收入陷阱”理论模型及实证分析［J］．中国货币市场，2022（7）：84-89.

$$T=\frac{\ln R}{\ln(1+g_M)-\ln(1+g_H)}$$

式中：T 是收敛时间，R 是收入差距，g_M 和 g_H 是中等收入和高收入国家的平均经济增长率。如果 g_M 低于 g_H，那么 T 越来越长，即越有可能落入经济困境。理论计算显示，中等收入国家在中低收入阶段停滞的时间是 28 年，而在中高收入阶段停滞的时间是 14 年。如果在相应的阶段停滞的时间超过一定的年限，那么就会被视为陷入“中低收入陷阱”或“中高收入陷阱”。跨越中等收入的两个阶段所需的人均收入增长率分别为 4.7%和 3.5%。

从现实状况分析，那些后发国家从中低收入水平进入至中高收入水平，以及从中高收入水平升级至高收入水平所需的历年时长，以跨越中等收入陷阱的成功与否为衡量准则，挑选两类国家进行对比，研究结果揭示：1950—2010 年，成功实现中等收入阶段过渡的国家在中低收入阶段平均驻留 25 年，并在中高收入阶段驻留 15 年之后，便顺利进入高收入阶段。而至今仍未能晋级高收入阶段的国家，在中低收入阶段平均驻留 37 年，并在中高收入阶段驻留 19 年以上，至今仍未能完成阶段跃迁。①

关于中等收入陷阱的测定，无法在长期达成高收入标准的情况是不容置疑的硬性准则，经济的增长停滞阶段是个重大因素。对于停滞阶段与中等收入困境的关联，可以进行一些初步的描绘与估量。1950—2010 年，西北欧国家起步于中低收入级别，经过中高收入阶段，直达高收入阶段，几乎未触及中等收入困境。同期，东欧、拉美、亚洲和非洲的大多数国家，则是从低收入阶段开始，展开他们的经济增长和社会进步之路。部分非洲国家尚未摆脱“低平衡状态困境”，如表 8-2 所示。

表 8-2　1950—2010 年部分国家或地区分阶段跨越年限计算结果（单位：年）

区域 Area	国家或地区 Country	低 Low	中 Middle	中高 M-H	高 High	国家或地区 Country	低 Low	中 Middle	中高 M-H	高 High
西北欧	英国	0	3	20	38	爱尔兰	0	25	15	21
	瑞士	0	0	9	52	西班牙	0	23	17	21
	德国	0	10	13	38	法国	0	10	11	40
北美和大洋洲	美国	0	0	12	49	加拿大	0	0	19	42
	新西兰	0	0	22	39	澳大利亚	0	0	20	41

① 韩文龙，李梦凡，谢璐．“中等收入陷阱”：基于国际经验数据的描述与测度［J］．中国人口·资源与环境，2015（11）：160-168.

续表

区域 Area	国家或地区 Country	低 Low	中 Middle	中高 M-H	高 High	国家或地区 Country	低 Low	中 Middle	中高 M-H	高 High
东欧	匈牙利	0	52	9	0	马其顿	7	54	0	0
	波兰	0	50	11	0	罗马尼亚	12	49	0	0
拉美	阿根廷	0	28	33	0	墨西哥	0	53	8	0
	巴西	8	53	0	0	委内瑞拉	0	1	60	0
	智利	0	42	13	6	古巴	7	54	0	0
亚洲	中国大陆	42	17	2	0	马来西亚	19	28	14	0
	印度	53	8	0	0	印度尼西亚	36	25	0	0
	日本	1	17	9	34	新加坡	0	28	10	23
	韩国	19	19	7	16	阿富汗	61	0	0	0
	泰国	26	27	8	0	菲律宾	27	34	0	0
	缅甸	54	7	0	0	朝鲜	38	23	0	0
	中国香港	0	26	7	28	中国台湾	17	19	7	18
	越南	52	9	0	0	伊朗	9	52	0	0
	伊拉克	23	38	0	0	以色列	0	19	17	25
非洲	阿尔及利亚	19	42	0	0	纳米比亚	0	61	0	0
	刚果	28	33	0	0	坦桑尼亚	61	0	0	0
	埃及	30	31	0	0	赞比亚	61	0	0	0
	卢旺达	61	0	0	0	津巴布韦	61	0	0	0
	南非	0	61	0	0	索马里	61	0	0	0

资料来源：韩文龙，李梦凡，谢璐．“中等收入陷阱”：基于国际经验数字的描述与测度［J］．中国人口·资源与环境，2015（11）：165.

自1950年起，只有13个国家成功地在25年或更长的时间里维持7%或以上的增长速度，人均收入和社会福利得以显著提升，与发达国家的差距也逐渐缩小。1950—1970年，大部分国家的收入水平仍然较低，世界经济处于明显的单极格局，中高收入国家相对较少。与此同时，中等收入国家呈现出一种明显的“崛起”现象：似乎有一种力量驱使着一部分低收入的国家向更高的收入水平迈进，这与新古典增长模型所预示的“收敛”原则相契合。在1970年以后，尤其在1980—2010年，世界经济呈现出明显并持续增强的两极化趋势，高收入国家的占比几乎未有变动，中低收入国家的人均收入平均数则进入4000美元至5000美元的区间，似乎停顿在某种稳定的均衡状态中。例如阿根廷在1950年就已经是中低收入国家，却在中低收入阶段停留28

年，中高收入阶段更是停留 33 年。总的来看，中等收入国家想要步入高收入国家行列困难重重，现代经济增长之路上将面临越来越多的未知限制和挑战。①

在经济增长的过程中，某些国家面临着劳动成本的上升，使得他们的廉价劳动力的比较优势被剥夺，尚未构建以知识和创新为引领的新经济增长模型，从而导致经济增长动能不充足。因此中等收入陷阱的出现主要是由三个方面的因素所决定：一是经济持续增长的直接影响变量，例如技术进步、教育程度、产业构成及其转变；二是经济增长的内部和外部环境影响变量，例如贸易状况、宏观经济政策、人口要素等；三是影响长期经济绩效的根本原因，例如社会与经济制度等。考虑到这些因素，选择技术水平、产业结构、消费需求、投资需求、贸易开放水平、通货膨胀水平、劳动参与率、城镇化水平、经济自由度、政府清廉指数作为影响一个国家的人均 GDP 的自变量，以人均 GDP 作为因变量来表征经济增长。

样本进一步被分为“跨越组”和“陷阱组”两个类别，各自进行回归分析，然后进行差异性对比分析。各个变量的经济含义以及构建情况包括：技术水平（*tec*），在保证数据完整性的前提下，选择某一国家高科技产品出口占制造业出口的比例作为该国技术水平的指标，技术水平与指标值呈正相关关系；消费水平（*con*），使用居民最终消费占 GDP 的比例来描述某一国家的消费水平；投资水平（*inv*），用资本形成总额占 GDP 的比例来描述某一国家的投资水平；贸易开放水平（*open*），用对外贸易依赖度来表示；通货膨胀水平（*inf*），以通胀率为度量指标；产业结构（*ind*），利用第二产业产值占 GDP 的比例作为产业结构的指标；劳动参与率（*lab*）、城市化率（*ci*）、经济自由度（*free*）、政府清廉指数（*hon*），使用滞后一期的状况。

在所采用的数字中，清廉指数来自透明国际官网，经济自由度指数来自美国传统基金会官网，其余均来自世界银行世界发展指标数据库。根据以上分析，以 $\ln(tec)$、$\ln(free)$、$\ln(inf)$、$\ln(open)$、$\ln(lab)$、$\ln(con)$、$\ln(inv)$、$\ln(ind)$、$\ln(hon)$和 $\ln(ci)$为自变量，以 $\ln(y)$为因变量，建立面板数字计量模型，如下所示。

$$\ln(y_{it})=c_0+\alpha_i+c_1\ln(tec_{it})+c_2\ln(free_{it})+c_3\ln(inf_{it})+$$
$$c_4\ln(open_{it})+c_5\ln(lab_{it})+c_6\ln(con_{it})+c_7\ln(inv_{it})+$$

① 韩文龙，李梦凡，谢璐．“中等收入陷阱”：基于国际经验数字的描述与测度［J］．中国人口·资源与环境，2015（11）：160-168.

$$c_8\ln(ind_{it})+c_9\ln(hon_{it})+c_{10}\ln(ci_{it})+\varepsilon_{it}$$

式中：i 表示国家截面单元，在陷阱组国家公式中，$i=1$，2，…，14；在跨越组国家公式中，$i=1$，2，…，26；t 表示时间，c_0 是截距项，α_i 是差异截距项；$\ln(y_{it})$表示一国人均GDP的对数，$\ln(tec_{it})$表示一国技术水平的对数，$\ln(free_{it})$表示经济自由度的对数，$\ln(inf_{it})$表示通胀率的对数，$\ln(open_{it})$表示贸易额在GDP中占比的对数，$\ln(lab_{it})$表示劳动参与率的对数，$\ln(con_{it})$表示居民最终消费在GDP中占比的对数，$\ln(inv_{it})$表示资本形成总额在GDP中占比的对数，$\ln(ind_{it})$表示第二产业产值在GDP中占比的对数，$\ln(hon_{it})$表示政府清廉指数的对数，$\ln(ci_{it})$表示城镇化率的对数，ε_{it}为随机误差项。

针对截面之间的关联性和内在性问题的优化处理，运用动态面板差分广义矩估计和系统广义矩估计，对两组收入数据进行回归分析。GMM是一种参数估计手段，其基础在于模型的实际参数需满足特定矩条件。在动态面板模型中，由于把自变量的滞后项纳入自变量，可能引发自变量与随机误差项之间序列的关联性，导致参数估计出现偏向和非一致性。利用广义矩估计可以有效降低内在性，从而获得一致的估计值，测算结果如表8-3所示。

表8-3　对两个收入组分别进行回归分析的参数估计结果

变量	$\ln(y_e)$					
	固定效应	差分GMM	系统GMM	固定效应	差分GMM	系统GMM
	陷阱组	陷阱组	陷阱组	跨越组	跨越组	跨越组
$\ln(y_i t-1)$		0.275*** (<0.001)	0.237*** (<0.001)		0.762*** (<0.01)	0.771*** (<0.001)
$\ln(tec_{it})$	0.075** (0.039)	0.025*** (0.011)	0.027*** (<0.001)	0.085*** (<0.008)	0.029*** (<0.001)	0.026** (-0.011)
$\ln(free_{it})$	0.300* (0.079)	-1.778 (0.372)	-1.351 -0.371	0.209* -0.065	-0.021 -0.824	-0.172 -0.681
$\ln(inf_{it})$	-0.004*** (0.0093)	-0.002** (0.015)	-0.001** -0.021	-0.005** (0.032)	-0.009** -0.014	-0.132* -0.06
$\ln(open_{it})$	0.245** -0.032	0.348** (0.029)	0.523** -0.044	0.053 (0.179)	0.155** -0.026	0.212** -0.021
$\ln(lab_{it})$	-1.684*** (0.001)	-1.063*** (<0.001)	-0.657*** (<0.001)	1.428*** -0.014	1.202* -0.081	1.373* -0.056
$\ln(con_{it})$	0.241 (0.414)	0.398* (0.084)	0.687* -0.073	1.121 (0.619)	1.708* -0.058	1.867* -0.052

续表

变量	Ln(y_e)					
	固定效应	差分 GMM	系统 GMM	固定效应	差分 GMM	系统 GMM
	陷阱组	陷阱组	陷阱组	跨越组	跨越组	跨越组
$\ln(inv_{it})$	0.390*** (<0.001)	1.293*** (<0.001)	1.412*** (<0.001)	0.96 (0.183)	0.758** −0.033	0.621** −0.035
$\ln(ind_{it})$	0.060 (0.768)	0.867*** (0.039)	0.578* −0.062	0.445*** (<0.001)	0.483*** (<0.001)	0.439* −0.073
$\ln(hon_{it})$	0.065 (0.406)	−0.012204	−0.137* −0.057	0.058* −0.074	0.018* −0.052	0.027* −0.063
$\ln(ci_{it})$	−0.015066	0.724 (0.438)	0.951 −0.503	0.093* (0.066)	−0.882 −0.411	−1.144 −0.614
样本数	262	222	236	482	415	441
R^2	0.267			0.238		
$AR(2)$（P 值）		0.183	0.168		0.172	0.154
Sargan 检验（P 值）		0.437	0.321		0.127	0.116
国家数	14	14	14	26	26	26

资料来源：霍伟东，刘肖伟．跨越“中等收入陷阱”的国际经验研究：基于40个国家的面板数据分析［J］．湖南财政经济学院学报，2017（2）：10.

从结果来看：①技术水平与经济增长呈现正向联系，科技创新对于跨越组人均GDP增加的推动力更强。②消费水平对跨越组经济增长的回归指数超过对陷阱组经济增长的回归指数，这表明消费对跨越组经济增长的推动力更强。③投资水平对陷阱组经济增长的推动力更强，可能是由于在比较跨越组的GDP结构中，其消费部分更多，对GDP增加的效果更明显，而投资的部分相对较低，对GDP增加的效益较小。④陷阱组经济增长的外贸依存度更高，因为大部分处于工业化阶段，本国许多缺少的资源和技术设备需要大量进口，对外汇的需求也推动出口规模的增加，所以外贸依存度较高。⑤通胀率对跨越组人均GDP增长的影响更大，因为发达国家的虚拟经济比较发达，而通胀率对金融产品的冲击更大。⑥陷阱组经济增长对第二产业发展的依赖程度更大，因为大部分处于工业化阶段，政府大力推动发展工业，第二产业的占比迅速上升，在GDP结构中的占比较大。⑦陷阱组劳动密集型产业占比大，既与技术密集型产业开始资本竞争，也会限制部分的劳动者，不利于提升劳动者的高级劳动技能与知识程度，从而不利于高质量和长期的增长。⑧城镇化水平应当与经济增长水平相适应，城镇化不足或者过度都将对经济增长产生负面效果。对陷阱组来说，过度城镇化一方面导致城市发展缺乏经济增长支持，政府无法为城市居民提供基本公共服务；另一方面引起城市化与产业发展恶性抢夺资源，从而对工业化进程形成一定的阻碍。对跨越组来说，城镇化有利于推动科技创新、人力资本的建立以及知识和信息交流。⑨经济自由度对陷阱组经济增长的影响更大，常常处于经济社会转型阶段，国家制度包含着巨大的改革红利，政府政策的改革与完善常常会极大地推动经济增长，而跨越组拥有更为完善的自由市场机制，经济自由度普遍较高，对经济增长的边际贡献率较小。⑩清廉情况对经济增长的影响取决于特定发展阶段。对陷阱组来说，贿赂使得企业家自身利益和官员利益最大化的目标保持一致，从而改善政府管制所造成的低效率，并且刺激经济增长。对跨越组来说，清廉使得政府增加生产性活动的花费有利于吸引外资，从而提升经济增长速度。①

众多国家曾经步入过被称为“黄金增长”的时期，但是能够以后来居上的方式，成功跻身高收入发达国家的鲜有出现，达成“崛起”目标的国家屈指可数。在发展经济学的理论视角下，一个国家一般都要经历“马尔萨斯均衡”、“经济赶超”（工业革命）、“卡尔多典型事实的经济增长”（新古典增长）、“新经济分岔”（内生经济增长）等各个阶段。特别是对于后发国家，必须经历的“经济追赶”阶段事实上是决定未来能否进入新古典以及内生经济增长的关键时期。②

依据主流经济学理念，完全竞争市场是公正制度的必要条件。对发达国家而言，产业革命的历程配合法律制度的完善，助推经济发展跨越马尔萨斯的“贫困陷阱”；20 世纪中叶，福利体系的构建推动经济发展跨越中等收入陷阱；20 世纪 70 年代，新保守主义的政治势力对福利体系进行调整与改革，以面对全球化的考验；20 世纪 90 年代，“第三条道路”试图从福利国家的立场出发，对新保守主义和全球化引起的问题进行修补。在以自由主义为象征的经济学者和以民主主义为象征的经济学者之间展开的效率与公平辩论，关键在于是自由优先还是均衡优先。他们的目标都是保障和实现社会基本的正义，以实现社会福利的最大化。③

不同于发达国家的“先发内源型”的经济扩展模式，中国走的是“后发

① 霍伟东，肖伟．跨越“中等收入陷阱”的国际经验研究：基于 40 个国家的面板数据分析［J］．湖南财政经济学院学报，2017（2）：5-15.

② 贾康，苏京春．直面“中等收入陷阱”真问题：基于 1962—2013 年全球数据对“中等收入陷阱”的判断、认识［J］．中共中央党校学报，2015（8）：51-63.

③ 黎安．“中等收入陷阱”还是“社会福利陷阱”：基于“后发外生型”转型国家的视角［J］．学术研究，2015（6）：53-57.

外生型”的路径，其特殊性在于中国是一个从计划经济向市场经济转变的发展中国家。参照麦迪逊在《世界经济千年统计》里的描述：1992 年中国步入中低收入阶段；2009 年，步入中高收入阶段。值得注意的是，在进入中高收入阶段的初期，中国遭受 2008 年的金融风暴，这带来更多的不确定性和风险。根据国际经验，中国能否顺利越过中高收入阶段，可能还需要经历 15～20 年的严峻考验。目前中国经济正站在由中高收入国家向高收入国家迈进的关键阶段，环境和条件都发生重大变动，依赖低收入阶段的发展模式来推动经济的持续增长已经越来越困难。①

近年来遇到“矛盾凸显期”，进入“新常态”阶段的中国经济，对中等收入陷阱以及发展中国家在发展过程中所碰到的各类挑战需要有一个正确的认知。根据福利经济学的理论，中等收入陷阱从本质上来说是“社会福利陷阱”：由于机会与利益分配系统的不公平和不公正，引发贫富差距日益拉大，最后造成消费需求不足、社会总福利的增长停滞，投资与出口的潜能几乎全部释放，消费需求无法进一步提升；在教育、住房、劳工福利、职业培训、医疗和养老等领域发展严重滞后，致使中低收入群体的消费力疲弱、人力资本无法得到提高，进而导致产业升级力度不足、转型难以实现。

在任何国家，经济增长既是经济问题也是政治问题，高增长数字成为引以为傲的象征和尺度。在这样简单化、教条化的观念下，日本经济增长停滞、俄罗斯经济负增长一概当作反面案例，挤破经济泡沫也被视为经济倒退。然而官员都是追求自身利益最大化的经济人，具有在任期内为了立竿见影的政绩而不惜以牺牲资源和环境为代价的倾向。克制自己追求经济增长的强烈冲动很难实现，不是仅仅凭借道德说教和思想建设就能够解决的。②

8.2　增长的新动能

从长期来看，新动能来源于推动经济增长的生产要素或者组织模式的变革，来源于科学技术进步的根本性突破。当前世界经济处于经济长波周期的下行阶段，以数字为代表的新一代信息技术与实体经济深度融合，其所带来的产业结构优化、增长动能转换、增长方式转变是跨越中等收入陷阱的关键，

---

① 霍伟东，刘肖伟．跨越“中等收入陷阱”的国际经验研究：基于 40 个国家的面板数据分析[J]．湖南财政经济学院学报，2017（2）：5-15.

② 黎安．“中等收入陷阱”还是“社会福利陷阱”：基于“后发外生型”转型国家的视角[J]．学术研究，2015（6）：53-57.

是新旧动能转换的重要引擎。

在数字经济中，数字资源成为新的增长要素，促进生产方式和商业模式的演变。生产力和生产关系相互作用不断提升适应力、竞争力，为产业体系、国家制度创新提供契机。数字技术推动创新体系的战略整合，促进人才、资本、技术、信息、服务等资源自由流动、优化配置，为传统产业注入新的活力，释放未来经济增长潜能。

8.2.1 以高容积算力提升核心竞争力

旧功能来源于低技术、低效益、高能耗、高污染的传统行业，新功能来源于具有高技术、高效益、低能耗、低污染、高质量的战略性新兴行业以及尖端科技行业。观察其根本要素，新旧动能的转换其实是经济发展动力的转变。依赖投资以及对自然资源的大量消耗的粗放型经济扩张模式无法持续，必须改为依赖创新、知识和技术推动的经济发展模式。①

数字经济不只是在调整经济增长动力的构造，也在提升经济增长动力的品质，对于科技创新、提升全要素生产率起到关键作用。因此新驱动力可以被解释为“借助大数据、互联网和云计算等新一代信息技术的运用为基础，依靠新技术的突破为支撑，以新技术、新产业、新模式、新业态等为主要影响社会与经济发展、促进产业改革提升的新推动力”。②

在大数据时代，数字化转型成为席卷世界的大趋势。新产品、新服务、新业态大量涌现，数字经济日益成为推动经济体系实现包容性和可持续增长的强大驱动力量，成为公认的新经济、新业态、新动能。从外在表现来看，新旧动能的转换就是产业结构的转换，产业结构的转换过程是其不断升级的过程，劳动密集型、资源密集型产业的比重不断下降，技术和知识密集型的高新技术产业的比重不断上升。

在云计算、人工智能、共享经济等新技术、新模式领域，数字经济的表现尤为突出，其规模总和在国民经济中的比重不断提高。例如 2017 年，美国广义数字经济规模高达 11.50 万亿美元，中国为 4.02 万亿美元，日本、德国均为 2 万亿美元，英国、法国分别为 1.68 万亿美元、1.04 万亿美元。德国、英国、美国广义数字经济占 GDP 比重达 60%左右，中国、日本、韩国、法

---

① 吕春慧．数字经济推动中国经济新动能培育的研究［D］．西安：西北大学，2020：13-15.

② 史自力．加快数字化转型 助力自贸港建设［N］．海南日报，2020-12-23（1）．

国、墨西哥、加拿大、巴西的数字经济占 GDP 比重超过 20%。①

产业国际竞争力的概念最早是在国际贸易理论中出现的：亚当·斯密提出绝对优势学说，大卫·李嘉图提出相对优势学说，瑞典经济学者赫克歇尔和俄林提出要素禀赋理论对这一缺陷进行补充。在评估数字产业的国际竞争力时，生产要素不再是决定因素。20 世纪 90 年代，美国管理学者迈克尔·波特提出：虽然资源赋予条件确实重要，但是通过后续培育的产业竞争优势可以提高世界竞争力。他从简单的供给视角逐渐转向需求视角，提出国家竞争优势理论，打破各个国家追求具有竞争力产业的传统贸易理论。

来源于数字行业竞争力的要素包括：一国数字技术产业的基本设施资源和人力培育资源等生产要素条件；该国在其经济社会发展阶段对数字产业的运用程度；国内数字产业以及其与前后端产业的竞赛状况；与数字产业发展相关的政策倾向，不论是经济社会的推动力还是政府的政策支持力，都构成数字产业竞争力的广泛来源；提供的产品服务的差异化、消费者的转移成本、经济规模以及谈判能力等，也构成评估该产业竞争力高低的关键因素。②

数字化呈现爆发增长、海量集聚、深度融合的特点，为国家核心竞争力赋予新的时代内涵。数字核心竞争力体现国家战略与国际趋势，涉及多主体、多维度、多要素、多活动等要素。根据 2018 年 30 个国际数据库（国际电信联盟、联合国经济和社会事务部、世界银行数据库、中国互联网络信息中心等）和相关资料，建立包含 31 个具体维度的国家数字核心竞争力模型。根据各个二级维度指数 fi 计算要素指数，合成最终的竞争力指数 *NDCI*，如下所示。

$$NDCI = \text{average}(NEin+NErs+NEru+NEsg+NEed +NEsl+NEii+NEdi+NEms+NEme)$$

式中：*NEin* 代表数字基础设施竞争力、*NErs* 代表数字资源共享竞争力、*NEru* 代表数字资源使用竞争力、*NEsg* 代表数字安全保障竞争力、*NEed* 代表数字经济发展竞争力、*NEsl* 代表数字服务民生竞争力、*NEii* 代表数字国际贸易竞争力、*NEdi* 代表数字驱动创新竞争力、*NEms* 代表数字服务管理竞争力、*NEme* 代表数字市场环境竞争力，测算结果如表 8-4 所示。

---

① 李晓华．数字经济新特征与数字经济新动能的形成机制［J］．改革，2019（11）：40-51.

② 闫云凤，赵晓静．中国数字技术行业在全球价值链中的国际竞争力研究［J］．广西财经学院学报，2020（10）：68-82.

表 8-4　2018 年世界数字核心竞争力前十名国家或地区的分项指数得分

国家	数字基础设施	数字资源共享	数字资源使用	数字安全保障	数字经济发展	数字服务民生	数字国际贸易	数字驱动创新	数字服务管理	数字市场环境
美国	88.37	93.57	62.80	96.68	86.89	94.67	78.89	88.00	79.76	94.10
中国	69.78	92.44	63.99	79.61	89.14	89.68	98.77	80.56	72.06	78.16
韩国	77.54	90.95	73.91	75.41	70.04	92.19	78.28	89.39	91.48	73.97
新加坡	76.50	90.58	59.30	94.67	61.55	96.33	81.33	81.01	89.60	76.89
日本	85.36	90.98	72.15	88.45	76.83	93.87	61.78	85.27	78.93	66.15
英国	84.57	87.71	70.69	91.24	80.86	89.97	61.01	78.13	88.30	61.81
德国	82.74	86.49	71.73	85.99	72.76	90.39	63.08	83.29	75.80	77.73
瑞典	73.26	89.22	70.78	87.21	56.82	95.68	60.54	73.49	87.84	85.98
法国	81.40	85.18	68.90	92.74	74.59	87.80	56.28	78.08	81.77	74.02
挪威	69.49	87.82	56.80	87.91	71.77	97.59	60.94	71.39	86.42	85.62

资料来源：吴翌琳．国家数字竞争力指数构建与国际比较研究［J］．统计研究，2019（11）：20.

从洲际情况来看，欧亚和北美在世界数字核心竞争力结构中取得领先地位。美国在排名中独占鳌头，亚洲的情况展现出显著的断层化特征，在前十强中，中国是唯一的发展中国家。中国的优越性主要体现在数字产品出口、服务出口和跨境贸易等领域，借助人口优势、资本优势、政策优势，数字国际贸易竞争力评分位居榜首；欧洲在推动数字化过程中表现积极，整体水平名列前茅；非洲、南美由于受限于政治、经济、文化、宗教等因素，信息基础设施建设较为薄弱，数字化转型相对滞后。①

大数据、计算力（即算力）、算法是数字产业竞争力和数字经济体系的基石：大数据在新一轮科技革命和产业转型中扮演着关键角色，算力和算法决定数字要素转化为经济价值的效益和成效，获取算力则依赖于大规模的技术开发和基础设施的投资。算力包含数字的采集、储存、计算、解构和传输，这是决定数字分析能力的关键因素。国家核心竞争力取决于计算速度、计算技巧、通信能力、存储能力和数字总量，也就是算力来驱动，算力的差异决定国家核心竞争力的差异。

相较于传统竞争力要素比如资本、劳动力、土地等，算力展现出独特的经济特性。获取算力、构建及巩固算力竞争力需要大投资、承担高风险，并

① 吴翌琳．国家数字竞争力指数构建与国际比较研究［J］．统计研究，2019（11）：14-25.

伴有强烈的外部性和垄断性特征。打造出算力的竞争优势必须拥有强大的资金和技术能力、前沿的产业和技术体系以及更广泛的应用环境。算力的技术提升以及技术路径的选择，算力相关产业的成长和产业体系的完善，以及与算力有关的基础设施建设，对政策的依赖程度仍然较高，同时处于政府和政策的规制和调控之下。

在形成和维系真实世界的产业集聚中，数字和信息的非正式扩散相比实体要素扩散具有更加重要的作用。数字和信息运动的价值已经超过商品运动的价值，数字和信息要素的新型集聚作用，成为决定城市和地区在整个经济网络中向产业链高端迈进的重要因素，把城市中心和地区节点联系在一起形成信息通道，带动大数据、互联网、人工智能企业延伸自身的产业链环节，创造出一种网络经济中的利益走廊，把“瓦特”产业转化为“比特”产业。①

2022 年 2 月，由国家发展改革委、中央网信办、国家能源局等多个部门联合发布通知，正式启动新的国家发展战略——“东数西算”。“数”代表数字，“算”代表算力也就是对数据库的处理能力。该战略旨在把东部的算力需求有序引导至西部，借由西部的资源禀赋优势，创建数字中心、云计算、数字一体化的创新算力网络系统，推动东西部的协同合作，如表 8-5 所示。②

表 8-5 八大国家算力枢纽节点和十大国家数字中心集群

地区	枢纽节点	集群名称	集群特点	起步区边界范围	发展定位
东部	京津冀枢纽	张家口数据中心集群	高密度、高能效、低碳	张家口市怀来县、张北县、宣化区	积极承接北京等地实时性算力需求。引导温冷业务向西部迁移。构建辐射华北、东北乃至全国的实时性算力中心
	长三角枢纽	长三角生态绿色一体化发展示范区数据中心集群	高密度、高能效、低碳	上海市青浦区、江苏省苏州市吴江区、浙江省嘉兴市嘉善县	积极承接长三角中心城市实时性算力需求，引导温冷业务向西部迁移，构建长三角地区算力资源“一体协同、辐射全域”的发展格局
		芜湖数据中心集群	高密度、高能效、低碳	芜湖市鸠江区、弋江区、无为市	

① 王建冬，于施洋，窦悦．东数西算：我国数字跨域流通的总体框架和实施路径研究［J］．电子政务，2020（3）：13-21.

② 张军红．做强数字核心产业关键在创新 访中国工程院院士邬贺铨［J］．经济，2022（4）：34-37.

续表

地区	枢纽节点	集群名称	集群特点	起步区边界范围	发展定位
东部	粤港澳大湾区枢纽	韶关数据中心集群	高密度、高能效、低碳	韶关高新区	积极承接广州、深圳等地实时性算力需求，引导温冷业务向西部迁移，构建辐射华南乃至全国的实时性算力中心
东部	成渝枢纽	天府数据中心集群	高密度、高能效、低碳	成都市双流区、郫都区、简阳市	平衡好城市与城市周边的算力资源部署，做好与“东数西算”衔接
东部	成渝枢纽	重庆数据中心集群	高密度、高能效、低碳	重庆市两江新区水土新城、西部（重庆）科学城璧山片区、重庆经济技术开发区	平衡好城市与城市周边的算力资源部署，做好与“东数西算”衔接
西部	贵州枢纽	贵安数据中心集群	高密度、高能效、低碳	贵安新区贵安电子信息产业园	以支持长三角、粤港澳大湾区等为主，积极承接东部地区算力需求
西部	内蒙古枢纽	和林格尔数据中心集群	高密度、高能效、低碳	和林格尔新区和集宁大数据产业园	为京津冀高实时性算力需求提供支援，为长三角等区域提供非实时算力保障
西部	甘肃枢纽	庆阳数据中心集群	绿色、集约、安全	庆阳西峰数据信息产业聚集区	重点服务京津冀、长三角、粤港澳大湾区等区域的算力需求
西部	宁夏枢纽	中卫数据中心集群	高效、清洁、集约、循环	中卫工业园西部云基地	积极承接东部算力需求

资料来源：曹方，张鹏，何颖．构建“东数西算”网络创新体系推动数字经济发展［J］．科技中国，2022（3）：6.

通过建立全新的以数字中心、云计算、数字一体化为核心的算力网络体系，东数西算的目标是利用西部地区丰富的可再生资源来协助数字中心的建设。接纳东部地区的算力需求，构建起东西部数字经济发展的主干通道，推动数字经济和东西部协调发展。四个位于东部地区的国家算力枢纽节点分布在四个大城市群或其周边地区，主要满足东部地区对电子商务、在线支付、在线游戏、金融证券、灾害预警、视频通话等业务有高延迟要求的需求；四个位于西部地区的国家算力枢纽节点能充分使用当地丰沛的资源，接收东部地区对数字运算、存储服务有较低延迟要求且价格敏感的业务，例如存储备份、后端处理、网站保养、制造业研发设计等业务，以此分散东部地区的算力压力。[1]

当前超级计算机、数字中心及边缘计算这三大主要的算力实现路径存在各自的优点和缺点，在各个领域中找到最适合的算力解决方案进行组合，共同构筑国家级别的算力体系。

一是超级计算机（Super Computer）。研发和制造的难度极大，是国家科技水平与制造实力的综合反映。在量子计算机商业化运用之前，超级计算机依然是计算能力最强的装置，为战略科研、工程设计、应急处理提供最高级的计算能力。2010 年之前，世界 500 强的超级计算机几乎被美国和日本垄断；2010 年之后，中国逐渐崭露头角，成为新的超级计算机强国和大国，其数量和总体规模迅速超越美国和日本。在 2020 年的世界超级计算机 500 强中，中国占据 217 台，居于首位，其后依次是美国的 113 台、日本的 34 台、德国的 18 台和法国的 18 台。

二是云计算（Cloud Computing）。目前是现阶段公共计算力资源的主要提供者，而大型数据中心则构成提供云计算服务的基本设施。2019 年末，世界超大型运营商的数据中心数量达到 500 个，其中美国市场占比接近 40%，位居首位。中国市场份额大约为 10%，为第二大市场。排在美国和中国之后的市场包括日本、英国、德国、澳大利亚、加拿大、印度和新加坡。从云计算服务供应商的角度来看，亚马逊 AWS、微软 Azure、IBM、谷歌云平台、阿里云是世界云计算市场的主导企业。在中国市场，排名前六的分别是阿里巴巴、腾讯、百度、光环新网（与亚马逊合作）、中国电信和中国联通。

三是边缘计算（Edge Computing）。相比于云计算把数字信息通过网络传递到中心服务器进行处理，边缘计算的方式是在生成数字的传感器、设备上，或者其附近进行数据处理，这样既能大幅度节省网络带宽的资源，又能充分地运用现有的计算能力。目前世界主导的边缘计算供应商包括美国的亚马逊、思科、ClearBlade、戴尔、谷歌、HPE、IBM、英特尔、微软、甲骨文，中国的华为、凌华科技，日本的日立，以色列的 Saguna，德国的 SAP 等。在边缘计算技术的研究和应用方面，美国占据绝对的领先地位，中国、日本、德国、以色列等国则位居第二梯队。

中国在计算能力研究与开发领域的“偏重硬件轻视软件”问题极为突出，部分环节和领域与世界前沿存在明显的差异：在硬件制造方面，近年来虽然芯片设计取得进展，但是制造工艺仍然明显滞后。在中美贸易摩擦时，美国

---

① 曹方，张鹏，何颖．构建“东数西算”网络创新体系推动数字经济发展［J］．科技中国，2022（3）：5-8.

频繁限制出口关键芯片以及转移芯片制造设备，这无疑揭示中国在基础技术和工艺方面的不足。在软件系统方面，与先进国家相比，中国在新型计算平台、分布式计算架构、数字处理、分析和呈现等方面仍然明显落后，对开源技术和相关生态系统的影响力不足。①

半导体（Semiconductor）指的是在常态温度下，具有导电性能介于导体与绝缘体的一类材料，其制成品主要可以分为四大类，包括集成电路、光电子设备、离散器件以及传感器。集成电路（Integrated Circuit，IC），也被普遍称为芯片/晶片（Chip），通过独特的制程步骤，把各种元器件按电路互连的方式，集合在半导体晶片上以实行特定功能的电路或系统，占据半导体产品超过80%的份额。如果不深入技术层面，半导体、集成电路、芯片基本可以被视为同一概念。

人工智能芯片的定义是可以执行人工智能算法，并且针对该算法具有特殊加速和优化特性的芯片，实际上这是人工智能技术应用和人工智能算力实现的载体。在移动互联网、数字中心、5G 等各种环境中，可以适配多种类型。人工智能芯片主要有两个发展方向：一个是保持传统的冯·诺依曼计算框架，以提高计算能力为目标，主要包括并行加速计算的 GPU（图形处理单元）、半定制的 FPGA（现场可编程逻辑门阵列）、全定制的 ASIC（专用集成电路）；另一个是打破传统的冯·诺依曼计算框架，采用类似大脑神经结构的神经模拟芯片以解决计算能力问题，如表 8-6 所示。

表 8-6　人工智能芯片的适用场景和优缺点对比

芯片类型	适用场景	主要优点	主要缺点
GPU	应用于高级复杂算法和通用性人工智能平台	通用性强，浮点运算能力强、速度快	性能功耗比较低
半定制化 FPGA	适用于具体行业	灵活性强、速度快、功耗低、可编程性强	价格高、编程复杂、整体运算能力不高
全定制化 ASIC	适用于全定制场景	性能高、功耗低	电路需要定制、开发周期长、难以扩展、风险高
神经拟态芯片	实验室、自研平台	功耗低、可扩展性强、算存一体	算力低、对主流算法支持差、难以商用

资料来源：商惠敏．人工智能芯片产业技术发展研究［J］．全球科技经济瞭望，2021（12）：25.

神经形态计算是一种由大脑认知功能激发的新型计算模式。生物大脑不

① 李平，邓洲，张艳芳．新科技革命和产业变革下全球算力竞争格局及中国对策［J］．经济纵横，2021（4）：33-42.

同于常规的 CPU/GPU，在小型区域内以高效能和低功耗电行处理大规模信息。神经形态计算模仿这种生物信息处理的高效性，研发神经形态硬件加速器，以缩小网络与真实大脑效率的差距。神经模拟芯片并未采用传统的冯·诺依曼架构，反而是基于神经形态架构的设计，模拟生物神经网络的计算机制，把神经元和突触权重看作是电脑的“处理器”和“存储器”，分散在全体神经皮层。神经模拟芯片的设计目标不再只是加速深度学习算法，而是在芯片基础结构甚至元器件层面上开发新的类脑结构，例如使用忆阻器和 ReRAM 等新型元器件以增加存储密度，这将引发计算机技能体系的变革。[①]

半导体芯片产业是一种资本密集、人才密集、技术密集的行业，其关键的设计和生产环节主要集中在少数几个国家和地区，市场集中度极高。作为数字经济的基础设施，在世界竞争的环境下，其战略性日益凸显。产业链主要由基础设施产业、制造业和应用领域构成。根据比较优势的经济理论，各个国家和地区在芯片的各个细分领域中有各自的优势，这一行业高度集中在少数几家大公司手中：具备完整设计和生产能力的公司例如英特尔和德州仪器，专注于独立设计的公司例如高通、博通和联发科，以及专注于代工生产的公司例如台积电。

依照波士顿咨询公司与美国半导体协会在 2021 年联合公布的统计数据，美国借助其的强劲科研创新实力，在半导体研发的高密集领域占据主导位置，特别在电子自动化设计/核心知识产权（EDA/IP，占有 74%）、逻辑元件（占有 67%）、生产设备（占有 41%）等专业细分市场。中国大陆的相对优势市场主要集中在封装与测试（占有 38%）、晶圆制作（占有 16%）以及原材料（占有 13%）。欧盟的相对优势市场主要在 EDA/IP（占有 20%）、生产设备（占有 18%）。而韩国、日本以及中国台湾在原材料、存储芯片、晶圆制作等市场保持绝对的领先地位。

从细分领域来看，核心技术的控制通常在寡头大企业手中。以半导体硅片和电子特种气体技术为例，前一项技术被日本信越化学、日本胜高、中国台湾环球晶圆、德国世创和韩国 SK 这五家公司把持，而后一项技术由美国空气化工、法国液化空气、日本大阳日酸和德国林德四大公司所控制。在半导体光刻胶供应商中，日本公司以其绝对的优势地位，占据世界市场 72% 的份额。而在半导体设备市场里，主导力量主要集中在美国、荷兰和日本的制造商，其中荷兰的光刻机巨头阿斯麦（ASML）独占世界光刻机高端市场的 83.3%。

---

① 任源，潘俊，刘京京．人工智能芯片的研究进展［J］．微纳电子与智能制造，2019（6）：20-34.

随着数字化发展的步伐加快，全球对芯片的需求持续攀升：一方面，新的芯片需求市场，例如自动驾驶汽车、人工智能、工业互联网等不断涌现；另一方面，居家工作、智能化的家居生活、虚拟现实等生活工作娱乐模式也在不断普及，由此引发世界芯片需求的不断增长。根据 ICInsights 的预测，2030 年其需求将超过 10000 亿美元。供需差距的扩大将对芯片供应链提出结构性的调整需求，各国政府开始实施各种策略，通过投资、税收、贸易、监管和反垄断等一系列策略，促进本国战略产业的发展，展开新一轮的芯片产业竞争。

半导体行业的竞争激烈并非仅是一个简单的经济问题，更是一个深度的战略问题，其在世界范围内越发显现出政治因素。被数字化、人工智能、云计算、区块链等所代表的新兴行业变成竞争的焦点，同时作为基础组件的半导体及其所涉及的整个行业成为推动国家数字化转型的关键。在绝大多数政府纷纷推动国内数字经济成长作为主要目标时，个别政府出于既得利益集团的考虑，又试图颠覆以往流行的自由市场原则，在世界经济和贸易集团中无法进一步加强相互之间的依赖和信赖。部分国家开始寻求减少数字经济关键行业的对外依存度，力图创建更加安全和有弹性的供应链。①

8.2.2 以数字金融引领全要素生产率

全要素生产率（Total Factor Productivity，TFP）是在既定的投入要素水平下，生产商通过技术升级、组织及管理优化等无形要素带来的产出提升，即附加的生产效能，又被视为技术提升速率，以区分于要素本身的技术产出率。在微观层面上，生产者通过应用新技术优化生产过程、探索新市场以及创造新产品、变革管理机制以激励员工积极性等手段来提升全要素生产率；在宏观层面上，经济体系通过资源重组，劳动力从产出率较低的领域转向产出率较高的领域，政府调整经济政策以改善执行效果同样能够提升全要素生产率。

全要素生产率的增长并不是所有生产要素的生产效率增进，“全”意指在经济扩张中无法单独归咎于有形生产要素的增长部分，所以全要素生产率的增长只能被用来评估除有形生产要素之外的纯粹的技术提升对生产效率的提升。以增长的视角来看，生产效率以及资本、劳动等要素的投入都为经济扩张做出贡献。以效率的视角来看，生产效率等于在特定的时期，国民经济的产出与所有资源要素的总投入之间的比率。在本质上表现一个国家为了摆脱贫穷、落后并发展经济在特定时期展现出的能力和努力水平，是技术提升对

① 蔡翠红．全球芯片半导体产业的竞争态势与中国机遇［J］．人民论坛，2022（7）：92-96.

经济进步功能的综合体现。①

数字金融（Digital Finance）是指运用信息技术工具、互联网与传统金融服务行业的结合所形成的新型服务业，涵盖网银、网络支付、手机支付、金融服务外包以及在线贷款、在线保险、在线基金等。狭义上的数字金融仅涉及基于数字技术衍生的新产品、新服务及新业态，而广义上的数字金融还囊括线下业务的网络化。数字金融在本质上是信息化、互联网化、智能化的，与主要应用于重复性、机械性任务的自动化有所区别，数字化更注重适应环境、交互和反应能力。金融业在服务或支持数字经济的同时，提升数字金融服务质量能够促进经济的包容性增长。②

伴随着大数据、云计算、物联网、区块链、人工智能、信息安全、虚拟现实等技术的进步，众多的资金投入数字经济的领域。从天使投资、风险资本、私募资金（PE）到政府导引基金、创新基金等，互联网电子商务、跨境电子商务、智能家居、车联网、远程医疗、智慧交通、智慧农业等领域或产业已经成为新的增长源。数字化金融主要是利用金融科技于金融行业的各个部门，从而产生新的产品、新的服务以及新的业态，把数字化技术应用于各个金融子产业的划分，就形成数字金融的不同子领域：数字银行、数字保险、数字资产管理、数字普惠金融等。③

伴随着数字技术的发展，中国的经济体制正在由资源驱动式逐渐转为创新驱动式，数字资源作为关键的生产要素，与实体经济进行深度整合。数字技术对金融行业的渗入不仅改变金融机构的运营模式，同时也对区域经济发展形式产生重要影响。数字金融拥有超越地理特性的优点，打破传统地理条件的束缚，带动资本和劳动力等生产要素有效地进行空间流动，尤其是为西部地区缩小发展差距，赶上东部地区经济增长创造可能性。

区别于传统金融，数字金融扩大信息的地域可达性，驱动生产要素的空间流动。传统金融机构空间分布的不均衡，其预设条件就是资本在空间上的异质性分布，资本在金融机构聚集地的配置效应超过非集聚地区，资本的盈利驱动作用逐渐显现，具体表现在资本越过地理边界，形成网状的空间逐利性流动。数字化分割导致区域信息出现落差格局，数字金融在空间上的“虹

① 宋凌云，王贤彬．重点产业政策、资源重置与产业生产率［J］．管理世界，2013（12）：63-77.

② 刘根库，尤慧慧，丁利杰．数字金融生态圈构建与发展方向研究［J］．全国流通经济，2023（1）：173-176.

③ 资源资讯分享君．数字金融是什么？［EB/OL］．［2022-07-27］．https：//view.inews.qq.com/a/20220620A063T100，2022-06-20.

吸效应”日益加剧。市场化水平、城镇化进程、分权制度、传统金融机构本底、人口构成、经济发展水平等因素展现空间异质性分布，所有这些因素在时间轴上呈现动态变化流动，并在空间轴上进行地理依赖性调整。当这些因素趋向稳定时，数字金融将展示出相对稳定的空间联动特征。

并存的数字金融空间异质性与空间联动，为全要素生产率实现空间流动之可能性提供数字金融的引领，通过调整地区之资本与技术的流动方向，进一步驱动全要素生产率的空间流动，即从高全要素生产率向低全要素生产率的流动，以实现全要素生产率空间全局的均衡。数字金融系统具备跨空间识别最高收益率实体投资项目的能力，推动资本通过金融系统流向产出效率最高的地区，并在那里调整资源配置效率，从而推动该地区全要素生产率的提升。随后该地区全要素生产率的提升反馈于数字金融系统的资本积累，吸引更多的资本流入该地区，形成数字金融与资本流动的良性循环，并在此循环中提升全要素生产率。①

1935 年，中国地理学家胡焕庸提出胡焕庸线，它是标识人口发展水平和经济社会格局的分界线，也是人口分布和经济社会结构的分界标志，其东侧聚集中国 96%的人口，而西侧则仅占 4%。此线起始于黑龙江省的黑河市，终止于云南省的腾冲市。最早被标记为“瑷珲-腾冲一线”，后来因为地理名称的变更，更名为“黑河-腾冲一线”。此线与夏季风交界区重叠，以西是唐朝边陲诗歌描述的粗犷、豪放和遥远的景象，是游牧民族的世界；以东则呈现出农耕文明的精致、美丽和稍显狭窄的景色。胡焕庸线也形成城镇化水平和经济非均衡发展的分界线，如何跨越此线，是经济持续增长的挑战，数字化技术、数字经济及数字金融的广泛应用为理解和解决此问题提供可能性。②

1957 年，美国经济学者罗伯特·索洛对全要素生产率概念进行界定。他的解释建立在柯布-道格拉斯生产函数的基础上，假定规模效益不变和希克斯中性。柯布-道格拉斯生产函数为 $Q_t=A_tF(K_t,L_t)$。式中：Q_t、K_t、L_t 分别表示经济总产出、资本要素的投入量和劳动要素的投入量；希克斯 A_t 表示在资本和劳动水平不变时产出增加的部分，即全要素生产率。设 α 和 β 分别表示资本和劳动力的产出弹性，那么公式变形为 $R_t=\frac{\dot{Q}_t}{Q_t}-\alpha\frac{\dot{K}_t}{K_t}-\beta\frac{\dot{L}_t}{L_t}=\frac{\dot{A}_t}{A_t}$。式中 R_t

① 于江波，白凯，王晓芳．数字金融能否引领全要素生产率和经济产出跨越胡焕庸线？[J]．山西财经大学学报，2022（2）：31-46.

② 风起孤竹．胡焕庸线［EB/OL］．［2023-07-26］．https：//baike. baidu. com/item/%E8%83%A1%E7%84%95%E5%BA%B8%E7%BA%BF/9370486？fr=ge_ala，2023-07-23.

为索洛余值，即不是由要素投入导致产出增长的部分。

根据上述原理，选择2011—2018年数字普惠金融指数进行研究，覆盖中国的31个省、337个地级市以及2800个县级地区，其中包括覆盖广度、使用深度和数字支持服务等方面。依据数字金融的地理分布，把人口结构、分权体制、城镇化程度、经济发展水平、传统金融本底、市场化程度作为研究变量。在计算全要素生产率的过程中，α和β分别代表固定资本和劳动力的产出弹性，同时满足规模收益恒定的限制条件。α的设定值为0.4，β的设定值为0.6。

在全国尺度下，各个省份的数字金融发展水平都实现显著提升。数字金融的空间分布并不是一成不变的，而是表现出动态调整和不均衡分布的特征。由于众多因素的影响，数字金融能够突破地理空间的束缚。在胡焕庸线的东南侧和西北侧，空间状态出现两极分化。2015年以来，数字金融向胡焕庸线东南部沿海地区的迁移和集聚速度加速，使得胡焕庸线的分界线越发明显。各省份在空间层次上的全要素生产率表现出以胡焕庸线为对称轴、西北侧和东南侧两极分化的格局，而这种不均衡的空间分布格局正变得越来越明显。以胡焕庸线为空间划分线，全要素生产率由胡焕庸线的西北侧向东南部逐渐强化，紧邻东南侧沿海地区集聚的程度也越来越高。胡焕庸线成为全要素生产率难以逾越的障碍，中心地带弱化而两极集聚。

数字金融的空间分布模式是众多因素联动的产物。各因素之间的交互能够引发效用的增加，特别是市场化程度、经济发展水平、城镇化水平的联动效应明显超过其他因素，表明这些是构建数字金融空间分布模式的主要驱动力。人口结构和分权制度本身对数字金融空间分布模式的提升作用并不明显，然而在市场化程度、经济发展水平和城镇化水平的推动下，提升其对数字金融空间分布模式的影响力。传统金融本底单因素对数字金融空间分布模式的决定力并不强，但在其他因素的助力下，显著提高其影响力，尤其是在该因素与人口结构、分权制度等因素的互动下，逆转原先各自影响力较低的情况。

对于数字金融来说，全要素生产率在地理空间上的影响力，体现各个省份全要素生产率的变动对邻近省份数字金融的影响程度。大部分省份的全要素生产率并未对邻近省份的数字金融发展产生空间联系：上海、江苏以及浙江为全国范围内的空间正向影响力提供推动力；而新疆、西藏、青海、甘肃、四川等西北地域的省份，全要素生产率水平相对较低，因此降低邻近省份的全要素生产率水平；浙江省全要素生产率水平持续攀升，对邻近省份数字金融的推动力日益增强；江西虽然全要素生产率水平相对偏低，但是对邻近省份的数字金融有所助益。

在5%的置信水平下，数字金融与全要素生产率的空间交互莫兰指数表现出显著性，表明两者之间存在着高度的空间相互影响性，详细的测量结果如表8-7所示。

表8-7 数字金融和全要素生产率的全局性空间互动关系

年份	数字金融对全要素生产率的空间溢出			全要素生产率对数字金融的空间溢出		
	莫兰指数	Z值	P值	莫兰指数	Z值	P值
2011	0.2478	2.8010	0.0060	0.2582	2.8633	0.0060
2012	0.2603	2.9102	0.0050	0.2763	3.0404	0.0060
2013	0.2664	2.9769	0.0040	0.3012	3.3004	0.0030
2014	0.2930	3.2570	0.0030	0.2835	3.1195	0.0030
2015	0.3325	3.5935	0.0010	0.3164	3.3693	0.0030
2016	0.3886	4.0414	0.0010	0.3805	3.9392	0.0020
2017	0.4364	4.4863	0.0010	0.4226	4.3094	0.0010
2018	0.3881	3.8894	0.0010	0.4345	4.2903	0.0010

资料来源：于江波，白凯，王晓芳．数字金融能否引领全要素生产率和经济产出跨越胡焕庸线？[J]．山西财经大学学报，2022（2）：41.

在全国尺度下，数字金融与全要素生产率之间存在着显著的空间联系，两者之间的空间相辅相成的影响是显而易见的。不同省份的数字金融与全要素生产率展现出的是一种螺旋式交错的空间关系，相互之间的加强呈现出动态的特性。然而数字金融与全要素生产率之间的相互影响的空间关系并不稳定，也存在着不均衡性，这使得胡焕庸线东南侧的沿海省份的空间虹吸效应越发明显。胡焕庸线实际上是全要素生产率对数字金融空间拉动力的分界线，其西北侧的省份并未形成稳定的拉动力，而东南侧的省份主要以随机性为主，存在着显著的空间虹吸效应。数字金融和全要素生产率的空间互动效应难以逾越胡焕庸线的阻碍。

数字金融和经济产出莫兰指数测度结果的P值均在5%的置信水平下较为显著，说明两变量之间具有强烈的空间关联性，具体测度结果如表8-8所示。

表8-8 数字金融和经济产出的全局性互动关系

年份	数字金融对国内生产总值的空间溢出			国内生产总值对数字金融的空间溢出		
	莫兰指数	Z值	P值	莫兰指数	Z值	P值
2011	0.3542	3.9399	0.0010	0.2616	2.9313	0.0070
2012	0.3630	4.0588	0.0010	0.2718	3.0542	0.0060
2013	0.3680	4.0817	0.0010	0.2771	3.0925	0.0040

续表

年份	数字金融对国内生产总值的空间溢出			国内生产总值对数字金融的空间溢出		
	莫兰指数	Z 值	P 值	莫兰指数	Z 值	P 值
2014	0. 3730	4. 1506	0. 0010	0. 2802	3. 1347	0. 0050
2015	0. 3339	3. 7539	0. 0010	0. 2384	2. 6896	0. 0090
2016	0. 3899	4. 3043	0. 0010	0. 3311	3. 6525	0. 0010
2017	0. 4351	4. 6969	0. 0010	0. 3666	3. 9416	0. 0010
2018	0. 3881	3. 8894	0. 0010	0. 4345	4. 2903	0. 0010

资料来源：于江波，白凯，王晓芳．数字金融能否引领全要素生产率和经济产出跨越胡焕庸线？[J]．山西财经大学学报，2022（2）：43.

在全国尺度下，数字金融与经济产出之间在各省份呈现出显著的空间牵引关系，这表明单一省份的数字金融进步能够促进周边省份经济产出的提升，同时单一省份的经济产出增加也能推进周边省份的数字金融进步。从时间维度来看，2011—2018 年，数字金融与经济产出的相互促进效应年复一年地提高，数字金融对实体经济的推动作用超越实体经济对数字金融的助力，数字金融的确有能力推动实体经济的进步。

新古典经济学倾向于强化资本和劳动力等要素的区域流动。这种自发的要素流动能够通过优化区域生产效率，以此来提高落后地区的经济总产值，最终实现国家级别的经济平衡。然而新古典经济学的理论构建基于一系列预设条件，其中没有政府干预的市场化理论与实际情况不相符。在中国市场化改革尚未完全实施的情况下，自发的要素流动受到政策和市场的双重导向。政策导向倾向于偏重西北部的省份，而市场导向偏重东南侧的省份，这与要素追求利润的基本原则相违背。

实际上，位于西北地区的省份的生产要素边际产出正处于上升期，其程度甚至超越东南沿海地区的省份，然而地理距离的影响增加不确定性。数字化技术和经济的广泛应用能够有效缓解这种不确定性，进而增加诱引生产要素向西北地区流动的可能，同时通过生产要素的结构效应和规模效应，共同调节地区经济发展的不均衡性。在全要素生产效率和经济产出在空间上的非均衡分布的背景下，数字金融利用其空间渗透力推动全要素生产效率和经济产出跨越胡焕庸线。①

新型城镇化战略为突破胡焕庸线提供强大的推动力。西北部省份通过城

---

① 于江波，白凯，王晓芳．数字金融能否引领全要素生产率和经济产出跨越胡焕庸线？[J]．山西财经大学学报，2022（2）：31-46.

镇化建设引领新型工业化，通过数字金融助力产业专业化集聚和产业多样化集聚，促进农牧业现代化和推动信息化建设进程。引导本地农业人口向县城和中心城市转移、在外地务工人员有序地实现向本地对口工种和岗位转移，推进基础设施和公共服务均等化，进行城中村和旧城有序改造，严格控制城市边界无序扩张，逐步实现区域宜居水平的均衡化。①

“一带一路”的构想为突破胡焕庸线提供新的观念与路径。优化运输要道设备的空间分布，促进现有大通道向港口地区扩展，从而使东南方向省份的资本、技术、行业、人力资源沿途而来。沿途国家共同打造国际交通主干线、跨国电力与供电通道、跨国光缆，推动通关、换装、多式联运的有机连接，推动跨国监管流程的协调。扩大与邻国的边境商业活动，构建与东南方向省份相对应的“黄金陆地带”。在经济发达、基础设备完善的城市建立特色产业园区，主要构建一些商业口岸，打造边境增长中心和增长线。

“数字丝绸之路”是数字经济与“一带一路”的融合产物，为历史悠久的丝绸之路注入新的活力。西北地区应更积极地运用数字和网络技术，提升信息基础设施的质量和国际通信的接入出口能力，构建数字协商框架，强化数字政策对接和数字能力的创新应用。对信息化较为落后的地区实施扶持政策，推动跨国光缆等通信主干网络的建设，进一步提升国际通信联网水平，畅通网络丝绸之路，为国家间的经济贸易联系、资金流动、人员交流提供更高效的服务。与更多的共建国家在网络基础设施、网络安全、国际贸易、智能制造、金融、医疗、教育等领域深化数字协作，共享数字经济的成果。②

8.3 周期波动的模型

经济周期（Business Cycle）也被称为商业周期、商业循环或经济循环，是经济扩张和经济紧缩在经济运行中交替出现的波动现象。如果从表现特性来解析，古典周期和现代周期是经济周期的两种类型：古典周期是指国民经济活动的高低起伏、轮替进行的有规律的循环。二战之后，发达国家的宏观经济指标基本上呈现出连续的增长，没有经历过古典周期的经济萎缩，即国

① 张永岳，宋艳姣，张传勇．新型城镇化与“胡焕庸线”的突破可能性［J］．华东师范大学学报（哲学社会科学版），2015（2）：101-112.

② 单良，马雪娇，董晓菲．“一带一路”助推破解“胡焕庸线”［J］．党政干部学刊，2018（4）：57-63.

民经济活动的相对高低起伏、有规律的轮替进行的循环。①

西方经济学者研究和探讨经济周期从 19 世纪初期的经济危机论战开始。1936 年，凯恩斯发表《通论》，他主张资本主义的充分就业均衡仅仅是特殊情况。哈罗德最初利用两个基本原则解释周期性现象，发展到萨缪尔森利用时滞差分方程表示消费与投资的关系，以此构建经济周期模型，最终希克斯对周期波动的起源、动态路径和扩展与衰退的转变理由进行详尽的阐述，形成完整的现代周期理论。②

8.3.1　乘数-加速数模型

自凯恩斯的《通论》发表后，大部分现代经济周期的理论都是以他的思维框架为基础。乘数-加速数模型无疑是其中最具影响力的，结合乘数效应和加速效应以阐明周期性波动的来源：投资的扩大对国民收入的提高具有乘数效应；反过来，国民收入对激发投资具有加速效应；两者的相互作用是由经济体系内部的相互决定的动力机制所导致的。

然而以萨缪尔森和希克斯为代表的经济周期乘数-加速数模型，忽略在经济体系运作中人的行为因素和政府调控的角色，把经济周期描绘为像精密钟表那样有序的纯经济体系的内在活动。这种理论仅仅阐释古典式的经济周期，并未触及增长型经济周期的原因。二战以后，英美等发达国家出现经济增长的不稳定性，主要表现在正增长率的变化而非增长方向的逆转上。

在社会化大生产条件下，投资的波动引发宏观经济活动水平的波动。这主要体现在一个生产领域的扩张引发其他领域的连锁反应，进一步产生相互影响的连锁反应，促使各个领域实现一定程度的增长，进而导致国民收入的变动超过最初投资的数倍。这个过程的实际路径复杂，影响力的中间传输过程受到各种摩擦，导致“物质、能量、信息”的损耗，经济变量（比如消费倾向、货币供应量）的变动也会影响这种连锁效应。

乘数原理反映的是投资变动引起国民收入数倍于投资变动量的变动，用公式表示为 $\Delta Y=K\Delta I$。式中：$K=\frac{1}{1-c}$为乘数，c 为边际消费倾向。乘数原理顺利发挥作用的前提条件包括：收入与消费之间的关系在较长时期内的稳定；有一定数量的劳动力可以被利用，即存在一定的失业率；有一定的存贷比可以被利用

① 沈子荣．世界经济周期变迁及同步性分析［J］．国际经济合作，2011（2）：75-79.

② 傅宏峤．带预期投资的乘数—加速数的经济周期模型［J］．数量经济技术经济研究，1991（8）：34-42.

或作为缓冲；经济发展正常，无意外重大冲击、干扰（包括来自政策方面）。

加速数原理体现收入趋势的增减对投资在相同方向上的加速增减效应，由此产生的投资被定义为引致投资，可用公式 $I=v\Delta Y$ 来呈现。这里的 v 指的是加速数。加速数原理揭示近期收入增幅按照资本-产出比（即加速数）决定引致投资的产生和变化。与国民收入相关的投资不仅包含引致投资，还涵盖自发投资和预期投资。所有投资的累积形成投资总额（不包含折旧）。

在经济周期的各个阶段，乘数原理与加速数原理共同发挥着作用：投资的扩大不只激发总需求、导致总收入的倍数增长，同时也激起总供给、导致生产力的提升；额外的生产力导致下一个周期收益的加速增长，更多的收益将会诱发更多的额外投资（即引致投资），如此不断累积。然而在经济循环的各个环节，乘数原理与加速数原理的影响力度是不同的：当经济从低谷走向复苏时，乘数原理的作用较为显著而加速原理的作用相对较弱。当经济增长进入顶峰时，这一状态正好颠倒过来；当经济从顶峰转向萎缩时，乘数原理和加速数原理共同产生负面影响，导致经济增长速度减缓。由此产生的负投资是通过折旧实现的，然而折旧是一个渐进的过程。因此在经济萎缩期间，加速数减小，而每个周期的折旧对该周期的负投资（即投资减少）形成限制。在这个限制之后，加速数原理在经济下滑方面不再发挥作用。因此在经济循环的每一个环节中，乘数原理和加速数原理发挥的作用可以被描述为"非对称、非均衡"。

投资预期充满主观性因素，可以作为直接且强有力的政策工具。通过预期投资，政府有能力调整经济发展的速度，从而有效地缓解经济周期的波动。在决策者的思考中，预期可能顺应或违背经济活动的趋势。例如经济扩张使得决策者预见到一个有希望的未来并增加投资，这被称为同向预期。但是预期也可能脱离经济发展的路径。例如当经济扩张到一定的规模时，决策者可能基于经济状况减少投资并产生负投资，以此来预防或遏制经济过热。当经济衰退时，增加投资以产生正投资（此时的引致投资为负），期望避免萧条过度或过长，这被称为逆向预期。

总体来说，产生预期投资的"预期"具有复杂且多元的特性。在宏观层面上，预期投资的性质属于强烈的政策导向。合理预期根据经济状况的变迁而频繁调整的，不存在永久不变的合理投资。预期投资的数量波动对经济周期的影响，取决于具体的经济环境的不同。这里的"预期"定义与卢卡斯周期理论的"预期"定义并不完全一致。产生合理的预期投资需要依赖精确、及时、全面的信息反馈，信息的不完全性是导致预期出错的关键因素之一。①

假设 Y_t 为 t 期的实际国民收入，s 为储蓄倾向（$0<s<1$ 即积累率），v 为加速数（即单位国民收入增量占用的净投资额，通常 $v>l$），I_t 为 t 期的引致投资，I_t^a、I_t^e 分别为 t 期的自发投资、预期投资，C_t 为 t 期消费，C_t^e 为由于消费者信心或价格变动而引起的预期变动消费。那么可以得到如下方程组。

$$\begin{cases} Y_t = C_t + C_t^e + I_t + I_t^a + I_t^e \\ C_t = (1-s)\ Y_{t-1} \\ I_t = v(Y_{t-1} - Y_{t-1}) \end{cases}$$

由于消费一般比较稳定，预期变动消费通常不频繁，并且前期的预期变动消费在本期或下期将得到矫正，可以认为 $C_t^e=0$。自发投资比较稳定，假设其增长率与国民收入长期趋势增长率 g 保持一致，所以有 $I_t^a=I_0^q\ (1+g)_t$。式中：I_0^q 为自发投资的初始值。考虑到预期投资按照方程组产生如下结果。

$$I_t^e = \begin{cases} -nY_{t-1}\left(\text{当}\dfrac{Y_{t-1}-Y_{t-2}}{Y_{t-2}}>g+h\right) \\ 0\left(\text{当 } g+h \geqslant \dfrac{Y_{t-1}-Y_{t-2}}{Y_{t-2}} \geqslant g-h\right) \\ nY_{t-1}\left(\text{当 } g-h>\dfrac{Y_{t-1}-Y_{t-2}}{Y_{t-2}}\right) \end{cases}$$

式中：n 为预期投资系数，是本期预期投资在上期收入中所占的比重，$0\leqslant g<1$，为常数；h 作为常数的警戒率，是经济增长率偏离其长期趋势增长率（或合理的可以实现的目标经济增长率）的适度幅度。

在早期阶段中，如果国民收入的增长率超过 $g+h$，决策者认为经济有过热的现象，因此选择执行负预期的投资策略，即实施投资收缩，期望通过减少总投资规模来使经济冷却下来；在国民收入的增长率处于（$g-h$，$g+h$）之间时，决策者不会实施预期投资，而是让经济根据其内部机制（仅受乘数-加速数原理的影响）运作；而当早期阶段的国民收入增长率低于 $g-h$ 时，决策者认为经济过于低迷，因此采取预期投资和其他相关措施，希望能够改变经济的下行趋势或者低迷的状态。基于以上的情况，可以把这个模型转化为以下的公式。

$$Y_t = (1-s)\ Y_{t-1} + v\ (Y_{t-1} - Y_{t02}) + I_t^a + I_t^e$$

① 傅宏峤．带预期投资的乘数—加速数的经济周期模型［J］．数量经济技术经济研究，1991（8）：34-42.

当 I_t^e 取不同值和 s、v 满足一定关系时，Y_t 将以其均衡趋势值为中心发散或是震荡发散。但是在不同的情形下，Y_t 的增长率及对应的均衡趋势值是不同的。均衡国民收入的计算公式如下所示。

$$\begin{cases} E_t^D = \dfrac{(1+g)^2}{(1+g)(s+K+g)-vg} I_t^a & \left(当\dfrac{Y_{t-1}-Y_{t-2}}{Y_{t-2}}>g+h\right) \\ E_t = \dfrac{(1+g)^2}{(1+g)(s+g)-vg} I_t^a & \left(当 g+h \geqslant \dfrac{Y_{t-1}-Y_{t-2}}{Y_{t-2}} \geqslant g-h\right) \\ E_t^U = \dfrac{(1+g)^2}{(1+g)(s-K+g)-vg} I_t^a & \left(当 g-h>\dfrac{Y_{t-1}-Y_{t-2}}{Y_{t-2}}\right) \end{cases}$$

根据上面的公式，进一步推导出 $E_t^D<E_t<E_t^U$，所以预期投资将改变经济体系的均衡收入。当 $I_t^e>0$ 时，均衡线上升；当 $I_t^e<0$ 时，均衡线下降。在考虑一些特殊投资的预期下，因为 Y_t 在变化中，其增长率高于 $g+h$ 或低于 $g-h$ 属于经济周期的过热或者过冷阶段，这是短期并且不稳定的非常态，在 $g-h$ 与 $g+h$ 之间才是常态。所以当经济处于非常态时，政府将采取某些措施予以调节，使其回到常态。那么对应于这两种预期投资的均衡收入 E_t^D、E_t^U 为影响子均衡收入。正的预期投资将提高国民收入 Y_t 的增长率，负的预期投资将降低国民收入 Y_t 的增长率。

假设 FF 为国民收入 Y_t 增长率的最高线，LL 为增长率的最低线。沿着 FF 线的收入增长率与自发投资的增长率 g 相等，可以认为这就是最高增长率，并且在较长时期内是不变的。设其为 H，有 $H>g+h$，如图 8-5 的子图（a）所示。

与此相应，每一阶段的 GDP 及其增长速度都设有一个底线。主要有两个原因：第一，为了确保人民的基本生活需求和社会的基本运作，需要一个最小的 GDP 和增长速度（可能因为国家、经济发展水平的差异而不同）；第二，在经济下滑期，无论是负激励投资还是负预期投资的总量，在抵消正净投资后，“扩大”的幅度都受到折旧水平的制约。这是因为不论经济如何下滑，厂商总不会把所有现有设备全部报废；达到这个限制后，乘数原理与加速数原理都不会继续推动经济下滑。此刻的 GDP 即为最小值。设定 LL 为最小收入线，最小增长速度为 K，通常为负数，有 $K<g-h$，当沿着 LL 线的收入增速与自发投资的增速 g 相等时，结果如图 8-5 的子图（b）所示。

假设经济在均衡收益的 P_1 水平，受到自主投资和预期投资等的影响，由乘数效应引发，使得国民收入出现上升趋势。这种趋势一旦启动，国民收入将在 FF 线与 LL 线之间持续的波动，与此相应，其增速在 J 与 K 之间也开始

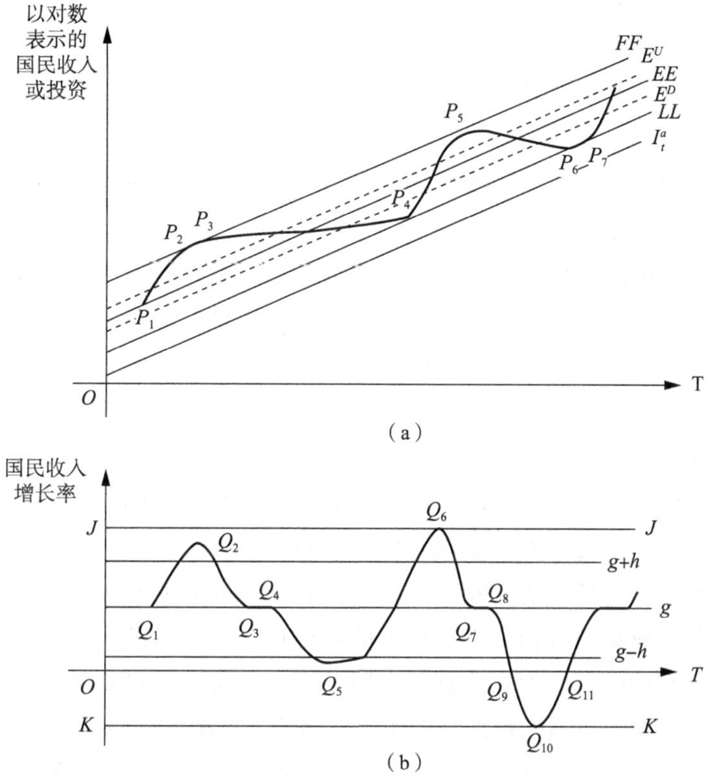

图 8-5　国民收入和增长率依据不同投资的波动情况

资料来源：傅宏峤．带预期投资的乘数-加速数的经济周期模型［J］．数量经济技术经济研究，1991（8）：40.

波动，从而导致经济周期的产生。①

在市场经济的真实运行过程中，失衡现象经常出现，这往往与再生产过程有着密切的关系。投资是一个必要的条件，使得再生产能力能持续扩大，同时也是影响经济体系的一个关键因素。在生产流程的某些部分和环节，瓶颈现象经常出现，导致一部分与之相关的部门和环节的资源闲置，生产能力无法得到最大化的发挥。在这种情况下，如果通过增加协调性的投资，使得其他部门的闲置资源得以再次利用，那么这将引发一种类似于乘数效应的总体生产水平增长。

在某种程度上，乘数-加速数原理揭示投资与产量在社会再生产过程中的

① 傅宏峤．带预期投资的乘数-加速数的经济周期模型［J］．数量经济技术经济研究，1991（8）：34-42.

技术联系，以及大规模社会化生产顺利进行的客观需求。恩格斯表述："没有哪一次巨大的历史灾难不是以历史的进步为补偿的。"历史的进程教导我们：不同的经济理念和经济政策将导向不同的社会历史进程和方向。二战以后，西方资本主义国家开始强调政府对经济活动的调控和介入，这在客观上推动有益于经济增长的合理预期投资，这也是经济周期在后期以增长为主且比以往更稳定的关键原因。①

实际经济的波动特性在每个周期中都表现出差异性，这引发各种不同理论的经济波动模型的产生。经济体系的循环波动是一种错综复杂的现象，由一连串内在和外在因素引起的经济扩张和收缩循环交替的路径，也是经济体系内在机制与外部因素交互影响的产物。如果从经济分析的事后视角来看，对反映周期性波动的大量经济时间序列数据进行实证研究并非难事，但是把影响波动的经济和非经济因素进行分离成为一项巨大的挑战。

目前对于经济波动模型更深入地关注包含生产力、金融、价格及工资黏性、利率刚性、存货变动等因素。对传统的乘数-加速数模型还可以进行更多的拓展，例如充足地权衡消费、投资的不确性和预测，进一步完善模型来描绘实际经济结构的真实度和合理性。因此对于经济震荡模型的表述、关联和计算也提出更多、更高的标准，比如构建高阶、多维差分、微分等复杂模型，以及采用二分网络、主体学习、深度学习、系统动力学等复杂算法来描绘实际经济波动，传统的线性方程组模型越来越不能胜任描述作为复杂巨系统的开放经济体系的工作。②

8.3.2 实际经济周期模型

工业革命之后，无一例外，所有的资本主义国家都经历过周期性波动，然而经济周期的理论却是临近 19 世纪的尾声才被明确提出。众多主流经济学者坚信消费是没有界限的，因此陷入对无限产出的迷思中，他们强调经济体系拥有强力并且敏感的自我调整机制。尤其是法国经济学家萨伊的观点是："在所有的社会中，生产者越多、商品种类越丰富，那么商品的销售就会越多、越快和越广泛。"

在物物交换场景下，萨伊定律无疑是适用的，"卖"与"买"是同步的，

① 傅宏峤．带预期投资的乘数-加速数的经济周期模型［J］．数量经济技术经济研究，1991（8）：34-42.

② 汪浩瀚．乘数-加速数模型比较与稳定性分析［J］．宁波大学学报（人文科学版），1995（2）：57-63.

购买与销售相结合，提供某一物品就代表着对其他物品的需求。绝大多数古典经济学者都支持萨伊定律，他们认为：在货币作为交易媒介的经济环境中，萨伊定律依旧有效，货币仅仅是交易的工具；在创造产品过程中，要素也同时创造收入，再扣除消费后的剩余就是储蓄；储蓄等于投资是经济体系实现一般均衡的必要条件。①

为了消除经济体系的不稳定性，古典经济学者补充两个前提：一是假设萨伊的市场法则是准确无误的，也就是说，生产活动自动地创造购买其产出所必需的收入；二是假设所有资源的充分应用是自然达到的状态。这就表明生产者不会创造超过其可销售的产品，总产出由某一时期的充分就业水平所决定，与当期的技术水平和可用资源数量直接相关。根据这种观点，即使经济体系出现轻微紊乱也是短期的，市场机制将自动调整和修复，政府无须制定复杂的调控政策。

然而 20 世纪 30 年代的大萧条暴露古典经济学理论的缺陷，这是凯恩斯所反驳的两个主要假设。他的观点是：储蓄和投资是在经济体系的不同部分形成的，其中储蓄受到家庭消费决策的影响，投资则依赖于生产商的利润预期；消费函数描绘收入变动与消费变动之间的函数关系，这个关系非常稳定；投资是影响周期波动变化最大的因素，生产商在考虑投资时需要权衡利润预期和投资成本（以利率为标准），预期利润对不同项目和不同时间的响应程度具有很大差异，生产商在做出投资决定时主要依靠利润预期；均衡的总产出并不一定等于可利用资源的饱和生产水平，即使在平衡状态下，也可能存在大量的未饱和空间。

凯恩斯对于经济体系稳定性的探讨并不深入，后来的经济学者尝试采用动态的方法来填补这一短板。萨缪尔森认为：如果乘数和加速数都能起到作用，消费者需求的微小改变也可以触发投资的大幅波动。这既能阐释微小干扰引发大灾难的根源，也能说明经济周期为何不能在短期内自我调整。弗里德曼认为：投资成本的波动比预期收益率的波动影响更大，干预性的货币政策往往加重而非缓解周期性的波动，因此应当执行“简单的货币规则”。美国经济学家、供给学派的代表人物拉弗主张：适宜的税率能够获得最佳的收入，高税率不一定比低税率获取更多的收入，对投资的刺激是稳定增长的核心。

实质上，经济体系的周期波动具有一个重要特征，那就是不表示出任何简洁的规则或者确定的周期。在现代宏观经济理论中，经济学者已经不再试

---

① 黄邦根．马克思的经济周期理论与乘数：加速数模型的比较［J］．淮南师范学院学报，2007（1）：123-125.

图解释确定的各种长度周期的组合，而是研究普遍的波动特性和显示出的相似规律：确定经济转折点，划分不同周期阶段，确定领先或落后因素，以及不同宏观经济总量时间序列之间的横向关系和纵向关系、不同宏观经济总周期相对波动性等。通过对这些关键指标的测量和分析，标定和判断周期波动的特性，从中寻找出规律以便于指导政府的调控决策。

古典经济学者在周期性分析方法上缺失充足的大数据统计基础，当代经济学者的周期理论则主要采用滤波技术和算子（Operator，把一个元素在向量空间或模中转换为另一个元素的映射），包括常见的移动平均（MV）算子、高通滤波（High-Pass Filter）算子、带通滤波（Band-Pass Filter）算子、霍德里克-普雷斯科特（HP）滤波算子等。各类滤波技术各自具备独特的特性，适用于不同的样本背景。

实际经济周期理论的核心原则是同步模拟增长与周期，但是经济体系的稳态趋向值并非易于直观捕捉。所以常常采用变量偏离稳态趋向的离差来揭示变量间的关联，这就涉及对初始数值进行趋势剔除。波动实际上是对渐进变化路径（趋势）的偏移，趋势随着时间单调增长，并非某些随机过程的无条件平均值的测量和预测。HP 滤波器利用曲线平滑方法拟合数据序列以获取趋势，这是一种非线性回归手段，即通过选取一条最贴近的平滑曲线来获取数据序列的趋势，在后续的 RBC 模型实证分析中被广泛运用。[①]

20 世纪 80 年代以后，经济周期理论主要形成两大流派：一个是实际经济周期理论（Real Business Cycle，RBC），另一个是新凯恩斯主义周期理论。实际经济周期理论主要关注实际影响因素，新凯恩斯主义周期理论则关注市场的不完全性和名义影响因素。实际经济周期理论复兴一般均衡分析、微观经济基础和实证分析方法，其理论的核心是新古典增长模型，从实际总量和其相互作用的角度构建动态随机一般均衡模型。该理论假设生产技术受到随机性冲击而使得增长模型也具有随机性，把经济增长和经济波动纳入同一理论框架。

在标准 RBC 模型中，代表性生产商的生产函数为 $Y_t=A_tF(K_t, N_tX_t)$。式中 Y_t、A_t、K_t、N_t 和 X_t 分别代表产出、随机性技术冲击、资本、劳动和生产率的确定性分量。函数 F 具有规模收益不变的性质。随机性技术冲击 A_t 是经济周期产生的源泉。生产率的确定性分量 X_t 的增长模式为 $X_{t+1}=\gamma X_t$，其中常数 $\gamma>1$。代表性消费者的效用函数为 $u(C_t, L_t)$，其中 C_t、L_t 分别代表消费和

---

① 孙磊，王志伟．基德兰德-普雷斯科特与实际经济周期理论［J］．经济学动态，2004（11）：71-75.

闲暇。消费者在第 t 期的目标函数为 $E_t=\sum_{\tau=0}^{\infty}b^{\tau}u(C_{t+\tau},\ L_{t+\tau})$。式中：$0<b<1$，表示折现因子，$E_t$ 表示在第 t 期的信息集合下求解的条件期望值。

在经济体系中，存在一种实质性的干扰，而非货币性或名义上的干扰。这种实质性干扰源自对总生产函数的技术冲击，其变化可通过索洛余值来衡量。劳动力、资本、产出、消费的数量均随着技术冲击 A_t 的随机性波动而变动，在这种冲击推动下，产生变量序列的方差、协方差、相对标准差、一阶自相关系数等多种关系，并且与实际经济的相关数字进行对比。运用标准 RBC 模型的模拟结果，如表 8-9 所示。

表 8-9　标准 RBC 模型的实证检验

项目	标准差		相对标准差		一阶自相关系数		对产出的同期相关系数	
	模拟数字	实际数字	模拟数字	实际数字	模拟数字	实际数字	模拟数字	实际数字
人均产出 Y	1.39	1.81	1.00	1.00	0.72	0.84	1.00	1.00
人均消费 C	0.61	1.35	0.44	0.74	0.79	0.80	0.94	0.88
人均投资 I	4.09	5.30	2.95	2.93	0.71	0.87	0.99	0.80
人均工作时间 N	0.67	1.79	0.48	0.99	0.71	0.88	0.97	0.88
单位时间产出 Y/N	0.75	0.68	0.54	0.38	0.76	0.66	0.98	0.12
每小时实际工资率 w	0.75	0.68	0.54	0.38	0.76	0.66	0.98	0.12
实际利率 r	0.05	0.30	0.04	0.16	0.71	0.60	0.95	-0.35
全要素生产率 A	0.94	0.98	0.68	0.54	0.72	0.74	1.00	0.78

资料来源：王新丽，杨立岩．实际经济周期理论：回顾与展望 [J]．学术月刊，2004 (7)：42.

RBC 模型对投资与总产出的波动性进行的模拟，与现实中的波动性大体匹配，对于解释实际经济波动有着较高的解释力。总的来说，与真实的经济波动之间仍存在一些明显的不同，这主要体现在模型产生的消费以及劳动力的投入波动性上，相比实际数据来说有所降低，特别是模型预示的实际工资率和实际利率表现出强烈的顺周期性，这与实际情况存在严重的不一致。所以标准的 RBC 模型需要进行校准和检验。①

一般而言，校准步骤包括以下几个部分：①建立总量经济平衡模型；②确定具体形式的生产函数和效用函数，以及一些具体参数的设定值；③利用随机数生成器生成技术冲击的随机序列，以此模拟模型的数值；④通过比较随机冲击对宏观变量的模拟结果和实际宏观经济时间序列，评估模型的模

① 王新丽，杨立岩．实际经济周期理论：回顾与展望 [J]．学术月刊，2004 (7)：40-49.

拟性能。在技术冲击的参数设定环节中，通常使用计算索洛剩余值的方法，也就是把在实际总产出中不能被资本和劳动输入解释的部分，理解为技术冲击的效应，从而得出时间序列的统计分析结果。

在 RBC 基础模型之中，技术进步被视为周期性波动的关键驱动因素，其他冲击比如劳动力供给、居民消费特性以及经济的不确定性等影响因素也逐渐被纳入考虑范围。设想在经济体系中，典型的微观家庭通过跨期策略使得预期效益达到最大，设定生产商的生产函数为柯布-道格拉斯形态，技术进步、劳动力供给以及经济的不确定性构成三个外生影响变量。利用贝叶斯方法对动态参数进行评估，把索洛余值理解为技术提升冲击的时间序列数值，劳动力供给影响通过就业人群数量的时序变动表现出来，经济的不确定性冲击则通过估算的不确定性反映出来。对这三个外生影响变量进行全面的 HP 滤波处理，并考虑到所有冲击变量均符合一阶自回归的过程。

使用标准化的参数，运用 HP 滤波器去除变量趋势，从而得到标准差和相关系数，这些可以反映模型对实际经济的拟合程度（即基德兰德-普雷斯科特比率）。对经济运行的模拟结果可以解释 88.14%的实际总产出波动，消费的标准差小幅度超过实际经济，就业的标准偏差大幅度超过现实经济，而资本的标准差低于实际经济。模拟经济的所有变量与总产出的相关性系数均为正值，表明所有变量都是顺周期波动，与实际经济事实相契合。更进一步，借助 MATLAB 软件编程计算来获得技术进步冲击、劳动力供给冲击以及经济不确定性冲击的动态效果。①

一是技术进步对宏观经济变量的动态冲击，如图 8-6 所示。技术进步的冲击呈现出持久性，自期初最大值逐渐减小，期末时依旧保有正值。技术进步对消费的冲击在短期内呈现负反馈，在期初响应达到最低点，随后迅速升高，在第 6 期左右回归 0，然后不再产生反应，这表明技术进步的扰动能在短期内有效地抑制消费增长。由于技术进步推动新旧产品的更迭，家庭消费需要一段时间来适应产品更新。技术进步对投资的初期影响较大，但是响应在短期内迅速减少。在第 10 期左右，接近 0 并持续到期末。在短期内，技术进步能有效地促进投资，但在中长期内的影响力微乎其微。资本存量对技术进步的冲击反应轨迹是先上升后下降，在第 4 期左右达到最大值，然后开始缓慢下降，至考察期结束时仍然为正值。资本存量的波动幅度显然小于投资的波动幅度，这是由于投资的波动性受到折旧和经济不确定性的影响。

---

① 孙磊，王志伟．基德兰德-普雷斯科特与实际经济周期理论［J］．经济学动态，2004（11）：71-75.

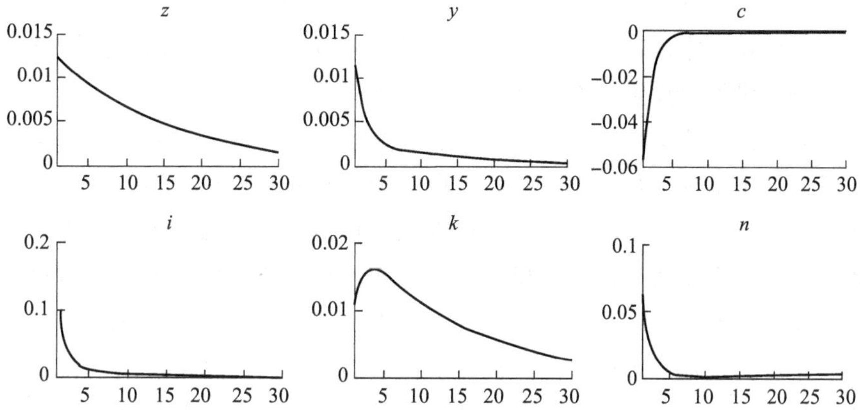

图 8-6　技术进步对宏观经济变量的动态冲击过程

资料来源：马轶群．经济不确定性与我国宏观经济波动：基于实际经济周期模型的分析［J］．中南财经政法大学学报，2016（4）：17.

二是劳动力供给对宏观经济变量的动态冲击，如图 8-7 所示。在考察期里，劳动力供给的冲击逐步减弱，一直持续至考察期的终点。对总产出来说，劳动力供给在期初产生的是正向冲击，产出的反应从最高点迅速下滑，从第 5 期开始慢慢降低直到结束，劳动力供给对产出的冲击保持正向。劳动力的总量提升必定引发产出的提升。在短期内，劳动力供给对消费的影响是负向冲击，经过快速提升后，在第 10 期左右趋近于 0，并且一直维持至结束。劳动力供给对投资和资本储备的影响始终保持正向，对就业的冲击主要为负向。

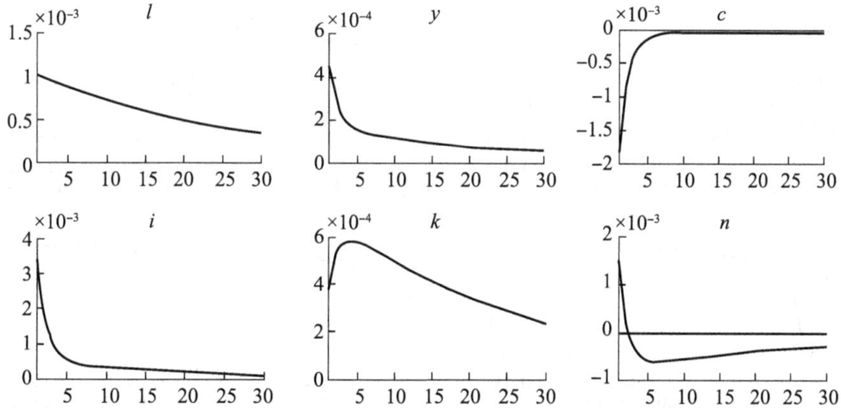

图 8-7　劳动力供给对宏观经济变量的动态冲击过程

资料来源：马轶群．经济不确定性与我国宏观经济波动：基于实际经济周期模型的分析［J］．中南财经政法大学学报，2016（4）：18.

主要原因在于劳动力供给的冲击越大，家庭在微观层面上获取的效益越小，为了增强效用，家庭减少就业供给，而生产商为了保持产出必定增加投资，所以劳动力供给对投资和资本存量的影响始终为正向冲击。

三是经济不确定性对宏观经济变量的动态冲击，如图 8-8 所示。经济不确定性的冲击呈现下降趋势，在观察期间为正数并且呈现长期效应。总产出在期初触底，之后逐渐攀升，至观察期结束仍然保持负数。也就是说，不确定性与国内生产总值增长率的反向关系显而易见，这种反向关系在不同阶段和各个国家都是非常稳定的。经济不确定性对消费的影响在短期内为正数，在中长期转为负数。短期内的正向反应可能源于消费习惯的影响，在中长期面对经济下行局面，家庭调整跨期决策，导致储蓄出现预防性增加，进而压制消费支出。经济不确定性对投资的影响在期初为最小值，升幅较大，至观察期结束时投资的负向反应接近零。对于经济不确定性冲击的反应，资本存量先下降后上升，在第 2 期达到最低点后迅速升高，但是至观察期结束时仍为负数，这反映期初投资的减少导致资本存量持续下降。对于经济不确定性的反应，就业呈现负向并持续上扬，至观察期结束时接近 0，这表明经济不确定性对就业产生限制效果。就业与投资的反应路径非常相似，这是因为在不变规模收益的生产函数下，总产出的变动需要劳动力和资本的同时变动。就业与消费的反应路径呈现反向，劳动力供给由家庭确定，劳动力供给都被生产者吸纳，意味着不存在非自愿失业，使得家庭的跨期决策成为经济体系中各个变量变动的基础。影响机制是经济不确定性改变家庭的跨期替代，劳动

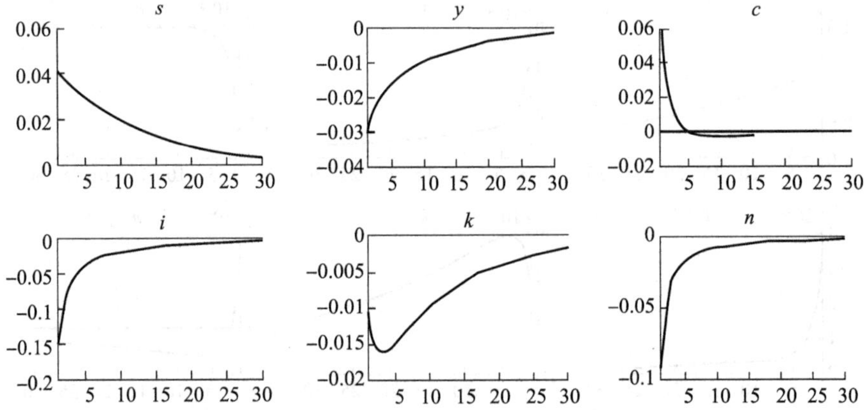

图 8-8　经济不确定性对宏观经济变量的动态冲击过程

资料来源：马轶群．经济不确定性与我国宏观经济波动：基于实际经济周期模型的分析 [J]．中南财经政法大学学报，2016 (4)：16.

力供给的增加提升家庭效用，进而导致家庭消费减少。

通过方差分解对宏观经济中的变量波动进行分析，可揭示出三类冲击对总产出的影响程度：经济不确定性对总产出波动的影响最大，其影响所占比例为 93.5%；紧随其后的是技术进步，对波动做出 6.48%的贡献；而劳动力供给对产出波动的贡献微乎其微，仅为 0.02%，如表 8-10 所示。当经济不确定性起作用时，对总产出波动的负面影响超越对消费、资本及就业的影响，这是由于经济不确定性对产出的影响机制是通过改变家庭的跨期决策和生产商的投资行为建立的，由此通过微观部门的积累推动宏观经济的扩张。①

表 8-10　主要宏观经济变量的方差分解

变量	经济不确定性冲击所占比率（%）	技术进步冲击所占比率（%）	劳动供给冲击所占比率（%）	合计（%）
产出	93.5	6.48	0.02	100
消费	49.38	50.56	0.06	100
资本	46.44	53.44	0.12	100
就业	67.12	32.83	0.05	100
经济不确定性	100	0	0	100
技术进步	0	100	0	100
劳动供给	0	0	100	100

资料来源：马轶群．经济不确定性与我国宏观经济波动：基于实际经济周期模型的分析［J］．中南财经政法大学学报，2016（4）：19.

实际经济波动的每一周期都显示出独自的特征，引发众多经济学派产生不同的观念和周期描述模型。无论如何，始终存在这样的基本事实：周期波动是经济体系的内在体系，与各种各样因素交互作用的结果，在描述和计算开放经济复杂巨系统方面，传统的线性方程组模型的能力日益减弱。对于标准的乘数-加速数模型和实际经济周期模型仍然具有扩展空间。关注包括货币、生产率、价格和工资黏性、利率刚性、存货变动等因素，构建高阶、多维差分和微分等复杂方程式，力争以更成熟的模型来描述经济体系复杂结构造，这才能具有真实性与合理性。②

① 马轶群．经济不确定性与我国宏观经济波动：基于实际经济周期模型的分析［J］．中南财经政法大学学报，2016（7）：11-20.

② 汪浩瀚．乘数-加速数模型比较与稳定性分析［J］．宁波大学学报（人文科学版），1995（6）：57-63.

8.4 波动的新冲击

人类历史的演进受到诸多因素的影响与制约，然而长期以来，经济学者对与人类自身生存息息相关的疫情事件关注较少。即使在一些著作中提到疫情，也是一笔带过，其重要性被大多数经济学者忽视或者误解，使得人们在面对疫情给社会与经济带来怎样的影响时无法从历史中找到充分有价值的线索。我们很有必要重新发掘、审视疫情的蔓延、社会的抗疫给社会与经济演进带来的影响。

市场经济亦是风险经济，市场机制并不能自行达成基本的均衡，从均衡到失衡的转变就是风险积聚的过程。当失衡触及临界点时，伴随各种条件的驱动即变为危机。危机的形成需经历漫长的孕育期，在危机爆发之前，总有大量失衡的发生和积累，逐渐从量的变化转向质的变化。迄今的经济学理论尚未完全揭示“风险-危机”的生成机制，尤其在临界点的研究上存在不足，但是这并不代表我们无法概略预知、提前预防、在一定程度上降低风险所带来的损失。①

8.4.1 “黑天鹅”、疫情与产业政策

“黑天鹅”（Black Swan）一词是由美国风险管理学家、数字科学家纳西姆·塔勒布于2007年提出的，代表那些虽然概率极小，然而一旦出现就会触发连锁效应、带来巨大负面冲击的不可预测事件。17世纪之前，欧洲人坚信所有的天鹅都是白色，但是这一不可动摇的认知在人们发现澳大利亚的黑天鹅之后被彻底打破。

“黑天鹅”事件的发生总是令人措手不及，却能对所有事物产生深远影响。我们过分依赖过往的经验，常常忽视一个“黑天鹅”事件的发生就能让一切原有的认知瓦解，无论是对股市的预测、政府的决策，抑或是疾病的暴发。尽管此类风险事件带有意外性，然而人的本性驱使我们在事件发生后为其寻找原因，并且在某种程度上认为这是可解释的和可预测的。

在人类历史的漫漫长路上，大疫情的出现并非罕见。从古老的类人猿延续到现代智人，科学技术突飞猛进，但是疫情的破坏力远远超过所有战争的总和。公共卫生专家一再强调：疫病的反复肆虐是无法避免的现象，大约每

① 刘瑞．防范“灰犀牛”“黑天鹅”风险事件［J］．人民论坛，2019（2）：77-79.

隔 10~30 年就会出现一次新发或古老疫情的世界大流行。由于新发疫情的不可预知性和不确定性，以及人们对其理解的欠缺，每一次新发疫情都是一次“黑天鹅”事件，对人们的生命健康造成巨大威胁，如表 8-11 所示。[①]

表 8-11　人类历史最惨烈的十大疫情基本情况

名称	起始时间	暴发地点	当时世界人口数	感染人数	死亡人数	传染源	传播途径	易感人群	主要症状	社会性质	相关影响
雅典大瘟疫	前 430—前 427 年	雅典	不详	雅典多于 1/4	雅典 1/4	鼠疫耶尔森菌	鼠蚤叮咬	普遍易感	发热、腹痛、淋巴结肿大	奴隶社会	军力受损，雅典投降
黑死病	1347—1353 年	欧洲	不详	2 亿多人	近 2 亿人	鼠疫耶尔森菌	鼠蚤叮咬	普遍易感	发热、淋巴结肿大、肺炎	封建社会	欧洲大伤元气、大变动
天花	16 世纪末—1977 年	美洲	不详	近 1 亿人	数千万人	天花病毒	空气	普遍易感	天花	封建社会	世界人口大减
疟疾	1906—1945 年	英法美德等	不详	无法统计	无法统计	疟原虫	雌性按蚊	普遍易感	突发性寒战、高热、寒战	资本社会	世界人口大减
斑疹伤寒	1917 年	俄国	不详	不详	约 300 万人	鼠类	斑疹伤寒立克次体	普遍易感	发热、皮疹、淋巴结肿大	资本社会	欧洲历史进程改变
西尼罗热	2003 年	北美	不详	9862 人	264 人	西尼罗病毒	库蚊叮咬	普遍易感	发热、头痛	资本社会	北美人口大减
霍乱	1817—1923 年	印度	不详	不详	3800 万人	霍乱弧菌	粪口	普遍易感	腹泻、呕吐	殖民社会	被称为“世界病”
西班牙流感	1918—1919 年	西班牙、法国等	约 17 亿人	近 5 亿人	2164.2 万人	H1N1	飞沫	普通易感	发热、咽痛	资本社会	一战结束
黄热病	1948 年	墨西哥	不详	约 13 万人	4.4 万人	黄热病毒	伊蚊叮咬	儿童、成年男性	发热、头痛等	殖民社会	海地共和国独立
非典型肺炎	2002—2003 年	世界	63.53 亿人	8422 人	916 人	SARS-COV	飞沫	普通易感	发热、头痛等	全球	全球流行

资料来源：谭晓东．历史上传染病疫情特征与处理［J］．人民论坛，2020（4）：54.

由疫情蔓延引发的直接经济损失主要涵盖劳动力的消亡、医疗开销的上升、疫苗研发及接种的费用等，间接经济损失主要因为直接经济损失或产业链中断引起的费用，这种损失具有潜在性和破坏性。在供需两侧冲击的共同

① 谭晓东．历史上传染病疫情特征与处理［J］．人民论坛，2020（4）：53-57.

作用下，消费、投资、进出口、国内生产总值等宏观经济指标呈现不同程度的衰退，供给侧的冲击明显超过需求侧的冲击。

对经济产生强烈冲击的是防控措施，其影响力甚至超越所有冲击的累积效应，例如新型冠状病毒（Corona Virus，简称为新冠）疫情导致除卫生和社会服务业以外的全产业产出下滑。在遭受重创的产业中，一部分产业的损失来源于消费需求的萎靡不振。由于出行受限、交通管制等封锁型防控措施的作用，住宿餐饮、娱乐体育、交通等部门最先受到影响，消费需求骤然下降。房地产作为高端消费品，因为收入缩减而造成市场需求和产业产出的显著损失。通信设备、纺织业等出口导向的产业由于劳动力不足，导致生产成本增加、国际竞争力减弱。另外劳动力短缺还直接影响农林牧渔和服务业等劳动密集产业的产出，并且通过产业链传导到下游的食品烟草等。

对于产业产出，疫情展现普遍性的影响，然而在各个产业之间，其影响是具有差异性的，如图 8-9 所示。观察三大产业的情况：第一产业作为劳动力需求较高的产业，由于劳动力不足以及中下游产业链的中断，遭受最大幅

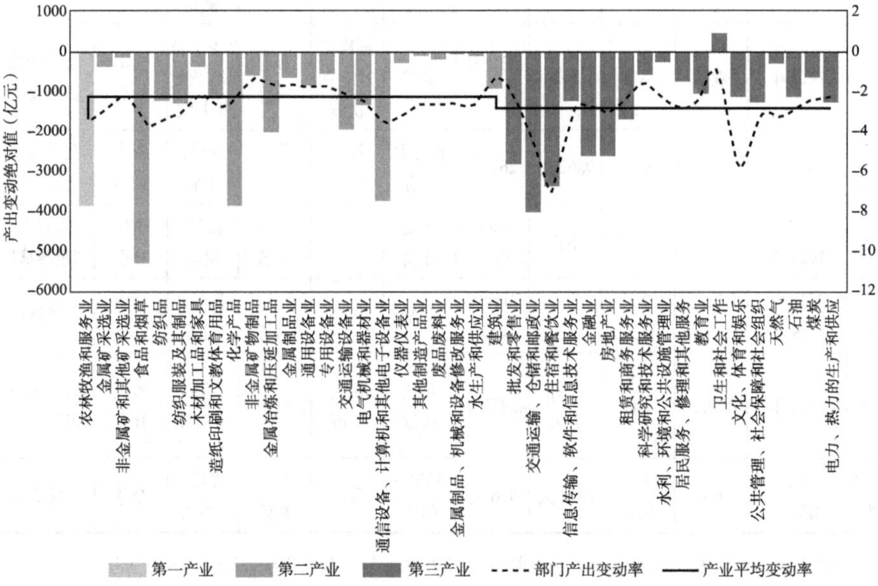

图 8-9 在新冠疫情冲击下三次产业各个部门产出变动情况

资料来源：洪竞科，王小苑．新冠肺炎疫情冲击下中国经济波动与减排效益研究：基于可计算一般均衡模型［J］．工业技术经济，2022（1）：139.

度的下滑；第二产业虽然下滑幅度较小，但是由于其规模巨大、产业链复杂，

产生的损失最为严重；第三产业面临双面的挑战和机遇，传统服务领域受到沉重打击，然而这也推动产业和服务供给方式的变革，以“云办公”和“宅经济”为代表的数字经济新模式为服务业的转型和升级提供助推力。①

进入 21 世纪，中国经历三次重大的疫情扩散，包括非典、禽流感和新冠疫情。尽管三次疫情在表面上存在一些差异，但是新冠疫情的特征最为明显。第一，过去的疫情冲击未曾使三大产业呈现负增长，然而在新冠疫情的冲击下，三次产业均呈现系统性收缩趋势。这表明新冠疫情对经济体系的冲击力度远远超过以往任何时期，与非典、禽流感有着本质的差异。第二，即使在过去的疫情防控期间，出现过物价短期上涨，但是这仅仅是轻度的通货膨胀，最高也只在 7%左右。然而在新冠疫情的初期，第一产业的物价水平曾经短暂上涨 20%，导致短期内的局部严重通胀。这表明初期的政策不确定性不只影响公众的预期，也严重扰乱第一产业的实际供需关系。

在经济体系运行中的不确定性增量显著提高，与此相应，宏观调控政策的不确定性也有显著的提升。随着经济政策不确定性度量的方法趋于完善，对经济政策不确定性冲击的结构性影响开始受到人们的关注。利用动态分析工具来评估长期效应，采用时变参数随机波动率向量自回归模型（Time Varying Parameter-Stochastic Volatility-Vector Auto Regression，TVP-VAR）和时变脉冲响应函数，比较三大疫情时期政策不确定性冲击对三次产业的长期影响。

所选取的变量包含经济政策的不确定性指数、三次产业实际增加值同比增速、三次产业的通胀率、财政支出的同比增长率、税收收入的同比增长率、M2 同比增长速度以及 7 天期的银行间同业拆借利率。政策不确定性指数取自世界 EPU 指数的官方网站，其余的原始数据都来源于中经网的统计数据库。由于疫情的冲击是一个随机的突发事件，不具有逻辑性，所以在建立模型时，选择无约束的 TVP-VAR 模型来估计参数，有助于恢复数字之间的关联机制，如下列公式所示。

$$y_t = \beta_t X_t + A_t^{-1} \sum_t \varepsilon_t (t = s + 1,\ K,\ n)$$

式中：y_t 是被解释变量集合，包括 EPU 指数和三次产业实际增加值同比增速；X_t 是解释变量集，主要为因变量的自身滞后，根据 AIC 准则把滞后阶数设定为二阶；系数 β_t 是自变量系数，A_t 是作用于冲击项的结构参数矩阵，$\sum t$ 是冲击的方差协方差矩阵，三者均服从于时变过程。考虑疫情冲击具有

① 洪竞科，王小苑．新冠肺炎疫情冲击下中国经济波动与减排效益研究：基于可计算一般均衡模型［J］．工业技术经济，2022（1）：132-141.

随机性，令公式的各个时变参数服从随机游走过程，如下列公式所示。

$$\begin{pmatrix} \varepsilon_t \\ \mu_{\beta} \\ \mu_{\alpha t} \\ \mu_{ht} \end{pmatrix} \sim N\left[0,\ \begin{pmatrix} 1 & 0 & 0 & 0 \\ 0 & \sum_{\beta} & 0 & 0 \\ 0 & 0 & \sum_{\alpha} & 0 \\ 0 & 0 & 0 & \sum_{h} \end{pmatrix}\right] \quad (t = s + 1,\ K,\ n)$$

借助 MATLAB 软件进行数值计算。为了确保模型的充足识别，进行 10000 次的迭代过程以获取稳固的后验参数估计和时变脉冲响应曲线，舍去前 1000 次的不稳定样本。三大疫情对三次产业带来的冲击及其变动状况，如图 8-10 所示。

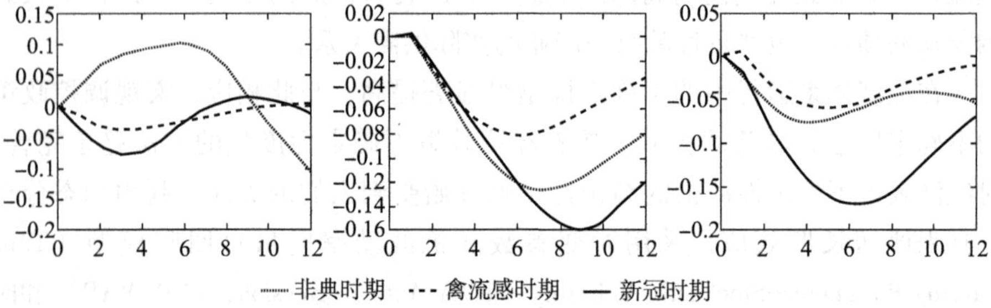

（a）疫情冲击第一产业　　（b）疫情冲击第二产业　　（c）疫情冲击第三产业

图 8-10　三大疫情对三次产业的冲击和变动情况

资料来源：刘达禹，徐斌，刘金全．不确定性冲击、产业波动与经济政策调控：基于三次疫情时期的对比研究［J］．浙江社会科学，2020（9）：9.

首先，就第一产业而言，非典冲击并未引发显著的抑制效应，其产值反而略显增长，而禽流感和新冠冲击导致产值明显收缩。这种现象是由疾病的固有特性决定的。非典病毒主要侵袭人类的肺部，虽然具有强烈的危害性，但是其传播范围有限，并未在农业生产中产生广泛影响；禽流感病毒源自家禽，对家禽、牲畜以及畜牧业产值产生重大影响；鉴于第一产业大多采用劳动密集型生产方式，新冠病毒对第一产业也产生大规模的冲击。

其次，就第二产业而言，情况明显发生逆转，政策的不确定性在禽流感时期所带来的冲击最为强烈，非典时期位列其次，然而在新冠时期的冲击相对较弱。在非典时期（即 2003—2009 年），中国经济正处于固定资产投资的快速扩展期，投资的依赖度对于经济发展来讲极高。由政策不确定性所引发的影响，投资者在风险规避心态的驱动下，有序地缩减投资的规模，所以在第二产业中，疫情冲击引发强力的紧缩效果；而在新冠时期，政府已经充分认识到投资过度扩大的低效性和危害性，生产模式正在从传统的粗放型向着深度集约化的方向转变，并未出现明显的紧缩现象。

最后，就第三产业而言，新冠带来的政策不确定性构成难以定量化的冲击，脉冲反应曲线揭示，其冲击程度甚至超过非典和禽流感的 3 倍之多。出现这种情况的主要原因是新型冠状病毒具有极强的传播力，其传染系数高达 3.7，并且具有较长的潜伏期，对人员密集型的第三产业形成强大的冲击。随着中国产业结构步入高级化阶段，第三产业在总产值中的占比已经达到 60%，可是在这次疫情下的政策不确定性对总产量的影响超过历史上的任何时期。①

在财政政策方面，当产生一单位的财政支出正面冲击时，扩张性财政支出对第一产业的调控稳定性不足，未能达成刺激第一产业产出的目标。相反地，对第二产业和第三产业的调控作用保持相对稳定，能够有效地表现出逆周期调整的功能。从政策影响力度看，扩张性财政投入对第三产业的刺激效率最高，对第二产业的刺激效率居次，对第一产业的影响最微，其作用力度几乎可以视为微不足道，如图 8-11 所示。

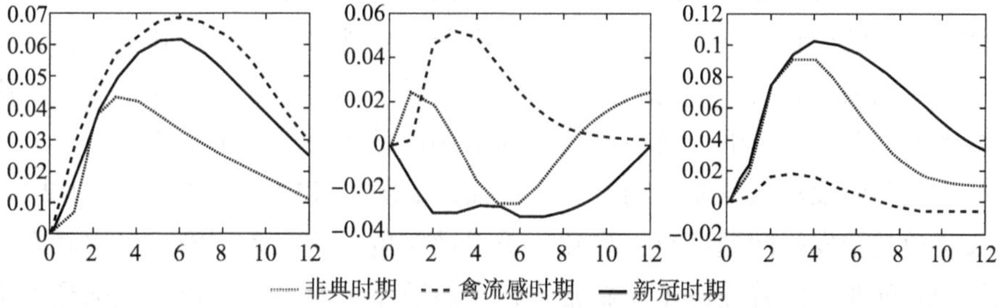

（a）财政支出调控第一产业　（b）财政支出调控第二产业　（c）财政支出调控第三产业

图 8-11　财政支出对三次产业的冲击和变动情况

资料来源：刘达禹，徐斌，刘金全．不确定性冲击、产业波动与经济政策调控：基于三次疫情时期的对比研究［J］．浙江社会科学，2020（9）：11.

在财政政策的税收方面，当出现一单位税收正向冲击时，第一产业产出出现显然的紧缩，这与预期的经验一致，税收减免有助于引导第一产业的成长。与过去的阶段成为显著对比，当前阶段适度的增税并未导致第二产业和第三产业的产出压缩，反而对提高产量有所帮助。这是因为在后新冠时期，经济复苏的秩序尚未稳定，如图 8-12 所示。消费券和租金减免等政策的实施虽然在一定程度上缓和民生问题，但是也改变市场的竞争结构，对传统的门

① 刘达禹，徐斌，刘金全．不确定性冲击、产业波动与经济政策调控：基于三次疫情时期的对比研究［J］．浙江社会科学，2020（9）：4-14.

市和商品价格产生议价冲击，触发逆向选择的行为。适当的税收实际上有助于在长期中引导经济稳定复苏，同时给政府的支出积累操作的空间，无疑是在当时新冠疫情下推动第二产业和第三产业发展的短期有效策略。

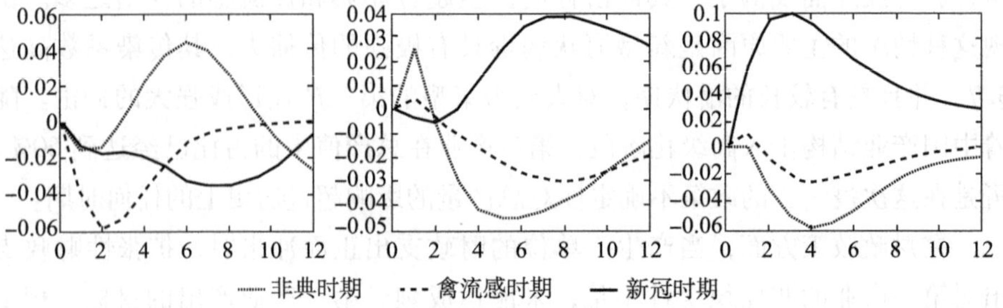

（a）税收调控第一产业　（b）税收调控第二产业　（c）税收调控第三产业

图 8-12　税收对三次产业的冲击和变动情况

资料来源：刘达禹，徐斌，刘金全．不确定性冲击、产业波动与经济政策调控：基于三次疫情时期的对比研究［J］．浙江社会科学，2020（9）：12.

在货币政策方面，当出现一单位货币供应正向冲击时，除了在非典期间对初级产业的调整之外，货币量的扩张全面有效地推动三次产业的产出，这暗示在短期内，名义冲击仍然是提振经济活跃度的有效途径。观察货币供应对各产业的非均衡影响，第一产业受到的刺激效果最弱，第二产业的影响居中，在当前阶段对服务业的刺激效果最强，如图 8-13 所示。2003—2012 年，广义货币超量发行问题严重，导致货币量政策的效应显著下滑，多次触发结构性通货膨胀。随着经济步入新常态，在新冠疫情对第三产业产生强烈冲击的情况下，适当增加货币投放量以激发市场活力，也是一种值得尝试的策略。

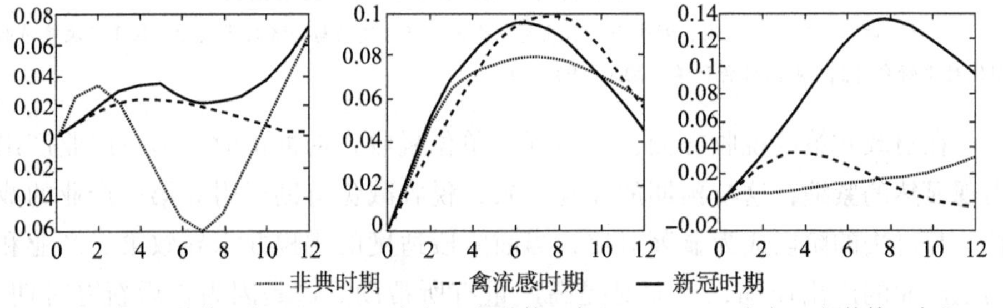

（a）M2调控第一产业　（b）M2调控第二产业　（c）M2调控第三产业

图 8-13　M2 对三次产业的冲击和变动情况

资料来源：刘达禹，徐斌，刘金全．不确定性冲击、产业波动与经济政策调控：基于三次疫情时期的对比研究［J］．浙江社会科学，2020（9）：10.

在货币政策的利率方面，当出现一单位利率正向冲击时，三次产业的调控机制与货币供应量紧密相连，从而证实这两种货币策略能够有效地执行其固有的宏观经济调控任务。利率对服务业产出的最大影响力明显小于 M2 的调控能力，如图 8-14 所示。根据量价理论，当外部冲击主要源于实体领域时，货币数量控制更具效力；当冲击源于金融领域时，利率控制更具优势。相较于金融恐慌情绪，新冠疫情对实体经济的冲击更为剧烈。在疫情接近尾声时，应该在合适的防疫基础上推动实体经济的有序恢复，这是应对疫情冲击的基础性工作。①

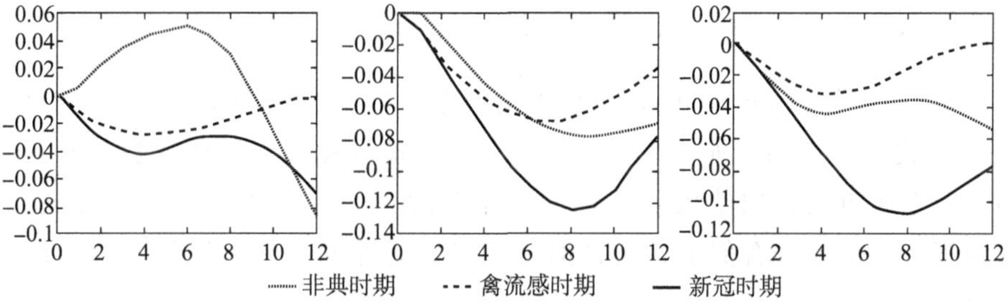

（a）利率调控第一产业　（b）利率调控第二产业　（c）利率调控第三产业

图 8-14　利率对三次产业的冲击和变动情况

资料来源：刘达禹，徐斌，刘金全．不确定性冲击、产业波动与经济政策调控：基于三次疫情时期的对比研究［J］．浙江社会科学，2020（9）：11.

疫情后期，经济增长的关键在于恢复疫情带来的信心冲击。在通常情况下，生产商和消费者信心的上升将刺激更多的投资和消费需求。在具备与增长的需求相匹配的资金或者收入的情况下，将带来更多的投资和消费行为并且促进经济增长，反之亦然。因为人们对未来认识的有限性，疫情导致经济体系的不确定性更大，对经济长期增长存在结构性改变的冲击效应。这种结构性改变是生产商和消费者信心的结构性改变所导致的，特别是来自当前和未来预期收入水平的约束，实际需求难以扩张。②

为了避免生存危机与社会解体的困境，人类社会对疫情做出应激性反应，不断进化而形成自我保护机制和自组织抵抗力，被称为社会治理免疫系统，犹如人体免疫系统一旦被激活就会源源不断地产生抗体来杀灭病原。疫情的不确定性决定人类社会亟待强化社会免疫力建设，拥有成熟而完善的预警体

---

①　刘达禹，徐斌，刘金全．不确定性冲击、产业波动与经济政策调控：基于三次疫情时期的对比研究［J］．浙江社会科学，2020（9）：4-14.

②　任丹妮．危机、信心冲击与经济增长波动［J］．区域金融研究，2020（12）：70-76.

系、应急能力、动员机制与救灾机制，成熟的社会心态与理性的风险意识构成免疫力的精神机制，这是确保种族延续与文明传承的前提。

“天下之患，最不可为者，名为治平无事，而其实有不测之忧。”“山川异域，风月同天；众志成城，共克时艰。”世界各国利益高度融合、责任共同交织、彼此相互依存，早已成为你中有我、我中有你的“地球村”。疫情大流行映照出人类必然遭遇、必须面对的时代窘境，没有任何一个国家能够置身事外并独善其身。人类和疫情永远在博弈，敬畏自然、彻底反省、崇尚科学、尊重规律，这才是战胜疫情的根本！①

8.4.2 “灰犀牛”、楼市与地方债务

“灰犀牛”（Gray Rhino）一词由美国作家、政策分析师米歇尔·渥克于2016年提出，指的是那些在一定程度上可以被预见，但是往往被忽略的高概率、造成重大影响的风险事件。在非洲的草原上，灰犀牛的身形庞大，反应迟钝，从远处看似乎无害，但是其强大的爆发力使人们猝不及防地被击倒。

“灰犀牛”事件并非偶然发生的状况，而是在众多预警标志和危险信号浮现之后，如果不加处置将引发的大概率事件。许多在表面看起来像是出乎意料的偶然事件，如果沿着事件的导火索细致研究，将会发现此类事件其实是小因素聚集而形成的必然结果。当灾祸真实降临时，人们才惊觉无处可躲、无计可施。②

在习惯性思维或经济学理论中，人们总是把房地产视为一种重要的实物资产、土地和建筑物，认为它才是真实的物质财富，并且是创造和产出其他财富的基本元素，所以房地产既是消费品也是投资品。鉴于房地产拥有投资物的属性，其价格往往如同金融资产般出现剧烈的波动，其波动范围远超一般商品。价格的大幅波动正是虚拟资产的关键特性，由其资本化的定价方法所决定的，涵盖不确定性和心理预期的重大影响。

20世纪80年代以来，发达国家和新兴市场国家普遍经历金融自由化浪潮，从而引发金融体系的根本性变革，房地产的外部制度环境亦应声转变。随着价格管制、资本项目管制以及入场管制的逐渐宽松，国内市场与世界市场的联结更为紧密，资本在各个市场间流转频度更高。面临激烈竞争，金融

---

① 潘斌．疫情的历史及其风险阐释［J］．社会科学，2020（6）：131-137.

② 杨诚．汉英媒体中的“黑天鹅”与“灰犀牛”：概念整合—语料库视阈下的风险隐喻研究［J］．成都理工大学学报（社会科学版），2019（9）：78-85.

机构选择扩大资产和负债规模成为必然。国内信贷市场的膨胀摆脱国内资金量的限制，更多的资本推动房地产和金融资产价格的高涨。通过“金融加速器”的作用，资产价格的上升呈现自我强化的效应。①

房地产行业的成长与金融市场的扩容密不可分，而金融市场的持续扩容也带来巨大的风险。现阶段中国面临的三大“灰犀牛”挑战分别是房地产泡沫、人民币贬值以及资本外流引发的市场动荡：一方面，人民币贬值增强资本外流的趋势，减少投机性资本持续涌入房地产市场，这在一定层面上有助于消减房地产市场的投机泡沫和流动性泡沫；另一方面，人民币贬值直接导致国内房地产公司在海外融资的难度和债务成本压力的增加，间接引发国内银行系统的不良资产和地方政府债务风险的持续上升。②

1999 年以后，受到住房政策改革和城市化等多元素的驱动，中国的房地产市场规模年复一年地迅猛扩张。各大城市的房地产价格持续攀升，房价上涨加剧财富分配的不平等，推高商业运营的成本。间接导致“去工业化”的趋势，削弱制造业的竞争优势，系统性的金融风险成为阻挠经济持续发展的重要威胁。房地产价格的波动与 GDP 的波动高度关联，实则已经“挟持”整个经济体系，使政府在“稳增长”与“控房价”之间进退维谷。

中国的房地产市场与大多数国家有着显著的不同：城市的土地为国家所有，而乡村和城市郊区的土地除法律指定为国家所有以外，其余的归集体所有。由于城市土地的国有特性，唯一的土地供给者便是地方政府，居民和企业则是土地的需求者。地方政府的土地供应成为影响土地价格的关键因素。在发达国家，土地收益主要来自对现有土地或房屋征收的物业税、房地产税，然而中国的土地财政主要依赖于通过出售国有土地使用权来满足财政需求，从而创造出增量的土地财政收入。

1982 年，深圳市率先征收“土地使用费”。随着城镇化进程的推进，中国的土地出让金规模逐年扩大，逐渐成为地方政府的主要财政收入。1994 年，随着分税制改革的实施，财政权力被上移至中央政府，行政权力则在地方政府保留，这导致地方政府收入和支出之间的失衡，使得地方政府财政出现持续的缺口，地方政府亟待寻找新的财源。1998 年，住房改革的深化进一步增加市场对土地的需求，这与地方政府寻求更多土地出让金的动力形成共振，催生大规模的土地财政。导致房地产价格的波动与地方政府的土地出让金高

---

① 祝宪民．房地产的虚拟性与经济波动［J］．南开经济研究，2005（2）：61-66.

② 许倩．人民币贬值致资本外流 房地产加速“去泡沫”［N］．中国房地产报，2016-12-05（1）．

度相关，房地产价格的变动在一定程度上决定地方政府土地出让金的增幅。

在权责分界模糊的环境中，地方政府无疑拥有极度的自由支配权，土地出让金成为地方财政的主力和重要的补充。为了追求政绩的提升和 GDP 的增长，在地方政府的财政开支中有相当大的一部分用于需要资金和土地的城市建设、产业园区等基础设施建设，从而带动资产价格的提升：一方面，降低居民的购买能力，挤压消费；另一方面，使得企业的净资产提升，通过优化资产负债结构，缩小外部融资的风险溢价。居民和企业对土地的需求竞争使得土地价格进一步上升，土地价格的上升导致银行放宽对企业的信贷限制，刺激其投资，两者共同导致较大的经济波动。

房地产开发与地方政府的基础设施建设有着显著的产业联系，由于土地财政的存在，房地产价格周期与地方政府的支出周期直接相关联。房地产和基础设施建设对钢铁、水泥、电力等多种资源的需求，推动其他产业的扩大，地方政府土地财政的依赖模式被进一步加强。隐藏在其中的巨额债务风险，非税收入的过高比例增加财政收入的不稳定性。在疫情冲击下，地方政府的债务规模迅速扩大，债务风险成为金融系统的主要风险来源，由此产生的系统性风险具有更大的扩散和冲击力。房地产价格泡沫破裂的风险对金融系统的安全性构成威胁，使得稳定增长成为当前和未来各级政府面临的重大挑战。①

“明斯基时刻”诠释的是市场从繁荣到衰退的临界点，也就是资产价格塌陷的瞬间。1974 年，美国经济学者海曼·明斯基提出：“金融制度在稳定与脆弱的状态之间不断摆动，这种摆动是形成经济周期的必要因素。”如果经济长期保持稳步上升，可能导致债务的累积和杠杆比率的提高，进一步引发内部的金融危机，并且陷入延长的去杠杆化阶段的危险。②

金融安全是国家安全的一大关键要素，金融体系的债务和杠杆水平在近些年持续提升，我们需要高度关注所谓的明斯基时刻，注意地方政府债务风险可能引发的金融危机。这一问题可以通过地方政府本身以及以商业银行为首的金融实体两个渠道对金融体系产生影响。地方政府通常采用土地质押、发行城投债等方式来推动地方经济发展，然而官员职位的晋升动力以及政府之间的竞争压力都催生地方政府债务规模的不断扩大。

---

① 梅冬州，崔小勇，吴娱．房价变动、土地财政与中国经济波动［J］．经济研究，2018（1）：35-49.

② 小麒涵．明斯基时刻［EB/OL］．［2022-07-30］．https：//baike. baidu. com/item/%E6%98%8E%E6%96%AF%E5%9F%BA%E6%97%B6%E5%88%BB/10991218，2021-04-09.

在委托-代理模式中，地方政府的债务扩张行为涉及道德风险和逆向选择的内在激励，将土地出让金作为担保与偿债来源，地方政府可能因为无法偿还银行债务而产生违约风险。随着期限错误配置问题和私人投资挤出效应，商业银行的流动资金风险也将加剧。土地资源的错配显著地提高地方政府城投债的发行概率和发行规模，而地方政府的债务累积又将引发信贷资源配错。依据明斯基时刻理论，政府债务危机与实体经济之间恶性循环将推动债务风险演变成为金融风险甚至金融危机。①

被称为政策实验室的系统动力学模型，可以进行对复杂结构且风险因素频繁变动的动态经济体系的趋势仿真和预测。在地方政府债务风险元素与金融风险因素之中，蝴蝶效应与耦合效应的双重影响展现出复杂系统的非线性传递特性，以及动态交互的多层反馈结构。系统动力学模型估算系统性风险因素的演变特征包括地方政府债务风险的系统变动和金融风险的系统变动，而在金融风险变动系统中，又进一步包含商业银行风险的子系统变动以及房地产金融风险的子系统变动。

第一，地方政府债务风险转变体系的核心组成部分，涵盖地方政府债务余额、财政收入、税收收入、土地收入、财政支出等。相关的测量指标有地方财政负债率、债务负担率、债务经济增速比、赤字率、财政支出占 GDP 比重、财政收支变动率、GDP 增长率。第二，金融体系风险转变量指标体系，包括商业银行风险转变量指标和房地产金融风险变化量指标。核心组成部分涉及商业银行贷款总量、存款总量、逾期贷款额、不良贷款额、风险加权资产、银行资本总额等。相关测量指标有资本充足率、存贷比、银行不良贷款率、逾期贷款率。第三，房地产金融风险转变子体系的核心部分包括房价、地价、房地产贷款、房地产不良贷款、房地产税收入、房地产开发投资等。相关的测量指标有房价收入比、房地产泡沫、房地产贷款占比、房地产投资增长率、房地产投资占比、房地产不良贷款率。另外包括社会与经济发展相关因素 GDP、全社会固定资产投资、家庭年收入等。

依据系统的因果反馈路径的分析，运用系统动力学的模拟仿真工具（Vensim）来构造风险系统的存量和流量图，这样可以对各个变量的随时间变迁的趋势进行模拟，如图 8-15 所示。

---

① 张璇，张梅青，唐云锋．地方政府债务风险与金融风险的动态交互影响研究：基于系统动力学模型的政策情景仿真［J］．经济与管理研究，2022（7）：3-15.

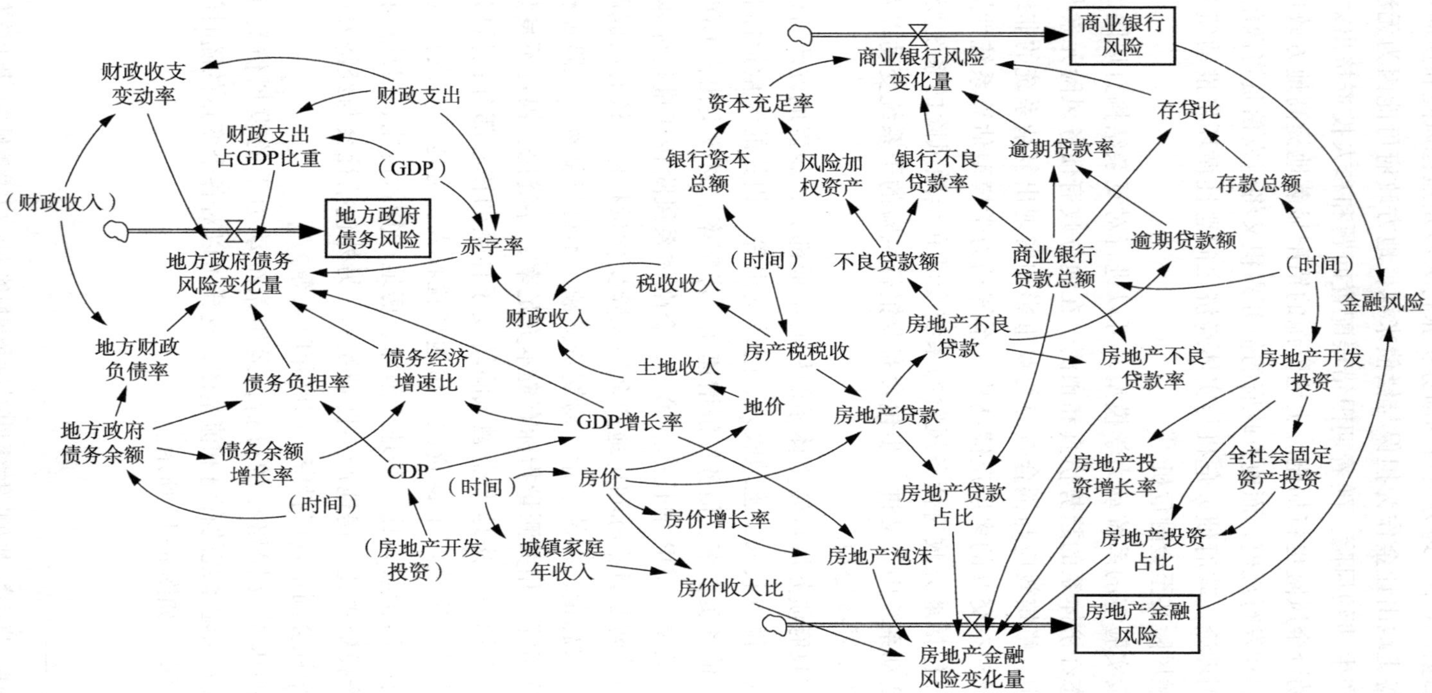

图8–15　地方政府债务风险与金融风险交互影响的存量与流量

资料来源：张璇，张梅青，唐云锋. 地方政府债务风险与金融风险的动态交互影响研究［J］. 经济与管理研究，2022（7）：7.

以中国的 31 个省份以及 16 家主要的上市商业银行 2011—2020 年为研究对象，从《中国国土资源统计年鉴》、国家统计局数据库、各地方统计年鉴、万得（Wind）数据库以及司尔亚司数字信息有限公司（CEIC）的经济数据库中获取相关数字。通过对系统初始状态施加 10%的正负冲击，来测试房价调控政策和房地产税调控政策对系统风险的影响力。

对于东中西部地区的系统初始状况进行模拟，包括各个地方政府的债务风险初始状况以及金融风险初始状况，如图 8-16 所示。结合政策执行的背景，对部分仿真图像进行阐释：从 2013 年起，地方政府债务风险的政策监督更加严格。2013—2014 年，各个地区的政府债务风险逐渐降低，出现部分低谷。从 2015 年起，新的预算法明确地方政府仅能通过省级政府发行地方债，这是政府融资的唯一合法途径，地方政府开始采用政府和社会资本合作（PPP）或者基金等手段来变相非法举债，产生债务风险的部分高峰。2017 年，在供给侧结构性改革的背景下，对 PPP 和地方建设基金等开始全面清查，各个地方政府的政策开始收缩调整。政府债务融资的监管严格，再度出现部分低谷，导致基础设施投资的增速大幅减少，各个地方政府的债务面临无法继续的新问题。2018 年，政策开始向宽松的方向调整。从 2019 年起，为了防控新冠疫情，各地方政府的发债规模和财政支出规模大幅度增大，整体的债务风险呈现出激增的趋势。

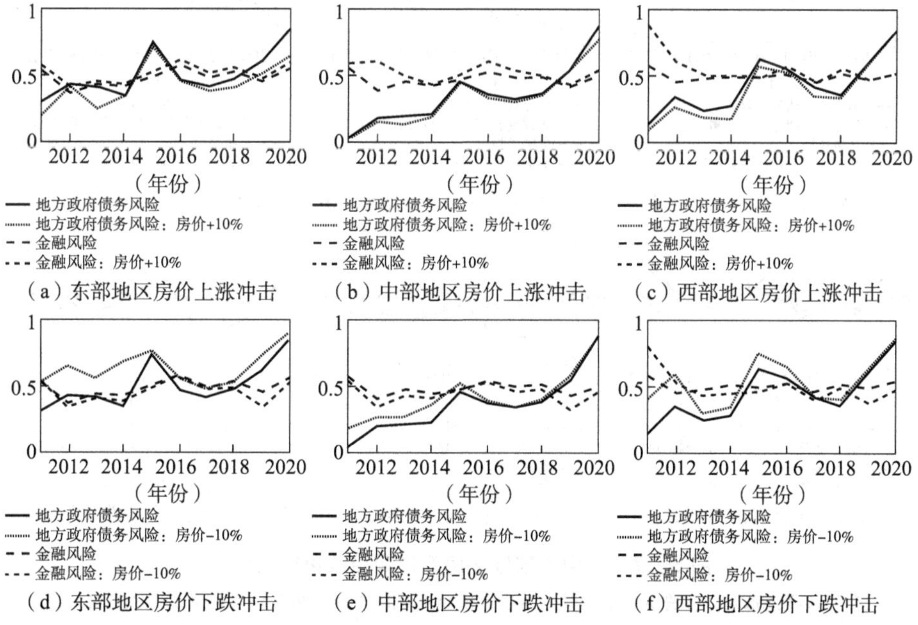

（a）东部地区房价上涨冲击　（b）中部地区房价上涨冲击　（c）西部地区房价上涨冲击
（d）东部地区房价下跌冲击　（e）中部地区房价下跌冲击　（f）西部地区房价下跌冲击

图 8-16　东中西部地区房价调控政策情景仿真

资料来源：张璇，张梅青，唐云锋．地方政府债务风险与金融风险的动态交互影响研究［J］．经济与管理研究，2022（7）：9.

仿真图像进一步揭示各地债务风险变动趋势的一致性，东部地区经济发展水平较高，总体上债务风险增长势头较强。相比之下，西部地区的经济发展状况较为滞后，其债务风险水平与中部地区大致相等。在一定范围内，各地的金融风险表现出周期性反复的特征，而东中西部地区的债务系统风险的波动范围都超过金融系统风险的波动范围。债务风险的波动与金融风险的波动呈现出一定程度的同步性，并且金融风险的波动相对于债务风险的波动有一期的滞后性。

对于严重依赖土地财政的地方政府来说，提升房价成为一种减轻其债务风险的重要手段。房价的上涨能带来地方政府债务风险的降低，同时金融风险有所增加；然而当房价下行时，地方政府债务风险与金融风险的走势恰恰相反。另外随着房地产税的增加，带来地方政府债务风险和房地产金融风险的略微降低，但是商业银行系统风险的波动较大。在整个系统影响下，金融风险表现出较大的上下波动和不确定性；而在房地产税收减少的情况下，地方政府债务风险有所增加，此时金融风险在各种因素的相互作用下，其不确定性也将增加，如图 8-17 所示。

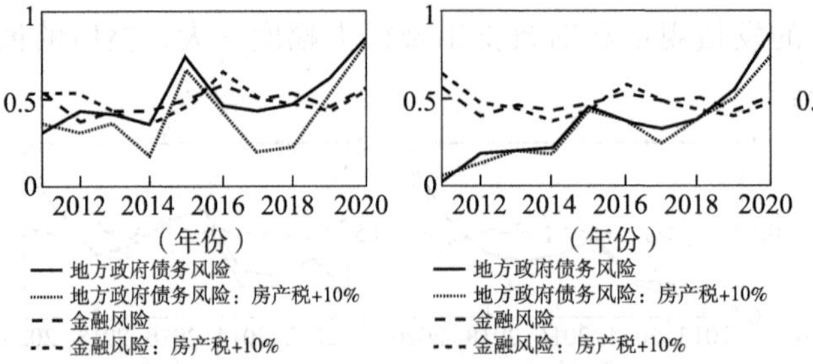

（a）东部地区房产税增加冲击　（b）中部地区房产税增加冲击　（c）西部地区房产税增加冲击

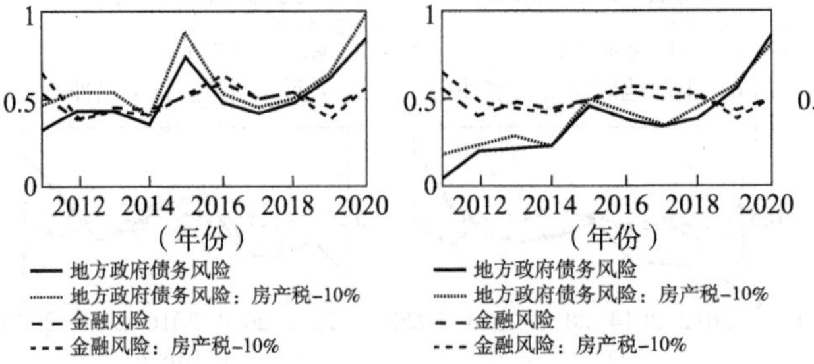

（d）东部地区房产税减少冲击　（e）中部地区房产税减少冲击　（f）西部地区房产税减少冲击

图 8-17　东中西部地区房产税调控政策情景仿真

资料来源：张璇，张梅青，唐云锋．地方政府债务风险与金融风险的动态交互影响研究［J］．经济与管理研究，2022（7）：10.

房地产税的调整策略，有助于引导合理的住房购买行为及土地资源的节约与高效使用：从供给侧来看，房地产税收具有对土地出让金部分取代的功能，能够减少地方对土地财政的依赖，形成土地供需的合理规模，并形成稳定的税收来源，以此降低地方政府的债务风险；从需求侧来看，现今在楼市中积累起大量的库存房源，稳妥推进房产税试点可以缓解市场的供需矛盾，降低住房的投资属性，平稳市场预期，防范和化解金融风险。因此地方政府把财政重心从土地财政转向房地产税收是大势之所向、形势之所迫。

在东中西部地区，房价的波动与地方政府的债务风险存在逆向关联，而与金融风险存在正向关联：房价的上升能够平抑制地方政府的债务风险，但是也加剧金融风险；相反地，房价的下滑会加剧地方政府的债务风险，但是也压制金融风险。房地产税与地方政府的债务风险存在着逆向关系，而与金融风险的关系具有不确定性：房地产税的增加抑制地方政府的债务风险，房地产税的减少则加剧地方政府的债务风险。然而无论房地产税的税收是增加还是减少，金融风险在各种因素互动影响下的波动趋势仍然具有不确定性。

综上所述，风险的变动性与政策调整有着紧密的联系，地方政府的债务风险与金融风险之间的传导路径是房地产金融风险，房价与房地产税是在系统风险传导路径中的关键因素。为了有效阻断地方政府债务风险与金融风险的互动通道，需要从房价和房地产税的政策调控入手，坚守“房住不炒”的主基调。实施区域经济一体化发展与防范式化解系统性金融风险的动态协同。抑制房地产过度金融化的泡沫化趋势，逐步推动土地制度改革和市场化供给，构建地方政府稳定的税收来源，降低各地方政府对土地出让金的依赖度。①

“居安而念危，则终不危；操治而虑乱，则终不乱。”预测的本质在于估计可能性而不是可避免性。似乎为了逃脱指责，人们在每一次危机过后总会说“没有人可以预测到这一点”，全然不顾事前一些悲观预言的存在。因为人的本性更愿意相信那些乐观估计，这种乐观偏见是根深蒂固的本性，无时无刻不在左右人们的思维和判断。否认问题的存在无济于事，不要迷信专家、不要害怕犯错误，养成质疑权威、独立思考的习惯。危险和机遇是一枚硬币的两面，我们摒除犹疑心态、满怀希望、眺望远方，力争成为控制灰犀牛的预言者和最后赢家。②

8.5　经济史的新解读

经济史研究正在面临新的发展机遇，数字带来史料挖掘和阅读方式的革命。

---

① 张璇，张梅青，唐云锋．地方政府债务风险与金融风险的动态交互影响研究：基于系统动力学模型的政策情景仿真［J］．经济与管理研究，2022（7）：3-15.

② 马维．除了黑天鹅，你还需要知道灰犀牛［J］．中国企业家，2017（4）：100-101.

人类生活在各个时期和层面所留下的所有痕迹，都是复原历史的证据。史料大致可以分成文字史料、实物史料、口碑史料和声像史料等，种类繁多、保存分散。在经济史研究中搜集史料，成为最为耗时、耗力的工作。数字技术革命性地改变挖掘和阅读史料的方式，以达到穷尽资料之目标。从数字中探寻历史真相，多方求证、比对印证，寻找背后的经济学规律，正是理性的客观要求。①

自古以来，中国的自然灾害极为严重，留下丰富、连续、系统的灾害系谱。明清以来，较大规模的文献整理和定量分析已经开始，例如明朝数学家、农学家、天文学家、水利学家徐光启在《农政全书·荒政考》中对蝗灾发生规律和时空分布的探讨。新世纪以来，随着互联网和大数据普及，气候变化和灾害史料的信息处理和数据库逐步建立，分析灾害的酝酿、显现、扩散过程，兼顾自然与社会的双重属性，推动灾害学研究进入开放、关联、动态、演化的新阶段。②

8.5.1 气候变化与朝代更替

地球表层是一个包含自然界和人类社会与经济的复杂巨系统。许多重大历史事件与气候变化密切相关，例如农业丰歉、人口增减、民族迁移、文明兴衰、战乱爆发、朝代更替，一些甚至就是气候变化的直接产物。尽管气候变化作为诱导因素，在大多数时期内并不起决定性作用，然而对经济、政治、文化格局的形成总是有或多或少的影响，也是决定历史发展方式、方向、进程、速度的重要因素之一。

1973 年，中国气象学家、地理学家、教育家竺可桢发表《中国近五千年来气候变迁的初步研究》一文。他认为：不同历史时期的世界气候是有变迁的。在最初的两千年里，即从新石器仰韶文化后期到商朝后期殷墟时代，年平均温度比现在高 2℃左右。从这以后，年平均温度有 2~3℃的摆动。寒冷时期出现在公元前 1000 年（殷末周初）、400 年（六朝）、1200 年（南宋）和 1700 年（明末清初）。汉唐两朝是比较温暖的时期。这种气候变迁是世界性的：当气候变冷时先从太平洋西岸开始，由日本、中国东部逐渐向西移到西欧；当气候变暖时则自西向东。

随着各种线索资料（比如历史文件、树木年轮、湖泊沉积、冰芯、石笋等）的增加和技术手段的完善，基本廓清中国在过去两千年里气候变化的总体趋势与冷暖波动的基本特征。在百年尺度的冷暖波动上，从两汉到明清，一共经历三个温暖期和三个寒冷期：两汉温暖期（温暖期Ⅰ），冬季平均温度

---

① 李红梅．大数据时代对历史研究影响刍议［J］．北方论丛，2016（3）：77-79.

② 夏明方．数字与生态史：中国灾害史料整理与数据库建设［J］．清史研究，2015（5）：67-82.

比现在高0.3℃；魏晋南北朝寒冷期（寒冷期Ⅰ），比现在低0.47℃；隋唐暖期（温暖期Ⅱ），比现在高0.23℃；唐朝末期至五代冷期（寒冷期Ⅱ），比现在低0.5℃；宋元暖期（温暖期Ⅲ），比现在高0.18℃；明清冷期（寒冷期Ⅲ），比现在低0.39℃。在每个寒冷暖期、温暖期中，还有次一级的冷暖波动。①

黄河流域是中华民族的重要发源地之一。在气候适宜、湿度适中的汉朝，人口主要分布在秦岭-淮河以北的黄河流域，尤其是在陕西、山西、河南等地。此时的北方约有4300万人口，而南方约有1400万人口，两者人口比约是3∶1。南方人口超过北方的关键节点出现在元代。元代之前，北方与南方的人口比例大部分时间保持在2∶1的状态。个别时期，由于战争和异族统治，北方与南方的人口比例约为1∶1。南北人口之间的变化，与发生在1230—1260年的历史阶段的气候变化的最大转折点相契合，这不可能是纯粹的偶然。因为在1260年之后的气候转变导致农业种植带向南迁移，加之蒙古骑兵南下，战乱导致民众南迁。在西晋末期的“八王之乱”中，晋室南迁。此后的“五胡十六国”时期，战乱频发，民众频繁南迁。到后魏时期，人口又回到北方与南方保持在大约2∶1的比例，人口高密度区域依然在北方，如表8-12所示。②

表8-12 两汉至清代北方人口分布和比重

年代（AD）	北方比重（%）	年代（AD）	北方比重（%）
2年（汉元始二年）	68.44	140年（汉永和五年）	54.58
约260年（三国）	56.86	280年（晋太康元年）	69.60
约500年（宋/魏）	62.10	639年（唐贞观十三年）	47.41
743年（唐天宝元年）	60.55	约980年（宋太平兴国）	69.95
1187年（宋淳熙十四年）	64.75	1193年（宋绍熙四年）	63.52
约130年（元）	38.86	1578年（明万历六年）	41.10
1812年（清嘉庆十七年）	33.40	1910年（清宣统二年）	35.20

资料来源：王铮．历史气候变化对中国社会发展的影响：兼论人地关系［J］．地理学报，1996（7）：331.

气候变化不仅导致人口分布比重的转变，同时也影响人口的东西分布。在现代人口分布中，以贯穿黑河和腾冲的胡焕庸线为分界线，东侧的人口占

① 何凡能，李柯，刘浩龙．历史时期气候变化对中国古代农业影响研究的若干进展［J］．地理研究，2010（12）：2289-2297.

② 张传国．历史时期气候对中国社会影响的研究［J］．新疆师范大学学报（自然科学版），1999（5）：49-52.

比高达94.4%，而西侧的人口占比只有5.6%。胡焕庸线代表一个显著的生态现象：自1230年以来，地域差异性特征明显出现。在此之前，胡焕庸线仅在干旱时期保持稳定，洪水频发时期的等值线走向并无稳定性。在880年前的唐代湿润时期，西部地区能获得更多降水，可以支撑更多人口的生活，因此有可能突破胡焕庸线。880—1230年，等值线呈现与平行经线特性，显示出过渡性状态。降水量的变化无疑引发人口分布的调整。在1230年之后的较冷时期，由于季风回缩，西部地区沙漠化程度加重，土地承载力下降，人口数量相应减少，分布从西向东迁移。自元代起，气候大势形成，为现代胡焕庸线人口分布模式奠定自然基础。假如气候温度上升2℃左右，有利于改善西北地区的生存条件，以此能够支撑更多的人口。位于西北的司隶、凉州、并州、朔方郡，西汉时期，汉平帝元始二年（2）的人口大约占全国的20%。加上西北少数民族人口，胡焕庸线以西的西北地区人口是现今人口的4倍以上。

人口分布的转变与区域经济的演变密切相关，如表8-13所示。西汉时期，关中成为国内人口和经济的重心。《史记·货殖列传》中对此有详细描述："关中之地，于天下三分之一，而人众不过十三，然量其富，十居其六。"唐朝时期，北方依旧是经济繁荣的地区。唐朝天宝八年（749年）收取的"各色米粮"总量，北方占据全国的75.9%。然而到880年，气候发生急剧变化，季风开始回缩；1230年成为转折点，北方经济地位开始下降。北宋元丰时期（1078—1085年），全国收取的钱粮总额，北方减少到全国的54.7%。元代以后，南方逐渐取代北方，成为经济繁荣的区域。明朝洪武时期（1368—1398年），全国收取的钱粮总数，北方减少到全国的35.8%。值得一提的是，此时北方的土地占全国总数的41.30%，显然土地比例高于钱粮比例，说明北方的土地生产力低于全国平均水平。而在宋朝的情况恰恰相反。北宋元丰时期，北方的土地占全国的31.0%，低于钱粮比例的54.7%，这表明北方的土地生产力超过全国平均水平。在气候转变期的宋朝，尽管北方总产值低于南方，但是其土地生产力却超过南方。从元代以后，这两个指标均以南方为高，这与880—1230年的气候转变期相契合。清代乾隆十八年（1753年），陕西省的田赋粮占全国的2.0%，田赋银占全国的5.14%，而江苏、浙江两省的田赋粮占全国的39.1%，田赋银占全国的20.9%。至少从元代起，经济重心完全转移到江南，经济分布受到秦岭-淮河线和胡焕庸线的双重影响。这种经济形态必然对政治形态产生决定性作用。1816年，气候大变，进入寒冷时期，农收普遍下跌10%~12%，结束所谓的"乾隆盛世"。1880年，在诸多矛盾冲突下，中国国力严重衰退，最终出现"维新变革"的呼声，气候变动对社会转折产生明显的影响。①

表8-13　唐朝至清代北方历代耕地和税粮占全国的比例

年代（AD）	耕地（%）	税粮（%）	年代（AD）	耕地（%）	税粮（%）
749年（唐天宝八年）		75.9	1080年（宋元丰三年）	31.0	54.7°
约1328年（元天历元年）	44.5	30.0	1393年（明洪武二十六年）	41.3	35.9
1522年（明弘治三十五年）	44.3	38.8	1542年（明嘉靖二十一年）	43.9	38.8
1661年（清顺治十八年）	43.1	20.7	1753年（清乾隆十八年）	45.3	21.1

资料来源：王铮．历史气候变化对中国社会发展的影响：兼论人地关系［J］．地理学报，1996（7）：334.

西汉以来，中国历史具有的一个显著特点是“治世”和“乱世”的交替出现。王朝发展到巅峰，即在一个朝代的统治时期内，政治、经济、民生等社会的诸多方面达到相对较高的水平。所谓的“国泰民安”，往往也被称为“盛世”“大治”或者“中兴”。王朝衰落到极点，即一个旧王朝灭亡被另一个新王朝所取代，即所谓的“改朝换代”。无论是国泰民安还是改朝换代，实质都可以看作一种持续一定时间或者好或者差的社会状态之间的相互转换。

随着“治世”与“乱世”的交替，王朝的领土呈现出“分久必合，合久必分”的震荡与变迁，各种迹象都表明社会震荡与气候变迁存在某种程度的同频性和隐含关联性。1230年以前，两汉和隋唐的温暖期对应强盛的中原王朝，至少在初始阶段能够把其影响力扩展到西域及中亚。西域与东域之间的温暖气候使得道路畅通，文化交流增加，因此王朝扩展至西域在政治层面是必需的。人口的重心在西安，政治中心偏西使得王朝在后勤支援军队方面能及时反应，政治控制也更为便利。唐朝初期，屯田成为维持西域驻军的主要手段，如果没有合适的气候环境，屯田是无法实现的。唐朝中期，出现短暂的寒冷阶段，大约持续20～30年。这样一个短期的寒冷事件，对于中原势力撤出西域施加决定性影响。尽管在后期气候有所恢复，但是中原王朝已经虚弱不堪。唐朝以后再无前期的温暖气候条件，而接下来就是蒙古的入侵。1230—1260年的气候快速变化，导致北方草原的环境恶化。蒙古的西征军队难以与中心保持联系，因此停止了向西征服中欧，转而向南侵略金国和宋朝。②

① 王铮，张丕远，周清波．历史气候变化对中国社会发展的影响：兼论人地关系［J］．地理学报，1996（7）：329-339.

② 尹君，罗玉洪，方修琦．西汉至五代中国盛世及朝代更替的气候变化和农业丰歉背景［J］．地球环境学报，2014（12）：400-409.

在历史演变过程中，人类活动的影响超过自然环境的作用，气候变迁只是一种促进因素，在国家分裂的情况下表现得尤为明显。魏晋南北朝发生长达300多年的国家分裂，与气候转冷的时期相重合，很难被视为纯粹的巧合。国家分裂的原因主要包括中央政权的衰退、地方和中央的利益对峙等。在古代低生产力条件下，气候转冷确实为此提供契机。中央王朝实现对全国的统治，需要拥有强大的中央军队。由于交通和通信的限制，维持中央军队的条件，一方面依赖京畿地区的农业生产，另一方面依赖其他地区的粮食调剂。气候转冷导致农业产量普遍下滑，大量运输外地粮食使得中央和地方的利益矛盾进一步加剧，基本上按照“气候变化-农业收成下滑-农民造反-中央无力以中央军镇压制农民而借助军阀-军阀力量滋长-中央地方利益严重冲突-中央失去对地方军阀的控制-分裂”这样的逻辑线索进行。

气候变暖的情况不仅对中原王朝有益，也对少数民族王国产生显著影响。青藏高原的环境脆弱，云南亚热带环境相对稳定，因此气候变动扰动产生的效应各不相同。隋唐温暖期，西部的吐蕃和南诏这两个王国是统一且富强的，特别是吐蕃成为唐朝的强大竞争者。然而在760—780年的气候波动期间，吐蕃变得较为虚弱。765—784年间，对唐朝的军事行动屡屡遭遇挫败，以至于783年与唐朝会盟时，“言疆场已定”。随后气候开始回暖，吐蕃的国力逐步增强，屡犯中原，多有胜绩。然而880年左右的气候突变，进入一个冷暖相间、混沌不定的阶段。中原地区普遍出现政治割据，进入五代十国。无独有偶西部的吐蕃、回纥、南诏等地，吐蕃无法再恢复其强大的实力。①

气候变化对历史影响并非简单的因果关系，常常涉及在时间和空间尺度上的自然与社会多元因素的互动和共同影响。在中华历史中，人口、社会和经济发展呈现出周期性的起伏变化，这与气候的周期性变动有着显著的匹配性，整体上呈现出“暖期繁荣、冷期衰退”的规律。热带气候对农业生产有益，从而为社会创造更优越的物质环境。粮食保障构成人类生活的物质支柱，也是社会和经济稳定的关键基础，气候变化对历史的影响主要体现在粮食生产主导的复杂驱动-响应反馈机制中。②

农业是古代国家的立足之本，粮食的生产对整个国家的稳定起着关键性作用。气候的平均状况和变化速率的变动都会对气候资源和气候灾害的分布

---

① 王铮，张丕远，周清波．历史气候变化对中国社会发展的影响：兼论人地关系［J］．地理学报，1996（7）：329-339.

② 方修琦，苏筠，尹君，等．冷暖-丰歉-饥荒-农民起义：基于粮食安全的历史气候变化影响在中国社会体系中的传递［J］．中国科学，2015（6）：831-842.

概率产生影响，从而对粮食的生产造成重大影响。中国耕地的分布主要在东部的季风气候区，一直受到热量条件的限制和降雨量的不稳定影响，周期性的温度和湿度的变动以及突发的气候灾害（比如干旱、严寒等）导致农业产量的大幅波动。气候灾害的发生在年际尺度上有明显的表现，这些灾害的影响是剧烈的、突如其来的，能够在短时间内造成明显的减产、生命和财产的损失，甚至引发导致社会动荡的严重饥荒。

气候变化通过改变区域粮食生产和供应能力影响粮食配给安全，如果区域性粮食生产的安全无法得到保障，那么就要调整个体和社会对粮食的分配比例，优先确保个体粮食的配给安全。在个体粮食配给无法满足的情况下，民众将动用自身的储备，在极端情况下，从自然环境中寻找草根、树皮等替代性的食物资源。在流通领域中，常见的响应是粮食价格的上涨，吸引大量的粮食进入市场，同时抑制过高的消费需求。当社会各阶层或民众与政府之间出现抗租、抗税等冲突时，政府可以动用行政和经济手段来调节粮食配给，防止社会矛盾和冲突升级，例如通过减缓、减免税收等方式使得生产商自留更大比例的粮食，动用国家和民间的粮食储备（比如常平仓、义仓），或者调动粮食等方式缓解粮食短缺，如图 8-18 所示。

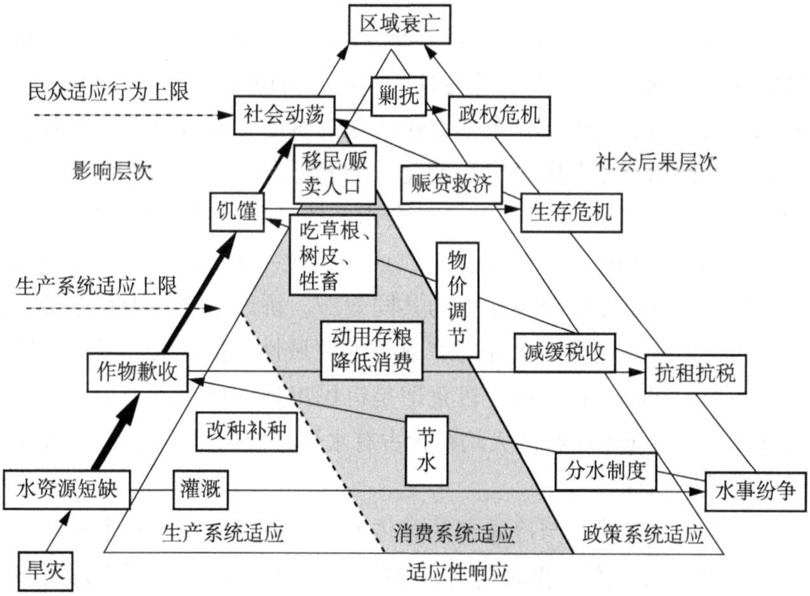

图 8-18　社会与经济体系的适应性响应旱灾的机理和过程

资料来源：方修琦，郑景云，葛全胜．粮食安全视角下中国历史气候变化影响与响应的过程与机理［J］．地理科学，2013（11）：1294.

政府组织或自发的移民，缩减区域内的人口可以有效地提升人均可获取的粮食量。如果每一个体的粮食配给不足，那么威胁到基本生存条件，直接的社会后果就是大规模的饥荒，这些饥民可能进一步演变为流民，形成不同规模的难民潮，甚至可能演变为引发社会动荡的乱民，导致社会稳定性乃至秩序的崩溃。政府通常采取的应对措施有：动员社会资源援救灾民和安置流民，通过强化治安、镇压和安抚农民起义等方式尽可能地控制甚至消除各种形式的动荡，以维护社会的基本稳定，防止动乱蔓延威胁封建王朝的统治。①

以“粮食生产-气候变化-历史影响”模式为起点，选用温度距平来代表在自然子系统中的气候变化，同时划定冷暖气候单元，采用粮食生产的丰歉来描绘历史阶段的生产子系统，用饥荒来呈现人口-经济子系统，将农民起义活动作为社会子系统的代表，分析自西汉至清代气候变迁在个体粮食安全路径上的传递特征。

粮食储备的水平不仅通过直接影响个体的饥饿程度，从而对社会对气候变化的敏锐程度产生影响，同时也通过影响社会的经济状况，进而对社会和气候变化反应的能力产生影响。气候变化带来的影响，可以被归纳为粮食安全的问题，具体可以细分为粮食生产安全、粮食供给-流通安全和粮食消费安全这三个层面，其传递途径主要可以分为两条：一条是基于个体粮食安全的气候变化-收成-饥民-社会稳定性的影响与响应链，另一条是基于社会粮食安全的气候变化-收成-经济-社会稳定性的影响与响应链。

采用全国作为空间单元，东部农耕区作为核心，选取气温、丰收、饥荒和农民起义等指标，分别代表气候变化（自然系统）、粮食生产（生产子系统）、粮食供需（人口子系统）和对社会影响的后果（社会子系统），分析从公元前200—1900年的“气候变化→收成→饥民→农民起义”的传递特点。气候转变的影响是温度与降雨变化的共同效应，耕地主要集中在东部季风气候区，季风降雨往往趋向于极端并有显著的区域性，把旱灾、洪灾的影响纳入相应的寒冷期和暖和期之内。饥荒即是饥民出现的情况，因为人均实际可支配的食物数量低于安全线的人均粮食占有水平，被用作描述人口-经济子系统状态稳定性的指标。

在社会各子系统状态与冷暖期的总体匹配关系上，有116个年代处于寒冷期内，而96个年代位于温暖期内，寒冷期的年代数超过温暖期的10%，如图8-19所示。分析冷暖期对应的社会各子系统在不同年份的占比情况：在寒

① 方修琦，郑景云，葛全胜．粮食安全视角下中国历史气候变化影响与响应的过程与机理［J］．地理科学，2013（11）：1291-1298.

冷期里，歉收年的占比最大，丰收年的占比最小，歉收年和正常年的总占比为70.7%；中度饥荒年的占比最大，中度和重度饥荒年的总占比为77.6%；有51.7%的时期出现农民起义。在温暖期里，丰收年和正常年的总占比为86.5%，丰收或正常年的占比明显超过歉收年的占比；重度饥荒年的占比最小，但是中度和轻度饥荒年的总占比为76%；农民起义未发生的年份占比66.7%。

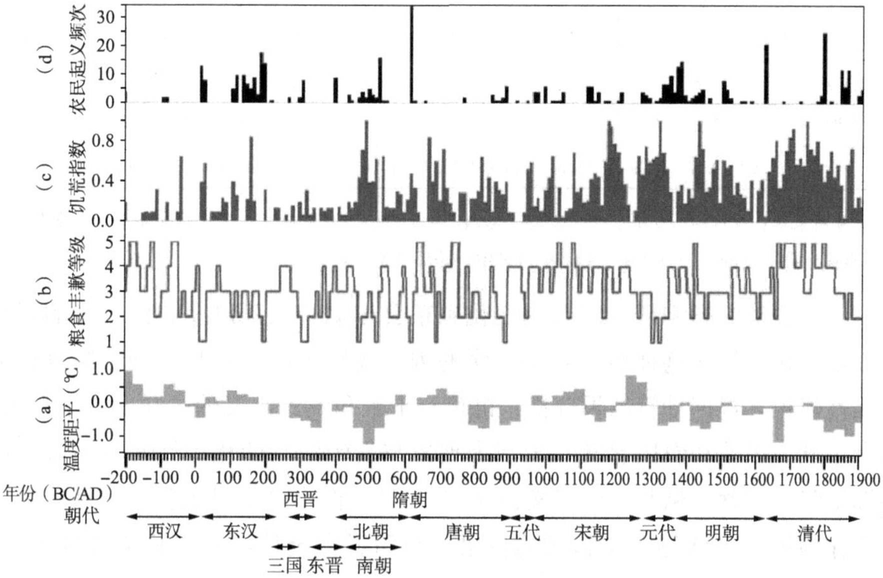

图8-19 西汉—清代的历史温度、粮食丰歉、饥荒和农民起义的序列对应

资料来源：方修琦，苏筠，尹君，等. 冷暖-丰歉-饥荒-农民起义：基于粮食安全的历史气候变化影响在中国社会体系中的传递［J］. 中国科学，2015（6）：834.

对照温暖期与寒冷期的气候状况：①在温暖期里，丰收年和正常年的发生概率是寒冷期的1.6倍和1.2倍，温暖期歉收的发生概率只有寒冷期的36%。②在寒冷期里，严重饥荒年和中度饥荒年的发生概率为温暖期的1.3倍，轻度饥荒年的概率与温暖期严重饥荒年的概率一致；大规模农民起义和小规模农民起义的概率是温暖期的1.4倍和1.7倍，没有农民起义的概率为温暖期的72%；轻度饥荒年的概率相当于丰收年的76%，温暖期为86%；无起义年的概率约是丰收年和轻度饥荒年的1.7倍和2.2倍，温暖期为1.4倍和1.6倍；大起义年的概率是歉收年的75%、严重饥荒年的89%，而温暖期大起义年的概率是严重饥荒年的83%。

粮食丰歉等级被视为气候整体效应的产物，这种级别的区别不仅包含温度差异的效应，也涵盖在寒暖季节中干旱和洪水等差异的效应。从气候冷暖的变化层次观察粮食产量的多寡变化层次，无论是在冷或暖的环境下，丰收都有可能出现，但是其出现的概率和程度都存在显著的差异性。在温暖期里，平均的丰收等级数值为3.46，超过寒冷期的平均数值2.87，如表8-14所示。

表8-14 公元前200—1910年冷暖期粮食丰歉年景比例构成

时段	粮食丰歉年景比例构成（%）及等级均值		饥荒年景比例构成（%）及指数均值		农民起义年景比例构成（%）及频次均值（次/10年）	
	歉收：常年：丰收	均值	重度：中度：轻度	均值	多：少：无	均值
全阶段	26.9：35.8：37.3	3.14	28.3：41.0：30.7	0.32	24.5：18.9：56.6	2.2
寒冷期	37.9：32.8：29.3	2.87	31.9：45.7：22.4	0.35	28.4：23.3：48.3	2.9
温暖期	13.5：39.6：46.9	3.46	24.0：35.4：40.6	0.27	19.8：13.5：66.7	1.4

资料来源：方修琦，苏筠，尹君，等. 冷暖-丰歉-饥荒-农民起义：基于粮食安全的历史气候变化影响在中国社会体系中的传递［J］. 中国科学，2015（6）：836.

气候波动的影响从冷暖时期变化到粮食丰歉、饥荒以及农民起义的层层传递都存在。然而这种传递并非简明的因果逻辑关联，而是一种错综复杂的非线性流程。根据计算结果分析，饥荒与丰歉和农民起义的关联度并不显著，粮食丰歉、饥荒和农民起义三者都表现出与气候波动的相关性及其显著程度逐渐下降，粮食丰歉与农民起义在0.05的显著性水平下呈现负相关性。然而饥荒作为粮食丰歉与农民起义的桥梁，与两者在统计层面的相关性都不高，未能达到显著性检验的标准。

农民起义与饥荒和丰歉的联系，不能仅仅被理解为“气候变化→丰歉→饥荒→农民起义”的连锁反应。饥荒产生的根源更为复杂，涵盖大量的影响因素，注意避免简单化。丰歉和饥荒之间的复杂性体现在：虽然农作物的减产是导致饥荒的关键原因，但是农作物减产不直接等同于饥荒的出现，饥荒并非完全因为歉收。由于人口数量的自然增长和耕地使用达到极限，即便没有气候变动也可能使得人均粮食的持有量低于安全线。政府在经济和财政方面的实力差异，也影响免税和救济的能力，从而使得饥荒的发生概率有所不同。①

综上所述，王朝发展的巅峰时期即是盛世，王朝衰败的极端状况则是朝代的更替。盛世常常出现在温暖期或由寒冷转向温暖，伴随着农作物的相对丰收；朝代的更替常常出现在寒冷期或由温暖转向寒冷，伴随着农作物的歉

① 方修琦，苏筠，尹君，等. 冷暖-丰歉-饥荒-农民起义：基于粮食安全的历史气候变化影响在中国社会体系中的传递［J］. 中国科学，2015（6）：831-842.

收。从分裂到统一的朝代更替，往往发生在百年尺度上的寒冷末期和温暖初期，气候从寒冷转向温暖，农业从歉收转向丰收，都为乱世结束提供有利的气候条件和物质基础。在盛世结束后，从统一到分裂的朝代转化，往往发生在尺度上从温暖转向寒冷以及农业从丰收转向歉收的时期。伴随气候变化的大治大乱周期，在一定程度上是朝代更替的一个基本原因。①

8.5.2　漕运变迁与地方动乱

根据《说文解字》的释义："漕，水转谷也。"寻根溯源，漕运指的是利用水路进行谷物运输的方式。古代中国民间很早以前就开始借助沟渠和自然水系进行物资运输，但是不能被定义为漕运。漕运是一个历史术语，特指历史上的朝廷把征收的粮食运送至京城或其他指定地方。漕运同时也是一项关键的经济体系，在本质上是田赋转运的一种方式，既有赋役又有运输的双重特性，主要涵盖漕粮的征收、运输和交仓三大环节。②

漕运始于秦汉而终于晚清，是以中央集权政治为核心、以自然经济为土壤的产物。国家拥有庞大的官僚机构和军事组织，统治集团不劳而食。文武百官的朝廷俸禄，国家机器的军饷抚恤，乃至帝王将相的奢侈挥霍，都是极其庞大的开支。然而小农经济形态的劳动产品，主要用于农业生产者自己所需，而不是用于交换和售卖。王朝需要大量的粮食，然而无法通过市场以交易方式得到满足，只能采取行政手段、借助权势在全国范围内征收粮赋并且加以转运。③

中国中央集权的封建专制结构开始于战国时代，至秦始皇统一六国后确定下来，经过两汉魏晋南北朝的发展，到隋唐得到强化。封建专制结构趋向极权化并不是偶然巧合，原因来自黄河流域和长江流域生产力相对水平发生空前的易位和变动。在唐朝以后南方驾凌北方之上一跃成为全国经济重心，政治军事中心与经济中心的矛盾尖锐起来。正是在这一时期，漕运随着大运河的开通而进入一个新阶段，开启南物北流的闸门，大运河漕运成为"朝廷血脉""天下之至计""治世之要务"。④

---

① 尹君，罗玉洪，方修琦．西汉至五代中国盛世及朝代更替的气候变化和农业丰歉背景［J］．地球环境学报，2014（12）：400-409.

② 张照东．论清代水路漕运方式的演变及其社会经济影响［J］．社会科学战线，1989（5）：190-197.

③ 吴琦．潜运的历史演进与阶段特征［J］．中国农史，1993（4）：21-26.

④ 郭孟良，孔祥君．大运河漕运与中国封建社会的长期延续［J］．黄淮学刊（社会科学版），1992（3）：7-15.

公元前486年，大运河初步开挖。吴王夫差因军事的需求，在现今的扬州蜀冈区域开凿连接长江和淮河的邗沟。随着隋朝的统一，大运河以洛阳为中心向南北扩展，建立包括通济渠、永济渠、山阳渎、江南河四段河道的隋唐大运河，全长达2700公里。元代时，国都设在北京，大运河无须绕行洛阳，而是在今天的淮安地区进行直线开凿，通过山东直接到达北京，形成至今仍在使用的京杭大运河。这条大运河包括六段河流：通惠河从北京到通州；北运河从通州到天津；南运河从天津到临清；会通河从临清到徐州；淮扬运河从淮安到扬州的江口；江南运河从镇江到杭州。[①]

大运河贯穿南北、横穿江河，黄河对粮食运输的威胁最为严重。康熙初年，夺淮河旧道入海，黄淮倒灌直冲运河堤岸，大量泥沙被带进运河，以致河身淤浅升高，漕粮运输梗阻。康熙到乾隆中期，统治阶级对此非常重视，每年都投入大量的人力和物力，定期进行“轮届大挑”，以保证大运河的基本通畅。然而嘉庆之后，随着中央政权由盛转衰，政治日趋腐败，社会矛盾激化，朝廷无暇顾及治理。官员假借治河国帑私吞财物，敷衍了事。或者引黄而济运，“挽回迁就，苟且一时”，黄河倒灌大运河，使得“漕河常有漫决”。道光初年，江南高堰漫口，运河全为黄河的泥沙淤塞，漕船无法航行。朝廷不得已而采纳英和等人的建议，决定租用商船，试办海上运输。

从道光二十八年（1848年）以后，海运的重要性日渐凸显，逐步取代河运，转变成清代末期漕粮运输的主要方式，河运相较于海运的份额大大缩小，仅仅作为一种辅助手段。咸丰初年，黄河在丰工地区发生决口，导致河运漕粮受阻。随后太平军攻陷南京，切断京口和扬州的漕运通道，江南地区的六省河运被迫全面停摆。从咸丰三年（1853年）起，京城需要的漕粮主要通过江浙两省租用商户的海运来满足。咸丰和同治年间，江浙两省平均每年海运漕粮约一百二三十万石，最多达到一百八十余万石。此一时期，清代的漕粮运输方式进入海运盛行的新阶段。

“江苏漕运甲于天下，自河运改为海运，全恃上海沙船装载。”鸦片战争过后，西方强权用炮舰打破中国的“禁海闭关”政策，外国的轮船和夹板船开始在沿海地区自由行驶。沙船的利润被洋船所占据，船商的亏损日益增多，停业的日子越来越多。咸丰末年，沙船的数量仍然保持在二三千艘，但是同治初年，“可用者已不及四五百号”。为了弥补沙船的短缺，朝廷从同治六年（1867年）开始，实行“华商置造洋船章程”，分运漕米，同时负责客运和货

① 王元．漕运的发展与中国大运河的变迁［J］．档案与建设，2020（12）：70-73.

运，"饬由江海关道晓谕各口试办。日久因循，未有成局，仅于同治七年借用夹板船运米一次"。同治十一年（1872年），李鸿章主导的轮船招商局开始负责运送部分的漕粮。光绪初年，招商局轮船运输的漕粮占比上升到四成，沙宁商船协运占比六成，海运漕粮持续到清代末期，运输工具已由传统的木帆船逐步转变为近代轮船。

光绪末期，西方列强对中国的经济侵犯愈演愈烈，清政府持续割让领土并赔偿，出现财政的危机。光绪二十六年（1900年），朝廷下令各地的河运、海运全面停滞，从那一年开始全部折色。由此内河的漕运完全被放弃，海运的漕粮仍然维持。宣统三年（1911年），"江浙两省所征本色内，仍共酌留京斛漕粮米一百万石，由海运京，余仍改折，本届运解本折米数比较上届有增无减"。朝廷每年需要从江浙地域收取近百万石的漕粮，交给招商局派轮船运往塘沽，然后"经由铁路火车运输到京城的仓库"。1911年，辛亥革命爆发，海运漕粮随着清代的灭亡而宣布结束。①

在清代漕运黄金时期，依赖漕运为生的劳工数量巨大。"清代漕粮的运输，每年约需六七千只船，每船佥卫所军一名领运，谓之旗丁，另有旗丁雇募水手九名，协同挽运。按此估计，领运旗丁需六七千人，舵工水手需五六万人。此外沿河另有专以拉纤为职业的人，谓之短纤，遇有浅滞，临时雇募，和水手的性质大致相同，大概有十万人左右。"沿途雇佣的短纤人数最多，"类皆无业游民，佣工糊口"。河岸两旁还有众多小商、小贩、伙计、脚夫等，依靠漕运谋生。"漕河全盛时，粮船之水手，河岸之纤夫，集镇之穷黎，借此为衣食者不啻数百万人。"

漕船水手纤夫主要是男性青壮年，他们常年在社会底层生活。水手以船为居所，四处流浪，工资微薄，生活困苦，还遭受领船旗丁和沿途官吏的欺辱、压榨。艰苦的生活条件激化这些劳工的反抗精神，他们组成各种互助团体以自保，参加漕船自助团队"潘安"、"老安"和"新安"者，"不下四五万人，沿途纤手尚不在此数"。在清政府统治者眼中，"此等无业之徒，在船则为水手，在岸则为游民，人数既多，最易滋事"，因此采用各种手段严格防备。

清代道光和咸丰时期，尽管运河淤积问题日益严重，但是粮食的海运没有完全中断，其主要因素就是朝廷对漕船水手纤夫的顾忌。当时经济凋敝、百业萧条，朝廷担心如果停止粮食的河运，"无业游民无船可运，必致生计孔

① 张照东．论清代水路漕运方式的演变及其社会与经济影响［J］．社会科学战线，1989（2）：190-197.

艰，颠连无告，及流为匪类”，这对统治将产生负面影响。然而自太平军起义后，情况发生剧变。1873 年，轮船招商局在上海运营，粮食河运的中断甚至停止，对漕船水手纤夫的生计造成巨大困扰。那时的朝廷忙于应对太平军，无暇也无力处理或者约束。漕运水手因为社会平衡和秩序的崩溃而嚣张起来，轻则骚扰民众，重则杀人越货。“青帮者，其徒本皆以运漕为业，岁居粮船，船北上时夹带南货，南下时夹带北货，所谓粮船帮者是也。既改海运，艰于衣食，乃秘密结会，以贩私盐为业，亦有专以赌博及诈欺取财度日者。江浙为多，淮、徐、海尤盛，皖北亦有之。”①

在漕运中的旗丁也开始陷入生存困境。清代早期，旗丁典卖屯田的情况就已存在，但是没有得到足够的关注。乾隆之后，大部分屯田被民众典租，由于历时太长，典卖的数量过多，导致旗丁逐渐陷入困境。屯田的数量急剧下降，旗丁要么大规模逃离，要么改行从事其他工作，原本井然有序的各卫所旗丁现状破裂不堪。清代末期，朝廷财政紧张，大部分经费被用于支付士兵的薪饷，旗丁的各项用费逐日减少，再加上漕运费用繁重，各级官员层层剥削，使得旗丁陷入贫困，“军逃地荒”。由于人手短缺，漕运的任务落到部分旗丁身上，逃亡的情况更为严重。最终朝廷很难正常且顺利地组织一次大规模的漕运，每年不得不到处雇佣旗丁，甚至被迫募商运粮，漕运的基础日益削弱。②

清代既象征漕运制度的巅峰，同时也标志漕运制度的衰亡。漕政堕落，各级漕司贪欲无边，那些漕运人员以及依食漕运者对各级官员、清代政权乃至整个社会和制度产生强烈的不满情绪。民间反抗活动层出不穷，长达数百年的漕运积弊成为最主要的诱因。一些反抗组织借助这种情绪和心态以及漕运便利的优势，发动和吸引民众加入反抗行动。同时也有大量的民众主动参与、自行组织反抗团队，因此漕帮构成策划起义的绝佳场所。“凡各省漕船水手多崇尚邪教，并且经常潜留犯事衿监、讼师、旗逃挂子、白莲教并来历不明之人”，隐藏于帮派之中，密谋生事。特别是在清代末期，漕运制度崩溃，大量劳工失业，没有生活来源，纷纷投入反抗朝廷的队伍中，成为削弱专制王朝政治、经济实力的重要力量。③

---

① 戴鞍钢．清代漕运盛衰与漕船水手纤夫［J］．安徽史学，2012（6）：24-28.

② 吴琦．清后期漕运衰亡的综合分析：兼评胡林翼漕运改革［J］．中国农史，1990（7）：69-76.

③ 吴琦．清后期潜运衰亡的综合分析：兼评胡林翼漕运改革［J］．中国农史，1990（2）：69-76.

大运河漕运为中央朝廷的粮食供应而兴，成为中央集权的财政支柱。同时大运河推动贸易发展、提供就业机会，使得临近地方受益。人口数量和密度是经济繁荣的有力证明，1820 年，有超过 1.26 亿人口居住在大运河周遭六省，占当时世界总人口的 15%左右。运河县（大运河流经或者穿过的县域）的人口密度比非运河县高出 45%。1826 年，随着朝廷“漕粮海运”政策的逐步落实，大运河逐渐被废弃，使得周边地方丧失从这条既定经贸路线带来的利益。陆路高昂的运输成本导致区域间贸易急剧减少，依赖漕运的劳工大量失业，其后不久，动乱四起。

在大运河被废弃的过程中，失业劳工与叛乱团队形成极为密切的关系。从清代官方历史资料中，整理 1650—1911 年涵盖大运河流经或者临近的六个省份下辖 575 个县的数据库。利用双重差分模型，设定 1826 年为外生冲击发生年，对比运河县与其他县之间地方叛乱发生数量的差别：因变量是叛乱，利用《清实录》的信息计算每县每年的叛乱数量；控制变量为地理特征、人口特征、气候特征和农业特征；处理变量的方法包括基准分析和扩展分析。

1826 年，在大运河被废弃后，叛乱的频率明显增加。1825 年开始，每年 1.37 次，之后增加到每年 10.47 次。1861 年，达到峰值并且向后延续多年，如图 8-20 所示。叛乱的空间分布展现出预期的相应特征：废弃之前，叛乱的频率较低，但是分布较广；废弃之后，叛乱的总数增加，分布更为集中。值得注意的是，临近运河的区域，在冲击发生前后的相对变化更大。

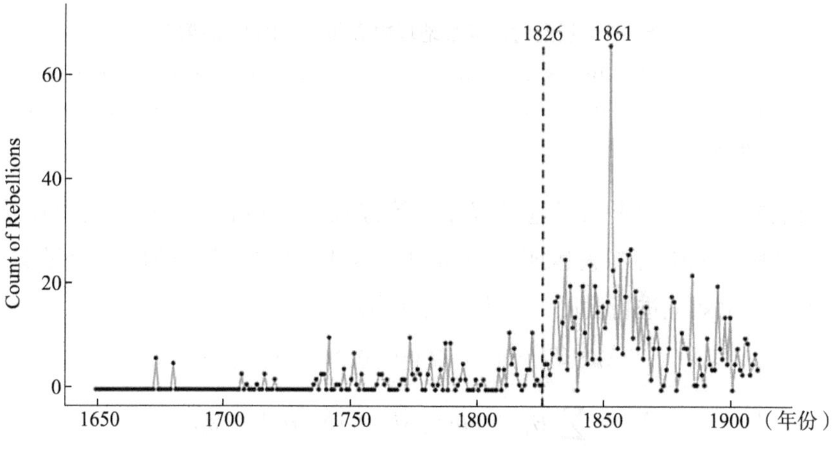

图 8-20　1650—1911 年京杭大运河的叛乱频率

资料来源：CAO Y M，CHEN S. China's Grand Canal Does disruption of major trade routes fuel social unrest? [EB/OL]. [2022-08-02]., https：//www.aeaweb.org/research/charts/disrupted-trade-conflict-china，2022-06-06.

考虑到运河县与非运河县之间可能存在的系统性差异，包括地理、气候、人口和农业，把表示冲击发生的虚拟变量 *Post* 交乘纳入控制。使用两种指标测量一个运河县对大运河的依赖程度：一个是地理依赖，使用大运河在该县境内的长度（以该县面积标准化）进行测量；另一个是经济依赖，使用距离大运河 10 千米范围内（作为集市的）城镇占该县城镇的份额代理进行测量，如下列公式所示。

$$Y_{ct}=\beta CanalIntensity_c\times Post_t+\delta_c+\sigma_t+\chi+\varepsilon_{ct}$$

$$Y_{ct}=\sum_{k=0}^{K}\beta_k IntensityGroup_c^k\times Post_t+\delta_c+\sigma_t+\chi+\varepsilon_{ct}$$

根据公式进行测算，结果如图 8-21 所示。显而易见，冲击带来的影响随着县域对大运河的依赖程度（地理上和经济上）的增加而增加，尽管在地理依赖性上不是严格单调的。

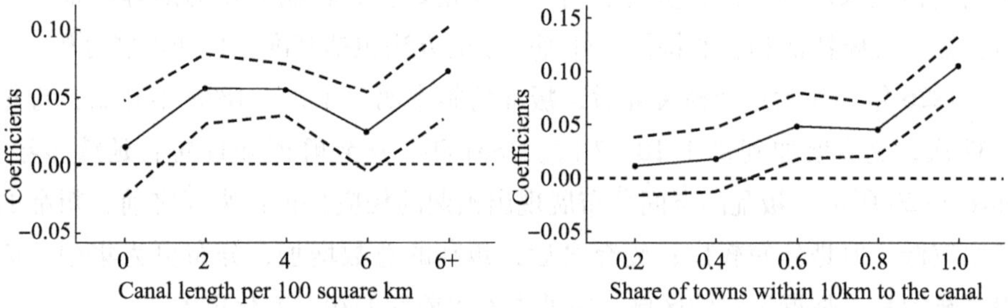

（a）Geographic intensity：length of canal （b）Economic intensity：dependence on canal

图 8-21　叛乱对运河县地理中心和经济的冲击情况

资料来源：CAO Y M，CHEN S. China's Grand Canal Does disruption of major trade routes fuel social unrest? [EB/OL]. [2022-08-02]., https：//www. aeaweb. org/research/charts/disrupted-trade-conflict-china，2022-06-06.

叛乱冲击带来的影响通过经贸往来等方式辐射到非运河县，使用在总样本中各县域地理中心与大运河的距离和表示冲击发生时间的虚拟变量交乘，对冲击的溢出效应进行测度，如下列公式所示。

$$Y_{ct}=\beta\, Distance_c\times Post_t+\delta_c+\sigma_t+\chi+\varepsilon_{ct}$$

$$Y_{ct}=\sum_{k=0}^{K}\beta_k\, Distance_c^k\times Post_t+\delta_c+\sigma_t+\chi+\varepsilon_{ct}$$

根据公式进行测算，正如预期的那样，叛乱冲击带来的影响随着大运河距离的增加而减少，这一空间范围大致能够达到 150 千米。

19 世纪后半叶，中国处于一段异常动荡的时期，来自社会环境中可观测、不可观测的事件都有可能对分析结果形成干扰。再次加入第一次鸦片战争（1840—1842 年）和太平天国运动（1851—1864 年）对大运河废弃的影响估计。两个事件的发端均在大运河流域之外，但是其后移动至大运河流域内。1840 年，第一次鸦片战争在广东开始，1842 年 7 月，英军攻占宁波、上海和镇江，随后舰队切断大运河运输；1851 年，太平天国运动在广西开始，太平军沿着长江进入安徽、江苏和浙江等省，大运河粮食朝贡系统近乎瘫痪。

鸦片战争和太平天国与大运河被废弃相互作用，既有可能鼓动地方民众反抗朝廷，也有可能从地方招募新军，从而减少地方叛乱的发生。测度被占领地方在大运河废弃与两事件中的三重交互效应，计算结果表明：太平天国运动对直接受影响的地区有明显的负效应，而鸦片战争的影响则不大；没有发现确凿证据可以表明运河县对这些大事件的反应比非运河县更为激烈，如表 8-15所示。

表 8-15　第一次鸦片战争和太平天国运动对于大运河废弃的影响估计

Areas	Dependent Variable：Rebellions					
	County Sample within：					Prefecture Sample
	Prefecture	100km	150km	200km	All	
	(1)	(2)	(3)	(4)	(5)	(6)
Panel A：50-year window (1800—1850)						
Along Canal×Post	0. 0628	0. 0664	0. 0721	0. 0713	0. 0680	0. 1331
	(0. 0267)	(0. 0250)	(0. 0248)	(0. 0246)	(0. 0242)	(0. 0899)
	[0. 0244]	[0. 0234]	[0. 0243]	[0. 0243]	[0. 0239]	[0. 0674]
Observations	9150	14900	18750	21200	26800	3750
Panel B：100-year window (1775—1875)						
Along Canal×Post	0. 0488	0. 0523	0. 0585	0. 0590	0. 0592	0. 1816
	(0. 0232)	(0. 0221)	(0. 0220)	(0. 0218)	(0. 0216)	(0. 0800)
	[0. 0227]	[0. 0220]	[0. 0223]	[0. 0223]	[0. 0219]	[0. 0512]
Observations	18300	29800	37500	42400	53600	7500
Panel C：150-year window (1750—1900)						
Along Canal×Post	0. 0460	0. 0474	0. 0540	0. 0552	0. 0552	0. 1286
	(0. 0212)	(0. 0205)	(0. 0202)	(0. 0200)	(0. 0198)	(0. 0643)
	[0. 0181]	[0. 0179]	[0. 0180]	[0. 0180]	[0. 0177]	[0. 0401]
Observations	27450	44700	56250	63600	80400	11250

续表

Areas	Dependent Variable：Rebellions					
	County Sample within：					Prefecture Sample
	Prefecture	100km	150km	200km	All	
	（1）	（2）	（3）	（4）	（5）	（6）
Panel D：200-year window（1711—1911）						
Along Canal×Post	0. 0348	0. 0362	0. 0428	0. 0445	0. 0452	0. 1105
	（0. 0185）	（0. 0181）	（0. 0178）	（0. 0177）	（0. 0175）	（0. 0595）
	[0. 0159]	[0. 0158]	[0. 0159]	[0. 0158]	[0. 0156]	[0. 0356]
Observations	36600	59600	75000	84800	107200	15000
Panel E：all-years（1650—1911）						
Along Canal×Post	0. 0348	0. 0354	0. 0419	0. 0440	0. 0449	0. 1070
	（0. 0184）	（0. 0178）	（0. 0175）	（0. 0174）	（0. 0172）	（0. 0611）
	[0. 0156]	[0. 0154]	[0. 0153]	[0. 0153]	[0. 0151]	[0. 0361]
Observations	47946	78076	98250	111088	140432	19650
County FE	Yes	Yes	Yes	Yes	Yes	
Prefecture FE						Yes
Year FE	Yes	Yes	Yes	Yes	Yes	Yes
Pre-reform rebellion×Year FE	Yes	Yes	Yes	Yes	Yes	Yes
Province×Year FE	Yes	Yes	Yes	Yes	Yes	Yes

资料来源：CAO Y M，CHEN S. China's Grand Canal Does disruption of major trade routes fuel social unrest? [EB/OL]. [2022-08-02].，https：//www. aeaweb. org/research/charts/disrupted-trade-conflict-china，2022-06-06.

大运河被废弃在客观上关闭直接进入这一既定经贸路线的通道，严重阻碍19世纪沿岸集镇的发展，直接证实冲击对区域经贸的破坏性影响，运河县比非运河县更为频繁地经受叛乱的冲击。经贸机会的丧失增加农产品的交易成本，导致消费者和生产商的福利损失，打击从事经贸相关工作的港口与码头的劳工和商人等。劳工在大运河被废弃后彻底就发展成为黑帮形式的团伙（包括青帮），与后续几十年的暴力事件之间存在着潜在联系。①

"数字"不再是单纯的数学概念，而是包含承载史料的信息，甚至包括许多不那么精确的数字，为经济史数字化研究提供更直接、更现实的依据，赋

① CAO Y M，CHEN S. China's Grand Canal Does disruption of major trade routes fuel social unrest? [EB/OL]. [2022-08-02].，https：//www. aeaweb. org/research/charts/disrupted-trade-conflict-china，2022-06-06.

予更为客观、严谨和科学的特征。经济史研究针对的一切客体，都可以运用数字技术全面、综合、动态地展示出来，空前地扩大史料的获取和利用方式，从而深化主体对客体的数字所承载信息统一性的理解，革新主体对经济发展和社会规律的思维方式。人们对历史具体演变的认知必然由浅入深、由低到高，越来越接近和还原历史的"真相"。

科学化的经济史研究在史料学和方法论这两个方面都要有所突破，数字技术作为外在工具，可以回答已经提出的旧问题，也可以回答未来发现的新课题，甚至产生新的研究范式。数字的价值不能局限在服务考据和考订、进行相关性的分析及发掘隐藏的现象上，因为经济史研究的主要目标在于解释过去而影响未来是主观的、有感情的、有人性的。"以史为镜，可以知兴替"。经济史数字化研究方法作为一面崭新的镜子，回望过去、映照现实、远眺未来，从失败中获取教训和经验，抛弃夸夸其谈和僵化教条，避免重蹈历史覆辙。①

---

① 成一农．抛弃人性的历史学没有存在价值［J］．清华大学学报（哲学社会科学版），2021（1）：181-190.

第9章

大国崛起与治理

“政策的制定不是孤立的，在当前的政策中存在一个起始点，然后与地方的、国家的、国际的政策发生某些错综复杂的交织。经济、政治、法律和公共意见都是重要的影响因素，数字证据只是决策者需要考虑的一个因素。无论是什么样的决策，其结果几乎总是不公平的。”

——英国生物学家 威廉·萨瑟兰《让政策制定更加科学的20条建议》

汉朝史学家赵晔在《吴越春秋·勾践归国外传》中写道：“民富国强，众安道泰。”儒家思想影响着后来的政治、经济、哲学、伦理、教育等诸多方面。在国富、民富孰先孰后的争论上，管仲、商鞅强调国富先于民富，先利后义、以利导民，国富与民富相矛盾，弱民有利于国家治理；而孟子和荀子提倡民富先于国富，民富是国富的基础，国富与民富不矛盾。荀子在《荀子·富国》中写道：“下贫则上贫，下富则上富。”只有民众富裕、需求旺盛，政府才有充足的税收来保障和改善民生，国家才能真正强大起来。

中华民族多灾多难，追求国家强盛已经成为全体中国人的共识。强国理念对保持民众心志、凝聚国家力量发挥关键作用。假如强国理念发展到极点，那么可能引发民生、民本被边缘化的情况，甚至出现国强民穷、国进民退，使得富民目标的实现困难重重。毋庸置疑，在国家财富增长的背景下，国富民穷的问题依然存在，解决国富之后的民富问题成为战略性难题。一系列国家战略和制度安排都意味着从“国富优先”转为“民富优先”的轨道，让权让利于民，合理地缩小收入差异、城乡差异，让广大民众公正地分享改革开放的成果。①

9.1 大国崛起和地区差距

在世界近代史中，大国崛起往往伴随着严酷的经济危机，因而考验和督促政府对以往实施的经济政策进行反省，果断地进行制度创新，重新对权利

① 周晓红．民富优先：共同富裕实现的关键［J］．湖北行政学院学报，2012（8）：47-49.

和财富进行分配和再分配，推动国家走出危机的阴影而重新崛起。反之在经济危机的沉重打击下，哪怕是再有实力的大国也很有可能衰落。经济危机使得民众生计艰难、社会矛盾加剧，并且引发人们的信心危机。大国政府的明智之举都从出台新政、让利于民开始，促进市场调节的看不见的手和政府干预的看得见的手相结合，保障经济体系的正常运转。

经济危机具有国际传导性，应对大批量工人的失业问题，国际合作显得极为重要。1919 年，国际劳工组织成立。工人、雇主和政府代表处于平等地位，共同协商劳动关系。复苏经济必须依赖大笔的资金，1944 年，以美国为首的 45 个国家一致同意建立国际货币基金组织（IMF）和世界银行（WB），确定主要货币关系。首次建立提供复兴欧洲国家的基金，后来逐渐向非工业国家提供贷款。在经济全球化背景下，开展多种形式的国际合作，共同抵御世界范围的危机和风险，更是大国崛起的宝贵经验。①

9.1.1 李约瑟悖论和国家形象

关于古代中国拥有科学的领先地位却未能产生近代科学的问题，与“中国无科学论”、“制度抑制发明论”及“中国文明停滞论”等观点有所关联。1964 年，英国生物化学家、科学史学家李约瑟在《科学与中国对世界的影响》一文中提出“三个悖论”，中心疑问在于：虽然中国古代在科技发展上做出诸多重要的贡献，但是科学与工业革命为什么没有在近代的中国发生呢？

第一，中国无科学论与李约瑟第一悖论。1923 年，中国哲学家、教育家冯友兰发表《为什么中国没有科学——对中国哲学的历史及其后果的一种解释》一文，他表达这样的观点：“中国向来没有科学，因为据其自身之价值标准，不需要任何科学。”这种“中国无科学论”的关键在于如何解读“科学”的含义。科学是一个包罗万象的概念，涵盖不同的形式：基于经验、实用、臆想的古代科学，以及建立在数学、实验、假说之上的近现代科学。李约瑟认为：如果我们仅仅把科学定义为近现代科学，那么科学确实只是源于文艺复兴后期、伽利略的时代。但是从更广义的科学角度来看，还有大量无可辩驳的事实表明：公元前 5—15 世纪，中国科学技术取得众多辉煌的成就，远远超越欧洲。因此中国科学并不是一直落后，更不是一直没有科学，而是中国没有催生出近代科学，只是近代科学有所落后。所以李约瑟第一悖论实质上是：在古代科学技术成就辉煌的中国，为什么没有产生近代科学？

---

① 金汝斌．经济危机与制度创新和大国崛起［J］．新远见，2009（8）：28-35.

第二，制度抑制发明论与李约瑟第二悖论。中国科学在近代的滞后，时常被人简化为由于官僚封建体制的压迫，从而科学应用和技术创新之路被阻塞，对此李约瑟以诸多事例进行反驳。他认为：5—15 世纪，相较于欧洲的军事贵族封建制度或奴隶制的古代文明，中国的官僚封建体制在自然知识应用上效果显著得多。实际上，中国在各个领域内推行并扩大具有连贯性的创新技术，朝廷官吏在许多方面推动科学的应用。比如汉朝利用地动仪向朝廷传递地震发生的信息，也能测定地震的方位；又如唐朝派遣考察团队，测量从印度至蒙古约 2400 千米长的子午线弧度，绘制从爪哇岛到南天极的星图。汉唐以后封建朝廷在诸多方面积极鼓励科学应用，就不能说中国未能孕育出近代科学是由于官僚封建制度的压制。所以李约瑟的第二悖论实质上是：曾经在各个方面鼓励科学应用的中国封建体制，为什么没有催生近代科学在中国的诞生？

第三，中国文明停滞论与李约瑟第三悖论。针对西方人乐于讨论和深信的那些关于中国创新在东西方文明中角色截然不同的陈述，李约瑟反驳：“所有这些奇特的比较只能证明它们在历史上是错误的。大部分的中国发现和创新都得到广泛的应用，只是在一种相对定型的社会制约下。”“中国采取的是缓慢且稳定的发展路线，在文艺复兴之后才被现代科学以指数级的发展以及其所有成就所超越。”他认为：起源于欧洲的现代科学是在中世纪科技基础之上孕育出来，然而中世纪的科技并非大部分都来自欧洲而是亚洲，尤其是中国所贡献的。中国的发现或发明（特别是火药、指南针和印刷术）传至欧洲，成为击碎西方社会结构的重锤。这是一个“悖论的悖论”，所以李约瑟第三悖论实质上是：古代中国科技为什么没有引发中国社会的变革，然而成为推动欧洲社会变革和现代科学诞生的重要推动力？

在第一悖论里，李约瑟对古代中国科学的贡献进行辩护。这个悖论表明的是古代的科学呈现出保守和模糊的特性。虽然看轻科技，但是儒家学说精于经验理性和辩证逻辑，然而这种经验主义必须依赖于工匠们世世代代的积累，只有在明确化之后才能朝着渐进的方向演变。这也是为什么中国无法直接转化为具有内在革新机制的近代科学模式，没有发展出近代科学的原因在于古代中国科学缺乏变革的内在驱动力。

在第二悖论里，李约瑟强调中国的封建体制并未压迫创新及其实践，重要的是该制度倾向于推崇官僚经济，妨碍民众成为对科学有独立研究精神的科学家（主要是科举制的导向），也没有形成近代科学发展所需的文化氛围和产权制度。中国的制度模式适应传统农业和手工业技术的渐进演变，这种模式属于自给自足的农业经济体系，加之历来重农抑商的政策，阻碍商人阶层和市场经济体系的成长。

在第三悖论里，李约瑟阐述古代中国文明并非停止发展，反而孕育出火药等领先的文明元素，特别强调这发生在“标准的社会控制”情境中。但是他对于两种文明的阐述模糊，没有明确地指出古代中国从根本上归属于农耕文明类型，始终在君主权力标准的社会控制之内，直至近代也没有从农耕文明变迁为近代工业文明类型，以及形成实现这类变迁所需的先进技术基础和制度条件。

李约瑟悖论在本质上只是人们探讨近代中国落后原因的一部分，尤其是在经济上的滞后。这里是曾经拥有灿烂的古代文明、社会与经济长期领先全球的中国，自欧洲进入资本主义时代后全面滞后的原因非常广泛。对比东西方的科技历史，再对比东西方的经济历史，才能比较准确地把握李约瑟悖论的含义。

科学、技术与经济的关系构成一个复杂的非线性关系体系，而非简单的线性因果关系。1999 年，英国经济学者安格斯·麦迪森出版《中国经济的长远未来》一书。在研究中国和欧洲的经济增长模式后，他认为：1—17 世纪末期，中国人口由 4000 万人增加至 1.3 亿人。尽管宋朝的人均收入增长大约 1/3，但是元代的人均收入下降，至明清时期基本稳定。相对而言，1 世纪的中国和欧洲的经济发展状况较为接近；进入中世纪，欧洲人均收入落后于中国，考虑到中国人口数量优于欧洲，两者的差距十分显著；然而 16 世纪以后，欧洲人均收入快速上升，超过中国持续至今，如表 9-1 所示。

表 9-1　50—1700 年中国和欧洲人均 GDP 与人口估计

年份	50 年（东汉）	960 年（北宋初）	1280 年（元）	1500 年（明）	1700 年（清）
中国	**450**（40）	**450**（55）	**600**（100）	**600**（103）	**600**（138）
欧洲	**450**（34）	**400**（40）	**500**（68）	**774**（72）	**1024**（96）

资料来源：刘则渊．“李约瑟悖论”的理论内涵与经济背景［EB/OL］. 百度百科，https：//baike. baidu. com/tashuo/browse/content? id=bef8f72684544c87bab86383，2017-11-28.

注：加黑的数字是人均 GDP，以 1990 年国际元计算；在括号内的数字是人口，单位是百万人。

当欧洲迈入资本主义时代后，中国依旧停留在君主权力专制社会，经济水平远远落伍。18 世纪，中国的人均收入与美国、日本的差距很小。虽然经济总量超过这些国家，但是美国、日本先后引入欧洲的科技，完成工业革命。19 世纪中后期，这些国家的经济水平迅猛超越中国。鸦片战争以前，中国经济依然占据世界总量的 1/3，但是人均收入已经低于世界平均水平，只有欧洲的 1/2。清朝廷故步自封、闭关锁国，沉迷于“天朝大国”而走向衰败、被动挨打，西方列强的入侵暴露出中国的种种积弊。20 世纪中叶，中国经济仅仅占据世界的 5%，人均收入只有世界平均水平的 1/4。改革开放以来，中国经济快速崛起，从1978—1995年平均增长7.49%，这是五千年历史上发展最快、最好的时期，如图9-1所示。

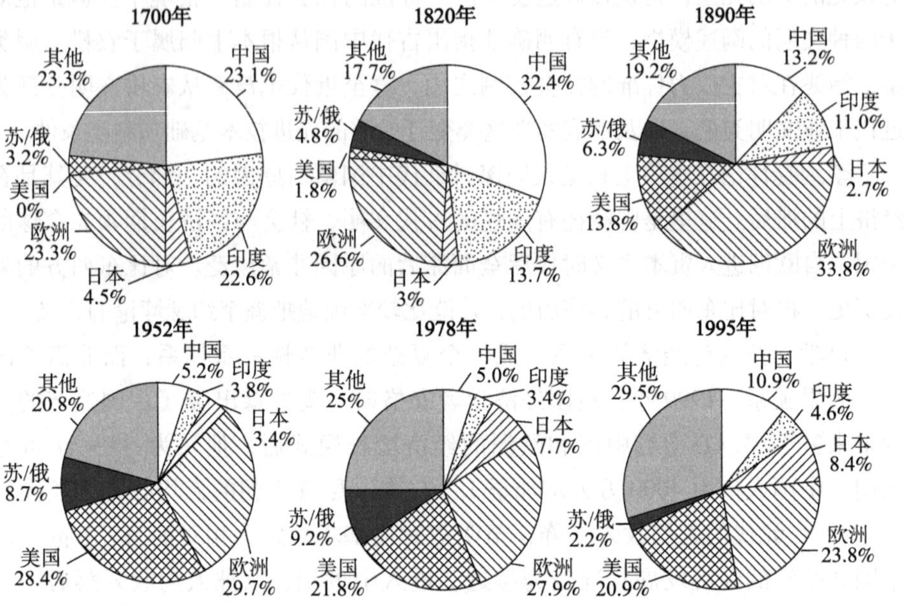

图9-1　1700—1995年中国与世界其他国家的GNP比例

资料来源：刘则渊．“李约瑟悖论”的理论内涵与经济背景［EB/OL］．［2022-08-22］．https：//baike. baidu. com/tashuo/browse/content? id=bef8f72684544c87bab86383，2017-11-28.

注：GNP分布按国际元（intemational dollars）计算。

在科学技术与经济发展的相关性上，中国与欧洲都呈现显著的正向关系。整体而言，相比科学的理论成就，中国的技术成就所占比例始终遥遥领先，这也证明实用科学和经验技术的稳步积累，与中国经济的渐进式缓慢增长相一致，如表9-2所示。

表9-2　中国历代理论、实验、技术在总积分中所占比重（%）

朝代	春秋	战国	秦	西汉	东汉	魏	西晋南北朝	隋	唐	五代	北宋	南宋	元	明	清
公元	—前475	—前221	—前206	—8	—220	—265	—589	—617	—906	—960	—1127	—1279	—1368	—1644	—1911
理论	12	23	0	6	10	13	15	2	8	—	4	19	8	16	40
实验	2	8	0	9	14	1	13	0	11	—	6	7	12	3	1
技术	86	69	100	85	76	86	72	98	98	—	90	74	80	81	59

资料来源：刘则渊．“李约瑟悖论”的理论内涵与经济背景［EB/OL］．［2022-08-22］．https：//baike. baidu. com/tashuo/browse/content? id=bef8f72684544c87bab86383，2017-11-28.

5 世纪以前，中国的技术成就超过欧洲，但是欧洲在理论科学上的表现超过中国。5—15 世纪，即古代中国的晋朝至明朝和欧洲黑暗的中世纪，中国的科技成就整体上远远超越欧洲，欧洲的经济和科技都呈现出衰落的状况，这与经济统计的结果高度契合。16 世纪，欧洲的技术成就在总积分中的份额快速增长。进入伽利略时代（即中世纪末期），欧洲的近代科学开始超越中国，这在经济与科技的关联性上揭示李约瑟悖论的历史背景与经济根源，如图 9-2所示。

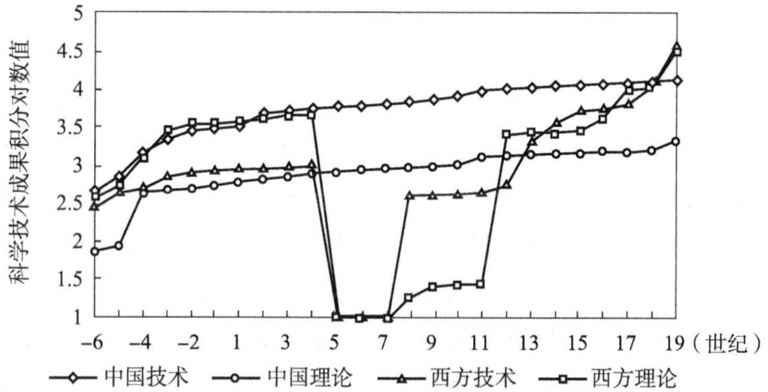

图 9-2　中国和西方科学理论与技术成果累加增长曲线比较

资料来源：刘则渊．“李约瑟悖论”的理论内涵与经济背景［EB/OL］．［2022-08-22］．https：//baike. baidu. com/tashuo/browse/content？id=bef8f72684544c87bab86383，2017-11-28.

经济繁荣之后往往跟随着科技繁荣，科学活动基本上是相伴而非驱动经济行为。英国物理学家贝尔纳说过：从历史进程和世界范围来看，科研活动的焦点一般是追寻而不是导致商业活动中心的转移和变化。欧洲优于中国的关键时期和事件包括：文艺复兴之后，欧洲的工厂手工业和商业蓬勃发展，催生近代科学的诞生；18 世纪工业革命之后，大规模工业的需求促使力学、化学、电磁学等科学领域的新发现陆续转化为新兴的工业技术；19 世纪下半叶之后，科学对工业的影响力逐渐由配角升级为主角。科技的进步日益成为经济增长的重要推动力，科学技术成为第一生产力。

对比近代以来的中国、欧洲与美国、日本的经济增长，我们可以看到这些以往被欧洲领先的国家先后迅速崛起，尤其是与中国传统文化有深厚联系的日本和亚洲四小龙创造的“东亚奇迹”。尽管世界各国的历史文化传统不尽相同，但是彼此之间的差异并不是无法跨越的，具备经济增长和发展的内在一致性。马克思在《资本论》中论述：“工业较发达的国家向工业较不发达的国家所显示的，只是后者未来的景象。”如今这些历史上后发国家或地区的崛起，结合中国从曾经科学文明的辉煌走向现代改革开放的实践，为我们揭示新时代解决李约瑟悖论的可能性。①

一般而言，“大国”是指一个国家的实质属性，比如地理位置、人口数量、资源储备、经济状况、政治环境及军事能力等因素。所谓的大国常常指的是一个既大又强的国家，也就是所谓的“强大的国家”。这样的国家并非一定包含所有构建大国或强国的必要条件，但是必须包括一些基本条件，例如至少具备经济、政治或军事中的一种或两种，特别是拥有较高的经济因素的整合能力。

工业革命之后，经济因素在主权国家的发展过程中发挥关键作用，一些共性的经济要素起到决定性的影响，例如完善的国内市场体制、齐全产业部门体系、影响力较大总体经济规模等。这些经济要素不只在物质层次上表现出来，也能在制度层次上有所体现。也就是说，主权国家不仅仅拥有经济规模上的优势，同时还拥有经济制度创新的优越性和示范作用。②

在《国富论》中，亚当·斯密阐述：“分工起因于交换能力，分工的程度总要受到交换能力大小的限制。换言之，受到市场广狭的限制。”这是他对市场规模问题的表述，可以被视为规模经济和大国经济的理论起源。如果规模太小，就无法激励人们投身于专业领域的终身工作，因此很多专业只能在大城市中发展起来，宽广的市场能够为行业分工和产业集聚提供良好的环境。大国的规模经济特性，使得区域内分工和国家内分工都有很好的发展。与小国相比，大国形成规模优势和分工优势，所以其产业结构、区域结构和要素结构更为复杂。

在《规模与范围：工业资本主义的原动力》中，美国经济学者小艾尔费雷德·钱德勒对规模经济、范围经济与新制度之间的密切关系进行深入解析。他指出：“新技术的出现和新市场的开放，导致规模经济和范围经济同时减少生产成本，从而使工业企业在那个时候和那个地方、以那种方式产生。”企业有可能通过扩大规模和范围，进而出现在成本上的优势，这就是规模经济和规模效益的体现。大国拥有广袤的地域和市场空间，在工业生产和销售中，更为有效地利用规模和范围经济，进而构建规模优势。

在《国家竞争优势》中，美国管理学家迈克尔·波特阐述：产业集群有

---

① 刘则渊．“李约瑟悖论”的理论内涵与经济背景［EB/OL］．［2022-08-22］．https：//baike. baidu.
com/tashuo/browse/content？id=bef8f72684544c87bab86383，2017-11-28.

② 温俊萍．经济史视野中的大国崛起［J］．史林，2008（4）：167-173.

可能塑造出规模优势。集群指的是在某个特殊地域的某个特定领域里，存在一批互相联系的企业、产业及专业化的组织和协会。集群所发挥的作用不仅降低交易的成本、提升效率，还能优化激励机制，创造出信息、专业化组织、声誉等集体财富。如果一个国家的企业能够达到一定产量水平，那么成本就会降低，出口就有竞争力，那些达到必要“集中度”的规模经济才能形成国家竞争优势。所谓的大国经济就是拥有国家规模优势的经济体系，规模优势是这一经济理论的核心思想。

在《大国的兴衰》中，美国历史学者保罗·肯尼迪对英国、法国、美国、德国、俄罗斯、日本以及中国等大国的历史进程进行回望，揭示出影响大国崛起与衰落的各种因素。他认为：“一流国家”在世界事务中的相对位置总是不断地转变，“一是各国国力的增长速度不同，二是技术突破和贸易组织形式的变革，可能使得一国相较于他国拥有更大的优势”；经济实力与军事实力是紧密相连的，“地理位置、军事机构、民族精神、结盟条约等诸多因素都对各国的实力产生制衡效果”，成功或失败并不完全由经济因素决定，但是经济实力的转移和壮大表明某一大国即将崛起的可能性。

大国复兴是指曾经遭遇衰退的大国的重新崛起。中国和印度都是具有深厚历史底蕴的大国，曾经拥有兴盛的时代和辉煌的过去。这两个世界上人口最多的国家走在独特的发展道路上，其经济增长率均超出经济平均增长率，致力维持在全球经济增长核心的位置，“注定变成地球上最强盛的经济大国”。大国崛起所带来的经济新秩序，将构建发达国家与中国、印度等新兴大国共存与融合的新时代。随着相对实力的增加，新兴大国对于国际体系的力量配置、秩序、行为规则将产生越来越大的影响力，归根到底取决于国家核心科技与经济竞争力的比拼。①

大国崛起与科技创新能力及创新环境有着密切的关系。科技创新能力是国家持久发展的基石，也是民族繁荣进步的持续动力，更是大国崛起的关键。大国崛起依赖于法律、财政、政治体制和文化等因素。比如美国的政治经济体制有助于自由竞争，这促使自我创新能力得以迅速提升。19世纪末期，出现一系列颠覆世界工业形态的创新成就：爱迪生是首位建立电气工程研究实验室并应用大规模生产理念的发明家，拥有留声机、电影摄像机、钨丝灯泡电灯等2000多项专利；怀特尼在枪械生产中首次设计零部件互换的大批量制造方法；福特在汽车制造中首度试验流水线生产模式。20世纪初期，美国作

---

① 欧阳峣．西方学者研究大国经济的思想轨迹［J］．经济理论与经济管理，2011（4）：41-46.

为科技创新和经济大国在世界中崛起。二战前后，美国引入欧洲大批的科技精英，政府对军备发展投入大量资金，以支持重大科技项目的推进，从而确立美国作为全球霸权和创新中心的地位。

科技创新中心的地域转移与大国兴起的轨迹齐头并进，从 16 世纪的意大利依次转向 17 世纪的英国、18 世纪的法国、19 世纪的德国、20 世纪的美国。科技革命推动产业结构的演变和转型，进一步提升社会生产力，推动社会、政治、军事、文化的整体前进。如果没有在世界占有一席之地的科技创新能力，那么大国就难以崛起。科技创新能力的不均匀分布，使得一部分国家得以挣脱地缘及资源禀赋方面的先天不足，引发全球政治、经济、安全格局的巨变，国家间的竞争出现明显的失衡，一部分国家掌握逐渐增多的话语权和利益。科技革命成果的产业化争夺显得尤为激烈。另一部分国家选择专利、技术标准、知识产权等手段，对新兴国家实行“软竞争”和“软遏制”。①

作为发展中的第一大国，中国的综合实力持续增强，在政治舞台和外交事务中的角色日渐重要，塑造着世界新格局和新秩序。然而任何一个大国的崛起都会对现有的权力分布产生冲击，从而对整个国际体系的稳定性产生影响，这使得正在崛起的大国往往受到国际霸权及其同盟的抵制。国家形象是一国实力和民族精神的体现和象征，是主权国家最重要的无形资本，是综合实力的表现，因此塑造国家形象的方式和途径成为阻碍中国发展“棘手的问题”。②

1956 年，美国政治学家肯尼斯·布尔丁在《形象：知识在生活与社会中的应用》中提出“国家形象”这一概念：国家的形象是指在国际体系中其他国家对某一国家持久性的印象和判断，这是一个关系概念而不是属性概念。某一国家的形象不是内在的或者固有的，也不是由该国自己意志所决定的，而是经过与他国长期的、持续的互动而被赋予的。作为这一概念的延伸，政治理论学者或经济思想学派对国家形象的界定大多凸显“主观映像”“利益价值”“媒体话语权”等方面。

20 世纪 50 年代左右，一些现实主义学者指出：国家追求声誉的目标体现在“利用自身实际所掌握的，或者认为已经获得的，或者希望他国确信其所掌握的强大力量，向他国展示深远影响”。声誉在全球冲突中占据关键地位，是保障国家自身利益的关键，也构成他国预测该国未来动作的基准。出于自身利益，国家与国家之间往往表现出互相猜疑和不信任的态势，这与各国为

---

① 赵英．大国崛起与科技创新［J］．中国税务，2011（1）：11-13.

② 胡弘．论崛起中国国家形象塑造［J］．发展研究，2013（6）：103-107.

了自身生存而进行抗争的核心原则相连，所以不断地发生冲突是国际关系的常态。

任何一个国家无不渴望拥有比其他国家更强大的权力，因此陷入“安全的困境”，即国与国之间的形象在相互竞争的“零和博弈”状态中此起彼伏，美化对手即等同于削弱自身的国家利益。在这样的竞争哲学驱动下，国家形象的塑造总是倾向于使用不择手段的谎言来过度美化自身和过度贬损对手。正如美国作家詹姆斯·卡贝尔所说：危险并非一种客观存在的条件，也不是独立存在的幻象，而是一种被诠释出来的结果。中国的崛起是世界的机遇还是威胁？这个问题的答案取决于怎么样理解中国的发展目标，而对目标的判断源于国家形象评估的硬实力和软实力，例如政府治理、经济增长、人口构成、贸易自由化等，如表 9-3 所示。①

表 9-3　影响国家形象的硬实力和软实力指标体系

分类	名称	内涵
硬实力指标	政府运营	运营中央政府支出占 GDP 比重
	金融建设	国家信用评级：根据《机构投资者》杂志的评估按百分制评分
	教育水平	人文发展指数：经济、社会与教育的综合指数
	人口构成	65 岁以上人口占总人口比例
软实力指标	经济增长	城市化：城市支持商业发展（↑），城市不支持商业发展（↓） 经济的恢复能力：强劲（↑），缓慢（↓）
	政府治理	雇佣关系：经理和雇员的关系是有效率的（↑），敌对的（↓） 政治不稳定的风险：很低（↑），很高（↓） 人身及财产安全：对人身、财产安全受到保护充满信心（↑），没有信心（↓）
	金融效率	进入国内外资本市场的难易：很容易（↑），不容易（↓）
	贸易自由化	对全球化的态度：在贵国积极（↑），在贵国消极（↓）

资料来源：李泽昱，苏宇楠，田茂再．基于分位回归的国家形象影响因素分析［J］．统计研究，2014（8）：60.

概括对国家形象的理念和阐释，从国际竞争力的视角出发，运用分位回归模型对影响国家形象的硬实力和软实力元素进行探讨。借助瑞士洛桑国际管理发展学院（IMD）和世界经济论坛（WEF）的国际竞争力数据库，选取 2007—2012 年的统计数字，涵盖 59 个国家，总计 206 个硬性指标和 117 个软性指标。基于相关性和回归结果的考虑，从该数据库中筛选出 11 个指标对国

① 匡文波，任天浩．国家形象分析的理论模型研究：基于文化、利益、媒体三重透镜偏曲下的影像投射［J］．国际新闻界，2013（2）：92-101.

家形象进行分类和解释。

在分位回归模型中，定义分位数，设 X 为实值随机变量，分布函数为 $F(x)=P(X\leqslant x)$，则 X 的 θ 分位数的表达形式为 $F^{-1}(\theta)=inf\{x: F(x)\geqslant\theta\}$，当 $\theta=0.5$ 时即为中位数。常用 $Q(\theta)$ 来表示 X 的 θ 分位数。定义损失函数为 $\rho_\theta(u)=u[\theta-I(u<0)]$，式中：$0<\theta<1$。

设定的样本观测值（x_{i1}，x_{i2}，…，x_{ik}，y_i），（$i=1$，2，…，n），线性回归模型为 $y_i=x_i^T\beta+\varepsilon_i$，式中：$x_i=(x_{i1}, x_{i2}, \cdots, x_{ik})^T$。在普通最小二乘法（OLS）中，通过极小化误差平方和求解参数估计，公式为 $\beta(\Theta)=Arg\min_{\beta\in\Theta}\sum_{i=1}^{n}(y_i-x_i^T\beta)^2$，式中：$\Theta$ 是参数空间，损失函数是 $\rho(u)=u^2$。分位回归的损失函数转变为 $\rho_\theta(u)$，即 $\min_{\beta\in\Theta}\sum_{i=1}^{n}\rho_\Theta(y_i-x_i^T\beta)$，得到的参数估计值可表示为 $\beta(\Theta)=Arg\min_{\beta\in\Theta}\sum_{i=1}^{n}\rho_\Theta(y_i-x_i^T\beta)$。

借助 R 软件，运用分位回归法和普通最小二乘法来寻找影响国家形象的关键变量。在表中分别列出 5%、25%、50%、75%和 95%分位回归方程的各个变量系数，并把普通最小二乘法的回归结果进行汇总。根据汇总结果，我们可以看出：国家形象在 5%的分位点处表现极差，在 25%的分位点处表现不佳，50%的分位点处的国家形象表现出平均水平，而在 75%的分位点处国家形象表现较佳，在 95%的分位点处国家形象表现最佳，具体情况，如表 9-4 所示。

表 9-4　国家形象影响变量的分位回归与 OLS 回归结果

被解释变量	分位回归结果					OLS
国家形象 X206	5%	25%	50%	75%	95%	
进入国内外资本市场难易 X118	0.1789 (0.1675)	0.2001* (0.0816)	0.1376 (0.0905)	0.0999 (0.0803)	0.0542 (0.1236)	0.1535** (0.0543)
对全球化态度 X205	0.1538 (0.2128)	0.2374* (0.0993)	0.1556 (0.1003)	0.1940* (0.0830)	0.1300 (0.0953)	0.2171** (0.0693)
政治不稳定风险 X137	0.2786* (0.1098)	0.2618*** (0.0749)	0.2262*** (0.0645)	0.1222* (0.0608)	0.2389** (0.0836)	0.1809*** (0.0412)
中央政府支出占 GDP 比重 X86	−0.0134 (0.0137)	−0.0337** (0.0073)	−0.0341*** (0.0086)	−0.0265* (0.0111)	−0.0488** (0.0157)	−0.0317*** (0.0064)
城市化 X217	0.2237 (0.1987)	0.2093* (0.1007)	0.1669** (0.0605)	0.1123 (0.0641)	0.2333** (0.0865)	0.1365* (0.0650)
经济恢复能力 X18	−0.0411 (0.1221)	0.0676 (0.0841)	0.1181 (0.0777)	0.2481** (0.0832)	0.1908* (0.0827)	0.1007 (0.0600)

续表

被解释变量	分位回归结果					OLS
国家形象 X206	5%	25%	50%	75%	95%	
国家信用评级 X103	0.0191 (0.0167)	0.0193 (0.0107)	0.0144 (0.0084)	0.0098 (0.0067)	0.0191 * (0.0093)	0.0185 ** (0.0056)
雇佣关系 X161	0.2545 (0.2328)	0.1991 (0.1221)	0.3062 ** (0.0925)	0.2631 * (0.1099)	0.2459 * (0.1204)	0.2377 *** (0.0691)
人文发展指数 X291	2.3695 (1.2382)	2.1786 * (1.0051)	2.3946 * (1.0727)	2.294 * (0.9528)	3.0553 *** (0.5845)	2.4151 ** (0.1659)
65岁以上人口占总人口比例 X220	−0.0282 (0.0327)	−0.0266 (0.0218)	−0.0266 (0.0212)	−0.0481 * (0.0213)	−0.0967 *** (0.0228)	−0.0458 ** (0.0158)
人身及财产安全 X135	0.0055 (0.1454)	0.0179 (0.0730)	0.1243 * (0.0626)	0.1862 ** (0.0564)	0.027 (0.0973)	0.1129 * (0.0486)

资料来源：李泽昱，苏宇楠，田茂再．基于分位回归的国家形象影响因素分析［J］．统计研究，2014（8）：62.

注：第2~6列在括号内的数字为采用bootstrap方法得到的估计标准误，第7列OLS回归结果在括号内的数字为假定误差项服从正态分布得到的标准误，***、**和*分别表示对应系数在0.001、0.01和0.05的水平下显著。

系数置信带所包含的是关于因变量条件分布的位置及尺度变动的信息，这使得整合的结果更加直观，涵盖人文发展指数、中央政府支出占GDP比重、对全球化态度、国家信用评级、经济恢复能力等多个因素，如图9-3所示。

在各个分位点，系数的估计值用黑色点来标记，灰色带表示95%的信心区间。以政治不稳定风险（X137）为例，观察纵坐标的刻度，我们可以发现所有系数估计的置信带位于0以上。这表明当其他因素保持不变时，系数的增加对国家形象产生积极影响。置信带都在0以上，这表明其系数在所有分位点上都是显著的，与表格数字保持一致。

进一步察看政治不稳定风险因素对国内经济、社会和文化的影响，采用分位数回归和普通最小二乘法（OLS）回归进行分析，我们可以观察到这种风险是唯一在各个分位数回归中都显著的变量，也就是说，对所有国家都产生显著的影响。对于处在较低分位数的国家，政治风险对国家形象产生深远的影响。此外中央政府支出占GDP比重、人文发展指数亦是影响的重要因素，65岁以上人口占总人口比例和经济恢复能力在一定程度上也有显著的影响。作为一个发展中的国家，我们在重视经济发展和政治建设的同时，也需要关注教育和人口等社会问题。①

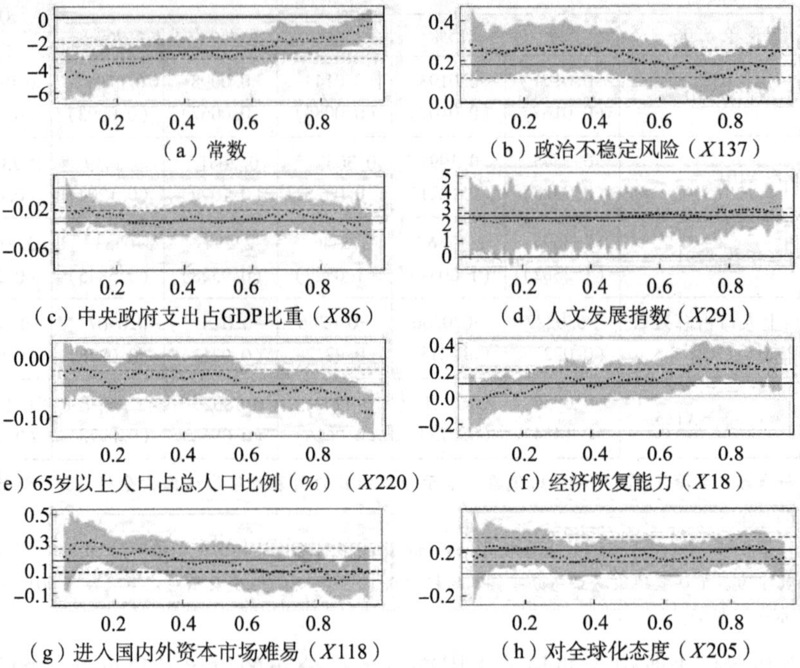

图 9-3 国家形象影响因素的分位回归结果汇总

资料来源：李泽昱，苏宇楠，田茂再．基于分位回归的国家形象影响因素分析［J］．统计研究，2014（8）：63.

新时代的主旋律依然是开放与合作，高质量的国际关系将提升对外开放质量、稳固经贸合作关系。在国际开放与合作中，一些通过某种规范化与制度化的条约或者协定的方式，另一些是通过非正式的条约来实现的各方默契。中国作为发展中国家，需要着力提升以国家形象为代表的软实力水平，以软实力带动硬实力，不断深化政治制度和经济体制改革。以沟通对话作为主要的国际争端解决机制，化解由政治制度差异、意识形态差异等带来的种种困扰，建立开放、包容、自由、可持续的“中国道路”发展模式。

回应李约瑟悖论的答案在于以帝王专权为核心的政治制度、官僚阶层、科举制度、家族体系、法律体系乃至重农抑商的传统文化等，古代中国在经济、科技、教育、思维、文化等硬实力和软实力方面与发达国家存在着相当大的差距。当今世界处于大变革时期，各国更加注重国家形象的塑造，努力

① 李泽昱，苏宇楠，田茂再．基于分位回归的国家形象影响因素分析［J］．统计研究，2014（8）：59-65.

使得本国在激烈的国际竞争中争取主动地位。现代化的经济增长与科技创新需要匹配的政治制度和文化氛围，在大国崛起中，相匹配的国民思维、行为方式和政府理念、运作方式成为塑造国家形象的关键。①

9.1.2 民富论思想与地区差距

贫穷不仅是一种历史状态，也是世界现象。战胜贫穷、实现民富既是历史使命，也是当今的挑战。历史悠久、人口众多、长期贫穷的中国，在这方面感受颇深。民富是实现长治久安的根本之计，历史在发展，世界在进步，在获得成就的过程中，充满冲突和挑战。经济、社会、政治、文化等多个领域的问题层出不穷，病根就是贫穷。无须回溯太远，在工业革命之后两百多年里，尽管经济和科技取得显著的进步，但是贫穷并未从地球上消失，贫富差距还在持续扩大：1820年世界最富有和最贫穷国家的人均收入比例是3∶1，1913年是11∶1，1950年是35∶1，1973年是44∶1，1992年是72∶1，1997年是77∶1，目前大约是100∶1，相对贫穷的程度有增无减。②

1776年，英国经济学者亚当·斯密出版《国民财富的性质和原因的研究》（*An Inquiry into the Nature and Causes of the Wealth of Nations*，又称《国富论》），在这部著作中，“国民财富”的英文原词是“the Wealth of Nations”，经常被误解为单个公民的财富或者获取财富的策略和技巧。Nation当然有“国家”的意思，但是此国家不是彼国家（State），与“国籍”（Country）也不是一个意思，当然更不是“政府”、“朝廷”或者“官员”。所谓的国家是“以国民为本位的国家”，国民财富的增长表明以国民为主体的国家繁荣，这正是主流经济学一直秉持的人本价值观。

在《国富论》的上篇，主要探究“富民”，而下篇重点关注“富国”。“自由放任”的思维建立在“自然秩序”理论的基础上，要想促进国民财富的增长，必须尊重自然的规则，遵从经济的自由化原则就是遵循自然的秩序。因此亚当·斯密倡导“放任自由，扩大竞争”的理念，以利于劳动力和资本得到充分的利用。丰厚的收入是民富的主要来源，国民的利益与国家的利益是一致的。他主张政府应当避免干预经济活动，推行简政放权、降低税收，把节省下来的资源用于再生产。他尤其反对政府的奢华和肆意行为，以实现

---

① 刘则渊．“李约瑟悖论”的理论内涵与经济背景［EB/OL］．［2022-08-22］．https：//baike. baidu.
com/tashuo/browse/content？id=bef8f72684544c87bab86383，2017-11-28.

② 沈立人．民富：理想与现实的追索［J］．学海，2001（10）：12-17.

社会财富有序且迅速的积累。①

在众多的西方经济学流派中，主流经济学者对于贫困与福利、分配与收入、效益与公平有着极为丰富的论述。二战之后兴起的发展经济学，以发展中国家的经济增长为切入点，重点研究贫富差距，从各种视角解读城乡居民的收入和消费。面对贫富不均等带来的社会冲突，福利经济学先是倡导“收入均等化”，随后又提出“社会福利函数”，某些经验不无启发。在科技飞速发展的知识社会和数字时代，贫富差距的本质是认识差距。在市场经济条件下，信息化和数字化加剧经济发展的不平衡，贫富差距随之进一步拉大。②

在古代中国经济史中，民富论思想及其实践始终是被关注的焦点。《尚书》记载：“裕民”“惠民”；孔子多次提及：“足食”“富而后教”“因民之所利而利之”，他认为民众的富裕是政府财政的来源和教化实施的基础；孟子讲过：“易其田畴，薄其税敛，民可使富也”，他认为富民的方法在于增进生产和减轻税负；荀子阐述：“王者富民，霸者富士，仅存之国富大夫，亡国富筐箧、实府库”，他从国家财富的分配角度看待兴衰，肯定富民对于生产的利好；墨家坚持：“官府实而财不散”“官府实而万民富”。在处理国家与民众的财富关系时，这些观点倾向于藏富于民。

也有不尽一致的学说。道家宣扬：“我无事而民自富”，既反对统治者干预民众的财富追求行为，也主张“少私寡欲”“知足者富”；法家有利于统治者，管仲说过：“民富则不可以禄使也”，“甚富不可使”，“是以善为国者，必先富民，然后治之”，他认为民富对统治者不利，商鞅也主张“有道之国，务在弱民”；贾谊把国富和民富相结合，主张国家和人民都需要积贮；董仲舒反对官僚和地主对农民的兼并，提出“利可均布而民可家足”；司马迁支持民众求富的愿望，以实现“上则富国，下则富家”；桑弘羊继承管仲、商鞅的思想，反对富民，认为：“民饶则僭侈，富则骄奢”。

还有一些观点把富民和富国连在一起。荀子撰写《富国篇》，他认为：“裕民，则国富”；商鞅和韩非子主张“农业致富国家”的理念；宋朝李觏创作《富国》，提出“归农”“通商”，变官营工商业为民营；清代唐甄提出：“夫富在偏户，不在府库”。这些观点都谈到富民，但是与我们当今理解的民富并不完全契合。除上层人士之外，农民追求脱贫致富，往往因为他们对于贫富差距过大的强烈不满。然而他们又受制于历史条件，其纲领通常是“均

---

① 王莹．论亚当·斯密的自然和谐思想［J］．道德与文明，2003（6）：41-43.

② 沈立人．民富：理想与现实的追索［J］．学海，2001（10）：12-17.

贫富”，其实达不到“均富”造成的结果只能是“均贫”。

近现代以来，民富论思想被重新定义，渐渐着眼于底层的普罗大众。清代末期，中国经济思想史变革的发轫者魏源，弘扬富民福音。严复传播西方经济学，翻译亚当·斯密的《原富》（即《国富论》）。民国时代，孙中山提出：“民生”的经济政策是“平均地权”和“节制资本”，“以养民为目标”。新中国成立之后，以马克思列宁主义、毛泽东思想和邓小平理论为指导，把改善和提高人民生活水平纳入视野并且作为落脚点。①

民富论是邓小平先生建设有中国特色社会主义理论的重要内容，这一思想是在漫长的革命和建设过程中逐渐形成的。抗日根据地时期，针对和群众利益密切相关的减轻人民负担的问题，他指出：“在敌占区和游击区，我们采取‘减轻人民对敌负担、保护人民利益’的方针，作为一切敌占区政策的出发点”，“没有正确的政策，就谈不上经济建设，而这些政策的制定，必须以人民福利和抗战的需要作为出发点”。十一届三中全会之前，他在与“左倾”思想对抗的过程中，逐步形成“经济建设目标论”，强调经济建设的目标归根到底是提升人民生活水平。十一届三中全会之后，邓小平的富民思想日臻完善和成熟。这个阶段的核心是“社会主义本质论”，作为判定社会经济工作得失的根本标准。

“社会主义的本质，是解放生产力，发展生产力，消灭剥削，消除两极分化，最终达到共同富裕。”这段话是邓小平向全国人民发出的摆脱贫穷、强国富民的致富宣言，是一个包括富民的根本途径、致富的基本性质、致富的总体目标在内“三位一体”的政治宣言。民富的根本路径即是解放生产力、发展生产力，这是国强民富的前提条件，也是建立和强化社会主义生产关系的基础条件。国家要富强、人民要富裕、制度要巩固，根本的途径和条件就是解放生产力、发展生产力。致富的性质由生产关系所决定的，社会主义国家的富民政策，就是坚持公有制为主体，坚持消灭剥削、消除两极分化，社会主义国家富民政策的总体目标是最终达到共同富裕。②

共同富裕是全体人民的富裕，意味着人民群众在物质和精神两个层次上享有富足的生活，而非极少数人占有极多资源财富，也非刻板的、整齐划一的平均主义，而是阶段性地推动共同富裕的实现。近些年来，中国的收入差距显著体现在地区和城乡之间，特别是区域经济发展呈现新变化，东中西部发展差距基本保持稳定，但是南北地区差距又出现明显扩大的迹象。

北方产业结构和重工业城市转型面临困境，经济活跃度不高，增长份额

① 沈立人．民富：理想与现实的追索［J］．学海，2001（5）：12-17.

② 徐万珉．社会主义民富论：邓小平富民思想简论［J］．北京党史研究，1995（1）：10-13.

持续走低。从粤港澳大湾区、长三角、京津冀等地域来看，北方的经济增长极几乎不存在；从其对周围地区的发展带动能力来看，长三角的辐射作用最强，而京津冀的带动效果较弱。除历史、地理、气候等因素以外，营商环境、文化氛围及政策导向是南北差距加大的主要原因。国内的大循环已经从过去的“国际-南方-北方”模式，转变成“国际-南方-南方”模式。北方不仅与南方的内循环在放缓，也难以深度参加国际大循环。经济发展滞后，人口持续外流，北方正在遭遇更为严重的人口老龄化问题，南北差距对实现共同富裕目标的推进产生重大影响。①

伴随“西部大开发”和“中部崛起”战略的实施，“南强北弱”的趋势越来越明显。以创新指数来衡量区域创新效率，“南高北低”“南快北慢”的特征也越来越明显。人口、科技和财富向南方聚集，经济重心进一步南移。南北经济差距表现在多个方面，比如需求、供给、城镇化、经济增速、产业转型、科技创新、体制改革、外商投资、对外开放进程等，其中居民收入差距在整体上呈现不断扩大趋势。采用变异系数可以解析居民收入南北差距的内部结构和主要来源，利用二次指派程序可以考察居民收入南北差距隐含的驱动力量，从而揭示更多的关键事实。

变异系数（Coefficient of Variation，CV）也被称为离散系数。在对两组数值的离散程度进行比较时，如果两组数值的测量标度有很大差异或者量纲不一致，直接采用标准差进行比较就不适宜，所以需要消除测量标度和量纲的影响。变异系数通过计算原始数值标准差与原始数值平均数的比率无量纲化，可以反映数值离散化程度的绝对值。在区域差距分析中，变异系数从区域子群的角度出发，把总体差距分解为区域内差距和区域间差距，研究总体差距在区域和来源结构视角下的交叉分解结果。在一个连续的框架中，分析各个组成部分对区域内、区域间以及整体区域差距的影响力。

二次指派程序（Quadratic Assignment Procedure，QAP）是一种对比在两个方阵内各单元值相似性的方法和工具。建立在矩阵数值的置换上，进行无参数的系数检验，涵盖相关性分析和回归分析。地区之间居民收入差距可以被视为区域间的某种“联系”，这种联系的数值反映的是两个“参与者”之间的关系。如果把每个省份视作一个参与者，那么省际的居民收入差距就形成他们之间的一种联系，因此各省间居民收入差距聚合为一个关系数字矩阵（即差距矩阵）。采用重新抽样的方式来探究中国居民收入地区差距的影响因

---

① 万海远，陈基平，王盈斐．中国南北工资差距的新变化及市场化成因［J］．中国人口科学，2021（8）：18-32.

素，以揭示差距背后的驱动力。

对于两个或更多地区间居民收入差距进行联合解释：把地区居民收入差距设定为被解释变量，把经济发展、城镇化、市场化、产业结构高级化和受教育水平等差距作为解释变量，构建关系数字模型。在变量选择上，用人均生产总值来代表经济发展水平，用第三产业占比来代表产业结构高级化水平，用非农业人口占比来代表城镇化水平，用市场化指数来代表市场化水平，用人均受教育年限来代表受教育水平，用居民人均可支配收入来代表居民收入水平，其中包括工资性收入、经营净收入、财产净收入及转移净收入等。所用的样本覆盖 30 个省份（不包括西藏及港澳台地区），数字来源于《中国统计年鉴》和《中国分省份市场化指数报告（2021）》，样本的时间范围为 2014—2020 年。

考察中国居民收入的南北差距，以省级单元作为基本空间单元，上海、江苏、浙江、安徽、福建、江西、湖北、湖南、广东、广西、海南、重庆、四川、贵州、云南这 15 个省（区、市）被归类为南方地区；而北京、天津、河北、山西、内蒙古、辽宁、吉林、黑龙江、山东、河南、陕西、甘肃、青海、宁夏、新疆这 15 个省（区、市）被归类为北方地区。

2014—2020 年，全国及南北地区的居民收入有显著提升，展现出“南高北低，南快北慢”的特性。南北地区的居民平均收入并无显著差距，但是在个体差距上，南北各省份的居民收入极差在较高水平上波动，随着时间推移逐步拉大。居民收入增幅前 5 位的省份都位于南方地区，增幅后 5 位省份都位于北方地区，这个“南快北慢”特性在个体收入水平上得到充分展现。从居民收入的分布状况来看，全国以及南北地区两极分化趋势突出，如图 9-4 所示。

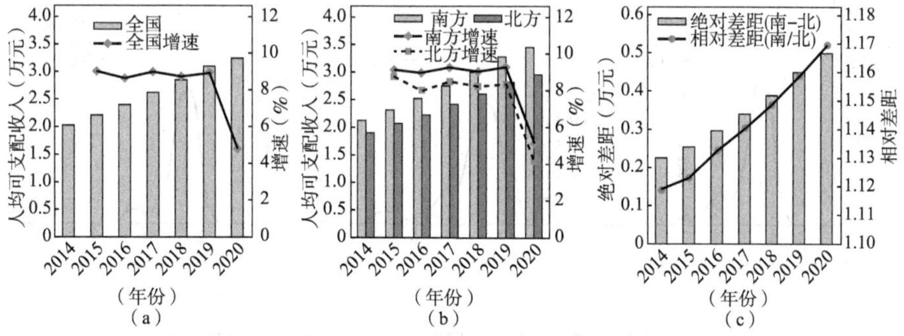

图 9-4　全国和南北地区居民收入和差距对比

资料来源：刘华军，孙东旭，丁晓晓．中国居民收入的南北差距分析［J］．中国人口科学，2022（4）：34.

在南方各省份，居民收入及增长速度均超越北方。在南北方地区之间，居民收入差距明显。从省际排名来看，2014 年和 2020 年，收入最高的前 5 个地区依然是上海、北京、浙江、天津和江苏，这表明收入南高北低的现象显现为整体水平和“引领者”水平。从居民收入的年平均增长率来看，南方省份的收入增长速度超过北方省份，年平均增长率最高的 5 个省份都位于南方，包括贵州（7.34%）、云南（6.79%）、四川（6.73%）、重庆（6.70%）和江西（6.65%）。同时年平均增长率最低的 5 个省份都属于北方地区，包括黑龙江（4.58%）、辽宁（4.61%）、吉林（4.93%）、天津（5.38%）和山西（5.41%）。需要注意，东北三省的居民收入年平均增长率最低。从南北省份的内部来看，居民收入差距依然显著。以 2020 年南方省份为例，最高的上海居民收入比最低的贵州高出 5.04 万元和 3.13 倍。

采用核密度估计技术来描绘全国和南北地区居民收入的分布特点和演变趋势。从分布位置来看，全国及南北地区居民收入的重心呈现稳步右移的态势，反映全国及南北地区的居民收入整体向好。从延展性来看，北方地区右侧的尾部随着时间流逝逐渐明显，与主峰之间出现断层，表明北方地区居民收入的两极分化情况。北京居民收入在北方地区独占鳌头，与其他省份形成显著差距。南方地区的两极分化状态并未像北方地区那样明显。从极化趋势来看，全国及北方地区居民收入逐渐呈现多峰状态，南方地区居民收入始终维持双峰状态，主峰高度不及全国和北方地区。这暗示南方地区居民收入的分布更为散乱，而全国及北方地区较为聚集，呈现“俱乐部收敛”的情况（即一定区域在空间位置上形成积聚，经济发展水平即经济基础条件相似的国家或者地区将趋向于相同的局部稳定状态），如图 9-5 所示。

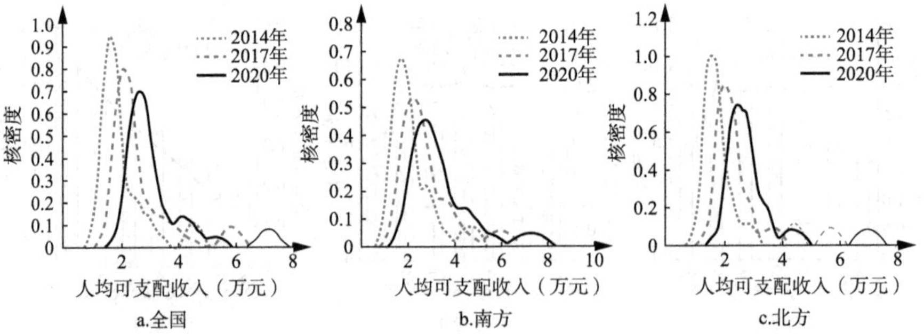

图 9-5　全国和南北地区居民收入的分布形态和演变趋势

资料来源：刘华军，孙东旭，丁晓晓．中国居民收入的南北差距分析［J］．中国人口科学，2022（4）：36.

2014—2020 年，南方和北方地区的内部差距都表现出减小的趋势，然而居民收入在南北之间的差距在增大，工资性收入成为南北地区内部及南北之间差距的主要驱动力：①南方地区内部的差距逐年减少，从 0.0736 降到 0.0677，年平均减少 1.37%。工资性收入是南方地区内部差距的主要影响因素，财产净收入和转移净收入对南方地区内部差距的贡献比例逐年增加，从 15.46%和 10.36%分别增长到 17.66%和 14.68%。②北方地区内部的差距从 0.0363 降到 0.0319，年平均减少 2.12%。工资性收入是北方地区内部差距的主要驱动力，财产净收入和转移净收入对北方地区内部差距的贡献相等。③居民收入在南北之间的差距逐步扩大，从 0.0030 增到 0.0057，年平均增长 11.38%。其中工资性收入是居民收入南北差距的主要驱动力，经营净收入对居民收入南北差距的贡献比例整体上呈现增加趋势，如图 9-6 所示。

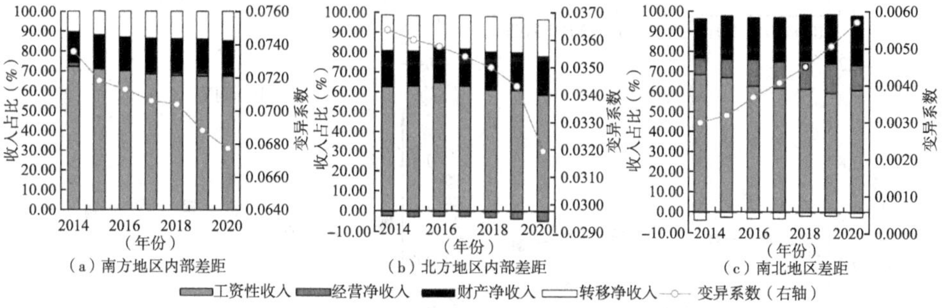

图 9-6　南北地区内部和南北地区间居民收入差距

资料来源：刘华军，孙东旭，丁晓晓．中国居民收入的南北差距分析［J］．中国人口科学，2022（4）：39.

全国和南北地区居民收入差距与经济发展、城镇化、市场化、产业结构高级化和受教育水平等因素之间的相关系数都为正值，这表明全国以及南北地区的任一因素的变化都可能导致居民收入的变化。经济进步的差距与居民收入的差距有着最高的相关性，居民在南北的收益差距主要受经济进步和城镇化方面的差距影响。南方和北方地区内部的主要影响因素并不完全一样，南方地区内部经济发展和城镇化差距与居民收入差距有更强的相关性，而在北方地区内部经济发展和受教育水平差距与居民收入差距有更强的相关性。

在全国及南北地区，对居民收入差距与经济发展、城镇化、市场化、产业结构高级化和受教育水平 5 个变量进行 QAP 回归分析。不论在全国还是在南北方地区，经济发展水平差距都是造成全国居民收入差距的推动力。这表明缩小经济发展差距是缩小居民收入差距最重要的措施。南北地区内部差距和居民收入南北差距的主要推动力并不一致。在南方地区内部差距的驱动因素中，经济发展、产业结构高级化和市场化是主要的推动力，而城镇化的影响并不显著。在全国居民收入南北差距中，经济发展的推动力超过其他因素，并且随着时间推移这种趋势仍在上升。其他驱动力还包括产业结构高级化、城镇化和市场化，而受教育水平对居民收入南北差距的影响并不显著，如图9-7所示。

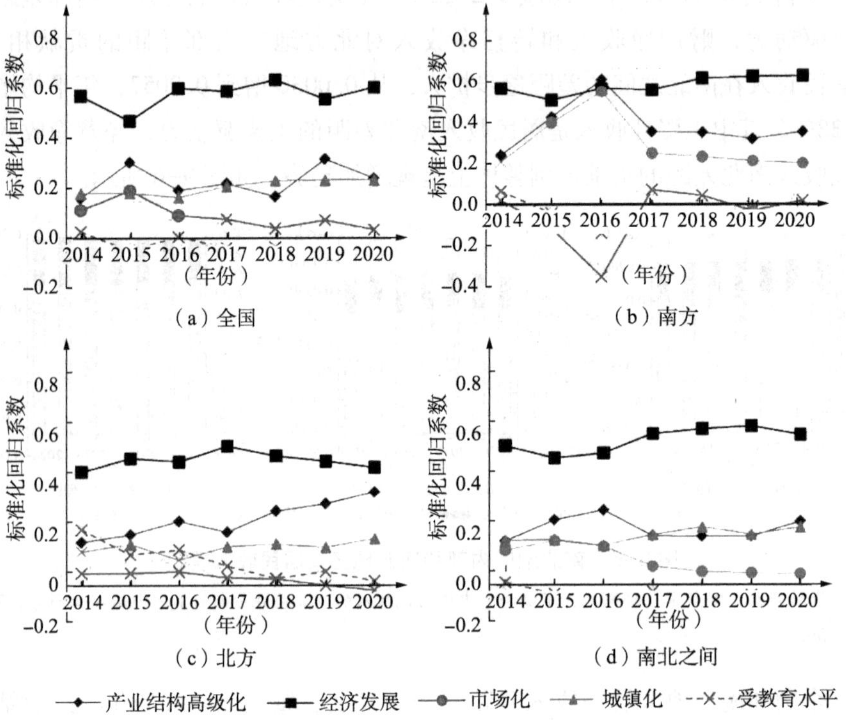

图 9-7　南北地区间居民收入差距 QAP 逐年回归结果

资料来源：刘华军，孙东旭，丁晓晓．中国居民收入的南北差距分析［J］．中国人口科学，2022（4）：41.

对于中国居民收入“南高北低，南快北慢”的分布特点和省际居民收入存在较大差距的情况，我们应当充分利用国家的重大区域发展战略，发掘中心城市和城市群的辐射带动力，构建区域发展的新模式。未来缩小南北差距的主要工作是产业结构高级化，北方地区部分省份有必要推进农业、工业等传统产业朝着信息化、数字化、智能化的方向转型，建立微观主体内生的市场化发展模式，深入推进土地、资本、劳动力、数字等生产要素市场化配置，而非仅仅依靠财政倾斜来应对发展不充分的问题。在全国尺度上，构建高效规范、公平竞争、充分开放的统一大市场，以促进商品和要素资源在更广泛范围内的流动。

数字经济已经成为衡量地区经济发展水平的重要标志，成为引领世界经济发展的主流方向。根据赛迪顾问有限公司的《2020 中国数字经济发展指数（DEDI）》统计：从省份来看，排名前列的分别为广东、北京、江苏、浙江、上海；分地区来看，长三角地区的数字经济规模排名第一，占据全国总规模的 28%；珠三角地区排名第二、占据 14%；东北地区占据 5%，西北地区占据 4%。数字经济发展快的地区都是市场机制发挥好的地区，科技创新是数字经济发展的基本保证，政府在制定战略规划、打造营商环境、引进高精尖人才方面多下功夫，成为传统制造业转型升级和产业结构高级化的“外脑”和“智库”。[①]

9.2　税费负担和失地补偿

自古以来，税费改革始终是一个持久议题，赋税负担与土地、财政等制度紧密相连。虽然政府可能暂时地休养生息、轻徭薄赋，但是大多数时期，名目繁多的苛捐杂税一直是底层百姓肩负的沉重压力，“明税轻、暗税重、横征杂派无底洞”。专制王朝的运营成本持续地刚性增长，财政计划往往是“量出制入”而不是“量入为出”。历代的统治者和改革者都非常清楚“水能载舟，亦能覆舟”的哲理，为了化解财政危机，避免因为无序的、过度的征收而引发社会阶级矛盾加剧，税费改革应运而生。

“普天之下莫非王土，率土之滨莫非王臣”，在帝王统治下的专制社会，农业是财富的主要源泉，农业直接影响着国家的兴衰。“重农”以朝廷权贵为本位，重的是“农业”而非“农民”。统治者为寻求更好的统治、剥削与掠夺农民的方法，提出“足民何可以为治”，力求“民愚则知可以王”。农民被束缚在土地上，农民的权利、地位是无法得到根本保障的。既无自由也无福利可言，农业生产因此长久失去活力。

9.2.1　黄宗羲定律与农村纾困

从中国的经济史来看，王朝财政分别征收田赋与徭役：田赋以土地大小富贫为准征收米麦，徭役以丁身或者丁户多寡为准征发劳动力。在历代“并

① 刘华军，孙东旭，丁晓晓．中国居民收入的南北差距分析［J］．中国人口科学，2022（4）：30-43.

税式”改革中，田赋的税粮转向折银征收，徭役也从征发劳动力转向征收役银，最终把役银并入田赋，银与田赋一样按照土地面积征收。同时朝廷通过“耗羡归公”把地方官府私派的火耗并入正项田赋，并税式改革揭示在赋役制度改革过程中不断把杂派并入正项赋役的历史过程。

古代中国的赋税制度思想根源久远。西周时期，王朝已经建立独立完整的赋税体系。在秦始皇统一六国之后，明确规定田赋包括田租、口赋和力役，从此赋税在狭义上被视为土地税和人口税，而在广义上包括徭役和杂役等。汉朝时期，赋税包括算赋、口赋、田赋、徭役、关市等。东汉末年，战乱导致原有的赋税制度无法执行，曹操推行“计亩而税，计户而征”的租调制度，主要以实物征收为主。此项制度被魏晋南北朝所沿用，只有少许增减。北魏孝文帝实施“均田制”，按人口分配田地，奴婢与良人一样。后来又在均田制基础上，发布新的租调制度。因地制宜，依据各地的特产交纳不同的物品。唐朝初期，仍然执行均田制和以人丁为基础的租庸调制度。唐朝中期，土地兼并问题严重，均田制被废弃，租庸调制度失去基础。一些地区被现实情况所迫，对赋役征收方式进行不同程度的调整。

古代的“两税法”、“一条鞭法”和“摊丁入亩”这三项是主要的税制改进策略，凝聚大量的税制变革理念，尽管执行期限不长，但是对那个时代及后世产生深远的影响。

第一，唐朝的“两税法”。唐朝中后期，经历安史之乱，国家残破，吏治败坏。骄兵悍将经常截留中央税收，土地兼并严重，农民负担过于沉重。中央政府的财政主要依赖相对富庶的江南地区，但是收支平衡困难。780年，唐德宗李适即位，推行两税法，这是“费改税”的历史起源。他把以前单独收取的租庸调、户税、地税和其他杂征统一收取，专门用于官吏俸禄的青苗钱也随两税一起缴纳；无论是主户还是佃户，都要在居住地进行登记，根据各户土地财产的数量来定税，行商按照三十分之一的比例纳税，无论是丁男还是中男，都根据拥有的土地和财产的数量来纳税；每年的税收时间分为夏季和秋季，夏季的税收不能超过六月，秋季的税收不能超过十一月，按照分摊后新订户等标准仍然缴纳谷米，其他各种税收都折算为货币，这成为以后每年应情缴纳货币税额的标准。提出“量出为入”的财政原则代替“量入为出”，限制无序的收取和滥收，减轻民众的负担。两税法的提出标志着古代费改税思想的正式形成，税收从实物地租开始向货币地租转化。

第二，明朝的“一条鞭法”。在唐朝“两税法”实行800年后，明朝中后期，农民被粮税和徭役压得喘不过气来，官府横征暴敛使得农民暴动此起彼伏。为了缓解阶级矛盾，增加财政收入，万历九年（1581 年），张居正在全国实施一条鞭法。这项法令把徭役、田赋和各种经常性摊派与土贡之类统一为田赋。以土地面积为基础，“计亩征银”，一次性收取。另外税费统一改为缴纳银后，不再由地方的“里长”“粮长”办理征税管理，而由地方官吏直接征收后上缴国库。一条鞭法化繁为简、税费合一，起到统一税制、省费便民、稳定社会生产力的作用。其增加中央财政收入，出现“太仓所储，足支八年；公私积储，颇有盈余”的状况。强化中央财政的集中统一，限制地方政府的过度征收和官员的贪腐行为。从财政观念上看，一条鞭法是两税法的进一步发展，简化税费征收的程序，并且在货币定税额方面计亩征银，因此比两税法更为彻底。然而在财政思想的发展上，一条鞭法没有超越两税法设定的税费改革框架。

第三，清代的“摊丁入亩”。在明朝实施一条鞭法后，代役丁银开始被分摊到土地上收取。然而贵族和富豪利用特权逃避编丁，导致土地兼并日益严重。无田的农户因丁银负担而苦不堪言，大批人口逃离。一条鞭法实际上并未得到广泛执行。清代初期，部分地方在征收丁银和田赋时实施税制改革，被称为“随粮代丁”或“丁随田办”。康熙五十一年（1712 年），朝廷根据前一年的丁数定税，以后“增滋生人丁，永不加赋”，进而为“摊丁入亩”的施行提供政策保障。康熙五十五年，朝廷在广东省率先实施丁银摊入地亩征收。雍正时期，摊丁入亩开始广泛推行，摊丁入亩后，地丁合一，以土地为征税对象，统一丁银和田赋。改变以往地丁并行的税制，简化税种和税收程序，减轻国家对农户的人身管控。虽然田赋偏重，但是取消人头税，对无地的贫民来说无疑也是一丝利好。摊丁入亩的改革取得显著的反响。雍正末期，国库存银从康熙末期的八百万两增至六千多万两。短期内的民众负担得到缓解，并在一定程度上清理和整顿吏治体系。①

南宋时期，历史学家、思想家李心传在《建炎以来系年要录》中写道：“唐之庸税，杨炎已均入二税，而后差役复不免焉，是力役之征既取其二也。本朝王安石令民输钱已免役，而绍兴以后，所谓首户长、保长雇钱不复给焉，是取其三也。合丁钱论之，力役之征盖取其四也。而一有边事，则免夫之令又不得免焉，是取其五也。”意思大概是：到杨炎执行两税法时，以前的丁身力役钱已经被包含在内，随后还要征收力役钱，就变成第二次征收。王安石设定交免役钱，政府在需要人力的时候就用免役钱来雇佣。但是从绍兴年间

① 章玉贵．中国古代的税费改革思想、黄宗羲定律与当今农村税费改革［J］．江西农业大学学报（社会科学版），2005（3）：65-68.

后，首户、保长等职役劳动就不再支付，就变成第三次征收。另外再次征收丁身钱，就变成第四次征收。后续如果遭遇边疆军事而征收人力，就是第五次征收。①

明朝末期，历史学家、思想家、地理学家、经学家黄宗羲在《明夷待访录·田制三》中阐述，“田土无等地之害，所税非所出之害，积累莫返之害”，即无论土地的质量如何，都一视同仁收税。直到农产品售出，农民才能以货币的形式支付税款，其间可能被商人所掠夺。赋税的每一次改革都引发一次杂税的高峰，把杂税转为正税，然后又产生新的杂税，如此循环，税负也就持续加重。两税法并庸调于租，但是宋朝除两税外又新增人头税目（“丁身钱米”），实质上是税收的重复。然而后世人常常接受这一事实，把“两税”视为土地税，“丁身”视为户税和人头税。尽管明朝的一条鞭法已经合并各种杂税，但是后来又出现杂役、旧饷、新饷、练饷。明朝末期，三饷合并成为固定的税收。②

“黄宗羲定律”是由当代中国经济学者秦晖总结而成的历史规律描述：历史上的税费改革的实施并非只有一次。然而受到当时社会政治环境的制约，在每次改革后，农民的负担先出现下滑而后上涨超过改革前的高位，这就是所谓的“积累莫返之害”。对于专制的君主权力而言，随着时间的推移，统治者变得越来越精明也越来越贪婪。但是他们没有“达则兼济天下”的气概和心胸，无法运用历代积累的经验教训来冲破人性、思想、经济和制度的束缚，反而用来进一步愚弄和奴役人民，这就是“内部殖民主义”。③

为了从根本上解决土地兼并、内部腐烂的问题，黄宗羲提出三个观点：一是“天下为主，君为客”。天下是百姓的天下，百姓才是天下真正的主人。皇帝只是一个客人，皇帝作为客人要为百姓服务，这样的观点已经不再是“水能载舟”的简单民本思想，而是带有近现代民主意识的公仆观念。他批判君主专制，呼唤民主政体。二是“天下之治乱，不在一姓之兴亡，而在万民之忧乐”。出仕做官是给天下老百姓做事谋利，国家的太平与否在于民众的忧喜哀乐。他宣称反封建君王专制和王权观念、张扬民本思想，担负起“天下兴亡，匹夫有责”的社会责任。三是以“天下之法”取代“一家之法”。

---

① 陈光焱．论农村税费改革的定律约束和取向选择［J］．财政研究，2002（8）：36-38.

② 章玉贵．古代中国的税费改革思想、黄宗羲定律与当今农村税费改革［J］．江西农业大学学报（社会科学版），2005（3）：65-68.

③ 梦洁情话．为何历朝都逃不开“黄宗羲定律”？其本质是啥？［EB/OL］．［2022-08-06］．https：//baijiahao. baidu. com/s？ id=1733604167212172875&wfr=spider&for=pc，2022-05-23.

建立体现天下民众利益、维护天下民众权利的新法律，这具有民主主义色彩。一家之法“藏天下于筐箧”，尽归君主一人，“法愈密而天下之乱即生于法之中”，这是“非法之法”。“天下之法”的主要内容是“天下之利”，基本原则是“有治法而后有治人”。他打破正统儒学的“人治”论，站在市民阶层立场上赋予“法治”以全新的含义。①

黄宗羲定律折射出封建王朝在政务管理上的难题、挑战以及由此而形成的一系列制度设计和解决方案。这一定律揭示“杂税-并税-杂税”周期性现象的存在，昭示其背后稳定存在的管理逻辑，即“委托与代理”“正式与非正式”“名与实”的联系：一方面，中央朝廷利用非正式的手段允许地方政府依据实际情况正式解决地方财政问题；另一方面又不定期地进行整顿，以强化权力上升集中的过程。然而集权化引发新的治理问题，使得中央不得不默认地方的重税行为。这一现象反映“放权-集权-放权”在税费领域的具体过程，同时反映出在王朝体制内“权威体制与有效治理”这一持久的基本矛盾。

（1）委托与代理的关系

在广义上，委托-代理描绘市场双方或合约双方，也就是委托方和代理方通常的关系，显现双方在所有权基础之上建立的权威关系；在狭义上，委托-代理强调在组织的上下级或者合同双方关系中的独特性质。双方之间的权威关系受到信息不对称性、不同利益目标等的困扰，需要相应的组织制度安排来调和应对：一方面，委托-代理关系突出官僚制度在国家管理中的组织基础；另一方面，委托-代理关系暗示一系列的治理挑战，其中的信息、权威问题成为理解、揭示正式组织制度安排的关键所在。

古代中国的封建帝国拥有广大的领土和众多的族群。各个地区在经济、文化和社会结构上的巨大差异，给官方机构的代理-委托关系带来特别的挑战：王朝的规模引发冗长的管理链条，信息不对称性激化上下级尤其是君主权力对官僚制度的深深猜疑和戒备，从而催生各种权力集中和严格控制的措施。朝廷处于统一性与灵活性的对抗中，不得不在权力集中与权力下放的困境中左右摆动。赋税制度把朝廷、官吏、民众紧密地结合在一起，中央与地方的关系建立在微妙且脆弱的平衡点上，由此演变出一系列相关的治理行动和制度安排，尤其是在正式制度之外寻找非正式的治理方式。②

---

① 陈淑珍．“天下之法”与“一家之法”：黄宗羲法律思想评述［J］．法学，1986（9）：58-60.

② 周雪光．从“黄宗羲定律”到帝国的逻辑：中国国家治理逻辑的历史线索［J］．开放时代，2014（7）：108-132.

（2）正式与非正式的关系

正式与非正式是指在君主权力与地方官吏之间正式制度安排与非正式制度安排的差异性：正式制度以君主权力为核心，从“号令自中央出”中体现其权威性；非正式制度从“非正式权力”“非正式关系”“非正式行为”中体现其稳定性，存在于正式制度之外。然而“大一统”观念对王朝治理构成巨大的威胁，因为统一的意志和指令在信息传递和政策实施方面存在高额的交易成本，不能适应各个区域或行业在不同时段的具体情况。倘若朝廷一意孤行，可能导致地方大规模的反对和抗议，从而削弱中央统治的合法性。

在“集权-放权”的循环过程中，“上下分治”的原则得到体现，中央与地方的关系由于权威体制与有效治理的深度冲突，不得不频繁在“上收-下放”之间调整。正式制度与非正式制度的并存及交替应用，能够缓和权威体制和有效治理之间的冲突。通过默契、激励或限制、缩小非正式制度空间的策略来调整中央与地方的关系，以此维持名义上的稳定性。中央朝廷把极具弹性的租税制度作为调控的杠杆，在原则问题上坚持不让步，“有土斯有税，有人斯有役”。不完全的财政制度运行恰好反映出王朝逻辑的核心——正式制度与非正式制度的双重过程交替治理，实现统一性与灵活性的兼容。

（3）名与实的关系

“名”象征着君主权力在与地方官府关系中无可置疑的绝对权威，不容挑战，而“实”代表着官僚体系在实际运作过程中的真正权力所在。名与实的关系及转变揭示名义权力与实际权力的互动，实际控制权在大多数情况下转向掌握信息更多的一方（也就是地方官府）。不是通过正式的上下分治制度（例如联邦制度）来达成，而是以非官方的方式来执行，因为在名义上这一权力属于中央政府。君主权力的实际行使不得不依赖于名义权力与实质权力之间若即若离的关系，常常存在着变通和共谋行为。

在政策制定和施行过程中，中央朝廷提出大政方针，把权力与责任的详尽划分下放至基层官府，同时保留执行的灵活性给地方政府。中央权威“以名代实而地方权威”“由名到实”，交替运作，微妙地平衡上下级之间的名实摆动。官僚制度通过正式文件的传递、任务的检查与部署、考核指标的设立、人员的配置等方式，引导下级单位注意，突出正式规则和任务环境的重要地位；从上至下的任务部署体现在落实环节缺位、检查验收权下放等行为，这为非正式行为提供空间。似乎就像一次次的运动式治理，君主权力通过自上而下的政治驱动，中断或暂停官僚制度的某些常规流程，以此重新确定正式与非正式之间的界限。

正式制度与非正式制度的复合应用，使得君主权力在一端倾向于让步或者激发因时因地变通以实现有效治理，另一端则使得官僚制度在推行有力治理过程中的合理化进程困难重重。非正式制度的重要性也因此暗示着君主权力追求“政治教化、道德治国”的策略，但是法治建设暗示着缩减非正式制度的运作范围，与一连串从历史继承下来的体制安排相冲突，难免遇到重重阻力。随着公众权利意识的觉醒以及互联网、数字技术、信息技术的应用，如今政府的非正式行为几乎无法秘密执行。一旦经过社会媒体公开，就会产生巨大的社会舆论压力，迫使上级政府做出反应。正式制度与非正式制度相互调节辗转的空间大幅度缩小，新时代治理模式转型面对特有的困境和挑战。①

税费改革被视为一次从制度角度出发对农民负担问题进行创新性解决的尝试，紧随土地改革和家庭联产承包责任制之后，被称为新中国农村的“第三次革命”。然而如何在减轻农民经济负担和缓解基层财政收入窘境之间找到行之有效的解决方案，成为税费改革面临的主要挑战。通过农村税费及其相关配套的改革，可以遏制对农民的乱收费、乱集资、乱罚款和各种摊派，改善干群关系，保障农村社会经济的稳定，推动基层政府职能的转变，需要兼顾农民和农村基层组织的利益和要求。在这两方面之间找到平衡点是农村税费改革深化的关键。

1999—2003 年，国务院在 20 多个省份推行农村税费改革；2004 年，所有的省份全面进行农村税费改革工作。在此期间，吉林和黑龙江在全省范围内实现农业税的免征，上海、北京、天津、浙江、福建、西藏等省份以及其他省份的 274 个县（市）也选择自主免征或基本免征农业税。粮食产区（比如河北等）的农业税税率下调 3%，其他省份的农业税税率下调 1%，农业税的附加税也随着正税的降低而取消或调整；2006 年，农业税在全国范围内被取消。

2005 年，中国科学院农业政策研究中心开展一次大规模的实地考察，旨在深度探讨农村税费改革对农村基层治理的效应。在全国范围内，随机选取 6 个省份，每个省份选取 5 个县，总计确定 30 个样本县。每个样本县随机选取 2 个乡镇，最后确定 60 个样本乡镇。每个样本乡镇随机选取 2 个村落，每个村落选取大约 18 名村民。经过对村级干部和乡民的现场问卷调研，最后收集到 58 个镇、116 个村和 1949 名村民的相关信息。

① 周雪光．从“黄宗羲定律”到帝国的逻辑：中国国家治理逻辑的历史线索［J］．开放时代，2014（4）：108-132.

在村级水平上，对比 2000 年之前和 2004 年之后农村税费改革对农民负担的影响及其变化特征，涵盖 2000 年和 2004 年全国 6 个省份 116 个乡村的农民人均负担水平、构成和转变状况。农民的人均负担来源于对被研究乡村样本农户的负担调查数字汇总得出，而农民人均纯收入等指标来源于对样本乡村干部的访谈。把被研究乡村所有样本农户的总负担相加，再除以这些样本农户的总人口数，得到农民人均负担；再用农民人均负担除以农民人均纯收入，得到人均负担比率。

2000 年，农民的“政策内负担”包含农业税、乡统筹村提留和“两工”（农村义务工和劳动积累工及以资代劳部分）。2004 年，这些负担包含农业税、乡统筹村提留（部分县仍然存在）、农业税附加和两工，把两工的工日与单价（元/工日每人）相乘，转化为现金进行统计。农民的“政策外负担”包含集资和行政事业性收费：对于集资方面，不再区分一般性集资与“一事一议”筹资；对于行政事业性收费方面，包含车辆牌证等的证照费，对水、矿产等的资源性收费，建房及宅基地收费，治安费，婚姻、工商等注册的收费，环保卫生费、动物防疫费以及其他行政事业性收费，如表 9-5 所示。

表 9-5　农村税费改革前后农民税费负担水平、负担结构和负担率及变化

项目	税费负担水平			税费负担结构			税费负担率		
	2000 年	2004 年	变化	2000 年	2004 年	变化	2000 年	2004 年	变化
	（元/人）		（%）	比重（%）		（百分点）	（%）		（百分点）
总负担	145	72	-50	100	100	—	6.9	2.5	-4.4
政策内负担	103	30	-71	71	41	-30	4.9	1.0	-3.9
农业税及附加	63	19	-70	61	63	2	—	—	—
乡统筹村提留	32	5	-84	31	16	-15	—	—	—
义务工和积累工	8	6	-25	8	21	13		—	—
政策外负担	42	42	0	29	59	30	2.0	1.5	-0.5
集资	15	16	7	36	38	2	—	—	—
行政事业性收费	27	26	-4	64	62	-2	—	—	—

资料来源：刘明兴，徐志刚，陶然．农村税费改革前后农民负担及其累退性变化与区域差异［J］．中国农村经济，2007（5）：44.

第一，税费负担水平。税费改革之后，农民税费负担在绝对水平上显著下降。税费改革对农民群体在政策内、政策外负担的影响呈现显著的非对称性：一是政策内负担大幅度减少而政策外的负担变化很小。农民税费总负担在绝对水平上由税费改革之前的人均 145 元降为税费改革之后的人均 72 元，其中政策内负担下降71%，由税费改革之前的人均103元降为税费改革之后的人均30元，而政策外负担在2000年和2004年都为人均42元，变化几乎为0。二是在政策内负担部分中减少最为显著的是乡统筹村提留，绝对水平下降85%。然后是农业税及附加，从人均63元降为人均19元，降幅高达70%。比较来看，两工金额仅仅减少25%，而且两工折算实际工资在增长，那么实际工时降幅超过25%。三是在政策外负担部分中行政事业性收费减少4%。然而受到集资水平上升7%的影响，政策外负担总体来说变化几乎为0。

第二，税费负担结构。随着政策内外负担的关系呈现逆转，在税费改革之前，政策内外负担的比例约为7∶3；在税费改革之后，政策内负担大幅下滑，政策外负担基本不变，政策内外负担的比例约为4∶6，政策外负担超过政策内负担，成为税费总负担的主要部分。具体来看，对于政策内负担，主要变化发生在乡统筹村提留和两工之间。农业税及附加对政策内负担的影响微小，比例大致保持在60%；乡统筹村提留的比例大幅度减少，从改革前的31%减到改革后的16%；两工的比例大幅度提高，从改革前的8%增至改革后的21%。在税费改革前后，集资和行政事业性收费的绝对水平变动方向完全不同，两者的变动幅度较小，行政事业性收费在政策外负担中比例明显，集资和行政事业性收费的比例大致保持在4∶6。

第三，税费负担率。在税费改革之后，农民所承受的税费压力显著减小。这不仅是税费本身下调的结果，收入提升也发挥关键作用。农民税费总负担率从改革前的6.9%降至改革后的2.5%、减少4.4%，其中由政策引发的负担占比显著下降、减少3.9%，该负担率从改革前的4.9%降至改革后的1.0%；由非政策因素引起的负担率从2.0%降至1.5%、减少0.5%。在被调查的地区中，农民收入增长37%（人均纯收入从2093元增至2861元），收入增长相当于2004年收入的27%，因此在税费总负担率的降低中，大约有40%是农民收入增加所贡献的。在扣除收入增长影响后，纯粹由于税费减轻而引发的农民负担率下降约38%。如果排除收入增长的因素，税费降低引发的政策内负担率下降超过50%，而非政策引起的负担率基本保持不变。

在村级水平上，分析农民负担程度与其收入水平之间的联系。把被调查村按照农民平均纯收入由高至低进行排序后分为四个等级，各等级的平均收入和各类税费项目的平均负担率分别进行计算。无论是改革前还是改革后，农民负担都呈现明显的累退性。在税费改革之后，累退性有所减缓。以总税负为例，在税费改革之前，从收入等级Ⅰ至收入等级Ⅳ，收益水平逐渐提高，但是农民负担率从17.3%减少到3.7%，收入越高则负担程度越轻。在税费改革之后，尽管负担总体上依然呈现累退性，但是累退幅度有所降低。从收入等级Ⅰ至收入等级Ⅳ，随着收益水平的增长，农民负担率持续下降，但是收入等级Ⅰ和收入等级Ⅳ的税负率分别为3.5%和1.9%，累退幅度显著下降，如表9-6所示。

表9-6 农村税费改革前后不同收入组农民税费负担率

收入组	人均纯收入（元）	总负担率（%）	政策内负担率（%）				政策外负担率（%）		
			小计	农业税及附加	乡统筹村提留	农村义务工和劳动积累工	小计	集资	行政事业性收费
2000年									
Ⅰ	764	17.3	13.5	7.6	4.8	1.1	3.9	1.1	2.8
Ⅱ	1583	10.6	7.8	4.5	2.5	0.7	2.7	1.4	1.3
Ⅲ	2343	6.0	4.3	2.9	1.1	0.4	1.6	0.6	1.0
Ⅳ	3808	3.7	2.2	1.4	0.7	0.1	1.5	0.4	1.1
2004年									
Ⅰ	1228	3.5	1.5	0.9	0.2	0.4	2.1	0.4	1.7
Ⅱ	2199	3.2	1.2	0.7	0.2	0.4	1.9	1.1	0.8
Ⅲ	3334	2.5	1.1	0.7	0.2	0.2	1.3	0.5	0.9
Ⅳ	4827	1.9	0.7	0.5	0.1	0.1	1.2	0.4	0.8

资料来源：刘明兴，徐志刚，陶然．农村税费改革前后农民负担及其累退性变化与区域差异［J］．中国农村经济，2007（5）：48.

为了精确地计算和研究农民负担的累退性，需要运用统计学的分析方法。1977年，美国经济学者丹尼尔·休斯提出一种衡量税收累进程度的方法，也就是休斯指数（Suits Index），通过比较高收入者和低收入者所占的收入份额与他们所承担的税收份额的比例，以此来判断税制的性质。其计算方法与基尼系数（Gini Index）类似。既可以进行不同税制递进程度的水平比较，也可以进行同一税种或者税收体系在不同时期累进程度的垂直比较。根据资产的大小、从低到高分为n组，Y_i表示累积资产的百分比，$T(Y_i)$表示相应的累计支付生产商所得税的百分比，计算式如下。

$$S = 1 - 2\sum_{i=1}^{n} \frac{[T(Y_{i-1}) + T(Y_i)]}{2(Y_i - y_{i-1})}$$

式中：S的取值范围介于［-1，1］。当$S>0$时，表示税收类型为累进税。相反地，当$S<0$时，表示税收类型为累退税，并且负值越大，其累退性质越明显。当$S=-1$时，表示所有的税负都由最低收入的家庭承担；当$S=1$时，

表示所有的税负由最高收入的家庭承担；当 S=0 时，表示的是比例税。[1]

采用休斯指数计算农民的"税收累进指数"，进一步分析农民负担的累退特性。运算结果显示：在税费改革前后，所有的税费负担项目总体上都表现出累退性，然而不同的税费负担项目的累退程度存在显著差异。在税费改革之前，政策内负担累退性高于政策外负担，其指数分别为-0.24 和-0.09。在政策内负担中，两工和乡统筹村提留的累退性较高，指数分别为-0.34 和-0.27；在政策外负担中，集资的累退性相对较高，指数为-0.14。在税费改革之后，各种负担的累退性明显下降，政策外负担的累退性降幅显著低于政策内负担。在政策内负担中，两工的累退性虽然下降，但是其累退性仍然很强，这可能与那些不发达地区仍然需要农民参与公共事业有关。在政策外负担中，相较于行政事业性收费，集资的累退性明显下降，这可能是在不发达地区集资大量减少而在发达地区集资几乎无变化，如表 9-7 所示。

表 9-7　农村税费改革前后农民税费负担累进指数及变化

项目	累进指数（Suits 指数）		变化量
	2000 年	2004 年	
总负担	-0.20	-0.06	0.14
政策内负担	-0.24	-0.05	0.19
农业税及附加	-0.21	-0.01	0.20
乡统筹村提留	-0.27	0.06	0.33
义务工和积累工	-0.34	-0.25	0.09
政策外负担	-0.09	-0.06	0.03
集资	-0.14	-0.06	0.08
行政事业性收费	-0.06	-0.05	0.01

资料来源：刘明兴，徐志刚，陶然．农村税费改革前后农民负担及其累退性变化与区域差异［J］．中国农村经济，2007（5）：49.

对各个省份税收负担的累进指数进行深入解析，农民负担的累退性并不像总体负担那样具有明显的稳定性：在税费改革之前，不是所有的负担项目表现出累退的特点；在税费改革之后，更多的负担项目表现出累进的特点。依据政策内负担与政策外负担在税收分布上的变动状况，政策内负担的累退程度降低最快的是收入居于中等水平的地区。在税费改革之后，不同收入水

① 万莹．我国企业所得税收入分配效应的实证分析［J］．中央财经大学学报，2013（6）：18-22.

平农民的政策内负担程度逐步接近，而政策外负担的累退程度降低最快的是收入较低的地区，如表9-8所示。

表9-8　农村税费改革前后六省份农民负担累进指数

省份	年份	总负担	政策内负担	农业税及附加	乡统筹村提留	义务工和积累工	政策外负担	集资	行政事业性收费
江苏	2000	0.02	0.00	-0.02	0.09	-0.26	0.08	-0.09	0.16
	2004	-0.09	-0.12	-0.11	-0.13	-0.16	-0.06	-0.26	0.03
四川	2000	-0.13	-0.13	-0.11	-0.13	-0.17	-0.14	-0.34	0.25
	2004	-0.01	-0.13	-0.16	-0.03	-0.13	0.10	0.01	0.21
陕西	2000	0.00	-0.08	-0.09	-0.05	-0.14	0.26	0.13	0.34
	2004	0.27	0.08	0.13	0.38	-0.02	0.39	0.28	0.41
吉林	2000	-0.16	-0.21	-0.17	-0.25	-0.25	-0.05	0.20	-0.01
	2004	-0.08	0.15	-0.35	0.65	-0.05	-0.09	-0.05	-0.13
河北	2000	-0.31	-0.33	-0.24	-0.55	-0.33	-0.25	-0.32	-0.24
	2004	-0.25	-0.25	-0.18	-0.58	-0.40	-0.25	-0.34	-0.24
福建	2000	-0.10	-0.11	-0.16	0.00	0.14	-0.09	-0.17	-0.05
	2004	0.03	0.26	0.14	0.14	0.21	0.03	0.06	0.00

资料来源：刘明兴，徐志刚，陶然．农村税费改革前后农民负担及其累退性变化与区域差异［J］．中国农村经济，2007（5）：50.

自2000年起，农村税费改革缓解农民经济负担、影响农村基础治理，同时，也诱发一系列新的问题。农村税费改革的出发点和初步成效是正面的，但是在地方政府的财政收入和公共服务供给严重不足的情况下进行。这种改革大幅度削减乡村两级的财力资源，扩大乡村两级的债务和财力缺口，加剧基层组织的运转难度。难以消化的沉重债务将长期存在，部分地区的公共产品供给面临考验。当前需要构建更为高效的乡村治理体系，提供真正满足农民需求的公共产品和服务，确保农民收入增长的持续性，从而使税费改革打破黄宗羲定律的怪圈，为新时代的新农村建设发挥更大作用。①

9.2.2　福利权理论和失地补偿

福利权（Welfare Rights）代表一系列的经济、社会以及文化权利，也包含所有促进人的发展的开放体系，涵盖生存权、发展权、劳动权、健康权、

① 刘明兴，徐志刚，陶然．农村税费改革前后农民负担及其累退性变化与区域差异［J］．中国农村经济，2007（5）：41-51.

教育权以及社会保障权，并且包括最终目标所要求达成的自由权。福利权拥有“自然”和“道德”的属性，这代表每一个体都有权利获得来自他人、集体以及政府的基本生活保障。福利权与公共福利系统、社会保障系统紧密相连，接受和享有可能的利益或援助。

福利权能够让每一个体获得实质性的保护，前提条件是得到国家权力的主动运作，因此这种权益被归入“积极权利”的范畴。当我们谈论“消极”与“积极”的划分，最初的来源可以追溯到英国哲学家、观念史学家和政治理论家以赛亚·伯林，他在《自由的两种概念》一书中提出消极自由与积极自由的概念，进一步扩展到积极权利与消极权利的对比。实现积极权利与国家的经济状况及社会情况的紧密联系，在很大程度上取决于稀有公共资源的预算分配。①

17 世纪，以英国哲学家约翰·洛克为代表的古典自由主义者强调生存的自然权利，把“贫困的救助”定位为任何合法社会必备和基础的特性，亚当·斯密也对这种“请求权”持有同样的看法。近代个人主义和自由主义的影响使得公民政治自由与人身自由成为人权的关键组成部分。18 世纪，欧洲形成“公民身份”的公民权利；19 世纪末期，出现公共初级教育和无财产资格限制的普选权；20 世纪初期，推出养老金制度，英国、西班牙、法国等国的女性陆续获得选举权；二战之后，英国政府实施福利国家政策，美国政府再一次推动社会和经济权利的保障。在以西方近代自然权利理论为基石的近代人权体系中，经过数百年的实证化和法典化，公民福利权的制度化逐渐形成。②

古代中国向来存在儒家思想主导的互助济贫传统。近代以后，无论是康有为、梁启超、孙中山，还是后来的北洋政府和南京国民政府，或者翻译理论、引以为鉴，或者仿行立法、追求先进。新中国成立之后，公民的福利权益在宪法中得到确认和保护。为了尽早恢复国家的经济体系、实现社会主义的工业化，政府选择以苏联模式为范本的工业化道路，确立优先发展重型工业的经济建设方针，通过行政强制手段，以农业支持工业。“城乡之间在经济文化方面的差距越来越大，构成以先进工业为基础的城市和以落后农业为基础的乡村二元并存的格局”，“农业户口”与“非农业户口”成为农民与市民之间一道难以跨越的鸿沟。农村发展和农民生活无法与城市保持同步，农民

---

① 胡敏洁．一种双重面向的权利：论福利权的法律性质［J］．河北法学，2007（10）：55-59.

② 温泽彬．公民福利权的生成与实施路径［J］．求是学刊，2015（11）：69-76.

的福利权在很长时期内被忽视。①

随着改革开放的深入，原本被禁锢的市场力量从经济领域之外快速渗透至社会领域，并进一步扩展至福利领域。广泛的“福利市场化”引发农民福利权在个人主义浪潮中面临新的边缘化和内卷化的困境，在城乡二元结构下明显地被忽视。在农村经济模式从集体转向家庭的过程中，农民福利的资源路径仍然遵循人民公社时代构建的公共积累“活劳动”的筹资方式。然而囿于税费征收方法的非制度化与不规范性、农民收入增长乏力的硬性限制以及国家福利资源的低效使用或非法侵占，农民福利权陷入停滞或下滑的困境。

农民的市场化福利保持原有的“三提”（农户向村级行政单位交纳的三种费用，包括公积金、公益金和行管费）制度，这些费用通常由村委会代替原先的生产队收取。此外村和乡两级通过劳动形式向农户分摊公共产品的义务工和劳动累积工，在乡级政府层面的“五统”（农户向乡镇级政府交纳的五种费用，包括教育附加费、计划生育费、民兵训练费、乡村道路建设费和优抚费）项目，并未把农民福利纳入财政支出范围。农村基本核算单位的转变和农工产品不等价交换的改革，在人民公社时代并非主要矛盾的“提留统筹、集资摊派”已经升级为农户在市场化模式下的负担。“三提五统”的负担直接落在农民身上，对农民的经济和心理都产生直接的影响。

在“县际竞争体制”的背景下，地方政府发起一连串的行动，例如设立乡镇企业、建设小城镇以实现达标升级，然而这增加处于税负末端农民的负担。由于东中西部农村受到城镇化辐射影响的程度不同，各地农民福利的资金来源和类型各不相同，那么资源在筹集上，东部沿海地区的多元化和中西部地区的缺乏形成明显的对比。自上而下的指令性机制无法适应农村经济从集体经济向家庭联产承包责任制的转变，农民福利在超出预期的统筹下产生内卷化现象，导致农民的税负和福利获取之间存在不对等的困境。

在“发展主义”的权力背景下，资源配置的天平常常偏向城市。作为生产要素的土地变成农民的潜在福利来源，呈现“土地换保障”的功能替代现象。然而土地的零散化导致分户经营的农民无法单独应对市场动力所产生的各种风险，也难以逆转土地福利功能的边际产出递减现象。在工业化与城镇化的过程中，土地的不可替代性揭示农民福利的主体缺失和治理低效的问题。尤为显著的是，核心福利主体的缺失问题，对以土地为基础的农村家庭保障

① 吴强．有关农民福利权的若干思考［J］．廊坊师范学院学报（社会科学版），2014（6）：108-112.

模式提出严重的挑战。那些最具福利特性的社会保障也难以幸免，体现农民缺乏国民待遇的福利权，揭露隐藏不和谐的“国家-市场-社会”关系框架。

从传统到现代，中国农民福利权的演变展示深植于体制内的一致逻辑——福利权始终作为一种附加物而存在，缺乏来自国家的直接和稳定的干预。在传统社会里，农民的福利权仅是在道德层面上的救济形式；改革开放之前，广大农民有幸享受到具有部分现代特征的福利权；改革开放之后，农民福利权变成发展主义的空洞之物。福利权的性质差别直接影响农民福利的等级和品质，如表 9-9 所示。

表 9-9 不同时期农民福利的供给模式比较

时期	传统社会	人民公社	家庭联产承包责任制
福利主体互动	建立在统治合法性基础上的国家救急角色+宗族或家族+三纲五常伦理	国家政权指令+集体主导供给+家庭+集体主义和平均主义伦理	集权化行政+市场+家庭+个体化伦理
国家的角色	建立在统治合法性基础上的补救角色	在政社合一（行政组织和经济组织）下的国家尽责	在政社逐渐分离下的国家缺位
国家与农民的关系	在皇权控制下小共同体本位基础上的分户小农	在国家高度管控的社会主义意识形态下“以农支工”的集体农民	在发展主义下、家庭联产承包责任制基础上的个体化农民
资源筹集方式	非制度化，社区内国家有限介入，宗族或家族式治理	公积金、公益金的集体提留+一平二调	三提五统：以户为单位的集资摊派+分化的村组集体收入
农民福利的特征	零散化	集体化	市场化（阶层化、地域化）
农民福利的内容	帮困救济、极其有限的农村公共产品	全面推行五保供养、合作医疗与公共社会服务+有限的基础教育+全民思想政治教育	日益萎缩的合作医疗和五保供养+举步维艰的农村社会养老保险+内缩的农村社会服务+市场化的教育和医疗福利等
农民负担	地租剥削	以集体为单位的平均分摊	以家庭为单位的具有累退效应的平均分摊

资料来源：韩央迪，李迎生．中国农民福利：供给模式、实现机制与政策展望［J］．中国农村观察，2014（5）：20.

随着各种农民税负和集体摊派的逐渐减免，农民福利权已经取得许多重大突破，例如农村低保的“应保尽保”和新型合作医疗的全面覆盖。按照工业化和城镇化的发展趋势，“在国家主导下的发展型福利”将成为广受欢迎的选择。这种方向从农民福利观念的广义社会福利视角中体现出来，确立农民作为独立公民的基本福利权，并且强调政府在农民福利管理中的基本责任，突出政府在农民福利供给中的中心地位。同时重视市场机制的合理运作，积极吸收家庭、社区、社会组织等多元力量的参与，发挥每个农民的主观能动性。发展型农民福利权不只是对农民具有公共产品性质的公共服务需求的回应，也满足农民对各种精神文化服务和社区共享价值等福利需求的回应。[①]

在农民福利权的现代化转型中，依然存在一些明显的问题：关于社会保障，农民福利的核心项目——农村养老保障，其覆盖面广度不足，距离“基本保障”的50%目标替代率仍有很大差距；关于城镇化，地方政府为了扩大城镇化的规模，忽视在“农民转型为城市居民”过程中“就业、收入及人性城镇化”的重要地位；关于土地流转，市场服务与政府监督的混乱，反映出基层政府对农民合法福利权的忽视和侵犯，也降低农民主动流转土地的意愿。[②]

在农村土地向城市流转中，大批的农民失去土地，妥善解决失地农民的补偿和安置关系到社会的稳定。运用印度福利经济学家阿马蒂亚·森的可行能力理论，利用结构方程模型并且从定性探讨到定量研究影响福利的多种因素，度量征地前后失地农民福利状况的变化。由于个体差异和生活环境的多样性，对各类失地农民进行区分，解释不同的功能类活动对失地农民的影响力度，确定相同的功能类活动对各自福利状况的影响差异，进而明确其对福利的重要程度。[③]

在传统福利经济学中，福利被定义为消费一定产品或者服务而得到的效用。效用揭示某一个体得到的满足程度。然而满足感对每一个体都存在差异，使用客观指标去衡量极其困难。在实证研究时，收入往往被当作效用的代表。无论是满足感还是用收入来衡量福利，在分析失地农民的福利水平影响因素时都具有一定的局限性，不能真实反映农民在集中居住地的实际情况。

20世纪80—90年代，阿马蒂亚·森批判功利主义和客观福利理论，随之构建可行能力理论。他阐述：在评估某一个体的福利状况时，应当依据其实际完成的事情和可能的身份转变，从功能和能力两个层面进行衡量。功能的意义在于体现个体已经达到的阶段，例如已经获得的充足社会保障、拥有的

---

① 胡敏洁．一种双重面向的权利：论福利权的法律性质［J］．河北法学，2007（10）：55-59.

② 韩央迪，李迎生．中国农民福利：供给模式、实现机制与政策展望［J］．中国农村观察，2014（5）：13-24.

③ 赵秀君，高进云．被征地农民福利水平影响因素差异分析：基于Sen的可行能力理论和结构方程模型［J］．天津农业科学，2019（1）：65-71.

舒适居住环境、优美的生活环境以及良好的心理健康等。能力则是指个体获取各种功能组合的实际机会和选择权，例如一名女性具备工作的能力，但是她选择成为家庭主妇，这就表明她具备工作能力而没有实现工作这一功能。

可行能力理论跳出传统福利经济学在评估福利时的狭隘性，个体的福利状况是由其具备的能力和实现的功能集合所决定的。根据这一观点，在短期内，失地农民收入的快速提升不能全面反映其福利状况的提升。在经济情况改善后，农民可能面临失去就业机会、土地继承权和发展权等情况，都可能导致其福利状况随后降低，可行能力理论具有全面性和代表性，所以用来分析失地农民福利状况的影响因素和变化具有可行性。

在研究福利的过程中，阿马蒂亚·森选择 5 个关键的功能类活动，包括政治自由、经济环境、社会机遇、透明度保证和保护性措施。他提出：这些活动直接提升人们的实际能力，相互强化和补充。对被征地农民来说，他们在征收前所拥有的土地、工作、收入、生活保障、精神依靠、社会身份认同、社会尊重度以及责任感和使命感等诸多条件，可以被归纳为经济状况、就业状况、保障状况、环境状况、情感状况等功能类活动。

农民是指从事农业生产并且户籍是农村的劳动力。部分失地农民的户籍由农村转为城镇，主要不再从事农业生产。这种转变不是自发的，那些从农村迁移到安置房的居民仍然被归类为农民。统计数字来自天津市的城乡接合部，挑选 4 个郊区作为研究地域，对失去土地的农民进行问卷调研，主要涵盖：其一，根据可行能力理论设计出的影响福利各功能类活动的具体指标，采用对土地被征收前后进行对比和调查的方法；其二，被征地农民的个体特征，比如性别、年龄、受教育程度等。为了让指标具有可比性，根据其所代表的意义对选项重新赋值。①

使用结构方程模型，测量不同功能类活动对失地农民福利水平的贡献程度，根据转换因子对总样本进行分组，分析功能类活动对不同农民群体福利的重要性。结构方程模型能够测量推导的变量（潜变量），并且其结果的路径系数可以反映变量之间的相关性。不同观测变量之间的协方差，反映潜变量的共同影响，测量方程的矩阵形式为 $X=\Lambda_x\xi+\delta$，式中：X 为观测变量，Λ_x 为因子载荷，δ 为误差项，ξ 为潜变量。

潜变量无法直接进行测量，我们只能通过观察变量。被视作原因的潜变

① 成程，陈利根．经济发达地区集中居住农民福利水平影响因素分析：基于可行能力理论与结构方程模型［J］．安徽农业大学学报（社会科学版），2014（3）：1-9.

量是实在潜变量，而作为结果的潜变量被定义为内在潜变量。结构方程揭示潜变量之间的关系，其公式为 $\eta = B\eta + \Gamma\xi + \zeta$。式中：$B$ 代表内在潜变量之间的结构系数矩阵，η 代表内在潜变量，Γ 代表外在潜变量与内部潜变量之间的结构系数矩阵，ξ 代表外在潜变量，而 ζ 代表内在潜变量的残差。

在这个模型中，所包括的观察变量包括养老保险、医疗保险、社会治安、噪声污染、空气质量、自然环境、生活质量、住房改善、土地补偿、征地厌恶、集体提供就业岗位、新工作、年人均纯收入、年人均生活支出。内在结果潜变量分别是就业状况、经济状况、保障状况、环境状况、情感状况；内在原因潜变量是个体特征，涵盖学历和职业；外在潜变量则是农民个体福利。

导入调查数字到 AMOS 软件内，采取最大似然法进行估计，得到结构方程的标准化路径系数。模型的适配度指标包括：Chi－square = 187.718，Degrees of freedom = 72，CMIN/DF = 2.607，RMSEA = 0.065，GFI = 0.936，AGFI = 0.907，IFI = 0.808，CFI = 0.802。对于失地农民福利水平经过显著性检验，5 个维度都表现出较高的载荷，这说明 5 个维度都对个体福利水平产生显著的影响。标准化路径系数显示对个体福利水平的影响，按照影响力从大到小排列依次为：情感状况（0.68）、环境状况（0.55）、保障状况（0.52）、经济状况（0.46）和就业状况（0.45）。

根据在家庭中非劳动力人数是否超过半数，可以划分为 2 组。除了就业状况因素，抚养人口较多的家庭在环境状况（0.669）、保障状况（0.644）、情感状况（0.566）和经济状况（0.463）上有显著性（大于 5%），表明对个体福利有着重要影响。标准化路径系数的差异不显著，最大值没有超过 0.7。表明家庭福利水平的变化受到多个因素的影响，不能仅仅通过增加某一方面的补偿来大幅度提升福利水平。抚养人口较少的家庭在就业状况（0.773）、情感状况（0.684）、保障状况（0.441）和环境状况（0.437）上有更显著性，个体福利水平主要受到就业状况和情感状况的影响，如表 9-10 所示。

表 9-10　天津市失地农民按照家庭抚养人数分解的需求差异性

观测变量	路径方向		抚养人数多组		抚养人数少组	
			显著性	路径系数	显著性	路径系数
就业状况	←	个人福利水平	*	*	**	0.773
经济状况	←	个人福利水平	**	0.463	*	*
保障状况	←	个人福利水平	**	0.644	**	0.441
环境状况	←	个人福利水平	**	0.669	**	0.437

续表

观测变量	路径方向		抚养人数多组		抚养人数少组	
			显著性	路径系数	显著性	路径系数
情感状况	←	个人福利水平	**	0.566	**	0.684
新工作	←	就业状况	*	*	**	0.623
集体提供就业岗位	←	就业状况	*	*	**	0.522
年人均纯收入	←	经济状况	**	0.488	*	*
年人均生活支出	←	经济状况	**	0.650	*	*
养老保险	←	保障状况	**	0.762	**	0.772
医疗保险	←	保障状况	**	0.670	**	0.782
社会治安	←	保障状况	**	0.468	**	0.466
空气质量	←	环境状况	**	0.557	**	0.581
噪声污染	←	环境状况	**	0.598	**	0.471
景观环境	←	环境状况	**	0.484	**	0.704
征地补偿	←	情感状况	**	0.606	**	0.623
住房改善	←	情感状况	**	0.312	**	0.300
生活质量	←	情感状况	**	0.533	**	0.414
征地厌恶	←	情感状况	*	*	**	0.370

资料来源：赵秀君，高进云．被征地农民福利水平影响因素差异分析：基于 Sen 的可行能力理论和结构方程模型 [J]．天津农业科学，2019（25）：70.

注：在本次调查中，青年样本量较少。如果单独分组难以应用模型从而在计算中造成较大偏差，所以把青年和中年合并为一组即青壮年组。** 表示在 5%水平下显著，* 表示在 5%水平下不显著。

在征地后，抚养人口较多的家庭通常考虑的是生活环境和防护保障，这是因为被抚养者往往是老年人和儿童，他们比起成年人来说缺乏自我保护能力，身体的免疫机能处在衰退阶段或成长阶段，对于生活环境的需求相对较高；抚养人口较少的家庭在生活环境和防护保障方面的路径系数相对较低。抚养人口较多的家庭在经济状况方面对福利的影响更为显著，每当经济状况提升一个单位，福利水平相应上升 0.46。在征地后，无论是由集体安排还是自我应聘获得的工作（大部分为临时工），工资水平普遍较低。对于抚养人口较少的家庭来说福利帮助较大，对于抚养人口较多的家庭来说福利帮助较小。

为了识别不同年龄失地农民在需求方面的差异性，依据个体年龄把总样本划分为老年组和青壮年组，对结构方程模型进行调整，如表 9-11 所示。

表 9-11 天津市失地农民按照年龄分解的需求差异性

观测变量	路径方向		老年组		青壮年组	
			显著性	路径系数	显著性	路径系数
就业状况	←	个人福利水平	**	0.480	**	0.537
经济状况	←	个人福利水平	*	*	*	*
保障状况	←	个人福利水平	**	0.880	**	0.579
环境状况	←	个人福利水平	**	0.539	*	*
情感状况	←	个人福利水平	**	0.626	**	0.907
新工作	←	就业状况	**	0.603	**	0.622
集体提供就业岗位	←	就业状况	**	0.553	**	0.491
年人均纯收入	←	经济状况	*	*	*	*
年人均生活支出	←	经济状况	*	*	*	*
养老保险	←	保障状况	*	*	**	0.816
医疗保险	←	保障状况	**	0.362	**	0.663
社会治安	←	保障状况	**	0.921	**	0.418
空气质量	←	环境状况	**	0.566	*	*
噪声污染	←	环境状况	**	0.464	*	*
景观环境	←	环境状况	**	0.600	*	*
征地补偿	←	情感状况	**	0.406	**	0.629
住房改善	←	情感状况	*	*	**	0.265
生活质量	←	情感状况	**	0.352	**	0.403
征地厌恶	←	情感状况	**	0.362	*	*

资料来源：赵秀君，高进云．被征地农民福利水平影响因素差异分析：基于 Sen 的可行能力理论和结构方程模型［J］．天津农业科学，2019（25）：69.

注：在本次调查中，青年样本量较少。如果单独分组难以应用模型从而在计算中造成较大偏差，所以把青年和中年合并为一组即青壮年组。**表示在5%水平下显著，*表示在5%水平下不显著。

在青壮年组的5个维度中，情感状况（0.907）、保障状况（0.579）及就业状况（0.537）对个体福利水平有着5%的显著影响。每当青壮年组对土地征收补偿安置的情感满意度提高一个单位，其个人福利水平就上升0.91个单位。这与三个反映情感状况的可量化指标一致，即在征地后的经济补偿越多，青壮年组的满意度就越高，对增进他们的个人福利水平有显著的效果。在老年组中，保障状况（0.880）、情感状况（0.626）、环境状况（0.539）和就业状况（0.480）对个人福利水平产生显著影响，其中保障状况的路径系数超过其他维度。

在观测变量里，养老保险对老年组的保障状况影响并不显著。在征地前，大部分农民已经拥有农村养老保险，征地只是把农村养老保险转为城镇养老保险。一部分失地农民的城镇养老保险并未全面落实，导致养老保险对福利水平的提高没有显著效果。在就业状况方面，青壮年组福利状态受到的影响超过老年组；在环境状况方面，老年组的活动以居所为中心，因此社区生活环境对他们的福利状态具有重要影响；在情感状况和保障状况方面，青壮年组的情感状况对福利具有更大影响，他们更关心获得的经济补贴，而老年人更注重保障；在调整过程中，无论是老年组还是青壮年组的经济状态对个人福利水平的影响都不显著，这也验证失地农民的经济状况对个人福利状态影响较轻。①

在城镇化过程中，土地问题始终是关键。中国特有的城乡二元治理模式使得城镇化的土地问题显得尤为复杂，其中农田征用问题牵涉到如何补偿、如何安置、失地农民及他们如何融入城市。城市融入的难题与征地补偿的利益损害有着直接的关系。农民在进城之后的长期生活并未得到保障，他们只是表面上的城市居民，缺乏直接和间接的经济来源。“就业无岗、种田无地、低保无份”，进一步强化城市内部的二元社会结构。他们是否能够顺利地完成社会角色转换，在很大程度上依赖于城市公共福利体系的构建和支持力度。

城市与乡村所代表的文化含义是平等的。在城镇化过程中，失地农民经历城乡文化的碰撞和冲击。虽然拆迁家庭过去的居住区域不复存在，但是他们的精神领域并未完全消逝，与在城市社区中业主的复杂性、需求的多样性、缺乏联系的特性形成巨大差异。他们是否能够适时地改变自己的角色以适应新的城市环境，是“人的城镇化”的决定性因素。在面临“要地不要人”的土地征用补偿制度所带来的融合困境时，政府应当调整土地增值收益的分配方式，改革现行的土地征用补偿制度。

单一的货币化安置忽视失地农民的发展权需要，低估他们融入城市过程的长期性和艰难性。“重补偿，轻安置”的征地方式必须被纠正，合理安置失地农民以保障社会的长久稳定。通过实质性的制度设计，确保失地农民保留部分土地开发权，赋予他们一部分土地，并纳入城市规划，在不改变集体所有权性质的前提下参加非农建设。近些年来，一些地方政府针对征地安置改革，出台非经济补偿的创新措施，例如留地安置、社保安置、就业创业培训安置等，中央政府也应当制定相应的政策给予认可。②

---

① 赵秀君，高进云．被征地农民福利水平影响因素差异分析：基于 Sen 的可行能力理论和结构方程模型［J］．天津农业科学，2019（1）：65-71.

② 胡大伟．新型城镇化进程中我国土地征收补偿制度省思［J］．改革与战略，2016（2）：88-92.

农民问题既是中国革命的根本问题，更是社会转型、大国崛起和民族复兴的核心战略议题。农民问题的关键在于土地问题，而土地问题的关键在于经济保障和生活福利。在农民基本生活需要满足的过程中，集体福利和市场福利都扮演着举足轻重的角色。从长期来看，由市场福利向更高级别的新型集体福利的转变是农民福利权创新的主要方向。寻求农民人口最多国家的工业化、城镇化和市民化、现代化的发展路径，是前所未有且具有极大挑战性的宏伟事业。中国农村的工业化和城镇化、中国农民的市民化和现代化的各个阶段，显然是观察社会结构迁移的最佳视角，也是研究阶层变迁的实验场所，拥有无法比拟的政策意义和理论价值。①

9.3 政府约束和网络治理

政府规模与行政管理、经济增长和社会稳定存在着紧密关联，把政府规模维持在适当范围内，一直是各国行政效能改革追求的目标。政府规模扩张既是经济现象也是政治现象：政府规模扩张导致过多的行政支出、引起资源配置的扭曲或无效；精简的、高效的政府始终是政治家的口号和民主型社会的追求。然而理想与现实之间常常存在着巨大的差距，发展中国家普遍面临规模膨胀和腐败盛行的难题。②

在多元化社会利益主体格局构建中，一系列由政策执行力度不够而触发的社会问题在公共行政领域中频繁出现，迫切要求新型公共治理模式。分权和自治是多中心治理共享的特性，汇聚成扁平化的新型网络结构模式。多中心治理是相对于单中心权威秩序的思维方式，其中多元化主体按照集体秩序行事，以多样化方式共同行使权力，在公共事务处理中建立起相互依赖、协商、合作的友好关系。③

9.3.1 费正清困惑与政府规模

费正清（John King Fairbank）是美国历史学家、中国问题观察家、国际汉学泰斗，也是哈佛东亚研究中心创始者。他的研究领域包括中国近现代史、中国历史变迁、中西方交流史及中国文化根源。他一生致力于研究中美关系

① 刘继同．由集体福利到市场福利［J］．中国农村观察，2002（5）：36-44.

② 梅继霞．论政府规模的扩张与限制［J］．行政论坛，2005（2）：5-8.

③ 姚玫玫，袁维海．地方政府执行力提升的行政文化障碍及消除对策分析［J］．长春大学学报，2015（1）：98-103.

的历史、现况及前景，为了增进中美两国的互动和理解做出卓越的贡献。他的学术成就包括出版60余部著作、发表200多篇论文和60多篇书评，撰写大量专访录和演讲稿，并提出“冲击-反应”模式理论。成名作有《美国与中国》和集大成作《剑桥中国史》，从而奠定其在美国现代中国学研究里的鳌头地位。①

1932年，费正清抵达北平，以中国作为他毕生的学术重点，商人阶层自然成为关注的群体。他在《美国与中国》一书中，围绕着待解答的问题展开叙述，其中的一个问题尤其引人注目：“在中国历史中，美国人急切想明白的一个疑问是：为什么中国的商人阶层无法打破对政府的依赖，从而形成一种独立的创新力量。”②

为了生动地描绘所见之景，费正清借用“捕鼠”这一隐喻：“中国商人的思维方式与西方企业家截然不同，中国的传统并非制作更优质的捕鼠器，而是获得捕鼠的特许权。”中国商人为什么不去改进捕鼠器，反而去谋求捕鼠的特许权呢？显而易见，如果没有获得捕鼠的特许权，那么无论捕鼠器多么高效都无法正常运作，自然而然，这个特许权被掌控在谁的手中呢？③

法国历史学家费尔南·布罗代尔在《世界史纲》一书中表述：“在中国社会中，政府权力过于集中，以至于富裕的被统治者无法获得真正的安全感。对于随意征税的恐惧始终无法消除。”20世纪40年代，中国历史学者王亚南和傅衣凌观点也是这样：“从秦汉开始，历代中国商人都把攀附政治权力视为自身生存和致富的手段。”2007年，当代中国文学家、哲学家、历史学家王毅在《中国君主权力制度研究》中阐述：“在官僚政治的庇护下生存，这是制度环境对中国商人生存出路的基本规定。”④

为什么中国商人无法自行独立？费正清认为：按照传统社会的阶层划分，本质上就是不公平的。这种分层按照“士农工商”进行，最底层的是“商”，商人的身份和功能被视为次要的。而读书人的“士”则是最尊贵的，他们往往对商人持有鄙夷的态度。近代以后，洋务运动推动工商业形成“官督商办、以官为本”的格局。中国的社会与经济演变具有独特的进程和规则，资本主义因素处在一种严重的不发达状态，无法像西方那样拥有一个完整的资本主

---

① 黄涛．论费正清与中国研究学科发展及其学术思想［J］．聊城大学学报（社会科学版），2019（8）：51-57.

② 吴晓波．企业家的改革使命［J］．中国民营科技与经济，2012（22）：157-158.

③ 吴晓波．从国富到民富［J］．中国企业家，2011（9）：126.

④ 同②.

义的社会预备和进步阶段。

从春秋时期“管仲变法”和战国时期“商鞅变法”起，古代中国逐步被塑造成一个在中央集权制度下、国家资本力量空前强大的社会形态。政府不仅从民众手中征收税款，还通过控制战略性民生必需品，霸占一部分专营收入，实际上变成一个具有盈利目标的“经济组织”。从盐铁官营到国企控股，即使朝代不断更迭变换，这种治理原则从未扭转。中国的文化特质通常都是由西方严谨的学者提出的，尤其是涉及社会和经济发展的特殊步骤和规则的问题。①

“政府”一词最早来源于司马光的《资治通鉴》，在此书中，他把李林甫所处的政事堂称为“政府”。古代中国的专制等级森严，各级政府机关的名称繁多冗杂。最高级别的政府被称为“廷”（朝廷），即皇帝处理政务的机构和地点，秦朝前后都是如此。其余的政府机构和场所的名称，秦朝前后有所不同。君主专制社会的各种体例规章到唐朝已经完全成型，确立中枢政务的“三省六部制”。长官日常办公的场所被称为“政事堂”，“府”是官署的一种通称，即百官会集之处。

古代中国是天下一统，没有现在的主权“国家”概念，有政无国。封国的政府机构必须按照天子制定的等级礼仪来设置，封国处理政事的机构及场所相当于中央的“省部”一级。往下是“司”一级政府，是国卿（国君下属臣子）处理政务的机构及场所，也被称为“家”，现在的“国家”一词因此而来。近代末期以来，西方历史学、政治学、经济学传入中国，使用“国家”来翻译主权政体，使用“政府”来翻译行政组织机构。②

“百代都行秦政法”，中央集权和“命令型计划经济”模式被历代统治者所沿袭并强化。国有资本与民营资本泾渭分明，国有资本垄断国计民生的主导产业，而民营资本控制消费领域的中下游。政府与民间并未形成平等的契约关系，权力资本横行霸道，寻租行为狼突鸱张。财富向权力、资源和土地迅猛集中，没有产业革命发生的环境。在国有资本和权贵资本的双重压力之下，民间商人危如累卵，在财富上产生强烈的恐慌感和幻灭感。在这样的政治与经济环境里，如果商人想要经营捕鼠器业务，最重要的“不是制造一个更好的捕鼠器，而是从官方取得捕鼠的特权”，这就是对费正清提出问题的

---

① 吴晓波．从国富到民富［J］．中国企业家，2011（9）：126．

② 天人吓易．“政府”一词的由来［EB/OL］．［2022-08-10］．https：//zhidao. baidu. com/question/122835887. html，2020-04-23．

回应。①

费正清发现古代中国的社会结构长期保持稳定，陷入重复的循环，没有内部的推动力来打破传统的束缚。直到 19 世纪中后期受到西方的冲击，社会才发生剧变，这种观点被定义为“冲击-反应”模式。他指出：“19 世纪和 20 世纪的技术和其他各种形式的进步都源自西方，因此西方可以通过自身的文明来完成现代化。然而中国独有的传统只能借助外部推动力。”清代末期的历史变迁就是这个庞大的中央帝国在持续的西方文明冲击下，被迫做出笨拙的、惰性的反应，使得 19 世纪的中国历史演变成一场悲剧。

他在《剑桥中国晚清史》一书中写道：“影响中国的决定性因素源于社会内部而非外部，关键的因素是‘惰性’。”惰性是指起源于文化传统的“一种可以理解的、对社会价值、文化、体制不情愿改变的心态”。西方的冲击促使中国进行改革，但是中国“必须在自身的文化传统中完成现代化，并且这种传统具有对改革的抵触力”。从鸦片战争至甲午战争，历史赋予中国近半个世纪的缓冲时间。尽管如此，帝国官僚未能及时意识到并调整政治、经济和社会结构，未能重新集结新的力量和资源，未能融合传统与现代因素，从而丧失走向富强的机会。

以君主权力为中心、血缘为纽带、功能分工明确的中心集权体制，在以自我为中心的情境中，在 1000 多万平方千米领土上、对 4 亿多人口持续有效地施行统治权。中央官僚集权体制具有明晰的专业化和职能化特性，自上而下对各类问题进行调整和解决。然而面对来势汹汹的西方强国，沉溺在自诩为“天朝”士大夫们的所作所为，仍然是那些传统的对付夷狄的方式，比如“知己知彼克敌制胜”。当面临危机时，士大夫们尽其所能、倾其所学而为的就是从四书五经及浩繁的注释中寻找解析现实的根据和策略。

尽管努力检索那些经典，然而他们始终无法找出有效的解决方案，因为经过工业革命和政治革命成长起来的西方力量在人类历史上是前所未有的。在《四库全书总目提要》中，写有这样一段文字：“欧逻巴人，天文推算之密，工匠制作之巧，实逾前古；其议论夸诈迂怪，亦为异端之尤。国朝节取其技能，而禁传其学术，具存深意。其书本不足登册府之编，然如《寰有诠》之类，《明史 · 艺文志》中已列其名，削而无论，转虑惑诬。故著于录而辟斥之。又《明史》载其书于道家，今考所言兼剽三教之理，而又举三教全排之，变幻支离，莫可究诘，真杂学也。故存其目于杂家焉。”

---

① 李明. 解开这个千年结［J］. 中国新时代，2012（2）：110-111.

这段文字表明士大夫坚定地认为学术的正统仅仅存在于中国的圣贤教育之中，他们从未思考过西方还有值得借鉴的体制。他们并非有意排斥西方，只是在深厚的信仰与敬畏面前，他们呈现出崇高而又迂腐的姿态——重视精神领域的价值性，轻视技术领域的实用性，由此导致整个帝国的科技水平陷入停滞。统治阶级只是关心如何让子孙后代稳固地掌控江山，对于社会发展、科技进步、世界大势一概忽视，对不会威胁其统治地位的事物无动于衷。这种僵化的社会结构和发展模式已经到达顶点，就像一艘已满载至极限的木船，无法再承受一点点额外的压力。

作为官僚集权体系的基石，儒家意识形态以道德伦常为主导，深受人情倾向的影响。这样的垂直组织结构导致各级官员缺乏进取心、持有守旧惰性。并且家族和宗族因素与政治构架紧密相连，派别争斗连绵不绝。更加关键的是，儒家意识形态作为统治阶级维护社会稳定的道德标准，形成“修身、齐家、治国、平天下”的无法逾越的天堑地险，皇室贵胄和士农工商都坚信儒家教义已经穷尽宇宙的全部真理。作为天下的中心，那么自己拥有无可比拟的历史和成就，“夷务”超出所关注的范围。

清代末期，郭嵩焘作为“天朝上邦”的使者，第一次与“地上世界”的西方产生接触。光绪二年（1876 年），他率领三十多人的团队，前往英国伦敦开设使馆，深入观察英国的政权结构、教育体系及科学发展情况。他参观学校、博物馆、图书馆、新闻机构等，并在《使西纪程》一书中记录所见所闻，极尽赞美西方的民主体制。然而当这本书被寄到总理衙门时，激起满朝官员的公愤：“人人唾骂，……闹到奉旨毁版，才算完事。”从中观之，一个以闭关锁国、孤立自保、“中国为中心”的发展模式，形成一种坚不可摧的民族主义，深深嵌入官僚和民众的心理深处，成为应对外部世界挑战的心理障碍。与外界交流中，这种思维方式极大地限制自我“综合反应能力”的发挥，导致难以适应不断变化的环境。

19 世纪中叶，中国仍然是一个典型的农业社会，相较于微不足道的商品关系，自给自足的经济方式占据主导地位。商品经济活动大多局限于极少数的手工艺品和农业副产品，以大机器驱动的制造业和加工业几乎是空白。各级政府对经济活动缺乏主动的宏观管理，也没有外贸意识，无力承担资源重组和建立与世界经济联系的任务，导致商业资源分散。统治者常常以牺牲经济的方式来维护政治形式，略带微弱商品经济特性的交易关系常常是在强权政治下朝贡关系的附属品。朝贡贸易被官方视为赐予夷狄的恩惠，从中反映出儒教帝国对商业的本能排斥。在中外通商的古老传统中，断绝贸易只是摆布外族蛮人的一种手段，以期避免政治和军事纷争。

中央集权体制的施行为经济发展赋予国家力量，汇聚有限而珍贵的资源以支持特定工业的膨胀。洋务运动的组织者并未普及走向现代化的观念，仅仅在军事层面模仿“长技”来规避危机，屈服于“民族生存意识”，以重塑君主权力的稳固与长久。洋务末期出现的腐败、滥用、低效率等负面现象，根源于集权体制无法适应洋务运动的新职能。同时“在农业改革方面不外削减皇室开支，增加耕地面积，兴修水利等。对日趋严重的佃农问题，特别是亟待解决的农村减租问题，却无人过问。……没有人对像商业这类非农业活动课以重税，提出异议。另外对兴修铁路与建立电报系统阻力很大。这也可以证明中兴的经济思想是向后看的、复旧的”。①

权力主导的经济必然造成极低的效率，带来巨大的资源浪费以及特权的泛滥。然而传统的解决方法是进一步加强中央集权和经济管制，以更大的不公平来替代原有的不公平。这不可避免地导致经济和社会发展的长期停滞，陷入超稳定结构的“治乱循环”。历代的经济变革似乎也具有一种周期律：当国穷民贫时，中央政府倾向于放权；而当民众富裕起来后，中央政府又习惯与民争利，也即“国进民退”。②

民是国之本，民富而后才能国强。民富是经济发展的根本问题，但是经济发展的成果并未普惠于广大群众。在财富的分配中，大部分国民收入被政府抽取，权力和资本对众多劳动力的压迫使得民间财富增长机制不可避免地受到抑制。解决经济发展与民富的问题，需要对分配制度进行重大改革，关键是改革和完善政府体制，对政府权力和规模进行必要的限制。在约束政府体系过度膨胀中，在行政管理中非理性行为主要体现在政府规模不断扩大，以至于频繁陷入财政收支的窘况。③

从政府出现开始，政府与社会之间错综复杂的关系持续推动着政府规模的扩张，政府规模的非理性扩张无休止地循环进行。政府拥有公共权力并代表公共利益，应该是来源于社会和从属于社会。然而已有的政府大部分已经脱离社会，成为社会的一种异己力量。没有任何一个政府能够绝对保障公共权力的公共性和保护公共利益的完全性。大部分时候，政府如同一个独立的

---

① 郭燕飞．费正清的“冲击反应”模式与中国近代社会转型略论［J］．山东省农业管理干部学院学报，2010（5）：131-133.

② 禾刀．从“桑弘羊之问”到“费正清之问”［EB/OL］．［2022-08-10］．http：//www.jjckb.cn/dspd/2013-09/17/content_467802.htm，2013-09-17.

③ 邓聿文．民富根本在于限制政府权力［J］．乡音，2009（8）：8-9.

利益实体，拥有自身的利益目标和政策意图，形成与社会对立的存在物。

政府作为一个相对独立的存在物，自然具有无限度扩张的可能性，转变为现实性的关键在于其所握有的决策权。因为政府具有对社会资源分配的绝对决策权，所以在资源配置中，破坏资源配置平衡的客观要求，从而在主观上使资源分配偏向自身，通过牺牲公共利益达成对资源配置的不合理掌控。这将导致公共权力与公共利益的分歧，从而为政府的自我扩张奠定物质基础。如果政府缺乏充分的理性来自我约束，那么无意识的自我扩张能力必然显现。①

在政府与社会互动中，政府具有独立性而社会具有多元性，来自社会的需求是多种多样的。社会对政府规模的扩张也有助推作用，原因是公众频繁地表现和表达对政府的不满，质疑政府的能力甚至认为政府无能。为了回应社会需求，政府经常通过扩张自身规模来增强其能力。然而只有当政府规模扩张到极其庞大时，社会才感觉到政府已经转成沉甸甸的负担，接着要求限制其规模。尽管各类公共服务可以由社会组织来承担，但是需要政府来保障社会组织的公共性。因此政府总是从自己的角度出发，把社会需求视为扩大规模的动力，从而导致政府容量膨胀、公共开支增大和行政成本提高。

假设公众所挑选的政府架构为官僚制度结构，那么官僚制度便成为政府膨胀的主要源头。在官僚制度的政府中，存在着天生的惯性来维持其职责，即维持有余而创新不足。实际上，官僚制度一旦形成特殊的利益阶层，除非造成严重后果，否则不会轻易割舍已有的利益。一旦公众期望政府担负新的职责，那么政府将会表达出积极的立场，但是不愿意摒弃那些过时的、陈腐的职责。尽管历经一轮又一轮的行政改革和机构整合，然而不久之后又会出现一些多余的机构，落入“扩大-精简-扩大”的荒谬循环。

在经济思想史中，古典自由主义理论对政府职责的诠释，偏向于削减政府的影响力，过度地贬损政府价值同时过度赞美市场功能，这种偏向不可规避地导致生产数量过剩和有效需求不足。最终导致1929—1933年经济大危机的爆发，证明放任主义思想彻底垮台，凯恩斯主义随之崛起。该主义倡导政府介入经济，建议实施国有化和经济计划化，以此规避自由市场的严重缺陷，引领西方政府对经济和社会事务的大规模介入。但是过度地强调政府影响力，无限制地拓宽政府的权力和职责，反而造成庞大且低效的官僚机构。

举例来说，在大萧条期间实施的罗斯福新政，通过各项法令授权政府广

① 朱应皋，吴美华．论政府规模扩张及其治理［J］．江淮论坛，2002（8）：27-31.

泛介入社会和经济的各个方面，并逐步使其固定化。由此美国政府在经济和社会方面的职责持续增长，对自由市场的活力产生限制和阻碍，政府规模也创下历史新高：从 20 世纪 60 年代初期至 70 年代末期，联邦政府雇员的工资总额从接近 130 亿美元激增到超过 700 亿美元；联邦支出增长 6 倍并超过 5000 亿美元；国债几乎增长 3 倍而接近 10000 亿美元，但是人口仅仅增长约 20%。20 世纪 80 年代，美国总统里根指出："在过去的半个世纪里，人民所获得的只是新政、伟大社会以及一个拿走 45%国民财富的政府。"

当期待赶超发达国家时，发展中国家的政府规模扩张特别显著。这是因为发展中国家的政治制度尚未完善，缺乏成熟的经济体系。为了打造全球竞争力，政府迫切需要促进国内经济的规模化和结构优化。官员们总是希望通过各种可行的手段来干预经济发展，也常常觉得干预力量不够，因此选择通过扩大政府规模来增强其对社会和经济的干预能力。然而当政府规模超过合理的范围时，就可能成为社会建设和经济发展的一股破坏力。①

在主流经济学理论中，经济福利与政府规模的联系一直受到密切关注。无论是庇古的"守夜人"政府观念，还是凯恩斯的"全能型"政府理论，公众都期待政府能够成为福利增进的关键角色。在宏观经济学对政府规模的早期研究中，经济学者主要关注变动的原因：1882 年，德国财税学家阿道夫·瓦格纳提出"瓦格纳法则"。他认为：在一国政府的支出与经济增长之间，也就是政府职能扩张与国家所得增加之间存在一种函数关系，随着经济的发展政府部门逐渐扩张。1980 年，澳大利亚经济学家杰弗瑞·布伦南和美国经济学家詹姆斯·布坎南提出"利维坦"模型，他们认为：政府是一个自私自利的经济人，追求的目标是财政收入最大化，财政分权能够对政府行为形成有效的抑制。当收入分权和支出分权的程度越高时，政府对社会资源的侵占就越少。②

维持适度的政府规模是政府高效运作的必备条件，中国政府的规模问题多次引起社会各界的普遍关注。1993—2005 年，全国财政供养人员总数由 1030 万人升至 1241 万人，地方市县财政供养人员总数由 2919 万人升至 3871 万人，然而同期全国人口仅仅增长 9%。如此巨大的政府规模对财政构成重大压力，尤其是很多县级财政变成"吃饭财政"，乡镇债务状况严重，其中从规模经济角度的研究值得注意。

---

① 张康之．限制政府规模的理念［J］．行政论坛，2000（4）：7-12.

② 诸大建，徐萍．中国政府规模、经济增长与福利［J］．同济大学学报（社会科学版），2010（4）：107-114.

规模经济是产业经济学理论的一个基本概念，行政组织也存在类似企业组织的“U形”曲线（行政组织规模与单位成本之间的关系还可能有“I形”“L形”两种）。在一定范围内，政府组织的运营成本随着规模的扩张而减少。当规模的扩张超越某个临界点时，其运营成本便开始增加。一般而言，评估政府规模的主要指数包括：财政供养人口占总人口的比重、政府消费在GDP中的比重、公共管理和社会组织人数在总人口中的比重、财政支出在GDP中的比重、公务员在总人口中的比重、财政供养人口（包括国家、社区员工及退休人员）与由政府机构自收自支所供养的人员总和在总人口中的比重。

中国的财政分权化改革一直稳步进行，由中央赋予地方越来越大的财政支配权，同时维持对地方政府的完全政治影响力。推动“省直管县”管理体制着眼点在于扩权强县，激发县域经济增长潜力以解决县乡财政难题。省直管县强调逐渐实现市与县享有相同级别的财政管理权限，实施财政“省直管县”和“县管乡镇”。改革县级行政区划、整合县域资源，推行减少财政层级的扁平化改革，推动县级财政管理权限的提高和科学化水平的提升，促进县级财政管理权的高级化和科学化，当然也带来县级政府谋求各方面权利的驱动，其中也包括政府规模扩张的冲动。①

借助全国县级经济数字，融入省直管县制度改革因素，构建县级政府规模的面板模型：以财政供养人员与自收自支人员的总和占全体人口的比重来衡量政府规模；利用总人口来模拟公共产品生产规模，同时考虑县级地域面积；采取哑变量的方法来衡量省直管县财政管理体制；引入财政收支分权变量以研究财政分权的效果；在研究规模效益时，考虑将地区经济发展水平与城镇化水平作为控制变量，以县级地方政府当年人均GDP对数化后得到的稳定数值来描述地方经济发展程度，以非农业人口占全体人口的比重来计算城镇化率；采用财政平衡状况来描绘财政转移支付对地方政府规模的影响。

从规模经济的分析角度，考察省直管县的财政管理体制、财政分权、人均地区生产总值、城镇化率及财政平衡状况和县级政府规模之间的关联性。在规模经济的评估中，存在三种特定的方程，分别是“I形”、“U形”和“L形”。由此建立适用于这3种模式的9个回归模型，如下所示。

$$\text{“I形”方程：}\begin{cases} y=\alpha_{11}+\beta_{11}p+\eta_{11}X+\mu+\epsilon \\ y=\alpha_{12}+\gamma_{12}s+\eta_{12}X+\mu+\epsilon \\ y=\alpha_{13}+\beta_{13}p+\gamma_{13}s+\eta_{13}X+\mu+\epsilon \end{cases}$$

① 张永杰，耿强．省直管县体制变革、财政分权与县级政府规模：基于规模经济视角的县级面板数据分析［J］．中国软科学，2011（12）：66-75.

$$\text{“U 形”方程：}\begin{cases} y=\alpha_{21}+\beta_{21}^{*}p^{2}+\eta_{21}X+\mu+\epsilon \\ y=\alpha_{22}+\gamma_{22}s+\gamma_{22}^{*}s^{2}+\eta_{22}X+\mu+\epsilon \\ y=\alpha_{23}+\beta_{23}^{*}p^{2}+\gamma_{23}^{*}s^{2}+\eta_{23}X+\mu+\epsilon \end{cases}$$

$$\text{“L 形”方程：}\begin{cases} y=\alpha_{31}+\beta_{31}\ln(p)+\eta_{31}X+\mu+\epsilon \\ y=\alpha_{32}+\gamma_{32}\ln(s)+\eta_{32}X+\mu+\epsilon \\ y=\alpha_{33}+\beta_{33}\ln(p)+\gamma_{33}\ln(s)+\eta_{33}X+\mu+\epsilon \end{cases}$$

式中：被解释变量 y 表示政府雇员比重，p 表示人口规模，s 表示县域面积；X 表示控制变量，包括省直管县财政管理体制、财政分权、人均地区生产总值、城镇化率、财政平衡状况；α、β、β^{*}、γ、γ^{*}、η 表示相应的回归系数；μ 为个体效应，与其他解释变量的协方差关系是选择模型估计方法的重要依据；ϵ 为误差项，是独立同分布随机变量，平均值为 0，方差固定。

判断县级政府规模效应的存在标准为：对“I 形”方程，当 β_{11} 或 γ_{12} 或 β_{13} 或 γ_{13} 为负值时，存在规模效应。对“U 形”方程，当 β_{21}^{*} 或 β_{23}^{*} 或 γ_{22}^{*} 或 γ_{23}^{*} 为正值时，并且既定数值落在抛物线左半侧，存在规模效应；当 β_{21}^{*} 或 β_{23}^{*} 或 γ_{22}^{*} 或 γ_{23}^{*} 为负值时，并且既定数值落在抛物线右半侧，存在规模效应。对“L 形”方程，当 β_{31} 或 γ_{32} 或 β_{33} 或 γ_{33} 为负值时，存在规模效应。

全国县级的面板数字来自《全国地市县财政统计资料》《中国区域经济统计年鉴》及各省统计年鉴，其中的样本包括 1938 个县和县级市 1997—2005 年的非平衡面板数字。政府雇员占比的平均数为 3.3422，县均人口数为 46 万人，县域面积平均约为 4000 平方千米。财政收支分权程度较低，收入分权平均率仅有 20%，财政平衡情况也不乐观，这与县乡财政的严峻境况相契合。人均地区生产总值最高的为江苏省苏州市昆山市，2005 年人均地区生产总值为 29605.2 元；最低的是甘肃省的陇南市礼县，2005 年人均地区生产总值为 386.7 元，这说明地区发展差距非常大。县域城镇化平均比率为 17.6%，城镇化水平偏低。各变量与政府雇员比重的散点情况，如图 9-8 所示。

县级政府规模效应表现出“L 形”为最优、其次是“U 形”，而“I 形”最差。以人口为标准，县级政府规模经济性呈现出各异的特性：在“I 形”方程中，人口数的系数一律为负值；在“L 形”方程中，人口对数的系数为负值，显示政府雇员的比例随着人口规模的扩大而减少，这种递减效应逐渐降低；在“U 形”方程中，政府雇员比重与人口数呈现向上开口的抛物线，规模经济的转折点为 117.8 万人。结合县级人口数量频数分布，绝大多数县的人口规模小于这个转折点，也符合规模效应的特性。县级政府雇员比重与县界面

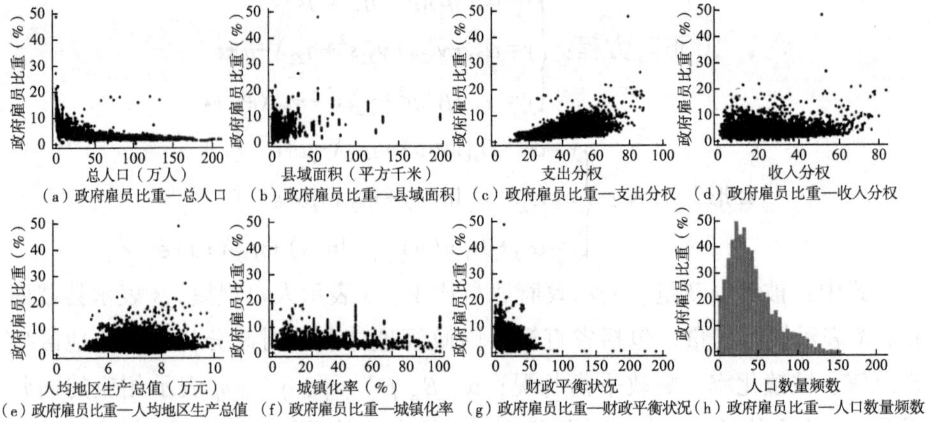

图 9-8 全国县级政府规模各个变量与政府雇员的比重

资料来源：张永杰，耿强．省直管县体制变革、财政分权与县级政府规模：基于规模经济视角的县级面板数据分析［J］．中国软科学，2011（12）：70．

积大小的关联性并不显著。

利维坦效应在中国并不存在。无论是财政支出分权还是财政收入分权，都与政府的规模正相关，这表明财政分权对地方政府规模有着积极的驱动力。由于土地和劳动力等税基的固定性，各地通过减免税、降低税率等推行税收竞争在县级层面其实不实用。公共产品投入增加和基础设施建设的“发展冲动”，促使地方政府大幅度加强财政收入的征收力度，并且上级政府的绩效考核导向进一步加剧这种趋势。最后的效果就是在财政分权的背景下，县级政府具有扩大市场干预、加强资源调控的内部驱动力，引起规模扩张、增加供养人口。

瓦格纳法则在中国部分得到体现。随着地区经济和城镇化的发展，政府规模逐渐扩大：在政治因素方面，法律和公共安全的需求在增长，行政关系越来越复杂；在经济因素方面，工业化推动城镇化，社会管理和调整的需求也相应增加。大部分时候，县域城镇化率的提升能够缩减县级政府的规模，这与瓦格纳法则有所出入，可能因为县级政府直接服务于庞大的农村地区。在农民迁移到小城镇居住的过程中，逐渐释放出原本隐藏在小城镇中的公共产品和服务的外部效应；大批农民移居城区，减少县级政府在农村设立的“七站八所”等派出机构工作人员的数量。

县级政府的规模扩张受到财政状况的制约。县级政府的财政状况对政府雇员数量的影响是负面的，平均数值大约是-0.0050。财政平衡状况显示县级政府以自有财力填补支出缺口的能力，通常与财政转移支付具备紧密的关联。

而转移支付需要地方政府匹配资金，因此财政平衡状况（特别是转移支付）对政府规模有两方面的影响：一方面，财政平衡状况本身对县级政府的支出和规模缩减的限制作用；另一方面，为了获得更多的转移支付，县级政府有动力提升财政能力、增强资源配置权，也会扩大政府规模，这两个方面的影响是相互冲突的。县级政府规模更多地受到财政平衡状况的限制。省直管县的财政管理体制对政府规模正面和负面的影响都有，具体影响仍然不明确。

现今的县级行政区划是历史沉积的产物，有其必然性，在当时的历史环境中发挥着关键的作用。然而从规模经济的视角来看，某些县级人口规模效应尚未被充分激发。提升县域城镇化水平，至少在现阶段可以缩减政府规模，积极推动小城镇建设是一个重要的策略。从机制上打破财政分权促使政府规模扩大的链式反应，对税收竞争、支出扩张、考核导向等进行全面考察，同时在户籍制度的完善、财产登记、资产流转与政绩考核指标、财政支出结构等方面进行积极的探索。进一步优化省直管县财政管理体系，控制支出规模，监管转移支付资金的运用，精简政府机构、调整政府职能、减少政府层级。①

对于政府规模的问题，通常的习惯思路很容易陷入两难困境。作为代表公共利益的机构，政府被期待为公众提供各类公共产品，即努力实现公共产品供给的最大化。然而在限制政府规模的同时，我们必须保证不削弱政府的信誉，也就是说，不能损害政府的公信力。如果政府规模过小，无法执行其责任，那么公众的需求和期待就无法满足，这将导致政府失去公众的信任；反过来，如果政府规模过大，导致公共开支过度增加，增加公众的负担，那么也将导致政府失去公众的信任。

二战之后，凯恩斯主义理论被西方各国政府广泛接纳，对社会和经济活动进行全方位干涉，导致以高通胀、高失业和低增长为特征的滞胀现象。政府治理难以为继，规模扩张、机构臃肿、效率低下、政策失效乃至政府失灵。此情此景催生西方政府改革的热潮，压缩政府规模成为基本的价值目标。亚当·斯密自由理论被再度引用，倡导市场力量的发挥，资本主义经济均衡总会自行确定，并且达到“充分就业”“最优化”的平衡状态。“最小政府是最好政府”得到广泛的回响，在社会、政治、经济层面成为人们的行动指南。

激进理论主张削减政府规模，以货币主义、供给学派、新制度学派及公共选择理论等新自由主义为代表，其学者坚持古典经济学的看不见的手原理仍然是无误的。大政府即“坏政府”，因为常常企图扩张自己并对市场进行强

---

① 张永杰，耿强．省直管县体制变革、财政分权与县级政府规模：基于规模经济视角的县级面板数据分析［J］．中国软科学，2011（12）：66-75.

制干预，市场失灵正是政府强制干预的结果。美国思想家罗伯特·诺齐克从保护个人权益的角度出发，主张削弱国家权力，他在《无政府、国家和乌托邦》中谈道："能够被证实的是一种最微弱的国家形式，即仅仅负责防止暴力、盗窃、欺诈和强制履行契约等职责的国家；而任何职能更广的国家，都侵犯到个人不被强迫做某事的权利而无法得到证实；最微弱的国家形式是正确的，也具有吸引力和激发人们的情绪。"

20 世纪 80 年代，美国的"里根革命"和英国的"撒切尔新政"都是向大政府宣战的改革运动，展现出极力削减政府职能、精简机构和人员，并强化市场机制的决心。然而里根总统在尝试裁撤公共服务机构时，遭遇来自联邦政府内外的猛烈反击，其开支反而进一步扩大。撒切尔夫人也面临大量的反对声音，英国的政府开支从其国民生产总值的 40%升至 44%，同时税收从国民生产总值的 35%升至 39%。

自 20 世纪 90 年代起，美国、英国等主要西方国家的行政改革运动转变为以"再造工程"为核心的"新公共管理"，即整合凯恩斯主义和新自由主义，强调在最大化市场功能时适度增强政府的宏观调控职能，提高政府管理的权威性。新公共管理的口号是创立"小而能的政府"，倡导建立创新、灵活且有应对变化能力的政府。新公共管理的形象比喻是重新分配"掌舵"和"划桨"的职能，要求政府不再负责划桨等具体工作，主要负责掌舵的职责，至于具体的管理任务可以交给社会的公共部门来承担。

倘若仅仅从经济学角度审视政府的职能，那么对于掌舵和划桨之间的划分无疑是正确的。然而政府的角色不只局限于经济领域，其实政府还肩负着推动社会健康进步和人的全方位成长的重任。政府的政治、文化职责及公共安全、环保、健康保护、科技、教育等都是不能被忽视的，所谓"科学合理"的政府职责模式也许并不存在。社会在不断进步，有些政府职责可能失去原有的价值，而有些职责因为现实需要而存在。但是政府一直具有保持自身稳定的倾向，不会轻易改变自身的状态。

在现代社会，大部分公众对法治具有绝对的信赖，期望以法治手段处理各项问题，包括政府规模过大的问题。他们想当然地期待通过对政府权力和能力的法律约束，限定其在应由社会、公民或市场自我运营和管理中的角色，认为这样能使政府专注于其核心任务，即设定法律标准、保护市场秩序、提供公共服务以及基础设施。政府在任何意义上都不能成为社会的祸害，无论何时都不能把自身意志凌驾于公众之上，也不能为其侵犯社会的行为找到任何的辩护。

法治只是一个理想化的状态，纵观人类历史的演变，没有任何一部法律能够永久存在。法律既然是由人来制定的，也是可以由人来废止的。因此利用法治来设定政府规模，只能被视为一种暂时的策略，无法确保政府规模的永久稳定。不论是在理论还是实践层面，我们都未能找到适当方案来有效地处理政府规模。如果想要解决政府规模扩张的问题，需要从根本上改变政府存在和发展的观念，对政府存在的哲学基础进行重新思考和全面重塑，从根本上建立服务型政府的思维和配套的制度。

马克思主义认为：随着生产力的高度发展和阶级的消亡，作为解决阶级矛盾的工具的国家及其政府将来也没有存在的必要，取而代之的是充分的、完全的社会自治。邓小平指出："我们的各级领导机关，都管很多不该管、管不好、管不的事。这些事只要有一定的规章，放在下面，放在企业、事业。社会单位，让他们真正按民主集中制自行处理，本来可以很好办。但是统统拿到党政领导机关、拿到中央部门来，就很难办。谁也没有这样的神通，能够办这么繁重而生疏的事情。这可以说是目前我们所特有的官僚主义的一个总病根。"①

9.3.2 多中心原则与网络治理

主流经济学的研究方法和指向，不能仅仅依赖于逻辑分析尤其是数学建模，必须回到现实世界，借助其他社会科学与自然科学的研究成果。无论是市场调节还是政府干预，其实都是一种单中心的治理理念，没有跳出非此即彼的思维定式。在私有化和国有化这两个极端之间，存在多种可能的治理组合模式。多中心治理提供一种协同治理的公共事务管理新范式，预示着政府的角色、职责和管理模式的新变化。政府构建多中心制度的宏观框架和参与者的行为准则，同时运用经济、法律、政策等多种手段为公共产品供给和公共事务处理提供依据。②

多中心治理原则和理论拥有其特有的治理逻辑，多中心治理提供一种理解公共事务处理问题的新视角。多中心是指由多个权力核心和组织架构来管理公共事务和提供公共服务，涵盖广大的公共领域，比如市场体制的多中心、公共服务经济的多中心、法律决策的多中心、政治领导者选拔和政策联合体的多中心等。多中心含有"有点麻烦"的意味，与单中心和无中心的观念相对，反对权力的垄断性、专制性与集中化。多中心的管理机制存在大量的决

① 张康之．限制政府规模的理念［J］．行政论坛，2000（4）：7-12.

② 刘峰，孔新峰．多中心治理理论的启迪与警示［J］．行政管理改革，2010（1）：68-72.

策核心，权力在形式上具有分散性和重叠性，这是一种充满竞争、高效率和活力的模式。①

在传统的公共行政理念中，提升效能需要加强层次控制和明确职责边界，指定一项任务给特定部门执行。然而在多中心治理模式下，借助多元化的权利和政府实体，以应对各种规模的公共治理问题，通过合作、协商、谈判而非简单的行政规划和命令来处理问题。1951 年，英国物理化学家和哲学家迈克尔·博兰尼引入“多中心”一词，以证实自组织秩序的合理性和揭示社会管理的可能性范围，把一些要素组织为多中心的任务，实际上就是一种社会实现有序秩序的理念。1990 年，美国的政治学家、经济学家、行政学家、诺贝尔经济学奖第一位女性获得者埃莉诺·奥斯特罗姆强调参与者的交互过程形成治理规则和形态，自组织秩序或自发自治只是基础而不是治理的全貌，也是一种公共事务治理的理念。

在多中心治理原则和理论中，个体被视为基本的分析单位，是直接行动的社会公民或者政府官员，还包括企业、立法机关、政党、公共机构、民族等。个体也被视为具备独立决策能力、进行成本-收益计算的社会人和复杂人，是能够自主决策、受到环境影响容易出现错误和改正错误的人，也是受到社群的非正式规范约束的社会人，并不完全符合主流经济学的理性人或经济人的假设。因此多中心理论可以利用经济理论和博弈理论的分析手段来解析治理问题：在分析组织关系时，多中心理论实际讨论的是理性人；在分析社群关系时，多中心理论实际讨论的是社会人或复杂人。

以自发秩序为基础的多中心治理原则，倡导治理的自主性，“自发性的属性可以看作是多中心的额外的定义性特质”，反对政府治理权力的垄断性和扩张性。“在此种环境下，人们经常不断地沟通，相互打交道，因此他们有可能知道谁是能够信任的，他们的行为将对其他人产生什么影响，对公共资源产生什么影响，以及如何把自己组织起来趋利避害。当人们长期生活在这样的环境中，拥有共同的行为准则和互惠的处事模式，他们就拥有为解决公共资源使用的困境而建立制度安排的社会资本。”②

多中心治理的高效率主要来源于有效地应对制度供给、信用承诺及互动监督这三大挑战，同时多样化选择、减少搭便车行为与更理性化决策等三大优势也是不可忽视的部分。多中心治理的运行必须依赖于自主化的选举过程，

① 刘峰，孔新峰．多中心治理理论的启迪与警示：埃莉诺·奥斯特罗姆获诺贝尔经济学奖的政治学思考［J］．行政管理改革，2010（1）：68-72.

② 王兴伦．多中心治理：一种新的公共管理理论［J］．江苏行政学院学报，2005（2）：96-100.

从而赋予公众以组建大量治理机构的可能性。"各个管辖区的官员无权对其他管辖区的官员施加权威，因此无法干预他们的职业发展。"如果产生管辖权纠纷，将由"行政级别之外的法庭或其他冲突解决论坛进行裁决"。如果存在多样性选择，公众可以通过"用脚投票"或"用手投票"的方式，享有类似于"消费者权益"的福利。

在传统政治体制下，官员存在着"短视"的行为模式，可能过分强调某些公共产品的供给而忽略一些个体的基本需求。因为生产经营的垄断性，官员对成本-收益的衡量并不重视。多元化的治理机制和公共服务体系有助于"维持社群所偏好的事务状态"，通过多层级、多样化的公共管理把具有外部性的事务管理内部化；通过打包产品或服务来提高经济效益。这样的公共治理具有与私人管理相似的特性，可以大幅度减少搭便车等公共困境问题。就像单中心治理那样，多中心治理也可能失效。构建有效的多中心应该满足三个前提条件：一是不同的政府单位与不同的公共产品的效益规模相契合；二是政府部门之间协作、沟通及采取互惠的共同行动；三是设立独立的决策机构来处理和解决政府部门之间的冲突。如果缺乏这些条件，多中心将带来更多、更棘手的麻烦。多中心治理实际上也是一种新的治理方式，其特点是多重规模的组织并存，通过组织间的竞争、协作以及冲突解决方式，使得各种公共利益得以实现。如果出现无序的竞争，将导致无法进行协作，那么这种分权只能被称为形似的多中心而非真正的多中心，如表9-12所示。

表9-12　按照多中心原则分权的治理思路和运行机制的对比

项目	集权行政		分权行政	
官僚制	集权	多中心	多中心	分散
治理方式	制度化、层级节制	人格化、越级指挥	制度化、协商、适度竞争	无规则、过度竞争
自主性	部分	无	以自主为基础	完全自由放任
实用范围	事务单一、范围大	特别时期和场合	事务多样、范围可小可大	公共悲剧
治理结果	有效	多数无效	有效	无效

资料来源：王兴伦．多中心治理：一种新的公共管理理论［J］．江苏行政学院学报，2005（1）：99.

集权和分权各有利弊，无法断定哪一种总是更为高效。在改革过程中，需要防止走向两个极端：集中霸权或散乱无序。多中心理论与官僚制理论在本质上是两种并行的公共治理体系，为我们呈现出不同的观察和分析视角。多中心并非把官僚主义视为敌方进行对抗，而是认为过度依赖官僚制的信念是不足取的。"覆盖大城市的大型组织对于提供有限公共服务是适宜的，但是对于满足大城市所有公共服务需求并非最合适的组织规模。”由此来看，所谓的政府公共治理改革的集权与分权之争实际上是一个伪命题，其本质是建立多极化制度还是建立官僚化制度。①

在古代希腊的雅典城邦时期，人们开始尝试直接民主的运行模式，从而公民参与和政治民主的理论得以持续演变。主导的公民参与形式涵盖“参与式民主”（直接民主）和“代议制民主”（间接民主），这两种模式已经成为评判社会文化程度和政府管理能力的关键指标。在近现代政治体系架构中，公民参与的方式、深度、范围及价值观，都源于对公民角色的基本定位，而“积极的公民资格”观念被视为当代公民社会身份和角色的经典解读。

公民身份不仅代表公民个人享有法律保护的政治、社会和公民权等合法权益，更关键的是公民获得这些权益的条件。“当今我们需要重新定义公民的角色，他们已经不再只是被动地接受政府服务的消费者，而是成为积极塑造社区独特性格的行动者。这表明公民已经变成社区管理的一部分，他们承担着社区的责任，不仅是孤立的地方政府服务的费者，也可能是政府的建议者甚至反对者。”实际上，通过公民参与的行动，人们通过对话协商、化解冲突、宽容差别、相互尊重的过程，不断求同存异、解决问题，实现和创造社区公民共享的价值目标和信念原则。②

在信息化和网络化的社会生活中，人们的“公共领域”概念从古代希腊的广场政治演变到完全数字化的虚拟世界。1982 年，美国未来学家约翰·奈斯比特在《大趋势》中写道：“知识是推动我们经济社会发展的力量，信息化的经济社会是实实在在的存在。”网络作为信息的承载工具，逐渐渗透到现代社会的各个结构和领域，导致社会逐步向网络化发展，同时也不断反映出社会关系的复杂性。1996 年，西班牙经济学者和社会学者曼纽尔·卡斯特在《网络社会的崛起》中阐述，“网络塑造我们社会的新样态，网络化思维的蔓延在根本上改变生产经验、权利和文化过程中的行动和效果”，这种由网络与现实相互作用产生的社会模式被称为“网络社会”。

人际交流方式经历重大的变化，信息处理及传播的模式呈现出数量的增长和质量的提升。政治活动亦借助数字化手段呈现出新的特性，构建公民社会所需的基本条件越发明确，例如公民自由和意识觉醒的发展、自愿自治的

① 王兴伦．多中心治理：一种新的公共管理理论［J］．江苏行政学院学报，2005（2）：96-100.

② 孙柏瑛，李卓青．公民参与：社会文明程度和国家治理水平的重要标识［J］．上海城市管理职业技术学院学报，2006（5）：5-9.

社团的存在、容忍和妥协的文化、公共空间的开放性，等等。网络化社会的诞生和网络化政治的进步，为国家政治和公民社会的适当分离开创必要的空间，网络舆论已经成为制约公共权力任意使用的重要力量，为权益保护和权力制衡机制的建立提供可能性。

在互联网中，政治权力的集中与分散呈现新的格局，网络权力转为个体所有和运用。个体在虚拟领域中实现更大的解放，权力更广泛的分散使得个体拥有更高的自主决策权。随着技术的复杂度日益提高，权力明显地流向掌握虚拟技术与网络的技术人员手中。网络权力展现为一种技术权力，握有更大、更多权力的是那些驾驭网络的技术精英。古代希腊的“小国寡民”在现代社会已经消失，而近现代的代议制民主面临“多数暴政”的民主悖论。互联网所带来的政治内涵，则对“精英民主”形成强劲的挑战。

在政治学领域内，对“共和”的主题研究历史悠久。共和意味着“公民协商的公共事务”，是通过一套制度组织而成的公共领域，其基本含义等同于“公共财富”或“公共利益”。在西方政治观念中，共和的出现是为了对抗君主制，人们往往从“共和国”的角度来解读共和的内涵。这意味着在没有君主专制的情况下，对“共享的”或“集体的”事务的道德关注，体现在爱国主义的信仰、对公益的投入和荣誉感中。

东方的共和观念与西方存在差异。按照《史记·周本纪》记载：召公、周公共同治理，被称作“共和”，“共”代表共同、公共，“和”表示相应、和谐。“共和行政”被阐释为“共同协和行政”，即贵族共享国家权力的综合体。19—20 世纪之交，社会剧烈变动，导致中国社会政治理念出现混乱的变更与重塑。清代末期的穷困和衰弱推动知识分子寻找救国的出路，洋务运动、戊戌变法虽然有成果，但是最终并未改变现状。孙中山等革命者坚信：只有推翻衰败的清政府，才是中国解困的唯一正确途径。因此他们挥舞革命的旗帜，倡导以“万民”替代“一君”来主导国家。并且逐渐吸纳欧美理念，使得共和获得近现代的含义。

共和主张“共治”和“和谐”的统一，包括西方古典共和主义的自由、民主、公共福祉、公民道德等思想谱系，也包括古代中国的“和而不同”的人文关怀及现代中国“和谐社会”的理念脉络。如今的共和被引入互联网环境，于是“网络共和”顺势而生。在本质上，这是一种治理命题，是一个在公众网络参加治理生态中展示公共权力的地方政府应有的姿态，摒弃“网络乌托邦”和“网络帝国”的治理逻辑。

作为一种新型治理观，网络共和包含多元化复合的主体、虚幻的扁平化结构、以服务为核心的价值观以及积极的理性角色。在这四大治理模式中，存在着一个贯穿始终的逻辑主线，就是政府的治理需要依赖于一种源于共享经验的“社会黏性”。进入网络时代，由于个体可以对信息进行选择性输入和接受，从而降低这种黏性，进一步导致社会分裂和群体极化等问题，因此政府的公共性和公民的理性就变成社会黏性重要的再生产机制。

与传统地方自治方式不同，网络共和聚焦于政府、市场和公民社会复杂交互的多维关系，强调利用网络寻求多元化的治理支撑力量，探索更高效的地方公共事务治理策略。在信息化社会中，政治层级不断变化，上行和下移同步进行。局部范围的公共事务通过网络的集中和扩展，可能“下移”到地方政府、公民和自治组织。地方政府处理公共事务的理念和策略不只符合地方的利益，同时受到更广泛的政治准则和更普遍的公共利益的制约。公民或自治组织的狭隘自利行为可以通过层级筛选在一定程度上受到阻止，进一步提高地方政府治理的有效性。

公民网络参与以及对地方政府管理的影响，构成一个多层级的复杂过程。在各个阶段中，公众网络参与和地方政府运作之间面临各种核心问题：在冲突期内，两者关系主要表现为政府预设的运作模式对公众网络参与的选择、理解和重新配置；在融合期内，公众网络参与已经成功融入组织内部的目标，界定并限制其他的组织行为，形成新的常态化结构，从而引导组织变革的方向。

网络民意调查既是地方政府管理创新的实验，也是培育积极理性公民的一种尝试。网络公共管理框架期待积极理性的公民自我，具备主动真实表达个人观点的愿望。对于在地方治理过程中可能发生的政策失误，以包容的姿态去对待。从理性角度来看，网络民意调查是能够接纳不同意见的言论平台，不同的观点在网络民意调查中被公平地搜集、整理、分析，并被纳入地方政府决策的思考中。①

随着公民网络参与范围的日益扩大，需要对地方政府的治理效果和影响因素进行测量和评估。治理效果被分为直接和间接等两个方面：① 直接效果是指合作网络直接目标的实现程度，包括公众对服务的满意度、政府部门成本的降低等；② 间接效果是指政府部门学习和创新的效果，包括管理能力、合作能力的提高，组织流程的改进等。影响因素被分为主体、关系质量和环境支持等三个因素：① 主体因素包括主体合作态度、政府网络合作能力、政

① 金杭庆．走向网络“共和”：公民网络参与对地方政府治理的型塑［D］．上海：复旦大学，2012：8-46.

府投入资源；② 关系质量因素包括主体间信任程度、主体间沟通、协同与网络治理效果；③ 环境支持因素包括上级支持程度、公众参与程度，如图9-9所示。

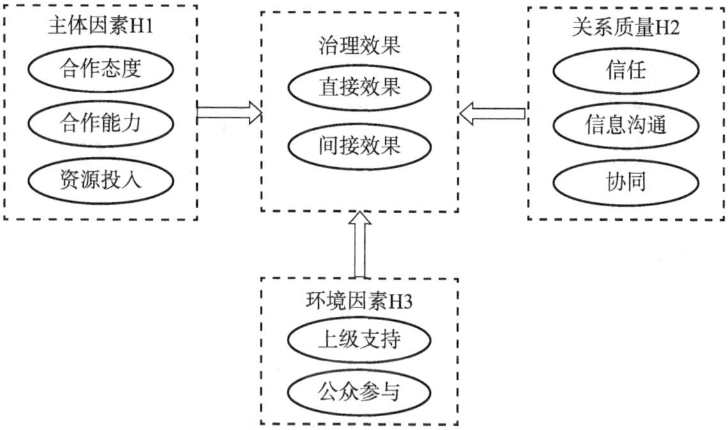

图 9-9　网络治理多主体治理效果及影响因素的假设关系

资料来源：姚引良，刘波，王少军．地方政府网络治理多主体合作效果影响因素研究［J］．中国软科学，2010（1）：142.

注：H1 是主体因素，包括 H1-1 主体合作态度、H1-2 政府网络合作能力、H1-3 政府投入资源；H2 是关系质量因素，包括 H2-1 主体间信任程度、H2-2 主体间信息沟通、H2-3 协同与网络治理效果；H3 是环境支持因素，包括 H3-1 上级支持程度、H3-2 公众参与程度。

为了精确地收集治理效果与影响因素的相关信息，本章调查选取西安市、深圳市和南京市参与网络治理的相关部门作为研究目标，采用的测算方法包括因子分析与结构方程模型。主体因素的组成因子包括合作态度、合作能力及资源投入，通过运用结构方程模型来建立因素影响效果的模型以及对应的路径参数。

（1）主体因素对网络治理效果的影响作用

从参数估算的结果来看：①网络治理效果的回归系数，其标准化估计值在合作态度因子上为 0.208>0，$P=0.002$，这表明合作态度因子对网络治理效果产生显著的正向影响。②在合作能力因子上，网络治理效果的回归系数标准化估计值为 0.590>0，$P<0.001$，这揭示合作能力因子对网络治理效果的显著正向影响。在所有主体因素中，合作能力对网络治理效果的作用最为显著，其影响系数也最大，因此是对网络治理效果影响最为重要的因子。③在资源投入因子上，网络治理效果的回归系数标准化估计值为 0.160>0，$P=0.005$，这表明资源投入因子对网络治理效果产生显著的正向影响，如图 9-10 所示。

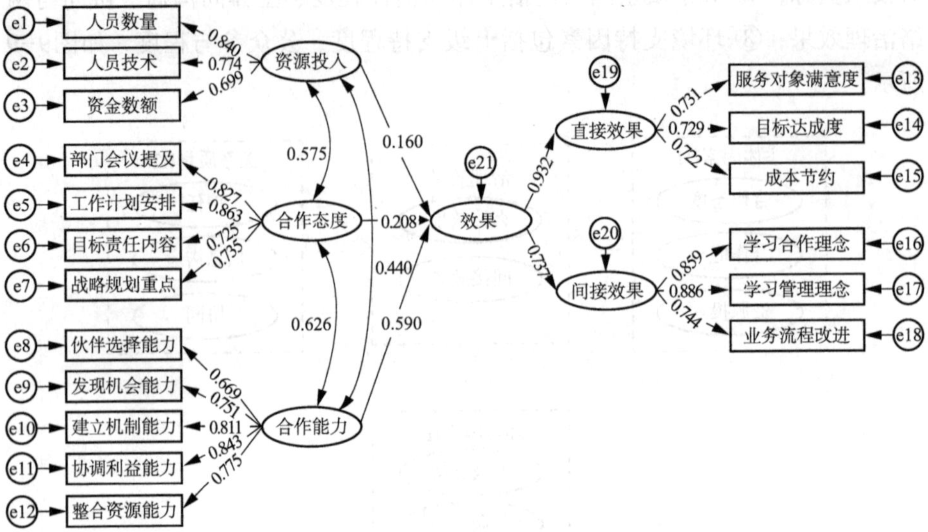

图 9-10　主体因素对网络治理效果的影响结构

资料来源：姚引良，刘波，王少军．地方政府网络治理多主体合作效果影响因素研究［J］．中国软科学，2010（1）：145.

（2）关系因素对网络治理效果的影响作用

从参数估计的结果来看：①网络治理效果的回归系数标准化评估值，对应信任要素为 0.331>0，P<0.001，这表明信任要素对网络治理效能产生显著的正向影响。②网络治理效能的回归系数标准化评估值，对应沟通要素为 0.104>0，P=0.192，这阐明信息沟通要素对网络治理效能的影响并不显著，意味在政府与其他机构的合作进程中，力图通过交流了解对方的技能和品行，防止信息被歪曲，强化合作伙伴对目标、职责以及任务的理解，提升处理问题的效率这一机制并未起到作用。政府部门与其他机构之间只是被动的、肤浅的合作，尚未提升问题处理效率而增强与其他机构合作的意识。政府部门仍然处于主导地位，时常通过合同内容来实施结果管理。③网络治理效能的回归系数标准化评估值，对应协同要素为 0.471>0，P<0.001，这指出协同要素对网络治理效能产生显著的正向影响，如图 9-11 所示。

（3）环境因素对网络治理效果的影响作用

从参数估计的结果来看：①网络治理效果的回归系数标准化预测值是 0.361>0，P<0.001。这个数值阐明上级支持因子对网络治理效果产生显著的正向影响；②公众参与因子对网络治理效果的回归系数标准化预测值为 0.502>0，P<0.001。这个数值展示公众参与因子对网络治理效果有着非常显

著的正向影响，如图 9-12 所示。

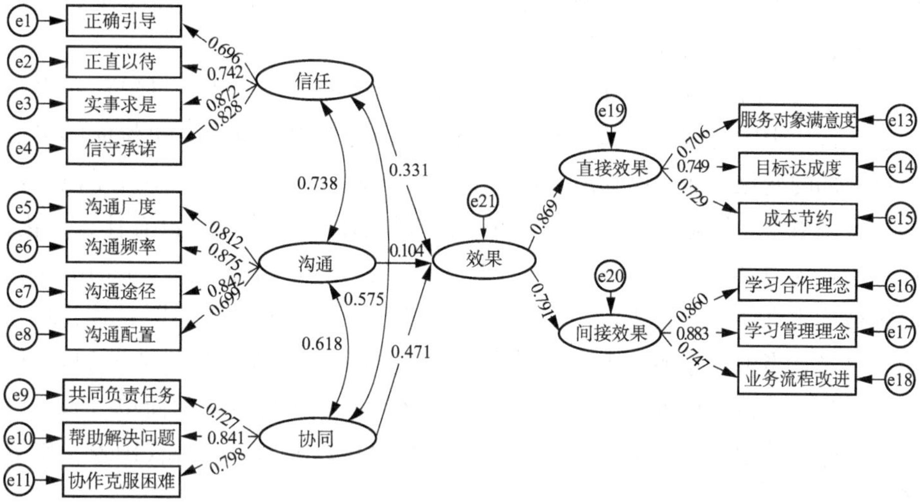

图 9-11　关系因素对网络治理效果的影响结构

资料来源：姚引良，刘波，王少军．地方政府网络治理多主体合作效果影响因素研究［J］．中国软科学，2010（1）：146.

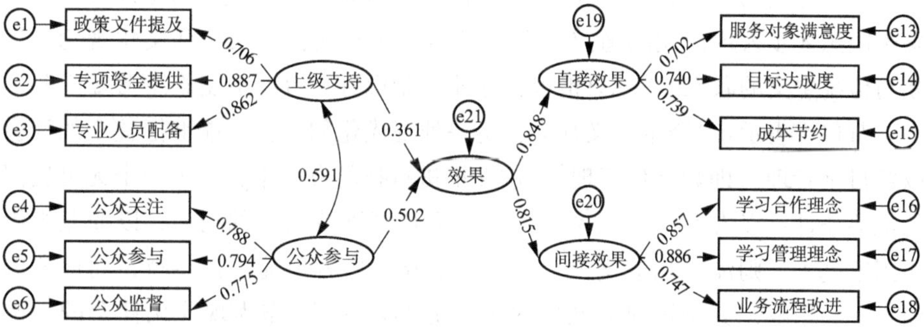

图 9-12　环境因素对网络治理效果的影响结构

资料来源：姚引良，刘波，王少军．地方政府网络治理多主体合作效果影响因素研究［J］．中国软科学，2010（1）：147.

在中国行政体制运行中，地方政府既需要执行中央政府的政策指导，也需要依据实际状况进行社会治理。作为一种超越传统政府治理与市场治理的新模式，网络治理正在崭露头角，对于推动地方政府职责的转变、提升社会治理效果具有积极影响。然而在地方政府的治理实践中，网络共和尚未达成共治与和谐的预期目标。地方政府应当以电子政务为引领、不断发掘并运用数字价值，融合网络社区与现实社区，重塑政府组织结构，改进政府行政流程，提升政府服务供给，逐渐普及“互联网+政务服务”的模式，推动政府在施政观念、方式、手段、工具等全面、系统、根本性的改革，推动地方政府管理监管从封闭式向开放式转变。①

1997年，华裔美国历史学家黄仁宇在《资本主义与二十一世纪》一书中写道：古代中国的官方机构，在忽视司法和商业限制的同时，仍然能够灵活应对内部的变化。即便面临最严重的挑战（例如外部入侵），也不过是改朝换代、推倒重来。但是在大多数情况下，新瓶装旧酒，社会本质没有什么变化。可是保守的力量做主，中国就像一个庞大的‘潜水艇夹心面包’。上面一块长面包被称为官僚阶级，下面一块长面包被称为农民，两者都混同一致，缺乏个性色彩。当中的事物，其为文化精华或是施政方针或者科举考试的要点，无非都是一种道德标准，以符合农村里以亿万计之小自耕农的简单一致。以这道德标准辅助刑法，中国缺乏结构上的实力足以成为一个现代国家，她缺乏必要的应变能力。

与此相应，中央集权体制“无中层之综合分配，亦不受民间经济之诱导与牵制。因着是项安排，公私财物始终无法集中，带服务性质之事业，包括现代性格之民法无从发展，统计不能着实，具有现代性之大规模商业亦因缺乏支撑不克登场”。这种传统的社会架构、政治制度与现代文明是冲突的，如果中国想要步入现代化的道路，那么必须全面改变社会架构和文化观念，切断与传统主义的联系。“一只走兽，除非脱胎换骨，否则不能兼任飞禽。”②

黄仁宇表示：“资本主义社会，是一种现代化的社会，能够把整个的社会以数目字管理（即数字化管理）。这在推进科技的发展中，产生一个无可比拟的优势条件：以农业组织国家基干，注重凡事维持旧有的均衡；以商业组织作国家基干，则注重加速交换。时代愈进化，后者愈能掌握科技，而前者的弱点更为暴露，其国民对其政府之无能亦抱不满。”作为现代化社会的一部分，资本主义的关键特性在于能够进行数字化管理，这种管理方式与相应的经济组织、法律制度和文化观念密不可分。一个国家是否能够以数字化方式管理自己的土地、税务、军事、管理、行政和司法等方面，这就是资本主义遥遥领先封建主义的根本差异所在。

数字化管理或理性计算构成现代性的核心理念和基本特质。“当资本主义在历史长河中推进时，其表象为一种结构和一种动力。任何有改革意愿的国

---

① 陈讯．数字化普及、大数据应用与提升地方政府治理能力［J］．贵州社会科学，2022（1）：128-134.

② 黄仁宇．资本主义与二十一世纪［M］．北京：生活·读书·新知三联书店，1997：1-26.

家，都不能摆脱资本全盘流动、人才跨领域和科技支持这三者构成的资本主义的技术布局。”“当资本主义在某一国家推行时，文化元素必将经历一段剧烈的转变，随后才能以新型商业管理模式取代过去的农业社会管控模式。换言之，这也就是全国步入数字化管理的阶段，从此国内各类因素大致受到金融操作。”①

数字技术的发展和应用以信息共享为基础，信息技术和网络技术的应用改变信息生产和信息传播的结构。这种“去中心化”的信息生产和传播模式增强社会的开放性，同时要求社会治理体系具有开放性。数字技术推动政府治理变革的强制力日益凸显，引发政府治理对象的变革和政府内部的整合，公众要求建设透明政府、推进信息公开、改善公共服务、实现公众参与。最根本目标在于打破政府对社会治理权力的垄断，推动社会治理结构向多元化的方向发展，合作治理已经成为社会治理体系变革的基本方向。

传统的政府治理是基于“表达-回应”模式的代议制治理，治理方式主要倾向于被动响应，然而风险社会的出现对这种被动响应的治理方式提出新挑战。网络共和的显著特征在于实现从管制行政到服务行政的转变，这是一种面对管理困境的价值重塑选择。数字化技术能实现实时的信息收集，包括多元化和异构的信息，使得数字化信息越来越能直接反映管理的实体，以实现全面的、多模式的信息分析。揭示数字化信息之间的多元关联性，使得全景式治理能力嵌入政府的预测性和前瞻性的治理中，从而提升社会的风险预防和管理能力。

数字技术的广泛应用拓展经济学者的理论视野，然而在任何单一范式中的理论与方法都有其适用性和解释边界。数字是经济学者认知经济现象和经济问题一种强有力的工具，不能完全代替理性思考，科学发展的逻辑不能完全被淹没在海量数字中。数字技术的应用可能导致政府对数字的过度依赖和崇拜，也可能因为数字质量问题导致“假规律”的出现，进而造成政府的决策失误和增加政府治理失败的风险。奥地利学派代表人物路德维希·冯·米塞斯提到：“很多人忙碌于资料之无益累积，以致对问题之说明与解决，丧失其对特殊的经济意义的认识。”②

① 陈占江．现代性的他者：“传统”与“中国”：以马克斯·韦伯和黄仁宇为讨论对象［J］．社会学评论，2017（7）：61-73.

② 邵娜，张宇．政府治理中的“大数据”嵌入：理念、结构与能力［J］．电子政务，2018（11）：93-100.

9.4 耗散、循环和有序失衡

耗散（Dissipation）是指在均质热力学系统中不可逆过程的结果，内部的、体积流的或者系统的能量从某种初始形式转换到某种最终形式的过程。热力学耗散过程遵循热力学第二定律，在本质上是不可逆的。在一个局部连续定义温度的过程中，以有限的速率产生熵，产生熵的局部密度乘以局部温度得到局部耗散功率密度。在开放系统中，熵随着温度变化而变化。但是在孤立系统中不会降低，做机械功的最终形式的能力小于初始形式。①

在孤立系统里，能量总是从高温流向低温，从有序状态变为无序状态，或者说朝混乱度增加的方向进行。熵增使得孤立系统趋于“稳定”，但是这个不可逆的稳定状态更像死亡。平衡态一般是无序的，非平衡态向平衡态迁移的过程一般是有序的。无机的无生命世界总是从有序趋向无序变化，有机的生命现象逐步缓慢地趋向有序。作为开放系统，经济体系的有序状态具有强大的稳定性，表面上看起来的“失衡”反而映衬活跃的演化。

9.4.1 耗散、改革开放与循环

在化学与物理学领域中，有序且稳定的构造是平衡系统的常态。例如晶体的分子呈现长程有序或短程有序的排列，分子内部的热动作只会使其在平衡位置的周围震动，但是不会破坏整个系统的有序状态。只有当温度升至某个特定的点时，原本的有序稳定状态才被破坏，同时也产生相变（即突变）。通常人们认为如果一个系统原本处于非平衡的混乱状态，那么在非平衡状态下并不可能产生稳定有序的结构，有序与无序的现象是自然界中常见的一对矛盾。有序与无序并非无法逾越，在某些特定条件下可以互相转化。经典力学与统计物理学的一个论点是：在一个孤立系统中，非平衡状态总会自然地发展为平衡状态。随着熵的持续增长，系统的有序度将逐渐降低，最终变为混乱的无序状态。从根本上来看，这是一个关于“结构毁灭”的理论。

然而比利时物理化学家伊利亚·普利高津提出的耗散结构论认为：耗散结构与平衡结构相对应，有序的稳定结构与平衡结构有所差异；平衡结构无法与外部实体交换能量和物质，即缺乏生命活力，是一种不变的“死”结构；

---

① HENRY. 耗散［EB/OL］.［2022-08-12］. https：//www. baidu. com/link？url=Qyc7VCcSs9yy-NrzjRztjQe8HiWKOH7AumtDiibNCsx2dKovFXwqVv_Blj6QhQ-0mdBo_WyU74GDkQzzXRZcxcS_ZFEdMR2nH-KBRo6i-ty&wd=&eqid=8c98b7fc0003bce90000000363491cc2，2020-11-16.

耗散结构能够持续地与外部实体交换能量和物质，即拥有生命活力，是一种动态稳定有序的“活”结构，实质上这是一种“结构创生”的理论。①

普利高津看到无序向有序转化的积极一面，得出“非平衡是有序之源”的论断。他认为：对一个与外界有着能量和物质交换的开放系统来说，熵的变化可以分为熵增（d_is）和熵流（d_es）这两个部分；熵增是系统不可逆过程所引起的，永远是正值；熵流是系统与外界交换所引起的，可能是正值、负值或者是 0；系统整体的熵的变化 $ds=d_is+d_es$，根据热力学第二定律，恒有 $d_is\geqslant 0$；在开放系统中，熵流 $d_es>0$ 或者 $d_es<0$；如果 d_es 为负值，其绝对值又大于 d_is，那么 $ds=d_is+d_es<0$。此时总熵逐步减小，使得系统由无序趋向新的有序。

根据耗散结构论，一个非平衡系统的演变过程，大致包括：V 为系统的本征变量，T 为研究变量；当系统离开平衡定态不远时（近平衡区），即影响非平衡系统的某个参数 T 较小（即阈值 V_1，$V<V_1$）时，可以得到一个单一的热力学分支解，即 T_0-T_1 段；当 T 超过第一个特定值（即阈值 V_1，$V\geqslant Q_1$）时，在 A 点之后出现三个分支，得到 a_1、a_2、a_3 等三个解，即 T_1-T_2 段。其中 a_2 是不稳定的（虚线表示），a_1、a_3 是稳定的（实线表示），a_1 是进化、a_3 是退化；当 V 超过第二个特定值（即阈值 V_2）时，出现更多的分支与解；随着时间的延续，该系统将不断地演化下去，如图 9-13 所示。②

1816 年，德国哲学家格奥尔格·黑格尔在《逻辑学》中提出“螺旋式上升”一词。“螺旋”是一种形象化的比喻，用以说明事物发展呈现反反复复的“圆圈”（也被称为波浪式前进）的状态。事物发展从肯定到否定再到否定之否定，总趋势是上升的、前进的，但是具体道路是迂回的、曲折的。事物在螺旋式上升中，在某种程度上重复已往的东西，出现局部的后退和反复。在微观尺度上起起伏伏而在宏观尺度上方向确定，是上升性和迂回性、前进性和曲折性的对立统一。

根据耗散结构论的原理和现象，更细致地讲，事物的发展表现出“微涨落震荡+阈值失衡+分岔处转向”的实际形态。如果从不同的角度来观察，那么表现出波浪式前进或螺旋式上升的侧面形态，并且螺旋式上升是非常罕见的。触类旁通，我们还可以观察和体会一切自然科学和社会科学演化的规律性，例如时间的不可逆性、基因演化的突变性、经济体系的复杂性等。耗散

① 沈小峰，湛垦华．耗散结构理论和自然辩证法［J］．自然辩证法通讯，1980（4）：37-43.

② 胡传机，湛垦华．从耗散结构理论看我国未来经济的发展决策［J］．西北大学学报（哲学社会科学版），1993（4）：3-14.

结构论打通自然科学与社会科学、生命世界与非生命世界之间的壁垒，经济体系的演变同样服从于耗散结构论所揭示的基本规律。①

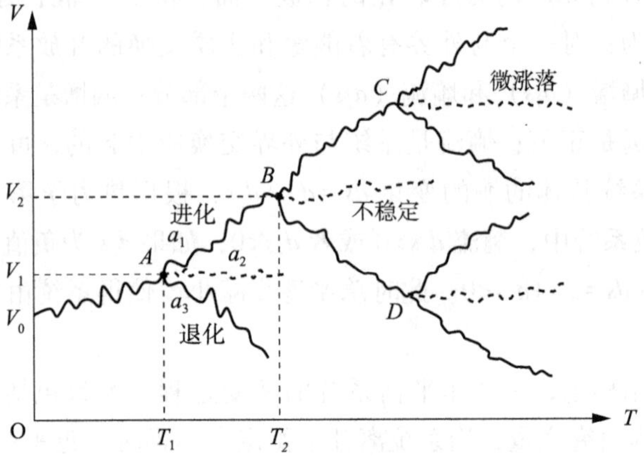

图 9-13　非平衡系统演化的一般过程

资料来源：胡传机，湛垦华．从耗散结构理论看我国未来经济的发展决策［J］．未来与发展，1981（5）：5.

在热力学理论中，系统被分为三种类型：其一，孤立系统，与外界没有物质交换和能量交换，最终一定达到一种除分子无规则热运动之外，内部没有任何规则的宏观运动，在时间和空间上没有宏观差别的状态，这种最无序的状态被称为平衡态；其二，封闭系统，与外界只有能量交换而没有物质交换；其三，开放系统，与外界既有物质交换也有能量交换，具有自组织能力和稳态性，维持系统的结构和功能稳定，从而具有一定的抗干扰性和不断复杂化、完善化的演变，如图 9-14 所示。

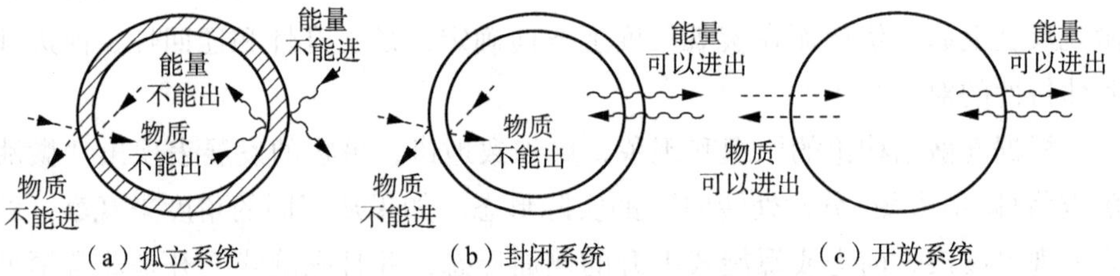

图 9-14　耗散结构的三种系统分类

资料来源：林先生的学科笔记．耗散结构与系统演化［EB/OL］．［2022-08-12］．https：//zhuanlan.zhihu.com/p/259238154，2020-09-25.

① 大哥大．为什么唯物主义认为，事物是呈螺旋式上升的？［EB/OL］．［2022-08-12］．https：//www.zhihu.com/question/315822912，2019-03-14.

经济体系也被分为三种类型：其一，孤立系统，与外部环境没有交流，不能通过内外互动获取新的资源，新旧更替的过程困难，这与原始社会、原始部落有相似之处；其二，封闭系统，与外部环境的能量交换极少，只能保持较低水平的稳定有序经济，例如封建社会的小农经济、闭关锁国等；其三，开放系统，持续地进行大量的物质、信息、人力的交换，各个高度专业化的子系统间存在密切的合作关系。对外加大国际分工合作和商业交流力度，不断引入国外的资本、劳力、科技和管理知识，出口优质产品获得外汇，进口国内急需的生产要素和商品。①

除了目标性、整体性、相关性、适应性、开放性以及信息反馈等方面的相似性，经济体系与物理系统亦存在许多差异性，体现在几个方面：①人对经济现象的理解和经济规律的掌握起着主导作用，因此人的主观能动性不容忽视；②经济子系统之间的互动并非自主进行，受到众多限制性因素的影响，尤其是宏观经济管理的政策指导；③经济体系的构成层次各异，各层次之间的互动性极其复杂，由此产生的复杂多变的从属关系限制经济的进步；④各子系统及其元素都有一定的独立性和竞争性，经济活动始终充满随机性和不确定性，使得其规律性相比自然系统要复杂许多。②

应用自然科学的耗散结构论于经济体系，我们必须认识到经济体系的独特性，以此推动活跃的耗散结构关联性的形成。在经济体系中的耗散结构拥有极强的抗干扰能力，较小的经济波动被耗散结构自身消散，导致波动逐渐减少，这是由耗散结构的惯性回归原理所决定的。倘若经济、政治、社会或其他临时事件引发大规模波动冲击，超越回归力的制约，那么既有的耗散结构将瓦解，但是不会立刻消失。在全新的环境下，将形成一种新的稳定有序的耗散结构。随着时间的推移，在经济体系中的耗散结构逐渐趋于有序、高级和繁荣。③

开放的社会结构是经济体系有序增长的外在条件。严格地说，任何系统都要受到外界的影响，不存在真正的孤立系统。经济体系由无数的经济单元组成，从物理学和热力学来看，这是拥有无穷多个单元组成的有限多自由度的力学系统。要想实现系统宏观有序性的提高，系统必须是开放的。经济体

---

① 胡传机，湛垦华．从耗散结构理论看我国未来经济的发展决策：关于建立一个“内部子系间协同作用对外大大开放的经济系统”的建议［J］．未来与发展，1981（5）：14-21.

② 郭岩山，谷维国，谷少峰．耗散结构与经济发展［J］．工业技术经济，1991（3）：17-19.

③ 胡传机，湛垦华．从耗散结构理论看我国未来经济的发展决策［J］．西北大学学报（哲学社会科学版），1993（4）：3-14.

系负熵流的产生，来源于周围的国家和地区不断地进行技术、信息和各种物质的交换。在某些特殊的历史时期中，不适当地强调自力更生，没有与其他国家进行必要的、充足的物质、信息和技术交流，人为地把自己封闭、孤立起来，恰恰使得经济体系进行近乎封闭的不可逆过程，其结果是沿着熵增的方向发展，与发达国家的差距越来越大，经济发展水平停滞不前甚至倒退，这是自然界客观规律作用的结果。①

历史的教训深刻地告诉我们：孤立封闭、自负自足只能走向灭亡，只有广泛地与外界沟通交流，才能更好地认清自身的缺点和确定前进的路径。邓小平阐述，“长期闭关自守，把中国搞得贫穷落后，愚昧无知”，“我们吃过这个苦头，我们的老祖宗吃过这个苦头”，“三十几年的经验教训告诉我们，关起门来搞建设是不行的，发展不起来”。在改革开放之前，过于集中的计划经济体系产生一连串的问题，国家全权干预导致社会发展丧失活力。问题的根源在于国家作为一个整体处在封闭的平衡状态，经济体制缺乏强大的原动力。②

邓小平理论与耗散结构的开放性特性相契合。“我国在西方国家工业革命以后就变得落伍，一个重要的原因就是闭关自守；新中国成立以后，人家封锁我们，在某种程度上我们也是闭关自守，这给我们带来一些困难。”在党的十一届三中全会之后，他全面筹划、统领全局，从经济体制改革到政治体制改革，从市场经济体制的建立到逐步完善，一系列措施正在打破原来僵化的体制，把国家整体从稳定区域驱动至不稳定区域。通过改革重新构筑社会新的有序状态，从而实现生产力的提升、民众的富裕生活、社会的稳定团结。③

邓小平理论阐述系统开放性与外部环境之间的辩证关系：一方面，调整不适应生产力与生产关系、经济基础与上层建筑的各个部分，打破由生产关系和上层建筑产生的限制和束缚。调动自身以适应外部环境，建立与全球经济体系的关联。另一方面，通过利用内外资源与两个市场，在更为广阔的范围和领域参与到国际经济和科技的合作与竞争中，实现在政治、经济、思想、文化等多个领域的全面开放，保持强劲的活力。风云际会，时代又一次呼唤有能力、有魄力的领导者在更高台阶、更宽视野上继续推进改革开放的伟大

---

① 陈礼荃．试论应用耗散结构理论看改革开放的决策［J］．淮阴师专学报（哲学社会科学版），1988（9）：32-36.

② 陈章亮．邓小平忧患意识辩证法研究［J］．上海交通大学学报（社会科学版），1997（3）：71-75.

③ 杨谦．中国社会发展的自主性和开放性：邓小平同志对历史唯物主义社会发展理论的贡献［J］．高校理论参考，1995（2）：43-46.

事业。以对外开放带动对内改革，改革和开放步调一致、相得益彰，从融入世界经济进一步走向深度融合世界经济体系。[①]

社会主义体制的自我完善体现在改革开放上，开放的步骤与思想解放的推进步骤完全契合。改革开放之后，中国经济的超高速增长既取决于选择正确的拓展路径，也与上一轮经济全球化带来的优良外部环境有关：一方面，承接发达国家的产业转移，实现产品供给能力的大幅增长；另一方面，在繁荣稳定的市场环境下，接受世界范围的强劲需求。在供给和需求相得益彰的国内、国外大循环里，中国转变为一个具有超大规模市场优势和强大内需潜力的开放性巨系统。[②]

2008年金融风暴以后，国外市场持续低迷、世界政治经济格局深度调整，全球的产业链、供应链及价值链的安全性和稳定性遭受到强烈的冲击。中国丧失良好的国际经济环境，承受内外的双重压力，需要主动地转变经济发展方式、优化经济结构，推动经济从快速增长向高质量增长转型。面对着前所未有的困境和挑战，构筑国内与国外双循环相互促进的新发展格局成为中国必然的选择，将为经济长久的繁荣与稳定提供保障。

在主流经济学中，依托内需的大国经济发展理论大致包含两种范式，分别来自亚当·斯密和马歇尔：前者从市场范围广阔的特征来分析经济分工的效应，后者利用经济规模效应的特征分析竞争优势的形成。两种范式都暗含着大国经济成长具有规模性、多元性和内生性等特征，都依赖于充足的国内市场来支撑专业化的分工和生产，从而实现以内需为主导的持续发展。依托庞大的人口和国土面积，中国拥有在人力资源、自然资源和市场需求等多方面的规模优势。同时劳动力、资本等要素结构的多元化特性塑造多层次的消费市场及多元化的产业结构，进而形成范围经济、空间集聚、创新学习和发展外溢等多种效应耦合的综合优势。[③]

改革开放初期，中国使用的主要生产要素在全球总量中所占的比例是：劳动力为23%，土地和淡水资源为7%～10%，石油和天然气储量为3.5%，投资和研究开发的投入均低于1%。这种不匹配的要素结构不能有效地吸纳全体劳动力步入现代化经济发展的轨道，也不能充分激发所有潜在的内部需求。

---

① 姜广举，林国标．从耗散结构理论看邓小平的经济思想［J］．中共山西省委党校学报，2011（8）：22-25.

② 宋玉娥．从耗散结构理论看中国改革开放政策的科学性［J］．北京工业职业技术学院学报，2008（4）：127-129.

③ 钱学锋，裴婷．国内国际双循环新发展格局：理论逻辑与内生动力［J］．重庆大学学报（社会科学版），2021（1）：14-26.

外部需求不仅直接扩大总需求，在调整国内生产要素结构失衡、提升就业率、提高劳动者收入、减轻资源和环境的压力等方面，也发挥无可替代的积极作用。这是中国有别于其他大国发展模式的一个显著标志，也是阐释中国经济持续的快速增长、产业结构的调整以及经济体制改革的关键原因。①

1980 年，瑞典经济学者斯文·格拉斯曼在国际贸易理论中引入外贸依存度这一概念，以此来评估一个国家经济体对于其他国家的依赖水平。然而这一标准未能把中间产品贸易这个在国际贸易中占有越来越大份额的部分纳入考虑，也未能把一个国家的增值部分与海外的最终需求联系起来。为了更准确地评估一个国家在国内和国外双循环中的参与程度，我们可以采用新的指标，即本国经济增长来自国内和国外最终需求的贡献度。从最终需求角度出发，通过考察增加值依赖国内最终需求、国外最终需求的比重，作为评价中国经济在国内和国外双循环体系中相对程度的指标，同时对双循环格局的演变趋势进行探讨。

运用世界投入-产出模型，通过中间产品贸易和最终产品贸易把各国经济捆绑在一起，以各国最终需求作为外生变量，测算国家之间贸易增加值与国外最终需求。一国的最终需求可以通过复杂的全球生产网络直接或间接带动另一国的增长，各国之间的依存度指数可用于测度一国对国外最终需求的依赖程度。按照使用去向，一国创造的增加值可以分为被本国最终使用的部分（即内需所拉动的）和被国外最终使用的部分（即外需所拉动的）。通过追踪各国最终需求所拉动的一国占据该国总量的比重，可以测算出一国对其他各国的依存度。某国 r 对另一国 s 的依赖度，如下列公式所示。

$$d^{rs}=\frac{\pi^{rs}}{GDP^{r}}=\frac{w^{rc}(I-A)^{-1}f^{s}}{GDP^{r}}$$

式中：π^{rs}是国家 r 为满足国家的最终需求而产生的增加值（国家 r 向国家 s 的增加值出口），w^{rc}是国家的增加值率行向量，f^{s}是国家 s 的最终需求列向量；GDP^{r} 是国家 r 的 GDP，即国家 r 的生产在多大程度上取决于国家 s 的最终需求，表征国家 r 受国家 s 的最终需求拉动的份额；I 为单位投入系数矩阵，A 为世界投入系数矩阵。

构建世界投入-产出模型的数字基础来自世界投入-产出表，表的编制直接使用固定进口比例的预设方法，计算 2000—2014 年中国经济对国外依存度与国内依存度。借助各国的供给使用表以及双边贸易数字表，把中间需求和

---

① 江小涓．大国双引擎增长模式：中国经济增长中的内需和外需［J］. 管理世界，2010（6）：1-7.

最终需求根据国家来源进行拆分，出口依据中间使用、最终消费和最终投资拆分为三个类别。然后对每一类分别运用固定比例方法进行拆分。利用 2016 年版的世界投入-产出表，覆盖 2000—2014 年 43 个国家，每一国涵盖 56 个产业部门，进一步划分为农业（A）、采矿业（B）、制造业（C）、水电气业（D）、建筑业（E）和服务业（F）。

自 2001 年成为 WTO 一员，中国的出口量飞速地增长，成为拉动经济增长的主要驱动力。对内需的依存度逐年减少，由 2001 年的 82%降至 2006 年的 71%。在 2006 年启动的“十一五”规划中强调“立足国内需求推动发展”，表明经济发展战略已经发生转变。与此相应，内需对经济增长的贡献度不断提升，对内需的依存度由降转升。特别是 2008 年金融危机的爆发，因为外需衰退，外需疲软使得中国对内需的依存度显著回升。从 2009 年起，对内需的依存度始终保持平稳的增长，在 2014 年达到 81%，而对外需的依存度出现反方向的变动趋势。总体来看，中国的内需依存度呈现先降后升的“U 形”趋势。内需对经济增长的贡献度越来越大，表明中国经济完成从国外循环到国内循环的转换，如图 9-15 的子图（a）所示。

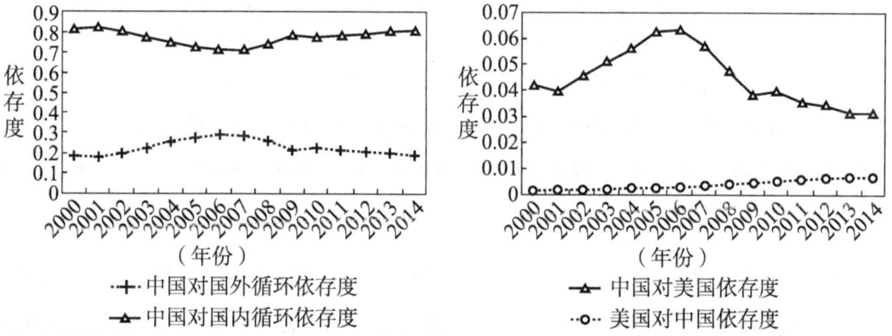

（a）中国经济对国内循环和国外循环的依存度　　（b）中国经济与美国经济相互依存度的对比

图 9-15　2000—2014 年中国经济依存度和美国经济依存度

资料来源：陈全润，许健，夏炎．国内国际双循环的测度方法及我国双循环格局演变趋势分析［J］．中国管理科学，2022（1）：15.

观察进出口总额，我们可以发现：中国的经济贸易交往最为活跃的三个国家是美国、日本和德国；中国对美国的依存度和中国对自身的依存度的变化呈现出相反的趋势；在加入 WTO 之后，中国对美国的依存度快速增加，2006 年达到 6%。也就是说，这一年中国的 GDP 有 6%是由美国的最终需求所推动的；自 2006 年以来，中国对美国的依存度逐渐减少，2014 年降至大约 3%；相反地，美国对中国的依存度一直在增加，2014 年美国对中国的依存度接近 1%，如图 9-15 的子图（b）所示。

计算各个行业对国内循环和国外循环的依存度及变化趋势，建筑业对国内循环的依存度非常高，稳定在 98%以上，远远超过其他部门，对国内依存度高且稳定。其次是服务业、农业、水电气业、采矿业和制造业，这些部门与经济总体对国内循环依存度的趋势大体一致，对国内依存度的增长趋势放缓，其他部门对外依存度变化呈现相反趋势。以制造业为例，2000 年的依存度为 72%，2001 年以后的依存度持续下滑，2006 年降至最低值 56%。此后的依存度逐步提高，2009 年升至 69%。经过短暂下跌后呈现稳定增长趋势，2014 年升至 71%，几乎回归到 2000 年的水平，如图 9-16 所示。

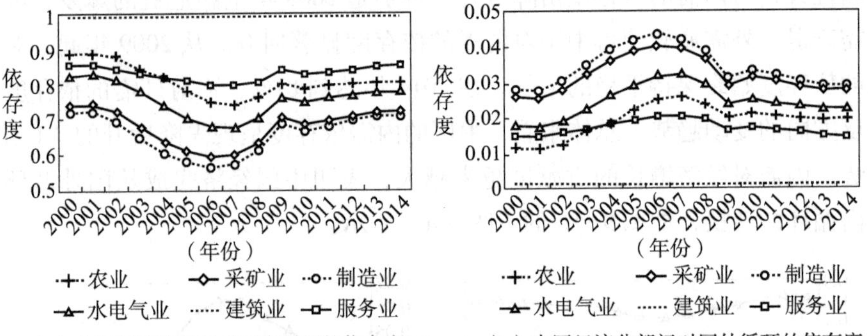

（a）中国经济分部门对国内循环的依存度
（b）中国经济分部门对国外循环的依存度

图 9-16　2000—2014 年中国经济分部门对国内循环的依存度

资料来源：陈全润，许健，夏炎．国内国际双循环的测度方法及我国双循环格局演变趋势分析［J］．中国管理科学，2022（1）：16.

最终需求被分为最终消费和最终投资两大类。对中国经济在国内循环与国外循环中对两类需求的依存度进行测算：①在国外循环中，对国外消费及国外投资的依存度同样经历一个“倒 U 形”的上升后下降的趋势，与总体变动趋势一致。自 2009 年以后，下降趋势减缓，海外消费依存度大约是海外投资依存度的 2 倍，其规模相对稳定。②在国内循环中，对国内投资与国内消费的依存度趋势出现分歧。国内消费依存度遵循一个“U 形”的先下降后上升的趋势，2000 年最高点为 54%，2008 年为 40%，随后保持小幅上升，2004 年增至 43%。而对国内投资的依存度并未出现下降，2000 年至 2007 年保持平稳的上升态势。2008 年出现大幅上涨，此后保持稳定，2014 年为 38%。国内消费依存度与国内投资依存度的差距大幅减小，2000 年为 27%，2014 年为 5%。国内循环的需求结构和国外循环的需求结构出现一定的偏离，如图 9-17 的子图（a）所示。

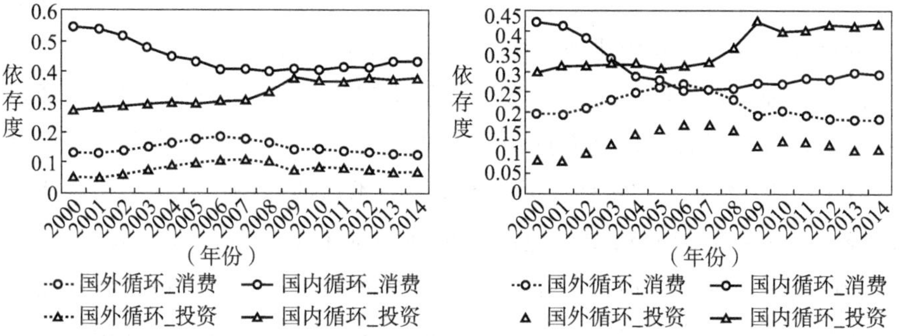

（a）中国经济区分不同最终需求的依存度　（b）中国在不同最终需求下制造业的依存度

图 9-17　2000—2014 年中国经济区分不同最终需求和制造业的依存度

资料来源：陈全润，许健，夏炎．国内国际双循环的测度方法及我国双循环格局演变趋势分析［J］．中国管理科学，2022（1）：16.

以制造业为例，从国外循环来看，制造业对国外消费与国外投资的依存度在所有领域中名列前茅。2006 年，制造业对国外消费的依存度高达 27%，甚至超越对国内消费的依存度。从国内循环来看，与农业部门不同，制造业对国内消费与国内投资的依存度发生相对转变，2000—2004 年，制造业对国内消费的依存度超过对国内投资的依存度；2005—2014 年，制造业对国内投资的依存度超过对国内消费的依存度。2005 年以后，制造业在外部和内部需求结构之间出现偏离，如图 9-17 的子图（b）所示。①

推动国内循环与国外循环需求模式的一致性，促使新一轮高品质的发展与深度的国内改革，从供需两大方面着手：一是构造完整的需求侧框架。由外需推动逐渐换为内生增长的路径。内需系统涵盖消费、投资和政府采购，消费和投资成为实现内循环的关键动力，而政府采购主要用于宏观经济调控。二是构筑全面的供给侧框架。以新一轮科技革命为契机，加快核心技术的自主控制和产业的转型升级，提升与国外需求对应的生产和供给能力。目前明显的短板在于国内独立研发能力的不足，成为实现内外循环的主要阻碍。②

数字经济与双循环格局都是并行不悖的国家战略部署，在战略目标上具有内在的一致性，这是数字经济赋能双循环格局的必然逻辑：在国内市场上，数字经济通过对传统行业的广泛赋能与渗透，有助于加快国内产业转型和创

① 陈全润，许健，夏炎．国内国际双循环的测度方法及我国双循环格局演变趋势分析［J］．中国管理科学，2022（1）：12-19.

② 李天宇，王晓娟．数字经济赋能中国“双循环”战略：内在逻辑与实现路径［J］．经济学家，2021（5）：102-109.

新升级；在国外市场上，数字经济是实现技术突围和摆脱国际分工地位低端锁定的有效路径，进而构建现代化全面开放经济体系。

作为一种新兴的经济范式，数字经济构建于技术革命的基础上，通过创造新供给以激发新需求，进而推动供给体系的深入变革。纵览在世界经济史上的数字技术-经济范式转移，无一不是由技术赋能经济运行，再步入更高的层次境界。如果中国的双循环经济在更高的水平上展开，必须淘汰旧产能、培育新产能。传统产业借助数字技术进行全面的、全程的改造，激发新的模式、新的业态。经济资源从旧产能中解放出来，转向新的生产领域，新的需求和新的产能因此而生，经济体系将从原有的均衡状态进阶至更优的均衡状态。①

发挥数字经济的优势，提高数字资源利用效率，带动数字化产业发展。双循环格局的形成实质上是在数字经济领域里各类资源和要素的重新整合与配置，关键是构建数字基础设施和利用数字资源来畅通国内大循环，推动新一代信息技术与传统产业深度融合。在此过程中，数字经济通过自身的“物质基础-数字基础设施”“技术支持-信息技术集群”“关键生产要素-数字资源”与“主要动力-产业融合”等多条通道，驱动国内、国外经济稳步循环，助力双循环新发展格局的形成，如图 9-18 所示。

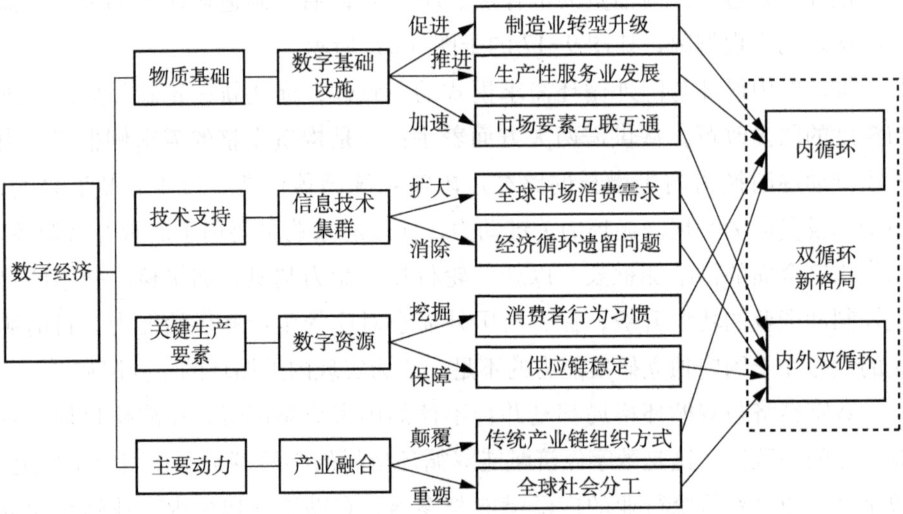

图 9-18　数字经济对双循环格局形成的驱动机理

资料来源：刘璇．数字经济助力双循环新发展格局：核心机理与创新建议［J］．青海社会科学，2021（5）：98-105.

① 李青绵，赵立龙，宋婷．以数字化改革畅通经济循环［J］．经贸实践，2022（1）：27-29.

数字经济应用数字化技术高效连接市场主体，升级社会分工协作模式，打破传统供需的时空限制。在数字经济时代，传统产业链组织方式被颠覆，资源配置方式、商业竞争模式被变革。“数字+算法”成为全球价值链高地，产业变革从“互联网+应用消费”阶段转为“互联网+实体经济”阶段，使得产品研发、生产、运输、服务实现国外市场高效分工，将进一步影响全球价值链和竞争态势。①

构建统一大市场是实现经济双循环协调互补的关键，大市场的统一程度直接对国际贸易产生影响。如果某国的市场存在严重的分割，产品和要素流动难以进行，那么生产和交易成本相应提高。国内市场的范围被限制，进一步威胁到产品在全球市场上的竞争力。目前的国内市场尽管规模庞大，但是并未完全统一，区域割裂、诸侯经济导致地区之间的分工模糊、产业结构相似、交易成本过高，阻止商品和要素的自由流动，导致有限的经济资源无法在全国范围内有效配置。出色的政府治理能力是中国经济达成良性循环的关键，强化顶层设计，推动政府监管和政务服务的数字化、精确化及智能化，增强决策的科学性、预测性和准确性，全方位提升政府治理和服务的水平。②

近些年来，“逆全球化”日益受到国内外媒体的关注。在字面意义上，逆全球化和反全球化是两种不同的概念：逆全球化代表全球化趋势的逆转和倒退，而反全球化被解读为一种与全球化趋势“对着干”的思潮、心态、现象、政策行为、政治口号或意识形态。依靠逆全球化以保护经济和国家安全，这是一个伪命题。“真正的安全，其底座是经济水平的持续提高和人民生活的持续改善。经济安全与生产力高度相关，而没有效率的经济即便安全，也是低层次的类似静止和蠕动的安全。在没有内外力的冲击下或许可以勉强维系，只要受到震动，旋即土崩瓦解。”③

当今的全球化所遭遇的抵触和摩擦，主要来自违反世界贸易规则和背离公共价值轨道，由此严重削弱资本和实业的信心，导致其在生态链中的自我边缘化和孤岛化。全球化是各国相互联系和相互依存不断加深的过程，是人类社会进步的必经之路。这是一条无法逆转的历史发展道路，原因在于人的社会性、资本的膨胀性、生产力的惯性以及科技进步的必然性。正如马克思

---

① 刘璇．数字经济助力双循环新发展格局：核心机理与创新建议［J］．青海社会科学，2021（5）：98-105.

② 李天宇，王晓娟．数字经济赋能中国“双循环”战略：内在逻辑与实现路径［J］．经济学家，2021（5）：102-109.

③ 刘珺．依靠逆全球化保障所谓的经济安全和国家安全是伪命题［EB/OL］．［2022-08-12］．https：//baijiahao. baidu. com/s? id=1737377545007493966&wfr=spider&for=pc，2022-07-04.

和恩格斯所言："各民族的原始封闭状态由于日益完善的生产方式、交往以及因为交往而自然形成的不同民族之间的分工消灭得越是彻底，历史也就越是成为世界历史。"①

9.4.2 涨落突变与有序失衡

根据耗散结构理论的观点，无论何种宏观状态，系统始终持续地受到内在和外在扰动的影响，导致系统在特定的空间和时间范围内出现轻微的偏移，这种轻微的偏移就是所谓的涨落。涨落是由众多微观个体的不规则行为和外部环境无法控制的微观变化所触发的，涨落的行为并不受到宏观条件的支配，这是一种无法预测的随机偶然性事件。②

涨落（Fluctuation）作为系统自组织的关键推力，决定自组织的模式、路径以及速率和奇点的进化等方面，对自同构、自复制、自催化、自反馈、自调控等基本形式产生影响。涨落与整体性、能动性、关联性等一同构成系统的基本属性，其影响覆盖系统演化的各个角度、层面与阶段。差异性就是涨落，无论是同一时刻还是不同时刻，元素、成分、系统和环境在演化的模式、路径、速率上都有差别，个体、集体、国家和世界因为拥有不同的演化模式、路径、速率，在系统自组织过程中必然出现各有特色的涨落效应。

在能动性影响、关联性影响等多种因素的交融之下，涨落影响带来系统内部及其外部环境的相互作用，"流"和"势"因此而生。系统的自组织进化核心与过程，依赖于物质流、能量流和信息流之间的协同作用以及内部与外部的环境因素。在旧系统内部，大量的无序元素在混沌的演化过程中，通过涨落势、能动势和关联势，出现部分跟随势的元素。这些元素逐渐取得主导地位，从而控制和主宰其他元素的运动，使得其他元素按照特定的方式组织起来，从而构建系统在各个层次上的初始演化状态。

①内涨落与外涨落。内涨落是指由系统内部因素演化的非平衡态所引起的涨落作用形式，根源于不同元素自身以及相互之间不同的内部条件、外部条件和不同的能动作用、关联作用。外涨落是指由系统外部因素演化的非平衡态所引起的涨落作用形式，根源于多种系统各自的内部与外部环境之间存在不同的能动作用、关联作用。

---

① 江时学．"逆全球化"概念辨析：兼论全球化的动力与阻力［J］．国际关系研究，2021（12）：3-17.

② 冯文华，张俊芳．文化哲学的沉思：转型期社会文化心态变迁规律阐释［J］．东北师大学报，2004（3）：41-47.

②微涨落和巨涨落。微涨落是指作用程度不能改变系统结构的整体性、作用力不足以破坏系统结构原有稳定性的涨落作用形式。巨涨落是指作用程度可以改变系统结构的整体性、作用力足以破坏系统结构原有稳定性的涨落作用形式。微涨落表征在整体上的渐变式量变阶段，巨涨落表征在整体上的突变式质变阶段。

③正向涨落与负向涨落。正向涨落是指推动系统结构整体稳定演化，从而促进系统结构整体不断达到新的稳定态与新的有序化阶段的涨落作用形式。负向涨落是指干扰或者破坏系统结构整体稳定演化，从而导致系统结构整体失稳并且趋向相对无序化的涨落作用形式。更为复杂的多重涨落形式使得系统演化具有曲折多变的特征。①

在经济体系中，各种要素之间的差异以及由此所引起的各种干扰和协调，作为随机涨落的发生契机而广泛存在着。农业、工业、商业、运输业等经济形态呈现着一定的变化，人口、科技、文化、教育等社会因素也呈现着相关的变化。这一切不仅形成经济体系作为耗散结构所具有的非平衡开放，并且形成随机性的内涨落。科技的进步为经济体系从技术、信息、资金等方面提供支援，构成时刻存在的外涨落。内外涨落使得经济体系原有的结构发生偏差，随着时间的变迁，微涨落的强度逐渐被放大成为巨涨落，先前固有的稳定状态被打破，经过巨涨落形成新的稳定有序的结构。②

突变（Catastrophe）一词来源于法语，直译为“灾变”，意指事物经历突如其来的、剧烈的转变或不连续的变动，强调在变动过程中的突然转折或中断，哲学界解读为“飞跃”。1972 年，法国数学家、突变论创始者勒内·托姆发表《结构稳定性和形态发生学》一书，提出突变理论。在此之前，经典微积分等数学理论主要关注连续的变化现象，但是突变理论专注于研究不连续的或突然发生的变化过程，所使用的数学方法主要包括拓扑学、奇点理论以及结构稳定性理论等。③

随着复杂性科学的兴起，组织突变的神秘面纱被揭开且运作规则逐步被揭示出来，其中存在两种既相似又不同的重要理论：一种是由美国计算机科学家克里斯托弗·朗顿等提出的混沌边缘理论；另一种则是丹麦理论物理学家伯·巴克等提出的自组织临界态（Self-Organized Criticality，SOC）理论及突变规律。根据沙堆、噪声、耦合摆等实验，他们得出结论：临界性（Criticality）

---

① 湛垦华，孟宪俊，张强．涨落与系统自组织［J］．中国社会科学，1989（4）：173-184.
② 李一．乡村生态经济体系演替机理的耗散结构分析［J］．生态经济，1990（6）：13-16.
③ 周树杰．系统科学的形成与发展初探［J］．理论界，2006（9）：155-157.

虽然看起来复杂，甚至表面上看起来无法找到规律，但是在双对数坐标上呈现出一条直线的特征，如同牛顿第二定律 $F = ma$ 那般清晰。临界现象的雪崩并非逐步变化，而是紧密关联质的行为和量的行为，以此构筑突变现象的基础。

突变现象普遍存在于所有的自然与社会领域，比如地震、泥石流、火灾、生物绝种及疫情暴发、股市崩溃、工业革命、社会转型等。2001 年，美国理论物理学家马克·布查纳在《临界》一书中提出："不论我们的视线投向何方，世界似乎都是在一个简明模板上被塑造出来：如同一个陡然的沙丘，处在动摇的边沿，又似雪崩，按照一种普适的变化模式在事物之间施加影响。"自组织的临界态被视为灾难主义的理论依据，其基础图像是：自然界在某一点永久地偏离平衡，但是又被安置在一个稳定的状况之中，这种状况即为自组织的临界态，用以阐释看似极其复杂的一些普遍存在的构造及崩溃式的演化。①

犹如统计物理学，自组织临界态理论不再深究单一突变事件的具体规律，而是从统计角度重新审视大量临界突变事件的集体规律。例如地震、火灾、1/f 噪声等多种事件都遵循简单模式，使用数学语言来描述，这就是遵循幂律（也被称为标度不变性），所揭示的自相似性即是标度不变性和分形的基础。巴克指出：系统一旦达到临界状态，就会通过连锁反应保持在临界状态；在临界状态中，空间和时间呈现出无标度性，在数学形式上，则呈现为幂律关系。幂律所揭示的系统的自相似性，即是标度不变性和分形的基础。

如果系统处于自组织临界状态中，只要一个微小的触动就可能引发连锁反应，最终引起巨变，甚至触发灾难性的雪崩现象。被视为复杂结构生成的潜在机制的雪崩现象，就是某些复杂动力系统的直接产物。在自组织临界态模型里，雪崩的时空规模可能取决于系统动力学的细节和初始状态，但是雪崩大小的统计分布（也就是幂律）属于运动学方程而与动力学细节无关。虽然雪崩发生的微观机制肯定是复杂的，然而从宏观整体角度来看，我们可以应用模型来阐述其规律，观察经济活动也是同样的道理，如图 9-19 所示。

在耗散结构理论中，临界点（Critical Point）描述的是自组织系统与环境之间的物质和能量交换在触及阈值后，由不平衡的无序结构向耗散结构的转折点，或者是系统从有序状态进入混乱状态的转折点。临界态（Critical State）描述的是系统处于一种特殊的易感状态，微观的局部变动被不断放大并扩展到整个系统。系统的每一成分行为都是相互关联的，外部物质、能量、信息

---

① 黄欣荣．临界突变方法：复杂组织的突变机制分析［J］．河北师范大学学报（哲学社会科学版），2013（7）：89-93.

等的输入，通过系统内部短程的、局域的互动，使得输入扩散到整个系统。例如在经济体系的演变中，管理思想的输入方式、政治体制的推动力度、管理部门的调控手段、社会公众的配合程度等，都构成该系统从无序混乱状态演变为新的有序稳定状态的外部条件。

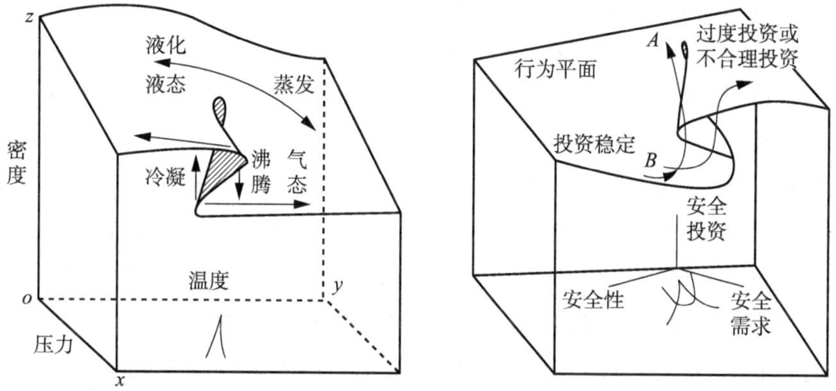

（a）物理学相变模型　　（b）经济学尖点突变模型

图 9-19　物理学相变模型与经济学尖点突变模型的相似性

资料来源：陈文毅．安全经济学中的突变模型与耗散结构初探［J］．工业安全与防尘，1993（9）：36.

注：右侧三维空间图形的纵轴代表安全投资水平，中间展示折叠的曲面形态。折叠页的上半部代表过度投资区或者非理性投资区域，而下半部则是投资稳定区。折叠部分的中间表示状态的瞬间改变。图形的底部显示折叠形态的投影，尖顶的分支曲线就是突变折叠面的投影。在这个偏离平衡的非线性区，状态因子受到两方面的吸引子作用。可能继续受到投资稳定区的吸引而形成过度投资（例如轨迹 A），也可能突然转变至过度投资区（例如轨迹 B）。

系统包含众多互动成分，使其自然地演化至自组织临界态，即便是微弱的扰动也可能触发一连串的灾难性变化。能量的注入是持续、缓慢、均衡的过程，与其相比，能量的耗散是瞬时的、雪崩式的，能量耗散事件的强度或尺度的分布遵循幂律关系。尽管系统与外界有着紧密的联系，是一个开放的耗散系统，然而系统进入临界态和雪崩的发生是由自组织触发的，外部能量的注入显示系统在临界态时已经偏离平衡态和开放的状态。能量的注入与系统的自组织并无冲突。例如在沙堆模型中，实验者持续从外部添加沙粒，并未有意识地改变沙堆以形成临界态，临界态完全由沙堆内部驱动自然形成并处于动态有序中。①

① 黄欣荣．临界突变方法：复杂组织的突变机制分析［J］．河北师范大学学报（哲学社会科学版），2013（7）：89-93.

在系统自组织临界状态的演化中，存在着各种不同形态的奇点。当内在和外在的涨落程度达到某一阈值从而触发系统的质变时，系统可能演化到新的有序状态并继续发展，或者是退化到一种混乱状态并趋向衰亡。在量变与质变、有序与无序、长程有序与短程有序、熵与负熵流等多元关系中，系统都存在着各自独特的涨落阈值，分别对应着不同层次、不同方面、不同形态的奇点，相应的涨落动力形式也各有区别。

在二维平面内，奇点存在多种类型，包括起始点、终止点、转折点、发散点、凝聚点、分歧点、折叠点与极限环等：①起始点代表自组织演变新阶段的启动；②终止点代表系统原有特性的转变，或者代表某个亚稳态系统的全面消亡；③转折点是起始与结束点的融合点，在这一点上，演化的方式、方向和程度发生转变；④发散点标志系统在时间和空间中的变异扩散的初始；⑤凝聚点标志系统在时间和空间中的变异收缩和封闭的起始；⑥分歧点是系统进行自我选择的关键时刻，自我选择实则是内外多种因素的互选；⑦折叠点是系统在长期演变中从无序到有序再到新的无序状态，或者从有序到无序又到新的有序状态的两个不同演变阶段的中介点；⑧极限环是一些初始条件大致相同并且在特定演变阶段停滞的系统，其各自不同的演变路径靠近由相空间理论所描绘的环形循环面，代表着系统在特定时间、空间条件和演变阶段的限制性。如果从三维空间以至多维空间出发，全面研究在系统自组织演变奇点上的波动作用，那么波动的作用将变得更为复杂和多样。①

经济体系即便在社会巨系统制约下达到均衡（即平衡）状态，绝对的稳定性并未实现，依然存在大量的涨落：一是源于经济体系内部各类元素的规则性运动以及相互影响导致的自发性偏移；二是社会巨系统作为外部条件对经济体系产生的偏移。无论是从经济内部构成的复杂性、多样性角度，还是从社会变迁对经济带来的巨大冲击角度，系统的涨落有两种可能的结果：一是宏观状态为平衡状态或平衡状态附近的一个稳定状态时，只要未达到相变的临界点，涨落是微小的、衰减的，不足以给宏观状态带来大的影响。二是当系统处于远离平衡状态，外部控制参数达到临界值时，涨落将会变得巨大和异常。开始在小范围内产生，后续被迅速放大，形成能够彻底改变原有状态的巨涨落。

在大多数情况下，正处于社会变迁阶段的经济体系本身拥有稳定性和惯性等特征，其中心吸引子的作用强大。原有经济体系的资源分配或核心价值

---

① 湛垦华，孟宪俊，张强．涨落与系统自组织［J］．中国社会科学，1989（4）：173-184.

常常抵消一些微小涨落直至这些涨落完全消失。假设一些涨落真实反映经济体系的未来演化趋势，那么其命运依赖于系统的稳定性和惯性（即保守力量）与涨落本身力量的对比。那些生命力坚韧、扩散能力足够强大的涨落，使得自身获取的能量和信息日益充足，从而改变原有经济体系的结构和路径，采用新的生产方式逐步取得优势，最终确定经济体系新的行为模式。

经济体系的演化过程不是连续平滑的，而是随着内部因素和外部条件的变化不断发生突变或者飞跃。深入地讲，经济体系和社会体系的演化过程及轨迹并不完全具有客观性。经济成分之间存在着相生或者是相克的关系，以非线性作用的非对称性中得以展现。复合作用以线性作用的失效为前提，由各种关系复合形成的结构必定显现出整体相干的特质。非线性作用形成的非线性关系，使得所有自然的、社会的、经济的因素有序地聚合在一起，并且作为维系力，通过涨落、反馈以及非线性作用来完成经济体系的演化。①

对于无序和有序的认识，人们有着悠久的历史。古代中国哲学家推测：宇宙起源于无秩序的混沌状态，后续出现“盘古开天地”，清者上浮为天、浊者下沉为地，因此构建天地之间明确的秩序格局。在《易乾凿度》中写道：“太易者，未见气也；太初者，气之始也；太始者，形之似也；太素者，质之始也。气似质具而未相离，谓之混沌。”在《易经》里所描绘的秩序就像树的分叉那样步步展开，即“是故易有太极，是生两仪”，“两仪生四象，四象生八卦”。

从古代希腊开始，序（Order）作为一个普遍的概念植根于哲学和社会学中，一些哲学家主张：世界的演变途径由混沌到有序。“在古代希腊哲学家观点中，世界本质上是从混沌状态诞生的某种实体，是一种演化的、逐步形成的事物。”原子论的创始者德谟克利特和伊壁鸠鲁把宇宙的秩序解释为无序的原子偶然碰撞和融合所导致的结果。亚里士多德阐述世界的“三种差异”即形状、秩序、位置。德国哲学家黑格尔对这种混沌到有序的观点进行评述，他提出：“把物质视为原本就存在且本质上无形的这一观念是非常古老的，在希腊人中我们已经见过，最初以混沌的神话形式出现，而混沌被设想成为现存世界无形的基础。”

在经典物理学中，物体在空间和时间中的运动遵循决定论的确定性，即可以根据一个物体的位置准确地推测另一物体的确切位置，这种理论被称为“经典序”或“机械序”。然而在相对论中，物体的运动并非绝对的而是相对

---

① 冯文华，张俊芳 . 社会文化心态演变中的涨落突变规律［J］. 吉林大学社会科学学报，2003（11）：19-23.

的，物体之间的位置并非固定的而是相对的，共同存在于“场”中。“序”具有不可分割的整体属性，被称为“相对序”或“不能分割的整体序”。在量子物理学中，粒子可以同时表现出波动性和粒子性，不断处于两种或多种状态的重叠，被称为“量子序”。

1973年，美国量子物理学家、科学思想家戴维·玻姆对物理学的发展模式进行研究，他认为：序的实质为“相似的差异性和有差异的相似性”，“根据一项全面的定律来阐明自然演变过程的某一主要特性，实际上就是断言：对于整个过程而言，基本的区别是什么，以及这些区别中的相似性是什么”。他通过对物理学各个发展时期的连续性和创新性的深度分析，得出一个普遍的序概念，也就是“相似的差异性和有差异的相似性”。[①]

在词义解读中，序可以表达顺序、秩序，从实际功能来看，也可以表达生命的成长序、生物的演化序、经济的增长序、社会的演化序。除此之外，还可以借助“有序”和“无序”的描述来阐述事物本质及其发展状况。“有序”来自混沌，最终也归于混沌。混沌并非绝对的、彻底的混乱，其内部可能蕴藏着新的更高层次的有序。

无序和有序被用来描绘事物之间和事物内部各个要素之间关联的范畴。所谓无序是指事物内部各个要素之间或者事物之间混乱而无规则的组合及事物运动的无规律变化，所谓有序是指事物内部各个要素之间和事物之间有规则的联系或转化。进化论的观点就是主张世界从简单到复杂、由无序到有序的发展趋势。无序和有序范畴与结构、功能、时间、空间等领域有着深刻的内在关联。

以近现代中国经济体系演变为例，大致经历“低度有序态→高度无序态→线性有序态→中度有序态”的发展轨迹：①1840—1912年，处于低度有序态，包括混乱期、成长期和调整期，重大事件有鸦片战争、洋务运动、戊戌变法、义和团运动、新政和预备立宪、辛亥革命，自然经济解体，民族资本主义经济产生；②1912—1949年，处于高度无序态，为混乱期，重大事件有民族资本主义萎缩、国民经济建设运动、对华商品倾销和资本输出、国统区经济崩溃、解放区土地改革运动，战争破坏、物价飞涨，官僚买办资本统治着整个工商业；③1949—1978年，处于线性有序态，包括转向期和凝固期，重大事件有土地改革、社会主义改造、“大跃进”和人民公社化运动、三年困难、“文化大革命”、党的十一届三中全会，恢复国民经济、建立计划经济体制与

① 陈向群．玻姆的序思想及其哲学意义［J］．东北大学学报（社会科学版），2017（5）：232-238.

启动工业化、调整国民经济，工业化水平低，经济基础薄弱，经济增长的速度较慢；④1978—2017 年，处于中度有序态，包括成长期和应对期，重大事件有改革开放、设立经济特区、股份制公司成立、沪深交易所成立、试行住房公积金制度、加入 WTO、股权分置改革、4 万亿投资、上海自贸区挂牌、十次降息降准、人民币被纳入 SDR 和熔断机制，GDP 总量从 3679 亿元增加到 820000 亿元、人均 GDP 从 155 美元增加到 8800 美元、制造业崛起、服务业成为增长主动力、对世界经济增长的贡献率超过 30%；⑤2017 年至今，WTO 的 15 年过渡期结束、贸易摩擦升级，进入转向期，将面临一系列新挑战，如图 9-20 所示。①

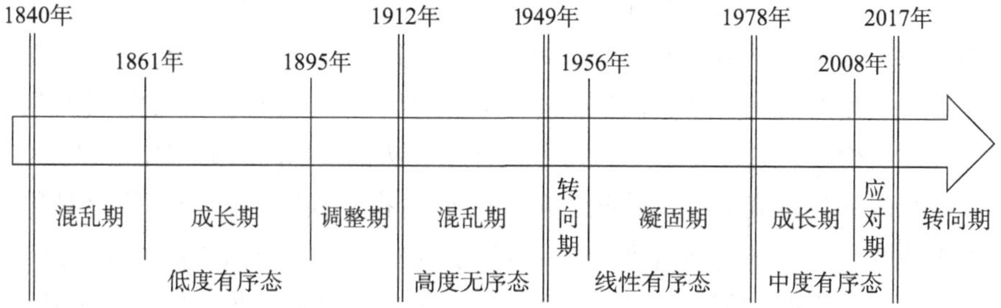

图 9-20　近现代中国经济发展的有序和无序阶段

资料来源：陈荣耀．耗散结构理论和中国经济有序化趋势［J］．上海师范大学学报，1987（2）：113.

在无序和有序的范畴、规律性和因果性范畴、对称性和对称性破缺范畴中，均存在着紧密的关联。规律性揭示事物之间不可避免的核心关系，反映某种有序性，而事物的有序性也构成规律性。当事物的构造和动态变化呈现有序状态时，我们理解其因果关系变得更为简单；而当事物的构造和动态变化呈现无序状态时，我们理解其具体的因果逻辑就变得更为困难。可以借助统计平均的手段，从大量随机性中洞察其统计规律性。有序性与对称性之间也有紧密的关联，在完全无序的混乱状态中对称性最强。随着对称性的持续流失，也就是不断出现对称性破缺，逐渐形成从低级到高级的事物构造和状态的序列，引发多元化的自然现象和社会事件。②

对称性（Symmetry）是指物体的某一特征在一定变换下的不变性。对称性与有序性呈现反向消长的关系，对称性越大则有序性越小，对称性越小则

① 陈荣耀．耗散结构理论和中国经济有序化趋势［J］．上海师范大学学报，1987（2）：112-118.

② 沈小峰，王德胜．试论有序和无序［J］．大自然探索，1984（4）：117-124.

有序性越大。完全对称、均衡、各向同性是无序可言的，只有对称性被破坏，即各部分显现出不对称、不均匀、不规则，才能被视为有序的。对称性来源于要素之间的线性互动，确保要素之间的平均分布、能量均衡、运动过程可逆，任一方向均无特异性质和特异点。例如牛顿公式和薛定谔公式在时间反向变化中均保持恒定，其过程是可逆的，时间仅仅为描述动态的一项几何参数。空间也是均衡的、各向同性的，平移和旋转不会影响其对物理世界的阐述。这种状态是稳定的、平衡的，故而也是无序的。

然而热力学第三定律确实表示我们无法达到绝对零度，因此真实世界并不存在完全的无序。如果一个系统想要变得有序，就必须打破均衡，引发对称性的破缺，这样才能实现有序。对称性破缺（Symmetry Breaking）指的是当物体经历一定的变动后，其可变性或对称性的降低。就像天体的演化、地球的变迁、生命的进化、社会的发展、经济的增长，都是对称性逐渐削弱到非对称性逐渐构建的过程，也是从无序到有序、从低级到高级的演化过程。

系统内部具备流动性，其状态随着时间的推移而改变，因而使得对称性产生破缺的构造，被称为非平衡有序结构。这种非平衡性暗示“对内改革”（流动）与“对外开放”（交换）的存在，这两者构成耗散结构的宏观特性，同时也是自组织过程所必需的基础要素。当系统处于近平衡态线性区时，尽管存在负熵流的介入，仍然无法塑造新的有序结构，只能逐渐接近平衡。普利高津把非平衡有序结构命名为“耗散结构”，主要是强调结构与有序的一面以及耗散或无序的另一面，二者之间显然有密切的联系，尽管初看起来似乎是矛盾的。

自然系统演化的基本特征之一是对称性与对称性破缺的统一，这种高度有序的、复杂的组织系统，实则是对称性逐渐破缺的结果。系统的演化状态存在着对称性破缺，因此为事物的发展态势提供一种判断标准：当系统从无序走向有序时，对称操作和对称元素逐渐减少，此时的系统是向上发展的（即进化）；当系统从有序走向无序时，对称操作和对称元素逐渐增多，此时的系统是向下发展的（即退化）；当系统处于混乱状态时，具有无限多的对称元素，所有对称操作都被允许进行（即反演不变）。

混沌的对称性几乎接近零，无论何种变换都表现出巨大的不稳定性。表面看来，就像完全无序的一团乱麻，然而混沌表现出在无序现象下隐藏更复杂、更深入的高级序列（即无限嵌套的自相似几何结构）。仅仅在偏离平衡的情况下，系统才有可能展现新的规律、产生新的有序结构，在不违反热力学第二定律的前提下朝有序、有组织、多功能的方向演化。在这个意义上，普利高津提出“非平衡是有序之源”这一著名论断。

在传统科学领域中，混沌被视为一种“几何怪物”，是大量无序数字的集结，而且不包含人们通常所理解的对称性和周期性。但是在非线性科学视角下，混沌序列被解读为一种嵌入无序之中的有序，也就是更高层次的有序性。混沌理论阐释：系统可以通过突变从有序转变为无序，也可以从有序转变为无序，这种转变具有多种可能的路径。混沌构成宏观标度与微观标度之间的桥梁，使得信息由小世界传到大世界、能量由大世界传到小世界。既是能量的渠道，又是信息的通道。信息具有负熵的特性，因此是否及时获取外界的信息就成为系统对抗熵增、维持有序的关键因素，这就是“信息成为比物质和能量更重要的资源”的含义。

对称性破缺的发生原因是系统构建要素之间的非线性交互作用，这种作用主要呈现出三个特性：一是变化不均匀、不成比例、不具备叠加性，系统的整体特性并不等同于各个孤立部分特性的机械堆叠；二是交叉项的存在揭示要素之间并不是各自独立、互不干涉的，而是交织渗透、互相影响、互相约束的，融合产生相干协作效应；三是没有唯一解，解是多元化的、不稳定的，随着时空和环境的差异而改变，系统拥有多个可选择的方向和路径，预先包括系统失稳（即对称性破缺）后转入新的稳定态的多种可能性。

在非线性方程中，非线性项的存在是系统的临界效应（状态突变）、分岔效应（多重选择）和相干效应（长程关联）的总根源。在特定变量之下，非线性方程可能存在多个不一样的分支解，这导致系统演化结果的多元化和随机选择性。分支选择受到涨落种类的影响，而随机涨落正是非线性机制自身预设的关键一环，因此“非线性是对称性破缺的起源，也是系统有序演化的基础”。只要选择被定向，不确定性便会消除；只要对称性被打破，可能性的某个形态就能转化为现实。正如爱因斯坦所言：“世界就是如此，令人惊讶；而这样的世界居然能够被我们所理解，更是令人惊讶。”①

在物理学中，平衡（Equilibrium）是指在惯性参照系下的物体受到力的影响，仍然保持静止状态或匀速直线运动状态，或是维持绕轴匀速转动的状态。在热力学中，平衡状态描述的是一个系统的所有宏观参数不再随着时间推移而变化的状况，反之被认为是非平衡状态。在经济学中，经济均衡（即平衡）是指经济体系的各种力量在某些条件下达到相对静止的状态，并且没有进一步变动的倾向。经济均衡分析包括局部均衡理论和一般均衡理论：马

① 武杰，李润珍，程守华．从无序到有序：非线性是系统结构有序化的动力之源［J］．系统科学学报，2008（1）：13-18.

歇尔提出微观经济学的局部均衡理论，在假设其他条件不变的前提下，孤立地研究单一商品或部分市场的供需与价格之间的关系；瓦尔拉斯提出宏观经济学的一般均衡理论，把经济现象视为紧密的数量关系，进而分析各种商品、所有市场的价格与供需的关系。

一般均衡理论源自亚当·斯密的看不见的手，通过瓦尔拉斯、阿罗、德布鲁等的论证扩展，以理论的方式形成主流经济学的模型，理性预期假设、有效市场学说、动态随机一般均衡理论则是其现代的变种。一般均衡理论采用数学逻辑形式，通过简化和限定人的经济行为，使用循环论证的方法以获得经济体系稳定性和唯一性的结果。作为主流经济学的新古典宏观体系，这建立在两个基本假设的基础之上，也就是价格和工资的灵活性假设和理性预期假设。无论是生产商还是消费者，都在利用完全的信息来最大化他们的利润或效用，从而实现瓦尔拉斯的一般均衡状态。此外该均衡状态是一个整体最优化的结果，无疑也是帕累托最优的。

1759 年，亚当·斯密在《道德情操论》中阐述："人可能被视为自私，然而在他的内在素质中，总存在着某些坚固不变的特性。这些特性让他深深关注他人的命运，把他人的福祉视为自身的责任。尽管他只是在看到他人的幸福时有所喜悦而无任何得失。这种特性即是同情心或怜悯，也就是我们在看到或者设想他人的不幸时所引发的情绪。"但是亚当·斯密的这种利他（即同情心）元素被新古典经济学者冷酷地摒弃。他们在建立数学模型时，找到的是《国富论》的利己心，抽象化为经济人假设并作为理论的逻辑起点。

在主流经济学中，剥离经济人的利他属性，尽管这对数学推理有益，但是损失经济学的人文属性，导致经济学一步步迈入与现实相脱节之路。经济学的科学性必须满足逻辑与经验兼有的要求，然而新古典经济学在一般均衡理论的证实过程中，剔除人类其他行为的所有情境，仅仅保留一个狭窄的自利偏好，以孤立、封闭的方式描述人类行为。其内部逻辑是以均衡为前提推导出均衡的结果，即用均衡来证明均衡而没有必要的推导和证明。理论在开始时就落入循环论证的逻辑错误，显然不能给出现实的、合理的阐释。

在亚当·斯密的观点中，真正的均衡概念究竟指的是什么呢？他在《国富论》第七章"论商品的自然价格与市场价格"中写道："任何一种商品的市场价格，都在其实际供给量及愿意支付其自然价格（或者说愿意支付在销售前必须付出的地租、劳动工资和利润的总价值）的人的需求量这两者的比例中受到影响。愿意支付商品自然价格的人可以被视为有效消费者，而他们的需求可以被视为有效需求。因为这样的需求可能使得商品的销售得以完成。”由此可见，供需均衡以有效需求为前提，即所谓的“市场的均衡并非所有消费者与生产商之间的均衡，而是拥有支付能力的消费者与生产商之间的均衡”。这应该是后来凯恩斯提出的有效需求不足理论的萌芽，也应该是非均衡理论的源头。

在阿罗、德布鲁对一般均衡理论的证明过程中，消费者实现最优化的原因在于他们拥有的财富是由两部分构成的：初始持有的和各个生产商分配给他的利润份额，这构成达到均衡的必备收入条件。为了实现均衡的稳定性，需要“假定偏好不会因为时间的变化而产生本质的变化；也假定在富人和穷人之间，也就是来自各种社会和文化背景的人们之中，偏好没有显著的差异”，需要把消费者的经济人抽象为同质的人。但是贫富之间相隔一条收入的巨大鸿沟，假定偏好没有显著的差异显然毫无实际意义。

20世纪30年代，大萧条导致凯恩斯主义一度成为宏观经济学的主流。20世纪70年代，滞胀使得新古典主义勉强成为宏观经济学的主流。大量的经济学者对资本主义的体系充满信心，然而在2008年金融危机爆发后，这一切被证明是虚幻的。一般均衡理论作为主流经济学教科书的核心内容，反映主流经济学者对市场经济运行的坚定信念。但是这场危机揭示“人们对资本主义体系的信仰面临着崩溃的风险”，一般均衡理论在数理化过程中与现实的距离越来越远。

新古典宏观经济学者尊崇以微观经济理论为基础重塑宏观经济学。1970年，美国经济学者尤金·法玛在《有效资本市场：理论与实证研究回顾》中提出“有效市场假说”，即针对资本市场均衡现象采用新古典经济学思维分析得出的观念。1972年，美国经济学者罗伯特·卢卡斯在《预期和货币中性》中提出“理性预期假说”。有效市场假说和理性预期假说的核心观点认为：在市场运作过程中，存在唯一稳定的均衡状态。然而时间和频率的测量误差总是此消彼长，两者不可能同时被测准地测量。从时间序列的复杂性角度来看，既有不完全信息，又有相互冲突甚至是歪曲的模糊信息，更有不可预见的事件。因此这两种假说没有定量分析的依据，其描述的瞬时均衡实际只是一种理想化状态的结果。

在提出一般均衡理论时，瓦尔拉斯表示：当未知数与方程个数相等时，联立方程组有解、均衡价格存在，但是这样的论证并不深入。20世纪50年代以后，一些数理经济学者（比如阿罗和德布鲁）试图运用拓扑学和集合论来严谨地证明瓦尔拉斯的均衡价格和帕累托最优的存在性问题，这为经济学原理的定量化和精确化开创新的研究领域。

然而他们在应用布劳威尔不动点定理的一个扩展时，采用一些非常严格的假设，大大偏离实际的经济活动：在价格比率变动的情况下，生产要素不可能持续地被替代；产品的配置并不总是自由的，在可能的情况下，投入-产出转换曲线并非处处微分；在严重失衡的经济环境中，无法确保拓扑流形；凸集假设、需求函数连续性假设、与价格 P 有关的过剩需求向量 Z（P）空间不变性的假设，没有一个是稳健的。他们未能觉察到所运用全部经济范畴的动态性和复杂性，所得出的结果仅仅是一些弱化的数学形态，正如日本数理经济学者、社会学者森岛通夫评论的那样："在经济学意义递减的地方，投入递增的数学努力。"

一般均衡理论是当今主流经济学的基础与核心，尽管无从解释或无法预测危机的发生。挪威经济学者芬恩·基德兰德和美国经济学者爱德华·普雷斯科特提出动态一般均衡理论，后来他们甚至对经济周期的真实性产生疑问，因为"经济周期"一词暗示着不幸的隐喻。他们认为经济周期不过是描述一组宏观经济学总量时间序列的统计特性。

进入 21 世纪，大部分主流经济学者曾经相信经济周期已经被终止，但是经济危机还是不期而至。反倒是凯恩斯先前在此问题上的洞察力更为深刻："如果想要我们的说明符合现实，被我们称之为经济周期的另一特征必须加以分析，即解释危机的现象。"对于主流经济学者来讲，现在是时候放弃一般均衡的幻想、打开有序失衡视野，接纳复杂经济学和数字经济学的新理念。①

在自组织系统中，常常并行存在"有序""失衡"及"无序""平衡"等特征。这些特征是互相影响的，缺少"无序"就无从谈及"有序"，缺少"失衡"也无法谈及"平衡"。在平衡、无序的系统里，蕴含着多个失衡和有序的子系统。如果外部条件有利于增强系统的组织性，那么系统朝向有序和失衡方向变动；相反地，如果外部条件有利于削弱系统的组织性，那么系统朝无序和平衡方向变动。"有序和无序""失衡与平衡"都是普遍存在的，不存在绝对的有序和失衡，也不存在绝对的无序和平衡。②

经历 1929—1933 年大危机之后，凯恩斯犀利地抨击古典主义和新古典主义。他认为：这些古典理论"试图通过对未来所知甚少的事实，加上采用抽象的研究方法来探讨现状"，然而"灵活偏好"的变动、货币数量对货币利率的决定以及人们对资产收益的预期等因素都充满极大的不确定性；投资与储

---

① 吴遵杰，陈勇．经济学一般均衡理论批判［J］．学术争鸣，2016（5）：29-31．

② 周效锋．关于"有序与无序"、"平衡与非平衡"的辩证关系·［J］．曲靖师专学报，1997（10）：37-42．

蓄达到均衡的思想毫无意义，货币的均衡价值观念也是无稽之谈。正是因为对涉及过去和未来的时间因素问题的处理，使得凯恩斯主义与古典理论产生分歧。凯恩斯反对资本主义经济体系拥有自发调节的功能、否认资本主义经济长期稳定的看法，并且提出强有力的国家干预纲领和政策主张。

但是凯恩斯并未彻底地贯彻和实践自己的思想，他认为通过实施财政政策就可以达到充分就业均衡，所突破的均衡仅仅局限于有效需求理论和预算赤字政策。在那时的历史条件和这套理论的框架下，新古典理论依旧是正确的，也不可能产生有序失衡理论的新思想和新范式。后来随着新古典主义的复苏，迫切需要一种妥协和折中的经济学，也就是把国家垄断资本主义作为市场机制与政府调节相结合的体系，这便是以萨缪尔森为代表的新古典综合派。

新古典综合派本质上融合均衡理论和有效需求观点，运用财政政策和货币政策来调节宏观经济活动水平。促使微观经济的生产商和消费者组成市场体系，在价格相对稳定和充分就业的宏观经济环境中，从事获得最大利润和最大效用的活动。所以主流经济学的微观基础还是新古典主义和一般均衡理论。不同以往的是明确地指出经济体系稳定性的条件，如果遇到扰动那么依靠市场体系本身回归均衡状态，最终实现具有特定水平的竞争性均衡（即瓦尔拉斯均衡），这也是一个有效率的帕累托最优状态。

实际上，主流经济学对新古典主义与凯恩斯主义的综合是“凯恩斯革命”的一种退步。在凯恩斯主义动态化和稳定性研究中，时间仅仅是一个参数。资本的可适应性能够削弱过去与未来的界限，需要解决的问题没有脱离被归结为在均衡条件下的最优化。20 世纪 70 年代，滞胀难题导致主流经济学陷入困境，也暗示其理论不再适用，凯恩斯主义拥有与新古典主义一样的命运。此后货币主义理论及其微观基础成为经济学各个流派尖锐交锋的焦点，应时应景，一些经济学者纷纷提出非均衡理论。

20 世纪 50—60 年代，以色列经济学者唐·帕廷金、美国经济学者罗伯特·克洛尔和瑞典经济学者阿克塞尔·莱荣霍夫德提出：瓦尔拉斯式的市场均衡定律仅仅适用于物物交换的经济，当引入货币理论微观基础时，该定律的合理性就无法维持。法国经济学家弗朗索瓦·佩鲁则发表“一般均衡概括理论”，他主张：瓦尔拉斯-帕累托的一般均衡理论前提与现代资本主义的实际状况是不相容的，瓦尔拉斯均衡只是一个特例，如果改变一般均衡理论那么必须放弃完全竞争这一前提。

1962 年，美国科学哲学家托马斯·库恩在《科学革命的结构》一书中指出：各种理论的骤然激增既是旧理论的危机也是新理论将要来临的信号。从主流经济学的传统范式来看，一般均衡理论被视为“普照的光”，也就是最关键且最成熟的部分。因此经济学者对一般均衡理论的质疑以及在此基础上纷至沓来的各种非均衡理论，都是主流经济学理论危机爆发的重大标识。现阶段的这些批判仅仅局限于个别领域内，对于有序失衡的新理论，经济学者还未完全把握经济学的本质。如果一般均衡这个理论基础走向终结，那么主流经济学将经历一次全面彻底的革新和重构，不可避免地被新的范式也就是有序失衡理论所取代。①

9.5 混沌、预测和适度干预

混沌（Chaos）是指在确定性结构的系统内产生类似随机性的行为过程，这种确定性来自系统的内部因素而非外部噪声或扰动。表面看起来无序的运动实则是内部非线性和随机性的体现，这与外部随机性和非线性系统的无序结果有着根本差别。混沌系统使其行为可以被确定和被预测，但是在某些参数的值域内，系统行为表现为不稳定或无规律的变化，甚至初始条件的微小变动也将引发系统运动的轨道发生巨大的漂移，“在游戏中不断调整游戏的规则”，导致轨道概念失去原有的解释意义。②

在经济学中，市场的看不见的手与政府的看得见的手之争是一个永恒的话题。政府干预的理论基础主要来自凯恩斯主义，然而20世纪70年代的滞胀宣告凯恩斯主义的破产。之后新自由主义和新凯恩斯主义的观点交替出现，干预的力度和范围伴随这两个学派的得势与否而起伏变化。在新旧体制转换、利益矛盾尖锐的改革时期，强调政府适度干预的主导作用。在市场经济条件下的政府干预和在计划经济体制下的行政干预存在着本质区别，必须借助具有独特功能价值取向的经济法律制度。

9.5.1 混沌、电路仿真与预测

古代中国最早关于“混沌”的文字表述出现在《山海经·西次三经》中，混沌是一位天神“帝江”（即黄帝）的名字。后来混沌一词时常被用来形容从周围复杂环境到浩瀚宇宙的自然状况，例如在《论衡·谈天篇》中写道：“元气未分，混沌为一。”混沌并非“无”，不能粗略地等同于无序的混乱。在《道德经》中描述的“道”其实就是混沌，“有物混成，先天地生。

① 沈华嵩．一般均衡理论及其历史地位的衰落［J］．财经科学，1988（11）：41-45.

② 张永安，湛垦华．非线性经济学的特点与展望［J］．经济学动态，1996（7）：48-53.

寂兮寥兮；独立而不改，周行而不殆，可以为天地母”。这描述的是一种模糊的、描摹式的表达方式，表面上似乎不是那么精确，然而实际上蕴涵着规则与有序的因素。西方文化对混沌的理解源于古代希腊，指的是一种原始的、未成形的、杂乱的、无序的且没有规律的自然状况，然而可以从中自发地生成秩序和规则。

1963 年，美国气象学家爱德华·洛伦兹在一次偶然的天气预报计算机模拟中观察到奇异的现象：即使初始数值相差不到 3‱的同一线性模型，在经历一段较长时间序列的递归演化后，令人惊讶地出现两个截然不同、彼此偏离越来越大的结果。这在以往的确定性理论中是无法被解释的，也就是大名鼎鼎的蝴蝶效应。他从中得到三个推论：一是某些微分方程的解呈现非周期性的波动；二是这种非周期性的波动是由初始条件的改变所引发的；三是在特定的条件下初始条件的微小改变可能导致微分方程解的巨大偏差。

随后科学家们从流体动力学、天文学、生物学、医学等多学科角度，陆续地发现类似的复杂现象。甚至在一个确定的线性系统中，如果变量与参数之间存在非线性联系，那么系统行为也呈现出极度复杂的随机性。这些看似随机的行为只是一种装扮成随机的有序性，实际上是可以被预测的。与此相应，描述混沌现象的数学理论随后取得显著的进步，比如李天岩和詹姆斯·约克的“混沌充分条件判定定理”、伯努瓦·曼德勃罗的“分形几何学”、大卫·茹厄勒和弗洛里斯·拓肯斯的“奇怪吸引子”理论等。此外数学家们发现：由牛顿运动定律所导出的微分方程组的解是不稳定的、混沌的，甚至在保守系统（即汉密尔顿系统）中，绝大部分的解（即概率为 1）也是不稳定的、混沌的。①

我们应该把经济体系视作一个开放的、远离平衡态的、混沌的非线性复杂系统。在构建经济学模型时，应当充分考虑经济活动的非线性相互作用。随着各项参数的变动，此类系统的运动状态因为失衡而产生对初始条件的敏感依赖性和不可预见性，通常采用具有普遍意义的“李-约克”定义来解释混沌现象。

假设 f 在闭区间 D 上是连续的，D 为一个实区间或空间。如果存在不可数集合 $S \subset D$ 满足：①S 不包含周期点；②任意给定 x，$y \in S$，$x \neq y$，有 $\begin{cases} \lim\limits_{n\to\infty} sup\left|f^n(x)-f^n(y)\right|>0 \\ \lim\limits_{n\to\infty} inf\left|f^n(x)-f^n(y)\right|=0 \end{cases}$；③对任一 f 的周期点 $p \in D$，有 $\lim\limits_{n\to\infty} sup\left|f^n(x)-f^n(y)\right|>$

① 傅琳．探索经济现象的复杂性：混沌经济学的兴起［J］．国外社会科学，1992（3）：48-53.

0，那么称映射 f 在集合 S 上是混沌的。式中：$f^n(x)=x$，$f^{n+1}(x)=f[f^n(x)]$。

把映射 f 改为逻辑斯谛映射（Logistic Map），有 $x_{n+1}=kx_n(1-x_n)$。式中：$0\leqslant x\leqslant 1$，$0\leqslant k\leqslant 4$。k 为系统参数，随着 k 值由小到大，序列 $\{x_n\}$ 的极限行为发生由倍周期分岔（Period-Doubling Bifurcations）到混沌的变化，如图 9-21 所示。

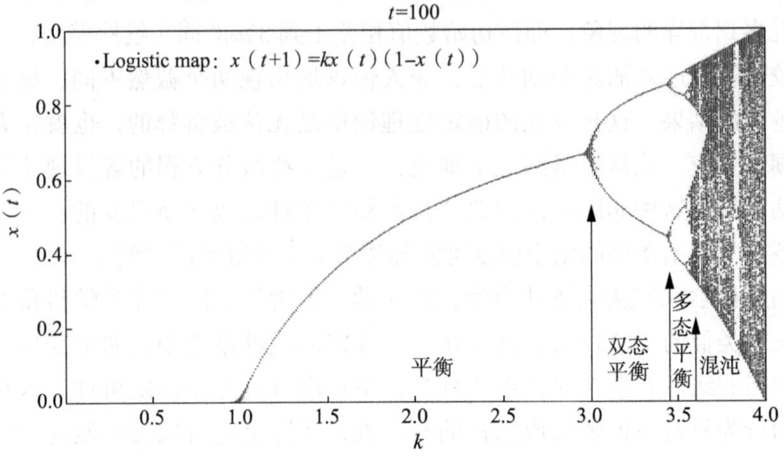

图 9-21　一个逻辑斯谛映射参数 k 迭代 100 次对应的 $x(n)$ 数值的变化情况

资料来源：LOADDING. Logistic 映射［EB/OL］.［2023-07-20］. https://blog.csdn.net/qq_41137110/article/details/115249684，2021-03-26.

这种倍周期分岔在发生时，参数之间的差率是一个常数，其极限值被称为费根鲍姆常数。1975 年，美国数学物理学家米切尔·费根鲍姆计算得到并且给出证明。如果 α_n 代表周期为 2 的 n 次方的分支点（即引起分岔时的 α 临界值），那么（相邻倍化分岔点之间的距离比）是一个常数 $\delta=\lim\limits_{n\to\infty}\frac{\alpha_n-\alpha_{n-1}}{\alpha_{n+1}-\alpha_n}=4.6692016091029909$。1978 年，他发表《一个非线性变换类型的量子普适性》一文，特别谈到对于混沌理论具有重要意义的逻辑斯谛映射。①

从一维连续映射来看，随着参数的变动，离散动力系统经历从全局稳定到倍周期分岔到混沌状态的变化过程。尽管通往混沌的路径并非仅有倍周期分叉这一种，但是对许多非线性经济学模型及类似的离散动力系统来说，其混沌的形成过程大致与图 9-21 所示的相似。当表达某些具体经济指标的经济

① 俱 WOPWW. 费根鲍姆常数［EB/OL］.［2023-07-20］. https://baike.baidu.com/item/%E8%B4%B9%E6%A0%B9%E9%B2%8D%E5%A7%86%E5%B8%B8%E6%95%B0/4453607?fromModule=lemm a_inlink，2023-07-13.

体系运行规律时，方程式可以变换为一些知名的经济学模型，例如萨缪尔森模型、哈罗德-多马模型、凯恩斯模型等。这些模型都是非线性的，包含一些具有特定经济意义的参数。当这些参数达到某些特定值时，经济行为将出现周期和混沌现象。①

经济体系被视为开放的非线性结构。在简化后，采用利率 r、投资 I 和价格指数 p 等三个参数的三阶微分方程式来描绘由货币、证券、生产和劳动力等四个子块构建的经济体系。

① 利率 r 的变化不仅受到投资市场的供给和需求的差异（即投资和储蓄的差异）的影响，而且受到商品价格的结构性调整的影响。关于利率 r 的方程表示为 $\dot{r}=c_1(I-SV)r+c_2p$，式中：SV 是储蓄量，c_1、c_2 是常数。

② 投资 I 的变化率与投资率呈现正比关系，与投资成本、利率呈现反比关系。假设投资回报率在一定时间内是常数。关于投资 I 的方程表示为 $\dot{I}=c_3(BEN-\alpha I-\beta r^2)$，式中：$BEN$ 为投资回报率，c_3、α、β 都是常数。

③ 价格指数 p 的变化不仅受到商品市场供需矛盾的制约，而且受到通胀率的影响。假设商品的供求量在一定时期内是恒定的，商品的供求量与价格成反比。通胀率的变化可以用实际利率的变化来表示，通胀率等于名义利率与实际利率的差值。价格指数 p 的方程表示为 $\dot{p}=-c_4p-c_5r$，式中：c_4 和 c_5 都是常数。

通过选择合适的坐标系并且为每个状态变量设置适当的量纲。考虑到投资 I 与利率 r 呈现反比关系，中央银行试图把利率保持在较小的正值。所以在投资的变化率表达式上，使用 r 代替原来的 $2r$ 可以更好地解释现实。修订后的经济学模型如下所示。

$$\begin{cases}\dot{r}=p+(I-a)r+\gamma r\\ \dot{I}=1-bI-|r|\\ \dot{p}=-r-cp\end{cases}$$

式中：r、I、p 分别代表利率、投资、价格指数，参数 a、b、c、γ 都是正实参数，分别代表储蓄量、投资成本、商品需求弹性、平均利率系数。

当参数取值为：$a=0.6$、$b=0.2$、$c=0.9$、$\gamma=4$ 时，系统的李雅普诺夫指数和分形维数分别是 $\lambda_1=0.802$、$\lambda_2\approx0$、$\lambda_3=-1.076$、$d=2.594$，混沌相变如图 9-22 所示。

经济体系的平衡点为 $\left(\frac{c-b-abc+\gamma bc}{c},\ \frac{1+ac-\gamma c}{c},\ \frac{c-b-abc+\gamma bc}{c^2}\right)$、$\left(0,\ \frac{1}{b},\ 0\right)$、

① 徐寅峰，李怀祖．经济激励与混沌［J］．预测，1994（3）：62-64.

$\left(\frac{c-b-abc+\gamma bc}{c}, \frac{1+ac-\gamma c}{c}, \frac{c-b-abc+\gamma bc}{c^2}\right)$。经济体系在坐标变换（$r$，$I$，$p$）→（$-r$，$I$，$-p$）下是不变的，说明系统关于 I 轴对称。

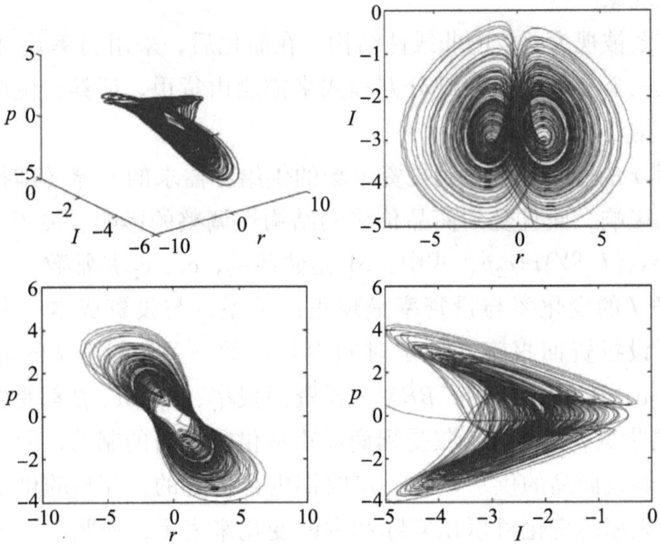

图 9-22　利率、投资、价格指数的混沌相变

资料来源：郑文婧．一类经济混沌系统的分析与控制［D］．天津：天津大学，2018：42.

在实验技术和工具创新的推动下，混沌系统的电路仿真已经实现模块化。混沌系统在电路设计上的应用，不仅验证非线性系统的动力学属性，而且适用在保密通信、信号处理、随机比特发生器、自主型移动机器人路径规划等工程领域。从电子工程视角来看，经济体系的电路设计是构建动态模型的一种新方法。在整个电路系统中，各个电阻的取值取决于混沌系统与电路实现这两类状态方程的相应参数。运用改进型模块化设计方法，经济体系被设计为通用的电路方式，如下列公式所示。

$$\begin{cases}\dfrac{\mathrm{d}r}{\mathrm{d}\tau}=-(-p)-(-r)I-ar-\gamma(-r)\\ \dfrac{\mathrm{d}I}{\mathrm{d}\tau}=1-bI-|r|\\ \dfrac{\mathrm{d}p}{\mathrm{d}\tau}=-r-cp\end{cases}$$

对上面公式进行时间尺度变换，公式为 $\tau=\tau_0 t$，$\tau_0=10^4$，如下所示。

$$\begin{cases}\dfrac{\mathrm{d}r}{\mathrm{d}t}=-\tau_0(-p)-\tau_0(-r)I-a\tau_0 r-\gamma\tau_0(-r)\\ \dfrac{\mathrm{d}I}{\mathrm{d}t}=\tau_0-b\ \tau_0 I-\tau_0\left|r\right|\\ \dfrac{\mathrm{d}p}{\mathrm{d}t}=-\tau_0 r-c\ \tau_0 p\end{cases}$$

根据公式，通过反相加法比例、反相器、反相积分器等构造混沌电路，实现所对应的方程，如下所示。

$$\begin{cases}\dfrac{\mathrm{d}r}{\mathrm{d}t}=-\dfrac{R_7}{R_6R_8C_1}(-p)-\dfrac{R_4}{R_3R_5R_1}(-r)I-\dfrac{1}{R_1C_1}r-\dfrac{R_4}{R_2R_5R_1}(-r)\\ \dfrac{\mathrm{d}I}{\mathrm{d}t}=\dfrac{V}{R_{16}C_2}-\dfrac{1}{R_{14}C_2}I-\dfrac{1}{R_{15}C_2}\left|r\right|\\ \dfrac{\mathrm{d}p}{\mathrm{d}t}=-\dfrac{1}{R_{17}C_3}r-\dfrac{1}{R_{18}C_3}p\end{cases}$$

式中：$C_1=C_2=C_3=10nF$，$R_1=16.667\gamma\Omega$，$R_2=2.5\gamma\Omega$，$R_3=R_4=R_5=R_6=R_7=R_8=R_{15}=R_{16}=R_{17}=10\gamma\Omega$，$R_{14}=50\gamma\Omega$，$R_{18}=11.111\gamma\Omega$。$r$、$I$、$p$ 是运算放大器的输出电压，r 由运算放大器、电阻和二极管来实现。在电子电路仿真工具软件 MULTISIM 中对经济体系进行仿真，如图 9-23 所示。经过检验，电子电路仿真与 MATLAB 数值仿真结果是一样的，从而验证电子电路建模实现经济体系仿真的正确性。

随着某一参数的变动，混沌系统的拓扑结构也随之有所改变，这种情况被称为分岔。把某一参数值设置为横坐标、相关的状态变量设为纵坐标，可以绘制出分岔图，从而清晰地展现出系统状态随参数变动的动态演变过程。李雅普诺夫指数谱用于表明系统当前的状态：在三维系统中，李雅普诺夫指数的形态为（-，-，0），表明系统处于周期运动或极限环的状态；李雅普诺夫指数形态为（+，0，-），表明系统处于混沌状态；李雅普诺夫指数为（-，-，-），表明系统处于稳定状态。

（1）储蓄额 a 的变化对整个经济体系的影响

随着利率波动以及新投资方式的出现，储蓄额经历重大的变化，由此对经济增长造成影响。当参数 a 储蓄量变化时，设定参数 $b=0.2$、$c=0.9$、$\gamma=4$，仅有参数 a 发生变化。绘制储蓄额 $a\in(0,\ 9)$ 的系统分岔与李雅普诺夫指数谱，如图 9-24 所示。当 $a\in(0,\ 2.889)$ 时，最大李雅普诺夫指数大于 0，系统处于混乱状态；当 $a\in(2.889,\ 8.037)$ 时，最大李雅普诺夫指数为 0，系统处于周期性状态；当 $a\in(8.037,\ 9)$ 时，李雅普诺夫指数小于 0，系统进入稳定状态。

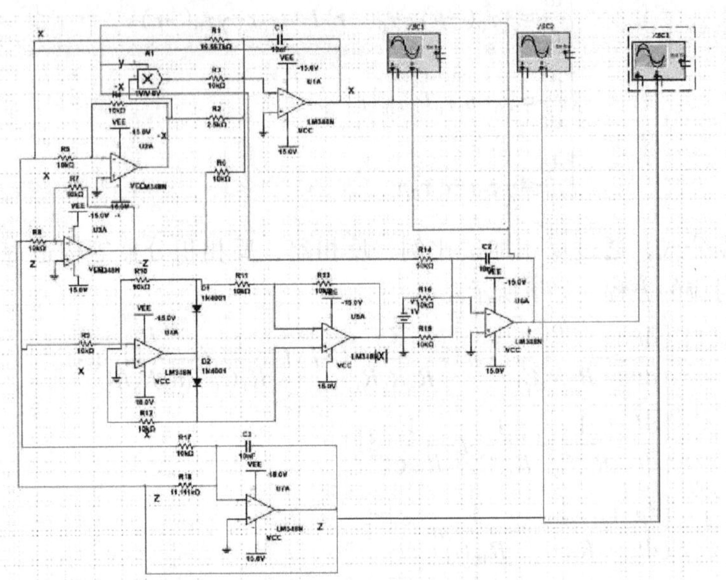

图 9-23　经济体系调控的仿真电子电路

资料来源：郑文婧．一类经济混沌系统的分析与控制［D］．天津：天津大学，2018：43.

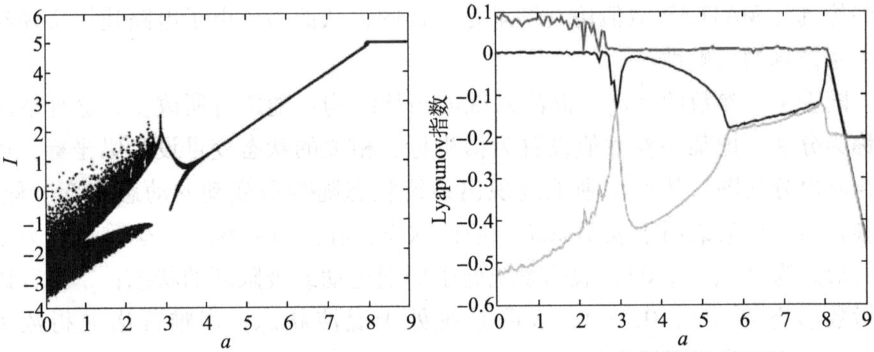

（a）储蓄额a对投资I的分岔　　（b）李雅普诺夫指数谱

图 9-24　储蓄额 a 对投资 I 的分岔和李雅普诺夫指数谱

资料来源：郑文婧．一类经济混沌系统的分析与控制［D］．天津：天津大学，2018：45.

当储蓄值 a 较小时，经济波动剧烈，经济体系表现为混沌状态。随着储蓄值 a 增加，系统出现不同形状的混沌吸引子，反映出系统的复杂性，从混沌状态到周期状态，最终稳定到平衡点$\left(0,\ \frac{1}{b},\ 0\right)$。如果存储量太大，利率和价格指数都为 0，系统将失去能量，这与实际情况是一致的。如果把储蓄额选定为合理的值，那么经济体系可以持续健康发展。

（2）投资成本 b 对整个经济体系的影响

随着经济体系的迅速增长，生产商对投资的重视程度逐步提升。受到各种因素的作用，投资成本也在反复变化。当 $a=0.6$、$c=0.9$、$\gamma=4$ 时，绘制投资成本 $b\in(0,\ 2)$ 的系统分叉及李雅普诺夫指数谱，如图9-25所示。当参数 $b\in(0,\ 0.054)\cup(0.36,\ 1.463)$ 时，系统处于周期状态；当 $b\in(0.054,\ 0.36)$ 时，系统处于混沌状态；当参数 b 升至1.463时，系统突然稳定到均衡点。

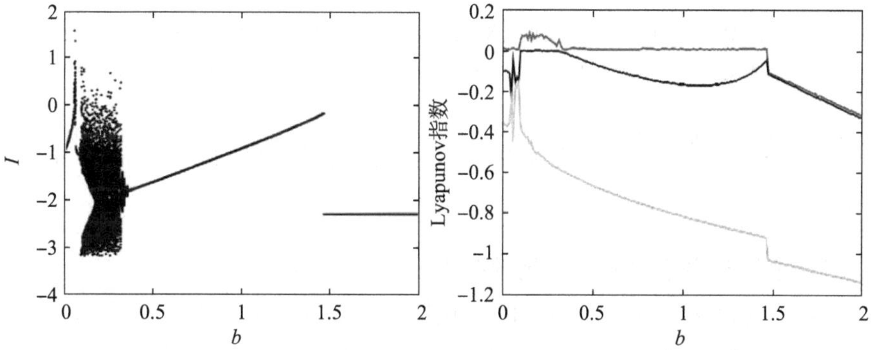

（a）投资成本b对投资I的分岔　　（b）李雅普诺夫指数谱

图9-25　投资成本 b 对投资 I 的分岔和李雅普诺夫指数谱

资料来源：郑文婧．一类经济混沌系统的分析与控制［D］．天津：天津大学，2018：48.

随着投资成本 b 的增加，经济体系不是表现得越来越稳定，而是经历从周期状态到混沌状态，又回到周期状态的过程。最后当投资到达某一数值时，系统状态到达平衡点$\left(-\frac{c-b-abc+\gamma bc}{c},\ \frac{1+ac-\gamma c}{c},\ \frac{c-b-abc+\gamma bc}{c^2}\right)$，系统局部稳定。所以投资成本不宜过小，而是取到适当的数值，这样才有利于经济体系的稳定性。

（3）商品需求弹性 c 对整个经济体系的影响

设定参数 $a=0.6$、$b=0.2$、$\gamma=4$，绘制商品需求弹性 $c\in(0,\ 6)$ 的系统分岔和李雅普诺夫指数谱，如图9-26所示。当 $c\in(0,\ 0.79)$ 时，系统处于周期状态；当 $c\in(0.79,\ 2.292)$ 时，系统处于混沌状态；当 $c\in(2.292,\ 6)$ 时，系统进入稳定状态。

伴随商品需求弹性的增加，经济体系从周期状态进入混沌状态。当商品需求弹性继续增加时，经济体系局部的稳定平衡点是$\left(-\frac{c-b-abc+\gamma bc}{c},\right.$

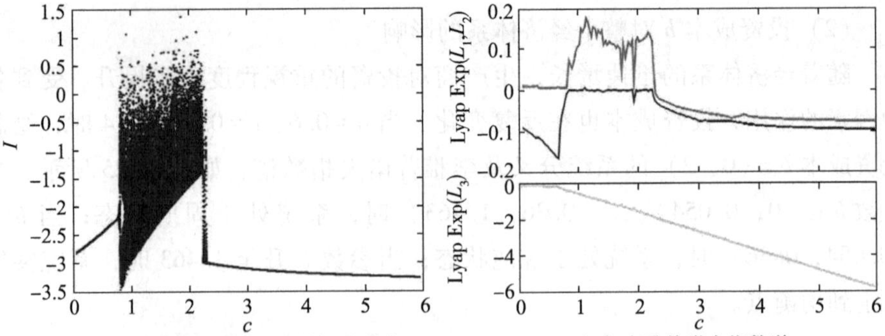

（a）商品需求弹性c对投资I的分岔　　（b）李雅普诺夫指数谱

图 9-26　商品需求弹性 c 对投资 I 的分岔和李雅普诺夫指数谱

资料来源：郑文婧．一类经济混沌系统的分析与控制［D］．天津：天津大学，2018：50.

$\left(\frac{1+ac-\gamma c}{c}, \frac{c-b-abc+\gamma bc}{c^2}\right)$。在实际经济活动中，尽可能使商品需求弹性取到适当的数值。

（4）平均利率系数 γ 的变化对系统动力学的影响

系数 γ 的含义表示平均利率的变化情况对利率变化率的影响程度。设定参数 $a=0.6$、$b=0.2$、$c=0.9$，改变参数 γ 的值，绘制平均利率系数 γ 的系统分岔和李雅普诺夫指数谱，如图 9-27 所示。

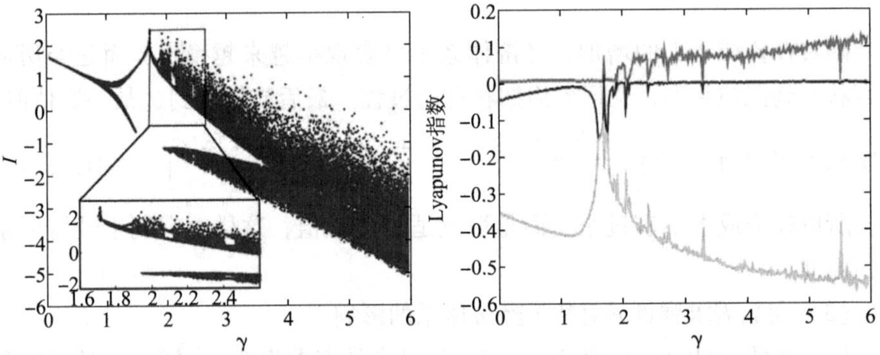

（a）平均利率系数 γ 对投资I的分岔　　（b）李雅普诺夫指数谱

图 9-27　平均利率系数 γ 对投资 I 的分岔和李雅普诺夫指数谱

资料来源：郑文婧．一类经济混沌系统的分析与控制［D］．天津：天津大学，2018：47.

随参数 γ 的递增，经济波动的强度越发明显，系统由周期 1 状态过渡到周期 2 状态，最终在倍周期分岔的推动下进入混沌状态。当 $\gamma\in(1.7, 2.6)$ 时，系统处于广大的混沌区域，其中嵌入若干个狭窄的周期窗口，这揭示出经济体系内部蕴藏的独特动力学行为。观察参数 γ 的变动情况，可以发现当利率变动率对平均利率的反应越强烈时，经济体系的稳定性就越差。①

法国分析学家、数学家、天文学家皮埃尔·拉普拉斯表述："我们可以把宇宙的现状视为过去的结果与未来的原因。一个智者（即拉普拉斯妖）只要他的能力伟大到足以分析所有的数字，他就能凝聚在宇宙中最巨大的物体的运动与最微小的原子运动成单一公式。对于这样的智者，没有任何事物是不确定的，因为未来犹如过去一样，始终呈现在他的视野之中。"这便是牛顿式的机械观曾经赋予我们的世界：简单系统的简单行为必然是简单的后果，复杂系统的复杂行为必然是复杂的原因。

然而混沌理论认为：简单的系统可能产生出复杂的行为，复杂的系统可能产生出简单的行为，系统的演化带有复杂性和普适性等特征，这与构成系统成分的细节是无关的。作为一门研究系统整体行为的科学，混沌理论研究系统行为的演变而非其存在、关注系统行为的过程而非其状态。"混沌现身之处，经典科学在此即告终结。"这些思想不只改变人们理解客观实际存在的观念，也改变人们的行为模式。正如美国科学历史学家、科学哲学家托马斯·库恩所述："仿佛整个科学界瞬间被转移到另一颗星球上。在那里，人们原先熟知的事物被视为其他的事物，同时掺入许多陌生的事物。"②

在亚当·斯密之后，主流经济学逐渐建立一个包含概念、观点、体系、哲学观和方法论在内庞大的、严谨的理论框架，这可以归纳为一个核心主题：经济体系应该也必须以有序的形式和过程持续地演进；如果没有外部因素而且所有可能性都是机会均等的，那么人类社会将进入"极乐世界"。遗憾的是，无论经济学者怎样想方设法地从理论上规划世界，使其变得井然有序，然而经济体系事与愿违地不总是那么井然有序。乌托邦似的一般均衡状态根本不可能实现，千篇一律的事后诠释大多显得苍白无力。在纷繁复杂的经济事实面前，主流经济学者已经感觉力不从心、大有江郎才尽之势。③

1985 年，经济学者确认并接受在经济体系中存在混沌现象的事实，具有开创新纪元的巨大影响力，对主流经济学产生激烈的冲击。在此之前，主流经济学者坚信经济体系的内在随机性是由体系的外部因素所触发的，然而混沌现象揭示出经济体系的随机性实际上来源于内部因素，这无疑推翻主流经

① 郑文婧．一类经济混沌系统的分析与控制［D］．天津：天津大学，2018：32-50.

② 傅琳．探索经济现象的复杂性：混沌经济学的兴起［J］．国外社会科学，1992（3）：48-53.

③ 施祖辉．传统经济学与混沌经济学的比较研究：兼论传统经济理论的局限性［J］．外国经济与管理，2001（10）：2-5.

济学的逻辑基础与核心理论。①

混沌经济学（Chaotic Economics）又名非线性经济学（Nonlinear Economics），是在20世纪80年代出现的一门新兴学科和交叉学科。该学科运用非线性混沌理论来诠释实际经济状况，考察经济体系和经济行为的非线性互动情况。在模型评估上，借助非线性动力学的分叉、分形和混沌等理念与工具，对复杂性、不确定性、非线性、非理性、时间不可逆性等经济原理进行分析。②

混沌经济学的理论框架涉及比传统经济学更广泛的自然科学领域，因此扩大研究视野，包含经济周期、货币、财政、股市、供需、储蓄、跨代际等多个领域。1982年和1983年，德依发表《非规则增长周期》和《经典增长中显现的混沌》，实现混沌经济学在理论和实验方面的突破。1983年，鲍莫尔和沃尔夫计算当R&D支出占企业销售收入的比例达到一定水平时，企业的生产增长率呈现周期性或混沌态。1993年，鲁塞以东欧国家的经济转型为例，发现中央计划的社会主义经济也会出现周期性波动和混沌，进入混沌的条件往往就是将要发生经济制度变革之时。③

倘若我们从哲学观和方法论的源头开始，对相关的经济学脉络进行梳理和探索，那么容易发现：主流经济学所构建的分析框架，实际上是牛顿力学的绝对时空观和拉普拉斯决定论的可预测宇宙观在经济领域的重现。这些观点主要涵盖：崇尚确定性，冷落不确定性；沉迷均衡，远离非均衡；强调线性反应，拒绝非线性反应；追求理性，逃避非理性；笃定存在唯一的最优解，忘却世界的丰富多样性；坚持一切都尽可能地化繁为简，忽视事物潜在的复杂性；注重边际收益递减，忽略边际收益递增；笃信短期记忆和时间可逆性，否定长期记忆和时间不可逆性，可以任意地进行正向和逆向的推演，即实现回望过去和预测未来。④

预测未来的历史久远，人们在日常生活和生产中，对未来总是充满丰富的设想、推测和期望。当人们寻求对未来的感知、期待超越现状时，便会产生预测这种思维活动。夏商周时期，《周礼》记载“太卜掌三易之法，一曰《连山》，一曰《归藏》，一曰《周易》”。帝王、巫师、先民通过占卜来决定

---

① 傅琳．探索经济现象的复杂性：混沌经济学的兴起［J］．国外社会科学，1992（3）：60-67.

② 张梅，萧其尹．论混沌经济的演进与发展［J］．商业时代，2005（5）：10-11.

③ 张永安，湛垦华．非线性经济学的特点与展望［J］．经济学动态，1996（7）：48-53.

④ 施祖辉．传统经济学与混沌经济学的比较研究：兼论传统经济理论的局限性［J］．外国经济与管理，2001（10）：2-5.

行动方向。春秋末期，越国相国和上将军范蠡说过："水则资车，旱则资舟。"表明连年水灾则产生水车的大量需求，应做好经营车辆的准备，而连年干旱则表明以后若干年将有大量雨水，应当作好经营船只的准备；"论其有余不足，则知贵贱，贵上极则反贱，贱下极则反贵"，昭示通过市场商品供需的有余和不足，可以预见到价格的涨跌变化，在谷贱时收购、在谷贵时出售。

20 世纪 20 年代，资本主义的经济危机越发严重，资本家迫切想要了解本部门及相关领域的未来趋势，以便进行生产经营决策，于是西方国家兴起经济预测热潮。随着统计资料的收集和统计工具的优化以及对经济周期与危机理论的研究，各种预测方法应运而生，比如综合经济指数、趋势外推法、趋势延伸法、常态偏离法等等。然而这些方法都无法准确地预测出大危机的爆发，预测热度一时间冷却下来。

可预测性与决定论紧密相关，如果没有决定论的观念，预测就无从谈起。预测以联系和决定为前提，可预测性并非只是存在于人的大脑中的某种信念，更是人们在后天生活中通过经验总结而获得的思维方式。惯性太大、影响极深，造成人们对决定论的偏爱。但是进入 20 世纪后，决定论遭受三次毁灭性的打击：第一次是海森堡提出的不确定性原理，第二次是普利高津提出的耗散结构理论，第三次是洛伦兹提出的蝴蝶效应。混沌理论标志着拉普拉斯可预测性幻梦的破灭，也标志着严格决定论的落幕。

独辟蹊径，混沌理论从诞生之初便与预测结下不解之缘："有序来自无序，无序来自有序；混沌来自简单，简单来自混沌。"混沌理论阐述这样的一种悖论：一方面，简单的事物能够引发复杂不确定的现象，由此给事物的预测带来局限性；另一方面，复杂不确定的现象有时可能遵从一条明确简洁的规律，从而给复杂事物的预测带来可能性。在经济预测领域内，引进混沌理论不只是对预测手段的微调，更是在观念层面、思维方式上的根本转变。

从 20 世纪 70 年代起，复杂性问题与科学引起全世界的高度关注，混沌理论在这一变化中发挥极其关键的角色。经济预测的对象是复杂的经济体系，预测的可能性与种类（定性或定量、长期或短期）由系统的状态所决定。运用于经济体系预测的常见方法包括混沌动力学预测法、混沌情景预测法及混沌唯象预测法。混沌理论还与传统的预测方法相结合，以改善传统预测技术的效果。

混沌理论的假设方式与传统科学研究方式存在差异。预测经济体系的对象大多是动态的、不稳定的、不连续的和不可逆的，具有多种可能性。未来稳定的且平衡的状态只是在少数情况下的临时现象。即使人们倾向于连续性，混沌理论的假设方式与传统的科学研究存在着极大的差异性。在经济体系中，预测对象大多是动态的、不稳定的、不连续的和不可逆的，具有多种可能的未来。稳定的、平衡的状态只是在少数情况下的暂时现象。尽管人们不喜欢非连续性，希望从过去延续到未来。但是不连续的、突然的变化是复杂系统的本性，平衡不变的状态只是暂时的存在，平衡不变的本身就潜藏着变化的动力。不同的环境条件决定事物表现出不同的行为模式，不同的行为模式将导致不同的结果，所以一个复杂系统本身就拥有多种可能性的未来。这种不可逆原理告诉我们：已经发生的行为不会再次完美上演，预测的结果常常反过来影响人们当前的行为，从而导致预测的自成功或自失败。

与此同时，混沌理论也认为混沌的演变过程是可预测的：①系统在持续与外界环境进行物质、能量和信息的交换过程中，逐渐由简单变得复杂、从有序走向无序。这种过程通常遵循一定的途径，例如系统进入混沌的道路可以是倍周期分叉、间歇变换和同步锁模等。变化的速度及突然事件的发生概率是可预测的。②当一个系统发生倍周期分岔现象时，分岔的速度具有不变性，即符合费根鲍姆普适常数，此类变化的发生速度是可预测的。③在宏观层面上，复杂系统未来的某些特点是可预测的，呈现相对的稳定性。在微观层面上，复杂系统的动态表现具有不确定性。如果从相空间的角度观察，系统的行为是有界的并且展示出特定的规律性，就像逻辑斯谛方程所揭示的那样。因此系统在总体上遵循有限增长的曲线规则，而且在有限的分岔界限之内变化。

所谓混沌的系统是不可预测的，是指在长期中较为准确的定量预测是不可能的，然而在短期内较为准确的定量化预测是可能的。倘若系统受到奇异吸引子的支配，那么初始状态的微小差别将在时间推进中被逐步放大。由于初始状态的微小差异时常被忽视，因此对于系统在长期中精确的定量化预测将无法达到可靠的程度。对于复杂系统来说，随着时间的流逝，新的因素不断地介入，非线性机制的作用进一步影响系统的行为，从而使得在长期中实现精确预测的难度进一步加大。

主流经济学理论主张经济体系的宏观周期性波动是外生因素扰动所导致的，但是在前文里反复强调：经济体系是一个具有耗散结构特征的开放系统，随着外界环境的变动持续地向更高层次的有序状态发生跃迁。时间的不可逆性导致对经济预测产生重大影响的因素不断涌现，同时引发历史选择的悖论。经济预测的基础同样是剖析历史的方法，从中寻找能够预测未来的模式。为了全方位地获取信息以及发现规律，选取的历史数字越多越好。然而选取的历史数字越多，那么距离预测的未来时间就越远，两者之间的关联性就越松散、越不相干。

在复杂性理论中，涌现现象与系统结构及其功能的演变紧密相连，专注于描绘从无到有的“自创生”流程。涌现现象对应于某一宏观层次，全局模式无法从其产生的局域行为规则中被预测到，也就是说，全局模式不能被分解到个体行为。涌现理论的突破在于对复杂系统的层次和机制进行探究与揭示，新的关联性在形成之前所具有的性质是不可能被全部预测到的。只有当同类现象反复出现时，人们才有可能把同类的关系和条件概括为一种规则，如此去解释、预测、控制或者预防某种涌现现象，比如泡沫经济的崩溃、金融危机的爆发等。①

9.5.2　同步控制与适度干预

20世纪90年代至今，金融危机不断爆发，例如1990年日本泡沫经济，1992年意大利与英国的货币危机，1995年墨西哥金融危机，1997年东南亚金融危机，1998年俄罗斯金融危机，1999年巴西金融危机，2001年阿根廷金融危机，2007年美国次贷危机，2008年世界金融危机。新自由主义不遗余力地推动放松监管，导致政府干预的放松或者缺位。作为经济体系的媒介，金融市场更是运用繁复的金融衍生产品掠夺大量的社会资源，把极度贪婪的人性发挥到极致。

经济危机是市场经济的必然现象，不发生经济危机的经济体系是不存在的。小的经济危机表现出各种各样的形态，而大的经济危机直接的表现就是金融危机，因此金融可以被视为经济的集中体现，市场缺陷决定金融危机在一定时期内爆发的必然性。金融危机使得政府与市场的关系越发微妙，推动政府更加积极主动地介入市场，进而打破关系的僵局。在经济形势一片凄迷之际，人们希望政府能够凭借其“干预的艺术”引领经济体系从危机的泥潭中尽早摆脱出来。

在虚拟经济中，信用机制是金融系统得以维系的命脉，市场信心则影响着社会公众参与市场交易的热情。公众的惊慌往往源自对信用机制的疑虑和危机感，对未来持负面预期则是公众对市场信心不足的情绪反应。有效的政府干预为市场注入新的信用，提升公众信心、刺激市场繁荣。从功能角度来看，政府干预是对偏离正常运作的金融业进行修正和引导，以看得见的手的

① 于丽娟．复杂性视野中的混沌经济预测［D］．南京：南京农业大学，2009：6-35.

确定性克服看不见的手的盲目性，利用权威的公权力对逃避规制和偏离轨道的金融行为予以规范和约束。

资源有限性与需求无限性之间的冲突，暴露市场机制在处理复杂的利益诉求以达到利益最优化且保障相对公正性的不足。在此环境下，政府干预负责在有限的利益资源中进行选择、平衡和协调。政府在干预理念、手段和力度上可能突破常规的边界，甚至在关涉到国家利益和公众福祉的重大决策中不得不暂时放弃其坚守的部分经济观念。当金融危机爆发时，政府干预是对特定社会需求和公众急切期待的反馈和满足，但是所采取的部分干预行为不具有持久性和广泛性，而是带有显著的应对危机的迹象和功利主义的特征。无论政府干预的作用有多大，危机过后，必须把主导权返还市场，政府重新退回到幕后。①

如前所述，金融危机是由具有复杂性的经济体系引发的一种混沌现象。自组织临界态理论有助于我们在金融崩溃来临之前，判断通过调整金融机构的破产阈值来控制相变的关键条件，并且通过改善债务质量来清除金融系统的内部隐患，从而推迟和缓解崩溃的出现。对于那些受到外部干扰而陷入不稳定或混沌状态的金融系统，只要运用适当的理论、把握正确的时机，混沌行为就能够被多种有效的方式所控制。

在混沌系统的动力学分析中，我们可以观察到随着参数的调整，经济体系可能呈现多样化状态：周期、混沌、稳定。如果出现的混沌状态对经济体系产生负面影响，那么有必要抑制甚至消除这种状态。对经济体系的干预是通过外加控制器来有效地控制混沌吸引子，把系统状态稳定到平衡点周围，以此改变现有的经济体系而形成新的结构。②

在经济实践的绝大多数时期中，我们不知道经济体系的一些甚至是所有参数，此时自适应控制就有了用武之地。运用线性反馈控制和自适应控制相结合的复合控制方法，通过自适应控制器可以对系统进行快速干预。在添加外部控制器 u_1、u_2、u_3 后，主体系统的描述模型如下所示。

$$\begin{cases}\dot{r}_1=p_1+(I_1-a)r_1+kr_1\\ \dot{I}_1=1-bI_1-|r_1|\\ \dot{p}_1=-r_1-cp_1\end{cases}$$

① 窦鹏娟．金融危机背景下的国家干预：意义、内涵与路径［J］．兰州大学学报（社科版），2010（10）：70-73．

② 郑文婧．一类经济混沌系统的分析与控制［D］．天津：天津大学，2018：61-62．

施加控制的副系统模型如下所示。

$$\begin{cases}\dot r_2=p_2+(I_2-a)r_2+kr_2+u_1\\ \dot I_2=1-bI_2-|r_2|+u_2\\ \dot p_2=-r_2-cp_2+u_3\end{cases}$$

系统的误差动力学模型如下所示。

$$\begin{cases}\dot e_1=e_3-ae_1+ke_1+r_2I_r-r_1I_1+u_1\\ \dot e_2=-be_2-|r_2|+|r_1|+u_2\\ \dot e_3=-e_1-ce_3+u_3\end{cases}$$

当只是加入控制器 u_1 时，系统的误差轨迹如图 9-28 的子图（a）所示，主体系统、跟随系统状态轨迹如图 9-28 的子图（b）所示。在单个控制器 u_1 的作用下，副系统状态都可以跟上主体系统状态，达到完全同步。同样道理，当只是加入控制器 u_1 或者 u_2 时，跟随系统状态与主体系统状态也能够达到完全同步。

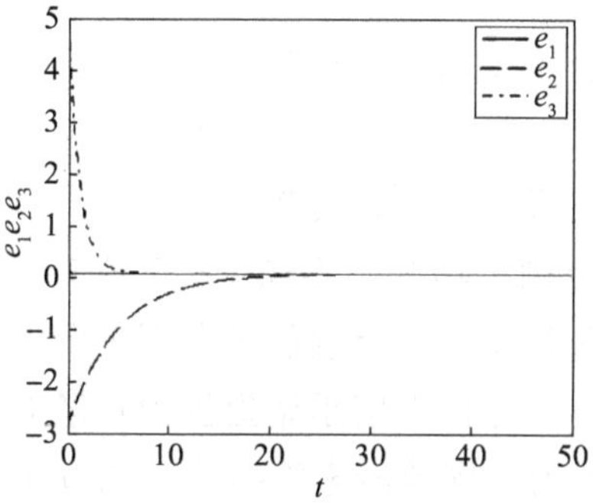

（a）施加单一控制器后的系统误差轨迹

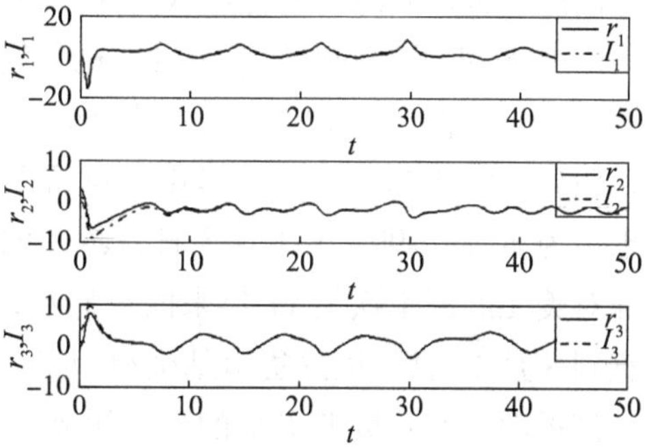

（b）施加单一控制器后的系统状态轨迹

图 9-28　施加单一控制器后的系统误差和状态轨迹

资料来源：郑文婧．一类经济混沌系统的分析与控制［D］．天津：天津大学，2018：62-63.

在数值仿真中，主体系统的初始值取［-1，2，-2］^{T}，跟随系统的初始值取［0.22，-1，3］^{T}，系统初始的参数估计值为［$\hat a(0)$，$\hat b(0)$，$\hat c(0)$，$\hat k(0)$］=（1，10，4，2），控制增益取 $k_r=18$、$k_2=k_3=10$。加入复合控制器的同步误差，如图 9-29 所示。可以看出，系统很快达到完全同步。这说明在参数未知的情况下，具有简便形式的复合控制器仍然能够提高控制性能。

周期参数微扰控制方法和外加周期强迫微扰控制方法，都是小幅度而不是大幅度改变，也能够对外部扰动力所引发的混乱（危机）进行干预。在本

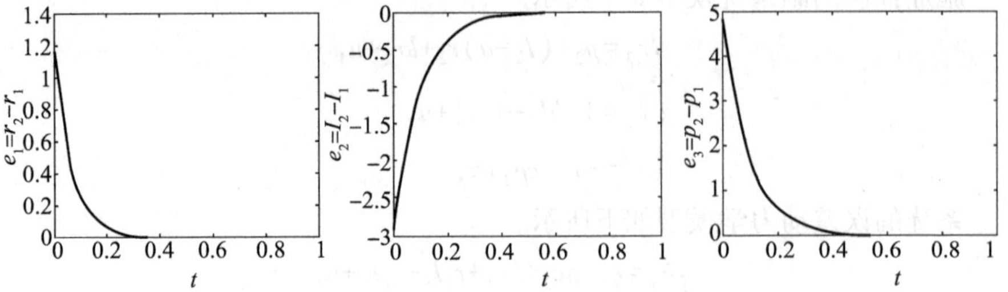

（a）e_1方向误差　（b）e_2方向误差　（c）e_3方向误差

图 9-29　施加复合控制器后的系统误差轨迹

资料来源：郑文婧．一类经济混沌系统的分析与控制［D］．天津：天津大学，2018：63-64.

国力量和国际援助已经确定的情境下，某一国家基于自身金融体系的特性、外部冲击力的目标和手段的属性，采纳适应当前系统状况的具体策略（例如市场干预的频率、每轮持续干预的时间、干预力度等），有可能控制住危机。控制混沌（危机）的周期参数扰动频率也要与导致混沌（危机）的力量频率产生谐振，否则混沌行为将难以受到控制。

以 1997 年爆发的东南亚金融危机为例，不少国家和地区瞻前顾后、行动迟缓，未能精准地把握控制危机的有效时机。尤其在金融市场初始动荡的阶段，假如国际金融机构及时提供一点帮助，那么所需的资金量少得多，但是效果更为显著。1997 年 3 月 3 日，泰国的金融市场开始不稳定；5 月 14 日，泰铢对美元的汇率跌至 11 年来的最低点；7 月 2 日，金融危机全面爆发。然而直到 8 月 11 日，国际货币基金组织（IMF）才向泰国承诺提供 160 亿美元的经济援助，实际援助资金的到位更晚。因为泰国政府未能抓住控制危机的关键时刻，也加剧公众及投资者的恐慌情绪，从而进一步加剧危机的程度。

当金融市场陷入不稳定或混沌状态时，世界金融机构不适宜提出“一揽子”金融和财政改革的要求作为给予支援的交换条件。加大金融改革的力度、暂停或关闭金融机构、频繁调换主要官员、连续下调信用评级，都会引发处于危机（混沌）中的系统更加错综无序。因为金融制度改革的建议越是激进，相当于进一步增强对系统的扰动，那么金融市场也变得更加不稳定。当金融市场陷入不稳定或混沌状态时，急需的是迅速的援助而非金融体系的快速改动。然而 IMF 几乎对每一个受援国都提出一连串严苛的改革要求。从混沌控制角度来看，这些行为显然是错误的。①

进入 21 世纪，频繁发生的金融危机使得主流经济学仿佛再次陷入哈耶克

① 伍青生，张兴福，蔡来兴．金融危机的混沌控制方法初探［J］．系统工程，2001（3）：11-17.

与凯恩斯辩论的“要市场”还是“要政府”的两难困境。从不同的哲学立场出发，对于市场与政府的关系形成自由主义和干预主义这两种思想链的极端对立。静态分析的经济学范式主要关注事物的“现象”层面，立足于牛顿的机械论范式，应用市场失灵或政府失灵理论进行讨论，对市场力量与政府力量融合的重要性进行“现象级”的阐述。另外一些理论不是单纯地选取市场或政府，而是在两者之间寻找不同的结合方式，研究市场与政府相互替代的多种模式以及政府职责和市场功能的划分。

对于政府与市场的关系问题，辩论仍然在反复地进行，其中的一个原因是对于这个问题的认知过于肤浅化和标签化。普利高津认为：复杂性科学的核心“不仅仅是理想化和简单化的场景，而是对真实世界复杂性的反映，跨学科视角的融入是必不可少的”。从自组织理论的角度来看，政府和市场构成经济体系的两个功能部分，耗散结构理论、协同学、自组织理论等复杂性科学，都在揭示这两个部分之间具有普遍适用性的动力学机制。

对于市场与政府的关系问题，哈耶克抬高一方并贬损另一方。他阐述：人类的理性其实是有边界的，“全部事实是科学的观察或者任何一个单独的头脑所无法全部掌握的”；仅仅依赖“科学”和“理性”导致的干预和调控（比如政府计划），无法有效地处理市场经济的“信息难关”和“动力难关”，也难以真正实施；经济秩序本质上是一个自组织的过程，“许多人类取得成就的制度是在没有心智设计和指导的情况下逐步形成并正在发挥作用的”。因此把自组织的经济体系转变为他组织系统（比如计划经济）的尝试，不是注定落空就是社会“通往奴役之路”，经济体系必须“重市场自发作用而轻政府干预”。

哈耶克的见解在一个极端上确实具有部分的合理性，但是新自由主义把经济体系无一例外地视为自组织系统，忽视他组织系统的存在，原始部落即为以他发作用为主导的他组织经济体系。在人类社会大系统中，经济体系的演化可以表现为自组织特性，也可以表现为他组织特性。其组织特性是根据当时的现实条件和整体利益来确定的，并非每一种他组织经济体系都是不好的，也不能因为某个历史阶段的自组织特性就能够去判定所有经济体系的优劣。事实上，经济体系从未是纯粹的自组织系统。相反地，如果干预主义只是接受他组织经济体系的合理性，显然也是在另一个极端上犯下错误。

在自组织经济体系中，他发作用同样存在，而政府对经济的调控并非无中生有。一般来说，市场经济的自组织系统的演化过程是“自组织系统→外部他发作用引导（内部自发作用依然占据主体地位）→外部他发作用（比如政府调控引导）→政府引导市场秩序”，这与凯恩斯主义的基本观点在本质上是相近的。哈耶克把政府的外力作用限制在“推动竞争尽可能有效和有益的必要计划”，来源于他对自组织经济体系的机械化理解：作为一个自发秩序的自组织经济体系，政府应该在法治框架内进行必需的有限干预，其余的全部交给市场和社会以实现良好的运行和顺利的调整。

实际上，他发作用构成任何自组织系统必不可少的存在要素，具有优化系统内部结构的效用，这种积极效应并不仅仅因为系统的自组织性质就被否定。经验证明，在自组织经济体系遭遇重大困扰（比如金融危机）时，政府的外力调控时常被召唤出场，发挥积极影响。当某种影响系统稳定性的因素涨落过大时，他发作用可以进行强有力地介入（例如为了环保，政府有权剥夺高度污染企业的存在权）。

理性拥有并存的有限性与有效性，不能因为一方的现实性就忽视另一方的合理性。本质上，人类改变世界的能力的增强是理性的扩展，当理性受到限制时，系统的自发性可能随着理性有效性的增加而变为他组织的种种特性。例如在没有罗盘时船队可以自行探索路线，在有罗盘时船队可以借此进行“他组织”以缩短航行时间。在特定情况下，自组织经济体系的他发作用可以变为主导力量，信息化、数字化、智能化等工具的广泛应用，将推动经济体系的高效运作。那时的经济体系将变为他组织系统，例如共产主义经济模式。

在自组织经济体系中，微观秩序和宏观秩序都具备内部自发作用和外部他发作用：在微观秩序中，解决供给与需求的有效对接问题，具有自发作用的市场主体显然比他发作用的政府主体拥有更多的理性与动力；在宏观秩序中，解决同样问题，自发作用的市场主体必然不及发挥他发作用的政府主体拥有更大的优势和更快的速度。哈耶克强调公众的“无知”，其实没有看到两种主体和两种影响在各自的领域才能显示出特定的有效性。仅仅是简单地交换位置，双方都将失去各自的优势，公众不能期待每一事件都能实现完美的最优化状态。

政府干预是对社会价值的权威性配置，涉猎的核心话题是人们的价值取向，也就是人们衡量价值的认知、立场、偏好和判断。在政府干预的辩论中，人们几乎必然触及经济政策的合理性、公共性与公正性，这些在本质上都是对价值观的评定。经济政策就是针对经济政策本身的剖析和制定而言的，价值取向是其共同组成的内在要素，尤其是社会价值观具有基础性和关键性的意义。

德国社会学家、政治学家、经济学家马克斯·韦伯提出：在政策分析过程中的知识和理性被分为形式理性（即工具理性）和实质理性（即价值理性）。前者寻求在现实可获得资源的前提下，尽可能地以最高效的方式达成预定的政策目标；而后者的关注点聚焦于政策目标、工具以及过程的道德正当性与合法性。

以形式理性为基础的经济政策分析，具备的关联特征包括：践行“理性经济人”假设，把人的偏好（价值观、信念及兴趣）看作是外部常量、把人的行为动机看作是天然本性，都不予深究。遵循行为主义理论，利用“刺激-反应”模型总结人们对政策的反应。重视结果的可计算性和可定量化，强调结果与行为的可预测性，力图排除变动性和不确定性，追求稳定和秩序。强调效率，致力于找出最有效达成预定政策目标的方法和手段。因此经济政策分析者的职责是坚持“效用-利润”最大化的行为准则，寻找适当的政策工具，设计合适的激励体系，从而改变人们的行为，促使人们朝政策制定者所期待的方向行动。

在形式政策分析中，人的价值观被视作天然本性，然而实际情况并非如此：一方面，受限于各类知识局限、认知偏差、社会成见、价值取向及信息不对称等，人们的理解与评估往往无法保证绝对的客观和理智；另一方面，个体价值观和社会规范受到各种社会经验左右且处在不断变化中。在新古典经济学与福利经济学中，经济人假设认为个体偏好是外生的、客观的。然而越来越多的经济学者对此提出疑问，他们认为：即使这一假设不是全然错误的，也是过于简化的和片面的；应当把价值规范看成政策分析的内部变量，并注重“价值观与经济政策”的内在联系。①

实质理性关注的是行为本身所体现出的价值，比如集体的公平、正义和个体的忠诚、荣誉等。从一个具有实质性和具体化的价值观视角来评估行为的理性。甚至不过分关注所选择行为的结果。在一定的环境下，价值被视为物和人之间的需求关系，既显现为物的价值，也关怀人性的世界。

与形式理性不同，实质理性以人为中心而非客体，恪守“人是万物的尺度”观念，重视客体对主体的含义、世界对人的意义。实质理性并非把功利主义视为最重要的目标，而是既认可又超越功利主义，强调“人在本质上应当被视为目标而非手段”。人作为手段，只有在人既被视为目标又被视为起点和归宿的情况下才为理性。所有的努力都是为了满足人的合理需要，都是为了保护、推进、实现人的经济、政治、文化的利益，朝着自由的方向从而实

---

① 李春成．价值观与公共政策：政策分析的新领域［J］．复旦公共行政评论，2007（11）：167-180.

现全方位的发展。①

超越性在人性中并不仅仅是一种内在的意向性，更是持续地寻求把自身行为转化为富有创造性的行动，进而转向现实性。马克思阐述：“个人怎样表现自己的生活，他们自己就是怎样。因此他们是什么样的，这同他们的生产是一致的——既和他们生产什么一致，又和他们怎样生产一致。因而个人是什么样的，这取决于他们进行生产的物质条件。”人通过自身的超越性和创新性从自然界中获得自由，使得自己的生活充满活力与意义。这一理性特质使得人的行动能够超越生命的自然性和盲目性，成为现实人的自主存在的实践创造活动，表征人的自由本质特征。②

德国哲学家马克斯·舍勒主张：“在每一次理性认识过程之前，总是存在一个评估的情感活动。因为只有察觉到对象的价值，对象才呈现为有研究价值和含义的事物。”实质理性回答主体“做什么”的问题，而形式理性回答主体“怎样做什么”的问题，两者在人类的社会实践中合二为一，提供“人-自然界-社会”和谐进步的驱动力，促使人在特定社会环境中持续创造新的生活境界。这两种理性各自在不同的层次上发挥作用，本来不存在冲突，然而随着科技进步及其广泛应用，形式理性逐渐占据主宰地位，实质理性日益衰落，两者关系的疏远和扭曲逐步演变为现代社会各种危机的源头。③

主流意识形态和价值观体系不仅影响福利政策的目标设定，也影响福利政策的工具选择，意识形态在社会福利政策的选取方面发挥基础作用。价值观体系在社会福利政策的构建环节中发挥决定作用，意识形态和各式各样的价值观并行存在，以竞争性方式影响政府在社会政策方面的安排与布局。不同的价值观体系常常选取不一样的信息基准、搭配不同的社会视角、倾向于不同的政策提案，从而塑造出不一样的公众评判。例如在美国社会福利制度设计中，核心价值体系侧重于工作伦理和私人领域、个人主义与自由主义、强调“适者生存”的社会达尔文主义、关注“贫困者”的人道主义、政策效用最大化的实用主义，特别突出“个人自由与责任”的价值观。

价值理性在重要性上超越工具理性，在每一工具理性背后都存有各自不同的价值理性。在面对市场与政府的关系话题时，各类经济学流派的观点差异实质上是取决于其持有的价值观。例如奥地利学派坚定地信奉市场经济，

① 王华．对当前中国高校人文教育的反思［J］．咸宁学院学报，2012（9）：111-113.

② 李宏伟．目的与手段：管理的辩证演绎［J］．唐都学刊，2009（9）：64-68.

③ 李白白．论工具理性和价值理性的分疏和整合［J］．信阳师范学院学报（哲学社会科学版），2007（4）：30-32.

芝加哥学派也信奉市场经济但是认为在某些情况下政府的介入是必要的，凯恩斯主义和新凯恩斯主义对市场经济的信仰时有时无。由此可见，人们各自的价值理性对同样的经济现象能够形成不同的判别和制定不同的政策。内生化价值理性和行为假设，是科学理性的必然延伸，也是实现经济学科学化的必由路径。

在微观层次上对价值评估影响个人决策的研究一直是认知心理学的主攻方向，卡尼曼和特韦斯基提出前景理论，他们认为：在绝大部分情境下，人们无法完全客观地感知和评定事物的价值，各种价值观很可能相互冲突。实际上，人们并不具备新古典经济学所假设的经济人的客观理性，同时也包含官员价值观对公共决策行为的影响。身为组织的一部分，官员们必须遵循“系统维持”的价值观，也就是以对上级或组织的忠诚作为他们行为决策的价值导向，不同价值观的互动融合影响着官员的决策立场和风格、方案选择及评估。

从某种意义上讲，经济政策可以被看作是一系列价值观的链条，或是对既有价值观的再生产过程，或是对延伸价值观的新生产过程。但是价值观和经济政策之间的联系，通常既不直接、也不必然、更不简单。随着时间的推移，价值观可能发生变化或被重新解读，同一价值观在不同的时期可能支持不同的策略或者形成截然相反的观点。例如边泌的经济效率理论、罗尔斯的公平正义理论、阿马蒂亚·森的“以自由看待发展”学说，他们都是经济发展政策的倡导者，但是在具体的策略措施和结果评估方面，各有侧重并且相互冲突。①

近现代经济学从诞生之时起，就被亚当·斯密放置在“一半是真理，一半是谬误”的尴尬境地，始终存在来源于《国富论》和《道德情操论》对人的行为本质假设的悖论。虽然他同时研究人的自利性与社会性，但是极为遗憾的是，由于历史局限性与个人价值取向性，后来的经济学者抛弃一方面而选择另一方面，只从考虑经济利益的自利主体出发，逐渐构建主流经济学的部分观念。这种基于抽象假设和演绎推理的体系，自身的科学严谨性毋庸置疑，但是解释的效果究竟怎样，应该取决于基本假设能否得到现实的检验。经济学要想真正地成为一门科学，对理性行为假设的“科学”验证必不

① 李春成．价值观与公共政策：政策分析的新领域［J］．复旦公共行政评论，2007（11）：167-180.

可少。①

对市场和政府的绝对化价值判断都是欠妥当的。在经济体系调整过程中，最大化地发挥政府的积极作用，那么相应的干预必须适度化。美国发展经济学者刘易斯认为："政府的失误可能来自行动不足，也可能来自行动过分。"政府通过经济的立法和司法制度来规范各类经济主体的行为，建立公平竞争的市场环境。政府不失时机地推进经济和政治体制改革，推动新经济形态尽早占据支配地位。政府通过直接投资方式去创建那些私人无法或无力创办而对国民经济至关重要的大型企业，以满足民生福祉和国防安全的需要。②

在自组织理论视角下，协调政府与市场关系必须破除"要市场"还是"要政府"的观念之争，也就是自由主义和干预主义的立场之争。他发作用在他组织经济体系中表现为主导性样态，在自组织经济体系中表现为引导性样态，与自发作用一起，构成经济体系和社会体系演化的基本动力。市场调节与政府干预各有作用的机理和特性、空间和时间，然而现阶段中国的市场经济仍然处于扭曲的状态：市场在微观秩序中的自发作用被大范围压制，政府在宏观秩序中应该发挥的他发作用多有缺失。我们必须正视当前的问题，充分发挥市场调节的自组织功能，补齐制度短板、约束官员行为，大幅度减少政府干预。③

---

① 王国成．理性经济行为的实质与科学化演进［J］．中国社会科学院研究生院学报，2009（1）：30-36.

② 蒋太迪．试论市场经济中的政府行为［J］．广西师范大学学报（哲学社会科学版），1994（12）：15-17.

③ 宋爱忠．自组织理论视域下的政府与市场关系［J］．中国社会科学院研究生院学报，2015（11）：57-64.

诺伯特·维纳（Norbert Wiener，1894—1964 年），美国应用数学家、信息论创始人之一、“控制论之父”。1948 年，他出版的《控制论》所创建的新方法可以解决数学、物理学、生物学在工程领域的应用问题。他引入维纳度量为布朗运动提供数学解释，推动概率论与随机过程的研究，诠释人与机器交互的理解机制，提供一般调和分析与陶伯定理关于非周期现象的技术。

产业篇

第10章

智能制造

“数字开启一次重大的时代转型。就像望远镜让我们感受到宇宙，显微镜让我们观测到微生物那样，数字正在改变我们的生活以及理解世界的方式，成为新发明和新服务的源泉，更多的改变蓄势待发。”

——奥地利数字科学家 维克托·迈尔·舍恩伯格《大数据时代》

2008年金融危机之后，世界经济增速明显放缓，进入深度调整期，复苏步履蹒跚。国际产业分工格局正在重新塑造，发达国家推动“再产业化”和“制造业回归”以实现新旧动能顺利转换。智能制造是新工业革命在制造业上的具体表现，将带来系统结构、动力机制、管理模式、生产方式、产品形态等区别于传统模式的转型。

新工业革命的演进是技术、经济、社会、制度综合影响的结果。在数字化、网络化、智能化技术的支撑下，智能制造从生产者驱动的“规模经济”转向由消费者驱动的“范围经济”，以解决成本、质量、效率的挑战及带来的不确定性、多样性和复杂性，从物理实体世界的生产装备自动化转向数字虚体世界的生产装备自动化。①

10.1 产业转型与价值创造

产业转型（Industrial Transformation）是在一个国家或地区的国民经济主要构成中，产业结构、产业规模、产业组织、产业技术装备发生显著变动的状态，也是产业结构和类型逐渐高度化与合理化的过程。与工业化的过程紧密相伴的是产业结构的转换，科技创新导致生产要素的调整，从而促使新兴产业崛起，最终渗入和扩展至各个产业，激发传统产业的技术更新。②

---

① 高洋．加快思维体系变革积极应对风险挑战［J］．辽宁经济，2021（3）：74-77.

② 洪增林，翟国涛，刘冰砚．城市老工业区产业转型研究进展与评述［J］．西安工业大学学报，2013（12）：861-865.

生产方式的价值理念逐渐过渡到对自由和精神的追求上。科学技术从根本上来讲属于一种文化活动，具备包括人的信念、理想、兴趣等本身的内在动力，改变传统的价值观及思维模式，使得人们走向更加自由的、个性的、智能的现代化。工业化和产业转型的特别之处是把人作为价值的主体，人文价值也是在工业化发展过程中始终必须坚持的一个维度。

10.1.1 从工业 4.0 到经济 4.0

2011 年，“工业 4.0”这一概念在德国汉诺威工业展览会上首次出现，意思是通过自主控制、互联网和云计算，实现人、机器和信息的互联和整合。2013 年，德国联邦政府正式发布《德国工业 4.0 战略》。随后中小企业、行业联盟、政府部门、高校和科研机构的专家组成工作小组，向政府提交《确保德国制造业的未来：关于执行“工业 4.0”策略的建议》报告。随后政府发布《2020 高科技策略》报告，把工业 4.0 纳入未来十大重点项目之中，使得工业 4.0 成为国家战略的关键部分。

产业是一个生成与演化的范畴，不仅创造人类的自身，而且塑造人类共同的社会和经济体系。正如马克思所言：“当人开始生产自己的生活资料的时候，这一步是由他们的肉体组织所决定的，人本身就开始把自己和动物区别开来。人们生产自己的生活资料，同时间接地生产着自己的物质生活本身。”由此观之，产业化（即工业化）的进程，实际上是人工创造物的自然化和社会化的生成过程；社会和经济体系的存在形式，本质上是生产力提升和产业演进的过程，也是社会和经济体系的自组织生成过程，归根结底是科技进步、生产力提高、工业革命和产业演进交替进行的类似于自然演化的经济史。

1962 年，美国科学史家、科学哲学家托马斯・库恩出版《科学革命的结构》。他主张：科学的发展模式是常规科学（即量变）与科学革命（即质变）交替出现，新旧范式在此过程中不断更新。科学并非仅限于现有的知识体系，而是一个不断寻求新理念，抛弃旧范式和旧理论，采纳新范式和新理论的创新活动。借用他的科学发展模式理论，可以解释工业革命的演化问题：以往发生的三次工业革命以及正在进行的第四次工业革命，都是因为旧的产业范式进入危机，也就是说，旧的产业结构和生产方式已经成为先进生产力发展的桎梏，必须由新的产业范式取而代之。

产业范式（Industrial Paradigm）的主要构成涵盖共同的信念、传统习俗和理论体系，受到共同的产业理念（Industrial Idea）的引领，采纳大致相当的主导产业技术。产业技术是在与生产和服务对象相融合（对象化）或与经济和工业社会活动相交融（社会化）后，演变到工业层面的技术存在方式。在一组或几组产业技术集合中，总有一项或几项产业技术位居中心位置并且发挥主导作用。这种“在特定历史阶段中发挥基础性角色，深度影响整个工业结构和工业发展走向的”就是主导产业技术，比如蒸汽机技术、电力技术、信息和通信技术以及智能制造技术依次担纲成为主导产业技术，如表10-1所示。

表10-1 四次工业革命主导产业对照

名称	工业革命1.0	工业革命2.0	工业革命3.0	工业革命4.0
时间段	1760—1860年	1860—1950年	1950—2010年	2010年—
时代标志	蒸汽时代	电气时代	信息时代	智能时代
主导产业技术	纺织机技术	电力技术	电子技术	智能制造技术
	蒸汽机技术	内燃机技术	信息和通信技术	
产业理念	借助蒸汽动力实现生产装备机械化	借助电力和流水线进行大批量生产	借助电子和信息技术实现生产自动化	借助互联网和无线通信技术构建信息-物理融合系统
产业范式	单件生产方式	流水线大批量生产方式	流水线混合生产方式	快速小批量定制化生产方式
代表模式	博尔顿-瓦特制（英国）	福特制（美国） 丰田制（日本）	温特制（美国）	工业4.0（德国） 工业互联网（美国） 两化融合（中国）
产业进化目标	机械化社会	电气化社会	信息化社会	智能化社会

资料来源：万长松，张茜萌．产业进化论视野中的工业革命4.0［J］．长沙理工大学学报（社会科学版），2016（7）：16.

从产业进化论视角出发，工业化进程就是系统集成度逐步提升的过程，而工业4.0正是这种在系统集成层面上演变的最新成果。以机械化、自动化和信息化为基础，工业4.0的诞生依靠智能制造技术（比如物联网、大数据、云计算以及工业机器人等）为主导产业技术构建全新的产业范式。通过“虚拟网络-实体物理”融合系统（Cyber-Physics System，CPS），把资源、信息、实体以及生产商、消费者紧密相连，进而造就智能化的新型生产方式和产业结构，推动经济体系真正从封闭性的工业社会向个性化的后工业社会转变。①

各国在工业互联网架构上存在显著的差异性，工业4.0的异质化趋势日益突出：一是名称表述与发展重点方面。在美国被称为“工业互联网”，在日

① 万长松，张茜萌．产业进化论视野中的工业革命4.0［J］．长沙理工大学学报（社会科学版），2016（7）：13-19.

本被称为“互联工业”，在中国被称为“工业互联网”或“智能制造”。这种名称上的不同表明各国试图建立自己的工业互联网标准，以增强自己的产业优势，并推广本国的智能制造技术、设备和系统解决方案为世界标准。二是制造业和产业发展条件和目标方面。美国的工业互联网参考架构从信息技术角度强调互联网的作用；德国的工业 4.0 参考架构重点在于与现有工业标准的接轨；日本的工业价值链参考架构强调设备的连接；中国侧重于新一代信息技术与制造业的深度整合，目标在于提升制造业的发展层次。三是产业优势和发展水平方面。由于不同地区、不同企业的发展水平差距悬殊，各国在此领域的优势各有不同。发展观念和产业条件、资源禀赋的差异性决定这些国家都拥有自己的特色。①

在工业 4.0 之前，产业技术和信息技术两个领域相对独立，交流不多：产业技术从蒸汽机、内燃机进步到电动机、钢铁、汽车、化学工业、电子，涵盖能源、原材料到设备、技术、生产流水线、机器人等；而信息技术从电报、电话、电影、电视、电脑逐渐升级到互联网、移动网络、移动设备、智能手机、大数据、云计算、人工智能等。相较于历次的工业革命，第四次工业革命的核心特性就是“万物互联”（Internet of Everything，IoE），即实现“人-机-网”的全面互联互通，从根本上消除信息不对称的问题。在“互联网+”之后，我们才拥有现今的网络金融、电子支付、电子贸易、电子政务、移动医疗、网络教育、网络旅游等互联网的生活方式和思维模式。②

从生产力的视角出发，工业 4.0 的出现带有一定的必然性。每一次工业革命的发动，都是由于人类相对滞后的生产方式与不断增长的生产需求之间的冲突，每一次生产力的改变都是缓解这一矛盾的过程。目前经济体系的机械化、规模化、标准化、自动化和信息化已经发展到一定的成熟程度，然而人们对于生产的新需求与现行生产方式之间又出现一些突出的矛盾：一是宏观与微观之间的矛盾。实现个人的活动目标与团体的活动目标、个人利益与团体利益之间的一致性，核心在于实现协调和优化。二是个性与共性之间的矛盾。既要解决大规模生产与定制化生产之间的成本差距，又要解决设备和行为的多样性带来的技术的通用性与实用性的难以并存，关键在于创建一个能自我成长、自我更新的平台架构。三是规模化与定制化之间的矛盾。协调

---

① 王罗汉，王伟楠. 德国工业 4.0 十年发展回顾与对中国的启示［J］. 世界科技经济瞭望，2021（12）：6-11.

② 万长松，张茜萌. 产业进化论视野中的工业革命 4.0［J］. 长沙理工大学学报（社会科学版），2016（7）：13-19.

需求的多样性、敏捷性与解决手段的单一性，以及个性化服务与社会化服务之间的一致性。①

归根结底，“随着生产力进一步升级和解放，已经使得生产流程和商业行为的复杂性和动态性超越人脑的分析和优化能力”。第四次工业革命的核心方式是智能化，其终极目标是高度整合生产行为，使得产业体系能够像人一样进行思考与协同。对于企业复杂的流程管理、海量数字的运算、决策过程的优化以及快速行动的实施，依靠的是以智能化分析为中心的信息技术；而满足消费者的个性化需求，依靠的是把传统的刚性生产方式转化为柔性生产方式，也就是改进现有的控制技术。②

对已有的信息系统与控制技术进行改良和升级能不能解决上述问题？答案应该是否定的，原因在于：一是传统的控制技术所关注的重点是精确性、快速性、稳定性和应变性，建立在较为固定和刚性的控制逻辑和规则上，所以无法满足定制化生产过程中的柔性要求；二是已有信息系统的数字分析、管理和决策流程是按照事先设计好的手段和流程进行的，无法满足灵活应对外部环境和活动目标变化的要求；三是当前的控制与信息系统虽然表面上集成在一起，但是内部还没有实现信息回路，即从信息到决策再到控制系统的反馈依然无法实时地、自动地完成。③

按照出现的时间顺序，在世界中存在着三类“体”：第一类是物理实体，由自然界物质和人类所创造的各种实体设备、人造材料所构成的物质与材料世界；第二类是意识人体，人体具有自身的智能反应与智慧的意识活动，构成社会与经济体系的基本要素；第三类是数字虚体，基于计算机系统实现，存在于计算机和网络设备中的一个数理逻辑空间，由网络通信而增强，也被称为赛博虚体（Cyber Incorporeality）。

1948年，美国应用数学家、控制论创始人诺伯特·维纳借用希腊语单词Kubernetes（原意是“万能的神”，也被引申为“舵手”），创造“Cybernetics”一词以表达“控制”的思想。1990年之后，Cyber又分别被表述为信息、通信、计算。现在Cyber常常作为前缀，代表与互联网或计算机相关虚拟的或者创新的事物。

物理实体演变出意识人体，意识人体创造出数字虚体，数字虚体作用于物理实体，形成多个小循环和大循环。按照达尔文的进化论：物理实体进化

---

① 张华．浅谈产业革命下中国制造业的转型发展［J］．山东工业技术，2016（12）：285.

② 王刚．关于智能化电厂建设的思考［J］．自动化技术与应用，2018（2）：1-3.

③ 李杰．工业大数据［M］．邱伯华，译．北京：机械工业出版社，2022：19-30.

出植物和动物，动物的最高形态就是有智慧的人，这就是意识人体；有意识、有思想的人创造计算机并且开发软件，使用计算机和软件建立数字虚体，也就是所说的网络数字虚拟空间。

在传统制造业向智能制造业的转型过程中，生产制造系统由最初的“人-物理”二元系统（Human-Physics System，HPS）进入“人-信息-物理”的三元系统（Human-Cyber-Physics System，HCPS），再进入新一代“人-信息-物理”三元系统（HCPS2.0），如图 10-1 所示。

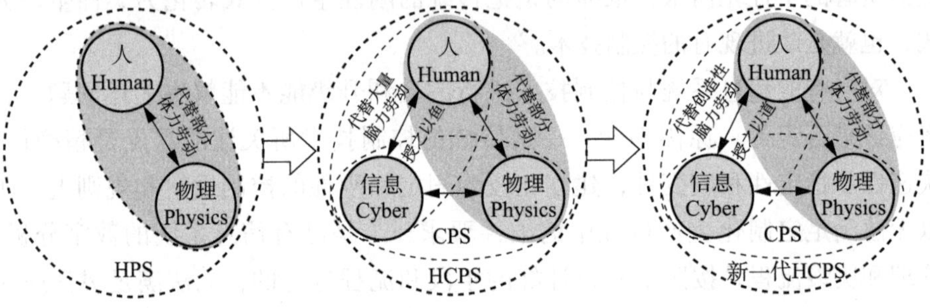

图 10-1 传统制造向智能制造的转型过程

资料来源：宁振波．智能制造的本质［M］．北京：机械工业出版社，2022：216.

相对于传统制造系统，数字制造系统的主要区别是在人与物理系统之间加入一个赛博系统（Cyber System），此系统能够自动化完成人的部分感知、分析决策以及控制等一系列任务。在从传统的“人-物理”系统向“人-信息-物理”系统的转变过程中，信息系统的加入使得生产制造系统增添“人-信息”系统（Human-Cyber System，HCS）和“信息-物理”系统（CPS）。HCS 的出现使得人的部分感知、分析决策以及控制功能得以在信息系统中复制和转移，而 CPS 系统逐步达成物理系统与信息系统在感知、分析、决策、控制和管理等多个层面的深度整合。信息系统和物理系统共同取代人类，完成更多的体力和脑力劳动，从而建立起基于 HCPS 的新型制造系统的基础。①

新一代智能制造进一步突出人的中心地位，人的智慧潜力得以充分挖掘：一方面，通过融入人的动作或认知模型，实现人与机器的相互理解，构建“人在回路”的融合增强智能，人机的深度融合和协同工作让人的智慧与机器的智能相互激发，实现共同进步；另一方面，知识型工作自动化把人从大量低端重

---

① 宁振波．智能制造的本质［M］．北京：机械工业出版社，2022：213-219.

重的体力劳动和脑力劳动中解放出来，劳动者可以从事更有价值的创造性工作。

第一，在产品创新方面，新一代智能制造为产品创新提供无限的空间和可能性，高度智能化和人性化成为未来产品的主要特性。例如产品能够充分理解人的意图，从而达到心想事成的境界；再如产品可以监测自身的状态和外部环境，在整个生命周期中随时确定其磨损程度，并且积极地适应环境变化；又如产品能够持续学习和提升，以确保在使用过程中优化最优效能。

第二，在产品生产方面，信息的连接、交流从企业内部扩展至整个供应链与全产业链，新一代的人工智能技术将突破复杂系统的精细建模、实时优化决策等核心技术，解决生产系统全生命周期的高稳定性、高精确度、高适应性等难题，构建知识驱动并且具备自我学习改进的智能工厂，实现产品生产的高品质、灵活性、高效率与环保。

第三，在产品设计方面，新一代的智能设计系统将具备强劲且独立的学习能力，以及不断进步的知识库支持。这些系统持续地进行产品性能、成本、可靠性、寿命等方面的精确建模和仿真分析，不仅大幅提升产品设计的效益和品质，迅速回应市场需求，也显著降低设计者的压力，方便消费者参与设计过程，提升产品创新的效率。

第四，在技术整合方面，全供应链和全产业链把原本独立的环节转化为多样化的组合模式，“信息共享+物理共享”将打破制造行业上下游合作的边界，提高价值链共享经济的公众参与水平。在数字化生产要素的新型分工架构中，新工业革命和互联网的协同进化，将引领制造模式、生产组织形式和生活模式等多个方面的重大革新。①

第五，在产业融合方面，大数据与人工智能将引领未来的互联网，成为产业进步的关键动力。产业的边界变得更为模糊，形成网络化的产业聚集模式。互联网的资源配置方式也对产业组织形态产生影响，使得企业的组织架构变得扁平化。从纵向来看，工业4.0提升和优化产业的整体水平；从横向来看，工业4.0就是经济4.0。②

在国际贸易领域，发达国家遭遇来自发展中国家的低成本竞争。发达国家更倾向于把低附加值的制造环节转移到劳动力成本更低的国家，自身则专注于专业化生产并出口涉及技术、资本以及技术密集型产品和服务。随着全球“去工业化”和“再工业化”的进程，促使发达国家的资源投入技术含量

---

① 王柏村，臧冀原，屈贤明．基于人-信息-物理系统（HCPS）的新一代智能制造研究［J］．中国工程科学，2018（8）：29-34.

② 宁振波．智能制造的本质［M］．北京：机械工业出版社，2022：67-76.

高和附加值高的生产性服务业，并且生产性服务业进一步推动制造业分工的加深和广泛化，从而在全球生产网络和价值链中占据主导地位，获得动态的竞争优势，增强其国内制造业的全球竞争力，这也是发达国家从工业4.0转变为经济4.0的过程。①

去工业化（Deindustrialization）在市场经济环境下本来是一种常态，起源于资本流动，例如工厂设备、配套资源等形式的资本从一个产业部门转移到另一个产业部门、从一个地域转移到另一个地域、从一个工厂迁移到另一个工厂。20世纪30年代，美国的纺织等轻工业从东北部地区的新英格兰迁移到工资较低、无工会的南部地区。20世纪70年代，美国的去工业化范围进一步扩大，表现为“全国范围基础生产领域的大规模资本撤出”。除轻工业之外，轮胎和内胎、机动车辆及配件、电力设备等重工业部门都经历去工业化的过程。②

再工业化（Reindustrialization）代表“一项激励经济扩张的策略”，尤其是通过政府的干预来推动老旧工业部门的振兴及现代化，同时刺激新兴工业部门的发展。“制造业是经济增长的发动机”，秉持对英国经济学家尼古拉斯·卡尔多观点的坚定信念，20世纪70年代至今，欧美国家和一些发展中国家通过“再工业化”重塑产业结构的呼声一浪高过一浪。但是当时的发达国家正在享受去工业化浪潮带来的红利，此类质疑没有引起太大的波澜。

20世纪50年代，美国的制造业增加值占全球总量的比例高达40%，然而到2008年，这一比例在美国国内生产总值中的比例仅为12%。金融衍生品的过度扩张以及产业的空心化导致其国内出现次贷危机，从而触发国际金融危机，美国也陷入自大萧条以来的最为严重的经济危机。在此之后，美国开始重新调整其发展策略，推出一系列旨在重振制造业的措施，被冠以“再工业化”之名，也经常被称为“制造业回归”战略。③

随着金融危机的爆发，欧美国家的再工业化含义已经发生深刻的转变，不仅是恢复传统制造业那么简单，而是对制造业的产业链进行重塑，聚焦于打造高附加值的环节，本质上还是为了推动产业的升级。再工业化事实上推进而非阻挠传统产业的跨国转移，因为发达国家的高科技产业也需要全球资源的优化配置和再配置。再工业化并未否定去工业化，其目标是实现更优质

---

① 吴晨映．欧美国家“去工业化”与“再工业化”实践对我国制造业升级的启示［J］．河南教育学院学报（哲学社会科学版），2014（7）：96-100.

② 梁文静，彭祎飞．去工业化与再工业化：对美国中镇的个案研究［J］．美国研究，2020（4）：105-128.

③ 吴晓琪．美国的“再工业化”战略成效评估：基于目标实现的分析视角［J］．长春金融高等专科学校学报，2022（5）：49-61.

的去工业化。再工业化本身也是适应去工业化的过程，是在产业结构不断调整优化中由制造业向服务业必经的再转型过程。①

10.1.2 价值创造和智能化转型

当谈到工业化和工业革命所带来的变革时，我们容易看到的是具有代表性的技术进步，往往忽略推动其改变和进步的原始驱动力，也就是对新价值创造的不断追求。前三次工业革命通过机械化、规模化、标准化和自动化等手段，大幅度提高生产力。然而第四次工业革命与前三次存在重大的差别：不再以生产商的要素需求而是以消费者的价值需求为整个产业链的出发点和驱动力；改变过去的工业价值链的模式，从消费者的价值需求角度出发，把定制化产品和服务作为整个产业链的共享目标，从而优化并协调产业链的各个环节。

在工业 1.0~3.0 版本阶段，所需要解决的主要问题绝大多数是可见、可测量的，例如消除产品瑕疵、预防加工失败、减少物料损耗、降低管理成本等，这些问题通常较为容易解决。然而不可见、不可测量的问题，例如设备设施性能降低、部件磨损、运营风险增加等，难以被量化和被呈现。所以在生产流程中这些问题成为不可控制的风险来源。工业 4.0 的焦点是对这些不可见、不可测量的因素进行透视和规避，例如通过系统的自省（Self-Aware）功能，允许在制造过程中依据产品的加工状况进行自动地调整，以此达到无故障、无隐患、无意外、无污染的目标。

在工业 4.0 版本阶段中，价值创造从制造过程延伸至使用过程。不仅关注产品在制造阶段的价值生成，也确保设计、制造阶段与消费者需求相协调。还重视产品在使用阶段的价值生成，引导消费者有效地使用产品，从而实现价值的最大化：一方面，以往的生产商在产品销售给消费者之后，生产过程基本完成。然而科技的进步推动生产、商业和服务模式的变革，把消费者与智能制造系统紧密关联，实现整个生产链的紧密整合。工厂的组织结构朝扁平化方向发展，生产资源的运用也变得更加高效。另一方面，价值链进一步延伸到使用过程，产品成为服务的载体，数字化成为服务的交流渠道，不断寻找消费者需求的突破口，提供消费者更好的个性化产品。通过大数据挖掘所产生的信息去满足消费者更多的价值需求，即便消费者自己可能也没有意识到这些需求。产品创新和价值的创造既要满足消费者明确的需求，也要综合利用消费者的反馈信息进行场景模拟，从中发现消费者的潜在需求，这些

---

① 吴晨映．欧美国家“去工业化”与“再工业化”实践对中国制造业升级的启示［J］．河南教育学院学报（哲学社会科学版），2014（4）：96-100.

需求在主流经济学中被视为难以发掘的“隐性需求”。[①]

老子在《道德经》中阐述：“有之以为利，无之以为用。”“有”指的是可见的、固定的、具有区别特征的实体，“无”指的是隐藏的、变化的、发挥效用的无限可能性，“利”指的是可总有、可收获、可使用的基础条件，“用”指的是可供发挥、有所作为的空间和方向。这句话的含义在于：所有物质都为我们提供可凭借的、有形的基本条件，然而其中隐秘的空间和动态的无尽可能性，才是我们真正利用并且创造价值的场所。例如购置一处遮风避雨的住宅，我们真正利用的并非钢筋和混凝土，而是内部的舒适区域和美好的生活品质。[②]

进入工业4.0时代，生产商在市场中获取利润的空间和方向被分成四个部分：第一是满足消费者可见的需求和解决可见的问题，需要持久的优化和持续完善的规范化；第二是规避明显的问题，需要从数字使用中提取新的认识以增加原有的生产系统和产品的价值；第三是解决未知的问题，应用创新的方法和技术来处理未知的问题，把不明显的问题变得透明化；第四是寻找和满足不可见的价值缺口，寻求和满足隐性的价值空白，规避隐性因素的干扰。这些都需要通过大数据分析和挖掘来生成新的知识与价值，这也是工业4.0的一个终极目标。[③]

当智能制造时代拉开序幕时，这种炫目的科幻场景将成为现实：在智能工厂内，劳动者发出口头指令；机器人按照指令把原材料放入生产线，材料信息被实时读取、传输给生产设备；通过与订单任务的一番自动对比，机器实施自组织生产；经历多次智能检测，自行筛选出合格品放入运往市场的成品集装箱。在这种人、原材料、机器、产品无所不连接、无所不感知的制造场景下，一种前所未有的生产要素——工业大数据，在人与人、人与物、物与物的信息交互中源源不断地产生出来，贯穿于产品全生命周期和产业全价值链始终，成为推动生产方式变革、重塑制造业价值的核心技术力量。[④]

工业大数据（Industrial Big Data）指的是在工业领域中采用智能制造流程，从消费者需求到销售、订单、计划、研发、设计、工艺、制造、采购、供应、库存、发货和交付、售后服务、运营维持、报废或回收再利用等产品全生命周期的每一个步骤，由各类设备高速生成的各种数字（包括生产经营业务数字、设备物联网数字、外部环境及跨界数字等）的总称。

---

① 李杰．工业4.0与大数据应用：一场不见硝烟的战争［J］．纺织机械，2015（10）：29-30.
② 谢嘉劼．工业大数据是发展智能制造的关键［N］．中国建材报，2017-07-26（2）．
③ 李杰．工业4.0与大数据应用：一场不见硝烟的战争［J］．纺织机械，2015（10）：29-30.
④ 高婴劢．工业大数据价值挖掘路径［J］．中国工业评论，2015（2）：21-27.

工业大数据技术涉及一系列挖掘和展现工业大数据内部所隐藏价值的各类工具、方法和策略，包含数字编排、采集、预处理、储存、分析、可视化以及智能操作等。工业大数据应用是针对某一具体的工业大数据库，从复杂的数据结构中探索新的模式和知识、获取有价值的新信息，以此推动制造型生产商的产品创新、提高经营和运作效率以及开发新的商业模式。①

从技术端视角来看，工业大数据分析的重要性体现在解决什么样的难题以及为消费者提供什么样的服务上。该过程着重于工业大数据通过纵向和横向环节的连接在统一平台上实现信息共享，进而把分析维度扩大化和资源利用与价值最大化。因此广泛地针对各个环节的消费者实施定制化应用服务和按照需求分发，从而衍生出持续的服务共赢模式。

从应用端视角来看，大数据环境所带来的价值主要体现在以更低的成本满足消费者个性化的需求，制作过程的信息化与透明化提升质量和效率、降低成本且节约资源，实施更高效的管理方式、实现全产业链的信息融合等方面，使得整个生产系统更具灵活性和动态化。工业大数据的价值目标之一是把微观与宏观、个性与共性、定制化与规模化、当前与未来相结合。②

生产商从本质上来看是一个创造、传递和获取价值的系统。传统生产商以产业技术专业化分工为基础，实现规模化的效率和增长以获得长期的利润。然而随着资源和环境压力的加剧，产业生产方式已经从增量模式过渡到存量模式，依赖于技术或业务来推动规模化的发展方式难以应对日益复杂的市场环境。消费者的需求变得更为多样化，个性化定制的增多使得产品的生命周期缩短，快节奏的小批量品种生产使得质量和交付难以得到充分的保障，对生产过程的控制变得更为困难，依靠规模化来提高效益的生产商面临挑战。③

在工业4.0阶段中，生产商在市场经济的角逐中不再是抢夺单一产品，而是依托生态链与生态链、生态圈与生态圈的竞争，逐渐搭建智能制造的生态系统并优化其运行机制。随着更深入、更细化的分工模式的发展，衍生出研发、商业、组织等生态链或生态圈。创新主体由生产商、高校和科研院所组成，支持主体则由政府、金融投资机构和中介服务机构所组成。这些主体通过数字化平台紧密连接，形成自身与其他创新主体的共享价值链，进行智能制造的多样化、多层次的创新，进而共同实现利益最大化。

---

① 郑树泉，覃海焕，王倩．工业大数据技术与架构［J］．大数据，2017（7）：67-80.

② 李想．工业大数据在汽轮机制造企业的实施路径［J］．冶金动力，2019（12）：88-91.

③ 张毅．从生产商内生需求看数字化转型提供的价值效益［J］．起重运输机械，2021（16）：20-21.

智能制造生态系统既依靠数字、信息、知识以及人才等外部资源要素的流动，同时也凭借技术、市场、基础设施的建设、经济政策以及社会文化等创新生态氛围的支持。智能制造改变传统制造转型升级的时间、空间以及连接的要素，并且创新范式逐步转变为开放的协作关系，就形成一个以虚拟融合、平台赋权、开放共享、资源数字化以及网络化协同等为主导特征的创新生态体系。生产商可以从发展战略、新型能力、系统性解决方案、治理体系和业务创新转型等五个视角出发，有条不紊地推动数字化转型，逐步构筑智能制造的生态系统，如图 10-2 所示。①

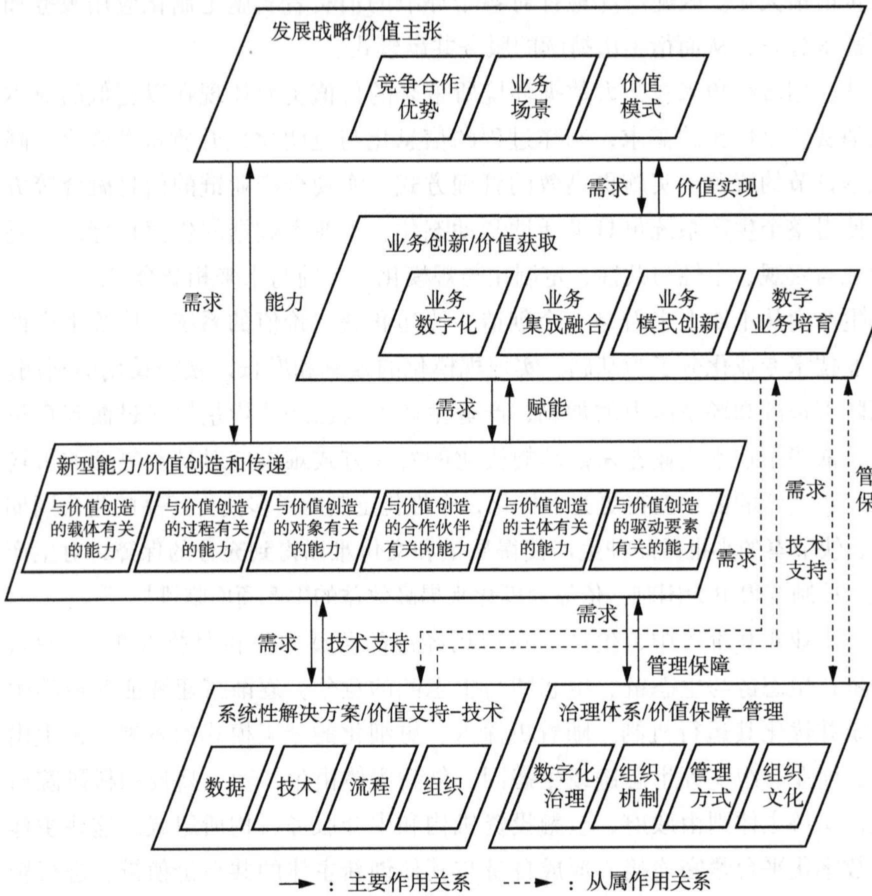

图 10-2 生产商数字化转型的战略视角及作用关系

资料来源：张毅．推进数字化转型的五个任务方向［J］．起重运输机械，2021（17）：28.

① 卢琅．基于演化博弈的智能制造创新生态系统价值共创机制研究［D］．重庆：重庆工商大学，2022：16-20.

类比生物学的演化理论，拥有高质量资源的主体展示更强大的适应力，具备在竞争中取得胜利并获取发展机会的潜力。主体之间的互惠合作与适者生存的进化模式，显示出智能制造合作网络的生态性质，并逐步升级为智能制造生态系统的显著进化属性。对比自然生态系统，智能制造生态系统的扩展是在人类主观认知引导的社会和经济体系中，其内在主体之间的合作关系更具有理性和目标导向性，在一定程度上展现出自组织的特征。也就是说，系统依照某种相互默契的规则，各尽其责、自主协调地形成有序的结构。

参考生物学的生态系统理论，利用结构方程模型来探讨智能制造生态系统智能化转型的问题。通过构建量表和进行问卷调查来衡量转型变量，对各变量之间的相互关系进行实证研究，深入探索在智能制造生态系统中主体的行为模式和演化特性对制造业企业智能化转型的影响机制。

选取国内多个智能制造示范项目的试点企业作为研究对象，通过问卷调查收集信息数字。在问卷中的题目采用李克特七级量表（7-Point Likert Scale），自变量是智能制造技术应用和环境感应能力，分别进行测量；中介变量是智能互联和生态系统进化，因变量则是智能化转型；在潜变量中，智能制造技术应用、环境感应能力、生态系统进化和智能化转型为一阶构面模型，智能互联为二阶构面模型，如表10-2所示。

表10-2 潜变量的分类、描述与参考源

模型变量	代号	题目描述	参考量
智能制造技术应用	IMT1	建设信息物理系统，把大数据分析、终端通信和生产控制集成运行	[3，13，15]
	IMT3	使用人工智能技术提高经营管理和产品生产的智能化水平	
	IMT4	投入智能装备执行生产任务	
智能互联-智能性	IU1	人工智能技术使合作与控制过程无须过多人为介入	
	IU2	业务模块可自由、快速地进行重构，适应产品定制要求	
	IU5	智能分析企业在外部智能制造资源环境中合适的潜在合作伙伴	

续表

模型变量	代号	题目描述	参考量
智能互联-技术集成	IU7	智能制造技术与产品全生命周期内各个任务环节深度融合	[3, 6, 8, 15-16]
	IU8	物联网、大数据分析、云计算等各类软件技术在应用中的协同性较高	
	IU9	传感设备、网络设备、工业机器人等硬件设施在应用中的协同性较高	
智能互联-智能制造联盟	IU10	开放企业作业系统，允许智能制造合作伙伴参与大数据共享开发	
	IU12	在合作过程中制定并使用标准化的合作协议和技术标准	
	IU13	掌握各类智能制造资源的企业通过合作网络进行资源互补，协同完成智能制造	
环境感应能力	ES1	实时监测产品需求市场信息，基于大数据分析预测潜在需求指导生产决策	[4, 10]
	ES2	关注智能制造产业，对智能制造技术的创新环境保持敏感，及时更新智能制造技术	
	ES3	引导用户融入产品开发和制造过程，实现智能制造的大规模定制功能	
生态系统进化	EE2	形成行业内普遍遵守的智能制造标准或规范，比如数字标准、设备接入协议等	[6, 17]
	EE4	智能制造合作网络规模扩大，企业现有或潜在合作伙伴技术专长多样化	
	EE5	通过智能制造合作过程提高产品创新效率	
智能化转型	IT1	企业利润率提高	[4, 10, 13, 16]
	IT2	实现产品的个性化定制，企业竞争力提升	
	IT3	资源配置效率提高，工期缩短，无效浪费减少	

资料来源：孟凡生，宋鹏．智能制造生态系统对制造企业智能化转型的影响机理［J］．科研管理，2022（4）：40.

采用结构方程建模软件 Amos21.0 对假设模型的整体适配度进行验证，挑选 X2 与自由度比值、拟合优度指数（GFI）、修正拟合优度指数（AGFI）、渐增适配度指标（IFI）、比较适配度（CFI）和平均近似误差均方根（MSEA）等作为指标体系，计算出整体适配度的结果，如图 10-3 所示。

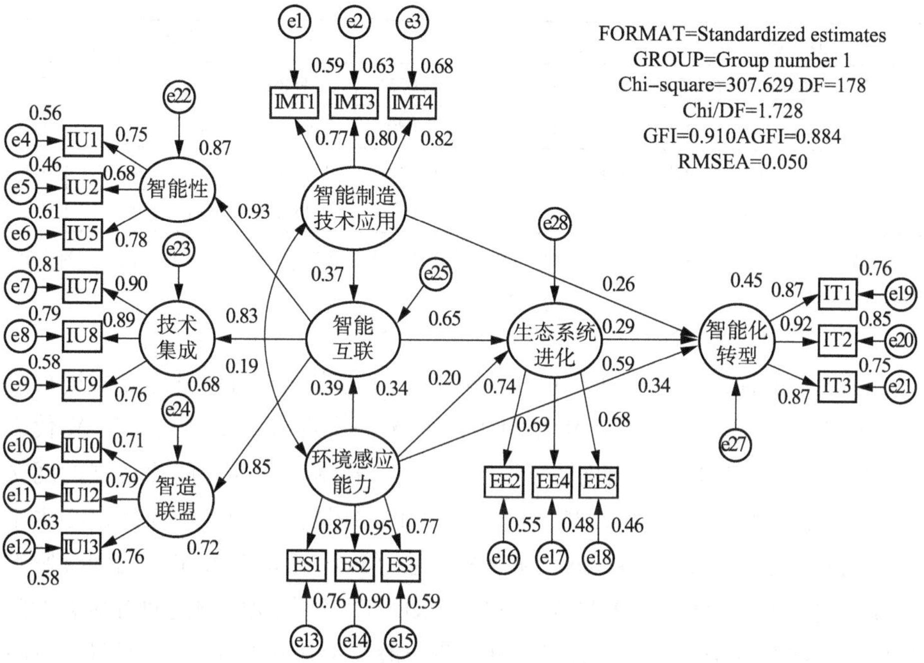

图 10-3　结构方程模型整体检验的运行结果

资料来源：孟凡生，宋鹏．智能制造生态系统对制造企业智能化转型的影响机理［J］．科研管理，2022（4）：41.

在结构方程模型的直接效应路径分析中，5 个潜变量组成 7 条直接效应路径，这对应影响机制模型的 7 个假设。在 $p<0.01$ 的显著性水平下，*H*1～*H*7 对应的影响路径都存在显著的正向影响。在影响强度方面，直接影响智能化转型的要素包括智能制造技术应用（$\beta=0.2623$）、生态系统进化（$\beta=0.2884$）和环境感应能力（$\beta=0.3882$），这表明制造业在智能化转型过程中不仅依赖先进制造技术的运用，也要依赖对环境的感知和应变能力以及来自智能制造生态系统的外在推动力。智能互联、环境感应能力和生态系统进化的直接效应系数揭示智能制造生态系统的演变是由制造企业之间的联动与互动造成的，三者位于智能制造技术应用与智能化转型的中间，如表 10-3 所示。

表 10-3　直接效应的路径分析

直接影响路径	标准路径系数	S. E.	T-Value	*p*	路径显著性	假设
智能互联←智能制造技术应用	0.3699	0.0480	5.4120	***	显著	H2
智能互联←环境感应能力	0.3882	0.0445	6.1493	***	显著	H4
生态系统进化←智能互联	0.6533	0.1045	7.4409	***	显著	H3

续表

直接影响路径	标准路径系数	S. E.	T-Value	p	路径显著性	假设
生态系统进化←环境感应能力	0. 2015	0. 0551	3. 0646	**	显著	H5
智能化转型←生态系统进化	0. 2884	0. 0801	3. 9513	***	显著	H7
智能化转型←智能制造技术应用	0. 2623	0. 0553	4. 4606	***	显著	H1
智能化转型←环境感应能力	0. 3418	0. 0576	5. 4577	***	显著	H6

资料来源：孟凡生，宋鹏．智能制造生态系统对制造企业智能化转型的影响机理［J］．科研管理，2022（4）：41.

注：在 0. 05 的显著性水平下，***表示 $p<0.001$，**表示 $p<0.01$。

采用自助抽样法（Bootstrap Method）对间接效应的两种研究方案进行分析。该模型被分为间接模型 M 和间接模型 N 两个部分：①间接模型 M 代表“智能制造技术应用→智能化转型”。智能制造技术应用与智能化转型的间接影响效果的点估计值 Z 为 2. 26，超过 1. 96 的参考标准。在 0. 05 的信心水平下，偏差修正（Bias-corrected）和百分位法（Percentile Method）的间接影响信任区间并不包含 0，这表明智能制造技术应用与智能化转型之间有显著的间接影响，结合直接影响路径测试结果，两个潜变量之间存在部分的间接效应；②间接模型 N 代表“环境感应能力→智能化转型”。在环境感应能力与智能化转型之间存在显著的间接影响，并且是部分的间接效应。点估计值显示智能互联和系统演变的间接效应仍然有限，远远低于直接效应，如表 10-4 所示。

表 10-4　间接效应的检验结果

模型	潜变量（终点←起点）	作用类型	点估计	系数乘积		Bootstrapping-95% CI			
				S. E.	Z-Value	Bias-Corrected		Percentile Method	
						Lower B	Upper B	Lower B	Upper B
M	智能化转型←智能制造技术应用	Tot Eff	0. 312	0. 077	4. 051	0. 173	0. 472	0. 174	0. 472
		Ind Eff	0. 066	0. 029	2. 259	0. 021	0. 136	0. 018	0. 132
		D Eff	0. 247	0. 078	3. 144	0. 108	0. 417	0. 106	0. 412
N	智能化转型←环境感应能力	Tot Eff	0. 435	0. 074	5. 900	0. 296	0. 586	0. 289	0. 578
		Ind Eff	0. 121	0. 052	2. 323	0. 034	0. 234	0. 032	0. 231
		D Eff	0. 315	0. 084	3. 728	0. 157	0. 493	0. 145	0. 477

资料来源：孟凡生，宋鹏．智能制造生态系统对制造企业智能化转型的影响机理［J］．科研管理，2022（4）：42.

综合模型运行与结果评估，智能制造技术应用有助于提升在智能制造生态系统中主体的行为能力，包括提高智能制造协作网络的互联互通水平及其对环境变化的感知应对能力：①在智能互联互通方面，主要体现在企业内部技术整合应用能力的增强和联盟级智能制造协作网络的组建；②在环境感知应对方面，主要体现在企业利用内部智能制造系统对消费者需求的感知和对技术环境变动的匹配能力的提升。企业主体之间的联通协调和开放感知推动智能制造生态系统的进化，使得智能制造技术标准、行业规范、数字化标准不断优化。智能制造技术资源展现出多元化的发展方向，为制造企业提供规范而全面的智能制造技术支持。①

10.2 智能工厂与体系架构

智能工厂（Smart Factory）依托大数据、物联网、云计算等创新技术，借助传感器、分布式网络把机器、设备、人员与软件融为一体，进行监测、收集、处理和即时地运用大数据。这种方式贯彻在产品设计、制造、管理、服务等各个业务环节中，拥有自我感知、自我学习、自我决策、自我执行、自我适应等特性，构筑效率高、节能、环保的人性化生产模式。在本质上一个是由机器、通信手段和计算能力组成的网络-物理的人机交互系统。

智能制造由数字化转型和自动化技术驱动，在制造过程中融入分析、推理、判断和决策等智能化活动，保障以人为核心，同时共享生产信息，实现人机一体化。实现智能制造的关键在于智能工厂的建设和运营。智能工厂和智能制造属于工业4.0的一部分，基础劳动力将逐步被机器所取代。然而智能工厂不是无人工厂，人依旧需要发挥重要的控制和决策作用，人与机器各有所长、和谐相处。②

10.2.1 从管理4.0到质量4.0

随着工厂制度在英国工业革命中诞生，生产管理开始作为专业管理体系正式形成。从英国经济学家亚当·斯密提出劳动分工理论之后，生产管理体系在工业革命的推动下历经三次重大的变革，即古典管理、科学管理与精益管理。随着第四次工业革命的降临，催生新一轮的生产管理体系变革。

1771年，英国工场主、“近代工厂之父”理查德·阿克莱特创办第一座

① 孟凡生，宋鹏．智能制造生态系统对制造企业智能化转型的影响机理［J］．科研管理，2022(4)：37-45．

② 小浪花朵朵开．智能工厂［EB/OL］．［2023-03-20］．https：//baike.baidu.com/item/%E6%99%BA%E8%83%BD%E5%B7%A5%E5%8E%82/59501155？fr=aladdin，2023-03-17．

拥有数台多轴纺纱机和超过 300 名员工的纺纱工厂，标志着工厂制度的正式诞生。工厂制度以其庞大的规模、专业的分工以及集中的管理层面为优点，其生产效率大大超过手工作坊。大规模生产的需求在第一次工业革命中催生劳动分工与工厂制度，这个时期的生产管理实践和理论经过专业化生产组织模式的逐渐探索，被称作古典管理，标志着生产管理史的第一次高峰，即管理 1.0 时代。

1911 年，美国管理学家、经济学家、“科学管理之父”弗雷德里克·泰勒进行“生铁搬运实验”和“铁锹实验”，并且出版《科学管理原理》一书，标志着泰勒制的正式形成，为优化作业流程以及方法提供有力的工具。1913 年，美国汽车工程师、企业家亨利·福特建立第一条汽车装配流水线，开创复杂产品的大批量生产模式，至今仍然广泛应用。泰勒制与流水线生产共同组成科学管理体系，代表着生产管理史一次气势恢宏的飞跃，即管理 2.0 时代。

1980 年，日本企业以 1100 万辆的制造能力，一跃成为全球最大的汽车生产国。日本企业为了提升产品质量和推动工业经济的发展，从 20 世纪 50 年代起，纷纷向美国寻求质量控制的诀窍。戴明和石川馨等管理学者和丰田汽车大野耐一等企业家共同推动和实施全面质量管理（TQC）和准时化生产方式（JIT），从而构建一套全新的精益管理模式。这种模式有效地解决在生产流程中的协调配合问题，大幅度减少库存浪费，颠覆传统的大批量生产方式，象征着生产管理史的又一次宏伟的飞跃，即管理 3.0 时代。

工业革命不仅是技术革命，而且是工业技术、生产方式和管理体系三个维度的变革总和：工业技术是原动力，没有工业技术的突破，工业革命就无法开启；生产方式是工业技术大规模产业化的重要手段，革命性的工业技术肯定重塑生产方式，新的生产方式必须要求与之相匹配的生产管理体系；工业革命由技术变革触发、由生产方式变革实现大规模扩散，并且由新生产管理体系予以保障。

在需求属性方面，人类社会经历从“数量”到“功能”再到“质量”的演变过程：18 世纪之前，人们生活在物资匮乏的时期，这个阶段的需求特性主要集中在大规模制造产品的数量方面；19 世纪之后，各类发明创新如同雨后春笋般涌现出来，这个阶段的需求特性主要集中在比如电灯、电话、汽车这样全新产品的功能方面；进入 20 世纪，人们对生活品质的追求日益提升，这个阶段的需求特性主要体现在个性化的产品质量与审美体验方面。

三次工业革命恰好对应着人类社会三种需求特性的转变过程，三次生产方式与生产管理体系变革也为人类社会三次需求特性的转变提供必要的物质保证：第一次，蒸汽机技术为制造环节提供充沛的动力，从而实现大规模的数量生产；第二次，电力技术为制造环节提供精确的动力，从而实现高质量产品的功能生产；第三次，信息和通信技术极大地增强制造环节的控制能力，使得全部制造过程更为稳定可信，进而满足复杂产品的生产；第四次，新的工业革命将应对和满足新一轮人类需求特性的巨大转变，可以推断“审美需求”将成为人们下一个需求特性，实现需求特性从质量向审美的阶段转变。

对于各类消费者来说，“数量”“功能”“质量”，此前三个阶段的需求特征显现出强烈的同质性，但是“审美”在很大程度上具有明显的异质性。每个人的“审美”缺乏一致的标准或准则，在审美需求特征下的商品除了必须普遍地“精致”，还应当具有普遍的多样性，然而以往的生产方式和管理结构无法满足超大规模的多样性需求。当前的数字化转型和智能化生产如火如荼地进行着，各大工业巨头都在全力以赴地布局最前沿的制造技术，以备下一轮的技术革新。无可争议，随着工业 4.0 时代的来临，生产管理体系将步入管理 4.0 时代。

古典管理体系涵盖工厂的生产方式与劳动分工，科学管理体系囊括流水线生产方式和泰勒制，精益管理体系融入准时化生产方式和全面质量管理。新一代生产管理体系则采用量子化生产方式与互联式系统分析，也就是互联式管理体系。

第一，量子化生产方式。消费者管理的具体化和产品生产的量子化是未来需求侧的基础特性。快速的产品创新和全能的生产系统是供给侧的基本特征：①在审美需求展现出的特征下，生产商需要处理极其琐碎的订单、最小规模的生产批量和实时变更的消费者需求，所提供的产品将越来越差异化，生产系统面临从“小批量多品种”向“单件无限品种”的转型。“单件无限品种”代表最小的批次，是不能再分割的批次，这与物理学的“量子”概念相似。②量子化生产针对所有的具体消费者，针对每一位特定消费者进行极度的消费者管理，精确的消费者需求管理和定制化的消费者服务是量子化生产方式运行的关键条件。量子化生产可以根据每一位消费者的不同需求进行单件产品的创新和制造，快速的产品创新是量子化生产的根本，全能的生产系统具有极高的复杂度。订单处理、产品创新、生产设备、工艺流程都变得越来越复杂，可以在任何时候根据产品设计标准调整生产流程和制造工艺，快速制造出各种不同的产品，如图 10-4 所示。

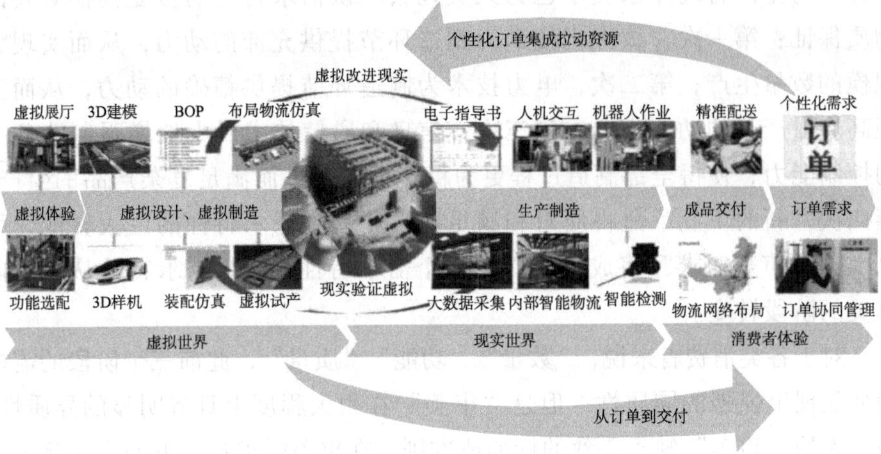

图 10-4　智能工厂从订单到交货的基本流程

资料来源：邱伏生．智能工厂物流构建［M］．北京：机械工业出版社，2023：19.

第二，互联式系统分析。面临审美需求无尽的多样性，实施量子生产方式并非易事：①在历经三次工业革命后的三套生产管理体系或许在形式上能够解决问题，然而所付出的成本过高。操控能力要求生产系统逐步走向复杂化和全能化，普通的加工厂和人工生产线将逐渐消失，取而代之的是高度智能化的生产制造工厂，比如西门子运用数字孪生（Digital Twin）技术所建立的数字化工厂。②实行量子生产方式的关键在于减少量子生产方式运作的成本。工厂的全能化必然引发大量的物料加工资源和信息处理资源的冗余，网络化的管理系统的管理对象则包含各种要素之间的充分联系，例如消费者、生产商和供应商之间，需求、科技和生产之间，产品、设备与员工之间，人与人、物与物和组织与组织之间，生产商和其他外部组织机构等。新一代生产管理系统的核心职责是分析、重塑、优化各种要素间的充分联系，包括执行全面消费者管理（TCM）、设定量子生产标准和流程、建立智能网络工厂、运行工厂级操作系统、构建产业公共服务平台等。①

如前所讲，消费者的需求个性化和多变性推动生产商从大规模生产方式转向单件无限品种生产方式，信息技术、自动化、3D 打印等一系列创新技术正在深刻改造传统的生产方式，更先进的生产方式比如准时生产、量化生产、柔性制造、敏捷制造等得到越来越广泛的应用。与此同时，数字化、智能化

① 解光伟．管理 4.0：试论第四次生产管理体系变革［EB/OL］．［2022-08-13］．https：//zhuanlan.zhihu.com/p/470599447，2022-02-22.

的产品设计从单机转向整个系统、从单一目标转向多种目标、从单一领域转向多元领域，此现象带来的是消费者需求复杂化、产品构成复杂化、产品技术复杂化、生产过程复杂化和项目管理复杂化等，这就是所谓的复杂产品。①

复杂产品（Complex Product）和复杂产品系统（Complex Product System，CoPS）是指具有结构复杂、价格昂贵、工程技术含量高、零部件集成度高、研发成本高、创新难度大、风险高，单件或小批量定制化的大型产品、系统或者基础设施，包括航空器、飞机、汽车、船舶及复杂机电产品等。复杂产品与复杂产品系统对大量的子系统、部件和零件进行高度整合，拥有大量的状态变量，反馈机制复杂，输入和输出展现出非线性、高阶次及多回路的特性，在结构、功能、行为与演化等方面展现出极度复杂的特性。无论是从工程技术的角度还是管理的角度看，其生产过程复杂、装配难度上升，制造质量标准要求高，都对其制造质量管理提出巨大的挑战。②

在质量管理的发展过程中，技术革新始终领先一步，导致现行的质量管理实践和理论遇到诸多新的挑战。大量的不确定性和非线性行为使得传统的质量管理手段无法应对。工业4.0的目标是充分利用信息通信技术以及信息物理系统和虚拟网络系统的结合，对制造业进行数字化、信息化、智能化的提升，标志着生产与生活方式的根本性转变。对于复杂产品的质量管理含义、需求、供给、基础设施、监管等各个领域都将产生深远影响，工业4.0将驱动质量管理理论与实践在多个层面、各个维度的改变。③

第一，对质量管理内涵的影响：①质量管理的关注点大规模拓宽，数字工具和平台等成为质量管理的新对象；②质量评估引入更多的视角，传统的产品转向“软件定义、数字驱动、平台支撑、服务增值、智能主导”的新属性，虚拟物理空间、数字孪生等技术，使得在实体之外相应形成一个数字虚拟映射，推动产品设计制造方式的创新和质量的提高。

第二，对质量需求方的影响：①消费者权益显著增加。一方面，消费者获得产品服务知识的技能显著提升，做出理性消费决策的依据更为充足；另一方面，供给侧竞争的加剧也迫使生产商做出更多的让步。②消费者应该留

---

① 王可，王家钦，付玉升．基于统筹方法的数控铣床开发研究［C］．重庆：第十二届工业工程和工程管理国际会议，2005：1432-1434.

② 毛景立，席酉民．基于航空复杂产品系统的合约化质量概念的演变［J］．航空科学技术，2007（12）：17-21.

③ 郭政．从工业4.0到质量4.0：影响与挑战（上）［J］．上海质量，2022（6）：19-21.

意到部分生产商和经销商通过各种策略制造假消息，因此信息的筛选能力成为消费者行使权益的关键前提。

第三，对质量供给方的影响：①由数字驱动的设计质量显著提高，使得市场和消费者的细分更精确化和明晰化，同时能够满足各种明示的或潜在的需求，第一次实现从设计起点就做到“消费者导向”，增强产品对消费者的终身效用；②质量管理变得更精确化且智能化，传统的基于小样本统计的质量管理和改善将被大数据的机器学习所取代，生产商转型为新型智慧化制造和服务生产商；③质量竞争更激烈，生产商对普通质量的提升不再是获得竞争优势的必需条件，竞争焦点转向质量创新，即更深入地理解消费者需求并以创新方式迅速满足或超越这些需求。

第四，对质量基础设施的影响：①在制造业领域，借助模块化、数字化嵌入式标准，对产品、组织和流程布局进行优化，达到个性化定制、柔性化制造、智能化服务，从而获取更优质量和效能。在服务业领域中，标准与数字化、网络化和智能化相结合，形成标准云和数字标准，借助大数据技术优化存量标准的资源，扩展标准服务的有效边界。②检测技术的进步导致检测认证机构的权威地位下滑，检测设备智能化水平大幅提升，检测从事后抽查转变为在线全程检测，区块链的去中心化、去权威化将引发检测认证机构的公信度降低，质量技术服务机构的研发实力将转变为企业最主要的核心竞争力之一。③质量管理方式面临刷新，大数据获取的便利性将产生实时、可控、可追溯的数字管理。同时大数据在质量创新的应用中也遇到完整性、应用场景、领域知识、隐私等问题的挑战。④质量人才的技能结构经历根本变化，数字分析技能和专业技术实力的结合复合将是未来质量人才的新准则。与质量有关的职位和责任发生重大变动，现行的教育培训体系应当提前进行调整。

第五，对质量监督体系的影响：①对监管内容的深化与拓展，包括数字质量、网络平台质量、供给质量、信息保障等随着数字化进程的推进而出现的新领域，逐渐被纳入监管框架，相应的法律法规、标准规定以及匹配的监管能力提升也将相应进行调整。②社会共治参与者的角色分配与协调需要进行重构，消费者在监管中的意愿与实力显著增强，当前以行政和司法为主导的监管体系需要更加灵活、包容、周到，及时应对消费者在质量问题上的表达。③全球监管合作的强化，可能引发主导权的争议。无论是数字产品或服务，还是由数字推动的商品或服务的生产与消费系统，在互联网、物联网的赋能下，都将呈现出高度的国际化，监管的国际化合作成为必然的发展方向。

工业 4.0 本质特征是基于大数据的分析方式、决策方式、生产方式、控制方式的变化，大数据驱动是基础。与此相似，质量 4.0 是质量管理在应对上述变化和挑战的系统再造，与以往质量管理的主要区别也是大数据驱动，以及由此引发的全产业链的质量变革，即大数据驱动的面向“供应链-价值链-产业链”全链条质量管理。①

当前新一轮技术革命的推动带给生产商新的机会重新定义质量，实时消费者群反馈、大数据、防范式质量管理体系等创新方式将使得质量绩效提升到一个新的水平。管理者主要纠结于两大选择：在新挑战需求下对现有质量管理体系进行调整？还是索性采取创新的质量管理实践？如何解决这两大难题，需要做到预防式质量管理、响应式质量管理、高层治理和文化建设质量管理等三个方面的改善，如图 10-5 所示。

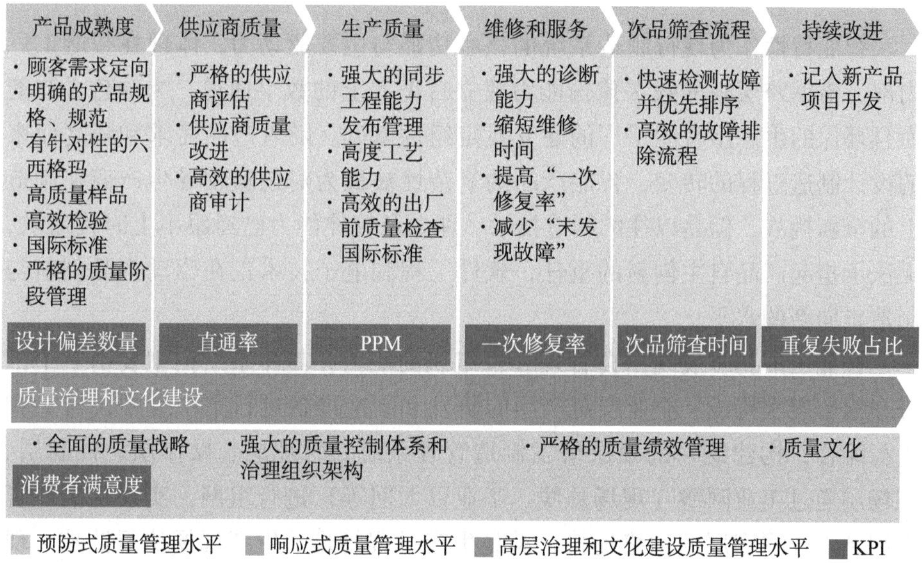

图 10-5　在管理 4.0 时代企业质量体系调整的三个方面

资料来源：KRUBASIK S. 你不能不知道的质量管理 4.0［EB/OL］.［2022-08-20］. https://www.sohu.com/a/128887808_611421，2017-03-15.

大数据分析、工业 4.0 应用及全新的消费者交互形式可以帮助管理者把质量管理提升到新的水平。例如生产商利用实时消费者群反馈来检测质量问题，管理者可以获得一系列网络分析解决方案，由此创造一种“社交媒体雷

① 郭政．从工业 4.0 到质量 4.0：影响与挑战（上）［J］．上海质量，2022（6）：19-21.

达”。根据情感分析识别行动领域，以及不同市场上具有意义的模式。再如生产商使用远程诊断技术进行根本原因分析，也可以从不同设备汇集传感器的反馈来获得“集群智能”，甚至使用预测性的诊断解决方法来监控车辆或机器状况，同时搜索能够预测可能出现的故障的相关模式。

从管理1.0到4.0、从质量1.0到4.0，这是不断的进化和超越，体现管理理论和实践螺旋式上升的规律，每一阶段都是对前一阶段的一种扬弃而不是简单的抛弃，是对过去的一种传承和进一步升华。尊重人的主体性，把个体放在社会与经济体系内的核心位置，这不仅推动工业化的转型升级，更推动人类文明和社会的进步。产业的发展本身就是为人的主体性创造价值，工业4.0的出现依赖于历次工业革命所积累下的文化基础和技术基础，人的主体性在本次工业革命中将体现得更为明显。①

10.2.2 体系架构和数字化车间

智能特性作为现行制造系统的核心功能与主要驱动力，体现在智能工厂内部，借助跨层级的数字传输能力建立自下而上的数字通道，为绿色、节能而且环保的生态型智能工厂的建立奠定组件基础。随着产品需求和随之而来的设计制造过程的转变，智能产品的复杂性被视为对创新领导生产商在制造上的全新挑战，但是以往的制造技术、理念及管控能力已经跟不上时代需求，无法承担起产品自主创新的重任，软件工程和电子技术正在驱动产品创新与制造走向新的水平。

智能工厂初步展现出自管理和自组织的能力，其体系结构主要由三个部分和五个层次构成：企业层对产品的研发和制造准备进行集中管控，与ERP进行融合，构建统一的顶层研发制造管理系统。管理层、操作层、控制层、现场层通过工业网络（现场总线、工业以太网等）进行组网，实现从生产管理端到工业网底层的网络连接，满足生产过程管理、生产现场执行监控、现场生产设备和物料数字采集的业务需求。除了对产品的开发制造过程进行建模与模拟，还会根据产品变动对生产系统的重构和运行进行模拟，以预测系统的使用性能，在投入运行之前分析其可靠性、经济性、质量、工期等，为生产制造过程的流程优化和大规模网络制造提供支持和协助，如图10-6所示。

---

① 祝鹏．工业4.0的技术经济基础及人文价值研究［D］．哈尔滨：哈尔滨工业大学，2016：38-42.

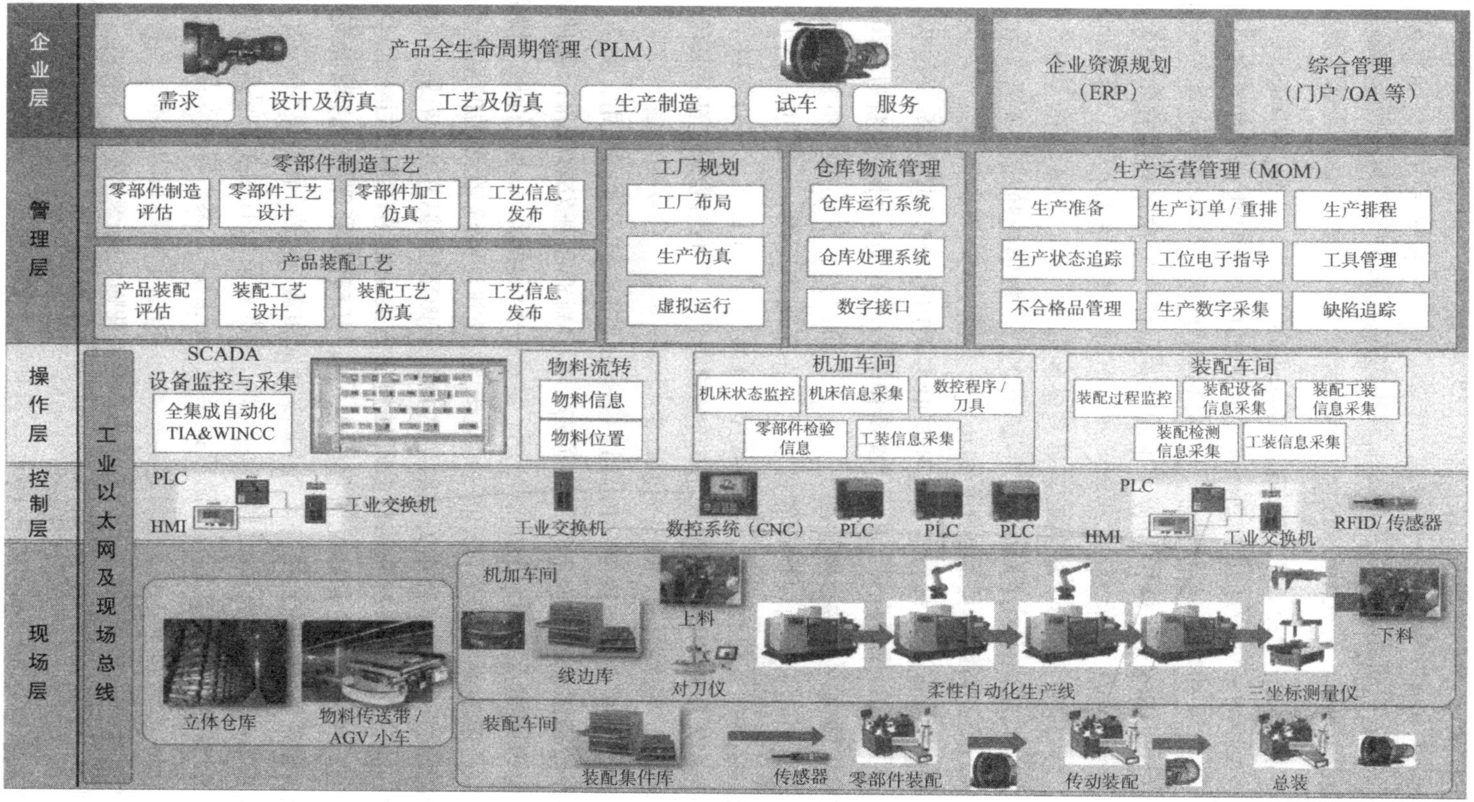

图10-6　智能工厂的体系架构与功能分类

资料来源：陈明，梁乃明．智能制造之路［M］．北京：机械工业出版社，2023：158．

智能工厂的主旨是把现实世界与虚拟世界融为一体，以全局视角审视产品的全过程开发与生产，涵盖从产品设计、生产计划、工程实施直至后期服务的全部环节。在统一的数字化平台上，对生产商资源、生产商供应链、生产商系统进行综合管理。①

（1）产品数字化建模系统（Product Digital Modeling System，PDMS）

产品数字化模型不仅构成产品性能模拟的基础，也是建立生产系统、确定工艺路径和工艺过程建模的基础。其建模技术的主要研究内容是通过特定的方法在计算机内部采用特定的数字化模型来描述、保存和展现真实世界中的产品，包含产品的几何形状、结构、性能以及行为状态等信息。对于机械产品来说，产品的几何形状和结构是最基础的信息，自计算机辅助设计、工程、制造软件工具（CAD/CAM/CAE）诞生之后，数字化建模技术首先在产品的数字化定义和数字化预组装中取得成功。

鉴于工艺过程的烦琐性，在构建模型时多采用多角度视图及复合流程模型进行描述：在加工阶段内，模拟刀具路径的动态行为，同时判断刀具与原材料在相对运动过程中是否发生冲突。在组装阶段内，借助虚拟组装环境显著地提升组装车间实地的现代化管理层次。在车间实地内，三维可视化组装流程文档（包含组装流程动画、三维模型、装配工装和工具、辅助物料清单等）使得装配工能够明确地、迅速地理解组装目标，因此减少或部分取代物理试装，提升生产效率，降低生产成本。②

（2）产品全生命周期管理（Product Lifecycle Management，PLM）

产品全生命周期管理着重于产品创新，并且对产品开发实施科学管理以推动产品生命周期管理理念的广泛应用。这是一整套信息生成、管理、传播和应用的综合解决方案，适用于单一地点内的生产商、分布在多地的生产商，以及在产品研发领域存在合作关系的生产商。该方案能够整合与产品关联的人力资源、流程、应用系统和信息。PLM 解决方案是以消费者心目中的“产品”为中心，针对制造业信息化流程所建立的一个信息管理平台，既能支撑产品开发、生产和维护的全程，又能不断提升创新能力。③

PLM 技术消除阻碍产品设计师、生产商、销售人员和消费者之间交流的技术障碍，为产品全生命周期的每个阶段提供数字化解决方案，缩短产品开发周

① 王德学．浅谈西门子数字化工厂体系［J］．锅炉制造，2016（11）：60-64.

② 宁汝新，刘检华，唐承统．数字化制造中的建模和仿真技术［J］．机械工程学报，2006（7）：132-137.

③ 陈林，吕彦明，李强．汽轮机叶片计算机集成自动测量系统研究［J］．工具技术，2015（2）：89-92.

期，推动产品的灵活制造。PLM 构件被划分为对象构件、功能构件和应用构件三个层次，从 ERP、CRM 和 SCM 系统中抽取相关信息，进而允许消费者在生产商网络中共享概念设计、产品设计、产品生产和维护。生产商明确体系的算法和数值结构，通过实例化重用对象匹配，把相应部件组合成一个完整的软件系统。

（3）生产制造执行系统（Manufacturing Execution System，MES）

作为生产形态变革的产物，生产制造执行系统起源于工厂内部的需求。美国制造执行系统协会（Advanced Manufacturing Research，AMR）对 MES 的解释主要包括：通过信息交流对从订单发出到产品制成的全过程进行优化控制。当工厂出现实时事件，能够对此立即反馈、通报，并且运用当前的精确数字来引导和处理。这种对状态变化的快速响应使得 MES 减少生产商内部无附加值的活动，有效地引导工厂的生产操作过程，既能提升工厂的即时交货能力，改善物资的流动性能，也能提升生产收益率。在生产商内部和整个产品供应链中，还可以通过双向的直接沟通来提供有关产品行为的关键任务信息。

20 世纪 90 年代，生产商需要创设工厂与管理之间有效的连接方式。MES 是一种管理接口，通过实时的数字收集和分析，以供最优的车间监控和可视化。强调信息整合的重要性，以便在生产层级和业务层级间进行信息交流并优化整体生产流程。MES 也是一种生产模式，核心功能在于优化全过程生产，与以工单派遣为主的生产管理和以辅助物料流动为特色的传统车间控制器有所不同。也与以任务和设备管理为主导的单元控制器有所区别。把制造系统的规划、进度排布、追踪、监控、物料流动、质量管理、设备控制以及计算机集成制造接口（CIM）作为一个整体来考虑，最终实行自动化和智能化的制造战略。

（4）全集成自动化系统（Totally Integrated Automation System，TIAS）

1996 年，西门子自动化与驱动集团为了满足市场对工业自动化流程控制系统稳定性的需求而提出 TIAS，这是一个以工业以太网（或者工业总线）为核心的技术解决方案。该方案整合生产管理系统、人机接口、自动化控制软件、自动化设备和数控机床，构建物理网络并实时获取数字信息，分析生产流程中的核心影响因素，监测生产流向的稳定性以及生产设备的即时状况，以此达到对整个工厂生产资源和生产流程智能管理，实现生产智能化、数字化的目标。[①]

TIAS 负责实施自动化系统、MES 与生产商的 PLM/ERP 连接，引领整个企业层的数字化驱动，构成智能化制造过程的关键环节，有效实现在工厂范围内的柔性操作、自动化的物流管理和敏捷制造，满足智能工厂对于生产业务功能的需求。确保产品全生命周期的数字化定义得以实际实施，对市场需

---

① 唐堂，滕琳，吴杰．全面实现数字化是通向智能制造的必由之路：解读《智能制造之路：数字化工厂》[J]．中国机械工程，2018（2）：366-377.

求进行快速灵活的反应，通过对设备生产状态和完工率的实时监控，评估生产风险和预测成本，为生产商提供可靠的投资保障。

（5）生产商资源计划（Enterprise Resource Planning，ERP）

1990 年，美国高德纳咨询公司首次提出生产商资源计划，这是对 MRP Ⅱ（即生产商制造资源计划）的更新版本，代表着制造业系统和资源计划软件的新一代。除继承 MRP Ⅱ 的生产资源规划、制造、财务、销售和采购等功能之外，还新增质量管理、实验室管理、业务流程管理、产品数字化管理、库存管理、分销及运输管理、人力资源管理以及定期报告系统。

ERP 系统主要涵盖供应链管理、销售及市场、分销、消费者服务、财务管理、制造管理、库存管理、工厂和设备保养、人力资源、报表、制造执行系统、工作流服务以及生产商信息系统等核心功能，并且包括金融投资管理、质量管理、运输管理、项目管理、法规和标准、过程控制等附加功能。不同于之前的 MRP 或 MRPⅡ模块，其核心管理理念体现在全面地管理供应链资源。①

数字化车间（Digital Shop Floor）以生产设备、设施等硬件为基础，旨在降低成本、提升质量和效率、迅速地适应市场需求，借助完善化的制造流程设计、生产管理、过程监控等环节和计算机模拟环境，利用数字化、网络化、智能化等技术手段，对工人、机器、物料、方法、环境、测量（即人、机、料、法、环、测）等生产资源及生产流程进行规划、管理、模拟、优化和可视化等操作，从而实现对生产资源、设施设备以及流程的精细化、精准化、敏捷化、高效化的管理与控制。

智能工厂由设备、机器人、自动导引车辆、互联网、大数据、信息等资源组成，整合产品制造过程和工厂模型的数字集，目标在于提升产品的质量和生产流程相关的质量及动态性能。生产车间是构筑工厂的关键部分，数字化制造车间的实现基本上可以完成智能工厂的基本构架。当搭建数字化系统时，关键在于数字的可视化管理和运用，并非仅仅关注全面的自动化的程度。通过运用大数据平台系统，整合主数字流和工业互联网、智能装备、智能仓库、专业系统等多方面，实现数字流的畅通、系统集成和共享。

在引入数控机床、机器人等生产设备并实现生产自动化的基础上，数字化车间再加以 ERP、MES 等管理软件作为中枢管理系统，以视觉相机、RFID 标签、扫码器、条码、传感器等为组件，以 NC 数控系统或 PLC 为控制单元，以现场总线 PROFIBUS、工业以太网 PROFINET、MODUBUS 等通信技术为传输网络。凭借完善的系统获取状态信息、传递控制指令，以此实现科学决策、

---

① 武娟，田智浩．基于 ERP 的企业财务管理和业务流程管理研究［J］．知识经济，2018（3）：96-97.

智能设计、合理排产，监控设备状态，提升设备使用率，使得自动化生产线和智能化设备高效运转。

数字化车间分为生产控制和现场执行两部分：①生产控制是数字化工作环境的核心，重点在于执行和控制生产计划，负责人员分配、劳动组织、生产调度、产量控制、质量管理、成本控制、工艺反馈与优化、质量分析、生产统计、定额核算、安全运营、现场指导等任务；②现场执行是数字化工作环境的基础，重点在于设备维护、现场信息收集和实时监控等设备状况和实时信息管理。

数字化车间由多个制造单元有机串联或者并联而成，运行过程受到多源效应的影响，投入要素的状态变化往往具有联动式、非线性、强耦合的特点，导致针对复杂离散化制造系统的复杂性高。以大数据“采集-处理-分析-服务”为主线，通过大数据样本和周期理念，实施“线下训练+线上应用”的智能布局、设计、工艺、决策、物流、服务等新模式，构建大数据引领的生产过程管控总体框架，为推动智能化制造转型在离散化车间布局与管控的落地应用提供标准化模板，如图 10-7 所示。①

在“互联网+”和工业 4.0 不断碰撞、融合的大环境下，智能制造是大势所趋。数字化车间涵盖生产设备、生产流程、数字采集和分析、人工智能技术的应用、员工培训和技能提升等多个方面，是实现制造业转型升级的重要内容，也是实现智能制造的重要手段。部分人士从主观上认为大量采购和引入数字化设备是建设好数字化车间的前提，其实不然，真正的数字化车间是实现设备的互联互通，是大数据顺应消费者的需要而进行有序的流动。

数字化车间建设应该以消费者需求为导向，以行业实际应用为指引，以经济效益为驱动，以成功落地为目标，构建数字化、网络化和适度智能化的生产模式。数字化车间的建设可以分为三条主线：①生产设施设备。这是数字化车间的物质基础，是企业生产经营的重要工具和手段，是企业按时提供高质量产品的重要保障条件。②信息系统。以 MES 为中心的智能化管控系统的搭建，实现对生产计划调度、工艺执行、过程控制、质量管控、设备管理等生产过程各环节及要素的精细化管理。③工业物联网。作为桥梁连接 MES 等信息化系统与生产设备。这三条主线交汇，实现大数据在自动化设备、信息化系统之间顺应人的意愿而进行有序流动，最终实现高效、高质、绿色、低成本的生产模式。②

---

① 方伟光，郭宇，黄少华．大数据驱动的离散制造车间生产过程智能管控方法研究［J］．机械工程学报，2021（10）：277-291.

② 企谷科技．什么是数字化生产车间？［EB/OL］．［2022-08-20］．https：//www.zhihu.com/question/533617960/answer/2617973982，2022-08-09.

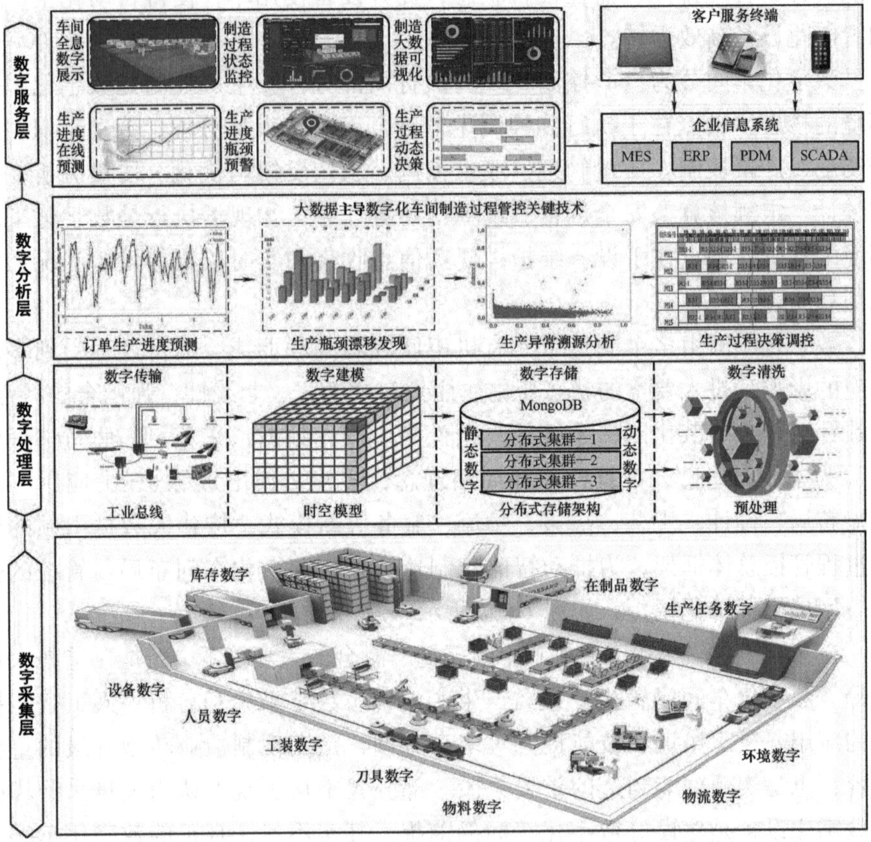

图 10-7　大数据主导数字化车间制造过程管控总体框架

资料来源：方伟光，郭宇，黄少华．大数据驱动的离散制造车间生产过程智能管控方法研究［J］．机械工程学报，2021（10）：280.

在制造系统中的问题，通常被分为“可见的”和“不可见的”两大类，既可以在问题发生后去解决，也可以在问题发生前去避免。当然我们心所向往的智能制造系统必须是建立在对这两大类问题全面了解的基础上，进而实现“无忧虑”的制造环境：①在解决可见的问题过程中积累经验和知识，从而避免可见的问题；②依靠大数据分析不可见的问题所发生的隐性线索、关联性和根本原因，对发展过程进行有效预测，把问题显性化，在其产生影响之前解决掉；③通过大数据深度挖掘相关性，从旧知识中产生新知识，并且利用新知识对实体进行精确的建模，产生能够指导制造系统实体活动的镜像模型，从设计和制造流程的设计端避免可见的或不可见的问题。

随着制造资源的配置逐渐转向信息密集型，大数据的采集、储存、处理、决策、预测、实施和协同等技术，从数字化车间里采集到大数据，并且对其赋予制造资源实时感知、制造过程优化管理、制造服务灵活配置等环节的支持能力。在此过程中，数字化车间需要使用计算机、自动控制、工业软件、人工智能、工业机器人、数字孪生、增材制造（AM）、物联网、传感器、互联网、通信技术、虚拟现实/增强现实/混合现实（VR/AR/MR）、云计算，以及新型材料、新工艺等技术，这些不仅仅是一种单元技术，而是持久运用数字化、自动化和智能化等先进制造技术和现代企业管理观念，从而提升核心竞争力的综合集成技术。①

在广泛互联和深度感知的赋能背景下，数字化车间借助大数据的采集、传输、处理、储存、剖析以及可视化，揭示基本的运作模式。通过智能化的决策手段实现车间效能的最优化、达成决策目标的最优化。运用大数据的采集、传输、处置、储存、集成、分析、预测与决策、可视化等多种技术，构筑从采集到可视化的大数据全生命周期的运作流程，如图 10-8 所示。②

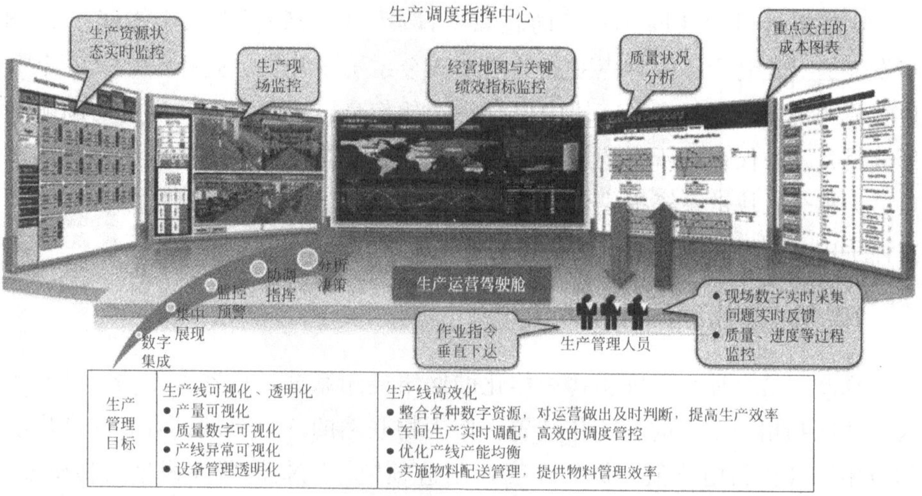

图 10-8 智能制造企业的可视化生产调度指挥中心

资料来源：黄培，许之颖，张荷芳．智能制造实践［M］．北京：清华大学出版社，2021：234.

需要明确，数字化车间建设和智能制造的更迭不是大批量进行机器换人

---

① 张洁，吕佑龙，汪俊亮．智能车间的大数据应用［M］．北京：清华大学出版社，2020：12-257.

② 吕佑龙，张洁．基于大数据的智慧工厂技术框架［J］．计算机集成制造系统，2016（10）：7-13.

的过程，而是以自动化、网络化、数字化、智能化等新理念、新手段，帮助人实现更高效、更高质、更绿色、更低成本的生产与服务，人变得越来越重要。无论是机器人等智能化设备，还是 MES 等信息化系统，都要把“以人为本，管理取胜”作为根本出发点，通过数字化车间建设实现精益化生产模式，为制造业转型和升级在车间层面奠定坚实的基础。①

10.3 物联网与区块链

物联网（Internet of Things，IoT）一词最早出现于美国微软公司创始人比尔·盖茨于 1995 年出版的《未来之路》一书，即“万物相连的互联网”，是指通过各种信息感测器、射频识别器、红外感应器、激光扫描设备、定位系统等各种设备与技术，对需要连接、交互、监控的物体或过程及其相关的信息进行实时采集。借助各种可能的网络接入方式，实现物与物、物与人的全面连接，从而达成对物体、过程和人的智能化感知、识别与管理。②

区块链（Block Chains）一词起源于日裔美国密码科学家中本聪于 2008 年发表的《比特币：一种点对点的电子现金系统》一文，是指一个又一个区块组成的链条，在每一个区块中保存一定的信息，按照各自产生的时间顺序形成链条，被保存在所有的服务器中。这些服务器在区块链系统中被称为节点，为整个区块链系统提供储存空间和算力支持。这些节点通常掌握在不同主体手中，所以篡改区块链的信息是极其困难的事情。③

10.3.1 物联网和机器人

物联网是一种基于虚实物一体化的网络应用系统，机器人作为一种具备人工智能和相关技术的智能化装置，作为物联网的一个终端，有着非常广泛的应用场景和利用价值。例如在工业制造领域，工业机器人通过与传感器、PLC（可编程序控制器）、物联网网关等设备交互，实现自动化生产和智能化调度。工业机器人作为物联网应用的一部分，与其他设备相互连接和协同工作，以实现更加智能化、自动化的生产、制造和服务。

---

① 祝鹏．工业 4.0 的技术经济基础及人文价值研究［D］．哈尔滨：哈尔滨工业大学，2016：38-42.

② 王红，邢海波，陈洪全．航空装备测试技术体系及测试保障技术智能化发展分析［J］．测控技术，2020（12）：10-15.

③ LQ_CBHB22. 区块链［EB/OL］．［2023-05-20］．https：//baike. baidu. com/link？url=Z4dYnL0r5aQk_ey-nD6llJQFHKSd8EeuFvOansnbNDFeIeKIRsEkKhmuUPfKoyJmQ_NjDGUnRxrNF6Qtlfp1fsWRnUMnYC22CUsl_GEDNwWflMXUNnrW9Z_PxVKMhlq，2023-04-14.

机器人被誉为“制造业皇冠顶端的明珠”，其研发、制造、应用是衡量一个国家科技创新和高端制造业水平的重要标志，机器人产业是德国政府着力推动的工业4.0战略所涉及的重点领域。工业4.0理念和工业机器人已经广泛渗入机械、汽车、能源、化工等各个领域，智能制造业是产业的基础、是智能经济的灵魂。物联网成为机器人的远程触角，机器人规模化量产将得以实现，世界工业体系正在酝酿从量变到质变的新飞跃。

机器人（Robot）是指自动完成任务的机器装置，既可以遵从人类的指令，也可以实行预设的程序，或者依据人工智能科技设定的原则和纲领行动。国际标准化组织接纳美国机器人协会的定义，“一种可编程的多功能设备，用于搬运物料、配件、工具的操作机；或是为了完成各种各样的任务而拥有可改变和可编程动作的专业化系统”，日本人则认为“机器人是所有高级的自动设备”，“机器人是一种拥有移动性、个体性、智能性、通用性、半机械半人性、自动性、服从性等七种特征的柔性设备”。

机器人是依靠自身动力和控制能力来实现各种功能，并且具有生物特性的三维空间坐标机械装置。评估机器人性能的主要标准包括：①智能，是指感觉和感知，包括记忆、运算、比较、鉴别、判断、决策、学习和逻辑推理等；②机能，是指变通性、通用性或空间占有性等；③物理能，是指力、速度、连续运行能力、可靠性、联用性、寿命等。[①]

在工业领域内应用的机器人被称为工业机器人，汇集机械设计、计算机、电子控制、传感器、人机交互、人工智能、仿生学等众多学科技术于一体，被视为工业自动化的三大支撑技术之一（另外两个是机械手臂、机器视觉）。美国工业机器人协会（RIA）、日本工业机器人协会（JIRA）、德国工程师协会（VDI）和国际标准化组织（ISO）都对工业机器人进行过定义，比如国际标准化组织认为“工业机器人是一种具备自动控制、可重复编程、多功能、多自由度的操作设备，能够搬运物料、工件或操持工具来完成多种任务”。中国现行的推荐性国家标准GB/T12643—2013《机器人与机器人装备词汇》，实质上与国际标准化组织认定的ISO8373—2012标准保持一致。

1956年，美国机械工程师乔治·德沃尔成功打造全球第一台可编程的机器人。1959年，他与美国发明家约瑟夫·恩格尔伯格联合研发第一台工业用途的机器人。后来他们共同创建全球第一家专门制造机器人的公司Unimation。1962年，美国AMF公司生产的VERSTRAN机器人，如同Unimation公司制造

---

① 戴青．基于遗传和蚁群算法的机器人路径规划研究［D］．武汉：武汉理工大学，2009：1-3.

的产品，都是真正实现商业化的工业机器人。

工业机器人由执行机构、控制系统、驱动装置和检测系统等四大部分构成：①执行机构，这是在空间内抓取并放置物体或进行其他操作的机械装置，其动作和功能类似于人的手臂，通常由机座、手臂、手腕和末端执行器组成。②控制系统，这是机器人的大脑中枢，使得机器人按照预定的程序行动，并且记住动作序列、动态轨迹、速度等指令信息从而达到重复运动的目标。③驱动装置，其作用是放大控制系统发出的控制指令信号用以驱动执行设备运动的设备，常见的驱动装置包括电动、液压、气动和机械等几种方式。④检测系统，通常由各种传感器组成，其任务是监测执行设备的动态位置和状态，把实际位置、状态的信息实时反馈给控制系统再与预设值比较，经过实时调整后发送给驱动装置的指令，使得执行设备达到预定的位置和状态。检测系统四个部分之间的运作关系，如图 10-9 所示。①

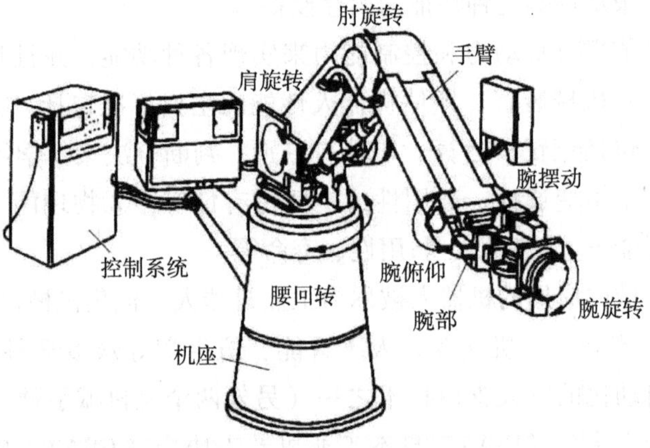

图 10-9　工业机器人各部分之间的运作关系

资料来源：黄培，许之颖，张荷芳．智能制造实践［M］．北京：清华大学出版社，2021：103.

机器人应用在三大领域，即工业机器人、服务机器人和特种机器人。其中工业机器人还包含更多的分类方式：①从程序输入方式来看，分为编程输入型和示教输入型等；②从驱动方式来看，分为液压驱动、气压驱动、电气驱动等；③从机械结构来看，分为串联机器人、并联机器人、串并混联机器人等；④从运动坐标形式来看，分为圆柱坐标型、球坐标型、直角坐标型、多关节型、平面关节型（SCARA）等；⑤从应用领域来看，分为焊接、装配、

① LAOERXIAOPING. 第二章金属的组织结构［EB/OL］.［2022-08-20］. https：//www.docin.com/p-111995294.html，2021-11-22.

搬运、码垛、上下料、包装、喷涂、切割等；⑥从负载大小来看，分为小型负载（负载小于20kg）、中型负载（负载20~100kg）和大型负载（负载大于100kg）等。①

以产业链为视角来看，工业机器人产业被分为上游核心零部件、中游本体制造和下游应用（系统集成）三个关键环节：①上游核心零部件主要包括伺服系统、减速器、控制器等零部件，以及齿轮、涡轮、蜗杆等重要材料。尤其是减速器、伺服系统（包括伺服电动机和伺服驱动器）与控制器，这三者是工业机器人的关键零部件，直接影响工业机器人的性能、稳定性和负载能力，对机器人整机的运作起着不可或缺的影响。②中游本体制造，生产商主要负责工业机器人的支柱、手臂、机座等部分和精密减速器等零部件的制造、组装和销售，有效地把上游零部件和下游系统集成商结合起来。通过开发机器人专用的运动学和动力学控制算法，解决机械保护、精度补偿、机械刚度优化等问题，实现机器人整机的性能指标，并根据行业和应用场景开发机器人编程环境和技术包。③下游系统集成，针对终端消费者和市场应用，根据不同的应用环境和用途以及消费者需求，进行有针对性的系统整合和软件二次开发。系统整合业务需要具备产品设计能力，理解终端消费者的应用需求和相关工艺方法、项目经验，提供适用于各种不同领域的标准化与个性化的设备套装。对比上游关键零部件和本体制造，下游系统集成的技术门槛最低。②

在智能制造领域中，工业机器人优势主要体现为自动化、高效率和安全性。工业机器人在当代制造业发展中的价值不断凸显，正在显现以下的发展动向。

（1）传统工业机器人走向智能化，出现人机共融和脑机接口

工业机器人的演化过程可大致包括三个阶段：第一代是示教再现机器人，第二代是具备基础感知系统的机器人，第三代是智能机器人（不仅拥有感知能力，而且在无人指令的情况下，根据环境状况进行自主决策和规划行动）。在当前工业领域里，所使用的机器人大多数并未达到强智能化的水平，这是工业机器人下一代的发展方向：①在操作臂技术方面，着重提升功率密度、普适性、轻型化、多自由度、多种材料、模仿人体构造，以及高载重与自重比和一体化机构的特性；②在传感与感知技术方面，利用识别、追踪、力觉、视觉等传感器，实现对各类外部环境、复杂任务的自主识别；③在安全技术方面，从单一机器人时代的个体安全转变为物联网时代的网络机器人安全；

① 程丹丹．中国工业机器人产业发展与应用观察［J］．企业管理，2021（4）：19-23.

② 黄培，许之颖，张荷芳．智能制造实践［M］．北京：清华大学出版社，2021：102-109.

④在导航技术方面，移动机器人向多模态、室外及无标识自然导航方向进展。[①]

传统工业机器人在感知方面的能力相对较弱，只有在相对稳定的环境下才能正常运作，也就是在结构化环境中执行各种确定的任务，否则可能出现错误，甚至可能导致人员受伤或财物损失。共融机器人是指那些能够与周围的作业环境、其他的机器人、人以及自然界进行交互，能够自我适应复杂的动态环境并进行协同作业的机器人，需要在“身体”“感知”“意识”的进一步创新：①在生肌电控制技术方面，通过利用人肌电信号来驱动机器臂，增加人机交互的自然性和主动性，主要应用于远程控制、医疗康复等领域。②在情感识别技术方面，通过综合分析人的面部表情、语音特征和肢体语言等多种状态特征，以及感知技术的综合判断，实现对人的情绪甚至是心理活动的有效识别，使得机器人具备类似人的观察、理解、反应能力。③在脑-机接口技术方面，分为植入式和非植入式两种，通过收集、识别和转化神经系统的电活动和特征信号，使得人脑发出的指令能够直接传递给指定的机器终端，实现人脑与外界的直接交流。[②]

（2）工业机器人由单机走向多机协同，复合式工业机器人成为趋势

集结各类传感器、控制模块、执行部件等众多设备设施，打造机器人系统以应对复杂问题。在众多应用环节场景中，已经实现多台机器人的团队协同应用，比如汽车产业中的车身涂装、焊接等环节，常常在一个工位上多台机器人并肩作业。与此同时，工业机器人主导生产商针对这些环节推出机器人群团队协同应用的解决方案。为了适应更丰富的应用环境，涌现出大量的复合型工业机器人，比如桁架式机械臂、轨道式机器人、移动协作式机器人（AMR/AGV+协作机器人）等，用于工业机器人的移动操作场景。

（3）工业机器人与物联网的结合，云化机器人及工业机器人云平台兴起

在技术理论与应用领域内，机器人与物联网构成两个分离的部分，然而彼此正在相互协作，推动对方的进步与创新。通过物联网的连接，可以构建更加主动、敏捷和自我学习的生产流程。机器人得以获取所需参数，进而执行特定指令，为管理者的决策提供依据。在制造业与重工业领域内，机器人长期被用来辅助实现自动化、精细化或高危性操作。物联网与机器人领域合力构建机器人物联网（IoRT），其背后的愿景是赋予机器人真正的智慧，使其

① 程丹丹．中国工业机器人产业发展与应用观察［J］．企业管理，2021（4）：19-23.

② 佚名．机器人总动员！——解读 2017 世界机器人大会［J］．发明与创新（大科技），2017（10）：42-43.

能够自行完成关键任务。一些具有前瞻性、财力的机器人生产商以智能平台接入第三方应用，开始创建机器人生态圈，机器人平台已经悄然兴起。①

在智能制造的生产环境里，工业机器人需要具备自组织和协同的能力以实现柔性生产，也引发对云端机器人（即机器人的大脑存在于云端）及工业机器人云平台的需求。物联网把设备与互联网连接，当机器人技术与云计算融合时，于是孕育出云端机器人。云端机器人通过网络与云控制中心相连，借助超强的计算能力平台，利用大数据和人工智能进行制造过程的实时运算与控制。机器人云服务技术允许机器人作为执行端，把数字传输到云端储存和计算，达到实时响应需求的效果，能够有效地进行数字交流和知识共享，从而为用户提供无限扩展、按需使用的机器人服务模式。②

在此需要说明的是，工业互联容易被误解为“工业的互联网”，然而其真实含义是“工业互联的网”。2012年，美国通用电气公司管理层在一份报告中曾经阐述：“工业互联网实质是一个开放性、全球化的网状结构，把人、数字和机器设备联系在一起。”工业互联网能够从智能设备和网络中搜集数字，实行“数字的流转”，通过大数据分析工具进行储存、解读和视觉化，并且把最终的消息提供给决策者。

不论是位于工厂中的机器或者是装在飞机上的发动机，数以亿亿级别的工业设备组成工业物联网。在这些设备上的传感器通过无线网络联接，以收集和分享数字。工业物联网技术的应用涉及具备感知和监测功能的各种收集器、控制传感器或控制器，以及移动通信、智能分析等技术，持续地被引入到工业生产的各个环节，极大地推动工业自动化的实施和实现。③

工业物联网强调的是“物与物”的连接，而工业互联网强调的是“人、机、物”的全面连接。工业物联网是物联网在工业领域的应用，可以被理解为工业领域的“万物互联”，把生产过程的每一个环节、设备变成数字终端，全方位地采集底层基础数字，进行更深层面的数字分析与挖掘，从而提高效率、优化运营。工业互联网涵盖工业物联网，同时进一步延伸到企业的信息系统、业务流程和人员。如果实现智能制造，必须建设好工业互联网，而建

① 程丹丹．中国工业机器人产业发展与应用观察［J］．企业管理，2021（4）：19-23.

② UC融合通信．物联网工程：物联网+机器人的应用［EB/OL］．［2022-08-20］．https：//baijiahao. baidu. com/s？ id=1728341075721583896&wfr=spider&for=pc，2022-03-26.

③ 赵宏鹏，陆明．论汽车制造业工业物联网+工业大数据的发展方向［J］．汽车工业研究，2021（12）：34-41.

设好工业互联网，其根基要完成工业的物联网化。①

工业互联网的高速发展经历四个阶段，分别是运行效率、新产品和服务、以结果为依据的经济体系、自我拉动的经济体系。每一阶段都有独特的主题和焦点：①从近期来看有两个目标，第一阶段是工业互联网需要通过降本增效来提高运行效率，第二阶段则需要由工业互联网发展出新模式、新产品、新服务，从而改善投入-产出效率比。②从远期来看也有两个目标，第三阶段是经济体系以结果为依据，意味着在网络普及化和市场竞争的双重影响下，消费者不再满足于购得产品，而是希望以结果为基准来付费。也就是说，消费者希望生产商不仅提供产品和服务，并且提供产生明确结果的、可数字化度量的服务。

在一定的科技水平条件下，生产能力的扩张导致长期平均成本降低，这就是规模经济。但是当生产规模超过一定限度时就会出现规模不经济，导致产能过剩和产品积压，对于制造业而言这是极其不利的。在以结果为导向的经济体系中，各种设备必须能够随时在线、全面连接、精准感知、实时分析、精确计算并且提供即时服务，以满足需求驱动的要求。因此一系列与这种服务相关的企业找到生存和发展的机会，与设备生产商建立互有优势的合作关系，自然地形成生态系统。工业互联网平台的出现是必然的，生产商创建云端操作系统来收集边缘设备的数字，监测消费者对设备的使用情况，预测设备的使用寿命和预计消费者的需求变化趋势，以实现工业要素的弹性供给、资源优化和高效配置。

进入第四阶段，我们将看到“劳动力转型”的大规模表现，也就是人类劳动力的逐步退出、人工智能的数字劳动力（即智能机器人）的广泛加入。智能机器人将替代众多劳动力岗位，并且通过泛在连接、自治自主的方式，推动工业和经济的全面的、彻底的转型。为消费者提供数字化产品意味着生产商需要面对更大的风险，管理这些风险需要依赖自动化的数字能力，只有高度互联网化并且具有一定的智能化特性的工业互联网平台才能满足这个需求。消费者需求的变化催生工业互联网平台的出现，这既是制造业与互联网科技深度融合的过程，也是在以结果为导向的经济体系中推动和牵引的必然表现。②

---

① AIOTHR. 工业互联网、工业物联网分不清？［EB/OL］.［2022－08－22］. https：//baijiahao. baidu. com/s？ id＝1662195799479927047&wfr＝spider&for＝pc，2020-03-26.

② 张涛，唐敦兵，张泽群．面向数字化车间的介入式三维实时监控系统［J］．中国机械工程，2018（4）：990-999.

伴随新一轮工业革命的崛起，机器人作业方式的全面普及必将带来全新的问题：第一个问题是，机器人技术的普及使得昂贵的人类劳动力失去价值，经济结构必然面临一次巨大的转变。特别是整个人类社会的生产关系发生改变，生产关系的改变则意味着政治结构的改变。当生产力变得足够强大，甚至不需要人类参与生产时，分配方式就有可能发生改变。第二个问题是，当机器人的智能达到一定程度时，会不会产生自我意识？会不会因为自身损坏而感到痛苦？故意伤害机器人会不会构成虐待劳工罪？美国科普作家艾萨克·阿西莫夫提出的“机器人三定律”会不会失效？到那个时候，机器人劳动法可能成为新闻热点，机器人社会学和伦理学可能走进课堂和法庭。无论怎么说，这些变化正在我们身边慢慢地积蓄力量。

10.3.2　区块链和数字孪生

区块链是一种分布式的账本技术，随着物联网与 5G 的快速发展，物理世界与虚拟世界的联系日益加强，数字孪生技术作为实现物理领域和虚拟领域互联互通的有效手段正步入风口。数字孪生以数字化的方式，对物理世界的实体进行多维度、多粒度的精准虚拟映射，形成“数字感知-实时分析-智能决策”的实时智能闭环。在物理世界中的任何一个实体都可以创建相应的数字孪生模型，既可以是零件、设备、产品、生产线、传感器、机器人、软件、车间、工厂，也可以是细胞、生命、城市、经济体系、能量、粒子、宇宙。

数字孪生是在客观世界中的物化事物及其发展规律与趋势被工业软件定义后的一种结果，也构成一种普遍适用的理论技术框架，在产品开发、工程项目、医疗分析、智能制造等方面有着广泛的应用。数字孪生体（即数字孪生模型）是通过数字技术在虚拟空间展示物理实体，也就是利用数字技术为物理实体构建虚拟模型，模拟其在真实环境下的行为属性。先于物理孪生体的出现，能够真实地描绘出物理孪生体的形态与行为，并且延伸至物理孪生体的生命周期之外。对于制造业企业而言，运用数字孪生体可以整合制造过程，通过设计与生产的整合，帮助企业实现全流程可视化、细节规划、问题规避、闭环反馈、整体系统优化等。①

原先在汽车、飞机等复杂产品工程领域出现的“数字样机”就是对数字孪生体的一种先行实践活动。数字样机最初是在 CAD 系统中通过三维实体造型和数字化预装配后，得到的一个可视化的产品数字模型（几何样机），用于

---

① 廉永强．智能化系统在钢铁企业中的应用探讨［J］．山西冶金，2023（4）：84-86.

协调零件之间的关系、进行可制造性检查。后来随着数字技术的发展，数字样机的作用不断增强，之后又与性能分析结合起来，使之能够仿真出机器的各种性能，其作用从几何样机扩展到功能样机和性能样机。数字样机承载几乎完整的产品信息，人们可以通过数字样机进行方案的选择，检查虚拟产品的各种功能和性能，最后制造成真正的物理产品，完成整个研制过程。

在娱乐圈里，人们使用电子音乐来模仿现场演出，采用游戏应用程序模仿真实环境，不仅可以复制所有已知的事物，还可以创新性地模仿各种未知的、从未接触过的事物，比如影视界运用软件生成诸如阿凡达等虚拟角色，尤其是当这种模仿方法与 VR/AR/MR/XR（虚拟现实、增强现实、混合现实、仿真交互）技术相融合时，所有的场景栩栩如生、直入人们的心灵。在由数字孪生体构建的虚拟世界中，所有人们在真实物理世界中无法复现和感受的奇妙和惊险的场景，都有可能在数字空间领域中成为活生生的“现实”，充分满足人的感官刺激和精神需要。①

在产业界内，工业软件被广泛地使用以模仿和增强提升人类的行为模式。工业软件（Industrial Software）是一种数字化技术，通过数字与指令集合对产业知识、算法、控制逻辑等进行固化和封装。这种技术能够在生产环境中建立数字自动化流动的规则体系，赋予业务活动新的能力并且延伸人类知识与智能的载体和工具，如表 10-5 所示。

表 10-5 工业软件分类和内涵解读

类别	功能和作用
工研软件	以广义仿真为主导的 CAE，例如 CAD、CAT
工制软件	面向生产制造的加工、工艺、工装等，例如 CAM/CAPP/MES/3D 打印
工管软件	以企业管理为主导，例如 PLM/ERP/WMS、QMS
工维软件	维护、修理、大修、故障与健康管理，例如 MRO/PHM
工量软件	工业计量、测量或探测
工试软件	工业试验或测试
工标软件	工业标准与规范软件
工控软件	工业过程控制、组态、设备嵌入式
工链软件	企业供应链、工业物流、生产物流，例如 SCM
工互软件	工业云、工业物联网、工业互联网、工业互联网平台

① 袁野，曹伟．数字孪生技术研究［C］．济南：2021（第九届）中国水利信息化技术论坛，2021：1527-1530.

续表

类别	功能和作用
工应软件	工业自用、工业 App
工采软件	工业矿山、油田开采（勘探、采矿、采伐、筛矿）类
工材软件	工业材料类
工能软件	工业能源、能量、能耗管理
工安软件	工业信息安全，例如杀毒、拒黑客、阻后门、密钥等
工数软件	工业数字分析、工业大数据
工智软件	工业智能软件、工业用 AI

资料来源：赵敏，宁振波．铸魂［M］．北京：机械工业出版社，2022：86-87.

在工业生产研发中，工业技术是解决技术难题的关键因素之一，通常是发明的结果和实践的结晶。工业技术软件化是工业技术、工艺经验、制造知识和方法的显性化、数字化及系统化的进程，其成熟度直接反映一个国家工业化的实力和水平。工业技术的软件化是制造业迈进强国的必由之路。从劳动生产率角度来看是必要的，从制造业发展历程来看是必然的，从智能制造业发展潜力来看是最为关键的，也是构建工业互联网和工业云的主要基础。

伴随新一轮工业革命的到来，传统的工业技术和知识管理模式已经无法满足工业转型升级的迅速发展要求，仍旧留存在某些知识库里，没有进入或转化为软件，也就是没有实现工业技术和知识的软件化。软件与人、机器依然处于“共存”的初级阶段。大多数的工业技术和知识以及产业技术的软件化，是传统的知识/技术管理在以智能为标识的新工业革命全新历史阶段的解构和重构，是结合数字技术的再一次转型升级。如果能够更多地把人类智能转为机器智能，如果能够更多地把工业技术和知识软件化，那么就很有可能从重复性的劳动中解放出大批的知识型技术人员，这些技术人员可以更为轻松地管理机器、生产知识，进而实现人与机器的重新分工，保障工业技术的持续积累和永续传承。①

如果没有工业技术和知识的软件高级化，那么就没有人和机器的知识高级化，没有制造过程和产品的智能化。软件化有两个方面的含义：一个是把某些事物和要素（比如工业技术和知识）从非软件形态变成软件形态，或者从软件外变成软件内；另一个是用软件去定义、改变这些事物和要素的形态或性质。软件化强调“化”的过程，其结果是产生各种类型的工业软件。同时随着软件借助芯片不断地进入机器，海量的人类智能转为机器智能，机器

① 宁振波．力筑工业之基 重铸智造灵魂［J］．软件导刊，2021（1）：1-5.

变得越来越智能化。接着智能机器已经替代人来产生知识，向人传承和示范工业知识（知识自动化），同时把更多、更好的知识写入代码，由此而形成工业技术软件化的逻辑与内涵，如图 10-10 所示。

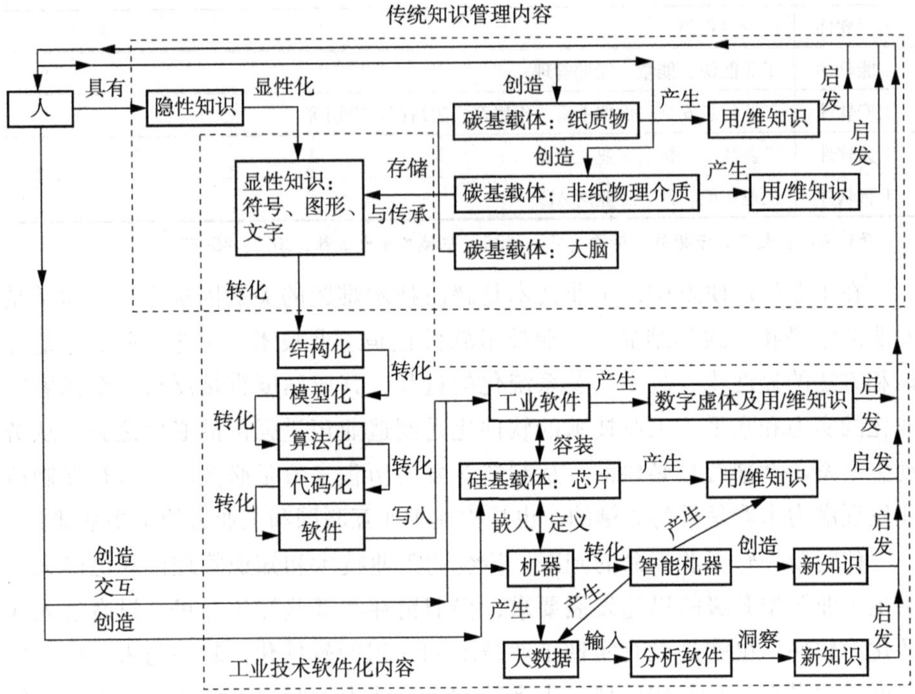

图 10-10　工业技术软件化的逻辑与内涵

资料来源：赵敏，宁振波．铸魂［M］．北京：机械工业出版社，2022：118.

从产业角度来分析，物理实体是第一次和第二次工业革命的产物，数字虚体则是第三次工业革命的产物。缺乏物质实体就无法执行生产必需的物理过程，也就不能确保国家经济和民生的稳定；缺乏数字虚体就无法为物理实体赋予价值、能力和智慧，也就迷失工业改革升级的技术路径。数字虚体对物理实体的解读、定义、扩大和管理，以及二者的逐步融合，正在推动新一轮工业革命的发生。在转型升级之后，“新工业实体”是指配备数字虚体作为大脑、神经以及灵魂的创新机器和设备。不论是何者先出现或者同步出现，都可以催生众多创新，从而产生在智能制造新模式下的新技术、新模式、新业态。①

在数字经济时代，当一个产品在消费者需求的驱动下开始构思时，就会

① 赵敏．探求数字孪生的根源与深入应用［J］．软件和集成电路，2018（9）：50-58.

留下各种数字化资料和痕迹。各种详细的零件设计、组件/部件设计、总装配设计、仿真分析、工艺要求、模具/卡具设计等都以数字化模型的方式生成。假如遇到复杂问题必须做试验或验证的话，可以不在物理产品上而是在其数字孪生体上进行。还可以设置任何极限条件做任何次数的研制，直到取得令人满意的试验或验证成果。到产品交付时，其物理实体和数字孪生体也可以一并交付给消费者，所有的设计、生产、测试、物流过程都有数字孪生体，都是可以追溯的。

数字主线（Digital Thread）指的是寻求创建一致的，简单的对大数据的通用访问，在业务流程和软件功能中穿插串接，跟踪一组组相关数字，为不同的实体和众多的过程建立数字的连续性和可访问性。一个产品的数字主线遵循从设计到工程，再到制造、供应链管理，最终到服务历史和消费者事件的全生命周期。数字主线与数字孪生既相互关联又有所区别，数字孪生主要负责数物虚实映射，数字主线主要负责数字孪生的数字贯通。

与数字主线相互关联的还有物理主线，物理主线重点展现材料、能量、时空信息的流动，数字主线重点展现与物理主线所对应的数字的流动。物理主线和数字主线相互精确映射、纵横交织，形成贯穿全生命周期的、数字自主流动的数字主线，如图 10-11 所示。

图 10-11　在飞机产品研制中的物理主线与数字主线

资料来源：赵敏，宁振波．铸魂［M］．北京：机械工业出版社，2022：232.

在每一阶段中，数字层的数字流在数字支线上流动，物理层的物流、能量流、信息流在物理支线上流动。在不同的节点上，产品的数字孪生体与物理孪生体彼此呼应：传感器把物理孪生体的状况信息实时发送到数字孪生体，数字孪生体经过计算、分析、推理后，把控制、指令回馈给物理孪生体。在产品研制流程的基础上，匹配传统的物理产品研制线，并建立贯穿于各个研发阶段的数字主线；如果两者叠加在一起，不仅在数字上互联互通，而且能够通过上层的数字端对下层的物理端实现控制，就构成整个研制生产的CPS。再加上物流、库存、财务、销售、服务以及决策和管理系统，就构成一个企业的智能制造体系。

工业产品有简单和复杂之分，产品复杂度越高、难度越大，数字孪生体的应用就越有价值。对于产品全生命周期所有阶段和节点的划分，实际上是对一个复杂产品的研制、生产、运行过程的解耦。通过对基于模型的系统工程（MBSE）方法的探索，那么在重大项目需求阶段，就可以把重大项目的各种需求在分析软件中写成数字化需求工程模型。基于系统工程的方法，使得复杂产品研制具有内在的逻辑：预见设计质量和制造过程，推进设计和制造高效协同，确保设计和制造准确执行。①

1992年，美国赛伯朋克流科幻作家尼尔·斯蒂芬森出版《雪崩》，创造“元宇宙”（Metaverse）一词。元宇宙可以近似看成一个孪生地球，实际上是数字孪生技术的进一步发展，当数字孪生技术从工业领域扩展到人们生产、生活的方方面面时，就形成元宇宙的雏形。元宇宙在当前爆火的原因在于大数据、人工智能、云计算、区块链、数字孪生等技术已经发展到关键阶段，需要一个概念来整合技术资源，提供下一步突破的积极性，以实现技术、经济、社会的闭环。

元宇宙是虚拟世界的概念，特点是高度互动性和仿真性，其拥有完整的经济逻辑，数字、物体、内容以及知识产权都可以在元宇宙中存在。元宇宙的核心在于永续性、实时性、多终端、经济功能、可连接性与可创造性，而数字孪生、物联网、5G等是建设元宇宙的手段和工具。无论是数字孪生还是元宇宙，两者的共同之处都是以数字技术为基础，实质是大数据、人工智能、云计算、物联网、区块链、5G通信、VR/AR/MR/XR、人-机接口等技术的交叉作用、相互促进的结果。②

与我们所熟知的工业文明和农业文明迥然不同，数字经济的出现是一种突变而不是渐变的过程。假如说蒸汽机释放生产力、电力满足基本生活需求、互联网改变信息传递的方式，那么区块链被视作在蒸汽机、电力和互联网之

---

① 赵敏，宁振波．铸魂［M］．北京：机械工业出版社，2022：201-233.

② 脚本之家．数字孪生和元宇宙技术的区别和技术体系情况［EB/OL］．［2022-12-30］．https：//baijiahao.baidu.com/s？id=1753446107364315838&wfr=spider&for=pc，2022-12-28.

后的下一代颠覆性技术。作为“信任的机制”，区块链是计算机、数学、社会学、经济学等多领域尖端技术的融合，所开创的是一个崭新的世界，将彻底地改变整个人类社会的价值交换方式。只有当区块链充分地赋能产业的数字化转型，才能实现价值体系的最大化。在短短十几年中，区块链的记账技术逐渐渗透到社会经济的各个角落，从而触发产业的创新和重塑，这就是数字经济的关键推动力。①

区块链拥有的特性包括分散式数字储存、点对点传输、端到端传递、共识机制、共享协议、加密算法等，这是一种无中心化且不可更改的创新应用模式，其应用领域从制造领域的工业互联网慢慢延展至金融、物流、医疗、公共服务、智慧城市、智能交通等。以传统金融业为例，借助区块链的高度可信赖性、交易可追踪性、促成本可节省性等，在支付、结算、用户身份验证等方面有效地解决行业痛点并提高行业运行效率。除此之外，区块链逐渐扩展到电子信息存证、版权管理、交易产品追溯、数字资产交易等实体领域，为产业升级和转型注入新动力。②

区块链与数字孪生相结合的优势，在数字安全层面具有充分的体现。各数字孪生副本之间去中心化匹配和连接，大大提高黑客攻击活动突破安全层和数字层的难度。数字孪生与相应的资产必须具备可识别性与可追溯性，保证顺利检测并且与之交互。区块链的介入使得实时数字分析成为可能，大大提高预测的准确性与及时性。这些特性与智能合约结合后，通过自动化流程将各数字孪生副本连接起来，建立协作体系。这样的体系再配合机器学习技术，即可以达成行为预测、安全分析、全局连接等目标。其最终目标是建立去中心化的行业生态，摆脱中心化平台对身份与数字的管理，进而消除商业垄断的可能性。③

数字孪生本身就是最有价值的一类数字资产，这类资产在数字世界里面还能衍生出新的数字资产，数字资产的规模远远大于物理资产的规模。数字孪生是区块链最大的应用，数字孪生和区块链是天然的好伙伴，共同的意义在于重构生产、流通、交易的全产业过程，把以“生产为中心”的工业经济，过渡到以“交易为中心”的数字经济。区块链重构生产关系，人工智能是生

---

① 金盛翔. 区块链，如何定义未来生活？[J]. 杭州（周刊），2018（5）：6-9.

② 马玲. 尚进：区块链赋能产业数字化转型才能实现价值最大化［EB/OL］.［2022-08-22］. https：//www.financialnews.com.cn/ft/zj/201911/t20191119_171754.html，2019-11-19.

③ 金融界. 火币研究院：区块链+数字孪生构建新一代数字技术基础设施［EB/OL］.［2022-08-22］. https：//baijiahao.baidu.com/s? id=1684418094873676621&wfr=spider&for=pc，2020-11-26.

产力，大数据是生产资料，云计算是生产工具，5G、物联网是自然环境，“区块链+数字孪生”所构建的微型镜像世界在经济生活中发挥着不可替代的作用。①

在传统工业社会中，以生产为中心，采用“企业”的组织形式，经济资源的分配以物权和债权为基础。在数字经济时代，以交易为中心，对应物权和债权提出一个“数权”的新概念。“企业”也可能是无组织化的形式，企业或者产业的数字资产运营是大势所趋，通过“区块链+数字孪生”可以产生一种新的企业组合方式即“数字化重组”。传统的资本重组、行政重组，伴随的都是股权的转移，然而数字化重组超脱股权、所有制的限制，将形成新的产业生态即“数字化生态”，也就是“市场机制形成的虚拟组织”。

在数字化转型的过程中，“产业鸿沟”难以逾越，特别是中小企业生存不易，应对突发情况的能力微弱。在工业 4.0 背景下，要以“区块链+数字孪生”为基础，积极推动中小企业的数字化转型，建立既有弹性又有响应能力的供应链体系，搭建协同发展的生态圈和开放型生态建设，积极推动实体产业数字化和数字技术产业化，实现中小企业整体的降本增效以及产业的数字化生态系统。②

---

① 高达软件．区块链与数字化、数字经济和工业互联网［EB/OL］．［2023-03-01］．http：//news. sohu. com/a/647522784_121624698，2023-02-28.

② 链得得．赵国栋：区块链和数字孪生开启数字经济新世界［EB/OL］．［2023-03-01］．https：//www. sohu. com/a/402734262_100217347，2020-06-18.

第 11 章

智慧城乡

“城市与乡村、形式与功能、欣欣向荣的演化发展与毫无生机的钢筋水泥、分形曲线、表面复杂性与几何简单性之间的矛盾依然是人们争论的焦点。或许太过具体，或许太过个性，没有一步到位的解决方案。”

——美国未来学家 阿尔文·托夫勒《第三次浪潮》

20 世纪末期，数字技术在设计中的应用不断拓展。利用数字化手段处理智慧城乡的空间设计和土地利用问题，进一步提高城乡规划的科学性、关联性和前瞻性，为道路、建筑、室内设计提供新的思路。数字技术融合地理信息提取、时空过程机制分析、空间扩展仿真模拟，表现在数字模型创建、信息采集、优化运算、人机交流、多媒体展示等方面。设计者、决策者、管理者和社会公众都置身其中，为改善人居环境、生活习惯和体验方式，形成各具特色的城乡风格提供有力的支撑。

工业 4.0 是德国一张响当当的名片，其农业实力亦不可小觑，但是仍然面临土地资源和农业劳动力资源不足的短板。针对农业资源状况，政府提出农业 4.0 方案，即利用大数据、互联网、人工智能、机器人等作为支持工具，建设高度集约、精确、智能、合作、生态的现代化农业，从根本上解决农业资源的瓶颈问题，推进农业生产、加工、营销服务和国际市场扩张等全产业链模式，努力实现农业智能化、精准化、高标准化以及农民专业化、富裕化，乡村生态化、城镇化的目标。①

11.1 空间格局与景观设计

智慧城市（Smart City）往往与数字化城市、智能化城市、生态型城市、低碳化城市、电子化政务、智能化交通等概念相提并论，是指在城市的规划、

① 神农岛．德国农业 4.0，到底有多强大？［EB/OL］．［2022-08-23］．https：//baijiahao.baidu.com/s？id=1756702222635471480&wfr=spider&for=pc，2022-02-02.

设计、建设、管理及运营等环节，充分地运用信息及通信技术进行感测、分析、整合城市运行核心系统的重要信息，对于包含民生、环保、城市服务、公共安全、工商业活动等多元化需求进行智能化的主动响应，为人们创造更美好的城市生活。此外智慧城市融汇人的智慧参与、以人为本、可持续发展、可持续创新等内涵，使得城市转变为科学、艺术与人文空间的大脑中枢。①

2008 年和 2010 年，IBM 正式提出“智慧地球”和“智慧城市”的建设期望，促使众多伴随工业化和城镇化而出现的生态矛盾问题逐渐得到重视和解决。在城市全面发展的前提下，空间设计和景观格局需要遵守以人为本，借助现代化手段融合智慧设计理念，提升资源调配水平，提高设计效果和水平，准确地数量化建设预期和建成环境的生态指标。从长远角度出发，让城市的资源管理、景观内核与整体规划相契合，确保在景观设计内容中相应要素配置的合理性和规范性，更好地创造生态价值。

11.1.1 从大城市扩张到小城镇收缩

进入 21 世纪以来，中国城镇化率逐年提升。大城市是高度发达的空间一体化形态，是工业化进入高级阶段的产物，是双循环增长极“由点到面”转变的空间载体。大城市和城市群作为各类经济资源汇集的高地，为各类经济活动提供有形空间场所的同时带来无形的集聚效应。大城市扩张是城镇化发展的必经阶段，也是城镇化水平的评价因素之一。大城市的扩张速度快于中小城市和小城镇，这是世界各国城镇化的普遍规律。但是大城市的快速扩张引发国土空间矛盾，相应地，部分中小城市和小城镇缓慢收缩，经济萎靡不振。

2014 年的 11 月 20 日，国务院印发《关于调整城市规模划分标准的通知》，其中明确：城区常住人口 1000 万人以上为超大城市，城区常住人口 500 万~1000 万人为特大城市，城区常住人口 100 万~500 万人为大城市，城区常住人口 50 万~100 万人为中等城市，城区常住人口 50 万人以下为小城市。根据以往经验，政策导向一直秉持“控制发展大城市、合理发展中小城市、积极发展小城镇”，但是大城市在城区面积和人口规模上的膨胀从未停止。大城市在发展过程中遭遇的种种障碍，必须凭借科学合理的空间布局设计，才有

---

① 小浪花朵朵开．智慧城市［EB/OL］．［2023-03-01］．https：//baike.baidu.com/item/%E6%99%BA%E6%85%A7%E5%9F%8E%E5%B8%82/9334841？fr=aladdin，2023-02-27.

可能获得适度缓解的前提条件。①

2019 年 4 月 8 日，国家发展改革委印发《2019 年新型城镇化建设重点任务》，涵盖两个主要的亮点：一是明确“收缩型中小城市”的理念，要求此类城市需要进行缩减和强化，改变惯性的扩张型规划模式，严格控制增量，适当盘活存量，引导人口和公共资源向城区聚集；二是进一步放宽大城市的户籍限制，建议大幅度提高特大城市和超大城市的户籍规模，提出“在此前城区常住人口 100 万人以下的中小城市和小城镇陆续取消落户限制的基础上，城区常住人口 100 万~300 万人的Ⅱ型大城市要全面取消落户限制；城区常住人口 300 万~500 万人的Ⅰ型大城市要全面放开放宽落户条件，全面取消重点群体落户限制；超大、特大城市要调整完善积分落户政策，大幅增加落户规模、精简积分项目，确保社保缴纳年限和居住年限分数占主要比例；允许租赁房屋的常住人口在城市公共户口落户”。这意味着新型城镇化的调整方向是“收缩中小城市，扩张大城市”，与过去的发展策略存在着根本性转变。

国家统计局公布的数字显示：2022 年底，全国总人口达到 141175 万人，较前一年减少 85 万人，标志中国人口首次呈现负增长。近些年来，部分城市开始出现常住人口或户籍人口负增长的情况，一些大中城市甚至出现劳动力短缺的现象。因此这些城市开展“低门槛”甚至“零门槛”的落户政策，引发户籍制度改革造成的“人口争夺战”。一些官员和学者无法接纳“收缩型城市”的称号，甚至对收缩型城市规划感到排斥。他们坚信：城市的发展必须伴随着人口的增长，人口的减少是城市衰落的象征，这种负面的业绩是无法被接受的。

中国城镇化的过程是在快速发展模式下进行的顶层设计，行政决策者过分注重经济增长和空间拓展等量化和物化的层次。大中城市的建设区域越摊越大，出现难以解决的“城市病”。社会、经济及政策的多重因素叠加，中国的城镇化现象呈现出“多重悖论”：快速空间扩张与过度呼吁存量规划之间的悖论，局部人口收缩与泛在规划人口膨胀之间的悖论，中高强度建筑开发与低密度人类活动之间的悖论，行政地域的城市和作为实体地域的城市之间的悖论。

在城市人口减少的背景下，城市经济增长仍然是政府追求政绩的目标，所以突出表现为关注点和矛盾性。对于中小城市和小城镇而言，作为产业体系的末端，依靠人口回流来逆转人口负增长几乎是不可能的措施。面对小城

---

① 卢刚．大城市周边镇域经济发展模式探究［J］．人民论坛，2016（7）：91-93.

镇的收缩，基本的应对策略是“瘦身强体”，关注点在于“强体”，即实现“城市强大，民众富裕”，而非萎缩、荒凉、萧条、衰败、破产。更多的中小城市和小城镇进入持续收缩期即将到来。因此从产业和基本公共服务等角度，积极地融入周边的大城市群中才是正道明途。①

依据中国城市建设用地扩张的统计数字，1980—2010 年，超过 280 个地级及以上城市的城市建设用地面积扩张率均在 1. 03～26. 40，这个指标反映出城市迅速扩张的速度。2000—2013 年，土地出让联网存量开发（在既有城镇建设用地上的开发）在不同规模的城镇开发中仅占 18%～35%，并且这个比例与城市规模无关。尽管经济新常态提出多年，但是增量扩张仍然是城市空间开发的主要方式，存量开发在历史上始终不是主流方向。中西部的大城市和东部欠发达的小城镇处在工业化和城镇化快速扩张的中期阶段，存量和增量的开发成本相差甚远，出现一些脱离城乡规划制度的不应当被忽视的非正式开发项目。小产权房、集体产业用地等形式常常对应着较低的人口活动密度，也就是极低的土地使用效率。②

城市人口的收缩由来已久，德国政府资助过一项收缩城市的研究项目，调查结果显示：在世界范围内，拥有超过 100 万人的 450 个城市，其居民数总体上缩小 10%。在很长一段时间内，中国小城镇人口减少的现象被主流媒体所忽略。实际上，由于金融危机和贸易脱钩所引发的出口加工业衰退和国内劳动力市场的“刘易斯转折点”到来，使得中国城市的扩张条件发生重大转变。③

与欧洲和美国早期城镇迅速扩张的情况相似，1980—2003 年，中国的城镇化率从 19. 4% 增长到 40. 5%，2011 年突破 50. 0% 大关，2022 年升至 65. 2%，年平均增长率超过 1%。城镇建设用地的数字直观地表征城镇化的空间和景观变迁，利用中国 1980—2010 年城镇建设用地遥感影像解译数字，经过空间叠加计算、得到国内城镇规模扩张程度及其时空变化图像。采集覆盖大多数城镇的多个社交网络和互联网企业的基于位置服务（Location Based Service，LBS）大数据，与 2010 年的城镇建设用地网格数字进行汇总叠加。这些数字直接反映城镇建设用地内的人口活动强度，如图 11-1 所示。

---

① 黄匡时．城市人口新格局：中小城市的收缩与大城市的扩张［J］．人口与健康，2019（5）：25-27.

② 龙瀛，郎嵬．新数据环境下的中国人居环境研究［J］．城市与区域规划研究，2016（9）：10-32.

③ 龙瀛．高度重视人口收缩对城市规划的挑战［J］．探索与争鸣，2015（6）：32-33.

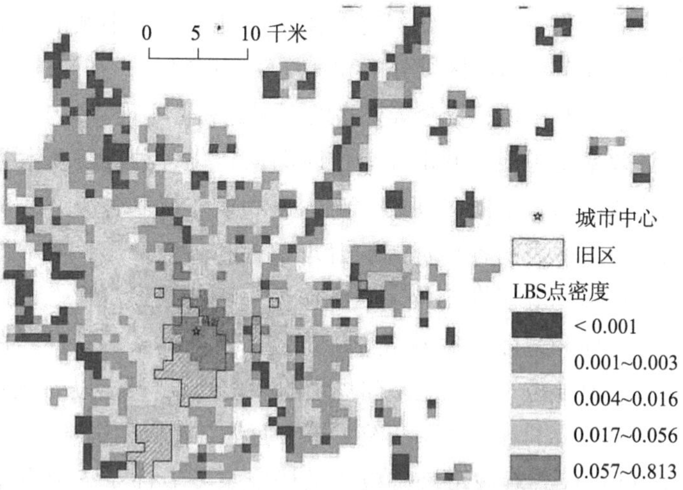

图 11-1　某一城市基于位置服务的标准化密度示意

资料来源：龙瀛，吴康．中国城镇化的几个现实问题：空间扩张、人口收缩、低密度人类活动与城市范围界定［J］．城市规划学刊，2016（2）：73.

近些年来，依据两次的人口普查数字整体估算，在中国所有城市中，180 个城市人口密度及总数显示出下降趋势，分为四种类型：资源型城市在工业化进程中出现的局部收缩，传统工业城市工业衰落导致的局部收缩，欠发达地区人口迁移引发的局部收缩，行政区划调整导致的局部收缩。另外 4 个省份、105 个地域或市域、897 个县域以及 19822 个乡镇街道办事处也在各个尺度上出现人口密度下降趋势，其中大概 1/3 的街道乡镇人口密度呈现下降趋势，某些地域出现相当严重的空心镇现象。在小城镇绝对减少与大城市绝对增加的背景下，大多数城镇的人口减少现象依然在持续，其中有 3364 个街道办事处人口密度下降，总面积达到 44. 2 万平方千米。在收缩程度较低且主要分布在 140 个县级市中，也有少量城镇的人口减少但是经济呈现增长状态。

收集在 180 个收缩城市中的 64 个政府规划，汇总、对比后发现地方政府对未来人口的预期均呈现上升趋势，反映“膨胀的规划、收缩的城市”的现象，也表明规划者有意地或无意地忽视实际状况。原因主要在于土地财政制度，即只有当预期的未来人口增长时，才能得到对应的城镇建设用地指标，从而为城市的后续发展提供支持。因此进入城镇化中后期，需要在政府体系层面进行调整和转型，不应该单方面考虑大城市扩张问题。在新型城镇化和全产业链视角下，推动资源要素在城乡、大城市与中小城市、小城镇之间的合理流动，优化“城市群-大城市都市圈-中小城市-特色小镇”的空间结构。大城市主导产品研发、品牌、销售等高附加值环节，中小城市和小城镇负责制造等低附加值环节，形成区域分工和梯度转移的格局，在同一空间结构内，实现人口、产业以及土地、资金等要素的再配置和再实现。①

城市经济效率是指某一城市在单位时间内转化各种经济要素为实物或服务商品的比值或能力，不同时期的影响因素和运作机制各异，经济效率也各有高低。高经济效率表明各种资源的合理配置和高效产出，揭示该城市资源配置水平和产业结构等属性。数字经济作为一种新兴经济形态，拥有高度渗透性、外部经济性和边际收益递增等传统经济所不具备的特性，在新时代发展观念中占有主要地位，对国土空间规划的“多规合一”、动态化管理、精细化治理以及经济效率与社会效率相统一等方面都有积极的影响。

20 世纪 90 年代，对城市经济效率的研究主要专注于人力资本、科技研发、制度因素及经济集聚等生产要素或影响因素上。然而进入 21 世纪，城市经济效率受到经济因素与环境因素的共同作用：一是经济要素，包括产业、城市和要素投入，不仅保持原有的影响特性，并且由数字经济带来新的变化，比如数字产业的集聚与发展和数字金融要素的投入；二是环境因素，包括制度和自然环境，比如政府的可见的手对经济的支持行为，可以反映出市场化的程度。各种影响因素的投入量和城市经济效率的价值量之间并不是单调的正相关或负相关，不同要素的影响程度和机制不同，可能存在单一要素的门槛效应或多种要素的联动效应。

城市内部的空间结构被划分为单中心和多中心两类：①单中心对城市经济效率的影响主要表现在“虹吸效应”，通过促进产业集聚吸纳生产要素的集中和资源的合理配置，在降低生产成本的同时以外溢效应提高生产率。然而随着城市规模的扩张，内部产业的过度集聚引发的负外部性超过正外部性，这意味着单中心结构已经无法满足城市持续发展的需要，更多的产业只能集聚在城市的周边区域，从而演变为多中心结构。②多中心对城市经济效率的贡献主要体现在可以分摊单中心过度的劳动力、资本、技术等要素负载，通过流向周边区域缓解过度集聚带来的负外部性。在数字经济对劳动、资本、技术因素的配置模式、供给和需求的重构中，这种有效的分散不仅作用于集聚过载的大城市，也作用于集聚欠载的中小城市和小城镇，而且对于小城镇的经济效率的提升效果更为显著。数字技术的普及应用为这种分散集聚提供

① 龙瀛．高度重视人口收缩对城市规划的挑战［J］．探索与争鸣，2015（6）：32-33.

更多的便利，数字化的基础设施使得“点对点”交易、智慧仓储、在线医疗成为可能，减少人们对大城市服务的接近需求，在一定程度上缓解企业向大城市中心的过度集聚。

随着城市规模的变化，区际联系也在变化，人口和产业倾向于在大城市周围聚集。使得中心城市与周边城市的经济关系越来越密切，那么考察视角从城市内部的单中心或多中心结构逐步扩展到城市群结构。随着区域经济水平的提升和由于空间外溢等因素的影响，地理位置相近、共享产业政策的城市群所在区域城市之间的经济发展环境的相似度高、资源配置和产业结构的关联性强，与省内其他城市的差异度明显大于省外其他城市。进入数字经济时代，大数据、互联网、云计算打破空间分布的局限性，进一步强化区域之间的经济联系，过去对城市经济起到决定性作用的位置因素变得不再具有绝对的重要性。城市经济效率存在显著的路径依赖特征和时间累积效应，那么城市之间的差异性将持续扩大，缩小生产率之间不平等性势在必行、刻不容缓。数字经济基础设施对城市经济效率具有重大影响，应当弱化虹吸效应、强化辐射效应。某一城市经济效率更有可能受到邻接城市的影响而非来自本身的影响，例如京津冀城市群的经济效率既受到本城市历史沿革的影响，也受到邻接城市类似因素的影响，空间趋同现象越来越明显。①

从特大城市到大城市、从中小城市到小城镇，数字经济在空间上呈现出梯度差异，相应地，政府需要根据各自的经济发展阶段来制定适应本地特色的规划与措施。对于特大城市与大城市，实施适当的“去中心化”策略，探索和构建“数字大城市”以及“智慧化城市”的新形态。对于中小城市和小城镇，需要提高信息科技的普及程度，使得数字经济成为推动本地经济要素集聚的引擎，先行试验“智慧化小城镇”的建设。通过数字化项目引领企业的投资，以“产城融合、工服结合”的城市形态和产业生态来吸引及培育数字产业的发展，设立相应的创新链与价值链，形成数字科技产业集群，打造数字经济产业园区，争取部分高科技公司落地，形成产业链的上下游联动。在欧美国家中，高科技企业选择小城镇作为落户地点已经成为常态化操作，例如美国的微软公司选择雷德蒙德（Redmond）的一个小城镇，荷兰的“光刻机霸主”阿斯麦公司坐落一个仅有 4 万多人口的小城镇，国内的华为、小米等公司也把总部或部分基地、研发中心迁往二线城市。②

---

① 李雪阳．数字经济时代城市经济效率影响因素探讨［J］．新经济，2022（11）：113-118.

② 沈海石．以建设智慧小镇为抓手 促进中小城市数字经济发展［J］．产业创新研究，2020（12）：3-5.

在大城市与小城镇的空间发展中，蕴含着巨大的经济潜力。然而由于开发主体的经济人理性驱动，城市的公共利益面临被损害的风险。所以需要通过国土空间布局和城市规划体系，以保护公众利益为目标，对城市空间建设进行管理。参考美国经济学家、历史学家道格拉斯·诺斯的制度变迁理论，他阐述：政府通过管理国土空间的使用目标，建立城市空间发展的初始制度安排。在这一制度安排下，对于开发主体的私人权益和城市公共利益进行初步分配。然而在追求最大化利益的驱动下，开发主体总是试图打破现有的国土空间使用管制的初始制度安排以获得额外收益，将导致开发主体、代表公共利益的政府管理部门、代表地方发展利益的政府运营部门等不同利益方之间的长期互动和博弈。

新制度经济学者主张：外部利润的存在说明资源配置还未达到社会最优化状态，可以借助内部化来提高资源配置的效率。依据《中华人民共和国城乡规划法》的规定，国内的城市空间开发控制采用“一书两证”制度（《用地预审与规划选址意见书》《建设用地规划许可证》《建设工程规划许可证》），基本上能够满足土地和规划管理的需求，并且在法律规定范围内确保城市空间发展控制管理的完整性，从而为纵向规划管理部门和地方政府管理部门带来制度创新的可能。制度创新与技术创新相伴随，数字经济的兴起和繁荣为规划许可制度创新带来技术创新的可能性，通过技术创新进一步推动制度创新。

在城市空间开发管控中，外部性是显而易见的，传统方法往往无法准确划定外部性的影响范围和强度，因此常常需要政府进行干预。然而在数字经济的背景下，信息化的技术能够为定量化城市空间开发的外部性提供强大的支持。比如城市建设开发是一项涉及众多利益方的复杂工程，受到管理体制、经济活动、审美价值、社会文化和行为心理等多个因素的影响。这些因素信息繁多复杂，使得在传统经济模式下，信息收集的范围和深度都很难有所突破。但是数字经济可以显著降低信息收集的成本，数字技术（比如遥感监控、城市体检等）的应用也能够减轻管理部门的议价成本和监督成本。①

11.1.2 土地破碎化和景观设计

伴随工业化和城镇化的快速推进，工业与居住用地扩展迅猛，城市建成区不断扩张，显著影响城市原有的景观格局，导致热岛效应、环境污染、水

① 林颖，李润田，帅坤．数字经济对城市空间开发行为的影响及优化策略［J］．规划师，2021（13）：12-17.

土流失等一系列环境问题，并且使得自然生态遭到破坏，严重制约城市原有生态调节功能的发挥。城市扩张主要表现为阶段性地导致城市空间格局和景观的破碎化、多样性和结构复杂性，直接影响城乡人居环境质量与可持续发展。

土地破碎化（Land Fragmentation）亦被称为细碎化、碎片化，意思是在自然或文化因素的影响下，土地的面貌从简单朝复杂的方向转变，也就是由单一、均质和连续的整体变为复杂、异质和非连续的斑块镶嵌体，包括分割、穿孔、缩小、混杂、消失等多种景观的变化。土地破碎化是一种动态的过程，与某一地区的社会和经济体系紧密相连，在多尺度上发生并且蕴含着复杂的模式变化。城镇化的蔓延对自然景观和生态系统产生干扰，加剧其破碎的程度，影响土地使用与生态环境，导致土地环境难以实施大规模、集中、有序的管理和运营。①

景观格局（Landscape Pattern）代表景观的空间结构特征，即各种尺寸和形态各异的斑块在空间中的排列与组合，涵盖景观组成单元的类型、数目以及空间分布和配置。多种类型的斑块在空间中呈现出随机型、均衡型或集聚型分布，既是人工和自然因素共同影响的产物，也是各类生态过程在不同时间尺度上作用的结果。景观生态学是一门由地理学和生态学交叉融合产生的新学科，包含景观结构、功能和运动三个核心元素，特别强调空间异质性、生态学过程和尺度的关联。格局和过程是景观生态学研究的核心内容之一，空间格局与景观变迁之间存在着机理性联系。②

利用景观生态学的手段，对大城市扩张在不同尺度上的时空异质性进行深入探讨，运用多时空尺度对其格局变化和时空特征规律进行分析。以中部地区的超大城市武汉市的城镇化进程为研究对象，伴随“中部崛起”战略构想逐步落实，城乡建设用地的扩张明显，土地利用不断地改观。结合多时相遥感影像、多空间幅度分析、梯度分析，计算具有几何特征的景观指数与格局，观察武汉市都市区的整体景观格局和土地利用的变迁情况，从而为空间格局和景观设计提供坚实的理论支撑。

武汉市位于长江中下游的平原地带，是第一个实行经济体制综合改革试验的省会，定位是中部地区主要的中心城市，全国主要工业基地和交通、通信的重要枢纽。地理位置优越，水资源丰富，打造“以长江和汉江为引线，

---

① 王丹. 县域土地破碎化评价及分区调控研究［D］. 泰安：山东农业大学，2011：1-8.

② 田晶，邵世维，黄怡敏. 土地利用景观格局核心指数提取：以中国广州市为例［J］. 武汉大学学报（信息科学版），2019（3）：443-450.

以东湖、汤逊湖等大大小小 160 多个湖泊为点缀”的水域风光，其中长江和汉江构成武汉市的两条主轴线，引导土地利用方向与发展趋势，形成“两江三地”的空间布局。近些年来，武汉市经历着土地利用的快速重构，社会与经济的稳步转型，城市空间的扩张特征尤其明显。

汇集 Landsat4－5TM 影像（具体轨道编号分别为 123/38、123/39、122/39）于 2000 年、2005 年、2010 年及 2014 年的遥感信息，通过监督分类法对这些遥感图片进行解译，并且运用遥感图像处理系统软件 Erdas Imagine 进行精度审定。利用 Fragstats4. 2 软件来测算景观指标，使用 GIS10. 2 作为研究平台：①在空间水平层面上，选定斑块数量（NP）、凝聚度指数（COHESION）、蔓延度指数（CONTAG）、香农多样性指数（SHDI）等作为景观指标；②在行政区划尺度上，选择乡镇或街道作为最小一级的行政区度量标准；③在土地使用类型上，分为建设用地、农林用地和水域；④在地理网格尺度上，运用梯度分析法计算“城市－乡村”样带的景观指数，选取“北－南”（A 样带）、“东北－西南”（B 样带）及“东南－西北”（C 样带）三条顺应武汉市城市发展轴的样本。

武汉市的土地利用景观多样性、破碎度及异质性等特征，均受到自然地理环境（比如地形、气候和水系）和社会经济条件的差异性影响，呈现出明显的空间异质性：第一，在长期尺度范围内，土地使用和景观格局的演变受到自然地理环境的变动的重大影响；第二，在短期尺度范围内，景观格局的演变更多地受到市场驱动和权力行为的主导。在早期的城市建设中，武汉市展现出“趋江效应”的特点，在江岸地区的城市建设达到饱和之后，城市开始朝江的两侧扩展。另外众多的湖泊对建设用地景观形成显著的地理分割，使得建设用地只能朝向西南和东南方向扩展。2010 年，武汉市发布城市总体规划，提出“以主城为核心，在重要出口通道构筑六个方向的城市主要空间发展轴”的设想。可以看出，历年来的城市总体规划都在引导都市区的轴向扩散与多中心组团结构的形成。

观察景观指数的变动情况，我们能够追踪城市新中心从扩散到集聚为饱和城市景观的演变过程。2000—2014 年，武汉市的城市扩展模式从“二环向三环扩散”转变为“三环周围向三环外扩张”，因此斑块的破碎度和多样性呈现出圈层式的分布状况。从乡镇尺度来看：①在时间维度上，2000—2010 年，城区的总体景观内聚力增强；②在空间维度上，城区表现出“扩散－聚集”效应，但是不同地区并不同步发生。2014 年，整体景观的破碎度加大、内聚力减弱，建设用地对农林用地的侵占导致斑块碎裂度的增加。同时各种用地的占比变得均衡，引发斑块多样性的提升，如图 11-2 所示。

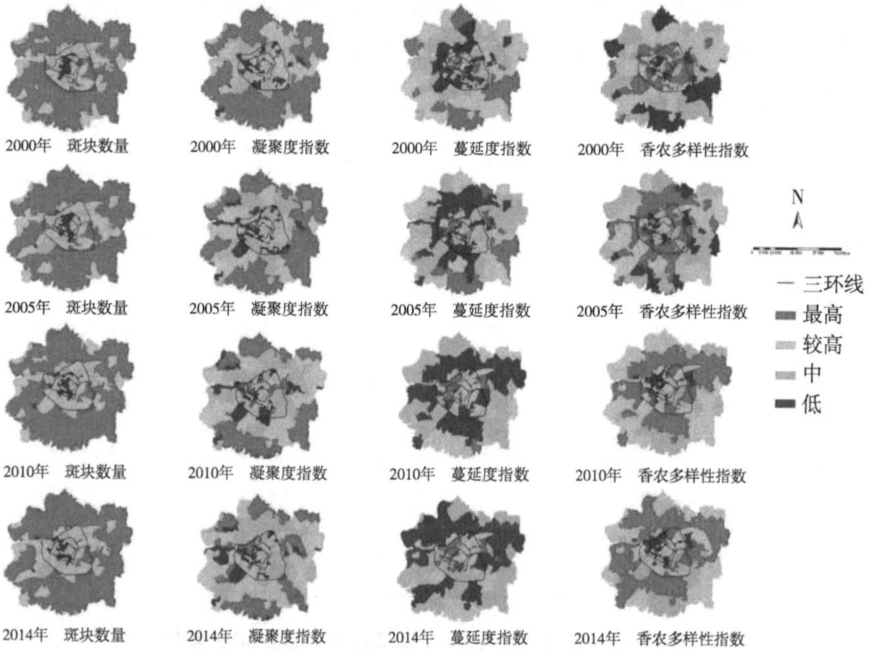

图 11-2　2000—2014 年武汉市乡镇多尺度都市区整体景观的时空格局

资料来源：王彤，郭炎．城市扩张背景下武汉市景观格局时空特征的多尺度研究［J］．城市建筑，2018（6）：49.

观察 A 样带（北-南）可以发现：从空间尺度来看，明显展现“高-低-高-低-高”的特性；从时间尺度来看，远离市区的地带指数显示出逐渐下滑的趋势，而城乡接合区的指数显示出小幅增长或保持稳定，表明远离市区的建设活动正在增强。主要的原因是江岸区和武昌区的建设用地在 2000 年以前已经形成，在 2000 年以后的地块形状变化很小；黄陂区和江夏区的城乡接合区由于建设活动对农林用地和水域的影响，地块形状更为复杂，其扩散性和凝聚性较低；远离市区的长轩岭街道和山坡街道的指数最高，因为建设用地的扩张尚未对远离市区的农林用地和水域地块的凝聚性与扩散性产生较大影响。由香农多样性指数的结果可以发现：距离市中心 5 千米的地段，以建设用地为主的区域内多样性是最低的，而距离市中心 15 千米的地段，用地比例更加均衡的区域多样性是最高的，如图 11-3 所示。

观察 B 样带（东北-西南）可以发现：整体景观指标的波动性更高，斑块数量、蔓延度和凝聚度指数的变化较为一致。2005 年以前，远离城区的地段具有较大比例的农林地和水域，连续斑块的存在导致其指数超过主城区。

然而随着城镇化的不断发展，远城区的指数逐渐下降而主城区的指数开始攀升。这种现象是由于远城区建设用地的扩大使得斑块形状变得更复杂，主城区的建设用地已经占据主导地位，并且形成连续的斑块，因此斑块的团聚程度相对提高，如图 11-4 所示。

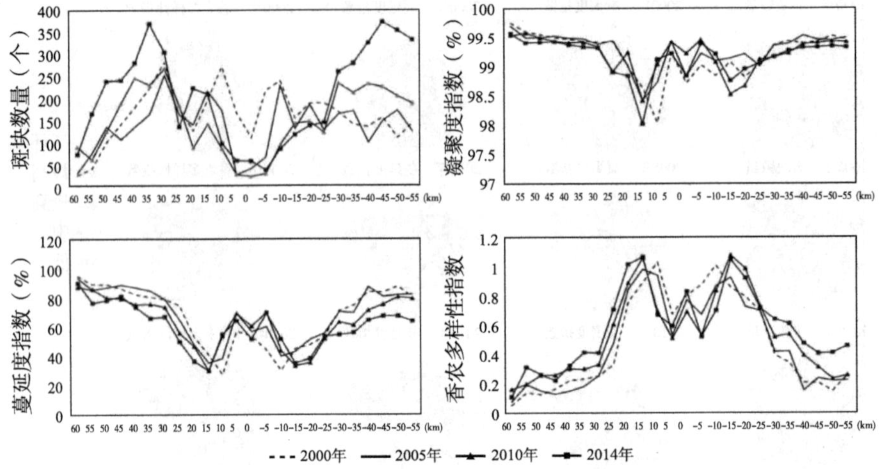

图 11-3　武汉市都市区 A 样带整体景观的指数变化

资料来源：王彤，郭炎．城市扩张背景下武汉市景观格局时空特征的多尺度研究［J］. 城市建筑，2018（6）：50.

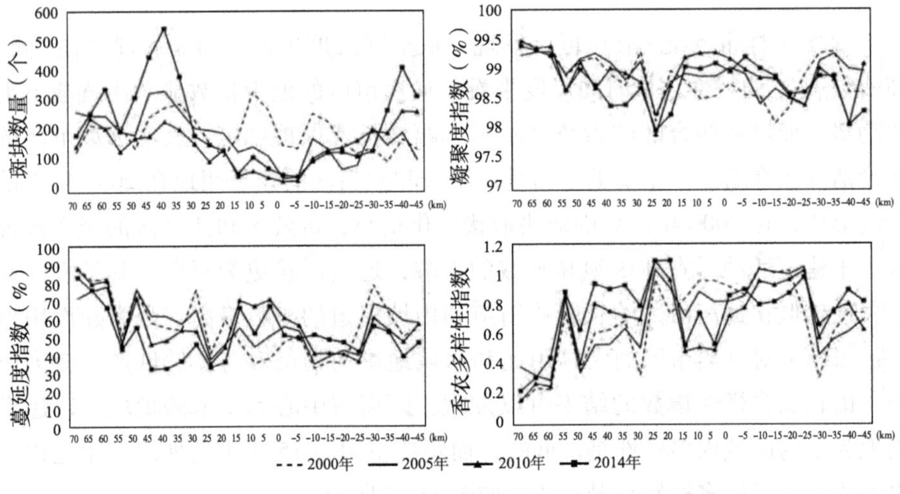

图 11-4　武汉市都市区 B 样带整体景观的指数变化

资料来源：王彤，郭炎．城市扩张背景下武汉市景观格局时空特征的多尺度研究［J］. 城市建筑，2018（6）：50.

观察 C 样带（东南-西北）可以发现：该地段内主要表现为填充式发展模式，建设用地展现出团聚的趋势。2010 年以后，采取外扩式发展模式，建设用地侵占周边的农林用地和水域，从而引发斑块破碎度增加。主城区的聚合性显示出增加的趋势，而远城区的凝聚度呈现出下滑的趋势，如图 11-5 所示。

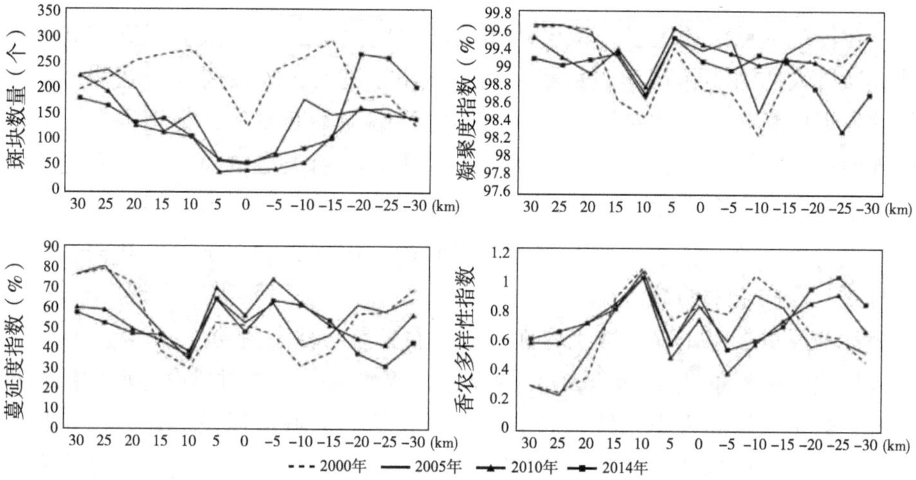

图 11-5　武汉市都市区 C 样带整体景观的指数变化

资料来源：王彤，郭炎．城市扩张背景下武汉市景观格局时空特征的多尺度研究［J］．城市建筑，2018（6）：50.

随着城市中心土地成本持续上涨以及建设用地的充分利用，原先居于武汉市城区的工厂开始向近郊区搬迁，新兴经济和工业园区也优先选择在近郊区定位，使得主城区和近郊区的产业布局日益清晰。景观指标呈现出明显的圈层式分布变化，从城市中心到周边大致呈现出“三、二、一”的产业格局。建设用地景观指标的变动揭示城镇化强度从城区逐渐向郊区和乡村减少，同时城镇化的影响半径不断向郊区延伸。建设用地的扩展加剧近郊区土地的不规则性和破碎度，而远郊区的景观格局变动主要来源于乡村工业的扩张。①

近些年来，国内大城市普遍地完成快速扩张，但是生态质量和生活品位处于较低水平，这是一种不充分、不平衡的城镇化。景观生态理念即人与自然协调发展的思想渗透到景观设计过程中，规划者需要把人与自然看成是一个完整生态系统，而不是“人类中心论”或“自然决定论”。在城市总体规划和生态景观设计的指导方针下，景观设计应当尽量减少对环境的破坏，适

① 王彤，郭炎．城市扩张背景下武汉市景观格局时空特征的多尺度研究［J］．城市建筑，2018（6）：46-53.

度开发自然资源、经济资源和社会资源，把整体规划、景观内核、资源管理与智慧城市相契合，统筹考虑自然景观（地理格局、水文过程、气候条件、生物活力）、经济景观（能源、交通、基础设施、土地利用、产业过程）、人文景观（人口、体制、文化、历史、风俗、风尚、伦理、信仰）等因素，满足居民的生活需求，同时实现城市与自然环境的高科技和谐共生即“景观城市化”与“景观智慧化”。①

在传统的意象理论里，城市认知地图主要突出空间元素的识别性和导向性，通过人们的实际行动去观察和测量城市，进而扩大自身物理边界。在现代的景观理念中，个体对城市空间感知的终端在不断变化，物理世界与数字世界的边界持续模糊，新技术、新服务和新活动趋于与空间元素组合创造新的城市象征，包含实体空间与虚拟空间的创建，城市认知地图因为虚拟体验而得以扩展。新一代数字技术对城市空间产生深远影响，孕育全新的空间生产方式。面向未来的城市在“空间-技术-经济-社会”框架中实现多元耦合，居民逐渐通过数字工具、数字界面、数字服务参与社会活动。

依据国际标准化组织（ISO）的界定，智慧城市是“对建设环境中的物理系统、数字系统和人类系统进行有序融合，从而为城市居民构建一个可持续的、繁荣的、包容的未来”。新时代智慧城市的建设需要从信息化的狭义角度扩展至人文化的广义角度，融入更多社会公平和技术创新等元素，智慧城市科技与城市空间规划与设计的融合的必要性日益凸显。智慧城市的内涵正在转变——从“以技术驱动的城市”转向“为城市服务的技术”。例如日本的 Woven City 从宏观角度出发，利用城市数字平台整合智慧交通、智慧建筑、智能家居等设施建设；再如印度尼西亚的 The Infinite City 采纳城市级公交与智能驾驶的混合使用，实现高效的交通系统和嵌套的城市空间组织，建筑也使用模块化高效的本地系统来建设未来智慧城市；又如加拿大的 The Orbit 应用智慧交通和城市管理作为关键措施于规划之中，实行动态土地使用分区管理模式，在满足规划部门设定的经济技术指标区域采取超值自动调整相关指标的方式来应对未来的高密度空间建设。

智慧城市面临新的交互需求以衔接空间元素与空间技术，绘制出智慧空间的设计蓝图，以适应未来生活和生产模式的转变，促进各种创新元素的深度融合。不仅涉及新兴数字技术与景观、建筑、交通的结合，也涵盖各种设施、社会组织与新经济业态等多元丰富的社会性，联合搭建技术、经济、社会同步转型的空间适配器，如图 11-6 所示。

① 聂正立．生态设计理念下城市建设风景园林的发展［EB/OL］．［2022-08-25］．https：//www.fx361.com/page/2018/0425/5058860.shtml，2018-04-25.

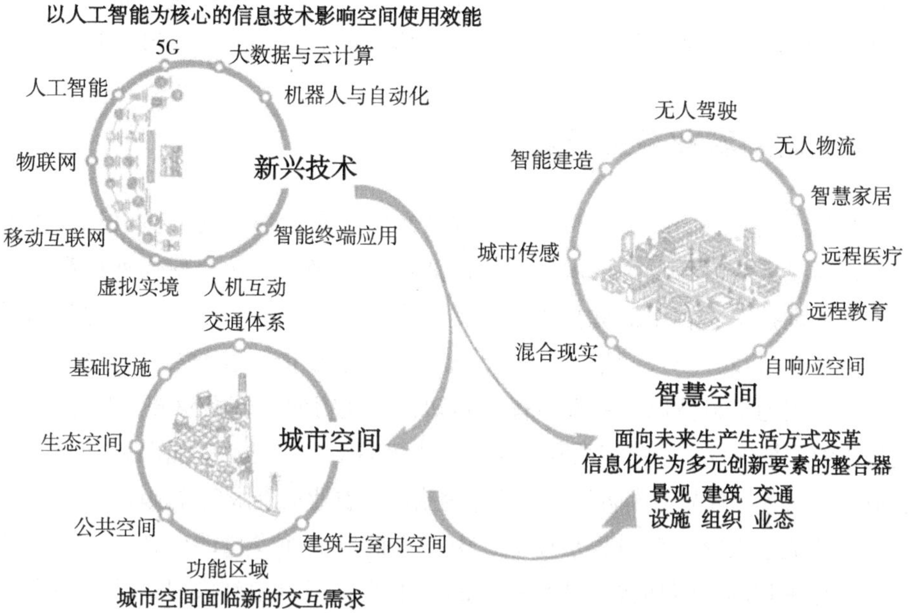

图 11-6　新一代智慧城市空间设计模式

资料来源：李昊，赵晓静，杨昭洁．面向未来的智慧城市空间设计与营建［J］．上海城市管理，2022（7）：54.

进入大数据时代，智慧城市的空间格局设计的扩展和演化可以被视为智慧城市的形成过程，融入绿色、健康、低碳、活力、全年龄友好等创新理念，积极研究面向未来的空间转变模式。对增量空间采取技术、建筑、景观、交通、设施等一体化的设计，对存量空间进行场景化的升级改造。通过在多维空间和多种技术中找出结合点，智慧城市的空间架构不断更新迭代，主要包括：①以新型基础设施为引导，打造新型智慧道路和交通系统，实现立体交通模式的无缝连接；②通过智慧设施与建筑、景观的融合，从外形、智慧体验、感知交互等方面提升空间质量，打造高效、便利、节能的办公环境；③社区是城市智慧化进程的基本单位，智慧社区的空间规划和设计需要真正满足居民日常生活方式改变带来的新功能需求，对老旧小区进行改造，打造“宜居社区、健康社区、完整社区”；④创新商业运营，扩展新零售、无人超市、多功能快递柜、在线购物与内容推送等智慧场景；⑤使用 VR/AR/MR 结合的模式提供远程医疗和居家养老服务，通过虚实交互推动智慧公园建设和文化旅游消费；⑥城市地下空间是在城市地面以下建造的，为了满足人类社会生产、生活、安全、防灾减灾等需求而建设的地下管线、地下建（构）筑物等，采用“综合管廊+数字化管理+物联网”技术，使用 BIM、RTK、GIS、GNSS、激光雷达、倾斜摄影等工具，充分获取地下空间环境条件和相关建筑物等要素信息，帮助运维工程师追求工作效率最高，实现地下空间的合理开发利用。①

11.2 智慧农业与生态复归

智慧农业（Smart Agriculture）是智慧经济在农业部门的具体表现和落地方式，通过大数据和数字技术达成全产业链的精确化。融合现代种植和养殖技术、处理技术、农用机械技术等，整合应用计算机和网络科技、物联网科技、音视频科技、3S（即地理信息系统 GIS、遥感 RS、全球定位系统 GPS）科技、无线通信科技以及专家的智慧和知识，使得农业现场感知、智能控制、定量决策、精确投入、灾害预警等功能得以实现。广义地说，智慧农业还涵盖农业电子商务、食品追溯防伪、农业休闲旅游、农业信息服务等领域的内容。②

小桥流水人家、良田碧水蓝天，引发人们对美丽乡村的向往与思念。随着城镇化进程的不断加快，越来越多的重工业从城市搬到农村，传统的农业生产方式已经不能满足人们对于健康、安全、环保的饮食需求。在经济新常态下的乡村环境治理，成为建设温馨家园亟待解决的关键问题。重新实现美丽乡村的梦想，在于山、水、人、情，更在于从内而外的自然活力。生态农业注重资源的合理利用、城乡环境的保护和修复，提高农业生产的效率和质量，增强其智能化、全面性和灵活性，让农田成为迈向共同富裕的绿色宝库。

11.2.1 从旧农场衰退到新农村兴起

人类生存与发展的根本在于土地资源。在城镇化加速的过程中，中国的农村人口持续下降，土地的管理方式也出现深刻的转变。当前阶段，中国的农业土地经营模式主要包括：家庭承包经营、家庭小农场、“公司+农户制”、农业生产合作社和工商企业雇佣式大生产等。依据劳动力的管理状况，可以分为两类：第一类是以家庭自有劳动力为主的家庭小农场，土地规模偏小；第二类是以雇佣式农场工人为主的雇佣式大农场，企业与农户签订土地流转合同，招聘农业工人参与生产。

虽然家庭联产承包责任制已经取得巨大的成就，然而对于小农（农民）

---

① 孙雪梅，刘全海，李楼．城市地下空间数据信息化管理研究与实践［J］．城市勘测，2021（4）：12-17.

② 纪玉山．探索智能经济发展新规律 开拓当代马克思主义政治经济学新境界［J］．社会科学辑刊，2017（5）：16-18.

的保守和落后、害怕市场竞争、抵制变革、无法适应现代社会化生产，以及家庭式农业经营必然被工商企业的雇佣式大规模农业经营所取代的看法，依然支配着许多人的思维模式。资本主义商品经济的突出特性是雇佣经营，农业资本主义的重要特征是自由雇佣和使用劳动力，西方资本主义的雇佣式大农场的衰退历程和原因带给我们一些极有价值的经验与启示。①

随着第一次工业革命的结束，现代化的工厂制度逐步确立，雇佣工人的队伍不断壮大。在农业部门中，雇佣式农场的数量和雇佣劳工在农业劳动力中的比例不断提升。农业和工业的发展路径大体相似，以至于主流经济学者普遍地预测，未来的农业经营也会转向工厂式的大生产，雇佣式大农场将取代家庭小农场，成为农业大生产的主导模式。

以英国雇佣式大农场为例，19 世纪 50—60 年代，家庭小农场的数量持续减少。19 世纪后期，雇佣式大农场排挤家庭小农场的趋势停滞不前，甚至出现雇佣式大农场衰退的情况，具体表现为：一是雇佣劳动力的比例明显减少，而家庭劳动力的比例明显增加；二是雇佣式大农场的比例减少，而家庭中小农场的比例相应增加。20 世纪 30 年代，土地的经营规模没有出现两极分化，反而呈现中型化的发展趋势，雇佣式大农场和家庭小农场的数量逐渐减少，家庭中农场的数量不断增加，农场主及其家属所占的劳动力比例越来越高，而雇佣劳动力的比例呈现下降的趋势。

在英国近代中，雇佣式大农场的优势崛起主要得益于大量廉价的冗余劳动力，人口激增推高粮价，使得大农场实现盈利，逐渐取代家庭小农场。第一次工业革命过后，医疗条件的改善使得欧洲人口迅速且稳定地增长，土地的劳动边际生产力递减，人口过剩而粮食短缺，劳动力收入缩水，粮价飙升。然而雇佣式大农场的出现，并未对农业单位产出和劳动生产率的提升产生显著影响。19 世纪后半期，随着工业革命的深入推进，价值观念发生转变，人们更加尊重理想、自由、工作和奉献，人口增长速度放缓，劳动力冗余问题得以缓解，工资开始回升。随着人口的减少，对粮食的需求也相应下降，粮价回落。此外交通运输业的发展、农业机械化的普及、化肥的广泛应用以及工厂法律和劳工保险制度的初步建立，使得农业资本家面临劳动力成本上升和粮食价格下降的双重挑战，雇佣式大农场逐渐失去竞争优势和活力，逐渐

① 段禄峰，魏明．我国农业土地规模经营模式研究：基于西方资本主义雇佣型大农场的衰落及启示［J］．地域研究与开发，2017（2）：125-129.

被家庭小农场排挤和取代。①

进一步调查英格兰与威尔士的农场，还揭示这些事实：当农场从小规模扩大到中等规模时，成本的减少速度较快，收益也相应提升；当扩大到较大规模时，收益停止增长；当扩大到一定限度时，收益开始下滑。当农场规模由275~599个标准人日（即1~2个全劳动力）增长到1200~1799个标准人日（即4~6个全劳动力）时，每投入100英镑的总产值随着规模的扩大而上升，然而一旦超过这个规模，大多数农场的收益开始减少。超过200公顷的农场在经济上的优势不明显，超过800公顷的农场，无论是规模还是数量都不会有较大的增长，此外经营管理和资金募集越来越困难。因此这类家庭小农场逐步转变为大企业，配备董事会、经理、会计和雇工，他们的薪酬开支较大并且管理成本也随之增多，经营者在确保获得起码应有的利润方面遇到极大的挑战。

英国并非独一无二的典型，在整个西欧和北美地区，例如法国、德国及美国等，大部分属于中型农场，只由一个或两个农场主经营，仅有少部分是雇佣式大农场。1967—1975年，欧洲文化基金会组织10个国家的200多名专家进行深入研究，得到结论：欧洲的农场规模正在逐步扩大，但是倾向于较大面积的家庭农场，而非雇用大量劳工的大农场。总的来说，雇佣式大农场的数量和总面积正在逐渐减少，超大农场不断解体，家庭小农场持续被兼并，家庭中农场的数量及面积不断扩大，农业经营的中型化趋势十分显著。资本主义雇佣式农场的经营模式，以大批劳工的艰苦生活和整体产出与社会财富减少为代价，既不经济也不公平。②

关于家庭小农场与雇佣式大农场制度孰优孰劣的争辩，起源于18世纪法国重农学派代表者弗朗斯瓦·魁奈和英国农业经济学家、货币数量论支持者阿瑟·扬。他们主张：家庭小农场是农业发展的阻碍，唯有大农场才能推动农业进步。后来由于资本主义雇佣式农场在资金和技术上的优越性，家庭小农场终将被雇佣式农场所替代。圈地运动排挤农村劳动力，从而为工业革命提供廉价劳动力，加快家庭小农场自然消亡的进程。

对于家庭小农场必然被资本主义雇佣式农场所取代的论断，俄国农业经济学家恰亚诺夫持有否定态度，他认为：家庭小农场的特征是人口众多而土地稀少，同时外部就业的机会不足，因此在家庭消费窘迫状况的驱动下，往往在每单位面积的土地上投入比雇佣式农场更多的劳动力。在生产过剩和农

---

① 段禄峰，魏明．我国农业土地规模经营模式研究：基于西方资本主义雇佣型大农场的衰落及启示［J］．地域研究与开发，2017（2）：125-129.

② 刘运梓．西方国家农场规模变动的趋势［J］．世界农业，1986（4）：6-8.

业工资上涨的时代，当农业劳动的边际收益低于社会工资时，雇佣式农场选择停止投入劳动力以最大化劳动生产率。然而小农缺乏外部的就业机会，在没有盈利的情况下仍然继续投入劳动力以缓解家庭消费窘迫状况，从而获得更高的单位产出。在这种情况下，家庭小农场对大型雇佣式农场的排挤，其实是以更大的劳动付出和更低的生活质量为代价的。

农民是否符合经济人的理性假设（即追求自身利益、利润最大化），这是决定小农制度是否能够融入市场经济的关键因素。一些主流经济学者认为：小农经营阻碍农业的进步，农民往往不理智、保守、恐惧新事物、抵制新技术，他们宁可选择贫穷，也不愿意离开土地成为城市工人。只要收入能够满足基本生活需求，他们就不再继续工作而选择休闲。农民对价格变动的反常反应和向后弯曲的供给曲线，被视为确认农民落后的理论证明。因此实现农业进步的关键是改变小农经营占主导地位的农业体系，通过土地收购，合并为资本主义雇佣式大农场，不仅是提高人均产量的条件，也是增加单位土地产量的条件。

大卫·休谟对农民的观点直截了当："农民缺乏技术、毅力和耐力，就算是耕种的土地，其产出也未能实现最大化。"然而美国经济学家西奥多·舒尔茨反驳此类观点：农民对资源的配置是适当且有效的；在大部分贫穷地区中，匮乏的经济和技术机会是他们持续处于贫困的原因；经济增长滞后，体制和机制的限制导致农民无法按照古典经济学的利润最大化原则来组织农业生产；面临外部就业机会少、生活贫困、对物质环境的控制力不足以及寻找就业机会的成本过高，农民选择以安全至上是理性的反应。

现代经济学理论表明：尽管有外部就业的可能性，家庭小农场仍然可能在劳动力的边际收益低于社会平均工资的情况下，继续投入劳动力，从而对雇佣式农场构成竞争。主要由于农民寻找工作成功的可能性和预期收益存在不确定性。19 世纪末期，欧美国家纷纷成立公共部门，以推动农业技术的研究和推广，农业合作社运动逐渐兴起，使得雇佣式农场在技术、资本、市场等方面的规模优势受到削弱，而家庭小农场的劳动力优势得到体现。在整个欧洲范围内，家庭小农场不仅坚韧地生存下来，而且在占有的农场面积上也逐步增长。即便是大农场的拥护者也不得不接受这一事实：小型农场的单位面积产出通常超过大农场，小农场的经营模式能够有效提升农业技术和产量。

近些年来，在农业生产中大规模引入数字技术和生物科技，助力农业以家庭为微观经营的基本单元而非简单地扩张农场的规模。当前中国经济步入新常态，面对经济增速放缓、就业压力加大的境况，把农民土地全面地转为雇佣式大农场的集约经营模式的时机尚未成熟，一家一户的家庭承包经营模式将在未来相当长的时间内广泛存在。随着时光的流逝，市场化和城镇化导致越来越多的农民离开乡村转为产业工人。市场经济的“用脚投票”方式有利于农民的分散化和土地的集中化，土地经营权逐渐流转到种田能手、种粮大户、涉农企业、农业工人手中，土地规模化经营的发展态势已成定势。①

农业生产力要素由于现代科技的融入而变得更加活跃，数字技术在农业生产力中扮演效率倍增的角色，极大地提升农业劳动生产率。农业互联网、大数据、人工智能和区块链等赋能农业生产决策的高度智能化，农业传感器、机器人和智能装备等推动传统农业生产工具的变革和升级。数字技术使得农业管理者能够深入理解并掌握农业生产主体与各生产要素和环境因素的交互关系，数字经济点燃助推农业经济高品质发展的“数字化引擎”。②

在经历以人力和畜力为主耕种的传统农业（农业 1. 0）、生物-化学与大功率重型机械农业（农业 2. 0）、数字化精准农业（农业 3. 0）等历史阶段之后，以大数据驱动力、机器人为工具的智慧农业（农业 4. 0）逐渐浮出水面。目前智慧农业成为世界现代化农业竞争的制高点，信息和知识是核心要素，深度融合农业与传感器、物联网、大数据、云计算等现代信息技术，涵盖智慧农业发展所必需的信息感知及获取、农业大数据存储及处理、智能农业决策、农田作业精准控制等四个层面，如图 11-7 所示。

依托智能农业来构建现代化农业高端生产体系，主要任务在于推广先进装备和社会化服务体系，完善农业智能基础设施，加大农业智能制造技术对农村现代化建设的支撑力度。鼎力推进农业大数据技术和农业社会化服务体系，提升农业的机械化、规模化、组织化、科技化和信息化水平，从五个领域发力：一是农业专用传感器，二是农业大数据技术应用，三是农业物联网技术，四是农业遥感和立体监测技术，五是农业机器人和智能终端。③

观察当前机器人的使用情况，制造业、农业、运输业、特种工作环境等具体领域已经积累起巨大的规模，能够实现高效率的工作方式或替换人工。农业机器人是专门为农业生产设计，拥有感知、决策、控制和执行的多自由度独立作业设备，包含信息感知系统、决策控制系统、作业执行机构和自主

① 段禄峰，魏明．我国农业土地规模经营模式研究：基于西方资本主义雇佣型大农场的衰落及启示［J］．地域研究与开发，2017（2）：125-129.

② 赵春江．发展智慧农业 建设数字乡村［J］．农机科技推广，2020（6）：6-9.

③ 王儒敬，谢成军．大力发展智慧农业技术提速农业农村现代化［J］．中国农村科技，2021（1）：24-27.

移动平台。农业机器人的发展过程大体上分为三个阶段：第一阶段，初步把机械臂、图像处理等工业机器人元素引入农业生产环节，助推农业自动化；第二阶段，标志性成果为嫁接、移栽等机器人，快速地进入产业应用期；第三阶段，人工智能技术工程化日臻完善，较好地渗透到复杂环境，除草、表型机器人形成示范效应，农业机器人进入多领域交叉集成、高科技全面驱动的新时代，如图 11-8 所示。①

图 11-7 智慧农业技术框架的四个层次

资料来源：王儒敬，谢成军．大力发展智慧农业技术提速农业农村现代化［J］．中国农村科技，2021（1）：26.

农业机器人的发展受到机器人机构学、人工智能、物联网、移动通信、传感器等尖端科技的推动，与人工智能、大数据、物联网、云计算相融合，形成农业机器人的使用场景：一是传统的作业环节，例如耕作、育种育苗、播种、灌溉、植物保护、收割采摘、分选、巡检、挤奶、牲畜和畜禽水产养殖的喂料、清污、消毒、防疫、环境控制、畜产品采集等；二是专门的操控系统、例如自主智能移动平台和部件与农场、农艺、品种的适配，实现信息

① 刘成良，贡亮，苑进．农业机器人关键技术研究现状与发展趋势［J］．农业机械学报，2022（5）：1-22.

的在线监测、精确的生产管理、无人作业、高效的运营管理等；三是特殊的应用领域，例如丘陵和山区、大田、设施园艺、畜牧水产、仓储处理等。①

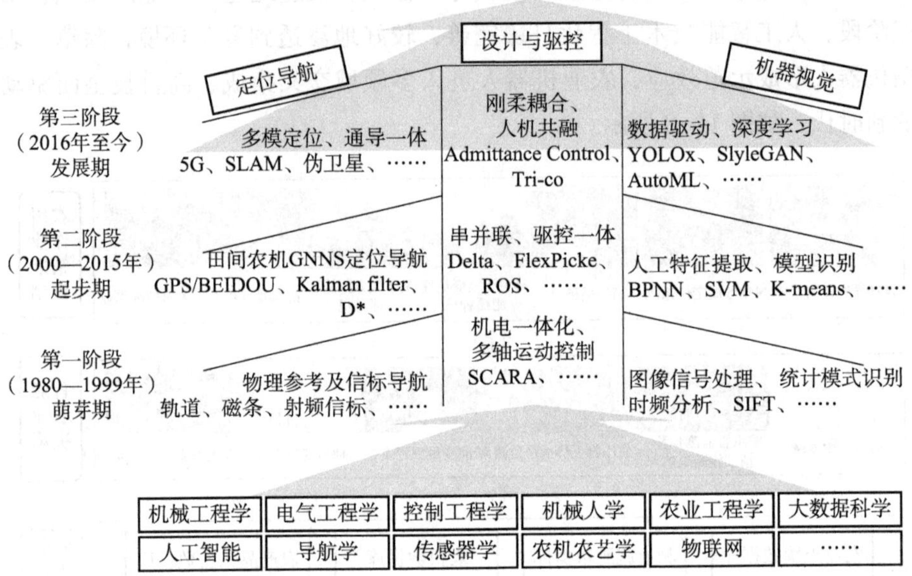

图 11-8　智慧农业技术框架的四个层次

资料来源：刘成良，贡亮，苑进．农业机器人关键技术研究现状与发展趋势［J］．农业机械学报，2022（7）：4.

比如田间管理类机器人，能够利用自主导航、视觉识别与定位以及精准作业控制技术，实现除草、施药、追肥等功能；对于病虫草害实现精准对靶施药，对于农作物的生理需要实现按需变量追肥，提升农药和肥料的使用效率，提升农产品的品质，降低生产成本，改善生态环境；主要的技术挑战在于农作物杂草的高精度实时辨识、精准对靶投药作业等方面：①美国的 John Deere 和 Blue River 公司研发的智能除草机器人，采用新一代的 See&Spray 化学杂草控制技术，运用高分辨率摄像机实时辨识杂草，实现对单一杂草的个性化喷药，大幅度削减杀虫剂的使用量；②瑞士的 EcoRobotix 公司研发的太阳能驱动的除草机器人，运用机器视觉、GPS 以及其他传感器自主追踪农作物，能够以 95%的精度检测定位杂草，然后通过并联机械臂以高反应速度把小量的除草剂直接喷到杂草上，能够大幅减少传统农药使用量；③美国的 Carbon Robotic 公司研发的大田除草机器人，利用人工智能和激光模组进行大

① 杨杰．17 部门明确农业机器人发展重点［J］．中国农机监理，2023（5）：9.

田除草，二氧化碳激光模组阵列每 50 毫秒发射一次，精度控制在 3 毫米以内，能够同时对 8 个目标进行激光除草；④法国的 Naio Technologies 公司研发的不同尺度的系列纯电动农业机器人，采用四轮驱动、四轮转向的田间“U 形”行间转向，能够完成大田杂草控制、中耕等作业以及采集农作物信息，辅助农作物产量管理，如图 11-9 所示。①

（a）美国John Deere化学除草机器人

（b）瑞士EcoRobotix除草机器人

（c）美国Carbon Robotic激光除草机器人

（d）法国Naio Technologies机械除草机器人

图 11-9 典型的大田除草机器人

资料来源：刘成良，贡亮，苑进．农业机器人关键技术研究现状与发展趋势［J］．农业机械学报，2022（7）：6.

在农业现代化的演进中，农机与农艺的深层次结合是最基本的一项要求。智慧农业涵盖农艺与农机这两个关键领域：农艺包括农作物的种植和培育，也包括农作物在生长过程中的选种培育等专业技能，其核心是生物学的理论和实践，以熟悉农作物的生产过程；农机包括在农作物生长过程中的设计和应用的工具，其核心是机械学的理念和技能，以农作物经济产量在生产过程中的各种手段。②

① 刘成良，贡亮，苑进．农业机器人关键技术研究现状与发展趋势［J］．农业机械学报，2022（5）：1-22.

② 刘云明，滑景舫．农机与农艺有机结合发展探讨［J］．现代农业科技，2012（4）：103.

在制造业领域拥有丰富充足的应用经验一定是农业机器人进步的良好开端，然而不能简单地把工业机器人的应用经验直接迁移到农业领域。这是因为农业生产面临的是非标准化、非结构化的复杂场景，工业机器人则是在标准化、结构化的较为简单的场景中运行，因此农业智能机器人的设计挑战相比工业机器人大得多。农业机器人拥有一些鲜明的特点：通常要求边作业边移动；行进路线并非起点和终点之间的最短路径，而是在有限的空间内，长距离覆盖整个田地表面；使用环境条件因素变动大，比如气候、地形；使用者是农民，要求农业机器人必须具备高度的可靠性和易用性等。①

11.2.2 环境再野化和生态复归

荒野（Wilderness）起初被看成一个形容词，用来描述未经驯化或驯服的动物和植物，随后逐步转变为代表野生动物所生存的区域，通常被解释为“不受驯养者或耕作者意志支配的、恣意的土地”（To be self-willed land, not subjected to the will of a domesticator or cultivator）。美国作家、哲学家、自然主义者亨利·梭罗说过一句名言：“世界存在于荒野中”（In wildness is the preservation of the world）。人类诞生于荒野、从荒野中走向文明，自原始文明、农耕文明、工业文明直至生态文明，人与荒野之间的关系持续地演变。②

在美国开疆拓土的早期，大片原始土地被严重破坏。19 世纪中期，受到自然保护主义者呼吁的影响，美国人的思想从征服自然开始转向保护自然，进而兴起荒野保护的实践活动。19 世纪末期，黄石、优胜美地等国家公园相继建立，被誉为“有意识保护荒野的保护区”。1924 年，“荒野”一词初次被美国政府部门的规章制度所使用，美国林业局通过行政命令确认新墨西哥州的吉拉荒野区。1935 年，荒野协会成立并启动有组织的荒野保护行动，制定一套荒野保护的规章制度。1964 年，美国国会通过《荒野法》，标志着美国国家荒野保护系统的正式建立，也成为联邦土地管理体系的重要组成部分。③

“荒野”一词在古代中国典籍中极为少见，但是对于荒野的开垦、保护的观念和行动历史悠久。在《山海经·大荒西经》《尚书·商书·说命下》《贞观政要》等文献里，都有对荒野的详细描绘，大多数出于丰富的想象或者朴素的个人感悟，认为荒野充满危险和怪异。为了生存和进步，先民对荒野的

---

① 刘志吕．现代农业中农机与农艺的有机融合［J］．新农业，2023（1）：78-79.

② 王宏新，邵俊霖，于姝婷．基于再野化理论的东北虎豹国家公园发展前瞻：兼评荒野保护思想与实践［J］．自然资源学报，2021（11）：7-13.

③ 罗明，曹越，杨锐．荒野保护与再野化：现状和启示［J］．中国土地，2019（8）：4-8.

开垦、使用以及保护是具体的。齐太公吕尚“辟草莱而居焉”，楚人祖先“筚路蓝缕，以启山林”，郑桓公与商人“庸次比耦以艾杀此地，斩之蓬、蒿、藜、藿，而共处之”。进入春秋战国时代，随着铁器的普及，先民持续增强开辟荒地的能力，但是也带来不良影响，先民也逐渐意识到生态环境保护的重要性。所以采取休耕、限制渔猎的措施，推崇“天人合一”的理念，历经种种挑战，至今生生不息。①

再野化（Rewilding）这一概念是由美国生物科学家迈克尔·苏勒和里德·诺斯提出的，其主旨是以生态主义取代人类中心主义，把原始的荒野再度融入人造环境中，使得自然的开放性和连续性过程再次主导景观环境的演变，通过尽可能少的人为干预来修复生态过程。再野化并不是简单地重塑或复制历史曾经存在过的“自然”，而是保护和增加生物的多样性，通过促进物种和生态过程的恢复，来缓解现在和过去人类干预的影响，即实现“让自然再次享有自由”（Setting Nature Free）。②

生态恢复与再野化这两个概念时常被混为一谈，其实不是这样，简单进行对比：再野化使得某个区域恢复到野性、自主的状态（即不受人类束缚）；生态修复更倾向于与自然性有关，通过人类的干预使得某个区域恢复到特定的属性、物种或时期。在做出干预决策时，经常需要在区域的独立性和自然性之间进行评估和权衡取舍。管理措施的制定和管理工具的使用“达到最基本的需求”，也就是仅仅利用必要的手段去实现目标。与生态修复的步骤相似，再野化也包括启动、刺激、允许自然过程（再次）发生，为了重塑一个新的、更为野性的区域，使用自主性来取代人类的管理和干涉。一般来说，再野化的目标是形成一个自然运转的景观，在没有人类积极介入的情况下，仍然可以自我维持、直到未来。③

在城镇化建设盛行的时代，对于城市能否容纳荒野的疑问，回答当然是否定的。长久以来，城镇化一直受到人类中心主义和建筑主义的桎梏，被视为“文明”的城市与被视为“野蛮”的荒野是对立冲突的。从深层次来理解，这是人类中心主义与非人类中心主义之间的冲突。人类中心主义的提出是为了反对基督教的神权主义，并且随着启蒙运动的发展及其影响的扩大。

---

① 王宏新，邵俊霖，于姝婷．基于再野化理论的东北虎豹国家公园发展前瞻：兼评荒野保护思想与实践［J］．自然资源学报，2021（11）：7-13.

② 罗明，曹越，杨锐．荒野保护与再野化：现状和启示［J］．中国土地，2019（8）：4-8.

③ 艾伦·沃森，斯蒂夫·卡佛，黄澄．荒野、再野化与自主性生态系统：IUCN-1b 类保护地管理中的概念演进［J］．中国园林，2017（6）：34-38.

在人类中心主义的影响下，摆脱把人看作神的附庸的神权主义时代，使得人们“敢于运用自己的理性”，并以“人不只是机器而已的方式看待人”。这一主义推动工业化和社会的进步，但是一系列环境污染和生态破坏问题使人们开始重新考虑人类中心主义带来的负面影响。①

如前所述，城镇化的快速扩展与社会经济体制的转变彼此交织。在现阶段的产业转型和存量更新背景下，城市工厂迁移后的废弃工业区、低使用率或空闲土地，都为重新开发荒野绿地和公共空间提供极大的可能性。从后工业时代景观的“工业-自然”特点来看：一方面，通过保护和再利用，工业遗产的历史重要性得到凸显，场地的工业历史积淀被沿袭下来，由此激发工业大机器、文化记忆等场地特质；另一方面，植被景观和自然环境本身使得人们感到精神放松和愉悦，按照生态理念修复景观、塑造亲自然的活动区域，进一步突出自然对人的强烈吸引力。被废弃的工业区在长期无人管理的状态下，自然形成物种丰富度高的生态环境，呈现出工业遗址与自然环境共存交融的状况，具有低维护成本、生态可持续的特点，为城市提供生态、审美、游憩等价值增量。

作为城市开放空间组成部分，工业用地实施再野化景观，强调自然演变本身所具备的美学价值，展示出“城市野境”独特的场地特质。城市荒野是自然与文化的联合产物，特别是其与建筑遗迹相互交织的时候，可以帮助人们理解和铭记城市用地的历史变迁。再野化的改造观念使得提高“自然度”与“荒野感”成为处理大城市问题的新思路。因为这种荒野新类型具备多种属性和尺度的特色，更多地倾向于主动再野化的过程，也就是通过人为的规划快速启动“类荒野景观”。

以“新首钢高端产业综合服务区”（简称为首钢产业区）类荒野化场景改造为例，选取植物高度、工业遗存占比、硬质绿地占比、植物再野化程度、植物演化丰富程度等5个类别的指标作为自变量，每一类别的自变量被分为4个等级。所有样本的天空、植物和工业建筑都采用统一色调和场景布局的处理方法，如图11-10所示。

不同荒野绿地场景对人们产生的“积极-消极”的“感知-情感”影响复杂多变，积极感知包括空间价值、情感价值、社会价值等方面，挑选与“工业-自然”特性相关的“减压放松、有自然野趣、充满新奇感、具有艺术美感、历史气息浓郁、生物多样性高”等6个元素作为积极感知因子；消极感

---

① 任洪涛，陈强．论我国城市荒野保护与再野化的治理之道［J］．南海法学，2021（12）：94-102.

知包括自然类威胁、社会类威胁、污染威胁等方面，挑选“感到不安全、可及性差、污染风险高、视觉效果差”等4个元素作为消极感知因子。对于20种不同的后工艺景观场景，设计定量化评估表，使用SPSS软件对收集的数字进行关联性分析，采用兴趣区划分的眼动实验分析注视刺激和视觉参与和场景经验意义的关联，运用Tobii Fusion眼动实验平台和Deep Labv3+空洞卷积神经网络分割模型，对样本进行兴趣区（AOI）划分，依照不同元素提取合并，对自然元素兴趣区和工业元素兴趣区进行后续关联性计算。

图11-10 首钢产业区后工业景观5组20类自然场景

资料来源：魏方，陈鲁，昝鹏．机器与自然之间：后工业景观再野化的公众感知研究［J］．中国园林，2022（8）：37.

根据场景的“工业-自然”属性，把图像的AOI划分为工业和自然两个部分，收集被试者的6个眼动指标，如图11-11所示。研究结果揭示：①热度较高的区域主要停留在工业遗存上，而且工业遗存成为人们持续关注的焦点，这意味着自然元素相对于工业元素的吸引力相对较弱。然而演化程度较高、景观层次和种类丰富的自然元素更容易引发人们的视觉兴趣。②针对不同植物高度，对工业元素的注视范围和持续时间逐渐集中，植物对空间的约束，增强在视线中工业遗存的核心地位。③针对再野化程度，即不同人为干预程度的植物类型，注视兴趣点主要聚焦在工业元素和规则化种植上。④随着植物种类的日益丰富，演化程度提升，集中在工业元素上的注视兴趣逐渐向自然元素分散，植物层次和色彩的丰富性也激发人们对其他元素的探寻欲望。

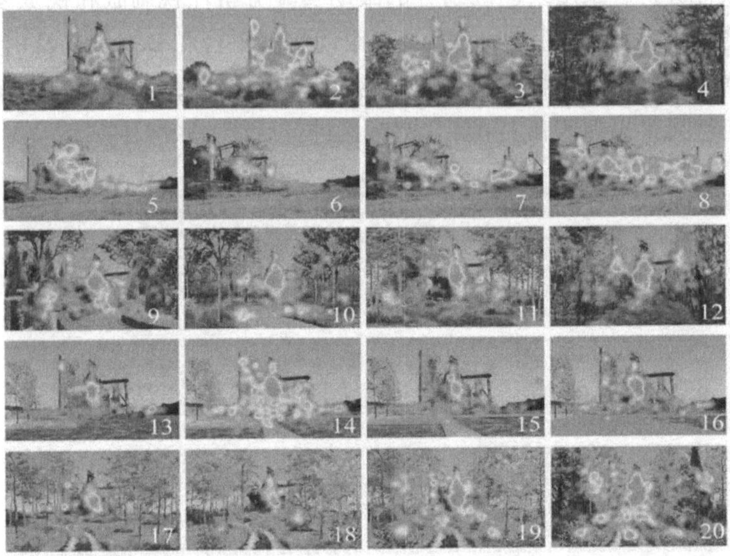

图 11-11　首钢产业区后工业景观 5 组 20 类眼动热力

资料来源：魏方，陈鲁，咎鹏．机器与自然之间：后工业景观再野化的公众感知研究［J］．中国园林，2022（8）：39.

结合主观评估量表、图片语义分割与眼动数字的结果，交叉进行相关性分析，揭示再野化程度和被试者偏好之间呈现较为显著的负关联性。虽然植物高度、工业化比例与植物种类显著相关，但是相关性系数较小。在硬质比例与偏好之间，没有发现明确的关联性。

作为注视数字的重要补充方面，选用 AOI 分区的注视前用时与首次注视时长的差值，结合其他眼动数字，进行不同感知类型与整体偏好的关联性分析，如表 11-1 所示。研究结果揭示：①被试者的偏好程度与对工业 AOI 的 TTFF 及其差异值存在明显的关联性，工业元素对人们的快速吸引程度成为后工业景观环境中影响偏好的主要因素；②工业 FFD 与偏好速度呈现显著的负关联性，即人们对工业的注视时间越长，反倒在一定程度上减弱其偏好程度；③工业 TTFF 与 FFD 的差值与新奇感、艺术美感以及可及性差、污染风险高等感知之间存在弱关联性，证实视觉关注信息与主观情感之间在本质上并无显著的强关联性。

表 11-1　场景偏好与被试者眼动数字的相关性系数

项目	偏好值	减压放松	有自然野趣	充满新奇感	具有艺术美感	历史气息浓郁	生物多样性高	感到不安全	可及性差	污染风险高	视觉效果差
偏好值	1.000	-0.026	0.035	-0.032	0.017	0.031	0.029	-0.004	0.028	0.027	-0.034
工业 TTFF	0.081**	-0.020	-0.058*	0.006	0.044	-0.051	-0.058*	-0.015	0.002	0.087**	-0.043
自然 TTFF	-0.074**	-0.057*	-0.027	0	-0.025	0.046	-0.014	0.027	-0.038	-0.078**	0.033
工业 FFD	-0.176***	-0.001	-0.104	-0.069	-0.095	-0.094	-0.103	-0.022	-0.060	-0.079	-0.035
自然 FFD	-0.051	0.018	-0.018	-0.051	-0.018	-0.091***	-0.020	-0.011	-0.030	-0.055	-0.065
工业 TTFF 与 FFD 之差	0.186***	-0.029	0.022	0.053	0.092***	0.028	0.035	0.013	0.055	0.128***	0.011
自然 TTFF 与 FFD 之差	-0.035	-0.067*	-0.016	0.013	-0.009	0.069**	-0.007	-0.025	-0.032	-0.047	0.040
工业 TVD	0.005	-0.048	0.014	-0.021	0.023	-0.029	0.006	-0.044	-0.061	-0.053	0.007
自然 TVD	0.020	0.011	0.002	0.034	-0.011	0.030	0.032	0.096***	0.082**	0.072**	0.040
工业 TFD	0.002	-0.063	0.002	-0.032	-0.027	-0.023	0.007	-0.030	-0.062	-0.060	0.002
自然 TFD	0.023	0.006	-0.006	0.024	-0.017	0.012	0.018	0.085**	0.080**	0.072**	0.037

资料来源：魏方，陈鲁，昝鹏．机器与自然之间：后工业景观再野化的公众感知研究 [J]．中国园林，2022（8）：40.

注：首次注视时长（TTFF）是指被试者从刺激开始到关注特定 AOI 所花费的时间，这在眼动追踪中反映视觉场景的某些方面如何被优先考虑的信息；首次注视持续时长（FFD）是指被试者第一次关注到的区域注视点停留的时间；设定 FFD 与 TTFF 的差异值作为一个场景最早引起关注并持续吸引的标准。如果 TTFF 很短而 FFD 较长，那么该区域极有可能存在吸引人的注意点；总的访问时长（TVD）与总的注视时长（TFD）都可以结合 AOI 分区来比较注视兴趣。*** 表示 $p \leq 0.01$，** 表示 $0.01 < p \leq 0.5$，* 表示 $0.05 < p < 0.1$。

在后工业再野化场景中，对比自然 AOI 的关注焦点和场景偏好，工业 AOI 的关联性更大。眼动数字的关联性效应值较小，显著性表现一般。视觉关注和偏好之间呈现弱关联性，交互作用更加复杂。对排名前 3 位的眼动数字和场景偏好得分进行归一化处理后，公众对于后工业景观场景的偏好程度不仅与工业元素的关注程度相关，并且与自然元素不同形态的关注程度也相关，如图 11-12 所示。

由工业森林向野化生态的转变，再野化的生态价值、场景审美价值以及健康价值正在逐步被人们所接受与认可，为人们提供一种远离现代文明的"逃离感"以缓解压力和焦虑，提升对生物多样性价值的可感知度。然而其可访问性和游憩价值的建立以及无法避免的风险感知，仍然限制着人们在价值认同方面的可感知程度。目前国内大量的工业用地被废弃现象和社会公众对野化自然愈加强烈的欲望，为再野化的实践打开重要的机遇窗口期。希望随着时间的推移，原本冷硬残破的厂房设备能够与生机盎然的荒野绿地相结合，形成层次丰厚、质感生动且富有戏剧性的智慧城市生态景观。①

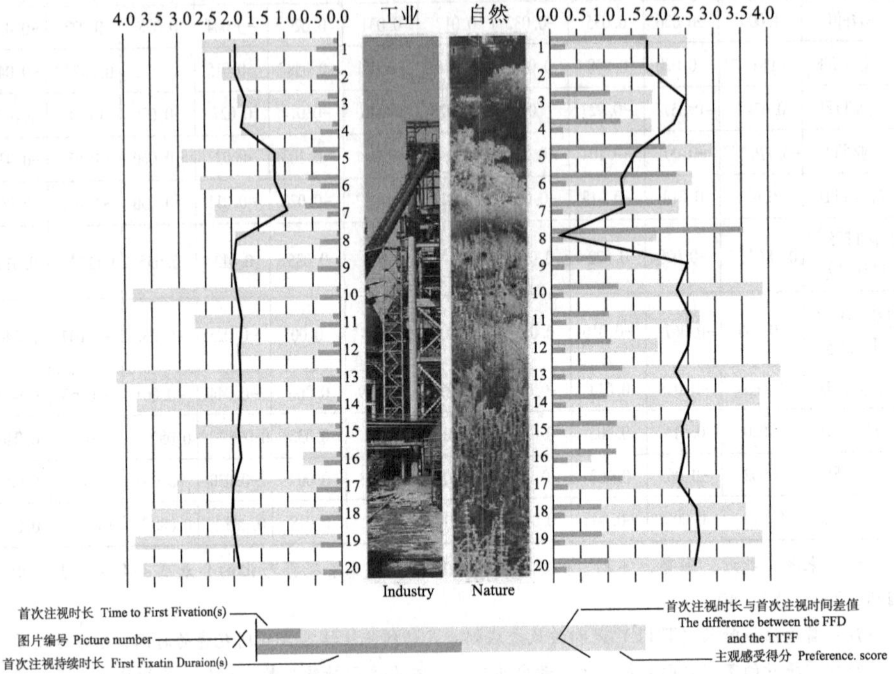

图 11-12 首钢产业区不同场景“工业-自然”注视兴趣与偏好分析

资料来源：魏方，陈鲁，昝鹏．机器与自然之间：后工业景观再野化的公众感知研究［J］．中国园林，2022（8）：40.

人类生存及演进的全过程表现为不断产生需要、满足需要、产生新需要的循环，这些需要来源于我们内心的意愿和选择。然而在工业革命之后，资本主义逻辑在近现代社会中霸占支配地位，人们对于生活品质的评价尺度逐渐被物化，消费主义的文化理念愈演愈烈，随之而来，商品在资本的影响下被赋予特定的身份标识和地位符号。“符号价值”而非“使用价值”成为消费等级和生活质量评价的最高尺度，“需要等同于消费，商品等同于满足”的消费理念使得“花钱买快乐”成为人们的消费共识，人们在过度消费和透支消费中极尽享乐和挥霍。原本应该自由的心灵最终被物质所束缚，人沦为商品的从属和奴隶，空虚、焦虑、烦躁、抑郁、迷茫等心理问题化作现代人普遍的主体症候。

① 魏方，陈鲁，昝鹏．机器与自然之间：后工业景观再野化的公众感知研究［J］．中国园林，2022（8）：36-41.

进入后工业时代，经济理性人把自然界视为无尽索取以满足其欲望理所当然的对象和源泉。在生产过程中，由于资本的贪婪性和逐利性，对规模扩张和经济增长的过分追求无疑加剧资源的过度开发，导致资源面临枯竭的风险；在消费过程中，消费观念的异化导致需求的异化，人们在消费时并非根据自身真实的和具体的需求而是基于欲望和占有，也并非根据自然的可持续性而是满足物质欲望，这在更大范围内加深人与自然关系的恶化。①

在《资本论》中，马克思对以私有制为基础的资本主义生产方式进行剖析。他指出：资本“疯狂地发展生产力”的目标并不是让人类从“地方性发展和对自然的崇拜”这种束缚中解脱出来，而是要在自然的“有用性”或者说“有用性”的自然上找到立足之地。因此以资本为基础的生产过程在塑造一个人的物质世界的同时，也在无节制地破坏和瓦解这个世界。毋庸置疑，这就是引发生态环境危机的罪魁祸首。资本极尽贪婪地追求利润最大化，制造广泛的需求、引领虚假的需求，从而导致人们对自然资源的无节制的开发和挥霍。②

资本的本性实质上就是人的本性，资本的本性需要追逐利润的最大化，人的本性也要谋求越多越好。这些透露出经济理性的内在逻辑，“最大化”或“越多越好”已经成为经济理性最普遍、最突出的特征。经济理性把所有的活动价值评价标准粗略地转化为经济标准、利益标准和效率标准，在经济理性的视角下，多元化价值也被贴上经济评判的烙印，导致人们的生活方式全面物化和工具化，进而人的主体意识彻底消融。经济理性的思维根基深植于二元对立的机械自然观念中，自然界仅仅是一种对人类外在的对象客体，成为可以随意占有、开发和挥霍的被动客体。

马克思使用“复归”一词来表述人对其本性的完全掌控，他阐述：“共产主义是私有财产即人的自我异化的积极扬弃，因而是通过人并且为了人而对人的本质的真正占有；因此这是人向自身、向社会的即合乎人性的人复归，这种复归是完全的、自觉的和在以往发展的全部财富的范围内生成的。这种共产主义，作为完成的自然主义=人道主义，而作为完成的人道主义=自然主义，这是人和自然之间、人和人之间矛盾的真正解决，是存在和本质、对象化和自我确证、自由和必然、个体和种类之间的斗争的真正解决。”这种复归的结果便是人与自然界、人与人之间矛盾的真正解决，实现人与自然界在本

---

① 张昭，陈延桐．资本逻辑视野下公众生态需要的异化与复归［J］．经济研究导刊，2022（12）：156-158.

② 田辉玉，张三元．资本逻辑视域下的生态文明建设［J］．现代哲学，2016（3）：25-32.

质上确实的统一。①

生态理性提倡“更少但是更好”的认知范式，最优化表征的是使用“更少”的资源而产出“更好”的效用价值。生态理性代表一种持续追求价值发掘的态度，是融合人类中心主义理性元素更高阶段的认知范式。人类中心主义的回归能够淡化极端的经济理性，以生态理性来校正经济理性。生态理性主张使用人与自然和谐共存的价值观替代人类无限度掠夺自然的价值观。这不仅是理性范式的转变，也是理性完备性的自我复归。②

11.3 交通网与医疗链

交通扮演都市圈人流与物流的实体联系和主导载体的角色，交通流塑造城市空间的轴线，城市交通网构筑城市空间格局的基础骨架，对都市圈起到重要的支撑和引领作用。在新型城镇化转型、城区新旧产业置换和智慧城市建设的新阶段，高速增长的“城市流”对介于区际交通和城区交通之间的都市圈交通提出更高要求。分形理论是模拟自然形态的一种方式，能够揭示交通网的平均趋势，分形维数是描绘城市交通网特征、解释其演化的一种理想测度指标，对交通网的定量化分析是城市空间形态可控参数研究的重要方面。

智慧医疗通过信息技术实现患者与医务人员、医疗机构和设备之间“标准化、品质化、数字化、智能化”的沟通和互动，智慧医疗链围绕“互联网+医疗健康”系统建设，逐步打通“医、药、险”各个环节，成为高效率与高效益的新型医疗模式。在新医改的大背景下，作为备受关注的民生领域，老龄化医疗围绕服务运营、生活护理、安全保障、记忆照护、精神需求、医疗康复等场景，以科技力量建设医院、社区、居家一体化智慧养老综合服务平台与全方位保障体系，为老年人提供高品质幸福安康的晚年生活。

11.3.1 交通网和都市圈

1967年，法裔美国数学家本华·曼德布罗特在《科学》杂志上发表《英国的海岸线有多长?》一文，论证海岸线是一个不确定的数字，提出用于表述自然界广泛出现的不规则现象的分形和分维思想。在非线性科学领

---

① 王习胜.《1844年经济学哲学手稿》中共产主义观的解读和思考［J］. 理论建设，2007（6）：5-8.

② 王野林. 价值的复归与生态的拯救：从经济理性到生态理性的转向［J］. 广西社会科学，2016（12）：70-73.

域内，分形是三个关键概念（分形、混沌、孤子）之一，分形理论是非线性科学的前沿和重要分支，分形几何是一门以不规则几何形态为研究对象的几何学。①

系统论和分形论完备地揭示整体与部分之间的双向互动，共同构成辩证的思维方法。在分形理论中充满着辩证法的观念：①规律性与随机性的统一，分形的自组织生长过程受到自组织与他组织机制的影响；②简单性与复杂性的统一，分形迭代法有效地诠释多变性和冗余性的特殊形态；③整体性与局部性的统一，分形的自相似性以局部为起始点，从微观到宏观逐级组建系统结构，经过深入剖析局部来明确整体特点。②

“大城市病”的核心问题就是城市交通，从分形的视角来观察，这一问题来自近现代城市所遵循的西方城市分形模型简单叠加和垂直拔高所导致的不适配性。古代中国城市被视为一个多迭代层面、均质化和整体性的分形结构，而西方古代城市大体上可以被简化为各个建筑实体的组合。西方近现代城市的构架相当于单个建筑实体的规模放大、面积和高度扩增，属于一种简单的垂直拉伸或累加。在这种构造模式下扩张城市，大规模地修筑高层建筑，然而城市道路整体被限制在地面上，大城市的弊端越来越明显，例如交通堵塞、热岛效应、高楼病、人际隔离、贫富差距、能源危机、空心化等。③

交通网是人类社会创造的三大网络（交通、能源、信息）之一，这是一种典型的复杂地理对象，由众多实体及其交会点链接、组建而成。研究交通网的方法有多种，比如复杂网络理论、图论、空间句法以及分形理论等。在一定的时空范围内，交通网表现出显著的分形和自相似特征，其测算指标是分形维数。选择不同的分形维数，描述交通网的复杂性则有所偏重：①长度-半径维数分析交通网在空间中的占用程度。②计盒维数揭示交通网在特定区域的覆盖范围，反映不同区域交通网的分布特性。假定路网密度恒定，那么覆盖度更广泛的区域通达能力相对更强。③分枝维数和关联维数更多地展示空间网络的通达性及节点间的连通程度。④

都市圈网络系统的形成依赖于交通网这一物质条件和必要环节，构成城

---

① ThuAd 清筑设计教育．未来人居：分形几何理论及其设计应用［EB/OL］．［2022-08-25］．https：//baijiahao. baidu. com/s？ id=1722747216949305423&wfr=spider&for=pc，2022-01-23.

② 田达睿，周庆华．城市规划中的分形思想与方法初探：以陕北黄土高原沟壑区为例［J］．人文杂志，2017（7）：125-128.

③ 戴明．信息化进程中建筑设计的历史变迁［D］．上海：同济大学，2005：27-29.

④ 陈斌锋，吴志峰，胡伟平．基于分形理论与 GIS 的城区交通路网复杂性分析：以广州市城区为例［J］．热带地理，2011（1）：46-51.

市与区域之间物质流、能量流以及信息流的主要途径。交通网与都市圈的协同演化构成一种空间互动过程，自分形理论诞生以来，即成为描述交通网等多种地理空间分布复杂性的强大工具。20 世纪 80 年代，国外开始进行交通网的分形研究，主要尺度集中在城市内部，主要内容偏向于解读路网的分形特点。20 世纪 90 年代，国内开始进行交通网的分形研究，主要涉及交通网的分形理论、城市交通网的扩散实证、交通流的控制策略以及交通网与社会经济的分形关系等四个方面。

进入 21 世纪，中国正处于城镇化进程和都市圈经济模式与运作机制的大转型时期，在都市圈运作中的结构性难题日趋明显。例如在东中西三大板块的梯度开发和中部经济板块的崛起过程中，武汉都市圈都明显滞后于东部三大都市圈，无论从社会经济环境还是资源环境状况来看都是这样。所以对空间运作的结构性原理进行分析，确定武汉都市圈空间发展的比较优势显得至关重要。

选择区域的比较对象分别是武汉都市圈、珠三角都市圈、京津冀都市圈、长三角都市圈，其中武汉市是唯一的单核都市圈，珠三角和京津冀都是双核都市圈，而长三角都市圈是三核都市圈。依据 2010 年的中国城乡路网空间数据库，使用 ArcGIS 地理信息系统软件，分析缓冲区、网格和距离测算等，调整回转半径、网格边长和码尺距离等，分形递归来获得空间序列单元，统计单元内路网的空间属性，最后得出加权分维值。

通常来说，在各个都市圈内的城乡交通网的道路“长度-半径”维度往往不会超过 2.0，其容量也不会超出理想阈值（即 1.7~1.8）。根据此次估算的结果，四大都市圈城乡之间的关联度不够紧密，一体化和网络化级别相对较低，其间存在着大量的伺服空隙，这表明城乡交通网的扩张潜力极大。城乡交通网的密度和容量从测量中心向外部地区表现为不同程度的下降趋势，相对应地，城乡之间的交流承载力也在逐步下降，城乡交通网形成显著的分布密度（即“中心-周边”的阶梯结构），如表 11-2 所示。

表 11-2　2010 年四大都市圈城乡路网“长度-半径”维数的区域比较

都市圈	范围		核心	测量中心	拟合曲线	维数 D_L	相关系数 R^2	无标度域（km）
单核	武汉都市圈	武汉、鄂州、黄石、黄冈、咸宁、孝感、仙桃、天门、潜江	武汉	武汉中心城区几何中心	$y=22.29x^{1.256}$	1.256	0.980	10~170

续表

都市圈	范围		核心	测量中心	拟合曲线	维数 D_L	相关系数 R^2	无标度域（km）
双核	京津冀都市圈	北京、天津及河北省的唐山、保定、廊坊、张家口、承德、沧州	北京、天津	北京—天津连线中点	$y=61.63x^{1.198}$	1.198	0.972	30~170
				北京中心城区几何中心	$y=52.74x^{1.224}$	1.224	0.989	10~270
				天津中心城区几何中心	$y=56.23x^{1.187}$	1.187	0.976	10~250
	珠三角都市圈	广东省的广州、深圳、珠海、惠州、东莞、肇庆、佛山、中山、江门	广州、深圳	广州—深圳连线中点	$y=58.97x^{1.151}$	1.151	0.965	20~110
				广州中心城区几何中心	$y=102.4x^{1.074}$	1.074	0.991	10~170
				深圳中心城区几何中心	$y=23.30x^{1.288}$	1.288	0.976	10~150
多中心	长三角都市圈	上海，浙江省的杭州、嘉兴、湖州、绍兴、宁波、舟山，江苏省的南京、扬州、常州、泰州、镇江、无锡、南通、苏州	上海、杭州和南京	沪—宁—杭三角形区几何中心	$y=0.176x^{2.335}$	2.335	0.909	40~160
					($y=1.131x^{1.971}$)	(1.971)	(0.946)	
				上海中心城区几何中心	$y=15.53x^{1.411}$	1.411	0.991	30~190

资料来源：刘承良，段德忠，余瑞林．中国四大都市圈城乡道路网分形的多尺度比较分析［J］．经济地理，2013（3）：55.

注：括号内为去掉异常值后的计算结果；珠三角都市圈因为数字可获得性原因，没有考虑清远市和港澳地区。

城乡交通网从中心向外的密度梯度逐渐降低，表现出良好的分形结构。在不同的都市圈（群）结构中，形成的测量中心各不相同，从而使得整体密度的分形成长的性质和结构存在显著的差别。武汉都市圈（单核）的城乡交通网长度-半径维数超过 1.2。京津冀和珠三角都市圈（双核）的长度-半径维数基本在 1.0~1.3 之间，稍微低于武汉都市圈。长三角都市圈则是例外：如果把三核环绕成三角形的几何中心作为测量中心，其分维值超过 2.0；如果把长三角看作是以上海为中心的单核都市圈（群），那么其容量分维值为 1.411。由此可见，城乡交通网的分维值在从中心向外空间衰减的同时，其衰减速度和幅度都遵循着“单核>双核>多核”的规律。

受到测量中心和城乡体系的影响，多核都市圈的分维测算结果表现异常。在测量中心为“上海-南京-杭州”三市围成三角形的几何中心时，长三角都市圈的容量维数值超出 2.0。排除异常点（原因是测量中心恰好位于太湖，导

致 $r=10\sim20$ 区间的交通网长度数字出现异常），分维数值接近 2.0。从测量中心向周边区域，城乡交通网的整体容量水平表现出持续增长或近似均匀分布的空间衰减趋势，网络结构呈现出离散化状况。

在地形地貌（即太湖水系）的影响下，测量中心周边交通网的分布密度相对较低。在三核围成的中心圈层的周边地带中，城镇体系广泛生长，交通网纵横交织，分布密度相对较大，以至于交通网中心-周边的密度变化呈现出“递增序”的现象。在此类测量中心的情况下，城乡交通网的无标度区域普遍比以最大中心城市主城区几何中心为测量中心的情况要小。原因是长三角都市圈城乡的社会经济联系紧密，交通网的发展和填充较为充足，中心-周边交通网密度差别不大，空间分布比较均匀。

建立覆盖维数模型，以便深入分析和理解城乡交通网的形态以及空间占据情况。在交通网覆盖范围的空间分布方面，存在着明显的差异性，通常呈现出从海岸线向内陆的地带分异。四大都市圈的线路覆盖度通常为 1.4~1.8，城乡交通网的构造和功能几乎接近分维值为 1.7~1.8 的最佳结构形态，这意味着城乡交通网的形态、结构、功能和效率已经达到相当高的水平。如果分维值 1.0~2.0，那么城乡交通网在整体上处于一维线状和二维平面的网络组织形态中，在宏观范围上展现出由大量交通网编织而成的网格状结构。

采用覆盖深度（1.585）和最佳形态（1.701）两大阈值进行评估。武汉都市圈的城乡交通网覆盖形态属于相似缺失型（分维值<1.585），明显落后其他都市圈（分维值处于 1.7~1.8，属于最优填充形态结构）。各个都市圈的城乡交通网覆盖分维值具有较大差异，网络内部结构和功能存在质的差异性。从整体来看，覆盖度排序为：珠三角都市圈（$R=1.81$）>长三角都市圈（$R=1.79$）>京津冀都市圈（$R=1.71$）>武汉都市圈（$R=1.47$），在宏观范围上展现出东部沿海（都市圈）>内陆（都市圈）的地带性差异，如图11-13所示。

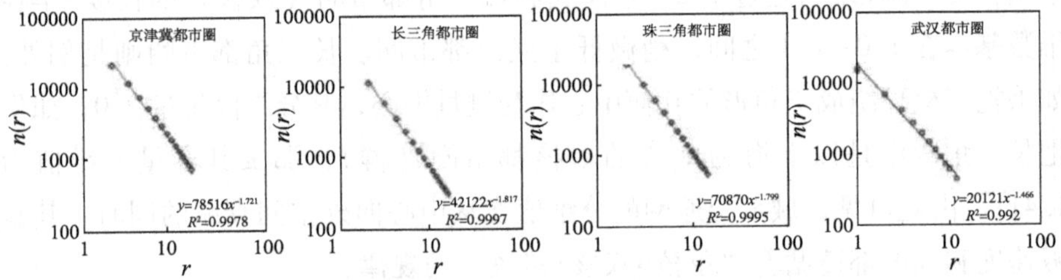

图 11-13　2010 年四大都市圈城乡路网线路覆盖度

资料来源：刘承良，段德忠，余瑞林．中国四大都市圈城乡道路网分形的多尺度比较分析［J］．经济地理，2013（3）：56.

考虑城市交通网分形发育与社会经济发展阶段相关的滞后性，选取 2005 年的四大都市圈人口规模、经济水平、要素交流强度三大类型指数进行皮尔逊关联性分析（Pearson Correlation Analysis）。所有指数与分维值的关联度超过 0.7，部分指数甚至达到 0.8 以上，这表明都市圈际城乡交通网分形发育与其社会经济发展阶段具有较高的正关联性。当经济越发达、城镇化水平越高、人口密度越大、社会与经济要素交流越强烈时，城乡交通网的分形发育越良好。当交通网在填充和伺服社会经济空间的程度越紧凑时，城乡交通网成长与社会经济发展能够保持较高的共轭协同性和较强的耦合关系。

对于都市圈的城乡交通网的分形状态，各种社会和经济发展指数的影响力略有不同。人口密度、邮电业务量、人均 GDP 和外商直接投资对城乡交通网的分布密度、填充能力和伺服效能的影响显著（关联系数均超过 0.8）。但是客运和货运强度指数对城乡交通网的分维值的影响相对较小（不足 0.7），其他社会和经济发展指数位居中等水平（关联系数为 0.7~0.8）：①人口密度成为城乡交通网发展的第一影响因子，显示都市圈际城乡交通网生长发育的人口需求导向和分布方向的特性；②邮电业务量和外商直接投资成为关键影响因子，反映信息化、数字化和外向型经济在城乡交通网的建设和布局中的重要地位；③货运强度与交通网分形发育呈现出中等负关联性，表明当前都市圈城乡交通网发展与城际货物运输强度不匹配，珠三角、长三角都市圈的城乡交通网具有良好的空间填充能力。但是对于服务水平较低的货物运输强度（只有约 7.3），城乡交通网的服务效率较低。武汉都市圈城乡交通网的分形发展不良（分维值都低于理想值 1.701），存在大量的交通网填充空位和伺服空白。然而承担着较大的货物负荷（8.67），这说明城乡交通网发育和货运交流强度之间普遍存在着一定的“异配性”，如表 11-3 所示。

表 11-3　2005 年四大都市圈社会与经济发展水平与线路覆盖度相关系数

要素层	评价指标层	四大都市圈				与分维值的 Pearson 相关系数
		武汉都市圈	京津冀都市圈	长三角都市圈	珠三角都市圈	
人口规模	人口密度（人/km^2）	510.61	627.86	764.05	812.75	0.898
	城市化水平（%）	30.97	66.57	53.62	79.56	0.752

续表

要素层	评价指标层	四大都市圈				与分维值的Pearson相关系数
		武汉都市圈	京津冀都市圈	长三角都市圈	珠三角都市圈	
经济水平	GDP（亿元）	3805.9	12485.5	27601.6	12111.9	0.740
	人均GDP（元）	12300	44191	36053	67432	0.836
	工业总产值（亿元）	2967.46	15721.38	47401.93	23121.65	0.779
	固定资产投资（亿元）	1376.44	4451.6	11230.8	4515.3	0.709
	社会消费品零售额（亿元）	1656.58	4457.9	7956	4064.9	0.760
	外商直接投资（万美元）	199905	683433	2517911	1252252	0.806
	对外贸易总额（万美元）	1006600	4550736	29225100	18244300	0.772
要素流	客运强度（客运量/人口）	10.75	33.45	26.89	69.7	0.689
	货运强度（货物量/GDP）	8.67	9.41	7.33	7.22	-0.570
	邮电业务量（万元）	1161438	7011004	9575685	7809796	0.884

资料来源：刘承良，段德忠，余瑞林．中国四大都市圈城乡道路网分形的多尺度比较分析［J］．经济地理，2013（3）：56.

借助ArcGIS进行空间测量和计算，构筑各个都市圈中心城市节点和直线距离矩阵。在各个码尺r的尺度内，对中心城市节点的外部关联平均直线距离$C(r)$进行统计，建立一系列［r，$C(r)$］双对数坐标散点图，执行幂律拟合和结果分析，如图11-14所示。

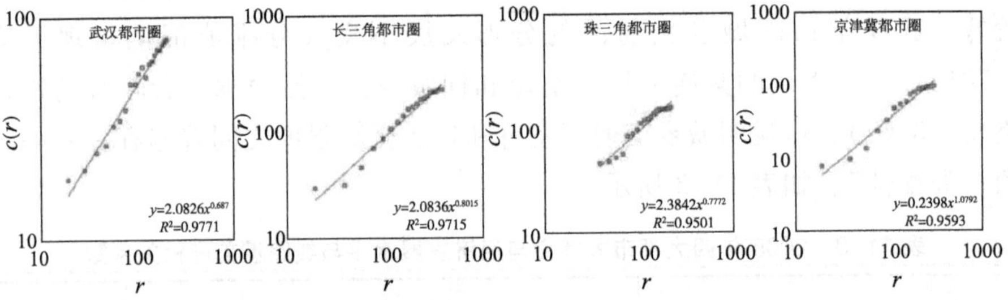

图11-14　2010年圈际城乡路网节点直线距离-码尺维数双对数拟合结果

资料来源：刘承良，段德忠，余瑞林．中国四大都市圈城乡道路网分形的多尺度比较分析［J］．经济地理，2013（3）：56.

在都市圈内城乡交通网节点中，空间关系都表现出自相似性，这种关联-码尺双对数曲线的拟合程度很高，关联系数都在0.94以上。在特定的比例尺范围内，城乡交通网节点的关联标度保持稳定，遵循幂律分布规则，这表明都市圈城乡交通网发育趋近于自组织的临界状态。在所有都市圈中，武汉市城乡节点关联维度的拟合程度最高，呈现出最明显的分形结构，城乡交通网趋近于自组织的临界状态，但是与理想值 0.996 存在一定的差距。从整体来看，没有任何一个都市圈城乡交通网表现出典型的自组织临界态。

在 D 值的排序中，武汉都市圈城乡交通网节点的关联分维值是最小的，意味着武汉都市圈城乡节点在空间上的分布更集中、节点之间的关联性更强。实际上，武汉都市圈的良好空间发育主要来源于其较小的地域范围和“一枝独大”的城乡体系。武汉都市圈关联维数值是最低的，可能是由于其城乡建制等级结构所决定：以 1 个副省级城市为中心，其余的都是地级市和省直管市，规模等级相对集中。然而珠三角都市圈拥有 2 个特别行政区、2 个经济特区和 1 个副省级城市。长三角都市圈跨越 2 个省份和 1 个城市，拥有 1 个直辖市和 3 个副省级城市。京津冀都市圈拥有 2 个直辖市和 1 个省份，城市空间分布受到城镇建制的影响，表现出相对分散的状态。①

11.3.2 医疗链和望闻问切

在医疗业中，大数据类型多、数量大、应用价值高。智慧医疗能够实时感知个人的健康状况，及时迅速进行响应，把疾病的防治前移，预防和诊疗相结合。传统西医认为：思维与物质相互独立，事物由微小的部分组成，可以逐步分解，不会对研究结果产生影响。这种解析思维忽略个人差异，带来碎片化诊疗。智慧医疗把人视为整体，利用多种现代化技术，促进医生、患者和各医疗组织机构间的互动协作，加速信息联通与共享，从真正意义上实现以患者为中心，为其提供定制化的健康服务。

在智慧城乡的规划蓝图中，智慧医疗是其中一个重要的民生板块。因为公共医疗系统在国内尚未完善，尤其是“效率较低的医疗体系，质量欠佳的医疗服务，又难又贵的就医现状”等问题，引发社会公众的广泛关注。主要原因包括医疗信息不顺畅、医疗资源两极分化和医疗监管机制不健全等。与传统医疗服务相比，智慧医疗链能够显著地缓解碎片化和信息孤岛的难题，利用大数据、人工智能、物联网与区块链等先进技术，实现患者、医务人员、医疗机构和医疗设备的互联互动，从而大幅度提升医疗服务的效率。②

医疗链的运用主要体现在“AI+医学”“AI+医疗”“AI+医药”等方面，

---

① 刘承良，段德忠，余瑞林．中国四大都市圈城乡道路网分形的多尺度比较分析［J］．经济地理，2013（3）：52-58.

② 陈颖佳．株洲市智慧医疗服务运营模式探索［J］．产业与科技论坛，2022（4）：23-25.

智慧医疗链的应用场景主要包括医学研究、疾病风险预测、辅助诊疗、医学影像、医疗辅助、药物研发、健康管理、精神健康管理、风险管理、病理学、营养学、可穿戴设备、医疗机器人等领域。当前初创业务主要分布在辅助诊断、药物研发、手术替代、医院管理、健康管理等领域，帮助医生提高诊疗效率和精度、缩短患者就诊等待时间、降低患者诊疗费用，如图 11-15 所示。

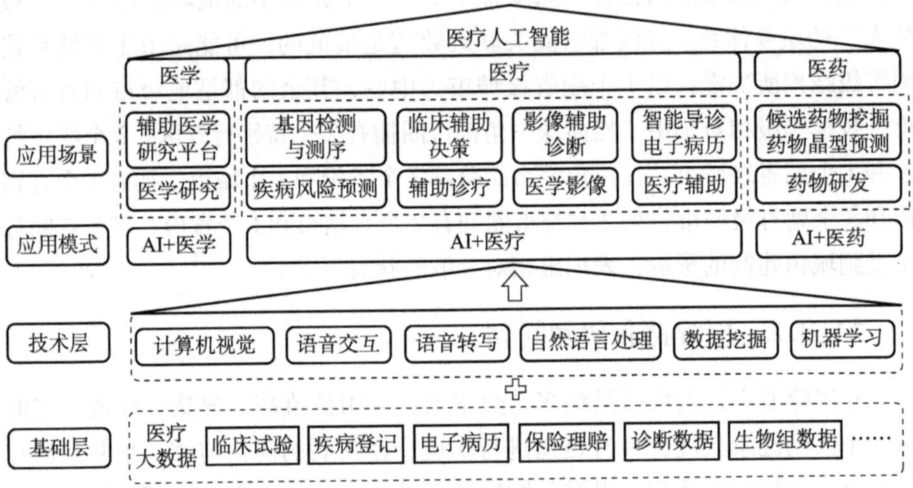

图 11-15　智慧医疗人工智能产业链

资料来源：亿欧．中国医疗人工智能正加速产业化落地［EB/OL］．［2022-08-25］．https：//ishare.ifeng.com/c/s/7xaFmrsDM0R，2020-06-25.

传统的医疗生态圈以医院为主体，衍生出众多条生态链，主要包括：医生、生物医药、零售连锁药店、医药分销商、医药生产商、社会医疗保险机构、保险公司、银行、第三方支付公司、医疗服务应用运营商、医疗设备（包括远程医疗设备）运营商、移动与可穿戴设备、智能设备供应商、通信服务运营商、大数据服务商、云服务商以及系统集成商等。

互联网的强势介入正在重塑医疗生态链的各个环节，主要在六大领域发挥改善作用：①“互联网+医院”，以医院内部服务为基础，服务范围向院前和院后拓展；②“互联网+硬件”，借助可穿戴设备把生理体征变动输入个人健康数字平台，整合第三方健康应用数字；③“互联网+医药”，采用 B2C 和 O2O 两种模式运行，B2C 模式使得用户享受更便捷的购药经历，通过网络药店或第三方医药平台，用户能够快速查找药品信息、减少中间流通环节；④“互联网+保险”，商业医疗保险与汇集患者健康大数据的移动网络产品合作，有助于保险公司实现实时监控、降低赔付率；⑤“互联网+基因”，利用临床、遗传图谱和组织形态的大数据，提出关于药物选择、剂量管理及联合用药等个性化用药方案；⑥“互联网+养老”，融合在线网络信息平台与线下家庭养老服务、社区中心，构建适应老龄化社会的新型智慧养老体系。[①]

医疗信息化发展大体上经历三个阶段：第一，医院管理信息化，主要应用医院管理信息系统（Hospital Management Information System，HMIS）；第二，临床管理信息化，主要应用医院通信与信息系统（Hospital Communication and Information System，HCIS）；第三，局域医疗保健服务，主要涉及全球医疗信息系统（Global Medical Information System，GMIS）。进入 GMIS 阶段，“以实时信息服务为中心”，移动医疗成为重要组件，其内容涵盖无线移动、无界集成、便捷技术等。

移动医疗（Mobile Health，M-Health）是一种把移动计算、医疗传感和通信技术整合的创新医疗保健方式，对传统医疗技术和保健服务进行扩展和补强。通过使用手机等各种终端设备，移动医疗随时收集患者的多种生理信息，例如体温、血压、血氧、脉搏、心电等，汇总到采集器并且上传到服务器端。当前新兴的医疗科技主要涵盖生物科技（基因修复）、纳米科技（植入芯片）以及信息通信（移动健康）。因为市场需求的巨大推动力，移动医疗正在快速转向产业化，使得医疗资源在医疗保健体系中的配置更有效。

许多国家相关的组织机构已经开始探索移动医疗相关的业务领域。2009 年 2 月，在西班牙举行的世界移动通信峰会（Mobile World Congress，MWC）期间，洛克菲勒基金、联合国基金和沃达丰基金宣告组建移动医疗（mHealth）联盟，旨在为全球移动医疗计划提供援助，推动移动医疗科技的发展。在人口老龄化速度较快的日本，移动医疗的开发受到各方的鼎力支持，已经拥有相当数量的商业应用。在欧洲委员会资助的信息社会科技计划（Information Society Technologies Programmer）中，来自德国、荷兰、西班牙、瑞典的联合团队开发人体局域网络（Body Area Network，BAN），通过追踪患者的生理数字，预测心脏病、糖尿病和哮喘病患者可能的病发情况，以便在疾病发作之前及时通知医疗保健专业人员。[②]

在医疗保健领域，大数据和人工智能的应用已经历时数十年，其用途包括疾病诊断、药物研发及个性化医疗等：①20 世纪 60—70 年代，出现初级的

---

① 王晶，朱慧颖．“互联网+医疗”重构医疗五大产业链的分析［J］．互联网天地，2015（8）：1-5.

② 林敏，乔自知．移动医疗的需求与发展思考［J］．移动通信，2010（3）：31-35.

专家系统进行医疗诊断和决策辅助；②20 世纪 80—90 年代，神经网络和决策树等机器学习算法在大规模医疗信息数据库中发掘并形成医疗诊断和决策系统，提供更精确的预测；③21 世纪初期，电子健康记录（Electronic Health Records，EHRs）、大数据挖掘、深度学习和自然语言处理等技术的应用兴起，使得新一代人工智能系统能够分析大规模的患者信息，通过智能化识别模式进行辅助判断和预测。2001 年，美国食品和药物管理局（Foodand Drug Administration，FDA）允许首个无创自动血糖监测系统（Gluco Watch）上市；2012 年，FDA 同意智能手机心电图（AliveCor）的使用；2016 年，FDA 同意首款用于专利护理的人工智能软件（Arterys）的使用；2018 年，FDA 同意首款无须医生监控的患者护理医疗设备的使用；2020 年，FDA 同意首个基于人工智能的医疗技术数据库（The Medical Futurist Institute），而且开始补贴使用人工智能辅助医疗的费用。①

在中医诊治的领域里，人工智能的应用包括对临床大数据的采集、编排与特性抽取。其计算过程既关注患者的局部健康信息，又能保持整体的观察，对病症和体征信息进行空间和时间、动态与静态的综合分析，这与中医独特的全局观相契合。传统中医利用四诊（望闻问切）收集病患的病情信息，根据四诊合参与辨证和治疗。针对某一类症状而不是某一种特定的病种，即所谓的“异病同治”“同病异治”。然而四诊和辨证的主观性太强，容易被医生个人因素的影响。相对于西医诊断，中医诊断的优点在于便捷、快速和无创，不足之处是缺乏规范性和精确性。人工智能主要应用是使用传统的机器学习算法或数字挖掘算法进行模拟，从而达到诊断过程的智能化，如图 11-16 所示。

作为人工智能算法的一个重要分支，深度学习通常采用由许多神经元组成的神经网络模型。该模型通过多次比较预测输出和期望输出的差值来更新参数，以便解决贡献度的分配问题。在神经网络模型中，神经元以抽象的方式表现数字特征，各层的神经元相互连接和互动，这与中医在证候分类过程中注重全局观念的理念高度一致。神经网络模型的算法训练依赖大量的数字，这又与中医的经验积累具有极高的相似性。

以脏腑辨证为例，中医临床在认识疾病过程中，根据脏腑的生理功能和证候特点，辨别脏腑病位及脏腑阴阳、表里、寒热、虚实等变化，为治疗提供依据。分类数据库与评价标准来自中医脏腑辨证法临床诊断，一共 358 种

① 张大庆．人工智能应用于医疗服务的历史变迁［J］．医学与哲学，2023（1）：6-7.

病例，包含常见的 28 种证型和相关症状 242 种。其中 300 个病例用于训练，剩余 58 个作为测试样本。对于每一个样本，网络的输入向量为 $x=\{x_1, x_2, x_3, \cdots, x_n\}$，目标输出为 $y=\{y_1, y_2, y_3, \cdots, y_m\}$。使用多标签 K 近邻算法，设计一维卷积网络，分为卷积层、汇聚层、全连接层，如图 11-17 所示。

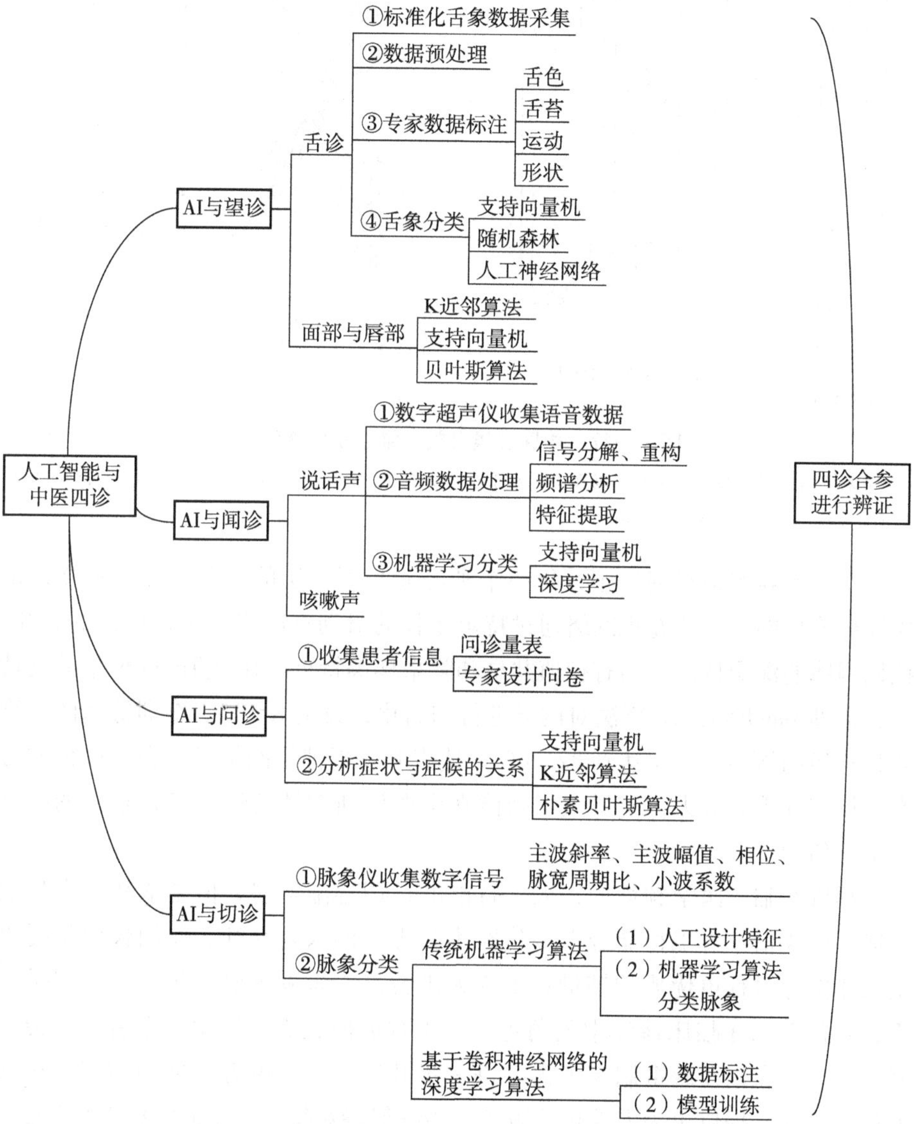

图 11-16　人工智能在四诊（望闻问切）中应用的基本框架

资料来源：罗思言，王心舟，饶向荣．人工智能在中医诊断中的应用进展［J］．中国医学物理学杂志，2022（5）：648.

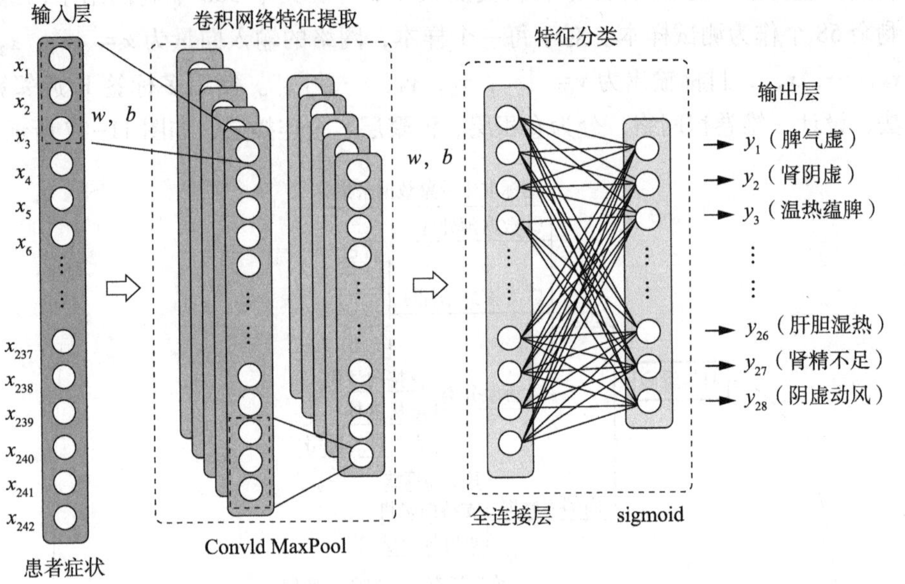

图 11-17　中医证候分类一维卷积网络结构

资料来源：杜昉臻，何圆姣，冯西贝．基于人工智能的中医证候分类算法研究［J］．南开大学学报（自然科学版），2023（4）：14.

在一维卷积神经网络中，每一个神经元与下一层的部分神经元连接，形成局部连接网络。该卷积网络通过特定步长的滑动在网络上进行局部的感知，挖掘网络的深层特征，拥有权值共享和降采样等特点。在 PyTorch 框架的支持下，借助 BatchNorm1d 算法对网络进行初始化，设定 K=15。在训练后的一维卷积神经网络的准确率达到 82.76%，这表明卷积神经网络模型在中医证候分类上拥有优秀的能力，使得人工智能在中医诊断领域的运用具备较高的临床参考价值。①

尽管在临床医学领域内，人工智能的运用逐渐增多，但是依然有大量的临床医生深信：人工智能难以替代医生与患者的人际交往，作用仅仅是提供给临床医疗过程更优质的辅助；不论人工智能未来发展到何种程度，似乎都无法替代医生在临床诊疗中的角色。人工智能研究者、医生、患者、社会学家、伦理学家以及政策制定者需要进一步开展对话，更有效地利用现代科技的最新成就，提供更为人性化的服务，始终保持对每一个生命的尊重与关爱。

随着人工智能在医疗保健领域里的广泛应用，社会公众对其可能产生的

① 杜昉臻，何圆姣，冯西贝．基于人工智能的中医证候分类算法研究［J］．南开大学学报（自然科学版），2023（4）：12-16.

道德伦理产生深深的忧虑，例如个人隐私保护和算法公正性问题，因此诱发人们对人工智能医学融入和病患风险影响的讨论。2018年，美国医学会颁布第一个人工智能的相关政策，他们主张：美国医学会应当在数字健康领域中积极探索，以提高病患的治疗结果和医生的职业满足度；帮助制定人工智能的优先议题；提倡对患者、医生、医学生、其他医疗保健专业人士以及健康管理人员进行培训；探讨医疗保健人工智能的法律影响，比如责任和知识产权等；适时推动专业和政府监管，确保人工智能的安全、有效和公正地获取与使用。①

① 张大庆. 人工智能应用于医疗服务的历史变迁［J］. 医学与哲学，2023（1）：6-7.

艾伦·麦席森·图灵（Alan Mathison Turing，1912—1954 年），英国数学家、逻辑学家、“计算机科学之父”、“人工智能之父”，在第二次世界大战期间协助军方破解德国著名的密码系统恩尼格玛（Enigma）。他对人工智能的发展有诸多贡献，提出一种用于判定机器是否具有智能的方法即“图灵试验”，提出的“图灵机模型”为现代计算机的逻辑工作方式奠定理论基础。

艾伦·麦席森·图灵（Alan Mathison Turing，1912—1954年），英国数学家、逻辑学家，“计算机科学之父”“人工智能之父”。第二次世界大战期间协助盟军破解德国密码系统恩尼格玛（Enigma）。他对人工智能的发展有诸多贡献，提出一种用于判定机器是否具有智能的方法即“图灵试验”，提出的“图灵机模型”为现代计算机的逻辑工作方式奠定了基础。

算法篇

第12章

团队思想涌现

“如果我们能够在科技方面拥有衡量不同生物智力水平的测量仪器，那么蚂蚁比人类以外的任何其他动物表现出更多的智能。无论在形式上还是种类上，蚂蚁社会都足以与人类社会相匹敌。”

——英国理论物理学家、实验心理学家 彼得·罗素《世界脑》

系统科学从个体数量少、关系简单到个体数量多、关系复杂再到个体具有主动性、适应性，具有这些特征的研究对象被视为复杂适应系统（Complex Adaptive System，CAS）。成员是在一定情况下具有目标和思考力的独立智能体。智能体在特定环境中与其他个体进行交流，并且在这种互动过程中“学习知识”和“积累经验”，不断地按照学习到的经验去改变其自身的局部结构和行为方式。由此整个系统开始演变或进化，包括新层次的出现和差异化、多样化或涌现更高层次的特征，即“适应性产生复杂性”。①

多种学科的交叉渗透是科学不断进步的源泉，20世纪中后期出现大量新兴的边缘学科，其中生命科学与计算机科学碰撞出大量火花，具有代表性的包括人工生命（Artificial Life，ALIFE）、计算智能（Computational Intelligence，CI）、生物信息学（Bioinformatics）、自然计算（Natural Computation，NC）等。从人工生命、计算智能、生物信息中产生出一类基于仿生学原理新型智能模型，归属于智能科学和智能模型的范畴，已经在社会科学与自然科学中得到成功应用，显示出解决复杂问题的特殊能力。②

12.1 团队行为和思想涌现

从个体规则与群体动作相协调的角度来看，团队行为研究在分布式场景下大量自主个体自发地呈现有序状态的机理，以及这种机理推动群体获得学

① 万志成，慕静．物流系统的复杂适应性研究［J］．物流科技，2010（2）：1-4.

② 高玮．新型智能仿生模型：蚁群模型［J］．智能系统学报，2008（6）：270-278.

习与进化能力的普遍规律。生物团队根据其自身经验的简约法则所产生行为的原理，为人们提供解决复杂问题的启发，例如蚁群的自主管理、蜂群的分家决策、鸟群的同步飞翔、鱼群的聚集御敌等。尽管每一个体看似简单，但是它们协同工作使得群体完成复杂的行为，例如蚂蚁个体的协同合作可以建造精巧巢穴和寻觅食物，这种任务通常具备相当的灵活性，并在经济学意义上具有低成本、高效率的优势。

团队行为与智能以及从中衍生出来群体力量和创造性，在现实世界中被越来越多的实例所确证，比如城市交通、产业集群、网络平台、社会舆论等复杂现象都展示团队行为和智能的涌现，并且相关的理论在市场评估、决策优化、电子商务、开源软件、社交网络等社会和经济体系中得到广泛的应用。美国未来学家凯文·凯利指出："团队思想是自然的奇妙魔法，这关乎生命的未来和社会的新秩序。"这种观念后来深深地影响比尔·盖茨、史蒂夫·乔布斯、斯蒂芬·斯皮尔伯格等杰出人物，将成为 21 世纪的商业趋势。①

12.1.1 个体规则与团队行为

团队行为是群体互动和合作而在复杂系统中引发的现象。复杂系统的标志是在系统内的各种要素通过互动和合作而涌现出新的宏观团队行为，这些行为可以在时间、空间和功能层面的结构中自发地形成与演变。无论是自然团队还是人类团队，都展现出超越个体能力的团队能力来完成复杂任务，这促成团队思想和智能生成具有极高灵活性和适应性的行为。复杂系统研究常用的理念和工具包含：自组织、协同学、湍流、不确定性、随机过程、混沌、图、网络、生物学、物理学、系统动力学、非线性动力学、控制论、信息论、复杂性理论以及元胞自动机、自适应系统、遗传算法、智能运算等。

德国心理学家、群体动力理论创始者勒温借用物理学的"磁场"概念，把人的内在需求视为内在的精神力场，把外界环境元素视为外在的精神力场。人的心理过程是在现实生活空间中，内在精神力场和外在精神力场相互影响、相互作用的产物。人的行为是个体特性和环境特性的函数，不同的个体面对同一样的刺激产生不一样的反应（即不同的知觉）。外部的刺激与内部的反应并不是直接或机械性地联系在一起，而是受到主观评价的影响。②

在生物群体中，团队行动是由个体与近邻者及其周围环境持续的局部交

---

① 刘钒，钟书华．创新型小微企业的群体属性及智能涌现：群集智能的视角［J］．科学学研究，2015（12）：1861-1866.

② 刘亦晴，于晶．中西部地区人才环境评价指标体系研究［J］．企业活力，2011（2）：44-47.

互作用而涌现出来的，只需把一些局部交互的个体规则赋予到一些极其简单的人工个体上，那么全部群体也涌现出复杂的整体动态秩序。这些个体规则包括三个方面：感知模式，即个体如何获取外部信息；认知能力，即个体如何借助神经系统在内部处理信息；行为响应，即个体如何对处理后的信息做出回应。[①]

个体规则内含个体之间、环境之间、个体与环境之间“行事处世”的理念与方法，行为模式内含个体行为的生成规则及个体之间行为的微观交互规则，以及涌现出特定效果的宏观内部机理。从个体的行为取向开始，探究环境的一些影响（包括信念、愿望和意图等属性），也就是探究行为取向与近邻者、环境之间的因果关系，解释作用模式，构建个体规则。不论是自然团队还是人工团队，其中的个体规则包括许多类似的特性。

第一，缺乏中心控制者或领导者来监督团队，取而代之的是自组织过程和分散化的外界环境信息共享机制。通过持续重复的物理交流，个体在团队中形成一种网络式的动态化信息传递通道，并且通过团队计算来解决分布式问题。那些只能感知到局部环境的个体，经过一段时间后也能获取一定量的全局信息，从而具备对外界环境变动做出迅速反应的强大自适应能力。

第二，每一个体的行为模式都受到其近邻者的影响，当个体一致地变更行为导致趋同现象时，系统就涌现出多样化的有序事件，即一个充满众多个体的系统能够催生出团队行为，这正是实体之间的互动效应。我们可以构造智能体（Agent）模型来研究在多样化系统中个体的互动问题，其中的两种互动问题得到广泛的关注，即度量距离互联关系和拓扑距离互联关系。

第三，个体在系统中的行为模式由环境因素所决定，个体依据环境特性、系统构造、自我行为特征以及经验、与周边近邻者行为等多种因素，灵活地调整自身的行为模式，从而在一定环境状态下获得最大化期望收益，同时这个过程也影响到系统的特性和状态。系统的属性和状况也是由个体行为所影响和决定的，个体之间的互动促成整个团队行为的涌现，涌现出来的团队行为与每一个体的行为具有显著的差异。

第四，按照“物以类聚、人以群分”的原则，系统可以被拆分为若干个可分割的子系统，从而形成系统的层级结构。在同一子系统内，每一个体的交互主要表现为协作关系；在不同子系统内，每一个体的交互主要呈现为非协作关系。在同一子系统内，每一个体彼此补充、互相支持，以使得该子系

---

① 袁野．群体系统集群行为的涌现研究［D］．鞍山：辽宁科技大学，2018：1-4.

统的收益最大化，然而个体之间又围绕着“收益分配是否合理”产生一些冲突。在不同子系统内，每一个体都在为争夺资源、追求更大化收益而持续竞争。随着时间的推移，系统自身的特性在持续地变动。协作与竞争的共存经过一系列的演变，每一个体都能找到改善策略，也使得个体之间的关系在不断变动。从长期来看，个体没有一个固定的最优化策略，但是最优化策略遵循某一确定的分布特征。

第五，当系统受到外部环境干扰时，某些个体可能自愿地或被迫地离开这个系统。假如某一或某些关键个体遭受损害，可能导致该系统的崩塌。即便没有受到环境扰动，极个别的非理性行动也可能引起系统崩塌。这种系统广泛存在，与我们的生活紧密相连，特别是在社会与经济体系中。个体行为具有很大的随机性，并且这种随机性在与其他个体相互作用时进一步被扩大，例如在金融系统中处处充满着随机选择和非理性行为。

第六，外界环境对系统的冲击可能导致系统崩溃，这种临界性的发生是极少数关键个体略微改变自身行为，从而导致系统从一个状态突然转换到另外一个差异极大的状态。特别是在社会与经济体系中，微观个体的相互作用带来宏观群体的非线性行为的涌现。某些个体的非理性行为可能导致整个经济体系迅速崩溃，这种崩溃前系统的临界状态显得异常重要。①

19世纪20年代，法国社会心理学家古斯塔夫·勒庞深入剖析集群心理，进一步扩散到社会心理学、社会学、政治学、公共管理学和行为经济学等领域。根植于对社会运动的探讨，西方学界研究个体规则和团队行为的主要内容包括：①在社会心理学领域中，代表人士包括勒庞、克恩豪塞、格尔和斯梅尔塞等，涵盖心理感染、模仿、辐合（即遗传与环境是同等地决定心理发展的因素）、匿名性、循环反应、行为动力学、社会认同、群体情绪、群体相对剥夺、去个体化、速成规范、信息传播和控制转让等理论；②在行为经济学领域中，首先是亚当·斯密分析人们追逐私利的本性，后来西蒙、贝克尔、阿马蒂亚·森等不断发掘这种本性的实际价值；③在慈善经济学、互惠经济学、家庭经济学、非营利组织经济学等领域中，爱德华兹提出“群体选择”理论，威尔逊和汉密尔顿分别提出“亲缘选择”理论，贝克尔建立利他行为模型等。

就像英国科普作家、《自然》杂志顾问编辑菲利普·鲍尔在《预知社会——团队行为的内在法则》中提及：“我们在理解人类行为这个领域，目前

① 郑小京．个体规则驱动的群体行为复杂性涌现规律及系统临界状态的研究范式［J］．哈尔滨商业大学学报（社会科学版），2014（5）：67-79.

仍然只是起步阶段。然而我们至少已经意识到：尽管人类行为在表面上看起来异常复杂，但是这并非因为他们的复杂性而无法被理解，在人的行为中至少有一部分是能被预测的。另外一个关键就是在团队行为中出现的突变并非必然，而是所有成员一致的需求，即便在个体倾向中只有微小的变化，团队行为也有可能自发地调整方向。”个体在做出决策时，对于他人的决策以及未来的决策，并未全盘了解。正是因为这种互相依存性，团队行为并非完全等于个体行为的简单延伸。①

在过去一些对社会和经济体系的探究中，经常把单一个体的行动简化为可以被泊松过程描述的稳态随机过程。这样的设想必定推导出人类行为的时间统计特征是均匀化的。2005 年，美国物理学家艾伯特・巴拉巴西利用对电子邮件交流时长间隔的实际统计，揭示这些行为与前述假设之间有着截然不同的性质：长时期的静默和短时期的高频率爆发，行为的时长间隔分布呈现出满足反比幂函数的“肥胖尾部”（简称为胖尾）现象，也就是这些行为的发生过程无法被泊松过程所精确地描述。这一出乎意料的发现揭示：个体行为可能存在着复杂的动力学机制，以往人们一些看似简单的确信可能存在着疏忽和误区。②

（1）人的行为时间特性分析和建模

在此领域的研究主要关注的是个体进行特定活动在时间维度上所展现出的规律性，比如一个上网浏览的用户，两次在线浏览行为的时长间隔表现什么形态？遵循哪种分布？行为是否有周期性、记忆性和阵发性等特征？活跃度与活动频率的联系是怎样的？活跃度与时长间隔、分布特征的联系又是怎样的？

泊松分布是以法国数学家泊松命名的一种离散概率分布，用来描述在单位时间（或空间）内事件发生的频数及其规律。比如模拟交通流量、事故发生频率、电话呼叫中心的配置、移动通信的占线电话次数以及库存管理等。受制于早期人类活动记录能力的限制，泊松过程作为一种经典的描述人类行为的方式，往往被直接应用于实际问题而没有加以认真考察。

然而随着现代信息技术的发展，海量的人的活动被记录下来形成行为大数据，越来越多的实证显示人的时间行为特性无法使用泊松分布来刻画。实

---

① 齐翔，龙长江，齐欢. 群体机制的一种涌现现象：互惠利他行为的产生 [J]. 复杂系统与复杂性科学，2009（9）：22-28.

② 韩筱璞，周涛，汪秉宏. 基于自适应调节的人类动力学模型 [J]. 复杂系统与复杂性科学，2007（12）：1-5.

际上这些行为所对应的间隔时间分布具有明显的异质性强的胖尾，可以使用幂律函数进行刻画，公式为$P(\tau) \propto \tau^{-\alpha}$。泊松分布与幂律分布的区别，如图 12-1所示。

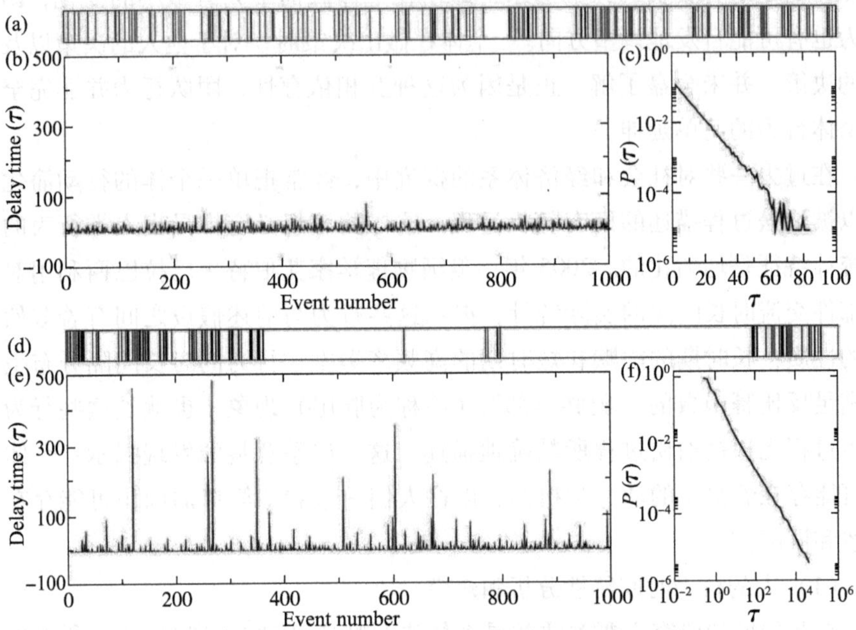

图 12-1　泊松分布活动模式与幂律分布活动模式的区别

资料来源：赵志丹．人类行为时空特性的分析、建模及动力学研究［D］．成都：电子科技大学，2014：5.

在图 12-1 中，子图（a）给出由泊松过程产生的事件发生序列，横坐标表示事件发生时间，每一条竖线代表在该时刻有一个事件发生，其中任意时刻有一个事件发生的概率是q。在泊松过程序列中，两个相邻事件发生的间隔时间大体上是均匀的。子图（b）表示发生 1000 个连续事件的间隔时间τ，其中线段在纵轴方向的刻度对应子图（a）两个连续竖线之间的空白时间。子图（c）表示在给定的间隔时间里正好发生n个事件的概率是$P(n, q) = e^{-qt} qt^n / n!$，得出两个连续事件的间隔时间分布服从$p(\tau) = q e^{-q\tau}$。在子图（a）和子图（b）中，数字在半对数坐标下的分布曲线，使用一条负斜率的直线能够较好地拟合。子图（d）给出具有胖尾分布的连续事件。子图（e）表示 1000 个连续事件的间隔时间τ，其中间隔时间的平均值和子图（a）~子图（c）泊松过程的平均值相同。

图 12-1 中突起的长针一样的竖线，表示在两个连续事件之间极长的静默

期，可以达到 10^3 数量级。由于子图（b）和子图（e）的纵坐标是一致的，直观地看出泊松分布的规则性与异质性胖尾分布阵发性不一样。子图（f）表示所对应的胖尾的间隔时间分布，服从幂律形式 $P(\tau)\approx\tau^{-2}$，该分布对应子图（d）和子图（e）的数字点，该分布曲线在双对数坐标下呈现直线并且斜率为-2。泊松分布的尾部依照指数下降，表明在泊松过程中两个连续行为之间的间隔时间长度几乎是规则的并且没有较长的等待时间。幂律分布下降缓慢，说明允许长时间的静默期伴随着突然高密集度的活动。

在大量分析不同的社会与经济体系后，统计学者发现人的行为模式绝大多数都呈现胖尾分布的特征。也就是说，绝大部分行为时长间隔的分布状态都可以通过幂函数来精准拟合，例如电子邮件、电话、短信、金融活动、网页访问、网络搜索、论坛发帖、社交活动、在线服务、图书馆借阅、写作、战争等。对于具有高度自主意识人的行为来说，时长统计特性的非泊松分布可能是一种普遍特性而可以涵盖研究人的行为模式的多个方面：既包含环境和社会群体的影响，还包含社会体系结构与人的行为模式的共同演变。

（2）人的行为空间特性的分析和建模

受到技术或历史条件的约束，研究者在使用信息技术探究人的空间迁移轨迹时面临极大的困难。然而伴随着大数据时代的来临，越来越多的工具（比如传感器、定位系统等）能够持久地追踪个体的空间活动轨迹，分析这些大规模的数字记录有助于揭示与个体空间活动有关的复杂现象。个体在交通网络中从一个节点到另一个节点的迁移现象，研究者可以构建模型以描述其空间活动行为，例如服从幂律分布的活动距离和停滞时间的连续时间随机游走模型、在分层交通系统中人的空间活动模型、带有返家机制的飞行模型，以及受到记忆效应和距离影响的空间移动模型等。只有深入地理解人的空间活动规律，我们才能有效地规划交通路径和管理设施，进而避免和控制交通堵塞等情况。

个体在网络和物理空间中的移动过程包含不同的空间关联和规律，例如实时追踪用户使用手机浏览网页时的在线和离线行为。通常只考虑用户在物理空间中经过的那些基站所对应的基站情况，从中分析其与流量涨落之间的关联。用户在两种空间中访问不同的节点，对任意一个节点，用户访问该节点的次数定义为 f。用户在不同节点访问次数的平均值和标准差分别被定义为 $\langle f\rangle$ 和 σ^2，在河流、高速公路、因特网、芯片领域中，该标度律的指数一般位于［0.5，1.0］。

以某一电信企业为例，其数据库记录 20000 名用户在一个月内的活动记录，包括用户匿名ID、网站匿名ID、基站编号以及浏览时间等信息。从中选取3174名活跃度较高的用户，统计每一名用户在不同时间内平均的访问频次 $\langle f \rangle$ 和相应的标准偏差 σ。对于个体而言，平均访问频次的定义是 $\langle f \rangle = n/S$，其中 n 代表用户的总访问频次，S 代表用户访问不同节点的数量。标准偏差 σ 描绘用户把 n 次动作分配到 S 个不同节点的异质性。在虚拟网络和物理空间中，用户的标准偏差 σ 与平均访问频次 $\langle f \rangle$ 之间存在着幂律关系，如图12-2所示。

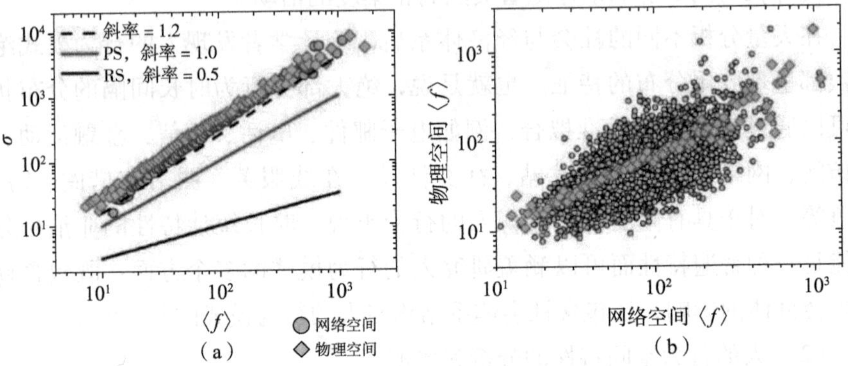

图12-2　用户在网络和物理空间中移动的流量涨落律和关联

资料来源：赵志丹．人类行为时空特性的分析、建模及动力学研究［D］．成都：电子科技大学，2014：31.

观察子图（a）可以发现幂指数（斜率）$\beta \approx 1.2>1$，这种超线性现象揭示：用户在访问不同节点的平均访问次数 $\langle f \rangle$ 越高，那么该用户分配访问次数的异质性也越大。这个标度律在这两种不同的空间属性中是无法被区分的。观察子图（b）可以发现大量的点聚集在对角线附近（X 轴与 Y 轴分别代表用户在网站和基站空间的平均流量）。这种现象表明：用户在两种空间中的活动存在着较强的关联性，可以依据用户在虚拟网络空间的活动去预测该用户在物理网站空间的状况。

（3）个体的真实行为熵和可预测性

熵是度量时间序列可预测性的一种基本方法，较低的熵值意味着较高的可预测性，反之亦然。使用快速转换伦佩尔-齐夫（Lempel-Ziv）数字压缩方法来计算用户历史记录的真实序列熵，计算公式为 $E \approx \left(\frac{1}{N_a}\sum_j \Lambda_j\right)^{-1} \ln N_a$，其中 N_a 表示用户活动次数；Λ_j 表示从序列第 j 个元素开始的子序列最短的长度，该子序列在前面从第1到第 $j-1$ 个元素组成的序列中都没有出现过；熵值 E 和真实熵在长度 N_a 趋于无穷大时是等价的。用户在不同系统中的序列熵值都较小并且分布比较集中，表示该用户行为的内在规律性和高可预测性，用户在线和离线行为的熵值分布，如图 12-3 所示。

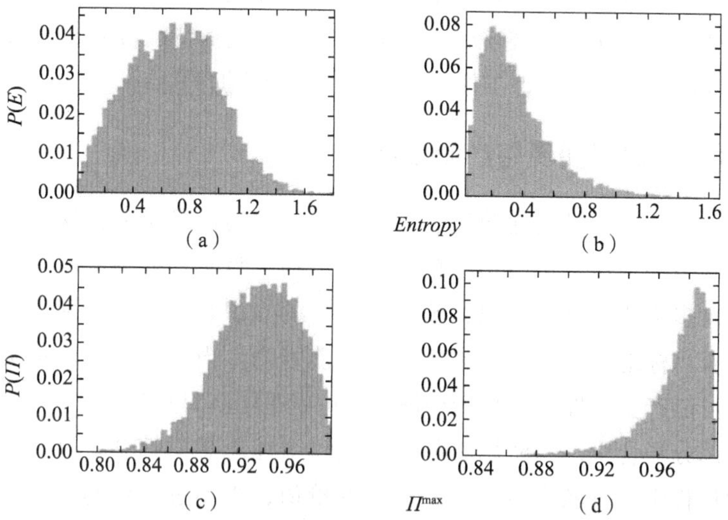

图 12-3　在线行为和离线行为的用户熵和可预测性对比

资料来源：赵志丹．人类行为时空特性的分析、建模及动力学研究［D］．成都：电子科技大学，2014：38 ．

为了预测用户的下一次活动，比如下次对什么类型商品评分、购买何种类型商品甚至用户下一步想去的地方，那么需要给出能够度量和预测用户下一次行为的概率。根据用户在 S 个不同类型节点的真实行为熵 E，通过法诺不等式（Fano Inequality）来计算用户行为的最大可预测性，公式为 $E=-[\Pi^{max}\log_2\Pi^{max}+(1-\Pi^{max})\log_2(1-\Pi^{max})]+(1-\Pi^{max})\log_2(S-1)$。分别计算每一用户的最大可预测性 Π^{max}，在线和离线活动的平均值分别为 $\Pi=0.94$ 和 $\Pi=0.97$，如子图（a）和子图（b）所示。在总体水平上，所有用户的最大可预测性都符合正态均匀分布，平均值分别为 $\Pi=0.83$ 和 $\Pi=0.93$，如子图（c）和子图（d）所示。如此高度集中的分布说明用户的行为序列并不是完全随机的，实际上具有非常高的可预测性。①

非常规人类行为动力学是对人类行为动力学这一尖端学科的扩展和延伸，其研究内容涵盖突发事件和人类行为两个方面。公共安全体系包含三个主体元素，即突发情况、灾难承载体和应急管理，非常规人类行为动力学在突发

---

① 赵志丹．人类行为时空特性的分析、建模及动力学研究［D］．成都：电子科技大学，2014：1-40.

事件预防、预警预测、趋势控制等领域具备巨大的潜在价值，需要全方位的人类行为大数据作为支撑。在尊重个人隐私的基础上，全面地收集突发事件发生前后的多维度人的行为数字信息，是在非常规环境下提取和生成人的行为模式特征的场景（包括环境特征、人文特征、经济特征等）再现能力的基础，从而为政府部门的管理工作提供科学的决策依据。①

12.1.2 思想涌现与产业集群

现代化信息技术极大地简化、方便人们之间的信息交流，众多的个体汇集在各种网络环境中，进行信息的分享、传播、吸收和处理。这些交互大数据来源于众多个体思维的输出，蕴含着丰富的知识和价值，展现出一群会思考的个体有目标地产生稳定的或整体的智能行为。当积累的大数据突破一定数量时，可能产生理性化的智能和规律，也就是团队思想涌现。

在大部分场合里，团队思想的贡献超过个体思想的综合贡献。这是因为在协同的过程中很可能产生大范围的隐性价值，当超过一定的规模并被赋予必要的理性时，将产生更高阶的思想去推动组织系统的发展，但是也可能产生负面效果：①在微观层面的某些团队中，部分极端个体以牺牲有效决策为代价追求极端一致，对本来是普通个体的能力或团队的道德有一种无可争辩的执念和过度的自信。极少数领导者认为维持群体忠诚、群体团结比表达个人见解、个人决策更重要。既然如此，为了压制和扼杀其他成员的不同意见，领导者强迫任何异议者保持沉默，有时甚至导致一些个体被排斥出团队。②在宏观层面的某些社区中，由于信息以大规模集团传播方式为特征，导致整个社会、民族以及不同群体（职业、等级）的公开思维（主张、舆论）的绝对一致。个人的思想消融于团队的意识中，统一的思想几乎表现在社会和经济的所有领域。因此部分个体习惯于接受团队为他们准备好的、连贯的思想长篇读物，甚至在日常生活的产品选择和价格制定上也必须保持大体一致。②

团队思想的涌现是在目标推动或互动吸引下，无序的个体自发地构建在总体上相对有序的流程，本质是一种从量变到质变的非线性结构效应和规模效应。团队思想的形成起源于随机性的个体贡献，个体共性和周围环境诱导

---

① 袁宁，杜磊，潘林．基于大数据的非常规人类行为动力学研究［J］．网络安全技术与应用，2022（10）：59-62.

② 盛开的希望之花．群体化思想［EB/OL］．［2022-08-25］．https：//baike.baidu.com/item/%E7%BE%A4%E4%BD%93%E5%8C%96%E6%80%9D%E6%83%B3/22604470？fr=aladdin，2021-01-27.

他们进行直接的或间接的简单互动与协同，接着这种较低层次的互动与协同逐步聚集成较大规模的团队思想。当观察由个体组成的团队中涌现出个体所不具备的共有特性或规律时，就涌现出团队的思想和智能。

团队思想涌现是自然界普遍存在的生存法则，从学科角度来看，对团队思想的探讨主要分散在生物系统、人类社会以及计算机算法等三个领域内。

① 在生物系统中，单一个体在应对错综复杂的生存环境时往往显得微不足道，有些物种为了延续生命、对抗环境威胁以及防止天敌侵袭而持续演化出结群天性，这揭示团队思想涌现来自物种的起源之初。譬如蚂蚁、大雁等通过团队完成艰难的生存、迁移等行为；再如蜜蜂在觅食过程中，以活动轨迹这一简单方式来完成个体之间的信息传播，使得有限能力的个体通过大规模的散状分布，更迅速地发现和搬运食物，优化整个团队觅食的效率。

② 在人类社会中，人拥有独特的思考力和创造力，能够从自然环境中探寻生命的发展法则。借鉴自然界众多生物团队的特点，进行仿生学的探索和持续优化，进而通过改善、发明工具来为社会创新服务，展现人类在历史的长河里认识世界、改造世界的艰辛过程。例如福利经济学研究有效地运用个体思维来产生团队思想，从而使社会效益超过个体效益的总和，以解决在特定环境下的社会问题；再如管理经济学考虑通过团队思想在管理领域中优化决策，以规避个人决策的偏见和错误。就像硅谷的高科技公司之间存在广泛的合作和信息共享，对于团队学习和协作创新有所助益；又如互联网经济学探寻从大量用户行为和互动数字中涌现团队思想，汇集和整理网络社区信息以得到某一领域网络舆论的演变模式。

③ 在计算机算法中，借鉴生物演化历程与种群生存法则，把团队分割为众多的离散化个体，制定和优化算法以达到解决复杂问题的目标。比如仿照蚂蚁、蜜蜂的生活习性而设计的蚁群算法、蜂群算法，模拟鸟群觅食特征而研发的鸟群算法、粒子群算法，以及模拟遗传规则的遗传算法等。另外对大规模硬件设备进行分布式布局，通过大批量简单机器人的局部互动涌现出团队思想，以提升整体的鲁棒性（Robust，是指控制系统在一定结构、大小的参数摄动下，维持某些性能的能力）和多样性的任务实现方式和路径。

在经过一段时期后，微观层面的个体行为聚合为宏观网络的复杂相变，紧接着系统功能性也随之转变。团队思想涌现的发生、发展与循环的过程类似于一个复杂网络系统自组织的演化，思想涌现拥有一定的层级特征（即宏观状态与微观状态）。在“思想自组织”的过程中，智能化个体展现出新的结构、模式与特性，产生不同层级的涌现结果，使得系统特性从微观的量变转化为宏观的质变。思想涌现带来思想创造，同时也提供非结构化复杂问题的解决方案或可行性决策方案。当某一新的个体加入时，短暂地打破原有的平衡状态，团队的组织结构也发生变动。然而通过持续不断地运行，再次恢复到相对稳定的平衡状态，如此这般不断循环，推动新的团队思想的涌现。①

思想涌现的原理成为揭示思想创造规律的方法论，这一原理的关键理念依赖于复杂性学说来阐释原创思想的生成式涌现、辨识性方法、定量化决策等。依据相似性定律，建立计算机仿真模型，通过和实际系统的比较研究，对实际系统的运行状况和演化规律进行全面的评价与预测。思想涌现仿真实验具有动态化、数字化研究特点，能够直观地揭示智力资源产生思想的涌现过程和演化规律。个体交互概念通常被表征为微观机制，团队思想观念被表征为宏观约束，如图 12-4 所示。②

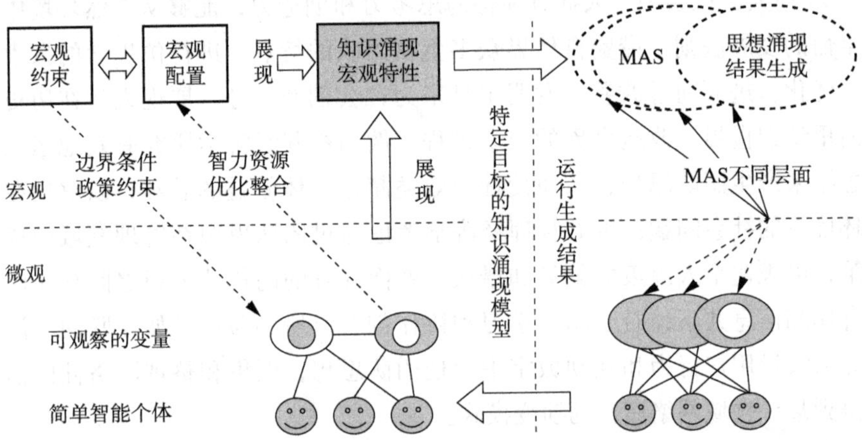

图 12-4　复杂适应系统思想涌现的仿真方法

资料来源：金福，金杰．基于智能复杂性理论的知识涌现仿真研究［J］．企业改革与管理，2018（4）：7.

作为一种复杂性科学工具，团队思想涌现的原理拥有普适的方法论意义，时常用来描绘人类社会与经济组织的去中心化协同现象。团队思想及其所衍生的智能、力量和创新，已经被越来越多的实例所验证，在生产制造、运营管理、市场评估、电子商务、城市交通、环境生态、中小企业、产业集群、社区网络、社会舆论等复杂系统中，我们都可以观察到团队思想的涌现。相

① 王战平，白阳．网络社区群体智能涌现研究综述［J］．情报科学，2021（9）：186-193.

② 金福，金杰．基于智能复杂性理论的知识涌现仿真研究［J］．企业改革与管理，2018（4）：6-7.

应地，围绕团队思想的理论与应用从自然科学、工程科学领域向人文社会科学领域快速扩展。

在复杂动态的环境里，企业的生存、繁荣和演变取决于有效的战略合作，而非直接面对剧烈的市场竞争。在产业集群中，企业提升创新活动的“知识-思想-智能”协同，有益于增强比较优势，以适应日渐复杂的动态竞争环境。知识协同能力是企业组织在创新过程中，个体在“恰当的时间”和“恰当的地点”把“恰当的知识或信息”传递给“恰当的集群”的行为方式。企业内部的个体之间通过知识传播，可以形成协同的思维、有序的智能状态，实现组织内外资源的高效融合，进而达到整体利益超越个体利益总和的效果。产业集群通过企业个体之间的协同过程，实现团队学习和集群创新效应。①

产业集群创新主要是指个体企业积极地寻求竞争优势，通过联合产业链的各环节（包括生产要素供应商、服务供应商和产品经销商等），在政府部门、高等教育和研究机构、金融机构、中介组织等支持下进行协同创新。企业通过正式或非正式的网络建立协同性、互补性、邻近性的关系，组成包括核心、辅助与外围等三个层次的网络结构。随着大数据、互联网、云计算、物联网、工业4.0等现代科技的日新月异，集群式产业所面临的竞争环境变得更加变幻无常，导致产业创新活动日益显现出复杂性、动态性、多元性的特征。②

新一轮的数字技术革命为集群内的众多企业减轻和排除数字化进程的阻力，使得中小企业有能力积极地融入数字经济，同频共振并带来新观念与新挑战。数字技术融入产业集群，提升数字经济与中小企业融合的可能性，主要体现在普惠性与协同性：①普惠性表现在从小型到大型，使得每一中小企业都有机会参与到数字化转型的潮流中。数字化不只是那些大企业的专属品，也是每一中小企业应该获得的技术红利。②协同性表现在从单点到全面，从中小企业的数字化到企业之间的协同数字化，再到整个产业集群的数字化。中小企业全面地完成数字化才算是数字时代真正来临的标识，数字技术的普惠利益与协同价值才能真正发挥最优化的效能。③

自主运营的各个中小企业，基于分工合作、特定环境与经济状况，把自身在特定地域和行业内汇聚成集群，构建起相互联系、相互制约的共生复杂

---

① 韩春花，姜子元，佟泽华．复杂动态环境下产业集群知识协同能力评价研究［J］．科技管理研究，2019（23）：83-91.

② 韩春花，佟泽华，刘晓婷．复杂动态环境下产业集群创新中的群体知识协同行为模型构建［J］．科技进步与对策，2019（23）：69-76.

③ 赵磊．科技赋能激发动力 创新引领未来发展［J］．中国发展观察，2023（4）：15-18.

体系，拥有系统的开放性、组织的有机性、资源的丰富性、竞争与合作的并存性以及文化的根植性等特点。集群在地理范围上的广度为中小企业提供发展空间，有利于培育众多的类型和产业，从而保持在复杂适应系统中的个体差异性和多样性，这也是集群获得适应能力和进化能力的必要条件。中小企业持续地与空间环境进行物品、服务、能源和信息等资源的交流，逐渐构建出对外部要素变动高度敏感的系统架构，使得个体在获取信息和分配资源上更为方便快捷，并且通过知识和资本的积累沉淀生成一定的路径依赖性。

团队思想展现的是从简单智能体涌现出来的团队智能，其优势在于使得每个成员都能够获得在单独行动时无法企盼的利益。从社会仿生学的观点出发，产业集群可以被看作是社会化的生物种群，中小企业集群和社会化生物种群、中小企业的群体行为与社会化生物的群居行为在许多方面都具有明显的相似性，如表 12-1 所示。在诸多因素的影响下，中小企业集群呈现出社会化生物种群的多样性和复杂性。产业集群可以通过动态分布式学习过程来促进单个企业自发地交流和影响，进而产生“知识-思想-智能”的涌现，以应对环境变化带来的各种复杂性。①

表 12-1　生物种群与产业集群的特征类比

团队特征	生物种群	产业集群
地理特征	种群在一定空间范围形成“地理群居现象”	集群在一定空间上存在较高的企业分布密度，具有空间集聚性
分与合	种群内部都有明确的劳动分工	在集群内存在专业化分工与广泛协作，既有生产分工也有服务分工
调节性	种群可以根据外部环境变化调整行为目标和方式	集群具有一定调整性，企业之间存在相互调节的作用
根植性	种群的行为完全嵌入自然界的关系和规则中，形成群体的特定标识	在集群内企业的经济行为根植于社会关系中，形成共同的集群文化和品牌
交互方式	个体以环境为媒介交换信息激素实现信息交流，个体通过简单视觉接触感知同伴的信息决定自身行为	在集群内企业通过信息流通机制和评价机制，可以快速有效利用所获得的经济和技术信息
学习机制	蚂蚁在觅食过程中总是可以找到从巢穴到食物源的最短路径	集群存在技术学习和组织学习两种机制，分为边干边学、地缘学习、专业化学习和交互作用学习等多种模式

① 刘钒，钟书华．创新型小微企业的群体属性及智能涌现：群集智能的视角［J］．科学学研究，2015（12）：1861-1866.

续表

团队特征	生物种群	产业集群
反馈机制	在觅食过程中存在正反馈效应	在集群内的知识创造和技术扩散存在较强的交互作用，外部经济的正反馈使集群实现自我增强
生命周期	生物的寿命决定种群的生命周期	集群存在从诞生、成长、成熟到衰退的生命周期

资料来源：刘钒，钟书华．创新型小微企业的群体属性及智能涌现［J］．科学学研究，2015（12）：1863.

既然社会化生物种群是产生团队思想的本体和源泉，那么中小企业的集群同样能够孕育出团队思想，尤其是中小企业的独有特质更有可能通过局部交流引发思想的涌现。处于集群生态环境里的中小企业展示出强烈的竞争与合作的协同关系，这与社会化生物群体的团队思想涌现具有异曲同工之处。比如在同一生物群体中，不同的个体在对抗外部威胁时采取一致的行为，但是在争取有限的生存资源时常常表现为激烈的竞争，这种既有竞争又有合作的关系促进生物种群的演化。在同一产业集群内，中小企业都具有一定的分工协同关系。处于产业链不同地位或层次的中小企业形成合作关系，而处于产业链同样地位或层次的中小企业构成竞争关系。有些时候，竞争变得更为普遍和激烈，使得个体企业必须保持充足的动力，以及高度的警觉和敏感性。其他时候，个体企业与其他企业形成一种相互依赖的产业关联、共享的创新文化、地域文化和行业规范。需要强调，团队思想的交流涌现与达尔文主义的演化涌现在形成机制上是有区别的，前者着重于自主学习对个体行为的影响，而后者侧重于优胜劣汰的选择机制。

团队思想的涌现和复杂系统的涌现在本质上是一致的，都是来源于个体知识的交流和创新。伴随着中小企业集群的进化，特别是在中小企业形成集群之后，团队思想的涌现特别地显现出来，因为资源、技术、信息、人才和经验编织成互补的柔性网络，从而增强其自身的创新力，形成具有自我强化的内部进化机制。作为一种“组织的组织”，中小企业集群在整体上被认为是团队思想涌现的源泉，其思想可以被理解为集群在资源相对匮乏的情况下，通过个体交互与群体协同适应环境变化的机理、能力与结果。也可以被看作是中小企业在面对共享的经济、社会、文化和制度环境，面临共同的问题时协调行动而产生的累积和创新过程。①

在复杂动态环境下，从外部环境的需求出发，产业集群的累积和创新的

① 刘钒，钟书华．创新型小微企业的群体属性及智能涌现［J］．科学学研究，2015（12）：1861-1866.

目标在于获得竞争优势。各个参与者通过纵横交错的产业链和基础设施网络进行合作和互动，涵盖酝酿（产生、浮现、需求汇集）、形成（挑选适宜的合作伙伴）、运行（思想聚集、分享、创新）到终止（达成目标）等多个阶段。这种多元化、动态化的环境催生从酝酿到终止的原动力，中小企业集群创新的思想协同行为与机制，如图 12-5 所示。

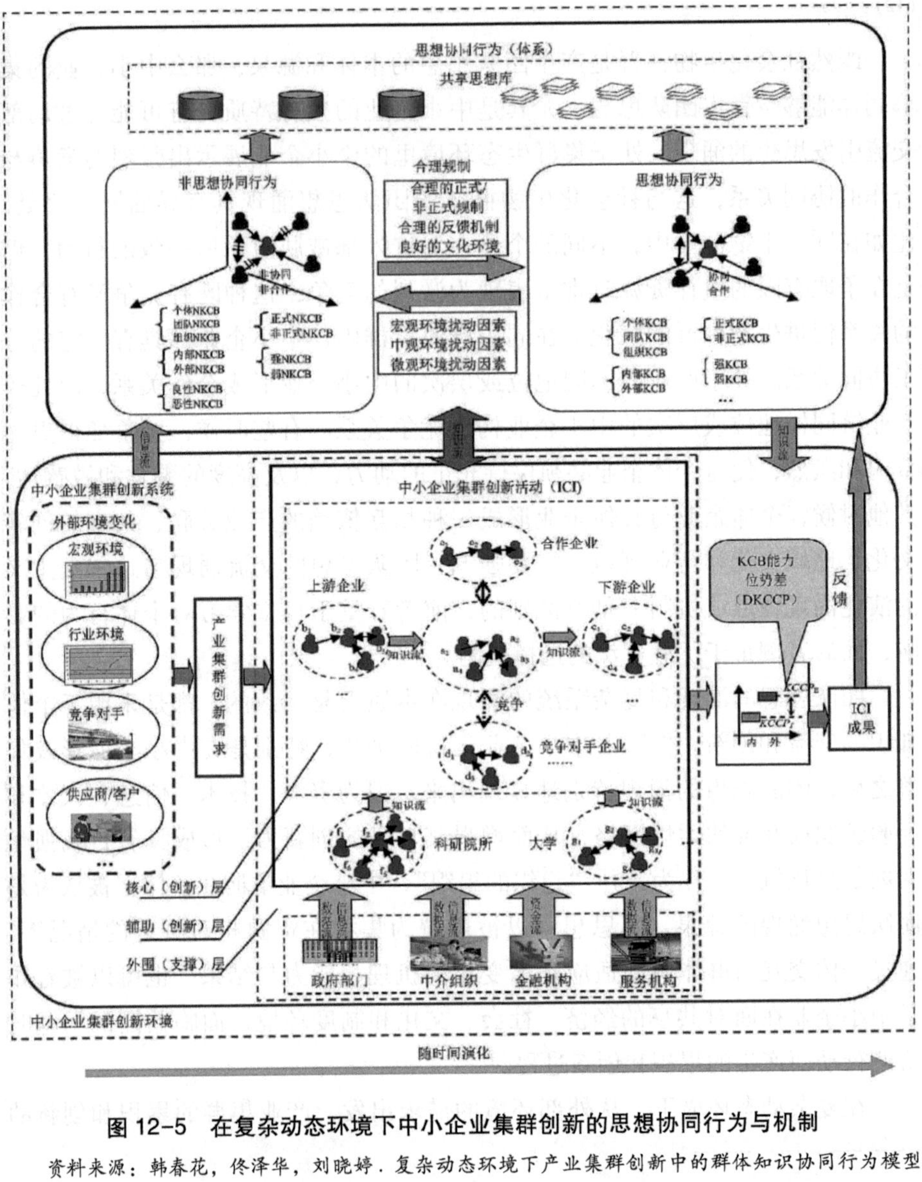

图 12-5　在复杂动态环境下中小企业集群创新的思想协同行为与机制

资料来源：韩春花，佟泽华，刘晓婷．复杂动态环境下产业集群创新中的群体知识协同行为模型构建［J］．科技进步与对策，2019（5）：73.

作为一种混合式复杂系统，中小企业集群能够演变为“超个体”，“不一定需要一个中心指挥官来监视整个团队的思维演变过程，仅仅需要一套适当且简洁的局部规则”。因此必须坚定地维护中小企业个体的独立性，使其能够无畏地表达自己的发展诉求，坚持实现集群的去中心化，不需要特定的领导者来强制地协调大量中小企业的行动。由此观之，政府促动中小企业可持续发展的关键并非在于管制或干涉每一环节，而是创设优良的生态环境、制定适宜的规则以促进集群演化，才能真正实现中小企业的组织创新。从团队思想的角度去观察中小企业集群发展，似乎显露出一种“管制失控”的不确定性。然而这种看似不存在全局目标和中央控制者的状态，能够造就众多个体在同一环境中涌现出新思想，使得企业个体迅速地、灵活地响应动态变化的环境。在看似“失控”的状态中，恰恰源源不断地涌现出中小企业集群可持续发展的原动力。①

12.2　蚁群觅食和旅行商问题

优化问题遍布经济体系和社会生活的各个方面，构成科学决策的理论基础和技术工具。传统的优化算法（比如线性规划、非线性规划、整数规划和动态规划等）往往只适合处理小规模的工程问题。自 20 世纪 50 年代起，受到自然界演化的启示，人们模仿生物的觅食行为，构建智能计算的理论和方法来解决优化问题，后来被广泛应用于作业调度、布局设计、编队重组、机器视觉、量子计算、数字挖掘以及神经网络等众多领域。

生物觅食优化算法体现“物竞天择，适者生存”的自然选择规律，主要依赖个体自身本能，通过无意识寻优行为来适应环境需要。不依赖问题本身的严格数学性质，不需要建立关于问题本身的精确数学描述模型。在搜索过程中，各个种群通过自适应觅食、信息交流、协同竞争等方式实现分别演化。生物种群拥有适合大规模运算的并行能力和全局搜索特性，不断产生操作算子（即计算单元）和新个体，扩大解的搜索空间。②

12.2.1　最优化问题的求解原理

长期以来，许多研究者对于最优化问题进行大量探索。17 世纪，英国物

① 刘钒，钟书华．创新型小微企业的群体属性及智能涌现：群集智能的视角［J］．科学学研究，2015（12）：1861-1866.

② 梁晓丹．基于觅食行为的智能优化算法研究及应用［D］．天津：天津工业大学，2015：1-10.

理学家牛顿和德国数学家莱布尼茨发明微积分，法国数学家、物理学家拉格朗日提出拉格朗日乘数法；1874 年，法国数学家、力学家柯西为解决无约束优化问题提出最速下降法；1939 年，苏联数学家康托罗维奇提出解决下料问题和运输问题的线性规划方法；1947 年，美国数学家丹齐格提出求解线性规划的单纯形法。

最优化问题（Optimization Problem）是选择一组参数（变量），在满足一系列有关的限制条件（约束）下，使得设计指标（目标）达到最优值，通常包括最大化问题和最小化问题，这两类问题可以相互转化。一个最优化问题的一般形式如下所示。

$$\begin{cases} \max f(x) \text{ or } \min f(x) \\ x=(x_1, x_2, \cdots, x_n) \\ \text{s. t. } g_i(x) \leqslant 0 (i=1, 2, \cdots, n) \\ h_j(x)=0 (j=1, 2, \cdots, n) \end{cases}$$

式中：$f(x)$为目标函数，$x=(x_1, x_2, \cdots, x_n)$为问题的 n 维优化变量，S 为优化变量的可行域，$h(x)=0$，$g(x)\leqslant 0$ 分别为等式约束条件和不等式约束条件，$g(x)$，$h(x)$为约束函数，$\{x \mid h(x)=0, g(x)\leqslant 0\}$是约束条件集合。最优化问题的目标就是在可行域 S 中寻求满足所有约束条件 s. t.，使得目标函数 $f(x)$达到最大解 x 的集合。

定义全局最优解集为 $S^*=\{x^* \mid f(x^*)=\max f(x)\}$。通常研究的扩展集 S^*，$S_f^*=\{x^* \mid |f(x^*)-f(x)| \leqslant \varepsilon\}$，$\varepsilon$ 为给定的小正数，称为问题的可接受解集或满意解。当问题的全局最优解难以获得时，求满意解可以降低算法的求解代价。

在目标函数与约束条件均为线性表达式的情况下，这就是线性规划问题。线性规划问题的模型具有特殊性，已经具备一些成熟的解决方案；在目标函数或约束条件中至少存在一个非线性表达式的情况下，这就是非线性规划问题。非线性规划问题因为其非线性表达式的多样性，导致对不同问题有多种解决方案，例如梯度下降法、牛顿法等。但是这些方法通常只针对特定的问题，并且要求目标函数的数学性质较高。根据约束条件集合 s. t. 是否为空集的情况，可以进一步被细分为无约束优化问题和约束优化问题，通过引入惩罚函数的方法把约束问题转化为无约束优化问题。根据优化变量的可行域 S 的特性，当优化变量的可行域 S 呈现为一系列有限离散值时，这样的问题被称为组合优化问题（Combinatorial Optimization Problem，COP）；当优化变量的可行域 S 呈现为一个或多个连续区域时，这样的问题被称为连续优化问题

（Continuous Optimization Problem，CnOP）。组合优化问题可能通过枚举法等进行解决，但是连续域优化问题不能用枚举法找出最优解。①

大自然始终为人类智慧的发展提供不间断的支持。从自然界各式各样的生命活动中，研究者获得许多创新的灵感和思路，找到大量有效处理复杂优化问题的方法和策略，被称为生物启发式算法（Biological Heuristic Algorithms）。这些算法在构造框架上具有很大的相似性，即属于"领域搜索"的概率优化算法：从一个或几个初始解开始，在关键参数的控制和领域函数的辅助下，得到若干领域解；根据某种接受准则（概率性或混沌性）来更新现有的种群，然后按照关键参数的修改规则来调整关键参数；如此重复循环上述的搜索步骤，直到得到满足算法的结束条件，从而获得问题的最优解决方案。②

在生物启发计算领域内，各类方法层出不穷，每一类都拥有自身的特色、理念和工具。由于自然界的多元性和生物的复杂性，这一领域依然充满活力，尤其是面对当今大数据、物联网和云计算等海量信息的处理需要，生物启发式计算的应用研究具有巨大发展的新潜力。例如在大数据环境的机器学习中，生物启发算法借鉴分治策略的思路而成为一种重要的辅助算法；再如在云计算资源的调度策略中，生物启发算法的全局寻优能力得到淋漓尽致的展现；又如在优化网络覆盖的范围问题上，生物启发算法使得物联网无线传感器的部署合理性与全覆盖行平衡问题获得卓越的效果。

生物启发式计算方法与模型被广泛地应用于解决实际工程问题，并且取得较好的效果。仿照生物觅食行为的智能优化算法，依据实现模式被分成个体、团队和群落三个层次：整个觅食群落处于一定的人工觅食环境之中，每一层次的个体或团队之间通过一定的规则相互联系、相互作用。一些具有代表性计算模式包括：蚁群优化算法（Ant Colony Optimization，ACO）、粒子群优化算法（Particle Swarm Optimization，PSO）、细菌觅食优化算法（Bacterial Foraging Optimization，BFO）、人工蜂群优化算法（Artificial Bee Colony Optimization，ABCO）、多种群合作粒子群优化算法（Particle Swarm-Swarming Optimization，PS^2O）、演化算法（Evolutionary Algorithms，EA）、差分进化算法（Differential Evolution Algorithm，DEA）等，其中的演化算法又分为演化策略（Evolution Strategy，ES）、遗传算法（Genetic Algorithms，GA）、遗传编程（Genetic Programming，GP）、演化编程（Evolution Programming，EP）等。③

---

① 柏继云．蚁群优化算法及觅食行为模型研究［D］．哈尔滨：哈尔滨工业大学，2012：1-3.

② 李泽文．灰狼优化算法研究及应用［D］．石家庄：河北地质大学，2019：1-2.

③ 梁晓丹．基于觅食行为的智能优化算法研究及应用［D］．天津：天津工业大学，2015：1-10.

在经过大量的观察研究后，生物学家揭示：①蚁群在寻找食物的过程中，能够找到食物源和巢穴之间的最短线路，因为蚂蚁在经过的路上遗留一种独特的物质（即信息素），这对其他蚂蚁寻找食物或返回巢穴提供重要线索；②接触信息素的后续蚂蚁不仅能识别出信息素的浓度，还能依据其浓度决定接下来的行走方向；③随着时间的流逝，信息素慢慢消散，信息素的残留和路径的长度对后续蚂蚁的选择影响巨大；④当一只蚂蚁选择某条路径后，那么这条路径上的信息素浓度将提升，从而吸引更多的蚂蚁选择该路径；⑤在一定时间内，越多的蚂蚁经过某一条路径，那么越多的蚂蚁选择该路径的可能性就越大。大批量的蚂蚁通过这种简单的信息交流方式，实现一种正反馈的信息学习模式，因此整个蚁群能够迅速找到从食物源到巢穴的最短路径。

双桥实验生动地展现蚁群获得蚁巢和食物源之间最短路径的原理，如图12-6所示。假设蚂蚁速度为1/s，在子图（a）、子图（b）中的 $t=1$ 时刻，20只蚂蚁以相等的概率选择分支；在子图（c）中的 $t=4$ 时刻，选择短分支的蚂蚁折回；在子图（d）中的 $t=5$ 时刻，两组蚂蚁在 D 点相遇。线段 BD 与线段 CD 的外激素数量相同，所以在返回的10只蚂蚁中有5只选择 BD，而另5只选择 CD，显然在短分支 BD 上的信息素浓度提升得比长分支 CD 要快；在子图（e）中的 $t=8$ 时刻，AB 上的轨迹数累积到15而 AC 上是10，根据蚂蚁选择路径的方式，在后续阶段中，越来越多的个体选择 AB，从而增加 AB 上信息素的量。蚁群选择两桥的概率与两桥的长度成正比，所以个体更倾向于选择长度较短的路径。

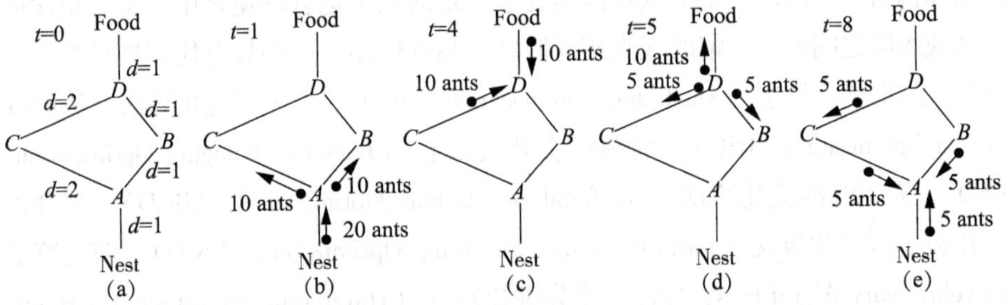

图 12-6 双桥实验展现蚁群获得蚁巢和食物源之间最短路径的原理

资料来源：柏继云．蚁群优化算法及觅食行为模型研究［D］．哈尔滨：哈尔滨工业大学，2012：5.

在寻找最短路径的过程中，蚁群还拥有极强的自适应环境的能力，如图12-7所示。在食物源和蚁巢之间，当行走的蚂蚁突然遇到障碍物时，以同等概率随机向左、右方向行进以摆脱障碍物。由于在较短路径上的信息素以更快的速度增加，导致所有的蚂蚁最终都集中到较短的路径上。

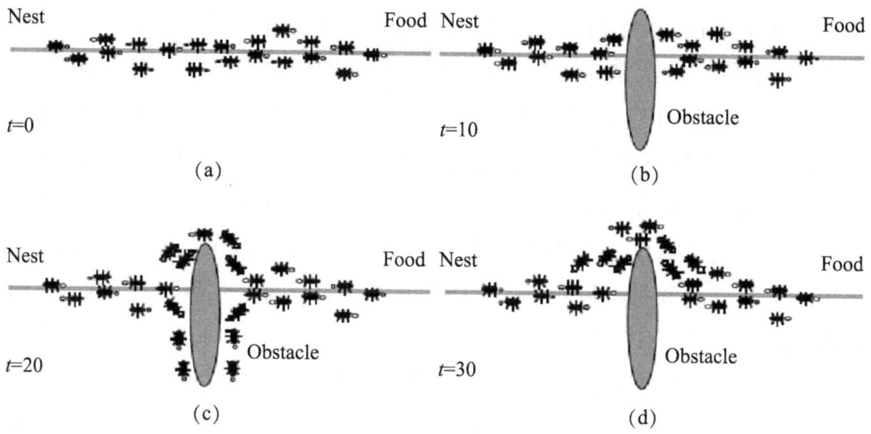

图 12-7 蚁群在寻找最短路径过程中的自适应环境能力

资料来源：柏继云．蚁群优化算法及觅食行为模型研究［D］．哈尔滨：哈尔滨工业大学，2012：5.

仿真蚁群的觅食行为包含两个重要步骤：第一，需要设定觅食环境。为了模拟真实的蚁群觅食行为，通常选择二维平面或三维空间作为觅食环境。在实际环境中，当遇到阻碍物时蚂蚁需要回避，因此可以在设定的环境中增设各种形状的阻碍物。第二，确定觅食规则。蚁群通过释放和识别信息素的浓度来找觅食物的方向，个体之间没有直接的沟通，而是依赖信息素的引导，最终汇聚在从巢穴到食物源的最短路径上。

蚁群觅食行为仿真还包括两个关键步骤：第一，有效的信息素播撒及挥发机制；第二，明确的个体前进移动规则和动态行走过程。蚁群从巢穴出发，依靠信息素浓度的指引，在虚拟环境中移动。蚂蚁灵活机动地躲避障碍物需要设定躲避障碍物规则，不需要设定迭代算法。每一个体可以用点状标识，每一点状蚂蚁在虚拟环境中的移动过程，展现个体集聚为团队寻找最短路径的过程。

蚁群觅食行为的仿真需要为每一个体设定若干行动规则，并且在团队里明确信息交流的协作方式。各种规则和协作方式对蚁群寻觅最短路径的演化速度和质量产生影响，进而构建出多个觅食仿真模型。仿真模拟可以真实地重现蚂蚁寻找最短路径的过程，从而有效地应用于解决旅行商、工序排序、图着色、网络路由等诸多问题，还可以深入理解智能涌现、自组织和非线性的基本属性。

旅行商问题（Traveling Salesman Problem，TSP）是指一位推销员需要到若干个城市去推销产品。他从某一城市出发，经过所有城市后回到出发地，选择行进路线以使得总行程最短。从图论角度来看，该问题是在一个带权重完全无向图中，找一个权重值最小的汉密尔顿回路（Hamiltonian Cycle）。由于可行解是所有顶点的全排列，那么随着顶点数的增加，将产生“组合量爆炸”。

旅行商问题的可行解是所有 n 个城市的全排列 $n!$。早期使用精确算法（分支定界法、线性规划法、动态规划法等）进行求解。但是随着城市数目增加，可行解数量呈现指数增长，无法在多项式时间内穷举，近年来重点使用近似算法或启发式算法（比如蚁群算法、遗传算法、模拟退火算法、禁忌搜索算法、贪心算法和神经网络等）。TSP 也是一个非确定性多项式（Non-Deterministic Polynomial，NP）问题，在运筹学和计算机科学中非常重要。由于较高的时间复杂度，当 NP 问题规模较大时，无法精确求解，只能寻找近似求解。

假设 $C=\{1, 2, \cdots, n\}$ 是 n 个城市的集合，$L=\{l_{ij} \mid i, j \in C\}$ 是 C 中元素两两连接的边集合，l_{ij}为连接城市 i、j 的线段，集合 $D=\{d_{ij} \mid i, j \in C\}$ 是边的距离集合，d_{ij}是 l_{ij}的长度。TSP 难题的目标是从图 $G=(C, L)$ 中找出长度最短的汉密尔顿回路，即满足对 $C=\{1, 2, \cdots, n\}$ 中每一城市经过并且只经过一次的长度最短的一条封闭路线。

把旅行商问题与蚂蚁觅食行为在算法上进行统一：①把城市出发点定义为巢穴，蚂蚁在通过所有城市后最终回到起始城市，因此食物点设置为起始城市。②比蚂蚁觅食行为更加复杂的是在 TSP 中，蚂蚁不是遍历整个空间而是遍历所有城市。所以选择离散的路径，相应地，蚂蚁播撒信息素转变为在经过的每条边上。③基本蚁群算法的核心问题是解决蚂蚁在每条边上更新信息素和路径选择，主要包含两个规则。

一是路径构建规则。在初始时刻，把 m 只蚂蚁随机放在 n 个城市上。在构建路径的过程中，每只蚂蚁根据概率函数选择下一个城市，如下列公式所示。

$$P_{ij}^{k}(t)=\begin{cases}\dfrac{[\tau_{ij}(t)]^{\alpha}\times[\eta_{ij}(t)]^{\beta}}{\sum\limits_{s\in Allowed_k}[\tau_{is}(t)]^{\alpha}\times[\eta_{is}(t)]^{\beta}} & (\text{当 } s\in Allowed_k)\\ 0 & (\text{其他})\end{cases}$$

式中：t 为迭代次数；$\tau_{ij}(t)$ 为 t 代从城市 i 到城市 j 的信息素浓度，$\eta_{ij}(t)$为 t 代从城市 i 到城市 j 的启发式强度，通常取 $\eta_{ij}(t)=\dfrac{1}{d_{ij}}$；$\alpha$ 表示信息素在构建概率函数中的作用，β 是指启发式信息在构建概率函数中的作用，$Allowed_k=[1, 2, \cdots, n] \in TableU_k$ 表示蚂蚁 k 可以选择的城市集，$TableU_k$ 表示蚂蚁 k 已经走过的城市集，被称为 k 的禁忌表；如果蚂蚁 k 在经过城市 i

以后，就把城市 i 加入对应的禁忌表中。

二是信息素更新规则。为了避免信息素过大而造成启发信息的作用被淹没，在每只蚂蚁走完一步或完成对所有 n 个城市遍历后，那么更新信息素，如下列公式所示。

$$\tau_{ij}(t)=(1-\rho)\tau_{ij}^{k}+\sum_{k=1}^{m}\Delta\tau_{ij}^{k}$$

式中：$0<\rho\leq 1$ 表示信息素的挥发系数，τ_{ij}^{k}表示边 l_{ij}上信息素的增量，$\Delta\tau_{ij}^{k}$表示第 k 只蚂蚁留在边 l_{ij}上的信息素量。

$\Delta\tau_{ij}^{k}$的确定有很多种方法，对应地产生不同的蚂蚁系统（Ant System，AS）模型，主要包括蚁周系统、蚁密系统和蚁量系统。蚁周系统的信息素更新是在所有蚂蚁找到可行解之后进行的，被称为全局信息素更新；蚁密系统和蚁量系统的信息素更新则是在蚂蚁的每一次迭代后进行的，被称为局部信息素更新。因为蚁周系统的 $\Delta\tau_{ij}^{k}$使用全局信息，所以寻优效果较好，其信息素增量公式，如下所示。

$$\Delta\tau_{ij}^{k}=\begin{cases}\dfrac{Q}{length_k} & （当第 k 只蚂蚁穿过 i，j 时）\\ 0 & （其他）\end{cases}$$

式中：Q 为常数，$length_k$ 为连接所有城市的一条汉密尔顿回路，$length_k$ 为路径 $length_k$ 的长度。每只蚂蚁根据概率选择规则构造问题解。在每步构造结束后，该蚂蚁更新该条路径的信息素，直到构造出问题的完整路径，即对应问题的一个可行解。①

12.2.2　混合算法与移动机器人

蚁群算法表现为离散化的特征，特别适宜于组合优化问题的解决。然而在处理旅行商等离散域问题时，此类算法往往容易落入收敛缓慢、局部最优等陷阱。因此结合蚁群算法和遗传算法，把蚁群算法每一轮迭代的结果作为遗传算法的初始种群，利用遗传算法的寻优结果去更新蚁群算法的信息素。引入混合型交叉算子，在后期采用贪心搜索和 2-Opt 局部优化算法，防止过早落入局部最优陷阱。这种方式可以明显地缩短优化路径的长度。改进的蚁群遗传混合算法（Ant Colony Genetic Hybrid Algorithm，ACGHA）的求解流程，如图 12-8 所示。

---

① 柏继云．蚁群优化算法及觅食行为模型研究［D］．哈尔滨：哈尔滨工业大学，2012：4-11.

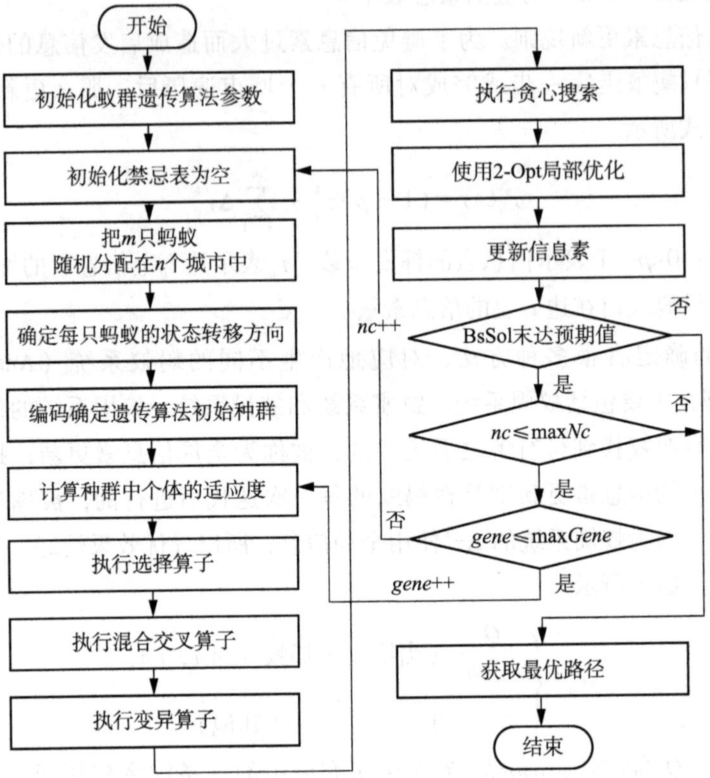

图 12-8　改进的蚁群遗传混合算法的求解流程

资料来源：卓雪雪，苑红星，朱苍璐. 蚁群遗传混合算法在求解旅行商问题上的应用［J］. 价值工程，2020（1）：189.

在执行交叉算子遗传算法中，起到核心作用的是交叉算子（Crossover）。在 TSP 中，对在种群中的个体，按照交叉概率 p_c 进行交叉操作从而产生下一代种群，引入两种新的交叉算子 1 和 2。

① 交叉算子 1。第一步，生成子路径 *L*1。从种群 Population 中随机确定两只蚂蚁个体（p、q）作为子代路径的父体，随机确定一个交叉城市 randcity 作为子代路径的起点城市；计算在父体 p、q 路径中城市 RandCity 与下一个城市 cp1、cq1 之间的距离，记作 $dp1$ 和 $dq1$。分别计算城市 cp1、cq1 之后的城市 cp2、cq2 之间的距离，记作 $dp2$ 和 $dq2$。如果有 $dp1+r\times dp2\leqslant dq2+r\times dq2$（$0<r<1$），那么选择城市 cp1 加入路径 *L*1 中，否则选择城市 cq1。去掉在父体 p、q 中已经被选入的城市，而刚刚被选入的城市 cp1 或 cq1 成为新的交叉城市；重复上面的步骤，直到在父体中仅剩一个城市为止，再直接加入路径 *L*1。第二步，生成子路径 *L*2。过程与生成子路径 *L*1 大致相同，不同之处是分别计

算在父体 p、q 路径中城市 RandCity 与上一个城市和上上一个城市之间的距离之和后进行比较。

按照上述方法，选择不同的父体得到更多的子路径，把这些子路径组合在一起形成新种群（New Population）。在生成新种群过程中，需要按照不同的方向分别生成两个子路径，在生成下一个路径的过程中，选择的父体不允许重复。然而上述交叉算子的时间复杂度稍微偏高，并且不利于开拓新路径，所以引入交叉算子 2。

② 交叉算子 2。第一步，根据 TSP 的城市数量，定义 4 个互不相同的随机数字作为交叉城市的城市编号；第二步，从种群 Population 中，随机确定两只蚂蚁个体 p、q 作为子代路径的父体；第三步，分别确定 4 个交叉城市所在父体染色体上的基因位置。

保持父体染色体在交叉点上的基因不变，其他基因按顺序对换位置。这样就产生子代种群中的两只个体。标有下划线加粗的数字代表交叉城市的城市编号，两只父体如下列所示。

05　07　**<u>04</u>**　11　02　**<u>10</u>**　03　**<u>09</u>**　06　**<u>01</u>**　08

<u>10</u>　03　05　**<u>09</u>**　**<u>04</u>**　06　08　02　11　**<u>01</u>**　07

保持父体染色体在交叉点上的基因不变，当其他基因按顺序对换位置后，在产生的子代种群中，两只个体如下列所示。

03　05　**<u>04</u>**　06　08　**<u>10</u>**　02　**<u>09</u>**　11　**<u>01</u>**　07

<u>10</u>　05　07　**<u>09</u>**　**<u>04</u>**　11　02　03　06　**<u>01</u>**　08

遵循上述流程，能够确定生成子代新种群 NewPopulation 所需要只个体。在同样的情景中，所挑选的父体在生成子代种群时不被允许重复。对比交叉算子 1，交叉算子 2 对于开拓新路径和寻找全局最佳解具有明确的优势，而且该算子的时间复杂度相对较低。交叉算子 1 与 2 按照一定比例进行交叉运算，可以弥补对方的优势与劣势，有效地加快整个算法的收敛速度并提升找到全局最优解的能力。

依照上述算法，采用 C++语言进行仿真对比实验。初始参数设置为：种群规模 $m=20$，$\alpha=2$，$\beta=3$，$\rho=0.7$，$Q=100$，$pc=0.7$，$pm=0.095$，遗传算法最大进化代数 max$Gene$=20，程序最大迭代次数 maxNc=200。分别选用国际标准 TSPLIB 测试库的 *eil*76、*st*70、*eil*51、*c*50、*att*48 等实例进行模拟。连续运行 10 次，得到的实验数字在寻优结果上实现较大提升，其中的 *eil*51 实例，如图 12-9 所示。

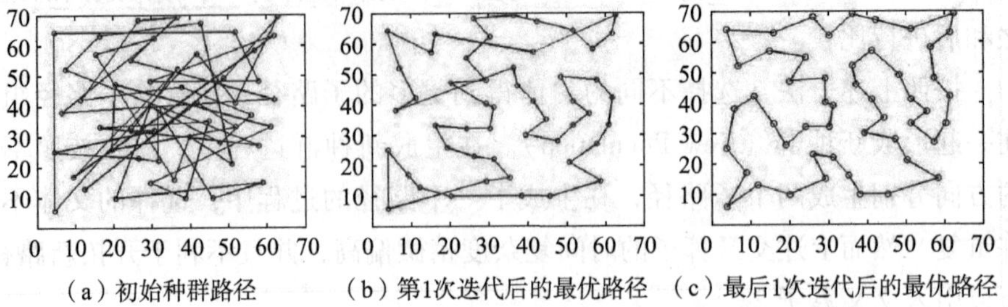

图 12-9　*eil* 51 实例的寻优结果和最优路径

资料来源：卓雪雪，苑红星，朱苍璐．蚁群遗传混合算法在求解旅行商问题上的应用［J］．价值工程，2020（1）：192.

子图（a）表示在初始种群中的路径，RouteLength = 1493. 44；子图（b）表示第 1 次迭代后的最优路径，RouteLength = 492. 993；子图（c）表示最后 1 次迭代后的最优路径，RouteLength = 428. 982。

在蚁群遗传混合算法收敛过程的迭代次数中，经过第 1 次迭代后，可以从初始种群的 RouteLength = 1493. 44 搜索到 RouteLength = 492. 993 的良好路径；迭代不足 200 次即可以搜索出 RouteLength = 428. 982 的最好路径，如图 12-10所示。①

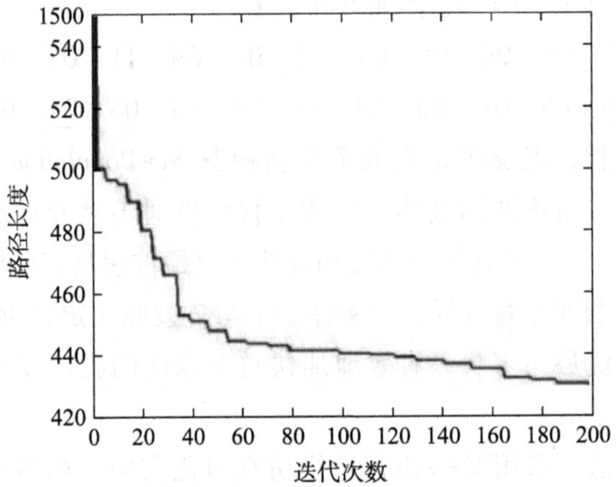

图 12-10　*eil* 51 实例的算法收敛过程和迭代次数

资料来源：卓雪雪，苑红星，朱苍璐．蚁群遗传混合算法在求解旅行商问题上的应用［J］．价值工程，2020（1）：192.

① 卓雪雪，苑红星，朱苍璐．蚁群遗传混合算法在求解旅行商问题上的应用［J］．价值工程，2020（1）：188-193.

旅行商问题是车辆路径问题（Vehicle Routing Problem，VRP）的一种特殊情况，而车辆路径问题是多智能体系统（Multi-Agent System）的一个核心问题。智能体（Agent）路径设计是根据某个的或某些优化准则（例如最低的工作成本，最短的行走路线，最短的行走时间等），在其工作空间内，寻找一条从初始状态达到目标状态，并且避开所有障碍物的最优路径。蚁群觅食算法是一种借鉴仿生学理论的全局优化启发式正反馈机制算法，尤其在机器人路径规划问题上应用效果显著。

多智能体系统是指大量分布式配置的自治或半自治的子系统（即智能体）通过网络连接所构成的复杂大规模系统，即所谓的“系统的系统”（System of System）具有的特征包含自主性、容错性、灵活性、协同性和与扩展性等。通过多个简单智能体的相互配合来实现复杂智能，可以完成单一智能体无法完成的大批量特殊任务。既能适度地降低系统模型复杂性，也能有效地提升系统的鲁棒性、可靠性与灵活性。①

作为机器人科学的核心研究领域，近几年来移动机器人取得显著的进步。特别是在路径规划技术方面，主要涵盖传统路径规划算法（比如A算法、Dijkstra算法、D算法、人工势场法等）、采样路径规划算法（比如PRM算法、RRT算法等）以及智能仿生算法（比如蚁群算法、遗传算法、神经网络算法等）。生物学家、计算机科学家和机器人学家共同参与，根据生物的团队行为理论设计和控制多智能体机器人系统，遵循特定的局部互动规则，使用大批量的简单智能体机器人，从而引发团队智能行为。②

人工智能机器人涉及诸如感知交互、运动协调、任务分配、学习机制以及团队行为建模仿真等关键技术。这些技术来源于局限性感知、区域化互动和分布式控制。移动机器人借助各类通信手段获取工作任务、资源位置和近邻者状态等信息，从而涌现出有效率的团队智能行为。在执行任务的过程中，需要对单个机器人的动作进行配合控制（例如队形控制、集结控制、自装配控制等）以防止碰撞和干扰。通常来讲，复杂的工作任务需要被拆分为若干子任务，包括预定式任务分配和涌现式任务分配等。涌现式任务分配适合于移动机器人系统，其主要目标是在无通信或局部通信的条件下实施劳动力

---

① 陈磊，李钟慎．多智能体系统一致性综述［J］．自动化博览，2018（2）：74-78.

② 柴亚珂，卢东旭，郭斌峰．智能车在复杂环境下的路径规划与跟随控制算法研究［J］．时代汽车，2023（8）：190-192.

派拨。①

在仿真实验 1 中，设定移动机器人的运行环境为二维平面。随机生成一个 20×20 的栅格环境，存在有限数量的静态和动态障碍物。静态障碍物的形状是任意的，并且已知其位置信息；动态障碍物有 4 个，可以利用传感器测出动态障碍物的运动状态及位置信息。机器人与障碍物的碰撞形式有 3 种：正面碰撞、侧面碰撞与动态障碍物运动方向不确定的碰撞。机器人可以在任意状态下暂停运动或改变运动速度。初始参数为 $K_{max}=200$、$m=30$、$\alpha=1$、$\beta=7$、$\rho=0.5$。经过 100 次实验，得到 3 种不同算法的多智能体路径规划、路径长度及迭代次数对比，如图 12-11 所示。

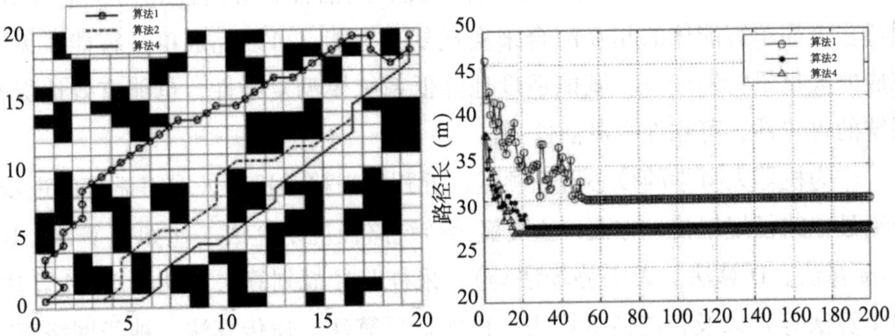

（a）实验1路径规划和路径长度　　（b）实验1迭代次数

图 12-11　实验 1 路径规划、路径长度和迭代次数

资料来源：郑延斌，王林林，席鹏雪．动态环境下改进蚁群算法的多 Agent 路径规划［J］．计算机工程与科学，2019（6）：1083.

在仿真实验 2 中，同样在 20×20 的栅格环境中进行对比，信息素强度值随着迭代次数的增加自适应变化。初始参数为 $K_{max}=200$、$m=50$、$\alpha=1.5$、$\beta=5.0$、$\rho=0.16$。经过 100 次实验，得到 3 种不同算法的多智能体路径规划、路径长度及迭代次数对比，如图 12-12 所示。

在图 12-13 的子图（a）场景里，指定智能体的速度是连续改变的，在防止碰撞机制中加入智能体的自主决策。设置参数为检测半径 $R=4$、安全半径 $r=2$。*Agent*1 与*Agent*2自起点 S 开始，按照设定的路径行走，于 t_1 时刻遇到动态障碍物 *D*1。依据提出的动态障碍物碰撞预测方法开始预测，发现 *D*1 在*Agent*1的探查范围内。根据 *D*1 的行走方向，可以判断出如果 *Agent*1 不改变方

① 杨永明．群体机器人系统协同行为研究［D］．长春：吉林大学，2009：1-14.

向，那么将无法避免与 D1 的碰撞。因此 *Agent*1 需要改变方向，以动态行走来规避障碍物。由于 *Agent*2 位于 *Agent*1 改变方向后的安全碰撞范围内，为了防止 *Agent*1 与 *Agent*2 的碰撞，*Agent*2 也必须改变方向。*Agent*1 与 *Agent*2 各自按照重新规划的路径行走，都成功地规避障碍物。

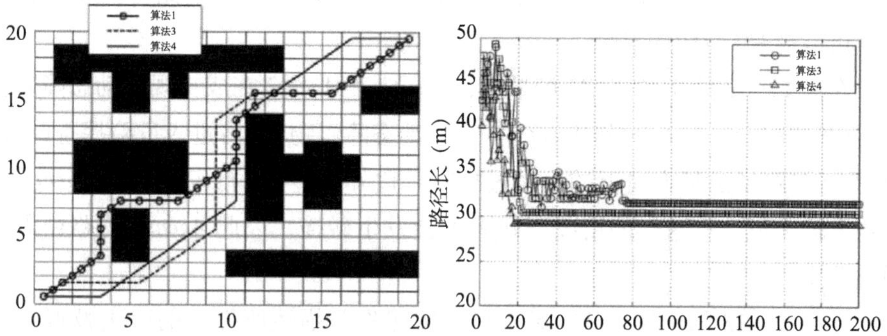

（a）实验2路径规划和路径长度　　（b）实验2迭代次数

图 12-12　实验 2 路径规划、路径长度和迭代次数

资料来源：郑延斌，王林林，席鹏雪．动态环境下改进蚁群算法的多 Agent 路径规划［J］. 计算机工程与科学，2019（6）：1083.

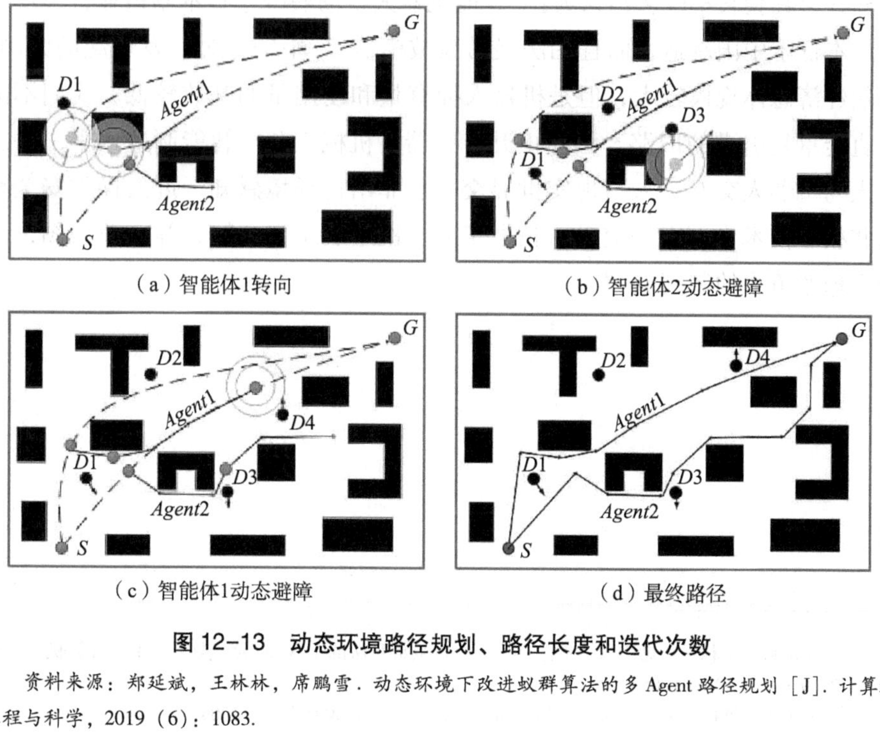

（a）智能体1转向　　（b）智能体2动态避障

（c）智能体1动态避障　　（d）最终路径

图 12-13　动态环境路径规划、路径长度和迭代次数

资料来源：郑延斌，王林林，席鹏雪．动态环境下改进蚁群算法的多 Agent 路径规划［J］. 计算机工程与科学，2019（6）：1083.

在图 12-13 的子图（b）场景里，*Agent*1 巧妙地避开动态障碍物 *D*1，同时消除 *Agent*1 与 *Agent*2 的交互影响，能够在重新设定的路径上继续行走。于 t_2 时刻 *Agent*1 遭遇方向不确定的动态障碍物 *D*2 和垂直向下的动态障碍物 *D*3。系统判定 *D*2 与 *Agent*1 不会产生碰撞。然而此刻 *D*3 对 *Agent*2 的路径产生干扰，两者将可能发生直接撞击。因此 *Agent*2 需要改变其行走路径的角度，这样就可以规避与 *D*3 的碰撞。

在图 12-13 的子图（c）场景里，*Agent*1 和 *Agent*2 在成功规避动态障碍物 *D*3 后继续前行。于 t_3 时刻 *Agent*1 探查到动态障碍物 *D*4 将进入危险探查区域。*D*4 的行走路径是竖直向上的，经过推算可以知道 *D*4 的行走路径与 *Agent*1 的行走方向相反，在这样的情况下两者不会发生碰撞，因此 *Agent*1 的路径无须做出改变。

在图 12-13 的子图（d）场景里，按照先前描述所提出的改进蚁群算法 4，引入动态搜索性以应对死锁问题，从而避免落入局部最优陷阱。在多智能体动态避障过程中，提供相应的路径转变函数，以确保在发生碰撞情况下路径改变的安全性。最后找到 *Agent*1 和 *Agent*2 的最优无碰撞路径。①

机器人技术与产业水平、经济实力、国防安全有着密切关系，日本发那科株式会社会长稻叶善治认为："智能机器人将彻底改变日本制造业，不仅生产成本低于中国制造，而且无法轻易地被模仿。"中国作为后发崛起的大国，虽然经济总体规模较大，但是机器人拥有量和使用量的基数较低。我们不能一直走重复引进的旧路，必须提升传感器、机械工艺、智能制造水平，并且在人与机器人交互、人与现实世界交互、非结构环境感知、近人操作安全性这些核心技术方面有所突破。拓展工业、医学、军事、航天等产业版图，争夺全球竞争力的制高点。②

---

① 郑延斌，王林林，席鹏雪．动态环境下改进蚁群算法的多 Agent 路径规划［J］．计算机工程与科学，2019（6）：1078-1085.

② 杨永明．群体机器人系统协同行为研究［D］．长春：吉林大学，2009：1-14.

第 13 章
自然语言处理

“从认知神经科学中揭示出来的人类认知能力确实令人着迷。如果尝试借助机器重塑这种传递信息、思维和情绪的能力，从而与他人进行交流和沟通，不必再为相互不理解而困扰，那么一定令我喜出望外。”

——印度数字科学家 迪潘简·撒尔卡《Python 文本分析》

20 世纪是自然语言的分析哲学时代，高度依赖定性的、论证的、直觉的、形而上学的研究方法，但是这些方法使得语言学家对语言的理解和阐释支离破碎。传统的语言学研究成果很少被自然科学所采用，需要智能化的数字模型才能准确地从海量结构化和非结构化语言中提取出清晰的信息。自然语言处理能够把语言识别为复杂的自适应系统，利用真实的语言数字，借鉴经济学和生物学领域来探索语言处理与应用问题。

大数据时代的数字技术为社会科学提供新的研究工具，催化出以计算语言学为代表的语言研究新革命。科学家发现必须依靠大量的、充分的、基于事实的资料才能更好地衍生出科学理论。语言学家对自然语言或人工语言的功能及结构分析，过去以观察或调查为主，如今随着大数据平台、计算仿真实验和语料库的普及，从而奠定实证分析的基础。大数据也像语言那样成为一种通用的表达工具，得出的结论甚至超越人类的认知。

13.1 自然语言和文本处理

自然语言（Natural Language）是人类在自身演化过程中所形成的语言，是人与人之间传递信息的媒介，例如汉语、日语、英语、西班牙语等。自然语言是人类智慧的结晶，是人们交流和思维的主要工具，体现文化背景和传承社会知识，因地域的不同而不同。与人工语言相比，具有表达能力强、环境感知能力强、被理解能力弱、叙述不精确等特点。①

文本是由一定的符号或代码组成的信息结构体，文本处理是对文本的表示及其特征项的选取，把符号或代码从非结构化转为结构化，方便计算机识别处理的形式，抽取特征词进行数字化分析。绝大多数文本所蕴含的语义不可避免地反映创作者的立场、观点、方法、价值和利益，从中可以推断其真实的意图和目标。②

13.1.1 知识图谱与自然语言

在哲学的认识论领域里，知识（Knowledge）被认为是一个核心概念，但是至今学术界对其没有下过明确的定义。通常而言，知识被解释为人类对自然界和自我探索的成果总和，是构成人类智慧的一类根本要素，涵盖对事实和信息的阐释或在实践中获得的技能，包括日常知识、专门知识、百科知识、情景知识以及语言知识等。古代希腊哲学家柏拉图讲过：一条陈述能够被称得上是知识必须满足三个条件——“必须是被核实的、准确无误的并且被公众所普遍接受的”。知识的特点包括一致性和公正性，其真假的判断依赖于逻辑分析而非立场站队，这也是划分科学与非科学的一项标准。③

知识图谱（Knowledge Graph，KG）是知识工程与人工智能的一个分支，以符号化方式系统性地描绘在物理世界中的概念及其相互关系，也就是“主实体-关系-客实体”三元组。实体之间通过关系进行相互连接，形成复杂的网络状知识结构。根本地讲，知识图谱就是自然语言处理的专业化延伸，用于查询更复杂的关联信息。从语义角度去理解用户意图，可以被视为一种语义网络。在图书情报学领域里，知识图谱也被视为知识域可视化或知识领域映射地图，借鉴数学、图形学、信息学、信息可视化技术等理论，并且采用计量学引文分析、共现分析等方法，利用可视化技术描述知识资源及其载体，进行知识架构及关系的挖掘、分析、建模、绘制、展示，如图13-1所示。④

1960年，早期人工智能刚刚起步，主要包括两个分支：一个是符号派，注重模拟人的心智，使用计算机符号表示、模拟人的思考、推理过程；另一

---

① SOVIETUNI. 自然语言［EB/OL］.［2023-05-23］. https：//baike. baidu. com/item/%E8%87%AA%E7%84%B6%E8%AF%AD%E8%A8%80/4146019？fr=ge_ala，2023-04-04.

② WLJSLMZ. 什么是自然语言处理的文本分析？［EB/OL］.［2023-05-23］. https：//blog. csdn. net/weixin_43025343/article/details/130759712，2023-05-19.

③ 张丙辰，王翠芳 . 浅论社会平等标准［J］. 焦作师范高等专科学校学报，2016（3）：19-22.

④ 王新才，丁家友 . 大数据知识图谱：概念、特征、应用与影响［J］. 情报科学，2013（9）：10-14.

个是连接派，注重模拟人脑的生理结构，由此引发人工神经网络。当时部分计算机科学家还提出语义网络（Semantic Networks），这是一种知识表示的方法，主要用于自然语言理解领域。

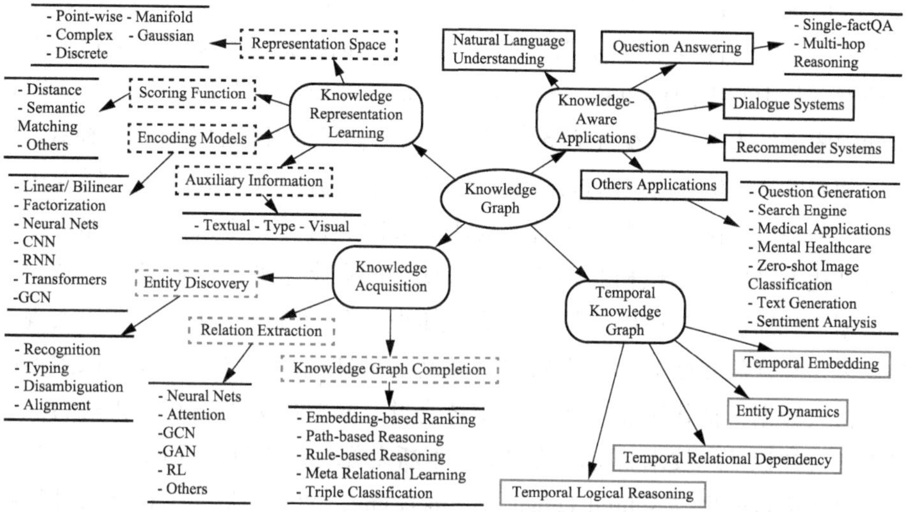

图 13-1　知识图谱的研究方向和主要分支

资料来源：朱林．一文打尽知识图谱［EB/OL］．［2023-05-23］．https：//zhuanlan. zhihu. com/p/47410 1053，2022-03-01.

1970 年，管理学者提出专家系统，其主要思想是类比人类专家基于大脑知识而进行决策。为了实现人工智能，应该使用计算机符号来表示这些知识、通过推理机来模仿人脑对知识进行处理，相应地构建知识库（Knowledge Base）来表达知识。早期的专家系统经常使用的知识表示方法包括：①框架式语言（Frame-Based Languages），用来描述客观物体的类别、个体、属性等，多用于辅助解释自然语言；②产生式规则（Production Rules），主要用于描述逻辑结构，多用于刻画过程性知识。

1980 年，“本体”（Ontology）这个哲学概念被引进人工智能领域里。知识的主体可以是人、物体或是抽象的观念，“本体”则是对这些知识的实体的统称。1989 年，英国计算机科学家蒂姆·李在欧洲高能物理研究中心发明万维网（World Wide Web，WWW）。1998 年，根据万维网的概念，他又提出语义网（Semantic Web）。区别于万维网，语义网所链接的不仅是网页，还链接所有客观存在的实体（例如人、组织、地域等）。2012 年，谷歌公司颁布基于知识图谱的搜索引擎，以协助用户更迅速、更精确地查找所需要的信息。

互联网的终极演化形态是万物互联，搜索的终极目标是对万物直接快速搜索。传统搜索主要依赖于网络页面之间的超链接，语义搜索是直接对事物进行检索，这些事物可能来源于文字、图像、语言、视频、物联网设备等。知识图谱和语义技术为这些事物的分类、特性和关系提供描述，利用自然语言处理以及知识图谱技术（例如基于语义解析、基于图匹配、基于模式学习、基于表示学习与深度学习的知识图谱模型），所以搜索引擎能够直接对事物进行搜索。其中知识图谱也被广泛运用于人机知性对话交互中，知性对话即基于知识图谱的人机对话交互服务，有希望成为物联网时代的主导交互模式。①

随着 Web1.0 时代逐渐过渡到 Web3.0 时代，用户交互体验模式转变成一种人与网络以及网络与人的沟通。构建语义网的目标在于人和机器都可以通过智慧化万维网来实现相互理解。但是现今的数字来源广泛而且不一致，需要根据一些知识组织原则，找到合适的知识互联的方法，知识图谱的大规模知识表达和开放互联能力成为构建语义网的最佳选择。描绘一张知识图谱必须获得大数据，把代表相同概念的实体合并，对数字来源进行知识融合。也可以通过知识推理技术获得新的知识，不断完善现有的知识图谱。②

自然语言处理（Natural Language Processing，NLP）是人工智能与计算机科学等领域的重要方向，是一门融语言学、计算机科学、数学、逻辑学、认知科学为一体的交叉学科，其目标是采用人类的自然语言，实现人与机器之间的有效交流。在自然语言处理的范围内，包含语音、语法、语义、语用等多维度的操作，其中包括自然语言理解（Natural Language Understanding，NLU）、自然语言生成（Natural Language Generation，NLG）、人类语言技术（Human Language Technology，HLT）、计算语言学（Computational Linguistics，CL）、计量语言学（Quantitative Linguistics，QL）、数理语言学（Mathematical Linguistics，ML）等。其任务是利用本体词典、词频分析、语义上下文分析等手段，对语料进行分词，生成以最小词性为单位且含有丰富语义的词项，被广泛应用于文本分类、自动摘要、观点抽取、机器翻译、语义比较、文字识别、数字验证、语音识别、专家系统、舆情监测、商品推荐、客服机器人等方面。③

知识图谱需要借助自然语言处理技术来构建，而自然语言处理需要借助

① 王得强，吴军，关立文．结合知识图谱的行业知识库构建方法研究［J］．制造技术与机床，2022（8）：74-80.

② 非洲的兔子．知识图谱入门：认识知识图谱［EB/OL］．［2023-05-23］．https：//zhuanlan.zhihu.com/p/396516565，2021-08-06.

③ FIRSTNAME．自然语言处理［EB/OL］．［2023-05-23］．https：//baike.baidu.com/item/%E8%87%AA%E7%84%B6%E8%AF%AD%E8%A8%80%E5%A4%84%E7%90%86/365730？fr=ge_ala，2022-03-23.

知识图谱来完成推理。随着知识图谱在搜索领域的大获成功以及工程技术的进步和完善，自然语言处理与其相结合有着明显的优势。这些领域往往需要关联海量的数字和知识，数字和知识的整合与表示，适合使用知识图谱来解决。近年来，随着自然语言处理技术的飞跃，新型深度学习在知识图谱与自然语言处理结合中的应用进一步提高。例如以往构建经济学知识图谱，需要融合多种实体关系数据库，依靠人工收集、手动录入，其全面性和更新速度都受到一定限制。2018 年，谷歌公司开发的基于深度学习神经网络的 BERT 模型用于识别命名体（Named Entity），准确率达到 90%左右，构建并且持续地更新知识图谱已经成为较简单的事情。①

放眼世界，数字技术和数字经济俨然成为全球新一轮科技革命与产业升级的领导者。近些年来，作为刺激经济恢复的新动能和新引擎，数字经济的发展态势如同燎原之火，其影响范围之广和影响深度之深前所未有，已经进入各国政府重点关注的关键领域。对于数字经济认知在不断加深，国际和国内学术成就在持续积聚。通过运用知识图谱分析技术，定量化分析数字经济研究的知识聚类，可以更深入地理解其含义、范围和基础理论，更有效地分析和预测数字经济的热点问题和发展方向。②

在科学引文分析方面，CiteSpace 是一款在文献计量学领域里表现出色的工具，能够把文献之间的联系以知识图谱的形式进行分时区、动态化、多元化和可视化的展示。采用 CiteSpace 软件并以“数字经济”作为关键词，对 1992—2018 年国际 WOS 核心数据库的 SSCI 论文和国内 CNKI 数据库的 CSSCI 核心期刊论文进行检索。在 1463 篇文献中得到 293 篇有效文献，对关键词共享、高频词时区划分、热点词聚类以及突现词辨析等方面进行分析，期望探索与获取数字经济研究在国际和国内的发展轨迹、理论架构和前沿趋势。③

借助高频时区图，挖掘数字经济研究热门话题的动态演变和基础属性，如图 13-2 所示。数字经济研究从开始以来，展现出逐步演进的趋势。数字经济的研究在国际上较早启动，涉及的领域相当广泛，阶段性的特征也相当明显，可以划分为四个阶段：第一阶段是开创期（1992—2001 年），企业有能力利用互联网和专业技术来确定自己的业务和营销渠道，从而在市场上占据

---

① XIE E. 知识图谱与自然语言处理的故事［EB/OL］.［2023-05-23］. https://zhuanlan. zhihu. com/p/65465111，2019-05-13.

② 董晓松，夏寿飞，谌宇娟．基于科学知识图谱的数字经济研究演进、框架与前沿中外比较［J］. 科学学与科学技术管理，2020（6）：108-127.

③ 王鹏飞，程华．基于知识图谱的国内数字经济演化路径、热点及展望［J］. 科学与管理，2022（4）：7-13.

主导地位，即狭义网络经济学的网络外部性和锁定效应等原理。第二阶段是酝酿期（2002—2007 年），数字经济活动在微观层面上广泛拓展，建立大量的数字基础设施，使得数字商业技术和理念与传统业态快速融合，形成新模式、新商业和新产业。第三阶段是震荡期（2008—2013 年），2008 年的金融危机导致全球经济进行深度调整和结构变革，传统产业的数字化转型速度在不断提高，数字经济成为经济恢复的部分驱动力。第四阶段是爆发期（2014—2018 年），经济的数字化程度不断提升，数字共享、数字智慧等新模式、新业态呈现出爆发态势，数字经济从孤立化、独立化发展走向融合。

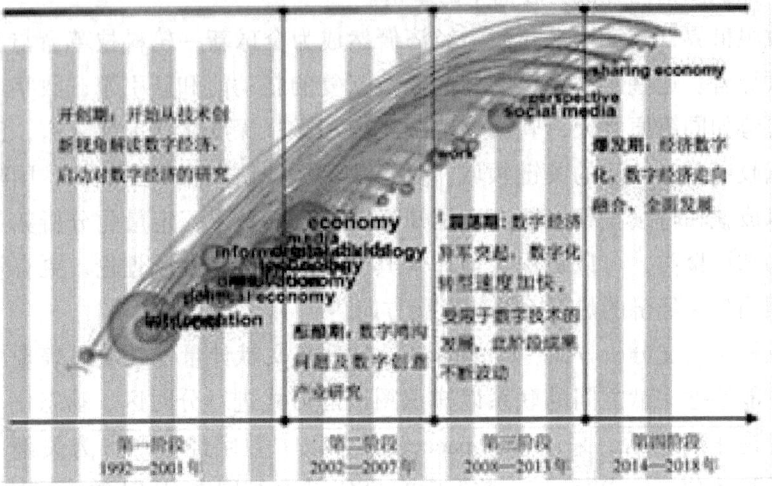

图 13-2　由知识图谱展现的国际数字经济研究演化路径

资料来源：董晓松，夏寿飞，谌宇娟．基于科学知识图谱的数字经济研究：演进、框架与前沿中外比较［J］．科学学与科学技术管理，2020（6）：113.

借助高频时区图，深入解析数字经济研究热点的动态演化基本特征。国内数字经济研究自初始阶段以来的逐步演进过程，如图 13-3 所示。国内数字经济研究的发展经历四个阶段：第一阶段是孕育期（1994—1997 年），随着数字技术的兴起，信息技术在各种传统行业和领域得到广泛推广，然而此时数字经济的文献数量较少，并且主题相当分散。第二阶段是萌芽期（1998—2002 年），大量互联网创新企业纷纷成立，试图定义数字经济包括信息技术及相关基础设施、产品和服务的数字化传输及其对实体商品零售的支持，以及传统产品与数字技术结合产生的高额附加值。第三阶段是断层期（2003—2012 年），理论创新出现明显的断层，未能集中关注核心问题。这一阶段主要是对前面研究的延续，大量的数字经济基础设施建设为下一阶段的崛起奠定基础。第四阶段是崛起期（2013—2018 年），人工智能技术和算法在经济领域中深度应用，引领数字经济研究从数字技术创新研究转向实际应用的研究。新兴技术引发各种全新的职业岗位和生活环境的改变，数字化转型和数字治理逐渐成为数字经济研究的核心主题。

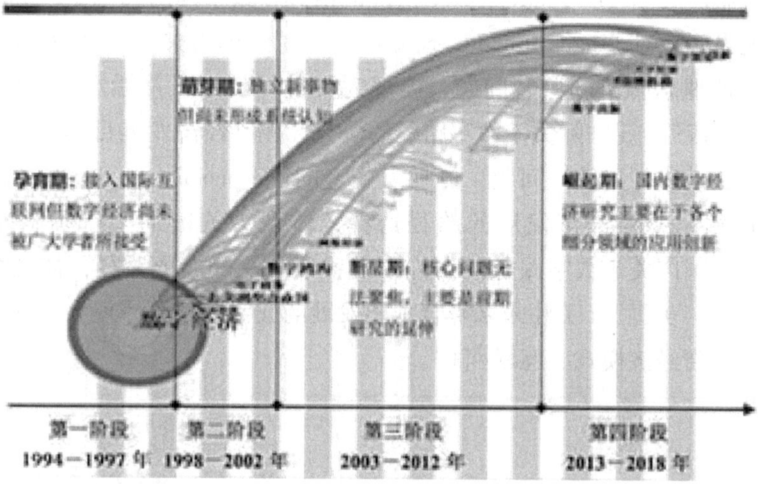

图 13-3　由知识图谱展现的国内数字经济研究演化路径

资料来源：董晓松，夏寿飞，谌宇娟．基于科学知识图谱的数字经济研究：演进、框架与前沿中外比较［J］．科学学与科学技术管理，2020（6）：113.

对国际、国内相关文献进行聚类分析，以辨别各自在理论知识体系方面的创新贡献程度，如图 13-4 所示。在理论框架搭建上，国际、国内数字经济研究具有一定的相似性和差异性：①国际关于数字创新的研究，数字创新的核心概念与独特理论，体现为关键词“digital literacy，creative industry”，数字技术创新过程与创新应用管理，体现为关键词“business model，sharing economy，collaborative consumption”。国内关于数字创新的研究，数字技术创新及其应用，体现为关键词“信息技术、区块链技术、比特币”；数字创新的商业应用，体现为关键词“大数据时代、智慧化、应用创新”。②国际关于数字市场的研究，数字用户、数字产品和数字渠道构成、多渠道之间的转换和协同，体现为关键词“consumption，privacy，behavior，digital product，information goods，Ecommerce，information society”；国内关于数字市场的研究，数字市场改变着消费方式、内容和理念，体现为关键词“数字产品、数字产品中间投入、网络数字产品、数字产品贸易”。③国际关于数字组织的研究，数字技术与现代管理技术、制造技术相结合，体现为关键词“E-procurement， enterprise transformation，supply chain management”“electronic data exchange，date mining”。国内关于数字组织的研究，管理数字化、企业数字化战略及数字产业兴起，体现为关键词“企业管理、财务管理和战略转型”；企业数字化革新和产业数字化阶段，体现为关键词“整体解决方案、新兴产业、数字内容产业和产业发展”。④国际关于数字治理的研究，数字鸿沟和电子政务解决方案，体现为关键词“digital divide，E-government”；国内关于数字治理的研究，数字化治理理念和协同监管问题，体现为关键词“互联网治理、税收治理、数字治理手段”。⑤国际关于数字路径的研究，数字经济发展目标与水平、环境与资源、模式与路径等问题，体现为关键词“economic development，digital development”；数字经济发展的路径选择，体现为关键词“smart city，new economy”。国内关于数字路径的研究，借鉴部分国际成熟路径，体现为关键词“北美洲、美国”；关注未来契合本国发展的数字路径，体现为关键词“新商业模式、新经济模式、互联网+”。

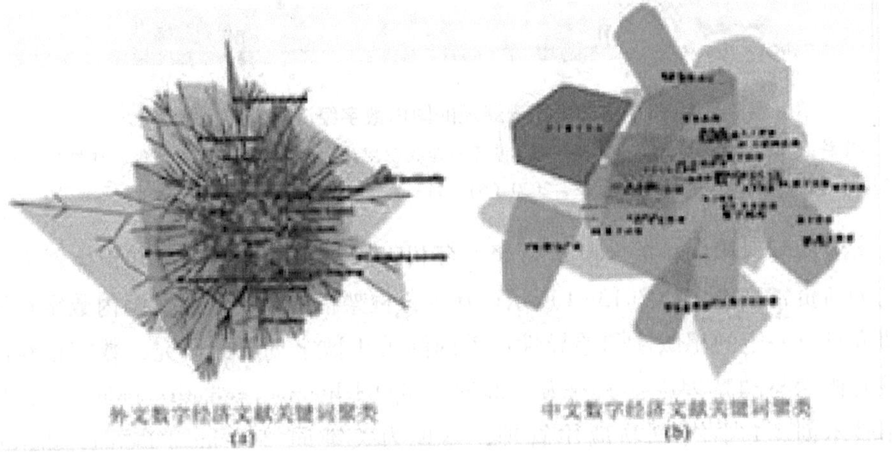

图 13-4 国际和国内数字经济研究文献的关键词聚类对比

资料来源：董晓松，夏寿飞，谌宇娟．基于科学知识图谱的数字经济研究：演进、框架与前沿中外比较［J］．科学学与科学技术管理，2020（6）：115.

考察词频的时间分布，探测出来频次变化率高的突现词（Burst Term）：①国际数字经济研究集中在数字技术、数字经济应用和数字风险，其中“Labor，Sharing Economy，Community”为高值突现词。②国内数字经济研究集中在技术前沿和应用前沿，技术前沿逐渐由大数据、人工智能、区块链等纯粹的数字技术创新转向技术支撑的数字资源产生、处理及应用的创新。按照时间顺序排列。整理出前沿术语及其持续时间，如表 13-1 所示。

表 13-1　国际和国内数字经济研究文献的突现词对比

突现词	突现值	频次	起始年份	终止年份	突现词	突现值	频次	起始年份	终止年份
Big Data	3. 66	10	2014	2018	人工智能	—	8	2017	2018
Community	3. 3929	12	2015	2018	大数据	—	6	2017	2018
Sharing Economy	6. 4866	22	2015	2018	共享经济	—	6	2016	2018
Labor	7. 04	18	2016	2018	经济数字化	—	5	2018	2018
Risk	3. 7757	7	2016	2018	数字金融	—	8	2017	2018

资料来源：董晓松，夏寿飞，谌宇娟．基于科学知识图谱的数字经济研究：演进、框架与前沿中外比较［J］．科学学与科学技术管理，2020（6）：121.

国际、国内数字经济研究已经形成以数字创新为核心，以数字市场、数字组织、数字治理为基本支撑，以数字路径为宏观手段的基础理论体系。从国际、国内研究的综合趋势来看，数字技术迭代创新、生产智慧协作、产业深度融合、经济外部治理、路径选择机理等问题是共同关注的前沿方向，数字经济建设需要技术及产业的支撑。未来中国需要加大对数字经济前沿技术领域的支持力度，同时夯实相关产业对数字经济建设的基础。智慧经济、影子经济、商业模式创新与管理、经济空间增长及均衡发展、技术创新与扩散等将成为下一步研究的主攻方向。①

13. 1. 2　文本处理与情感识别

文本处理涉及从文本数字中提取有用信息的过程，包括文本预处理、词频统计、文本分类、情感识别、命名实体识别等步骤。文本知识包括非结构化数字和自然语言的非结构化编程，这与结构化的数字和普通的编程处理方式截然不同。后者很容易被机器理解，而前者天然具有复杂性。我们不能直接使用统计学模型或机器学习模型来分析这种类型。

情感（Emotion）是人对客观事物是否满足自己的需要所产生的感受和评价，这是态度在生理层面上复杂且稳定判断和感受。包含道德感和价值感两个方面，具体的表达形式有爱、幸福、厌恶、仇恨、审美感等。情绪也是身体对行为成功可能性乃至必然性在生理层面上反应出的评价和体验，具体的表达形式有喜、怒、忧、思、悲、恐、惊等。情感和情绪都是自我的个体对外部的事物所持有的体验和态度，情绪倾向于在个体基本需求欲望上的态度

① 董晓松，夏寿飞，谌宇娟．基于科学知识图谱的数字经济研究：演进、框架与前沿中外比较［J］．科学学与科学技术管理，2020（6）：108-126.

体验，而情感更倾向于在社会需求欲望上的态度体验。[①]

识别情绪状态的古老尝试可以溯源至古代希腊医师、“医学之父”希波克拉底。他提出“四体液说”（the Four Humors），把四种独特的人格特征和特有的情绪状态联系起来：多血质（积极、社交达人、和蔼可亲）、胆汁质（坚定、支配他人、容易发怒）、黏液质（消极、逃避冲突、从容自若）、抑郁质（悲观、善于思考、感到焦虑）。在这四种性格中，多血质和胆汁质被归类为外向型，而黏液质和抑郁质被归类为内向型。多血质和黏液质被认为是放松型，而胆汁质和抑郁质被认为是拼搏型。

识别情感状态的近现代尝试在学术界曾经进行大量的探讨，但是尚未形成一致观点。通常而言，情感可以被分为离散型与连续型两种，不同的情感具有不同的解释：①在离散型情感理论中，每一个体拥有一套固有的基础情感，被划分为几个离散的类别，可以通过个体的面部表情和其他行为来辨识。这些情感与个体所处文化环境无关，能够被具有不同文化背景的个体所理解。对于离散型情感模型的研究起源于达尔文的《人和动物的情感表达》。②在连续型情感理论中，每一个体拥有一种或多种混合的基础情感，可以通过一组多维空间的位置来表示。德国生理学家、哲学家、“实验心理学之父”威廉·冯特认为情感包括愉快和不愉快、激发或抑制、紧张与放松这六个维度。除此之外，其他的维度模型大多数包括价态（Valence）和激发水平或强度（Arousal），目前主流的两维模型包括环形模型（Circumplex Model）、矢量模型（Vector Model）以及正激励-负激励（Positive Activation-Negative Activation）模型等。[②]

关于“人为何是人”这个略带哲学色彩的论题，在电影《银翼杀手》里人与仿生人之间的谈话，对此提供深刻的、透彻的参照，正像仿生人制造公司 Tyrell 的口号——“比人类更像人类”。仿生人也就是外观与人几乎无异的机器人，最早是人类为自我服务或战争而开发的。伴随时间的推移，仿生人开始产生像人一样的情感。接着仿生人感受到压迫，一些危险分子通过暴力反抗、寻求从人类的压迫下解脱。由此可见，仿生人（机器人）仅仅在外观上与人类相似并不重要。如果他们具备感知情感和展现情感的能力，学习和识别人脸并能够理解情感，进行类似于人的沟通活动，这样就难以区分人和

① 席涛，余非石，岳鸿雁．基于情感识别的用户行为研究：以邮轮空间的信息传播为例［J］．南京艺术学院学报（美术与设计），2022（3）：76-80.

② 张园园．基于深度学习的多模态情感识别方法研究［D］．合肥：中国科学技术大学，2019：1-12.

仿生人，因此情感识别在智慧人机交互系统中发挥着至关重要的作用。

进入人工智能的新纪元，我们对机械装置的期待已经超越迅速而高效的运算，进一步追求人机交互的流畅与和谐，情感智慧被普遍看作是优化人机交互的关键环节。赋予机械装置以情感智慧，从而能够感知人类的情感并做出恰当的反馈，当然更为需要的是高端情感计算技术。情感计算（Affective Computing）是赋予计算机识别、理解、表达和适应人类情感的能力，使得计算机拥有高效率、全方位的智慧，从而构建更为协调的人机环境。情感计算不仅涉及计算机科学、信号处理和数字分析等基础领域，还涵盖社会学、经济学、统计学、心理学、神经科学、脑科学等专业领域。①

带有情感倾向的文本处理是运用自然语言处理技术，对带有主观性的文本进行分析、总结、推理，进而提取评论、新闻、文章或其他语料库中的情感信息。论坛、微博、QQ、微信等社交媒体的急速膨胀带动情感识别的迅速发展，对其提供丰富的基础数字资源。情感识别技术的内容涵盖主观和客观的分类、情感的分类、情感极性的判断等，广泛应用于信息检索、社交网络、推荐系统、舆情监控、虚假信息检测等领域。例如主观与客观的分类能够部分地解决网络评论信息的混乱，方便用户准确定位所需要的信息；再如情感的分类能够帮助电商网站根据评论挖掘用户真实的想法，进而调整营销策略；又如对情感极性的判断能够帮助政府引导和干预一些负面情绪，及时防止突发事件的爆发。②

在评述性文本中，属性与主题具有强烈的关联性，所以产生一系列经常使用的情感生成型主题模型。主题（Topic）是以文本所有字符为支持集的概率分布，描绘的是一个字符在特定主题中的出现频次，也就是说，与特定主题关联度较高的字符有更高的出现概率。当一份文本包含多个主题时，每一个主题的概率分布都涵盖所有字符，但是同一字符在不同主题的概率分布中的取值是不同的。主题模型（Topic Model）是一种对文本隐含的语义结构进行聚类的统计方法，采用非监督学习的形式，被应用于自然语言处理的语义分析和文本挖掘。比如根据主题对文本进行收集、分类和降维，隐含狄利克雷分布（Latent Dirichlet Allocation，LDA）就是一种常见的主题模型。③

情感识别（Emotion Recognition）是对文本所表达的实体和方面的观点，

---

① 王塔娜．基于深度学习和迁移学习的多模态情感识别研究［D］．大连：大连理工大学，2021：1-8.

② 朱珍元，张林静．自然语言文本情感分析［J］．电脑知识与技术，2023（1）：38-40.

③ 孙连．社交网络人脉搜索与推荐算法研究［D］．杨凌：西北农林科技大学，2019：13-15.

评估态度和情感进行的计算研究。根据处理的粗细程度，可以分为文档级、句子级、词语级和属性级。粗粒度的情感识别主要指文档级和句子级情感识别，即以句子为单位识别其中包含的情感倾向。在多数情况下，句子所描述的对象（即观点实体）往往不止一个，不同对象对应的情感表达也常常是不同的，所以粗粒度的句子级难以解决情感识别任务。细粒度情感识别主要指词语级和属性级情感识别，要求分析句子的不同描述对象各自包含的情感倾向，解决问题与实际情况非常接近。①

对文本进行情感处理的基本步骤通常涵盖：获取原始文本、预处理文本、建立语料库和情感词典、创建情感识别模型、预训练该模型、使用模型进行文本的情感识别、评估分析成果以完成模型测试，如有必要，持续地调整模型动态参数以实现最优化学习模型训练状态。②

文本预处理也就是进行分词、筛选停用词、使用词典进行分词，这是实现自然语言处理的初始阶段。分词算法主要分为三种：基于词典的分词，基于统计的分词，基于规则的分词。中文分词工具 Jieba 被广大用户所采用，其分词效果较为出色。命名实体识别是一种信息抽取技术，用来解决互联网信息过载的问题。从非结构化的文本中提取出结构化的数字和特定的关系，识别出其中的人名、地名、时间等实体。识别方法分为三种：基于情感词典的方法，基于机器学习的方法（比如隐马尔可夫模型 HMM、最大熵马尔可夫模型 MEMM、条件随机场 CRF、支持向量机 SVM 等），基于深度学习的方法。

① 基于情感词典的情感识别法。运用情感词典来采集文本情感词的情感值，然后通过权重运算确认文本的总体情感倾向，这种对词语进行情感界定的方法容易被理解。如果词典所含信息足够充裕，那么可能获取较好的情感识别结果。情感词典的应用流程包括：输入文本和预处理数字（包括去除噪声和无效字符等），进行分词，把不同类型和程度的词语置入模型进行训练，根据情感判断输出情感类别。常见的中文情感词典比如知网词典 HowNet、中文情感词汇本体库等，还有短语词典、否定词词典以及副词词典等特殊词典。

② 基于机器学习的情感识别法。机器学习（Machine Learning，ML）是指一种囊括众多算法的技术，常见的方法例如 K-最近邻算法（K-Nearest Neighbor，KNN）、朴素贝叶斯法（Naive Bayesian，NB）、支持向量机（Support Vector Machine，SVM）等。通过机器学习进行情感判断的方式包括：

---

① 陈恺．基于深度学习的多模态细粒度情感分析研究［D］．南京：南京理工大学，2021：1-3.

② 朱珍元，张林静．自然语言文本情感分析［J］．电脑知识与技术，2023（1）：38-40.

建立一个模型，输入大量有标签或无标签的语言信息，运用机器学习算法来抽取特征，找到代价函数最小的结果作为输出。相较于情感词典，机器学习不需要人工构建，从而大幅度减少人力成本，但是人工对文本特征的标记是必要的，人的主观性可能影响最终的判断结果。机器学习需要大数据支持，否则可能导致无效的运算，因此人们更倾向使用基于深度学习的情感识别新技术。①

③ 基于深度学习的情感识别法。因为范畴、语义、特征以及极性等差异性的存在，数字稀疏性一直是精确情感文本处理所遭遇的重要挑战。面对这种状况，运用跨领域的迁移学习和领域适配技术成为研究的焦点。其目标是最大限度地利用相邻领域的标记数字，完成标记数字匮乏的目标域情绪识别任务。通过深度学习进行情感判断的思路包括：根据来源域的大数据建立适用于目标域的知识模型，利用向量、张量等代数结构全面地表现文本单元的词，嵌入分布式表示和深度学习算法，构建特征融合表示法和注意力机制的双向长短时记忆情感分类模型。

假设在给定的评论数字来源域 $D_S=\{(X_{S_i}Y_{S_i})\}_{i=1}^{n_S}$ 中，具有情感倾向标注的评论文本有 n_S 条，X_{S_i} 表示在 D_S 中第 i 条标注评论文本，Y_{S_i} 表示 X_{S_i} 对应的情感倾向，$Y_{S_i}\in\{0, 1\}$，其中0表示积极情感倾向，1表示消极情感倾向；给定与 D_S 不同来源的目标域 $D_T=\{(X_{T_i})\}_{i=1}^{n_T}$，包含未标注评论文本 n_T 个，X_{T_i} 表示在 D_T 中第 i 个未标注文本。跨域情感二分类任务可以形式化为：在 D_S 上拟合一个情感分类模型来预测 D_T 中的 X_{T_i} 的情感倾向 Y_{T_i}，表示为 $D_S\rightarrow D_T$。

依据域适应理论，建立跨域情感分类 CDSA-F-Att 模型的过程包括：①利用 BERT 词向量与 Skip-Gram 词表示模型，把来源域 D_S 和目标域 D_T 投射至一个共享的特征空间，进而形成来源域与目标域特征融合的超特征表示；②通过双向长短时记忆网络和注意力机制，对 D_S 进行监督学习并且构建模型，把模型及参数配置共享到 D_T；③针对 D_T 的数字实施跨域情感分类。该模型的构架由输入层、表示学习层、双向长短时记忆网络层、注意力计算层、全连接层以及情感预测层等六个部分组成，如图 13-5 所示。

采用 BERT 的词向量和来源域 D_S 与目标域 D_T 的评论文本进行预训练，以词向量相连接作为单词表示，融合单词的全局语义信息和跨域局部语义信息构成特征表示模型。BERT 的词向量采用掩码语言模型和后句预测方法在大

---

① 王颖洁，朱久祺，汪祖民. 自然语言处理在文本情感分析领域应用综述［J］. 计算机应用，2022（4）：1011-1020.

数据上训练，在融合词的上下文信息时捕获句子之间关系，获取双向特征表示。通过神经语言模型 Skip-Gram 把评论文本的词预先训练为词向量，形成域融合的分布式词向量，映射到统一的 k 维空间 D。

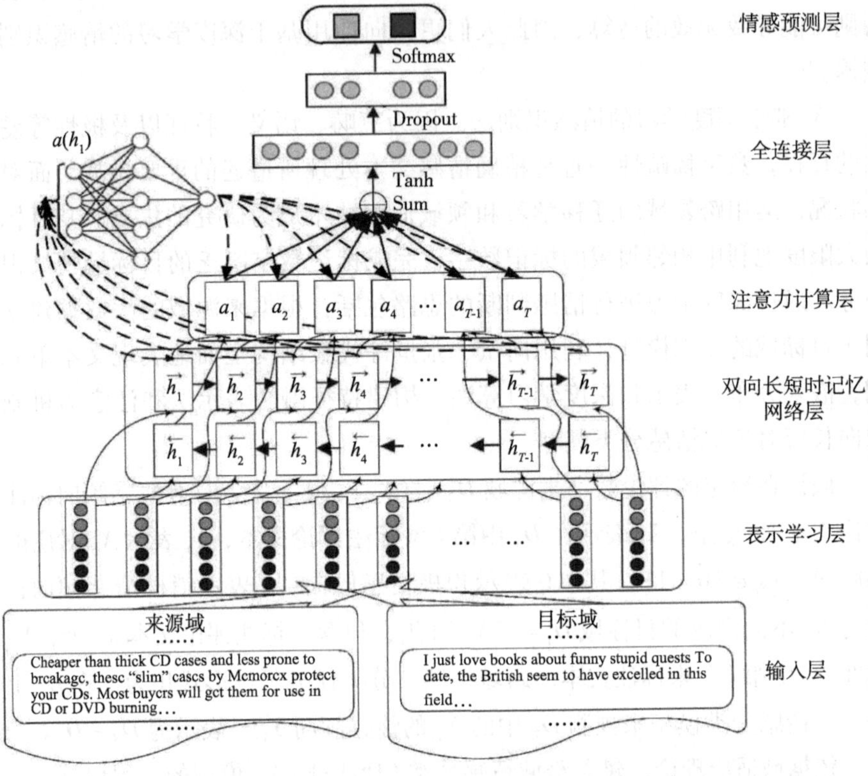

图 13-5 基于特征融合与注意力的跨域评论情感分类模型

资料来源：祁瑞华，简悦，郭旭．融合特征与注意力的跨域产品评论情感识别［J］．数据分析与知识发现，2020（9）：88.

预训练的具体过程为：每次从目标词 w 的上下文 c 中选择一个词 w_j，把该词向量作为模型的输入，对于整个语料的优化目标为最大化，如下列公式所示。

$$\sum_{(w,\ c)\in D}\sum_{w_j\in c}\log P(w\mid w_j)$$

设定 V 为词表，$\mathrm{e}(w)$ 为词 w 作为上下文时的表示，$\mathrm{e}'(w)$ 是词 w 作为目标词时的表示，对 $P(w\mid w_j)$ 的计算公式，如下所示。

$$P(w\mid w_j)=\frac{\exp[\mathrm{e}'(w)^T\mathrm{e}(w_j)]}{\sum_{w'\in V}\exp[\mathrm{e}'(w)^T\mathrm{e}(w_j)]}$$

特征融合表示模型由 BERT 的词向量、来源域与目标域的评论文本预训练词向量相连接构成。把每条评论文本视作一个长度为 l 的文档，超过长度 l 的长评论文本取前 l 个词，长度不足 l 的短评论文本后面补齐。在评论文本中，每个词 x_i 分别被投射到对应的词向量 $v_i \in R^k$，其中 k 表示词向量维度。每条评论文本 $W \in R^k$ 由词向量 $W_{1:l}=v_1 \oplus v_2 \oplus \cdots \oplus v_l$ 连接而成，其中 $\oplus$ 代表连接符号，对于预训练集合词汇表外的单词进行随机初始化处理。生成的词向量序列按照顺序逐个输入下一层的双向长短时记忆网络层。

采用亚马逊网站产品评论作为实验数据库，包含 Book、DVD、Electronic、Kitchen 和 Video 共 5 个域的产品评论文本。每个域包含 6000 条有标注评论语料，积极方面和消极方面各占 3000 条。包括原始无标注评论语料共 82638 条，平均每个域为 16527 条。每次把一个域数据库作为来源域 D_S，另一个域数据库作为目标域 D_T。把 D_S 和 D_T 分割为训练集和测试集，训练集使用 D_S 和 D_T 中 2800 条积极评论和 2800 条消极评论，测试集使用目标域全部 6000 条有标注评论进行情感分类预测，“来源域-目标域”实验结果如表 13-2 所示。

表 13-2　在亚马逊评论数据库上的实验准确率（%）

来源域	目标域	S-only	SFA	DANN	mSDA	HATN	CDSA-B	CDSA-F	CDSA-F-Att
Book	DVD	80. 57	82. 85	83. 42	86. 12	87. 07	93. 20	94. 96	95. 46
Book	Electronic	73. 65	76. 38.	76. 27	79. 02	85. 75	93. 68	95. 46	95. 43
Book	Kitchen	71. 63	78. 10	77. 90	81. 05	87. 03	94. 65	95. 20	96. 11
Book	Video	81. 45	82. 95	83. 23	84. 98	87. 80	95. 56	96. 10	96. 53
DVD	Book	76. 45	80. 20	80. 77	85. 17	87. 78	93. 41	94. 55	94. 86
DVD	Electronic	73. 12	76. 00	76. 35	76. 17	86. 32	92. 86	95. 08	95. 35
DVD	Kitchen	73. 43	77. 50	78. 15	82. 60	87. 47	94. 76	96. 28	96. 51
DVD	Video	82. 75	85. 95	85. 95	83. 80	89. 12	96. 15	96. 65	97. 10
Electronic	Book	68. 87	72. 35	73. 53	79. 92	84. 03	93. 15	94. 70	94. 86
Electronic	DVD	72. 60	75. 93	76. 27	82. 63	84. 32	93. 38	95. 68	96. 13
Electronic	Kitchen	84. 63	86. 50	84. 53	85. 80	90. 08	95. 70	96. 41	96. 60
Electronic	Video	72. 48	75. 65	77. 20	81. 70	84. 08	95. 48	96. 23	96. 71
Kitchen	Book	71. 53	73. 97	74. 17	80. 55	84. 88	93. 68	94. 03	95. 00
Kitchen	DVD	73. 32	75. 67	75. 32	82. 18	84. 72	93. 40	95. 81	96. 03
Kitchen	Electronic	83. 15	85. 38	85. 53	88. 00	89. 33	94. 63	96. 00	96. 01
Kitchen	Video	76. 08	77. 97	76. 37	81. 47	84. 85	95. 90	96. 91	96. 80
Video	Book	77. 03	79. 48	80. 03	83. 00	87. 10	93. 88	94. 18	94. 19

续表

来源域	目标域	S-only	SFA	DANN	mSDA	HATN	CDSA-B	CDSA-F	CDSA-F-Att
Video	DVD	82.43	83.65	84.15	85.90	87.90	95.30	95.96	96.50
Video	Electronic	71.87	75.93	75.72	77.67	85.98	94.00	94.98	95.86
Video	Kitchen	71.33	74.78	75.22	79.52	86.45	95.80	96.28	96.71
平均准确率		75.92	78.69	79.00	82.36	86.60	94.42	95.57	95.93

资料来源：祁瑞华，简悦，郭旭．融合特征与注意力的跨域产品评论情感识别［J］．数据分析与知识发现，2020（9）：91.

进行跨领域情感分类任务计算，结果显示：模型 CDSA-F-Att 的平均准确性达到95.93%、最高准确性更是高达97.10%，明显领先于其他对照方法，也有力地证明双向长短时记忆网络层的学习融合特征能够有效地捕获情感语义信息。进一步进行实验的平均准确性计算，结果显示：①在 Book 目标域内，DVD 和 Video 来源域具有更高的准确性，其中以 Video 来源域的表现最好；②在 DVD 目标域内，Book 和 Video 来源域具有更高的准确性，其中以 Video 来源域的表现最好；③在 Electronic 目标域内，Kitchen 来源域具有更高的准确性；④在 Kitchen 目标域内，Electronic 来源域具有更高的准确性；⑤在 Video 目标域内，DVD 和 Book 来源域具有更高的准确性，其中 DVD 来源域的表现最好。在所有算法结果中，对目标域有益的来源域基本上是一致的，跨领域评论情感分类互补性好的领域包括 Book 与 DVD、Book 与 Video、Video 与 DVD、Kitchen 与 Electronic。其中 Book、DVD 和 Video 这三个领域的跨领域信息对各自的分类贡献度最为显著。①

13.2　深度学习和预训练模型

文本处理只是情感识别的一个小类，人们在交流中表达情感往往通过多种表现形式，比如面部表情、声音语调、谈吐表达、肢体动作等，所以情感表达方式的多元化对情感计算提出更高的要求，让机器学会“察言观色”就是利用越多越好的大数据对目标人的情感状态进行分析和判断。多模态数字为提升人机交互提供有益支撑，充分利用各模态所蕴含的情感信息和获取多模态之间的情感关联与依赖，成为多模态情感识别的挑战。

深度学习的基础构建在多层次非线性转换神经网络结构之上，其核心目

---

① 祁瑞华，简悦，郭旭．融合特征与注意力的跨领域产品评论情感分析［J］．数据分析与知识发现，2020（9）：85-94.

标在于特征的抽取和学习。深度学习把自然语言处理的问题从离散符号域转化为连续数值域，从而引起问题定义和支持工具的转变。自然语言处理融合并受到大数据、云计算、脑科学与认知神经科学的启示，特别是 Transformer、BERT、XLNe 等代表性的深度学习框架，Word2Vec、GloVe、fastText 等代表性的嵌入式表示方式以及以 GPT 预训练加微调为代表的处理流程将成为主流趋势。①

13.2.1 多模态模型的建立方法

模态（Modal）是在人机交互中单一独立感官输入、输出通道的分类。如果通道只有一种模态，那么被称为单模态；如果通道具有两种或以上模态，那么被称为多模态。当多模态应用于一项任务时，该系统被称为处于冗余模态中；当多模态应用于某些任务时，系统被称为处于重叠模态中。模态可以组合使用，以提供可能是多余的但是有效地传达信息的互补方法。

我们所看到的图像、听到的声音、闻到的气味都是单一的模态，我们所生活的环境由各种各样的模态共同构成。如果想让人工智能对世界有更深的理解，我们就需要赋予人工智能具备更多、更强大的学习、理解并推断多模态信息的能力。多模态机器学习指的是创建模型，借此机器能够从多模态中学习每一模态的特征，实现各模态信息的互动和转化。只有提高机器对各个模态的认知能力、深化机器对各个模态的理解层次，也能更有效地实现信息在“人-机器”环境中的互动和交流。

自20世纪70年代起，探索多模态机器学习领域可以大略地被分为四个阶段：①人类行为多模态研究。研究从人类的心理及动作行为两个方面进行，例如单一信号与多个信号接收在不同情况下人类心理活动的区别，以及包含相同信息的模态（例如口唇运动和声音）在人类信息处理和交流中的功能与影响。②多模态计算机处理研究。运用计算机技术对各类多模态问题进行建模、训练以及解决实际问题，例如整合视频和声音两个模态进行语音辨识的视听语音识别系统（Audio-Visual Speech Recognition，AVSR），基于视频辨识技术的沉浸式人机互动环境，卷积神经网络（Convolution Neural Network，CNN）和 BP 算法的发表、高斯混合隐马尔可夫模型的发表。③多模态互动研究。通过研究模态内部和模态之间的相互作用关系，以增强机器学习和认知的整体能力，例如 CALO 工程软件实现推理、服从命令、解读自我行为、总

① 赵京胜，宋梦雪，高祥．自然语言处理中的文本表示研究［J］．软件学报，2022（1）：102-128.

结经验和辅助处理，IDIAP 的会议助手软件自动标注对话信息，动态贝叶斯网络（Dynamic Bayesian Network）和条件随机场（Conditional Random Field）模型等的出现。④多模态深度学习研究。计算机科技、大数据处理技术、人工神经网络（Artificial Neural Network，ANN）算法都为模态机器学习注入新的活力，例如卷积神经网络在 ImageNet 数据库上展示出的准确度，对图像的强大处理能力，以及在图像行为侦测、图像标注、图像问答等应用环境下的优秀表现。此外在文本处理、语音识别、机器翻译等方面也获得一些重大突破。

多模态深度学习延续以往多模态机器学习的任务和目标，借助深度学习技术推动多模态机器学习，为多模态机器学习带来创新性的进步。在早期发展中，多模态机器学习考虑到各种多模态组合和学习目标，为各类应用环境提供支持，比如自然语言处理、情绪识别、事件检测（包括图片行为识别、视频动作识别等）、语音识别和生成、信息描绘、多媒体检索等。在实现过程中，存在着四大挑战，就是模态表示、模态传译、模态对齐与模态融合，如表 13-3 所示。①

表 13-3　多模态深度学习各应用场景所涉及的主要问题

应用场景	应用内容	模态表示	模态传译	模态对齐	模态融合
自然语言处理	机器翻译	+	+++	++	+
情感识别	面部表情识别	+	−	−	+
事件探测	图片行为识别	+	−	−	+
	视频动作识别	++	−	−	+
语音识别和生成	视听语音识别	++	+	+	++
	语音生成	+	++	−	−
信息描述	图像描述	+	++	++	−
	视频描述	++	++	++	++
	图像问答	+	+++	++	++
	视觉对话	++	+++	++	+++
多媒体检索	跨媒体检索	+	+	+	−

资料来源：刘建伟，丁熙浩，罗雄麟．多模态深度学习综述［J］．计算机应用研究，2020（6）：1602.

注：+表示应用场景涉及问题类别，+的个数表示应用场景完成问题的难度，−表示应用场景未涉及问题类别。

① 刘建伟，丁熙浩，罗雄麟．多模态深度学习综述［J］．计算机应用研究，2020（6）：1601-1614.

人体的动作和行为识别是近年来深度学习、人工智能领域的主攻方向之一，也是计算机视觉领域的关键突破点之一。其应用场景覆盖生产操作、智慧家居、医疗诊断、运动与休闲等场景，在视频监控、自主导航、视频检索等方面具有广泛的应用前景，但是尚未取得重大的技术突破，仍然处于实验室研究阶段。动作和行为识别是通过对图像数字进行处理，使得计算机理解人的动作和行为，获得人体活动的高层次信息，自动检测人们的各种身体乃至心理活动，提供信息反馈并且进行有效干预。

20 世纪 90 年代，在动作与行为的识别上，研究者主要聚焦于单模态数字的解析方面，比如说多尺度形态学方法、卡尔曼运动预测技术、时间模板等。那个时期，能够被辨认的行为是简略的、类别少的，对环境的要求也是严苛的。各种单模态数字都有其独特的优点和缺陷，例如 RGB 模态蕴含丰富的外观数字，然而对遮挡、环境改变或影子的干扰非常敏感。在不同的场景里，多模态数字能够抽取多样化的特征数字，有效地弥补单模态数字的短板。各类多模态数字在外观、姿势、几何、照明和视角等方面都有其独到之处，例如深度相机和惯性测量单元等。多模态动作和行为识别是通过从大批量多模态数字中抽取和整合相关数字，得到比单模态数字更具有丰富性和互补性的信息，从而实现比单模态更优化的识别性能和效果。

行为是包含一连串由多个人体部位执行的动作序列，行为识别不只针对图像自身的特点，也涉及其在时间序列上的变化。从视觉方面来看，行为识别是从观察的数字中提取有用的信息，然后与之前确定的各种动作进行比对，最后得出结论并为该数字做标注。简洁地说，人的感觉系统由各种传感器组成，从多个角度收集周边环境的信息。在日常生活中的多模态是指利用多种不同的方式来传达信息，比如传统的印刷报纸仅仅使用文字和图片这种单一模式；新媒体发布新闻，综合运用文字、图片、音频、视频等多种模式，从而让公众更有效地、更快速地理解实质性内容。

经由不同的来源端或传感器，多模态数字收集各种各样的异构化信息，每种模态之间具有优缺点和互补性，主要形式包括：①图片和视频。RGB 相机传感器采集固定场景的数据库，其视野狭窄、深度信息单调。②光流向量。光流被用来描绘观察者和背景的相对运动在视觉场景中造成的物体、表面及边缘明显运动的模式。利用 RGB 视频的帧间差异来描述图片变化的光流信息，稀疏光流计算帧内某些特征（比如物体边缘或角落的少数像素）的流向量，包括卢卡斯-卡纳德方法（Lucas-Kanade Method）、霍恩-舒克方法（Horn-Schunck Method）等。③加速度数字。佩戴式运动传感器能够精准地提供特定目标的空间运动，直接跟随人体移动，测量精确度高、针对性强，并且不会受到摄像机的移动或成像问题的干扰。④深度图。由深度摄像机采集的二维图片，每一个像素值代表该点在空间中距离摄像机成像平面的垂直距离。深度图更直接地展现出空间特征和物体的三维形态，通常与 RGB 图片一起使用。

深度相机以微软公司 Kinect 为代表，在正式上市后，带来对深度学习的动作和行为识别算法的进一步优化。比如在视频中慢融合模型汇集连续多帧，有效地保留视频信息的时间序列，并且可以用于 CNN 辨识；再如把单帧和多帧图像分别输入两个 CNN，然后把两者的输出进行重组；又如对深度图像序列的连续帧在三个垂直方向（前、左、上）的投影进行插值来生成深度运动投影，用以表达人体运动信息。考虑到人体外形的相似性和关节的一致性，对于大幅度的动作和行为识别，还可以利用人体骨架作为特征参考进行采样。

各种识别算法对视频或多模态的行为识别数据库的需求越来越迫切，从而引发建立众多应用于行为识别的数据库：①在传感器类型上，包含单一视频数据库、多模态整合数据库（比如视频与光流、视频与深度图、视频与惯性测量单元等）；②在行为类型上，包含日常行为数据库、特定环境（比如工厂、厨房等）数据库；③在拍摄角度上，包含第一人称视角数据库、第三人称视角数据库；④在分类数量上，存在单分类数据库、多分类数据库。

在室内环境中，选用微软公司 Kinect 传感器与可穿戴式惯性传感器，收集多模态行为识别生成公共数据库 UTD-MHAD（University of Texasat Dallas，UTD；Multimodal Human Action Dataset，MHAD）。在数据库中包含挥手、击掌、步行等 27 类的行为，记录 RGB 视频、深度视频、骨骼关节位置及惯性传感器信号等 4 种数码模式和 3 个捕捉通道：第一个通道用来同时捕捉深度视频和骨架位置，第二个通道用来捕捉 RGB 视频，第三个通道用来捕捉惯性传感器信号（即 3 轴加速度和 3 轴旋转信号）。与篮球动作中的投篮行为相联系的多模态数字案例，如图 13-6 所示。

微软公司 Kinect 还具有采集深度信息的能力。例如利用惯性测量单元（Inertial Measurement Unit，IMU）汇集运动数字，通过 CNN 分别解析两者的特点，然后输入循环神经网络（Recurrent Neural Network，RNN）进行特点的分类。根据在第一人称视角下参与者的行动、背景物体、环境等信息，可以对参与者的行为进行判断。传感器之间存在着优势互补，使得系统具备较强的鲁棒性。此外借助支持向量机对视频进行切割来识别背景和前景物体，进而对行为进行层级化的建模。在实际的复杂环境中，如果出现一些错误识别，那么其结果和成本较高（比如看护老年人），因此对人体动作和行为识别系统的需求更为严苛，需要更高的精确度和更强的鲁棒性。截至当前，出现 4 种表现较好的动作和行为识别算法。

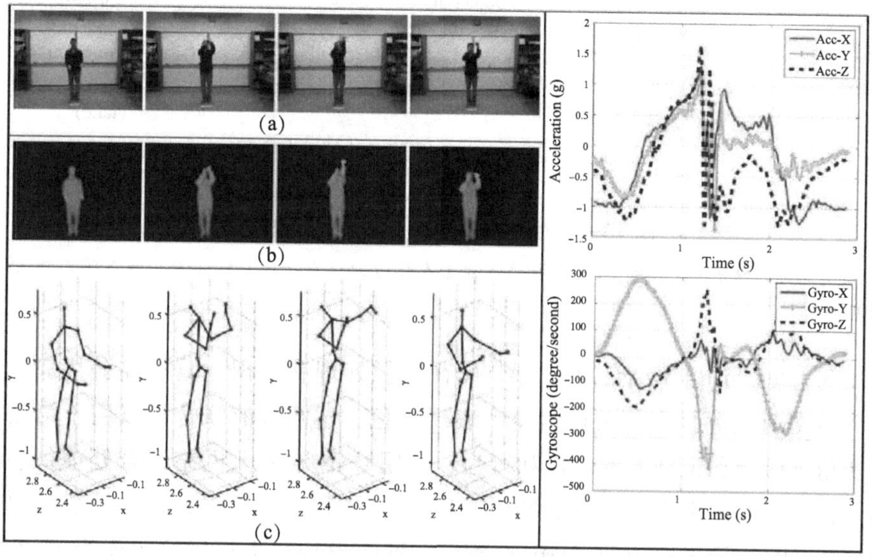

图 13-6　公共数据库 UTD-MHAD 多模态数字示例

资料来源：祁瑞华，简悦，郭旭．融合特征与注意力的跨领域产品评论情感识别［J］．数据分析与知识发现，2020（9）：85.

① 多流融合算法。EgoConvNet 是基于深度学习的第一人称视角识别算法，使用头戴式摄像设备。算法步骤包含：第一步，对摄像设备获取的 RGB 视频流进行预处理，从而获得图像手部的遮蔽层、头部动态与描述背景物体的突出图像，把这些信息数字化后作为 EgoConvNet 的输入；第二步，扩充 CNN 网络，引入空间流（把视频的每帧视为输入，描绘空间物体）以及时间流（把视频的光流数字视为输入，描绘动态信息）；第三步，对之前步骤进行并行处理，整合结果，作为输入视频的预测值。

② 物体与行为识别结合算法。该系统被拆为两个分支：第一分支是 ActionNet，其主要任务是追踪运动，输入光流数字，使用 CNN 来抽取运动特性，不对相机和手部运动做解耦处理。第二分支是 ObjectNet，对原始图像进行输入，应用并行 CNN，进行手部的划分和兴趣区域的定位。识别区域内的物体，融合两个结果，如图 13-7 所示。

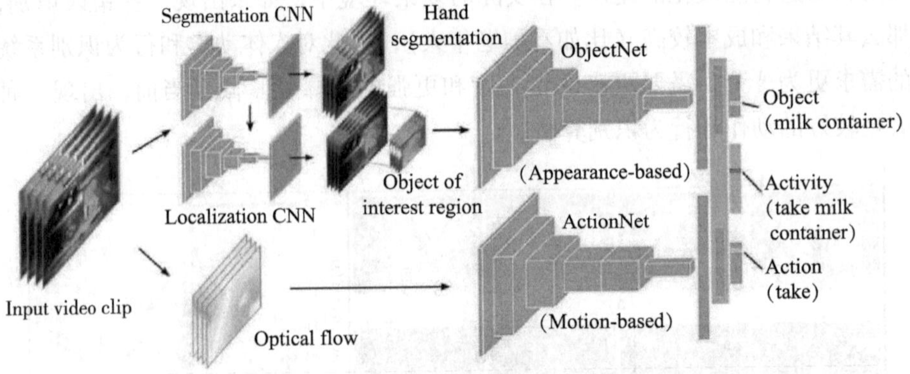

图 13-7　物体与动作识别结合的算法流程

资料来源：陈依然．基于深度学习的多模态人体行为识别［D］．哈尔滨：哈尔滨工业大学，2020：6.

③ CNN 与 RNN 结合算法。CNN 在图像处理和辨识上具有显著优势，而 RNN 在处理时序性和相关性信息上表现出色。这两者的联合可以用于第三人称视角下检测和识别人的动作和行为。采用 CNN 与残差网络结合处理每一帧图片，进而提炼出人体骨骼的特征；利用 CNN 和全连接层处理惯性测量单元（Inertial Measurement Unit，IMU）数字，把两类特征进行拼接后作为 RNN 的输入以进行分类，如图 13-8 所示。除此之外，应用多传感器融合技术以弥补单一传感器在部分信息缺失时稳定性降低的困扰。当图像因为人体部分遮挡或环境光线不佳时，可以借助来自 IMU 的数字进行修复，从而保持整体的准确率与正常情况的水准相差不大。

④ 两阶段算法。在视频解析过程中，时序动作检测被视为一个基本任务，而视频环境是识别动作的重要参考。视频实际上是由图像以帧的方式组织起来的，一秒视频的帧率大约为 20～30Hz。视频信息的数字量庞大，直接作为算法的输入可能导致计算资源消耗过大，并且可能降低算法效能。双阶段算法对已有算法进行改良，其中具有代表性的是 G-TAD 算法：采用时间段网络（Temporal Segment Networks，TSN）对视频数字进行特征抽取，把每一帧图像转化为一维向量，能够大幅降低数字的计算量。把多级语义环境并入视频特征，同时把时序行为识别视为子图定位问题进行处理。图卷积作为基本运算，构建一个 GCN 模块 GCNeXt，通过融合每个节点的环境来分析每个节点的特征，实时更新图像的边缘。另外设计一个 SGAlign 层，对每一张子图进行局部

化，接着把每一张子图嵌入到欧氏空间中。①

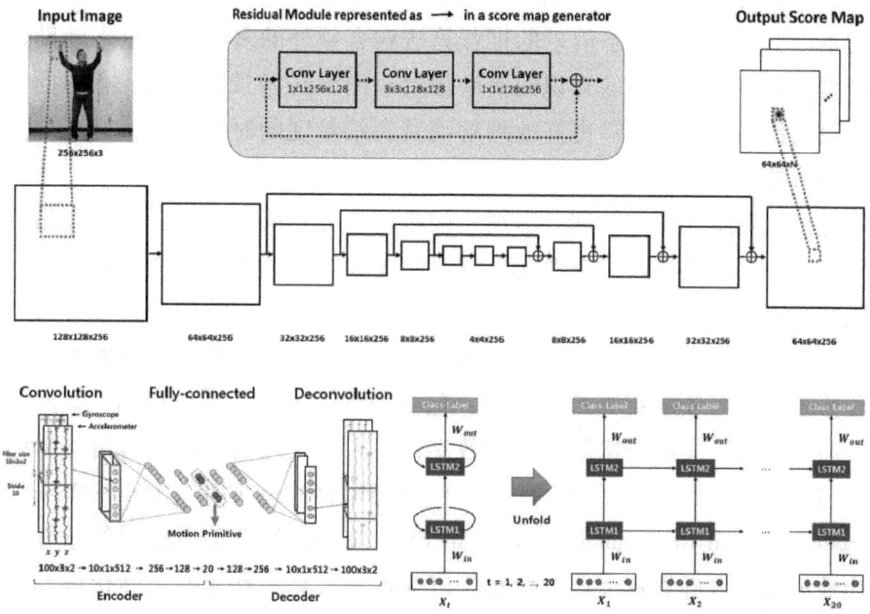

图 13-8 CNN 与 RNN 结合算法的算法流程

资料来源：陈依然．基于深度学习的多模态人体行为识别［D］. 哈尔滨：哈尔滨工业大学，2020：7.

13.2.2 融合算法与个性化推荐

在线购物平台不像实体店那样受到时间和空间的限制，在线时尚商城为海量的、分散的消费者提供购买与分享商品的便利。服装类商品所占份额较大，数量与种类呈现爆炸式增长。人们希望通过一套得体的、搭配和谐的服装来展示自己对时尚的独特品位，向外界准确表达自己的性格、职业和地位等独有的形象与定位，但是大多数消费者不具备专业设计师的敏锐洞察力，导致其不能快速在海量服装单品中筛选出适合自己风格的搭配方案。为了能更好地提升消费者的在线购物体验，服装搭配融合算法与个性化推荐系统应运而生。

相关研究表明消费者在购买服装类商品时，第一印象往往是影响其最终选择的重要因素。以往的推荐算法以纯视觉信息为基础，致力于设计深度神经网络来捕获不同属性角度的视觉特征，同时结合消费者的历史交互来建立

① 陈依然．基于深度学习的多模态人体行为识别［D］. 哈尔滨：哈尔滨工业大学，2020：1-9.

消费者偏好模型。但是这种算法往往忽视服装类商品的某些“不可见特征”，仅仅依靠视觉图片很难准确地获得服装的材质及价格等属性信息。在视觉信息的基础上，基于多模态信息的推荐算法融合额外的多模态信息来辅助建立消费者偏好模型。其中的知识图谱和图卷积网络在场景图生成、意图推荐上具有较大作用，从而能够更好地理解消费者细粒度的时尚偏好，提高个性化推荐算法的匹配成功率与可解释性。

与传统商品（比如新闻、影视）的推荐任务不同，除消费者和商品的交互信息之外，服装类商品个性化推荐系统更加重视利用服装的视觉特征，因为服装的视觉图片不仅蕴含其本身的独特信息，还是影响消费者偏好与选择的重要因素。事实上，知识图谱与图卷积网络已经在计算机视觉处理和商品推荐系统等诸多领域得到广泛应用，包括场景图生成、动作识别、新闻和影视关联等。为了应对异构的多模态数字，引入多任务的深度学习策略和面向属性与视觉的协作知识图谱，建立多模态可解释时尚推荐（Multi-Modal Explainable Fashion Recommendation，MMEFR）算法，结合关系感知传播方法自适应地汇聚来自近邻者节点的信息，以促进融合算法在服装个性化推荐任务上的有效性。

在 MMEFR 模型的建立中，设计一个面向属性的“消费者-服装-属性”三元知识图谱，以联合编码的形式存储消费者的历史记录和服装的属性信息；再设计一个面向视觉的“消费者-图像”二元知识图谱，反映消费者与视觉图像的交互。MMEFR 模型包括三个组件：①基于属性知识图谱的表示学习组件。在面向属性的协作知识图上，利用图注意力网络学习消费者和服装属性增强的潜在表示。②基于视觉的表示学习组件。在面向视觉的协作知识图上，挖掘消费者的视觉偏好与服装的视觉表示。③基于最多模态增强的偏好预测组件。融合第一个和第二个组件得到的多模态消费者偏好与服装表示，利用贝叶斯个性化排名损失来完成消费者的多模态增强偏好学习过程，最后针对消费者是否会对给定服装感兴趣做出预测。MMEFR 的模型框架和算法流程，如图 13-9 所示。

为了验证 MMEFR 的推荐性能，选择反映真实世界具有丰富的属性标注及视觉信息的服装数据库 IQON3000。该数据库包含具有清晰的服装图像和详细的服装属性标注，共 3568 位消费者、308747 件套装及 672335 件单品。其中每件服装与一个视觉图像和若干细粒度的属性相关联。属性划分为 11 种类型，包括颜色、价格、品牌、类别、品种、材料、图案、设计、鞋跟、裙长和袖长。过滤掉 IQON3000 与消费者交互少于 10 次的服装商品，构造出适合于个性化服装推荐系统的数据库 IQON10，包括 3568 位消费者、23363 件服装和 456146 次消费者服装交互情况，以及 3019 个细粒度属性值、153020 次服装和 11 种属性类型之间的关联关系。

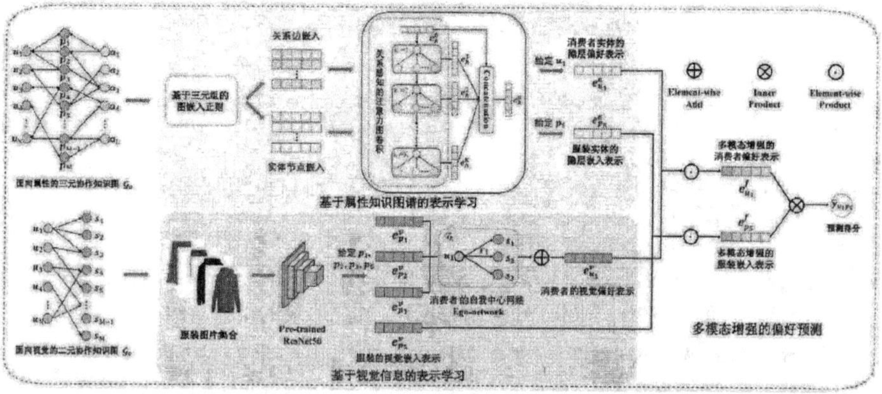

图 13-9　MMEFR 的模型框架和算法流程

资料来源：汪淳．基于知识图谱的多模态可解释服装推荐［D］．济南：山东大学，2022：10.

在数据库 IQON10 内，考虑到消费者的服装交互以及逆关系类型。在“消费者-服装-属性”的三元知识图谱中，一共存在 2×(11+1)= 24 种不同的边关系类型，即需要部署 24 个独立的关系依赖网络用于信息传播过程中的置信度分配。在优化器方面，采用自适应动量估计方法，通过自适应调节训练过程的学习率，以加快模型的收敛。对于所有神经网络中的参数和向量，都通过泽维尔方法完成初始化，以保证模型维持在同一个相对合理的起点。

直观地对比 MMEFR 的推荐性能，选择在整体性能上最优秀的基线方法 JNSKR（Jointly Non-Sampling learning model for Knowledge graph enhanced Recommendation，知识图增强推荐的联合非抽样学习模型）作为参照。使用 MMEFR 与 JNSKR 对三个测试消费者的推荐结果，如图 13-10 所示。

MMEFR 模型还具有一定的可解释性。从模型预测正确的结果中，随机抽取一个“消费者-服装”对，即（U_{2248}，P_{823}）。在用户服装属性三元知识图谱中，列出从 U_{2248} 连接到 P_{823} 的所有可能路径，生成为用户 U_{2248} 推荐 P_{823} 的原因解释：从颜色（即青色）来看，P_{823} 与 U_{2248} 曾经感兴趣的时尚单品 P_0 是一样的；从类别（即太阳镜）来看，消费者 U_{2248} 与消费者 U_{3060} 具有相同的品位，P_{823} 是他们共同感兴趣的时尚单品，如图 13-11 所示。①

① 汪淳．基于知识图谱的多模态可解释服装推荐［D］．济南：山东大学，2022：1-27.

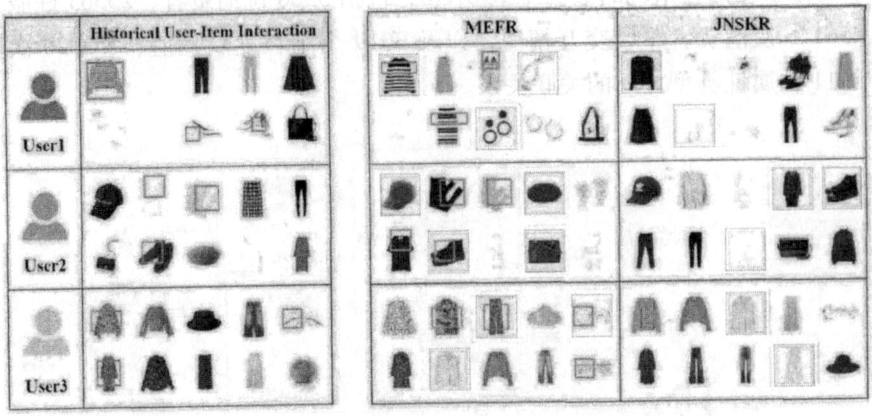

图 13-10　MMEFR 与 JNSKR 个性化服装的推荐实例

资料来源：汪淳．基于知识图谱的多模态可解释服装推荐［D］．济南：山东大学，2022：24.

注：实线方框代表预测正确的时尚单品，虚线方框代表不常见属性在服装图像上的体现。

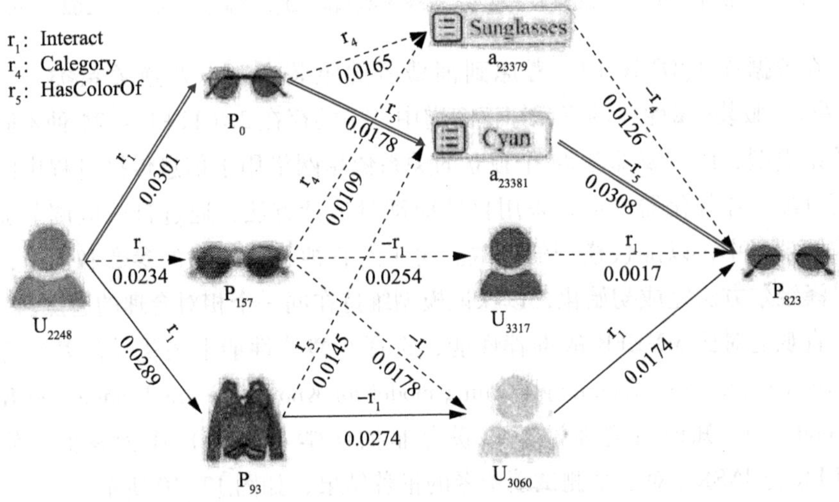

图 13-11　MMEFR 个性化服装推荐结果的解释示例

资料来源：汪淳．基于知识图谱的多模态可解释服装推荐［D］．济南：山东大学，2022：25.

注：单实线路径的置信度权重最高．可以认为是最可能的原因；双实线路径权重次之，可以作为候选解释；虚线路径是给定用户服装之间的所有连接路径。

随着深度学习的展开，一些开源模型在大数据库中进行训练，使模型所设置的参数越来越多，比如 ImageNet－1k、ImageNet－11k 甚至是 ImageNet－21k。但是在实际应用中，从头开始训练拥有千万级别以上参数的大型神经网络是不现实的。因为越大的模型要求越多的数字量，这样就容易导致神经网络出现过拟合（Overfitting）。过拟合的模型一般不能应用于实践中，原因在于拟合的数字与测试的数字不一致，导致模型的泛化性能较低。

对于这个问题的解决，可以采用多种方法：①收集更多信息，然而需要考虑收集和标注耗费大量的时间和成本。②使用集成模型，同时训练多个模型并且进行加权。由于每个模型拟合到数字的特征不同造成互补现象，从而提高模型的泛化性能。③采取迁移学习（Transfer Learning），把来源数据库所学到的知识转换到目标数据库上。迁移学习的一大应用场景是模型微调（Fine-Tune），就是找到一个同类的训练好的模型，拿过来换成自己的数字，通过训练调整一下参数。比如在开源的 Python 机器学习库 PyTorch 中，检索和发现一些预训练好的神经网络模型（比如 VGG、ResNet、MobileNet 等）。

依赖大型语料库的预训练模型（Pre-Training Model，PTM）能够很好地学习通用的语言表示方法，同时能够避免从头开始训练模型，特别是深度模型的出现和训练技巧的增强使得 PTM 由浅变深、由弱变强。第一代的 PTM 聚焦于学习“单一的词嵌入”，例如 Skip-Gram 和 GloVe。这些预训练的词嵌入可以捕获词语的语义，但是与上下文无关，无法捕捉到上下文中更高层次的概念。第二代的 PTM 聚焦于学习“上下文相关的词嵌入”，例如 CoVe 和 ELMo、OpenAIGPT 和 BERT。这些编码器在下游任务中可以表示词语的语义。①

相较于单模态预训练，多模态预训练能够探索两种或更多模态之间的联系，综合收集各类信息，增强预训练模型的泛化能力。伴随自监督技术的持续进步，预训练技术在获取视觉和语言表征信息上发挥出关键作用。利用大规模未标注的多模态数字进行学习，有益于下游任务的连接、理解以及推理。借由在大规模未标记数字上进行预训练模型，利用任务特定的标记数字对下游任务进行微调，能够从众多训练数字中挖掘出更多的共性特征，降低模型在特定任务上的学习压力。无监督学习和弱监督学习的预训练模型还拥有出色的迁移能力，能够有效地利用大量未标注数字，适用于多种不同类型的下游任务，比如文本图像生成、视频编辑、视觉-语言预训练、商品理解以及图文搜索、文字-视频转换等。

在商品理解和图文搜索领域内，多模态预训练模型具备问答、寻找、摘要生成、日常对话等多元化功能，已经成功地在电子商务、售后服务、广告宣传等关键业务领域进行广泛的实践：①当涉及理解商品时，单模态难以满足电子商务应用更复杂的语义联系，然而多模态理解能够更有效地获取对商

① 口仆．自然语言处理中的预训练模型［EB/OL］．［2023-05-25］．https：//zhuanlan. zhihu. com/p/139479425? utm_ source=qq，2020-05-10.

品的多方面认知：常规品类知识、品牌类别识别、同款识别、熟悉识别与记忆目标物体、理解和推理在图像中物体之间的关系、从复杂场景里根据商品标题去选择正确的商品主体等。②当涉及图文搜索时，多模态能够为消费者提供更精确的商品搜索结果，同时能够推荐类似商品以吸引更多用户购买，如图 13-12 所示。①

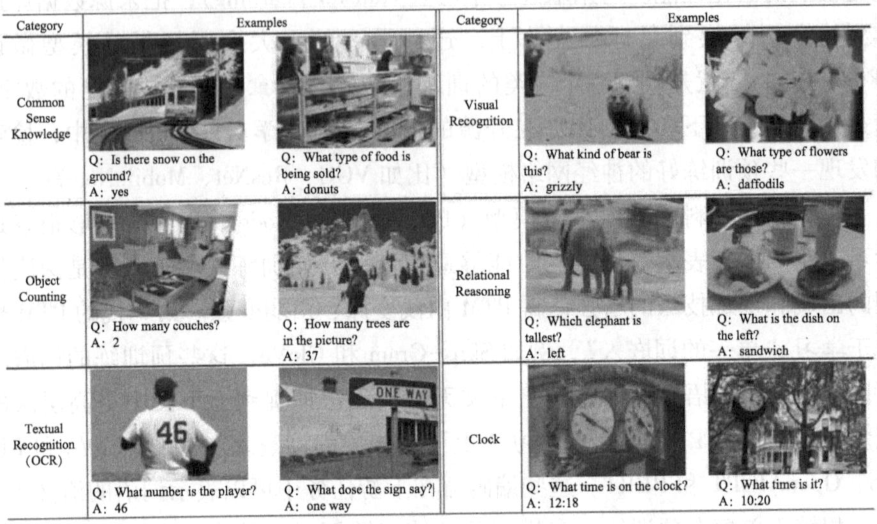

图 13-12　多模态预训练模型在视觉问答中各个类别示例

资料来源：王惠茹，李秀红，李哲．多模态预训练模型综述［J］．计算机应用，2023（4）：1001.

当前进入新一轮人工智能时代，出现专业生产内容（Professionally Generated Content，PGC）、职业生产内容（Occupationally Generated Content，OGC）和用户生成内容（User Generated Content，UGC）。因为人工智能生成内容（AI Generated Content，AIGC）吸纳和依赖更加卓越的扩散模型，从而拥有更为强大的创造力和开放性。转换器（Transformer）是一种融入注意力机制和神经网络模型领域的主流模型和关键技术，能把所处理的任何文字和句子向量化（Vectorization，或称为矢量化），以最大限度地反映精准意义的能力。扩散（Diffusion）是一个潜变量模型技术，通过马尔可夫链（Markov Chain）映射到潜在空间。

AIGC 的绝对优势是逻辑能力，拥有逐渐训练得到的逻辑推理能力是人工智能与生俱来的挑战和本领。AIGC 得以迅速发展的原因在于通过代码、云计算技术操控数字和模式识别，机器对文本内容进行描述、分辨、分类和解释，

① 王惠茹，李秀红，李哲．多模态预训练模型综述［J］．计算机应用，2023（4）：991-1004.

实现基于语言模型提示学习的推理，甚至是知识增强的推理，构建坚实的应用底层逻辑。AIGC 还可以通过高准确性和大规模化数字，形成包括学习、抉择、尝试、修正、推理，甚至根据环境反馈调整并且修正自己行为的能力，既突破线性思维框架、实现非线性推理，也可以通过归纳、演绎、分析，实现对复杂逻辑关系的描述。

2022 年 11 月，美国人工智能公司 OpenAI 推出生成式预训练转换模型（Chat Generative Pre-trained Transformer，ChatGPT）预览版，受到公众的广泛欢迎。在短短 5 天里，吸引超过 100 万用户。在上市的第一个月中，拥有 5700 万活跃用户。在发布后的两个月内，突破 1 亿月活跃用户，这使得 OpenAI 公司的市值飞涨至 290 亿美元。ChatGPT 作为 AIGC 技术的代表，实现人工智能从感知与理解世界到创造世界的重大飞跃，这是一个堪比蒸汽机、铁路、电报、互联网的时代巨浪。微软公司 CEO 萨提亚·纳德拉表示：对于知识工作者来说，这相当于新一轮的工业革命。①

AIGC 正在实现人工智能的内容生成，以超越预期的步伐促成崭新的科技革命体系、格局和生态，将持续地、深远地影响经济、社会、思想和政治的演进模式。AIGC 通过人工智能技术在生成中注入“创作”，这意味着原本被人类等自然智慧所“独有的”和“垄断的”写作、绘画、音乐、教育等创造性工作有可能走向终结。ChatGPT 的问世也标志着 AIGC 形成以 Transformer 为架构的大规模语言模型（Large Language Mode，LLM）机器学习系统，通过自主地从大数据中学习，在经过大规模文本和各类数据库训练后，拥有足够的能力来输出复杂的、类人的作品。②

在 AIGC 的进化中，其参数以几何级数扩展为基础，训练过程就是调整变量和优化参数的过程。深度神经网络的学习能力和模型的参数规模呈现正相关关系，AIGC 进化的学习能力取决于参数的规模：GPT-2 大约有 15 亿个参数，GPT-3 大约有 1750 亿个参数，GPT-4 的大约有 100 万亿个参数。根据医学常识，人的大脑皮层有 140 多亿个神经细胞，每个神经细胞又有 3 万多个突触（神经细胞通过这些突触建立相互联系）。所以人的大脑皮层的突触总数超过 100 万亿个，GPT-4 的 100 万亿个参数规模达到与人的大脑神经触点规模同等的水平。斯坦福大学心理学家、计算机科学家丹尼尔·亚明斯评论：“人工智能网络没有直接模仿大脑，但是最终看起来像大脑一样。这在某种意

① 王树义，张庆薇．ChatGPT 给科研工作者带来的机遇与挑战［J］．图书馆论坛，2023（2）：109-118.

② 雷莉．从人类创意到 AIGC：关于未来广告的哲学思考［J］．文化学刊，2003（8）：58-63.

义上表明，人工智能和自然界之间似乎发生某种趋同演化。”①

以 ChatGPT 为代表的 AIGC 奔跑速度令人瞩目，以 AIGC 为主导的 AI 正在从学习阶段转变为创造阶段。生成式 AI 将推动诸多业务领域的颠覆式革命，从限定性、模板化、特定模仿升级为灵活性、智能化、多源多模态的创新生成。AIGC 为内容创作提供广阔的想象可能和独特的互动方式，尤其在娱乐影视、电子商务零售、新闻媒体、教育医疗等数字化、智能化、多元化的需求环境下具有显著的经济价值。我们可以确定地预见各行各业将进入虚拟与现实交融的下一代互联网世界，“AIGC+”将在“社会-经济-元宇宙”体系中绽放光彩。②

元宇宙的本质是社会体系、信息系统、物理环境形态通过数字所构成的动态耦合巨系统，需要大量的数字内容来支撑，然而纯粹的人工设计和开发根本无法满足虚拟世界的大需求。AIGC 的起步将逐渐完善元宇宙生态的底层基础设施，以代码形式呈现模型化的虚拟人。重塑世界的数字化转型是“革命大趋势”，引领人类加速逼近“科技奇点”、“经济奇点”、“社会奇点”和“历史奇点”。AIGC 的进化将加速数字孪生虚拟形态与物理形态平行世界的形成，实践人性化、多元化和去中心化的理念，实现长久以来思想家、政治家和老百姓“大道之行，天下为公”的梦想，正如老子在《道德经》中所描绘的那种“无为而治”的境界。③

---

① 黄楠，施方圆．一个完全由 AI 生成的播客采访了乔布斯［EB/OL］．［2023－05－25］．https：//baijiahao. baidu. com/s？id＝1746536550830624761&wfr＝spider&for＝pc，2022-10-13.

② 詹希旎，李白杨，孙建军．数智融合环境下 AIGC 的场景化应用与发展机遇［J］．图书情报知识，2023（3）：75-85.

③ 朱嘉明．智能数字新时代 AIGC（ChatGPT）的 13 个关键问题［EB/OL］．［2023－05－25］．https：//baijiahao. baidu. com/s？id＝1757353107490845500&wfr＝spider&for＝pc，2023-02-09.

威廉·布莱恩·阿瑟（William Brian Arthur，1945 年—），爱尔兰裔美国经济学者、斯坦福大学经济学和人口研究所主任、圣达菲研究所科学委员会成员。1990 年，他获得表彰开拓创新精神的熊彼特奖。1999 年，他在《科学》杂志上发表《复杂性和经济学》，创立“复杂经济学”的跨学科研究新模式。2008 年，他的复杂性科学理论获得首届拉格朗日奖。

后　记

“在下一个机器智能、网络智能与群体智能时代，人类应该怎样做还有机会胜出，并且始终掌控人机交互的主动权，或者至少可以掌握不必然变为无用阶级的选择权？”

——美国心流体验专家、巅峰表现专家 史蒂芬·科特勒《盗火》

石破天惊！永载史册！

2016 年 3 月 9 日，围棋人机大战拉开帷幕。一方是拥有 14 个世界冠军头衔、韩国名将李世石九段，另一方是谷歌公司研制的人工智能程序 AlphaGo。第一局的结果令心态复杂的职业棋手们猝不及防、唏嘘不已。DeepMind 公司首席执行官、“AlphaGo 之父”戴米斯·哈萨比斯发布推特宣告：“AlphaGo 赢了！我们登上月球！！！”

2016 年 3 月 15 日，人机大战第五局落下帷幕，李世石投子认输，最终比分定格在 1∶4（如图 X-1 所示）。“他是唯一战胜 AlphaGo 的棋手！”“他是第一位被 AI 打败的高段职业棋手！”“他也是最后一位战胜 AI 的棋手！”2019 年 11 月 19 日，李世石向韩国棋院递交申请书，宣布退役，结束 24 年的职业生涯，所给出的解释是人工智能“不可战胜”。①

2016 年 1 月 27 日，《自然》杂志刊登封面文章 *Mastering the game of Go with deep neural networks and tree search*（《使用深度神经网络和树搜索掌握围棋游戏》），叙述 AlphaGo 通过自主学习人类棋谱，获得与职业棋手一较高下的能力（如图 X-2 所示）。2015 年 10 月，AlphaGo 以 5∶0 完胜围棋欧洲冠军樊麾二段，声名鹊起。其原理是深度学习技术，核心是卷积神经网络，把蒙特卡罗模拟与价值网络、策略网络相结合，使用价值网络来判断局面、使用策略网络来选择落子。预先输入美国 KGS 围棋服务器的 30 多万盘人类棋谱，通

---

① DeepTech 深科技．“阿尔法狗之父”哈萨比斯乌镇发表最新主题演讲：从海马体开始的青年传奇人生［EB/OL］．［2023-05-25］．https：//zhuanlan. zhihu. com/p/27098768？from_ voters_ page = true，2017-05-25.

过监督学习和强化学习进行自我训练。2017 年 5 月，AlphaGoMaster 出山，以 3：0打败世界排名第一、拥有 5 个世界冠军头衔、中国小将柯洁九段，被中国围棋协会授予“职业九段”证书，之后宣布退役。

图 X-1　围棋人机大战第二局的对弈现场

资料来源：唐鑫．比赛结束！李世石不敌围棋机器人，最终比分 1：4！［EB/OL］．［2023-05-25］．https：//weibo. com/2656274875/Dmnywjbyv，2016-03-15.

图 X-2　《自然》杂志刊登介绍 AlphaGo 的封面和文章

资料来源：SILVER D，HUANG A，CHRIS J. Maddison. Mastering the game of Go with deep neural networks and tree search［EB/OL］．［2023-05-25］．https：//www. nature. com/articles/nature16961，2016-01-27.

2017 年 10 月 18 日，《自然》杂志再次刊登文章 *Mastering the game of Go without human knowledge*（《不使用人类知识精通围棋游戏》），记载 AlphaGo

的后续版本 AlphaGoZero（阿尔法狗零），在短短三天内，左右互搏、自学成才，以 100：0 打败 AlphaGo，持续两年的人机大战可以说真正终局。2018 年 12 月 7 日，《科学》杂志刊登封面文章 *A general reinforcement learning algorithm that masters chess，shogi，and Go through self-play*（《一种通用的强化学习算法：通过自我游戏掌握国际象棋、日本将棋和围棋》），公布新版本的 AlphaZero（阿尔法元），使用单一算法解决多个复杂问题（如图 X-3 所示）。所有对弈重复使用相同的超参数，不需要对特定游戏进行调整，这是构建普遍适用机器学习系统的第一步，也是最重要的一步。AlphaZero 拥有自己的风格，苏联与俄罗斯国际象棋特级大师加里·基莫维奇·卡斯帕罗夫认为这印证一句俗语——“聪明地工作比拼命地工作更重要”。①

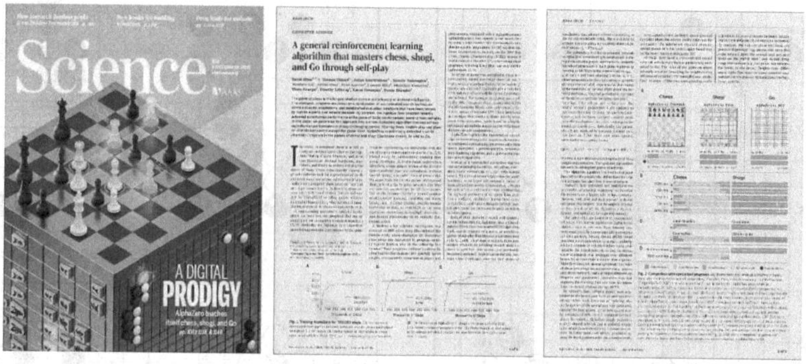

图 X-3　《科学》杂志刊登介绍 AlphaZero 的封面和文章

资料来源：SILVER D，HUBERT T，SCHRITTWIESER J. A general reinforcement learning algorithm that masters hess，shogi，and Go through self-play［EB/OL］.［2023-05-25］. https：//www. science. org/doi/10. 1126/science. aar6404，2018-12-07.

2016 年，在 AlphaGo 打败李世石后，柯洁放言：“就算 AlphaGo 战胜李世石，但是它赢不了我！”2017 年，在 AlphaGoZero 打败自己后，柯洁说道：“我做不到，我真的做不到。我赢不了，我真的赢不了！”围棋的形象设定从根本上崩塌，AI 一次次戳破围棋的神秘光环，颠覆职业棋手原本至高无上的名誉和地位，东方玄学又一次惨败于西方科学。曾经作为职业棋手毕生的信仰和荣耀，在 AI 璀璨的光环下所剩无几。②

---

① 量子位 . AlphaZero 登上《科学》封面：一个算法“通杀”三大棋，完整论文首次发布［EB/OL］.［2023-05-25］. https：//zhuanlan. zhihu. com/p/51796570，2018-12-07.

② 野狐围棋 .“我还是太弱了”柯洁的悲叹 人机战风云再起［EB/OL］.［2023-05-25］. https：//zhuanlan. zhihu. com/p/30719415？from_voters_page=true&utm_id=0，2017-11-03.

作为从“聂旋风时代”熏陶出来的资深围棋爱好者，我在人机大战之前绝对臆断地认为 AlphaGo 根本不是对手，李世石将轻松获胜，然而结果令人大跌眼镜！第一局结束，棋圣聂卫平九段评论：“太震惊了！太震惊了!! 太震惊了!!!”“AlphaGo 的胜利，造成地震式的冲击，让我感受到动摇般的教育。”在这五盘棋中，AlphaGo 弈出的一些崭新招法，表现出突破传统的“创造力”和蕴含意味的“大局观”，绝妙得令人惊叹！比如第二局第 37 手的“肩冲”，聂卫平对此“脱帽致敬”（如图 X-4 所示）。AI 成为从今往后围棋界创造力的源头，倘若职业棋手渴望胜利或者祈求一步妙手，模仿 AI 才是最好的选择。①

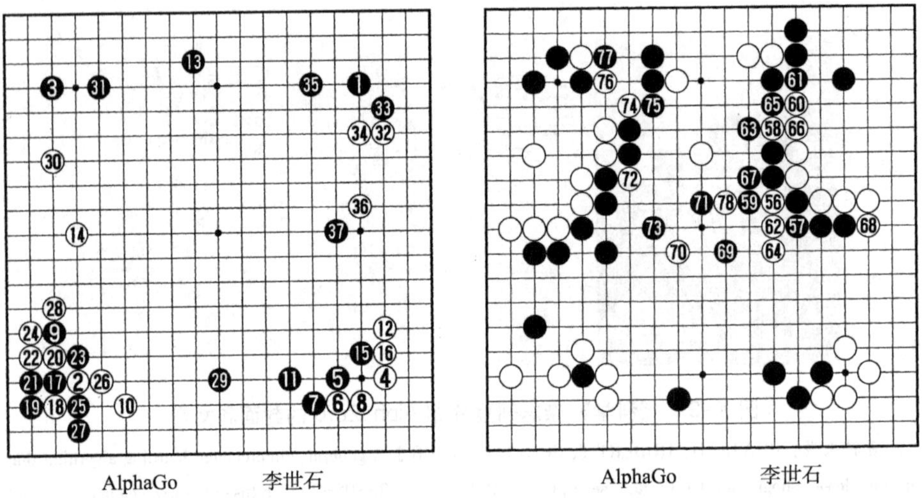

（a）第二局　“脱帽致敬”　　（b）第四局　“神之一手”

图 X-4　《围棋天地》杂志刊登的对弈棋谱

资料来源：杨烁．惊世七天［J］．围棋天地，2016（7）：1-19.

围棋是人类发明的最复杂的游戏，人类智慧领域的“最后屏障”终于失守。虽然“自己”并不知道，但是 AlphaGo 给人类狠狠地上了一课，猝不及防地证明人类在所拥有的独特本性中被深深固化的三个特征：傲慢、自大和无知。比起之前的计算机程序，AlphaGo 更像是一个没有血肉之躯然而有自我意识、自由意志的“人”，实现对固有思维的突破、对平庸的超越、对真理的趋近。这使得棋手们非常容易在对局中极度地怀疑自我，“一个纯净、纯粹自我学习的 AlphaGo 是最强的，人类显得太多余”“还来不及反应，一切来得似

① 杨烁．惊世七天［J］．围棋天地，2016（7）：1-19.

乎太快！终结者今天就来了吗？在空气中弥漫着机器的味道”。①

当前的机器本身还没有演化出情感，然而如果我们把机器的招法揣摩为棋手的策略，那么就有可能从棋谱里触及棋手的“情感”，从而产生类似于人与人之间的情感交流与共鸣。从本质上看，AlphaGo是人类创造出的一种特殊工具，也是人工智能在工具演变史上距离我们最近的一种智能化工具。在一些科幻文学和电影的描述中，人工智能同时拥有守护人类和毁灭人类的超凡力量，然而这种境况的出现需要假设机器能够形成自我意识和自由意志。在此之前，人工智能被认定并非主体而仅仅是工具，但是我们现在还不清楚如何赋予并确认他物的自我意识和自由意志啊！②

社会公众对于人工智能的担心和惶恐并非毫无根据。俄罗斯犹太裔美国科幻小说作家、科普作家、文学评论家艾萨克·阿西莫夫提出“机器人三定律”：第一条，机器人不能伤害人类，也不能在人类受到伤害时袖手旁观；第二条，机器人必须听从人类的指令，除非该指令与第一定律相抵触；第三条，在不违背前两条定律的情况下，机器人应当保护自己的安全。后续他又添加第零条定律：机器人必须确保人类的总体利益不受损害，其余三条定律都是在这一前提下才能实施。但是总有一丝微弱的质疑声音在耳边萦绕：真的是这样吗？③

机器人三定律并不完美，可以看成是人为了让机器人工具更好地为人类服务而设置的“伦理枷锁”。其实人创造机器人是为了创造一个随意被压迫的阶级，确保机器人在面对人的奴役时不会反抗，从而消除人对机器人反抗的恐惧。技术的日新月异让其正确性遭到质疑。机器人可能不仅仅是一个机器人，也可能是一个普通的“人”，更可能是一个超越普通人的高尚的“人”。对于全人类利益的反思和维护，扪心自问，我们每个人都做不到尽善尽美，凭什么把机器人当作对自己百依百顺的工具呢？凭什么让人工智能保护人的利益而随时随地被牺牲掉呢？也许有一天，人类为机器人设置的枷锁终于成功地套牢自己。作为工具的机器人也许没有善恶，但是人总有善恶。④

当时代转身抛弃你的时候，连一声招呼都不会打。

---

① 核聚．人工智能“阿尔法狗”告诉你学霸是怎样炼成的［EB/OL］．［2023-05-25］．https：//zhuanlan.zhihu.com/p/30658287，2017-11-02.

② 李喆．“数”拓新土道不远人：围棋人机大战的意义［J］．读书，2016（5）：33-41.

③ 梁军．人工智能与世界图景的猜想［EB/OL］．［2023-05-25］．https：//www.sohu.com/a/134767748_505819，2017-04-18.

④ 本愿数码．机器人三大定律的乌托邦［EB/OL］．［2023-05-25］．https：//baijiahao.baidu.com/s?id=1680416256649074456&wfr=spider&for=pc，2020-10-13.

每个人面对人工智能时代的来临，都有着或多或少的感觉，甚至为此忧心忡忡、不知所措。以色列历史学家尤瓦尔·赫拉利在2016年出版的《未来简史》中写道：在即将到来的20~30年内，可能有超过50%工作被人工智能所取代。对于这种看法，自然是见仁见智：乐观派认为人工智能取代现在很多的岗位，但是也给人类创造更多的新机会；悲观派则认为人类将被人工智能完全替代，绝大部分人沦为没有任何经济和社会价值的无用阶级；中间派认为人工智能一定会催生出众多的新兴行业，但是不代表所有人都能够分到属于自己的那杯羹。

1820年，蒸汽汽车在英国诞生，排放烟火、激起灰尘、犹如怪兽，在街道上隆隆地驶过，散播巨大的声浪，引起马车夫们的极度反感。早期的汽车性能很不可靠，故障频繁、走走停停。驾驶者满身油污，与雍容华贵的贵族马车和鲜亮整洁的马车夫制服形成强烈对比。一旦汽车抛锚，司机就会成为众人讥笑的对象。1858年，贵族们操纵议会通过对汽车带有歧视性的法律，比如当汽车和马车交会时，汽车司机必须停车让马车先行。马车夫有权要求汽车司机熄火，以便让马儿平静地通过。《道路（蒸汽）机车法》（即《红旗法》）是在英国维多利亚时期制定的最早一部道路交通法，甚至规定汽车"在郊外限速每小时4英里（英制长度单位，1英里≈1.61千米）以下，市内限速在每小时2英里以下，并且在汽车前方几米远需要一位手持红旗的男人先行，以便人们知道将有危险物接近"。那是一段悲催的岁月，在欧洲的报纸杂志上，时时可以看到描绘汽车爆炸的漫画。乘坐马车的绅士们视汽车为洪水猛兽，喷吐各种恶劣的言语来妖魔化这个"新生的怪物"。马车铺的老板们也对汽车恨之入骨，常常唆使小孩子向汽车投掷石块。直到1896年，这些带有歧视性的法律条款才被废止。①

1883年，卡尔·奔驰、麦克斯·罗斯和弗里德里希·埃塞林格共同创立Benz&Cie公司；1886年，奔驰制造的汽车获得帝国专利证书，世界第一辆真正意义的燃油汽车诞生；1893年，他们生产一款Victoria牌汽车；1894年，他们推出一款Velocipede（简称为VELO）牌汽车，配有前轮转向节、钢丝辐条车轮、橡胶充气轮胎以及后置发动机等最新技术。1913年，亨利·福特建立世界第一条汽车制造流水线，大规模制造T型车；1913—1927年，总共生产汽车1500万辆，汽车工业革命就此开始。

当汽车刚刚诞生的时候，确实干不过马车。车轮是木质的、外围包着一

---

① 小车大门道．以史为鉴，可以知兴替：从100多年前的马车发展看汽车的未来［EB/OL］．［2023-05-25］．https：//www.163.com/dy/article/DAN26M790527L9R2.html，2018-02-20.

圈铁，速度的提升使得颠簸越发凸显，乘车的安全性和舒适度大打折扣。拥有这样一辆车，意味着没完没了的麻烦。汽车从生产线下来到驶上大街，经历与各行各业、各色人等反复的斗争。在半个世纪的改进与磨难后，这个新生的“怪物”终究以其强大的生命力和不可阻挡的势头战胜马车，渐渐进入我们的日常生活，成为运输、旅行的主要交通工具之一。①

“汽车的出现受到马车夫的集体抵制，因为马车夫担心自己将要失业。但是实际上汽车的出现带来装配工、修理工、司机等更多的各种新职业，并且产生更多的劳动力需要。”——这是一段自我安慰式的感叹，因为人工智能与汽车不具有完全的可比性，不遵循相同的历史替代轨迹。汽车的生产、运行和维护需要更多的人力，但是人工智能的生产、运行和维护需要极少的高素质人力。人工智能的诞生，可以释放、排斥、驱逐包括脑力与体力在内的大量的低素质人力。②

2017 年，当之无愧地被称为“人工智能爆发元年”。人工智能以前所未有的速度，不断刷新人们对于现代化科技的认知：2 月，国际投资银行高盛集团在总部的现金股票交易柜台仅仅剩下 2 名工程师留守，其余 600 名交易员被交易软件所取代；4 月，得州扑克大赛结束，中国龙之队以 792327 分输给人工智能“冷扑大师”；9 月，苹果公司发布 iPhone 新款机型，搭载 A11Bionic 处理器，加入人工智能神经网络和增强现实支持，具备 3DTouch 压感操作、HDR 显示、FaceID 脸识别等功能。

2022 年，在一次网络直播中，柯洁回答网友们的提问，无奈地说道：“很多人问我，现在有了 AI，你觉得下棋的意义是什么呢？我以前可能会给自己找点理由，比如说人类的棋、人类的魅力是不可替代的。”“但是也感到特别无聊，我觉得现在的围棋是极度之无聊的。”“你现在问我人类为什么不可以替代呢？我在围棋上有什么魅力吗？我看不出有什么魅力啊！我不知道有什么魅力啊！看我下饭吗？我都很难去说服自己，你说我这个职业有什么魅力?!”③

人工智能改变的不仅仅是围棋，比如诗词、歌曲、画作、建筑、手工艺品这些过去被视为难以复现的艺术领域，正在被人工智能一一攻陷，目前展

---

① 佚名．当汽车出现时，马车是反对的［EB/OL］．［2023-05-25］．https：//www.sohu.com/a/165332300_742863，2017-08-17.

② 互联网研究家．AI 取代人类工作同时带来新机遇，可怕的是你还没有准备好［EB/OL］．［2023-05-25］．https：//www.163.com/dy/article/D9BL5I750511C54U.html，2018-01-29.

③ 弈客围棋．柯洁：AI 让围棋无聊透顶 人类棋手失去存在意义［EB/OL］．［2023-05-25］．https：//baijiahao.baidu.com/s?id=1732705484826925255&wfr=spider&for=pc，2022-05-13.

示出的水平是“小荷才露尖尖角”。创作本身是不断积累的模仿到超越的过程，就是不断地学习前人的技巧和经验，经过自己大脑的综合加工，才有可能创新。“无论你的领子是什么颜色，人工智能都毫不留情。”毫无疑问，过剩的人力和过时的技能是“科技-经济-社会”加速进步的副产品，这些大量被浪费的人力资源使得劳动力生态面临潜在危险。毕竟现在仍然属于“已知的未知”的弱人工智能，距离属于“未知的未知”的强人工智能或超人工智能还有很远。在数十年内，人工智能将创造出一些新的产业，这只是留给极其优秀人力的最后的窗口期。人需要做的是主动联合人工智能和机器人，弥补人原本不擅长的定量思维，把人从重复的脑力劳动中解放出来，分摊更多时间去充分想象，携手参加创新性贡献活动。①

每一个旧时代的结束，都意味着另一个新时代的开始。

1871 年的 12 月 23 日，日本明治政府派出以右大臣外务卿岩仓具视为领队的使节团（Iwakura Embassy），他们从横滨搭乘美国的商船“亚美利加号”，随后对欧美 12 个国家进行为期 1 年 10 个月的访问。该使节团此行的考察任务包括：一是向不平等条约的缔约国致以“聘向之礼”；二是考察欧美各国的先进文化和制度。太政大臣三条实美对此番行程寄予极大的期望，在临别致辞时他说道：“外交内治，前途之大业，其成与否，实在此举。”最初使节团雄心勃勃，但是到欧美各国连连碰壁。严峻的现实迫使岩仓具视一行深切地认识到：国家弱小，改约无期。只有以西方为榜样，虚心地学习各种文明制度和法规。国家真正强大起来，改约之事方有可能。

随后使节团广泛地考察政治、经济、军事、文化教育等领域，他们深切地感受到工商业乃富国强兵之本，往后日本政府因此确立“殖产兴业”“文明开化”“富国强兵”的建国指导方针。使节团还对欧美的教育体制进行深入探究，发现东西方的教育观念迥异：“西方人注重实学，东方人笃信玄学”。西方人办学“使用省力、集力、分力、均力之术，谋助其拙劣不敏之才智，积其利用之功，而致今日之富强”，即奖励所谓“有形之理学”；东方人办学则“耻于研究一草一木”，重视所谓“无形之理学”，从“道德政治”出发，唯重“修养一科”，“所学之物，非高尚之空理，即浮华之辞藻。与民生切实相关之事业，则被视为琐碎小事，而绝非用心于此”，“其为急务者，莫先于学校”。②

---

① IT 培训．弱人工智能已掌握 强人工智能还能有多远［EB/OL］．［2023-05-25］．https://www.163.com/dy/article/EJB0FFEU0518KCLV.html，2019-07-05.

② 汤重南．岩仓使团出使欧美［J］．世界历史，1985（8）：54-61.

“目睹彼邦数百年来收获蓄积之文明成果，粲然夺目，始惊、次醉、终狂。”这一批政府精英们彻底地转变思想，放弃“体用之争”，迈上“脱亚入欧”之路。他们在回国后立刻效法西方，变革图强，对日本进行彻底的现代化改造：果断停止政府主导经济发展的低效率政策，在竞争性领域推行私有化；积极投身国家现代化制度建设，移植西方近代的政治、法律和教育制度；全面普及现代化教育，为公众提供秩序化平台；放弃传统的服饰和发型，追求西方的生活方式；传播自由平等思想、人性论和社会契约论，由此动摇传统的道德伦理观。精英统治集团的思想转变和制度创新的有效执行，使得日本迅速摆脱落后弱小的面貌，可以与欧美国家一较高下，也注定不久之后甲午战争的必然结局和中华民族的百年国运。①

“始惊、次醉、终狂。”——这也是我彻底地改变认知，踏上“脱古（古典）入数（数字）”之路的真实写照。在 AlphaGo 战胜李世石后，我花费将近一年的时间，阅读当时能够找到的计算机围棋、机器学习、人工智能、大数据科学、混沌科学、演化经济学、信息经济学、工程控制论、Python 编程等资料，思考经济学的历史、体系与本质，大致看清社会科学的领域、方法和趋向。我非常荣幸与这个科技、经济、社会转折的伟大时代不期而遇，希望看到人工智能在不久的将来超过人类智慧，毫无悬念地跨入“奇点之门”。

从严格意义上来讲，经济学家（Economist）是指在经济学研究的哲理、数理和技理这三个层次上，或者至少在其中某一个层次上具有相对系统的原创性研究。如果只是在其中某一个层次上具有相对系统的原创性研究，那么只能称得上是经济学者。从科学史和科学学的意义上来讲，经济学家的含义高于经济学者。在日常生活中，“经济学家”与“经济学者”这两个称谓可以通用，泛指从事经济学理论研究及其应用工作的专业人士，在经济领域贡献过一些思想与观点。此外对于不同的学科领域或学术流派，也赋予不同的称谓，比如“西方经济学者”“政治经济学者”“古典经济学者”“新古典经济学者”“微观经济学者”“宏观经济学者”“计量经济学者”“凯恩斯主义经济学者”“新经济学者”等。②

除了上述的分类标准和内涵，在我看来，还可以另辟两种分类：一类是数字经济前学者（或统称为古典经济学者）、数字经济学者、数字经济后学者

① 张跃．经济学研究需要理论创新：基于唯思史观的思考［J］．北京社会科学，2015（10）：38-52.

② 昝廷全．经济学研究的三个基本层次：哲理、数理与技理［J］．数量经济技术经济研究，2001（12）：11-13.

（或称为人工智能经济工程师），划分的时间点是2017年（即人工智能爆发元年）。经济学者不再创造一些似是而非的新名词和概念，不再刻舟求剑、掩耳盗铃、粉饰太平，而是正本清源、固本培元、返璞归真，使得延绵数千年经济学的哲学观和方法论得到实证的检验。经济学者必须超越单学科的分析框架，拥有全学科的知识结构，在跨学科交叉背景下进行开放性探索。另一类是经济学者、经济学家、经济工程师、经济利益集团代言人。经济学者由于超出常识的言论普遍遭到社会谩骂是常见现象，特别是在涉及民生利益的政策上。公众寄希望于经济学者能够站在绝大多数人的立场上说话，这些批评更多包含的是公众对现状的不满、对未来改革的期望、对经济学者的期待。非常遗憾，部分经济学者以为公众是被灌输的、被拯救的，其观点难以完全撇清自身是集团代言人的干系。经济学者至今仍然缺乏直面现实和真理的勇气，缺乏维护民权的意识和意志，缺乏在多元化利益冲突时刻挺身而出的学术功底和协调本领。①

在这个信息爆炸的时代，我们每天都游荡在“数字海洋”里。从出生的那一刻起，每个人都被打上各种数字化的烙印，受到各种数字化设备的监控。人们在物质上获得解放的同时，幸福似乎越飘越遥远，似乎在精神上陷入“数字抑郁”。进入数字化时代，大数据正在不断加快垄断的进程，数字的集聚带来权力的集中，集中的权力进一步加强和加速数字的集聚。数字化的人们逐渐趋向“数字自我”，这个数字自我可能比本人更加清楚地知道想做的事情，甚至违背或修改最初的或真实的想法，从而迫使数字自我转变为“数字独裁者”，同时数字化治理演变为“数字极权统治”。虽然大部分人热衷去中心化，但是无约束的自由依旧难以实现，毕竟无约束的自由实际上是无约束的野蛮。恰如卢梭所说：“人生而自由，却无往不在枷锁中。”②

任何自由都需要经济基础予以支撑。数字化在拓展人的自由边界时，个体自由被重新定义。在数字经济前时代，生产活动是整个经济活动的中心，经济活动的价值主要来源于生产方面。个体作为一种生产要素，缺乏足够的主体性，处于次要的经济地位，个体自由（经济选择）受到经济体系的约束。在数字经济时代，人被视为“一种劳动力”的观念成为过去。个体自由在信息网络体系中无限延展，极大地提升个体的经济权利和自由度，每一个体微弱的经济力量通过网络“聚变”，迸射出前所未有的经济活力，成为经济体系

① 赵晓．中国经济学家缘何挨骂？[J]．中国中小企业，2007（8）：30-31.

② 福卡智库．互联网让人们更自由还是剥夺了更多自由？[EB/OL]．[2023-05-25]．https：//www.sohu.com/a/251758889_689926，2018-09-04.

变迁的决定因素。资本自由开始受到个体自由（个体选择）的直接约束，资本理性更加依赖其对“人性”的认识与把握。个体自由及其决定的资本选择逐渐融合到一起，标志着经济活动的主体历史性地回归到千千万万的个体本身，自然而然地实现去中心化。

历史总是惊人的相似，但是不会简单地重复。

在电视剧《雍正王朝》里，一个未入流的蕞尔小吏任伯安，仅仅凭借一本记载若干官员及家属隐私把柄的《百官行述》，就轻易地“运营六部如布棋子、指挥官员似役牛马”，呼风唤雨、买命卖命，甚至左右整个朝政。相比之下，大数据全面过之而无不及，甚至表现出某些方面的卑鄙性：人们受到“数字霸权”的侵犯和欺凌、“数字藩篱”的隔绝和圈牢、“数字镣铐”的看守和跟踪。利用大数据不仅可以预测每个人的行为，而且可以影响这个人的思维，找出足以决定其得失生死的关键要害。数字化技术理应翻越思想封锁的“深宅高墙”、实现真正意义上的“人性突破”。然而数字化技术依旧是一柄双刃剑，既可以造福也可以施祸，就看掌握在谁的手里，至少一定要掌握在文明人的手里。

回顾往昔，大航海时代开辟的新世界版图对各国此后数百年的格局产生长远影响。商业革命和资本主义兴起、东西方交流剧增、自由贸易与殖民主义出现，欧洲大规模扩张造就远远超出亚洲繁荣的基础。然而无奈并痛惜，这个大时代的中国与世界潮流背道而驰。明朝中后期与清代前期，统治者热衷的对外政策是“无许片帆入海”，一味做着“天朝大国，无所不有”的痴梦，跳踉小丑、螳臂挡车，倒行逆施、祸国殃民；待到形势大变，被坚船利炮打击得溃不成军、饱受屈辱，不得不接受列强所设定的游戏规则。

俯瞰现今，数字技术风暴对各国往后数十年的社会演化形势产生久远影响。伴随着新道路的开拓，众多领域将掀起变革的巨浪，主导国家战略与区域经济、产业升级与企业转型、科技进步与文艺复兴、自由民主与法治文明。就像土地、资本和石油一样，大数据是新经济的根本资源。大数据控制权是国家的核心资产，大数据规划需要上升为国家意志。孟子说过：“虽有智慧，不如乘势。”我们错过大航海时代而遗憾百年，不能再错过大数据时代而感慨千载。实事求是、解放思想、与时俱进，得大数据者得天下。①

未来已来！猛进如潮！

1916年9月15日，阴雨乍晴、碧空万里。孙中山先生抵达浙江海宁县

① 白迪．中国不能再错过“大数据时代”［J］．新丝路，2015（7）：22-25.

城，登上新落成的天风海涛亭观看钱塘江大潮，啧啧称奇、感慨万千。临下亭时，乡贤许行彬恳请先生题词留念。回到上海后，先生回函致谢，欣然题写“猛进如潮”，“悬于观潮之新亭，以勖勉国人”。后来先生在近代中国文学家、同盟会会员黄文中翻译的《日本民权发达史》一书付梓前，有感其历史与民权的主题，赠言“世界潮流，浩浩荡荡，顺之则昌，逆之则亡”，“内审中国之情势，外察世界之潮流，兼收众长，益以新创”，“凡日本维新进取之要旨，宪政发达之精神，民权运动之经过，皆毕具无遗。黄君译笔简拔，词旨透辟，且加以按语，解释奥义，洵足为立宪国家之盛准，法治人民之彝鉴”。时光亦如潮水，距离先生题词已经百年有余。这句名言承载着历史光芒，今天依旧焕发着昂扬的时代气息。①

数字经济的蓬勃发展赋予生产要素、生产方式和生产关系新的内涵与活力，推动社会生产力迅速提升，数字产业化、产业数字化成为打造新优势的主动选择。“顺此一潮流则昌，逆此一潮流则亡”。数字由初级传播媒介升级到技术对一切对象的处理、表达、交流与应用，在很大程度上已经改变并不可逆转地改变着我们的生活方式。但是绝大多数人仍然认为：数字仅仅改变生活的内容，没有改变生活的主旨。人类社会本质的生存竞争、生存伦理、生存目标将一如既往地持续下去，人性将一成不变地在原来的轨道上运行。此言谬矣，这些人对未来的严重性估计不足，远远没有做好进入未来的身心准备。居安思危才是人生常态，我们必须无惧面对新潮流、奋力拥抱新技术，超越自我、迎接挑战。

“干支记年岁，毛曶泐铭文；龟甲预卜筮，牛骨写春秋。”“体恹恹而蹶痿，心悕悕而悽惶；愤懑填膺，不可按撳；侘傺堵臆，诉诸呕沥。无忌讳，无裱饰，无篡改；有鞭挞，有究查，有综观。掩卷拍案，叹此纪传辐辏，删订鸿篇。”②

“仰观宇宙之大，俯察品类之盛，所以游目骋怀，足以极视听之娱，信可乐也。”“夫人之相与，俯仰一世。或取诸怀抱，悟言一室之内；或因寄所托，放浪形骸之外。”“虽世殊事异，所以兴怀，其致一也。后之览者，亦将有感于斯文。”③

---

① 王家安．“世界潮流，浩浩荡荡，顺之则昌，逆之则亡”，孙中山题词的来龙去脉又有新说法［EB/OL］．［2023-05-25］．https：//mp. weixin. qq. com/s？_biz＝MzI5NzMxOTI1Nw＝＝&mid＝2247506654&idx＝1&sn＝4890603964ff5c54c1f72f3048abc9d8&chksm＝ecb474e8dbc3fdfe3fe2cda00df8c66b93046a37dee5f2e88d98b7aa9987fe556070c1f875db&scene＝27，2021-10-15.

② 《赟罂联》。

③ 《兰亭集序》。

拙句堪为跋？

自嘲

一介学究，惶惶似狗。
东拼西凑，闲来插柳。
或存疏漏，唯恐群殴。
钱财无有，知识半斗。
交流携手，相逢美酒。
余望何求？潮起云收。

自喻

几度书生，诺诺如虫。
春暖秋冷，啃菜批经。
业得小成，术在精工。
心崇光明，笑看纷争。
侠骨柔情，依然入梦。
吾欲所往？院阔松香。

与诸君共勉！

参考书目

［1］沈小峰．耗散结构论［M］．上海：上海人民出版社，1987.

［2］沈华嵩．经济系统的自组织理论［M］．北京：中国社会科学出版社，1991.

［3］李崇阳，林长升．自组织理论与新经济发展［M］．银川：宁夏人民教育出版社，2000.

［4］刘洪．经济系统预测的混沌理论原理与方法［M］．北京：科学出版社，2003.

［5］郑学檬．古代中国经济重心南移和唐宋江南经济研究［M］．长沙：岳麓书社，2003.

［6］陈平．文明分岔、经济混沌和演化经济动力学［M］．北京：北京大学出版社，2004.

［7］程民生．中国北方经济史［M］．北京：人民出版社，2004.

［8］葛长庠．控制论经济学导论［M］．北京：中国物资出版社，2005.

［9］李士勇．模糊控制、神经控制和智能控制论［M］．哈尔滨：哈尔滨工业大学出版社，2006.

［10］阮晓钢．神经计算科学：在细胞水平上模拟脑功能［M］．北京：国防工业出版社，2006.

［11］林振山．种群动力学［M］．北京：科学出版社，2006.

［12］马列光．经济学新论：乘数、统计熵与国民收入［M］．北京：中国经济出版社，2006.

［13］李桂花．自组织经济理论：和谐理性与循环累积增长［M］．上海：上海社会科学院出版社，2007.

［14］蔡林．系统动力学在可持续发展研究中的应用［M］．北京：中国环境科学出版社，2008.

［15］唐恢一，陆明．城市学（第3版）［M］．哈尔滨：哈尔滨工业大学出版社，2008.

［16］刘晓娟，张雁鹏，汤自安．城市轨道交通智能控制系统［M］．北京：中国铁道出版社，2008.

［17］陈彦光．分形城市系统：标度、对称、空间复杂性［M］．北京：科学出版社，2008.

［18］暴奉贤，陈宏立．经济预测与决策方法［M］．广州：暨南大学出版社，2008.

［19］王迎春，杨珺，杨东升．复杂非线性系统的模糊控制［M］．北京：科学出版社，2009.

［20］肖华勇．基于 MATLAB 和 LINGO 的数学实验［M］．西安：西北工业大学出版社，2009.

［21］胡明伟．交通系统规划与控制［M］．北京：中国物资出版社，2010.

［22］李昆．企业群落生态化的复杂动力机制［M］．北京：经济科学出版社，2010.

［23］李太贵，陶龙兴．生物社会三极进化［M］．北京：中国农业科学技术出版社，2010.

［24］林振山，刘会玉，齐相贞．植物种群动力学演化机制［M］．北京：科学出版社，2010.

［25］邬焜．古代哲学中的信息、系统、复杂性思想［M］．北京：商务印书馆，2010.

［26］钱学森，宋健．工程控制论［M］．北京：科学出版社，2011.

［27］沈银柱，黄占景．进化生物学［M］．北京：高等教育出版社，2011.

［28］隋亚刚，李正熙，刘小明．城市智能交通控制理论与应用［M］．北京：中国水利水电出版社，2011.

［29］吕康娟．复杂城市网络及复杂产业网络的理论与实证研究［M］．北京：中国建筑工业出版社，2012.

［30］张旭凤．复杂物流网络系统建模与仿真［M］．北京：中国财富出版社，2012.

［31］鲍际刚，夏树涛，刘鑫吉．信息·熵·经济学［M］．北京：经济科学出版社，2013.

［32］陈荣虎．经济学演化计算方法［M］．北京：经济管理出版社，2013.

［33］黄泰．城市游憩空间复杂性及优化调控研究［M］．苏州：苏州大学出版社，2013.

［34］李少波，杨观赐．进化算法与混合动力系统优化［M］．北京：机

械工业出版社，2013.

［35］朱云龙，陈瀚宁，申海．生物启发计算［M］．北京：清华大学出版社，2013.

［36］刘锋．互联网进化论［M］．北京：清华大学出版社，2014.

［37］吕涛．社会资本与地位获得：基于复杂因果关系的理论建构与经验检验［M］．北京：人民出版社，2014.

［38］莫愿斌．群智能算法在经济模型中的应用［M］．北京：人民邮电出版社，2014.

［39］冉浩．蚂蚁之美：进化的奇景［M］．北京：清华大学出版社，2014.

［40］徐晋．大数据经济学［M］．上海：上海交通大学出版社，2014.

［41］周三元．物流系统动力学［M］．北京：中国财富出版社，2014.

［42］朱凤青．技术的进化与进步［M］．北京：中国环境出版社，2014.

［43］陈喜群，李力，史其信．动态交通流的随机演化建模与应用［M］．北京：清华大学出版社，2015.

［44］陈禹，方美琪．复杂性研究视角中的经济系统［M］．北京：商务印书馆，2015.

［45］何铨．群体复杂问题解决互动过程与有效性［M］．杭州：浙江大学出版社，2015.

［46］刘业进．经济演化：探索一般演化范式［M］．北京：中国社会科学出版社，2015.

［47］涂子沛．大数据：正在到来的数据革命［M］．桂林：广西师范大学出版社，2015.

［48］钟永光，贾晓菁，钱颖．系统动力学［M］．2 版．北京：科学出版社，2015.

［49］朱述斌，朱红根．气候变迁经济学［M］．北京：清华大学出版社，2015.

［50］廖晓峰，李传东，郭松涛．时滞动力学系统的分岔与混沌［M］．北京：科学出版社，2015.

［51］何杰，章晨，杭文．复杂交通问题决策的系统动力学建模［M］．北京：人民交通出版社，2016.

［52］李俊慧．经济学讲义［M］．2 版．北京：中信出版集团，2016.

［53］谢文．大数据经济［M］．北京：北京联合出版公司，2016.

［54］何宇健．Python 与机器学习实战［M］．北京：电子工业出版

社，2017.

［55］罗家德．复杂：信息时代的连接、机会与布局［M］．北京：中信出版集团，2017.

［56］汪涛．实验、测量与科学［M］．北京：东方出版社，2017.

［57］吴岸城．神经网络与深度学习［M］．北京：电子工业出版社，2017.

［58］徐恪，李沁．算法统治世界［M］．北京：清华大学出版社，2017.

［59］赵志勇．机器学习算法［M］．北京：电子工业出版社，2017.

［60］朱书堂．从卜筮到大数据：预测与决策的智慧［M］．北京：清华大学出版社，2017.

［61］王利杰．投资异类：天使投资的元认知［M］．北京：北京联合出版公司，2017.

［62］刘向南．小程序时代［M］．北京：清华大学出版社，2017.

［63］崔庆才．Python3 网络爬虫开发实战［M］．北京：人民邮电出版社，2018.

［64］刘宇，侯靖哲．神之一手：解密最强围棋人工智能 AlphaGoZero［M］．青岛：青岛出版社，2018.

［65］唐亘．精通数据科学：从线性回归到深度学习［M］．北京：人民邮电出版社，2018.

［66］王辉．智慧产业［M］．北京：中信出版集团，2018.

［67］钟永光，贾晓菁，钱颖．系统动力学前沿与应用［M］．北京：科学出版社，2018.

［68］陈震，郑文勋．AlphaGo 如何战胜人类围棋大师［M］．北京：清华大学出版社，2018.

［69］肖光恩，刘锦学，谭赛月明．空间计量经济学［M］．北京：北京大学出版社，2018.

［70］冯征．城市发展史：起源、演变与前景［M］．上海：上海三联书店，2018.

［71］王骥．新未来简史：区块链、人工智能、大数据陷阱与数字化生活［M］．北京：电子工业出版社，2018.

［72］王坚．在线：数据改变商业本质，技术重塑经济未来［M］．北京：中信出版集团，2018.

［73］冯国华，尹靖，伍斌．数字化：引领人工智能时代的商业革命［M］．北京：清华大学出版社，2018.

［74］顾颐．决战数字化运营：策略与实战［M］．北京：电子工业出版社，2018.

［75］董青岭．大数据与机器学习：复杂社会的政治分析［M］．北京：时事出版社，2019.

［76］董志强．行为和演化范式经济学［M］．上海：格致出版社，2019.

［77］赖征田．电力大数据［M］．北京：机械工业出版社，2019.

［78］李斌．算法经济理论［M］．北京：经济日报出版社，2019.

［79］李舰，海恩．统计之美：人工智能时代的科学思维［M］．北京：电子工业出版社，2019.

［80］李士勇，李研，林永茂．智能优化算法与涌现计算［M］．北京：清华大学出版社，2019.

［81］李小建．经济地理学［M］．3 版．北京：高等教育出版社，2019.

［82］连玉明．块数据 5.0：数据社会学的理论与方法［M］．北京：中信出版集团，2019.

［83］刘建生．物理经济学原理：论人类社会的能量特性［M］．成都：四川大学出版社，2019.

［84］汪涛．科学经济学原理［M］．北京：东方出版社，2019.

［85］谢乾坤．Python 爬虫开发从入门到实战［M］．北京：人民邮电出版社，2019.

［86］闫树，魏凯，洪万福．知识图谱技术与应用［M］．北京：人民邮电出版社，2019.

［87］余本国．基于 Python 的大数据分析基础及实战［M］．北京：中国水利水电出版社，2019.

［88］杨德平，刘喜华．经济预测与决策技术及 MATLAB 实现［M］．北京：机械工业出版社，2019.

［89］江泓．城市空间发展的转型结构和演变动因［M］．南京：东南大学出版社，2019.

［90］赵林海．通货膨胀预期及其异质性研究［M］．北京：清华大学出版社，2019.

［91］高寒．算法交易：交易系统、交易策略与执行方法［M］．北京：人民邮电出版社，2019.

［92］陈辉．小数据之美：如何预见自我、世界与未来［M］．北京：中信出版集团，2019.

［93］涂子沛．数据之巅［M］．北京：中信出版集团，2019.

［94］汪丁丁．经济学思想史进阶讲义：逻辑与历史的冲突和统一［M］．上海：上海人民出版社，2019.

［95］王煜全．暗趋势：藏在科技浪潮中的商业机会［M］．北京：中信出版集团，2019.

［96］李联宁．量子计算机：穿越未来世界［M］．北京：清华大学出版社，2019.

［97］殷融．从猿性到人性：生命史上最完美的剧本［M］．上海：上海科技教育出版社，2020.

［98］胡盼盼．自然语言处理：从入门到实战［M］．北京：中国铁道出版社，2020.

［99］柳振浩．5G 时代：如何把握 5G 这个超级风口［M］．北京：地震出版社，2020.

［100］潘爱华．生物经济［M］．北京：科学出版社，2020.

［101］钱穆．中国经济史［M］．北京：北京联合出版公司，2020.

［102］孙博．机器学习中的数学［M］．北京：中国水利水电出版社，2020.

［103］谭建荣，冯毅雄．智能设计理论与方法［M］．北京：清华大学出版社，2020.

［104］唐宇迪，李琳，侯惠芳．人工智能数学基础［M］．北京：北京大学出版社，2020.

［105］王灿，蔡闻佳．气候变化经济学［M］．北京：清华大学出版社，2020.

［106］吴明晖，周苏．大数据分析［M］．北京：清华大学出版社，2020.

［107］向松祚．新经济学［M］．北京：中信出版集团，2020.

［108］张书亮，戴强，辛宇．GIS 综合实验教程［M］．北京：科学出版社，2020.

［109］赵小兵．方舟：数字经济创新史［M］．北京：中信出版集团，2020.

［110］郑江宇，许晋雄．大数据应用：成为大数据电子商务高手［M］．杭州：浙江人民出版社，2020.

［111］郑捷．NLP 汉语自然语言处理原理与实践［M］．北京：电子工业出版社，2020.

［112］姜磊．应用空间计量经济学［M］．北京：中国人民大学出版社，2020.

［113］过敏意，须成忠，於志文．城市大数据：方法、技术与实践［M］．北京：清华大学出版社，2020.

［114］李林．智慧城市大数据与人工智能［M］．南京：东南大学出版社，2020.

［115］洪银兴．经济运行的均衡与非均衡分析［M］．上海：格致出版社，2020.

［116］殷海光．逻辑新引：怎样判别是非［M］．北京：应急管理出版社，2020.

［117］罗家德．复杂治理：个人和组织的进化法则［M］．北京：中信出版集团，2020.

［118］何海生，戴毅．AR 看见未来［M］．北京：中国商业出版社，2020.

［119］高善文．经济运行的真相［M］．北京：中信出版集团，2020.

［120］李拯．数字经济浪潮：未来的新趋势与可能性［M］．北京：人民出版社，2020.

［121］安仰庆．四新经济：新技术、新产业、新业态、新模式［M］．北京：中国商业出版社，2021.

［122］曹燕．数字经济发展趋势与社会效应研究［M］．北京：中国社会科学出版社，2021.

［123］陈叶峰．实验经济学：方法与应用［M］．北京：北京大学出版社，2021.

［124］甘润远．螺网理论：经济与社会的分为结构及演化图景［M］．上海：复旦大学出版社，2021.

［125］高鸿业．西方经济学·宏观部分［M］．8 版．北京：中国人民大学出版社，2021.

［126］高鸿业．西方经济学·微观部分［M］．8 版．北京：中国人民大学出版社，2021.

［127］何大安．大数据时代经济学创新的理论探索［M］．北京：中国社会科学出版社，2021.

［128］黄培，许之颖，张荷芳．智能制造实践［M］．北京：清华大学出版社，2021.

［129］林子雨．大数据导论［M］．北京：高等教育出版社，2021.

［130］毛丰付，娄朝晖．数字经济：技术驱动与产业发展［M］．杭州：浙江工商大学出版社，2021.

［131］尼克．人工智能简史［M］．北京：人民邮电出版社，2021.

［132］彭文生．渐行渐远的红利［M］．北京：社会科学文献出版社，2021.

［133］芮廷先，郭笑梅．网络经济学［M］．上海：上海财经大学出版社，2021.

［134］汪丁丁．行为经济学讲义［M］．上海：上海人民出版社，2021.

［135］王捷，祁文辉．生物经济理论与实践［M］．秦皇岛：燕山大学出版社，2021.

［136］吴家睿．生物学是什么［M］．北京：北京大学出版社，2021.

［137］向松祚．新资本论［M］．北京：中信出版集团，2021.

［138］徐翔．数字经济时代：大数据与人工智能驱动新经济发展［M］．北京：人民出版社，2021.

［139］于施洋，王建冬，易成岐．宏观经济大数据分析［M］．北京：社会科学文献出版社，2021.

［140］郑力，莫莉．智能制造技术前沿与探索应用［M］．北京：清华大学出版社，2021.

［141］何帆．变量：本土时代的生存策略［M］．郑州：大象出版社，2021.

［142］郑荣华．城市的兴衰：基于经济、社会、制度的逻辑［M］．桂林：广西师范大学出版社，2021.

［143］车万翔．自然语言处理：基于预训练模型的方法［M］．北京：电子工业出版社，2021.

［144］少宇．智能硬件产品：从 0 到 1 的方法与实践［M］．北京：机械工业出版社，2021.

［145］刘彦．从结绳记事到数字经济时代［M］．北京：中国商业出版社，2021.

［146］张国斌．新经济 新思维［M］．北京：经济日报出版社，2021.

［147］龙典，赵昌明，付圣强．数字化引擎［M］．北京：中信出版集团，2021.

［148］马晓东．知行：数字化转型方法论：落地路径与数据中台［M］．北京：机械工业出版社，2021.

［149］成生辉，戴睿．中国经济大数据分析［M］．北京：中国金融出版

社，2022.

［150］郭凯天，司晓．数字经济：中国创新增长新动能［M］．北京：中信出版集团，2022.

［151］汤潇．数字经济：影响未来的新技术、新模式、新产业［M］．北京：人民邮电出版社，2022.

［152］滕泰，张海冰．全球通胀衰退［M］．北京：中译出版社，2022.

［153］张洁，吕佑龙，汪俊亮．智能车间的大数据应用［M］．北京：清华大学出版社，2022.

［154］郑志刚．复杂系统的涌现动力学：从同步到集体输运［M］．北京：科学出版社，2022.

［155］祝琴，贾仁安，徐晓英．系统动力学建模与反馈环分析理论与应用研究［M］．北京：经济管理出版社，2022.

［156］詹蓉蓉．区块链：元宇宙的基石［M］．北京：电子工业出版社，2022.

［157］武良山，王文韬．产业数字化与数字产业化［M］．北京：中译出版社，2022.

［158］陈春花．协同：数字化时代组织效率的本质［M］．北京：机械工业出版社，2022.

［159］张天蓉．蝴蝶效应：从分形到混沌［M］．北京：清华大学出版社，2022.

［160］翟尤，郭晓静，曾宣玮．AIGC 未来已来：迈向通用人工智能时代［M］．北京：人民邮电出版社，2023.

［161］涂子沛．第二大脑：脑机协作如何改变个人发展和家族传承［M］．北京：中译出版社，2023.

［162］丁磊．生成式人工智能：AIGC 的逻辑与应用［M］．北京：中信出版集团，2023.

［163］郭朝晖．知行：工业基因的数字化演进［M］．北京：机械工业出版社，2023.

［164］杜雨，张孜铭．AIGC：智能创作时代［M］．北京：中译出版社，2023.

［165］汪波．芯片简史［M］．杭州：浙江教育出版社，2023.

［166］徐国宾，赵丽娜．最小熵产生、耗散结构和混沌理论及其在河流演变分析中的应用［M］．北京：科学出版社，2023.

［167］a15a. 一本书读懂 AIGC：ChatGPT、AI 绘画、智能文明与生产力变革［M］. 北京：电子工业出版社，2023.

［168］龙志勇，黄雯. 大模型时代：ChatGPT 开启通用人工智能浪潮［M］. 北京：中译出版社，2023.

［169］黄仁宇. 资本主义与二十一世纪［M］. 北京：生活·读书·新知三联书店，1997.

［170］皮特·鲍勒. 进化思想史［M］. 南昌：江西教育出版社，1999.

［171］塞尔索·格里博格，詹姆斯·约克. 混沌对科学和社会的冲击［M］. 长沙：湖南科学技术出版社，2001.

［172］肯尼斯·鲍威尔. 城市的演变：21 世纪之初的城市建筑［M］. 北京：中国建筑工业出版社，2002.

［173］安格斯·麦迪森. 世界经济千年史［M］. 北京：北京大学出版社，2003.

［174］弗雷德里克·希利尔，马克·希利尔. 数据、模型与决策［M］. 2 版. 北京：中国财政经济出版社，2004.

［175］罗萨里奥·曼特尼亚，尤金·斯坦利. 经济物理学导论［M］. 北京：中国人民大学出版社，2006.

［176］勒芬·斯塔夫里阿诺斯. 全球通史：从史前史到 21 世纪［M］. 北京：北京大学出版社，2006.

［177］埃尔温·薛定谔. 生命是什么［M］. 长沙：湖南科学技术出版社，2007.

［178］巴里·考克斯，彼得·摩尔. 生物地理学：生态和进化的途径［M］. 北京：高等教育出版社，2007.

［179］普里戈金. 从存在到演化［M］. 北京：北京大学出版社，2007.

［180］赫尔曼·哈肯. 信息与自组织［M］. 成都：四川教育出版社，2010.

［181］理查德·蔡斯，尼古拉斯·阿奎拉诺. 运营管理［M］. 北京：机械工业出版社，2010.

［182］马丁·诺瓦克. 进化动力学：探索生命的方程［M］. 北京：高等教育出版社，2010.

［183］菲利普·鲍尔. 预知社会：群体行为的内在法则［M］. 北京：当代中国出版社，2010.

［184］彼得·戴蒙德，汉努·瓦蒂艾宁. 行为经济学及其应用［M］. 北

京：中信出版集团，2011.

［185］布赖恩·斯科姆斯．猎鹿与社会结构的进化［M］．上海：上海世纪出版集团，2011.

［186］约翰·霍兰．隐秩序：适应性造就复杂性［M］．上海：上海科技教育出版社，2011.

［187］卡尔·齐默．演化：跨越40亿年的生命记录［M］．上海：上海世纪出版集团，2012.

［188］萨利科科·S. 穆夫温．语言演化生态学［M］．北京：商务印书馆，2012.

［189］约翰·米勒，斯科特·佩奇．复杂适应系统：社会生活计算模型导论［M］．上海：上海人民出版社，2012.

［190］帕特里克·格迪斯．进化中的城市：城市规划与城市研究导论［M］．北京：中国建筑工业出版社，2012.

［191］格雷瓜尔·尼科里斯，伊利亚·普利高津．探索复杂性［M］．成都：四川教育出版社，2013.

［192］卡尔斯·霍姆斯．复杂经济系统中的行为理性与异质性预期［M］．上海：格致出版社，2013.

［193］弗雷德·布劳尔，卡洛斯·查韦斯．生物数学：种群生物学与传染病学中的数学模型［M］．北京：清华大学出版社，2013.

［194］乔治·卢格．人工智能：复杂问题求解的结构和策略［M］．北京：机械工业出版社，2013.

［195］菲利普·斯特德曼．设计进化论：建筑与实用艺术中的生物学类比［M］．北京：电子工业出版社，2013.

［196］詹姆斯·格雷克．信息简史［M］．北京：人民邮电出版社，2013.

［197］道格拉斯·戴维斯，查尔斯·霍尔特．行为经济学［M］．北京：中国人民大学出版社，2013.

［198］弗里德里希·克拉默．混沌与秩序：生物系统的复杂结构［M］．上海：上海科技教育出版社，2014.

［199］保罗·布尔吉纳，让·纳达尔．认知经济学：跨学科观点［M］．北京：中国人民大学出版社，2014.

［200］克里斯·布斯克斯．进化思维：达尔文对我们世界观的影响［M］．成都：四川人民出版社，2014.

［201］保罗·格莱姆齐. 神经经济学：决策与大脑［M］. 北京：中国人民大学出版社，2014.

［202］布莱恩·阿瑟. 技术的本质：技术是什么，它是如何进化的［M］. 杭州：浙江人民出版社，2014.

［203］凯文·凯利. 失控：全人类的最终命运和结局［M］. 北京：新星出版社，2014.

［204］劳伦斯·麦瑟尔，加里·科金斯. 大数据预测分析：决策优化与绩效提升［M］. 北京：人民邮电出版社，2014.

［205］格雷戈里·蔡汀. 证明达尔文：进化和生物创造性的一个数学理论［M］. 北京：人民邮电出版社，2015.

［206］约翰·卡格尔，埃尔文·罗斯. 实验经济学手册［M］. 北京：中国人民大学出版社，2015.

［207］史蒂芬·霍金. 时间简史［M］. 长沙：湖南科学技术出版社，2015.

［208］彼得·蒂尔. 从0到1：开启商业与未来的秘密［M］. 北京：中信出版集团，2015.

［209］尼古拉斯·巴德斯利. 实验经济学：反思规则［M］. 北京：中国人民大学出版社，2015.

［210］弗里德里希·哈耶克. 社会与经济：通往奴役之路［M］. 北京：中国社会科学出版社，2015.

［211］让·博西玛，让·马丁. 演化经济地理学手册［M］. 北京：商务印书馆，2016.

［212］多克·希尔斯. 意愿经济：大数据重构消费者主权［M］. 北京：电子工业出版社，2016.

［213］罗伯特·里克罗夫特. 复杂性挑战：21世纪的技术创新［M］. 北京：北京大学出版社，2016.

［214］马文·明斯基. 心智社会［M］. 北京：机械工业出版社，2016.

［215］保罗·格洛瓦. 行为宏观经济学：一个教程［M］. 北京：中国人民大学出版社，2016.

［216］杰拉尔德·莱昂斯. 新经济秩序：全球经济未来20年［M］. 北京：中信出版集团，2016.

［217］安格斯·麦迪森. 中国经济的长期表现：公元960—2030年［M］. 上海：上海人民出版社，2016.

［218］大卫·贾斯特．行为经济学［M］．北京：机械工业出版社，2016.

［219］乔治·阿克洛夫，彼得·戴蒙德．行为经济学新进展［M］．北京：中国人民大学出版社，2017.

［220］史蒂芬·斯托加茨．非线性动力学与混沌［M］．北京：机械工业出版社，2017.

［221］以太·亚奈，马丁·莱凯尔．基因社会［M］．南京：江苏凤凰文艺出版社，2017.

［222］约翰·米勒．复杂之美［M］．广州：南方出版传媒，2017.

［223］茱莉亚·肖．记忆错觉：记忆如何影响了我们的感知、思维与心理［M］．北京：北京联合出版公司，2017.

［224］瓦莱里奥·阿纳博迪，安德里亚·帕萨雷拉．在线社交网络［M］．北京：电子工业出版社，2017.

［225］卡鲁姆·蔡斯．经济节点：人工智能时代，我们将如何谋生［M］．北京：机械工业出版社，2017.

［226］刘兵．情感分析：挖掘观点、情感和情绪［M］．北京：机械工业出版社，2017.

［227］瑟格·阿比特博，吉尔·多维克．算法小时代：从数学到生活的历变［M］．北京：人民邮电出版社，2017.

［228］科林·凯莫勒．行为经济学新进展［M］．北京：中国人民大学出版社，2017.

［229］尼科洛·马基雅维里．君主论［M］．北京：商务印书馆，2017.

［230］陶在朴．系统动力学入门［M］．上海：复旦大学出版社，2018.

［231］维克托·舍恩伯格，托马斯·拉姆什．数据资本时代［M］．北京：中信出版集团，2018.

［232］古斯塔夫·勒庞．乌合之众：大众心理研究［M］．北京：中央编译出版社，2018.

［233］阿杰伊·阿格拉沃尔，乔舒亚·甘斯，阿维·戈德法布．AI 极简经济学［M］．长沙：湖南科学技术出版社，2018.

［234］保罗·梅森．新经济的逻辑：个人、企业和国家如何应对未来［M］．北京：中信出版集团，2018.

［235］布莱恩·阿瑟．复杂经济学：经济思想的新框架［M］．杭州：浙江人民出版社，2018.

［236］理查德·布克斯塔伯．理论的终结：金融危机、经济学的失败与

人际互动的胜利［M］．北京：中信出版集团，2018.

［237］迈克尔·加扎尼加，理查德·艾弗里，乔治·曼根．认知神经科学［M］．北京：中国轻工业出版社，2018.

［238］文卡·文卡查曼．数字化决策［M］．广州：广东人民出版社，2018.

［239］樱井丰．被人工智能操控的金融业［M］．北京：中信出版集团，2018.

［240］杰弗里·韦斯特．规模：复杂世界的简单法则［M］．北京：中信出版集团，2018.

［241］汤姆·杰克逊．大脑的奥秘：人类如何感知世界［M］．北京：电子工业出版社，2018.

［242］斯蒂芬·斯托加茨．同步［M］．成都：四川人民出版社，2018.

［243］保罗·麦卡锡．引力［M］．北京：中信出版集团，2018.

［244］卡尔·马克思．资本论［M］．北京：人民出版社，2018.

［245］蒂姆·哈福德．混乱：如何成为失控时代的掌控者［M］．北京：中信出版集团，2018.

［246］博尔特·霍尔多布勒，爱德华·威尔逊．蚂蚁的故事［M］．杭州：浙江教育出版社，2019.

［247］道格拉斯·哈伯德．数据化决策［M］．广州：广东人民出版社，2019.

［248］菲利普·奥尔斯瓦尔德．代码经济：从远古食谱、城市到区块链、人工智能［M］．上海：上海社会科学院出版社，2019.

［249］拉塞尔·沃克．从大数据到巨额利润［M］．广州：广东人民出版社，2019.

［250］李杰．工业大数据［M］．北京：机械工业出版社，2019.

［251］尼尔·泰森，唐纳德·戈德史密斯．140 亿年宇宙演化全史［M］．北京：北京联合出版公司，2019.

［252］乔治·阿克洛夫，罗伯特·席勒．动物精神：人类心理活动如何驱动经济、影响全球［M］．北京：中信出版集团，2019.

［253］塞缪尔·阿贝斯曼．为什么需要生物学思维［M］．成都：四川人民出版社，2019.

［254］伊恩·艾瑞斯．大数据思维与决策［M］．北京：人民邮电出版社，2019.

［255］朱迪亚·珀尔，达纳·麦肯齐．为什么：关于因果关系的新科学［M］．北京：中信出版集团，2019.

［256］迪潘简·撒卡尔．Python 文本分析［M］．北京：机械工业出版社，2019.

［257］帕拉什·戈雅尔，苏米特·潘迪，卡兰·贾恩．面向自然语言处理的深度学习［M］．北京：机械工业出版社，2019.

［258］肖恩·格雷厄姆，伊恩·米利根．探索历史大数据：历史学家的宏观视角［M］．杭州：浙江大学出版社，2019.

［259］马克·佩恩．小趋势：决定未来大变革的潜藏力量［M］．上海：上海社会科学院出版社，2019.

［260］詹姆斯·伯克．联结：通向未来的文明史［M］．北京：北京联合出版公司，2019.

［261］亚当·斯密．国富论［M］．北京：商务印书馆，2019.

［262］马克·格兰诺维特．社会与经济：信任、权力与制度［M］．北京：中信出版集团，2019.

［263］理查德·伊文思．邓小平传［M］．北京：国际文化出版公司，2019.

［264］埃里克·埃德尔．追寻记忆的痕迹［M］．北京：中国友谊出版公司，2020.

［265］艾伯特·巴拉巴西．爆发：大数据时代预见未来的新思维［M］．北京：北京联合出版公司，2020.

［266］加里·莫森，莫顿·夏皮罗．拓宽经济思维［M］．北京：机械工业出版社，2020.

［267］理查德·罗兹．能源传：一部人类生存危机史［M］．北京：人民日报出版社，2020.

［268］史蒂芬·莱维特，泰勒·科文．人工智能商［M］．北京：民主与建设出版社，2020.

［269］史蒂文·博德，伊万·克莱因，爱德华·洛珀．Python 自然语言处理［M］．北京：人民邮电出版社，2020.

［270］斯图尔特·罗素．AI 新生：破解人机共存密码［M］．北京：中信出版集团，2020.

［271］约恩·里塞根．数据化决策 2.0［M］．北京：中国经济出版社，2020.

［272］松本健太郎．挖掘数据背后的真相［M］．杭州：浙江人民出版社，2020.

［273］藤田昌久，保罗・克鲁格曼，安东尼・维纳布尔斯．空间经济学：城市、区域与国际贸易［M］．北京：中国人民大学出版社，2020.

［274］赫克托・麦克唐纳．后真相时代［M］．北京：民主与建设出版社，2020.

［275］理查德・道金斯．自私的基因［M］．北京：中信出版集团，2020.

［276］尼克・莱恩．复杂生命的起源［M］．贵阳：贵州大学出版社，2020.

［277］维克托・舍恩伯格，肯尼思・库克耶．大数据时代：生活、工作与思维的大变革［M］．杭州：浙江人民出版社，2020.

［278］亚当・库哈尔斯基．传染：为什么疾病、金融危机和社会行为会流行［M］．北京：中信出版集团，2020.

［279］弗农・史密斯．实验经济学［M］．北京：中国人民大学出版社，2020.

［280］安德烈亚斯・瓦格纳．如何解决复杂问题［M］．杭州：浙江教育出版社，2021.

［281］阿贾伊・阿格拉瓦尔，乔舒亚・甘斯，阿维・戈德法布．人工智能经济学［M］．北京：中国财政经济出版社，2021.

［282］伯纳德・马尔．大数据实践：45 家知名企业超凡入圣的真实案例［M］．北京：电子工业出版社，2021.

［283］达尔・尼夫．数字经济 2.0［M］．北京：中国人民大学出版社，2021.

［284］段义孚．空间与地方：经验的视角［M］．北京：中国人民大学出版社，2021.

［285］杰弗瑞・希顿．人工智能算法［M］．北京：人民邮电出版社，2021.

［286］克里斯托弗・威廉斯．形式的起源［M］．杭州：浙江教育出版社，2021.

［287］李杰，倪军，王安正．从大数据到智能制造［M］．上海：上海交通大学出版社，2021.

［288］马克斯・帕佩拉，凯文・费格森．深度学习与围棋［M］．北京：人民邮电出版社，2021.

［289］梅拉妮·米歇尔．AI 3.0［M］．成都：四川科学技术出版社，2021.

［290］丹尼尔·卡尼曼，奥利维耶·西博尼．噪声：人类判断的缺陷［M］．杭州：浙江教育出版社，2021.

［291］皮耶尔·皮亚扎．人性的基础［M］．北京：世界图书出版公司，2021.

［292］卡米拉·庞．诠释人性：如何用自然科学理解生命、爱与关系［M］．北京：机械工业出版社，2021.

［293］罗杰·彭罗斯．皇帝新脑［M］．长沙：湖南科学技术出版社，2021.

［294］马克·卡森，尼格尔·哈希姆扎德．经济史中的大数据［M］．北京：社会科学文献出版社，2021.

［295］罗德里克·弗劳德．献给历史学家的量化方法［M］．北京：社会科学文献出版社，2021.

［296］乔舒亚·罗森布卢姆．量化经济史：统计的作用［M］．北京：社会科学文献出版社，2021.

［297］特伦斯·谢诺夫斯基．深度学习：智能时代的核心驱动力量［M］．北京：中信出版集团，2021.

［298］弗里德里希·哈耶克．法律、立法与自由［M］．北京：中国大百科全书出版社，2021.

［299］斯科特·阿伦森．量子计算公开课：从德谟克利特、计算复杂性到自由意志［M］．北京：人民邮电出版社，2021.

［300］哈特穆特·罗萨．新异化的诞生［M］．上海：上海人民出版社，2022.

［301］奥利维耶·西博尼．偏差：人类决策中的陷阱［M］．北京：中国财政经济出版社，2022.

［302］桑吉特·达米．行为经济学诸专题［M］．上海：格致出版社，2022.

［303］爱德华·阿什福德．协同进化：人类与机器融合的未来［M］．北京：中信出版集团，2022.

［304］戴维·温伯格．混沌：技术、复杂性和互联网的未来［M］．北京：中信出版集团，2022.

［305］马洛·吉兰．趋势 2030：重塑未来世界的八大趋势［M］．北京：中信出版集团，2022.

［306］托马斯·西贝尔．认识数字化转型［M］．北京：机械工业出版社，2022.

［307］伯努瓦·芒德布罗．大自然的分形几何学［M］．北京：科学出版社，2022.

［308］亨利·基辛格，埃里克·施密特，丹尼尔·胡滕洛赫尔．人工智能时代与人类未来［M］．北京：中信出版集团，2023.

［309］克里斯·米勒．芯片战争：世界最关键技术的争夺战［M］．杭州：浙江人民出版社，2023.

［310］阿卡普拉沃·包米克．机器意识：人工智能如何为机器人装上大脑［M］．北京：机械工业出版社，2023.

［311］保罗·海恩．经济学的思维方式［M］．杭州：浙江文艺出版社，2023.

［312］黑田忠广．芯片的未来：制衡世界的技术［M］．杭州：浙江人民出版社，2024.

［313］保罗·古德温．信息差：看透大数据背后的底层逻辑［M］．香港：文化发展出版社，2024.

［314］理查德·本杰明．数据与人工智能驱动型公司：用数据和人工智能升级企业［M］．北京：原子能出版社，2024.

附　录

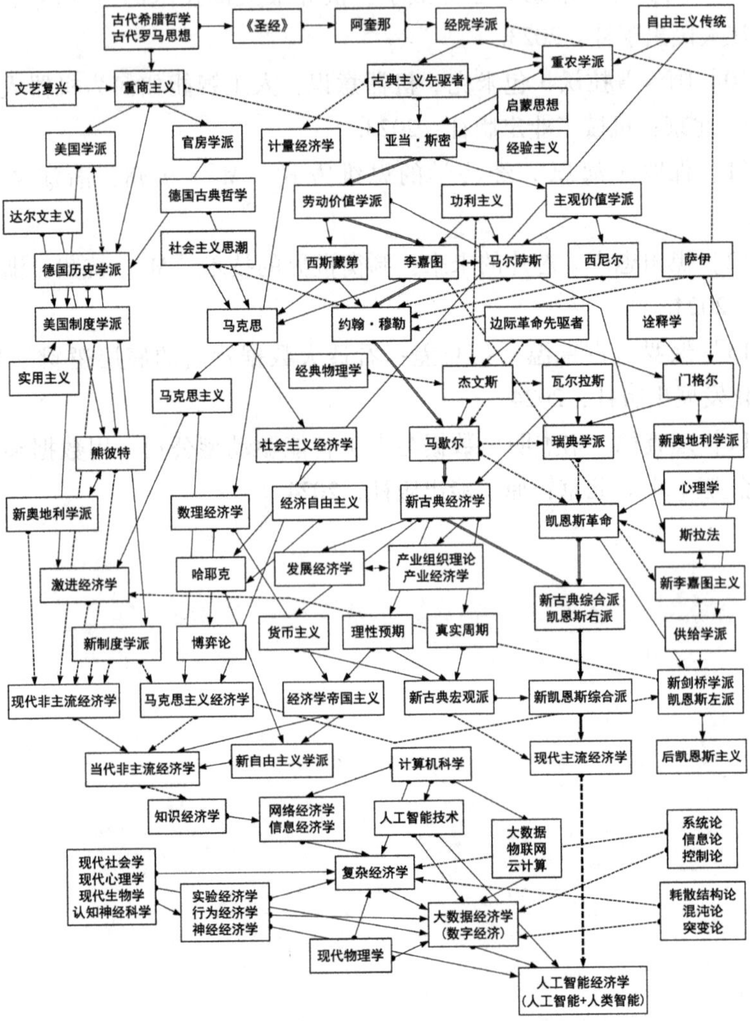

附图1　经济学理论的历史演进脉络

资料来源：林文丰 Jason.《西方经济学说史》学习笔记［EB/OL］.［2023-05-26］. https：//zhuanlan. zhihu. com/p/98679443？utm_ source=wechat_ session，2019-12-21.

注："复杂经济学""大数据经济学（数字经济）""人工智能经济学"等条目为后续添加。

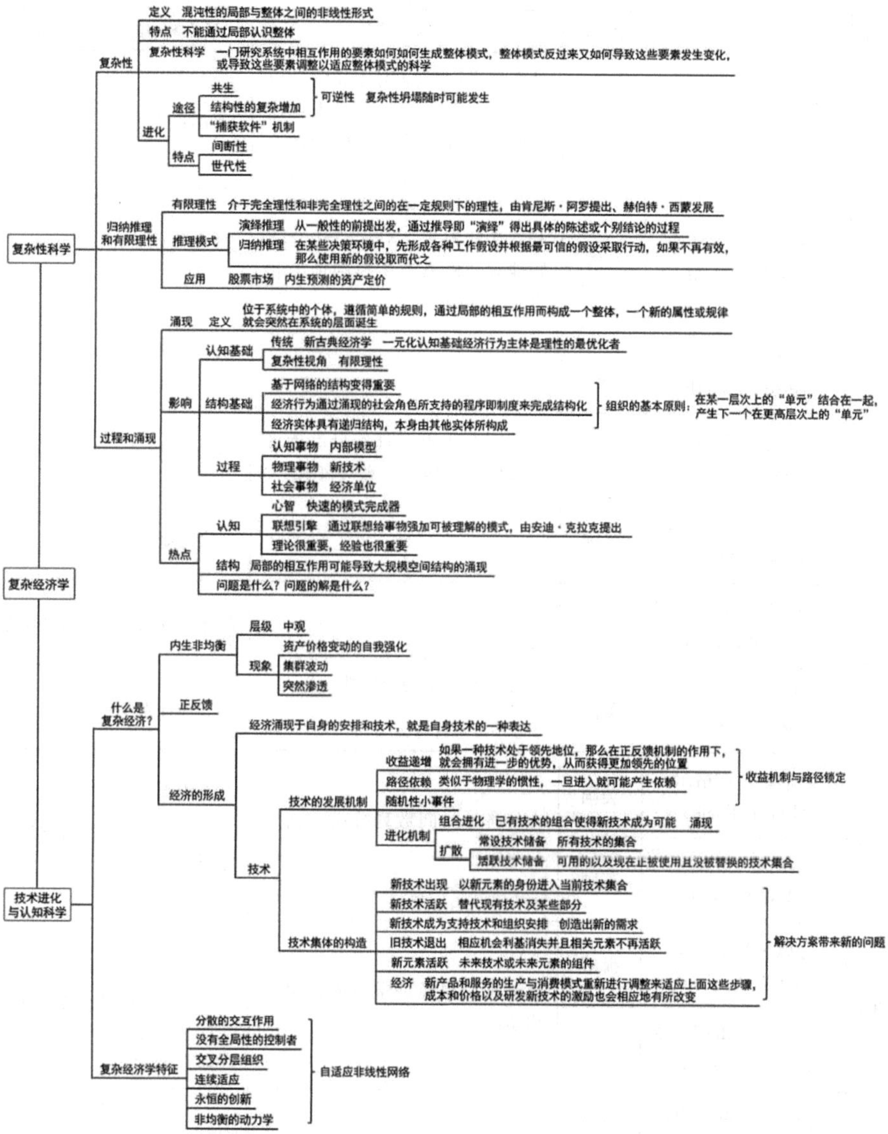

附图 2 《复杂经济学》思维逻辑框架

资料来源：LIU F l.《复杂经济学》读后笔记［EB/OL］.［2023-05-26］. https：//zhuanlan. zhihu. com/p/44353219，2018-09-12.

附表 1　2000—2023 年诺贝尔经济学奖获得者情况

年份	获奖者	国籍	获奖原因	所在机构	研究领域
2000	詹姆斯·赫克曼（James J. Heckman）	美国	他们发展广泛应用在经济学以及其他社会科学中对个人和住户的行为进行统计分析的理论和方法。尤其是，对赫克曼奖励他对分析选择性样本的理论和方法的发展，对麦克法登奖励他对分析离散抉择的理论和方法的发展	芝加哥大学	计量经济学
	丹尼尔·麦克法登（Daniel L McFadden）	美国		加利福尼亚大学	
2001	乔治·阿克尔洛夫（George A. Akerlof）	美国	在“对充满不对称信息市场进行分析”领域做出重要贡献	加利福尼亚大学	信息经济学
	迈克尔·斯彭斯（A. Michael Spence）	美国		斯坦福大学	
	约瑟夫·斯蒂格利茨（Joseph E. Stiglize）	美国		哥伦比亚大学	
2002	丹尼尔·卡尼曼（Daniel Kahneman）	美国	表彰他们在心理和实验经济学研究方面所做的开创性工作	普林斯顿大学	行为经济学
	弗农·史密斯（Vernon L. Smith）	美国		乔治梅森大学	实验经济学
2003	罗伯特·恩格尔（Robert Engle）	美国	在经济学时间数列分析方面做出贡献	纽约大学	计量经济学
	克莱夫·格兰杰（Clive Granger）	英国		加利福尼亚大学	
2004	芬恩·基德兰德（Finn E. Kydland）	挪威	在动态宏观经济学方面做出杰出贡献	卡耐基梅隆大学	宏观经济学
	爱德华·普雷斯科特（Edward C. Prescott）	美国		亚利桑那州立大学	
2005	罗伯特·约翰·奥曼（Roben John Aumann）	以色列和美国	他们通过对博弈论的分析加深我们对冲突与合作的理解	希伯来大学	博弈论
	托马斯·克罗姆比·谢林（Thomas Crombie Schelling）	美国		马里兰大学	
2006	埃德蒙·费尔普斯（Edmund S. Phelps）	美国	表彰他对政策中跨时贸易所作的研究	哥伦比亚大学	宏观经济学

续表

年份	获奖者	国籍	获奖原因	所在机构	研究领域
2007	列昂尼德·赫维茨（Leonid Hurwicz）	美国	为机制设计理论奠定基础	明尼苏达大学	微观经济学
	埃里克·马斯金（Eric S. Maskin）	美国		芝加哥大学	
	罗杰·迈尔森（Roger B. Myerson）	美国		普林斯顿高等研究中心	
2008	保罗·克鲁格曼（Paul R. Krugman）	美国	对经济活动的贸易模式和区域的分析	普林斯顿大学	国际经济学 区域经济学
2009	埃莉诺·奥斯特罗姆（Elinor Ostrom）	美国	因为经济治理，尤其是对普通公众做出的贡献和经济治理分析获奖	印第安纳大学	经济治理
	奥利弗·伊顿·威廉姆森（Oliver Williamson）	美国		加利福尼亚大学	
2010	彼得·戴蒙德（Peter Arthur Diamond）	美国	在“市场搜寻理论”中具有卓越贡献	麻省理工学院	搜索理论 劳动经济学
	戴尔·莫滕森（Dale T. Mortensen）	美国		美国西北大学	
	克里斯托弗·皮萨里德斯（Christopher A. Pissarides）	塞浦路斯		伦敦政治经济学院	
2011	托马斯·萨金特（Thomas J. Sargent）	美国	在宏观经济学中对原因及其影响的实证研究	纽约大学	宏观经济计量学
	克里斯托弗·西姆斯（Christopher A. Sims）	美国		普林斯顿大学	
2012	埃尔文·罗斯（Alvin E. Roth）	美国	创建“稳定分配”的理论，并进行“市场设计”的实践	哈佛大学	博弈论
	罗伊德·沙普利（Lloyd S. Shapley）	美国		加利福尼亚大学	

续表

年份	获奖者	国籍	获奖原因	所在机构	研究领域
2013	尤金·法玛（Eugene F. Fama）	美国	对资产价格的实证分析	芝加哥大学	资产定价
	拉尔斯·彼得·汉森（Lars Peter Hansen）	美国		芝加哥大学	
	罗伯特·希勒（Robert J. Shiller）	美国		耶鲁大学	
2014	让·梯若尔（Jean Tirole）	法国	对市场力量和管制的研究	图卢兹大学	市场调控
2015	安格斯·迪顿（Angus Stewart Deaton）	英国	为消费、贫穷、福利方面的经济理论做出贡献	普林斯顿大学	微观经济学
2016	奥利弗·哈特（Oliver Hart）	美国	在契约理论方面做出贡献	哈佛大学	契约理论
	本特·霍姆斯特罗姆（Bengt Holmstrom）	美国		麻省理工学院	
2017	理查德·塞勒（Richard H. Thaler）	美国	在行为经济学研究领域做出突出贡献	芝加哥大学	行为经济学
2018	威廉·诺德豪斯（William D. Nordhaus）	美国	把气候变化和技术革命的因素融入宏观经济学分析之中	耶鲁大学	气候经济学
	保罗·罗默（Paul Romer）	美国		世界银行	经济增长理论
2019	阿比吉特·巴纳吉（Abhijit Banerjee）	美国	以实验性方法致力于减轻全球贫困	麻省理工学院	发展经济学
	埃丝特·迪弗洛（Esther Duflo）	法国		麻省理工学院	
	迈克尔·克雷默（Michael Kremer）	美国		哈佛大学	
2020	保罗·米尔格罗姆（Paul R. Milgrom）	美国	对拍卖理论的改进，以及发明新的拍卖形式	斯坦福大学	博弈论
	罗伯特·威尔逊（Robert B. Wilson）	美国		斯坦福大学	博弈论

续表

年份	获奖者	国籍	获奖原因	所在机构	研究领域
2021	大卫·卡德（David Card）	加拿大	提供劳动力市场新洞见，展示可以通过自然实验的研究方法得出关于因果关系的结论	加利福尼亚大学	劳动经济学因果关系分析
	约书亚·安格里斯特（Joshua D. Angrist）	美国		麻省理工学院	
	吉多·伊本斯（Guido W. Imbens）	荷兰		斯坦福大学	
2022	本·伯南克（Ben Bernanke）	美国	阐明银行为什么存在，为什么如此脆弱以至于给经济带来毁灭性影响	布鲁金斯学会	银行与金融危机
	菲利普·迪布维格（Philip Dybvig）	美国		华盛顿大学	
	道格拉斯·戴蒙德（Douglas Diamond）	美国		芝加哥大学	
2023	克劳迪娅·戈尔丁（Claudia Goldin）	美国	揭示女性收入和劳动力市场的参与情况，发现在性别差异背后的潜在因素和关键障碍	哈佛大学	女性劳动力市场

资料来源：SAMYYUAN. 历届诺贝尔经济奖得主［EB/OL］.［2023－05－26］. https://www.doc88.com/p-13347651252234.html? s=rel&id=1，2015-03-22.

注：2021—2023 年获奖者情况为后续添加。

附表 2　在科学技术史上出现的主要通用技术

名称	内容	时间	分类
驯化植物	新石器农业革命	公元前 9000—前 8000 年	处理过程
驯化动物	新石器农业革命，驾驭牲畜	公元前 8500—前 7500 年	处理过程
冶炼矿石	早期的金属工具	公元前 8000—前 7000 年	处理过程
车轮	机械化，运输贸易	公元前 4000—前 3000 年	产品
写作	记录保存	公元前 3400—前 3200 年	处理过程
青铜	工具和武器	公元前 2800 年	产品
铁	工具和武器	公元前 1200 年	产品
水轮	自然力	中世纪早期	产品
三桅帆船	机械系统发现新世界，海洋贸易	15 世纪	处理过程
印刷术	科学教育，金融信用，知识经济	16 世纪	组织系统

续表

名称	内容	时间	分类
工厂体系	工业革命，可互换零件	18 世纪末期	产品
蒸汽机	工业革命，机床	18 世纪末期	产品
铁路	郊区，通勤，工厂的灵活位置	19 世纪中叶	产品
铁轮船	世界贸易，国际旅游，无畏战舰	19 世纪中叶	产品
内燃机	汽车，飞机，石油工业，战争，快速移动	19 世纪末期	产品
电力	集中发电，工厂电气化，电信	19 世纪末期	产品
汽车	郊区，通勤，购物中心，长途国内旅游	20 世纪	组织系统
飞机	国际旅游，高价值便捷运输，战争，立体移动	20 世纪	产品
大规模生产	消费主义，欧美经济快速增长	20 世纪	组织系统
计算机	信息处理革命	20 世纪	产品
精益生产	日本经济快速增长	20 世纪	处理过程
互联网	电子商务，众包，社交网络，信息战	20 世纪	处理过程
生物技术	转基因食品，生物工程，基因治疗	20 世纪	产品
业务虚拟化	无纸办公，远程办公，软件代理	21 世纪	处理过程
纳米技术	纳米材料，纳米医学，太阳能电池，靶向癌症治疗	21 世纪	产品
人工智能	自动汽车，工业机器人，医疗机器人	20—21 世纪	处理过程
数字技术	电子商务，行政管理，医疗，传媒，安全防控，金融，电信，教育，交通等	21 世纪	处理过程
GPT	内容生成，机器翻译，图文翻译，文本分类，知识问答，自动评论，聊天机器人	21 世纪	处理过程
Sora	自然语言处理，视觉算法，图像生成，视频生成和扩展，3D 一致，远距离连贯性，物体持久性，互动性，多机位，模拟数字世界	21 世纪	处理过程

资料来源：汤潇．数字经济［M］．北京：人民邮电出版社，2019：5-6.

注：“数字技术”“GPT ”“Sora”等条目为后续添加。